공공갈등과 정책조정 리더십

정 용 덕 외 공저

法 文 社

“이 저작물은 서울대학교 행정대학원 한국행정연구소 연구총서로 발간되었음.”

머 리 말

대한민국 건국 이후 60여년에 걸쳐 '국가' 형성, 산업화, 민주화의 '압축 발전'이 이루어졌다. 이 과정에서 한국인들은 무수한 공공갈등을 경험했다. 1987년의 민주주의 이행 이후 국가기구 안팎에서의 하향식 통제 방식에 의한 의사결정은 감소하고 있다. 반면에 다원화된 사회에서 나타나는 상호 절충(mutual adjustment) 방식에 의한 의사결정은 아직 제도화되지 않은 채로 있다. 이로 인해 국가영역, 사회영역, 그리고 양자 사이에 갈등이 쉽게 해소되지 않음으로써 막대한 사회 비용을 부담하고 있다.

이와 같은 후기민주주의 시대의 역기능이 해결되려면 서구 민주주의 선진국들의 경험에서 보듯이 적지 않은 시간이 소요될 것이다. 그렇기는 해도, 국가경쟁력을 증진하기 위해서는 보다 의도적인 노력이 필요하다. 가능하면 공공갈등을 사전에 예방하고, 이미 발생한 공공갈등은 효과적으로 해결함으로써 사회 비용을 감소시켜 나가기 위한 사회 구성원들의 노력이 그것이다. 이와 같은 의도적인 노력은 현실 정치행정 과정에서 실천 되어야 할 것이지만, 학문적인 뒷받침 또한 필요하다.

이와 같은 문제의식에서 서울대학교 행정대학원은 공공갈등에 관한 연구를 지원하는 프로그램을 마련했다. 2010년에 행정논총(제48권 제4호) 특집('공공갈등과 정책조정')으로 수편의 논문을 발간했고, 정책지식센터에서도 이 분야의 전문가들을 초청하여 발제와 토론이 이루어지도록 했다. 이 논문들을 좀더 많은 독자들에게 소개하기 위해 이 책이 기획되었다. 또한, 다른 학술지를 통해 발간된 논문 가운데 이 책의 의도에 부합되는 몇 편을 더 추가하였다. 이 책은 이처럼 선정된 모두 18편의 공공갈등 사례연구 결과들을 묶은 것이다.

이와 같은 연구 및 편집 과정에서 지원을 아끼지 않은 서울대학교 행정대학원의 최종원 전 원장과 김병섭 현 원장께 모두 감사한다. 이 책의 취지에 부합하는 좋은 논문들을 발굴하여 추천해준 배귀희 교수와 편집 과정에서 수고해준 김덕수 조교에게도 감사한다. 이 책에 실린 글들은 학술지 심사과정에서 혹은 세미나 발표 및 토론을 거치면서 완성도를 높일 기회가 있었다. 개별 논문의 재 발간을 허락해 준 행정논총을 비롯한 학술지와 정책지식포럼에 모두 감사한다 (각 장의 출처 목록 참조). 이 책의 학술적 및 정책적 가치를 인정하여 발간을 맡아준 법문사 사장님과 관계자들께 감사한다.

신묘년 섣달

저자들을 대표하여 정 용 덕 씀

차 례

제 4 편 운동정치와 공공갈등

각 장의 출처 목록

강문희. 2011. “지방정부의 정책추진과 갈등관리: 남양주시 소각잔재매립장 입지선정 및 건설갈등 사례.” 한국콘텐츠학회논문집. 11(11): 156-172.

김동영. 2011. “지방정부의 정책갈등, 어떻게 해소할 것인가: 지방자치 행정과 지방의회간 견제와 균형,” 소통과 협력의 창출. 서울대 행정대학원 정책지식포럼. 537회.

김동욱.성욱준. 2010. “IPTV 도입과정에서의 정책갈등의 구조와 관리.” 행정논총. 48(4): 81-105.

김석주. 2010. “전자정부 추진과정에서 부처간 갈등분석.” 한국지역정보화학회지. 13(2): 79-106.

김정수. 2011. “감정의 재발견: ‘화성남(男) 금성녀(女)’ 은유를 활용한 정부-국민간 정책갈등에 대한 시론적 재해석.” 한국정책학회보. 20(1): 83-111.

박정훈.정용운. 2010. “학자금대출 제도의 사회적 형평성과 재정건전성: 갈등사례의 시뮬레이션 분석연구.” 행정논총. 48(4): 325-55.

배귀희.임승후. 2010. “공공갈등과 네트워크 거버넌스 구조: 한탄강댐 사례에서의 네트워크 특성과 주요 행위자들의 변화를 중심으로.” 행정논총. 48(4):107-44.

심준섭.김지수. 2010. “갈등당사자의 프레임과 프레이밍 변화과정 분석,” 행정논총. 48(4) 2010: 229-61.

윤순진. 2006. “2005년 중 저준위 방사성 폐기물 처분시설 추진과정과 반핵운동: 반핵운동의 환경변화와 반핵담론의 협소화.“ 시민사회와 NGO. 4(1): 277-311.

이민창. 2010. “유인, 규범, 신뢰할 만한 공약과 정책갈등: 정책갈등 유형분류를 위한 시론.” 행정논총. 48(4): 31-54.

이선우. 2011. “원활한 갈등조정을 위한 필요조건-경험으로부터의 교훈.” 한국정책학회보. 20(3): 87-106.

임도빈.허준영. 2010. “사회갈등의 확산메커니즘에 관한 연구: 촛불시위를 중심으로.” 행정논총. 48(4): 55-80.

장현주. 2010. “갈등해결기제로서의 협력적 거버넌스: 수사인가, 현실인가?” 서울대

행정대학원 정책지식 포럼. 535회.
정용덕. 2010. "공공갈등과 정책조정 연구." 행정논총. 48(4): 1-30.
정익재. 2010. "인터넷 환경에서 사회 이슈 증폭 현상의 정책적 의미." 한국정책학회보. 19(4): 327-53.
정지범. 2010. "입지정책 분야에서의 갈등과 조정: 경주 방폐장과 스웨덴 방폐장 사례 비교 연구." 행정논총. 48(4): 145-69.
하민철.윤견수. 2010. "메타프레임으로서의 녹색성장 정책: 딜레마 대응방안으로서 메타프레임 구성." 한국정치학회보. 19(1): 101-26.
하혜영. 2009. "환경분쟁에서 조정성립의 결정요인에 관한 연구: 조정성립 요인의 판별과 예측을 중심으로." 한국행정학보. 43(4): 335-357.
홍준형. 2010. "환경갈등의 조정: 쟁점과 대안." 환경법연구. 32(3): 385-416.

제 1 장

공공갈등과 정책조정 리더십의 이론적 배경

정 용 덕
(서울대학교 행정대학원 교수)

제1절 의 의

후기민주주의 시대의 한국에서 공공갈등이 만연하고 있다. 이로 인해 국가경쟁력에 적지 않은 부담이 되고 있다. 이 특별 심포지움은 다양한 형태의 공공갈등 양상과 그것을 효과적으로 해결한 (혹은 해결하기 위한) 정책조정 사례들을 모은 것이다. 공공갈등을 효과적으로 예방하고 해결하기 위한 정책조정의 거버넌스 체계와 공공리더십 함양에 필요한 식시(識時)와 맥락지성(contextual intelligence)의 능력을 함양하고 축적하기 위한 것이다.

1987년에 직선제 대통령선거를 근간으로 하는 헌법 개정을 계기로 한국에서 이른바 민주주의 이행이 이루어졌다. 1991년에는 '유보'된 지 30년 만에 지방의회가 재구성되었고, 5년 후부터는 직선 단체장들에 의한 지방자치가 시작되었다. 1997년과 2007년에 차례로 이른바 '두 차례의 정권교체 검증(two turnover test)'을 통과함으로서, 이제 한국에서 민주주의의 공고화가 이루어졌다는 평가에 이의를 제기할 사람은 많지 않다.[1] 그러나 이와 같은 형식적 민주주의의 성취에도 불구하고,

1) 2010년에 있었던 '6.2 지방선거'와 '7.28 국회의원 재보궐 선거' 결과를 통해 확인할 수 있었던 것처럼, 이제 한국의 유권자들은 언제든 사안에 따라 국면을 전환시킬 수 있는 투표행위를 보이고 있

아직 한국은 실질적인 민주주의 면에서는 좀더 많은 진전이 필요하다.

무엇보다도 정부 내외에서 발생하는 무수한 공공갈등(public conflicts)과 그로 인해 지불하는 사회심리적 및 경제적 비용을 빼 놓을 수 없다. 한국의 성인 10명 중 9명이 한국 사회에 갈등이 심각한 것으로 인식한다는 여론조사가 있다(박준 외, 2009; 한국사회연구소. 2007; 한국여성개발원. 2005; 박길성, 2010). 행정전문가들을 대상으로 최근에 실시된 설문조사에서도 유효표본 100명 가운데 86명이 현재 갈등 수준이 "매우 심각" 혹은 "심각하다"고 응답했으며, 56명은 향후에 "한층 심각" 혹은 "심각하게 될 것"으로 응답했다고 한다(라휘문, 2010). 한 민간 경제연구소의 연구결과에 따르면, 한국은 '소득 불평등', '인종 다양성' 등 흔히 사회갈등의 주요인으로 간주되는 지표면에서는 27개 OECD 회원국 가운데 비교적 낮은 편이지만, 그 중 네 번째로 갈등이 심한 나라에 해당한다고 한다(박준 외, 2009).

이처럼 만연하게 나타나는 공공갈등은 한국의 국가발전 과정에서 거쳐야 하는 불가피한 과도기적 현상이다. 과거 왕조 시대와 피식민 통치 시대는 말할 것도 없거니와 심지어 민주주의 공화국을 수립한 이후에도 오랜 권위주의 정부 하에서 표출하기 어려웠던 개인이나 집단의 잠재적 선호가 민주주의 이행과 더불어 마치 봇물처럼 불거져 나오는 데에서 비롯되는 것으로 설명할 수 있기 때문이다. 더 나아가 갈등이 새로운 발전을 가져오는 순기능적 계기가 될 수 있다는 일반론의 보다 적극적 수용도 필요하기는 하다.

우려스러운 것은 유발된 공공갈등이 대개 당사자 간 상호절충(mutual adjustment) 과정이나 정책적 조정과정에 의해 순조롭게 해소되지 않고 있는 점이다. 이로 인해 결과적으로 막대한 사회적 의사결정 비용을 부담하고, 이는 다시 국가경쟁력을 저하시키는 요인으로 작용하고 있다. 한국은 갈등으로 인해 1인당 GDP의 무려 27%에 달하는 비용을 부담하는 셈이라는 한 민간연구소의 분석도 있다(박준 외, 2009).

또한, 한국이 비교적 짧은 기간에 국가발전을 성취했기 때문에 그만큼 극심한

다. 제5회 지방선거에서 여당은 광역자치단체장 6명과 기초자치단체장 82명, 야당은 8명과 120명이 각각 당선되었다. 그러나 그 직후에 있었던 국회의원 재보궐 선거에서는 여당 5명 그리고 야당 3명이 각각 당선되었다.

공공갈등이 유발되는 측면도 있다. 주지하는 것처럼, 한국은 서구의 선진 산업화 및 민주화 국가들에 비해 '압축 산업화'와 '압축 민주화'를 이루어냈다. 그러했기에 산업화 과정에서 불가피하게 발생하는 경제적 가치를 둘러싼 계층 간의 이익갈등, 민주화 과정에서 불가피하게 나타나는 정치적 가치를 둘러싼 정파 간의 권력갈등이 미처 조화되고 절충될 시간적 여유가 부족할 수밖에 없었다.

실은 산업화와 민주화에 앞서 한국은 '국가(the state)' 형성 과정부터가 대개의 서구나라들에 비하면 압축된 과정을 통해 이루어진 것이었다. 그것도 극단의 이데올로기를 둘러싼 동서 '냉전' 시대를 배경으로 남북 분단과 전쟁을 겪으면서 전개되었다. 그러했기에 그만큼 심한 이념갈등의 원인을 배태하는 결과를 가져왔다(정용덕, 2009b).

이처럼 60년이라는 짧은 기간에 '국가' 형성, 산업 고도화 그리고 민주주의 이행과 공고화가 전개되면서 그에 연계된 갈등을 절충하고 해소하기에 충분한 시간적 여유가 부족했다. 더 나아가 전근대와 근대 그리고 탈근대주의 사조가 거의 동시 복합적으로 유입되면서 공공갈등의 양상도 좀더 복잡한 형태로 나타나고 있다(정용덕, 2008; 박길성, 2010).

이와 같은 상황을 감안하면, 한국에 만연하는 공공갈등이 사회적으로 견딜 만한(tolerable) 수준으로 줄어들고, 갈등이 유발되는 경우에도 그것이 상호절충 방식에 의해 원만하게 해소되는 보다 실질적인 민주주의가 이루어지기 위해서는, 무엇보다도 시간이 좀더 필요한 셈이다. 오랜 기간에 걸쳐 국가형성, 산업화, 민주화를 이룩한 서구 나라들에서조차도 시대에 따라 새로운 사회 문제가 발생하고 그와 관련하여 계속해서 새로운 쟁점과 공공갈등이 유발되고 있음을 타산지석으로 삼을 필요가 있다.[2] 공공갈등은 공동체가 존재하는 한 끊임없이 발생하고 지속적으로 해결해 나아가야 할 사안이다.

그럼에도 불구하고, '후 후발 산업국가'로서 한국이 한 단계 더 빠르게 도약하기 위해서는 공공갈등의 문제를 해소하기 위한 보다 의도적이고 집합적인 노력을 기

2) 최근 들어 미국 대학들이 공공갈등 해소에 관한 다양한 행정학 교과목이나 연구 프로그램을 마련하여 제공하고 있는 것을 예로 들 수 있다.

울일 필요가 있다. 역설적으로 들릴 수도 있겠으나, 과거 압축 발전으로 인해 지금 나타나고 있는 이와 같은 후유증을 보다 압축된 방식으로 해결하려는 집합적 노력이 필요하다. 행정전문가 100명 가운데 80명이 기존의 갈등해소 제도의 효능성에 불만족을 표시하고 있다(라휘문, 2010: 19). 이 집합적 노력의 과정에서 특히 공공문제를 연구하는 행정학자들의 적극적인 참여와 기여가 기대 된다(정용덕, 2011). 한국에서 발생하는 공공갈등 현상의 특성을 진단하고 그 해결방안을 처방하는 학문적 노력이 그것이다.

이와 같은 맥락에서, 이 행정논총 특별 심포지움은 한국에서 발생하는 다양한 유형의 공공갈등 사례들을 분석하고 그 해결방안에 관한 연구 결과들을 모은 것이다. 각 논문의 내용을 소개하기에 앞서, 공공갈등의 양상과 원인을 분석하고 해결방안을 모색하기 위한 개념적 및 이론적 준거기준에 관해 논의해 본다.

제2절 공공갈등

1. 개 념

일반적으로 갈등은 둘 이상의 개인, 집단, 조직, 혹은 공동체 간에 제한된 혹은 상호 영향을 미치는 자원을 분배함에 있어 의견이 일치하지 않는 경우에 발생한다(Rubin et al., 1994; Brickman, 1974; Plowman, 1995). 이 가운데에서 공공갈등(public conflict)은 특히 공공영역에서 발생하는 갈등을 뜻한다.

여기서 '공공영역'이란 물리적이거나 제도적인 영역을 넘어 공공의 특성, 즉 '공공성(publicness)'이라는 보다 실질적인 그러나 다분히 담론 과정에서 설정되어지는 영역을 의미하는 것으로 보려고 한다.[3] 공사 영역을 막론하고, 갈등이 사적 문제로

3) '공공 영역(public sphere)'은 다양한 개념 정의와 범위 설정이 가능하고, 따라서 절대적이기보다는

서 발생하고 해소되는 범위를 넘어 공공의 특성을 갖는 경우에 그것을 공공갈등의 범위에 포함되는 것으로 간주하려는 것이다.

이와 같은 개념 정의는 공공갈등을 단순히 정부가 기획하고 집행하는 공공사업 혹은 공공정책에 관련되어 나타나는 갈등으로 정의하는 한국 정부의 공식 규정보다 그 외연이 넓다.[4] 예를 들면, 심지어 사적 영역에서 사적 행위자들 간에 발생하는 갈등의 경우에도 그것으로 인해 공동체의 다른 구성원들에게 직간접적으로 의미 있는 영향을 미치게 되는 경우도 공공갈등의 범주에 포함하려는 것이다.[5]

또한, 공공갈등을 관련 행위자들 간에 빚어지는 "이해관계의 충돌"로 정의하는 한국에서의 공식적인 규정보다 여기서는 좀더 넓은 의미로 정의하려고 한다. 정치, 경제, 사회적 '이익' 외에도 후술하는 이념, 정체성 등에 연계되어 조직, 집단, 인종, 지역, 세대, 계층, 계급 간에 발생하는 갈등도 논의의 대상에 포함될 수 있도록 담론의 장을 넓게 개방하려고 한다. 그리고 "행위주체 간의 불일치와 다름이 실제적으로 표출되어 다툼이 전개되는 상태"를 의미하는 '분쟁(dispute)'보다 더 넓게 "잠재적 불일치와 다름까지 포함"하는 개념으로 갈등을 정의하려고 한다(은재호 · 윤광석, 2009).

이처럼 광의의 개념 정의를 선호하는 이유는 두 가지이다. 우선, 이처럼 넓은

담론 과정을 통해 합의가 이루어질 사항이다. '공공성'에 대한 자세한 논의를 위해서는 윤수재 · 이민호 · 채종헌(2008)을 참고할 것.

4) '공공기관의 갈등예방과 해결에 관한 규정'(대통령령 제221호, 2007년 2월 13일)은 "법령의 제정과 개정, 각종 공공사업의 수립과 추진 등을 포함하는 공공정책을 수립하거나 추진하는 과정에서 발생하는 이해관계의 충돌"을 의미하는 것으로 규정하고 있다. 기존하는 대부분의 연구 문헌들도 공공갈등을 주로 중앙 혹은 지방 정부가 공공의 목적을 위해 기획하고 집행하는 공공사업 혹은 공공정책의 계획과 추진 과정에서 공중에게 광범위하게 영향을 미치는 쟁점을 둘러싼 두 개 이상의 집단 간 갈등으로 정의한다(강영진, 2000: 74; 전주상, 2000: 10; 하혜영 외, 2007; 박홍엽 외, 2007; 은재호 · 윤광석, 2009; 김동영, 2010; 오균. 2010.).

5) 정보통신 혁명으로 인한 가상적 공론의 장이 확대되면서 공적 영역의 범위도 그만큼 넓어지고 있다. 예로써 최근에 논란이 되고 있는 이른바 '타블로 학력 논란' 사건을 들 수 있다. 인터넷 상에서 특정 연예인의 학력이 허위라는 소문을 허위로 유포한 사람(들)의 문제를 당사자 간의 사적 문제로 보거나, 일방의 고소로 인해 비로소 공적 조처가 취해지는 것으로만 보기보다는, 인터넷이라는 가상의 공론 장에서 발생하고 당사자들 외에도 여러 사람들의 생각에 영향을 미칠 수 있는 행위이기 때문에 이미 공공갈등의 영역에 포함되는 것으로 볼 수 있다. 또한, 최근에 새로운 '사회 매체(social media)'로 등장한 '트위터' 문화도 여기에 해당한다. '트위터' 상에서 벌어진 투표 독려가 여론 확산과 정치 참여를 높이는데 기여한 측면과 선거를 앞두고 정책 이슈가 아닌 후보자 개인 중심의 미디어 정치로의 전락과 정치인 팬클럽 간의 과잉경쟁으로 갈등이 증폭되는 문제점도 아울러 나타난 것으로 보는 분석이 있다(정보통신정책연구원, 2010. 11.).

범주의 갈등들이 한국에서 현안으로 나타나고 있는 점이다.[6] 또한, 정부의 공식적 정의이기도 한 협의 개념에서의 공공갈등(즉, 정부의 사업이나 정책 과정에서 빚어지는 갈등)의 경우들이 대개 그 근저에는 보다 넓은 사회 구성원들(즉, 개인, 집단, 계층, 계급, 지역, 세대 등)의 이익 혹은 가치관의 차이에서 오는 갈등에 직간접적으로 연계되어 있다고 보기 때문이다.

2. 양 상

1) 장 및 행위자

공공갈등은 그것이 표면적으로 나타나는 장(場) 및 관련 행위자들을 중심으로 유형화해 볼 수 있다. 크게 '국가' 내부, 사회부문, '국가'와 사회 간의 관계로 구분하여 다음과 같이 논의해 본다.

첫째, '국가(the state)' 내부에서 발생하는 공공갈등이다(Jung, Mazmanian & Tang, 2009: 9). 구체적으로 보면, 정보통신정책에 관한 관련 부처들 간 갈등이나 수사권을 둘러 싼 검찰과 경찰 간의 갈등처럼 행정기구 간의 갈등이 있다. 보건복지부 내 의약 분업 문제를 둘러싼 부서 간의 갈등이나 학연에 따른 경찰조직 내 비공식 조직 간의 갈등처럼 동일 행정기구 내 하부조직 간의 갈등이 있다. 헌법 개정의 주도권 혹은 2008년 '가축전염병예방법' 개정을 둘러싼 국회와 행정부 간의 갈등이나 '공판중심주의' 혹은 각종 '시국사건'을 둘러싼 검찰과 법원 간의 갈등처럼 삼권 간의 갈등이 있다.

중앙정부 대 지방정부 간에도 '4대 강 개발사업'의 추진을 둘러싼 중앙정부와 지방자치단체 간의 갈등, '자율형 사립고' 설립을 둘러싼 교육과학기술부와 시도교육청 간의 갈등, 경제자유구역기획단과 각 지방 경제자유구역청 간의 갈등, 혹은 중앙정부와 지방공무원노동단체 간의 갈등 등이 유발되고 있다. 그런가 하면, 수도권 개발 규제를 둘러싼 지방자치단체 간의 갈등처럼 지방정부 대 지방정부 간의 갈등도 있다.

'국가' 내부 특정의 장에서 표면적으로 나타나는 이들 갈등의 배경에는 다른 장에 잠재하고 있는 좀더 근본적인 갈등 원인이 연계되어 있을 수 있다. 예로써, 행정기구 혹은 그 하부조직들 간에 발생하는 갈등의 배경에 그들이 각각 대변하는 사회집단이나 계층 등의 이익이나 가치가 자리 잡고 있는 경우가 있다.

둘째, 사회 영역에서 유발되는 갈등은 집단 간, 계층 간, 세대 간 등 다양하게 구분할 수 있다. 노동자단체와 사용자단체, 의사단체와 약사단체, 혹은 지상파방송사업자(예, 한국방송공사, 문화방송, 에스비에스)와 종합유선방송사업자(예, 서울지역 5개 사업자) 간의 갈등(고민수, 2010)이 이익집단 간의 갈등이라면, 남북문제와 관련한 진보적 혹은 보수적 시민단체 간의 갈등은 압력단체 간 갈등이다. 부유층과 빈곤층 등의 계층 간 갈등과 낙동강 수질개선을 둘러싼 지역 간의 갈등도 있다. 프랑스에서 1968년을 전후해서 발발한 학생운동이 주로 가치관 차이에서 유발된 세대갈등이었다면, 최근 정부의 연금관련 정책에 대한 젊은이들의 반대 시위는 자신들의 장래 실업문제와 연계되어 나타나는 세대갈등이다(배명복, 2010). 한국에서 1960년에 발생한 '4.19 학생 민주화 운동'이 민주주의에 대한 가치관 차이에 더하여 청년실업 문제가 겹쳐 나타난 기성세대에 대한 반발이었다면(이한빈, 1968), 최근에 제기되고 있는 '전후 베이비 붐 세대'의 정년연장 시도는 그러지 않아도 청년실업 문제가 심각한 상황에서 장차 세대 간의 이익갈등을 불러올 우려가 있다.

셋째, '국가'와 사회 간의 갈등은 양 부문을 구성하는 위에서 제시한 다양한 단위들 간에 서로 교차하는 다양한 조합 간의 갈등을 전개 될 수 있다. 예로써, '미군기지 이전' 문제를 둘러 싼 중앙 행정부처와 지역주민 간의 갈등, 핵폐기물 처리장 설치를 둘러싼 지방자치단체와 지역주민 간의 갈등 등을 들 수 있다.

2) 대　상

당사자 간 갈등을 유발하는 대상으로서의 자원 혹은 가치 배분 문제와 관련하여 다음과 같이 다양한 유형으로 나누어 볼 수 있다.

첫째, 경제재의 경쟁적 배분과 관련하여 나타나는 이익갈등이다. 대개 산업화 과정에서 집단(예: 노사) 간 혹은 계층(예: 빈부) 간의 갈등이 확대되었다. 한국에서는 특히 1998년에 발생한 외환위기 이후에 소득 격차가 커짐에 따라 계층 간 갈등이 심하게 나타나고 있는 것으로 분석되고 있다(박길성, 2010). 행정전문가 100명 가운데 34명이 계층갈등을 현재 한국에서 두 번째로 갈등이 심각한 분야이며, 앞으로는 가장 심해질 분야로 전망하고 있다. 또한, 100명 가운데 56명이 계층갈등이 개인 혹은 집단 이익으로 인해 유발되는 것으로 보고 있다(라휘문, 2010: 18).

둘째, 이익 가운데에서도 특히 공직과 의사결정권의 경쟁적 배분을 둘러싼 갈등을 권력갈등으로 유형화할 수 있다. 한국의 민주화 과정에서 '국가기구'와 시민사회 간(예: 학생 시위대와 진압경찰 간)에 극심한 갈등이 있었거니와 민주주의 이행 이후 비교적 짧은 기간에 두 차례 정권교체 과정을 통해 정치집단 간에 권력갈등이 오히려 심화되는 경향이 있다. 또한, 민주주의의 공고화 과정에서 다양한 형태의 권력 분산에 관한 갈등이 발생해 왔다. 입법-행정-사법부 간(박찬욱 · 원시연, 2008; 표시열, 2008), 중앙-지방정부 간(안성호, 2009), 중앙 및 지방정부 간(안성호, 2009), 그리고 행정기구 간에 나타나는 다양한 형태의 갈등들은 대개 권력 배분에 관련된 경우가 많다.

셋째, 가치관에 관련된 이념갈등이다. 개인 수준의 가치관이나 신념을 넘어 전체 사회의 구조적 수준의 가치문제에 연계될 때 이는 이념, 문화, 헤게모니의 갈등이 된다. 교육정책 분야에서 공교육의 범위와 육성을 둘러싼 갈등(소영진, 2008; 박정수, 2009), 환경정책 분야에서 '골프장 건설 규제'나 간척사업 등을 둘러싼 갈등(임준형, 2008), 그리고 '미국산 소고기 수입' 문제와 관련한 이른바 '촛불 시위 사태'나 '혐오시설 입지선정'을 둘러싼 갈등(나태준, 2008)은 안전에 관한 가치관을 둘러싼 갈등 사례들이다. '비정규직법'을 둘러싼 갈등의 경우도 이익갈등이기보다는 가치갈등으로서의 특성이 더 많다(고세훈 · 김순영, 2008). 노동자와 사용자 간의 갈등도 일차적으로는 이익갈등이지만 이념갈등의 특성도 지닌다. 대북 정책을 둘러싼 갈등의 경우는, 앞에서 지적한 것처럼, '국가' 형성의 단계에서부터 유래한 것이다. 행정전문가 100명 가운데 40명이 현재 한국에서 가장 심각한 갈등 분야에 이념갈등을 꼽고 있다(라휘문, 2010: 16-17).

넷째, 성, 연령, 종교, 인종, 민족 등 개인이나 집단의 정체성(identity) 문제에 관한 정체성 갈등이다(Dryzek and Dunleavy, 2009; 박길성, 2010). 예로써, 최근 한국에서 이루어지는 양성평등 정책의 범위와 진전 속도(예: '군 가산점제'를 둘러싼 갈등), 그리고 집권정부 별 특정 종교와의 친화성으로 인해 발생하는 공공갈등 등을 들 수 있다.

3. 정치적 특성 및 분석수준

1) 정치적 특성

위에서 논의한 것처럼 공공갈등이 표면화되는 장에서 관련 행위자들이 관심을 기울이는 자원이나 가치의 배분 문제를 중심으로 전개되는 정치적 특성을 다음과 같이 정리해 볼 수 있다.

첫째, 관료정치의 특성을 지닌 공공갈등이다. '국가' 내부 특히 행정조직 사이에 발생하는 대부분의 공공갈등이 여기에 해당한다. 행정조직들은 본연의 주어진 조직 목표에 부합하는 시각에서 정책 사안들을 접근한다. 예로써, 국토해양부와 환경부는 개발과 이용 그리고 환경보호라고 하는 본연의 조직 목표들이 주어져 있으며, 이 목표를 달성하기 위해 존재한다. 따라서 사안에 따라 양 조직 간에 이견이 존재하는 것은 자연스럽다.

행정조직 간의 갈등은 이처럼 주어진 조직 본연의 목표를 효과적으로 달성하려는 수준을 넘어 해당 조직의 구성원들의 이익이 또한 결부되는 경우 한층 더 심화될 수 있다. 공공선택 이론가들이 주장하는 것처럼, 관료들은 조직 본연의 목표를 달성하는 수준을 넘어 자신들의 개인 이익을 증대하기 위해 '예산 극대화'를 추구하는 행동을 하는 경향이 있다. 예로써, 정보통신부 폐지 이후 정보통신 관련 정책 업무에 대한 행정안전부, 지식경제부, 문화관광부, 방송통신위원회 등의 행정기구 간 갈등을 들 수 있다. 경찰과 검찰 간, 국세청과 관세청 간, 검찰과 국세청 간, 통상정책과 외교정책 간의 갈등은 모두 조직 간 권한 경쟁에서 유발된 사례들이다.

그러나 관료정치는 해당 조직의 구성원들이 추구하는 가치 혹은 이익에 의해 유발되는 보다 내부적인 요인에 의해 것 외에도 관련 사회 집단이나 정당 등이 추구하는 가치나 이익(예: 의원들의 지역구 사업 관련 '예산 나누어 먹기')에 좀더 연계되어 나타나는 경우도 많다. 행정조직들은 그들이 각각 봉사하고 대변하도록 되어 있는 대상 고객으로서의 사회 집단, 계층, 지역 등의 이익과 가치가 존재하는 것이다. 예로써, 과거 의약분업 입법과 관련하여 의사회와 약사회 간에 갈등이 발생했을 때 보건복지부 내에 의정국과 약정국의 의견이 서로 달랐던 것을 예로 들 수 있다. 또한, '인터넷 컨텐츠' 산업 발전을 추구하는 문화체육관광부와 청소년의 보호와 건전한 발달을 추구하는 여성가족부 간에 발생하는 이견은 그들이 서로 다른 대상 집단을 정책 고객으로 대변하는 데에서 발생한다. 따라서 관료정치 수준에서 표면화하는 공공갈등의 근저에 연계되어 있는 이익과 가치의 배분 문제에 대한 심층적인 분석이 필요하다.

둘째, 의회정치와 정당정치 수준에서 표면화되는 공공갈등이다. 예로써, '미디어법' 개정을 둘러싼 정당 간의 갈등과 그것이 행정부 내부의 정책 갈등으로 이어진 경우를 들 수 있다. 의회의 의사결정 과정에서 의원들은 각자 자신의 지역구민의 선호를 반영하면서 개별적인 피신탁자로서 행동하는 이른바 '버크식 원칙'이 지배하는 '의회중심' 혹은 '웨스트민스터(westminster)형'의 운영방식이 적용되는 경우와 이른바 '위임원칙(doctrine mandate)'에 의해 소속 정당의 당론에 따라 엄격하게 행동하는 '정당중심형'의 운영방식이 적용되느냐에 따라 양상이 다르게 나타날 수 있다(박찬욱, 2001). 한국 의회는 대체로 후자에 해당하는 운영방식이 지배적이다(김정신 · 정용덕, 2006). 그러나 과거와 달리 여당 국회의원 공천권 등에 대한 핵심행정부의 영향력이 감소되면서 행정부와 국회 간의 긴밀한 연대가 점차 이완되는 경향이 있다(Jung, Lee and Yoo, 2010). 최근 '세종시' 이전 문제와 관련한 공공갈등의 처리 과정에서 보듯이, 동일 정당 내에서도 정파에 따라 소속 의원들 간에 서로 다른 행동이 나타나는 경우도 있다.

셋째, 사회 집단들의 상이한 이익과 가치에 따라 갈등이 유발되는 집단정치이다. 사회부문의 집단 사이에 순수하게 사적인 이익과 가치의 배분 문제로 인해 갈등이 발생하는 경우에도 그들 스스로의 상호작용에 의해 갈등이 해소되지 않고 그로 인하여 공동체에 문제를 유발하게 되는 경우, 이는 어떤 형태로든 공적 개입을 필요로 하는 공공갈등의 범주에 포함하게 된다. 그러나 대부분의 공공갈등은 사회

집단들이 애초부터 공공정책의 내용이나 절차의 변화에 따른 그들이 선호하는 몫의 변화를 둘러싸고 발생한다. 이 경우에 집단들은 공공정책이 자신들의 선호에 부합되도록 독자적인 여론 형성을 통해 영향을 미치거나, 정당이나 의회 그리고 해당 행정기구에 직접 접근(access)하여 자신들의 선호를 반영시키려고 한다. 예로써, '의약분업' 관련 입법 과정에서 의과대학 및 의사협회, 약학대학 및 약사협회 등 이익집단들의 갈등이 교육부와 보건복지부 간의 갈등으로 이어진 사례, 교육과학기술부의 심야학원운영 규제안에 대한 학원들의 반대가 국회 내에서의 갈등으로 이어진 사례, 시각장애인 안마시술독점권 갈등 등을 들 수 있다. 이 과정에서 의회나 행정부의 대응 방식에 영향을 미치는 집단 구성원들의 규모와 응집력은 공공정책의 유형에 따라 차이가 있다. 따라서 '이익집단정치 모형'(Lowi, 1972) 혹은 '정치적 비용-편익분석 모형'(Wilson, 1989) 등을 통해 집단정치 과정의 전개를 예측하고 나타날 수 있는 공공갈등의 해소 방안을 모색할 수 있다(정용덕, 2001: 381 및 457).

넷째, 사회구성원들의 가치관 차이에서 유발되는 '이데올로기' 혹은 '운동(movement)' 정치이다. 사회부문에서 발생하는 갈등 가운데에는 개인이나 집단의 수준을 넘어 세대, 성, 인종, 지역, 계층, 계급 등의 보다 광범위한 사회구성원 단위들 간에 혹은 그들과 '국가' 간에 갈등이 유발하는 경우가 있다. 과거 민주화 과정에서 나타난 민주 대 반민주 세력 간의 갈등, '남북 경협'이나 '전시작전통제권 회수' 문제 등 대북정책 분야에서의 갈등이 여기에 해당한다. 이처럼 사회 구성원들의 상이한 가치관에 따른 이념 갈등의 성격이 짙으며, 대개 사회운동의 형태로 전개된다. 광우병, 멜라민, 유전자 변형식품이나 줄기세포나 배아복제 등 안전 문제를 둘러싼 갈등들도 국민 대다수의 관심을 자아내는 갈등 사례들이다(김동영, 2010).

2) 원인의 분석수준

공공갈등을 유발하는 원인을 좀더 심층적으로 분석하기 위해 다음과 같은 귀인이론의 설정이 가능하다(김용학, 1996; 정용덕, 2001: 1편 5장). 먼저, 공공갈등이라는 사회현상을 객관주의와 주관주의의 시각에서 각각 접근할 수 있다. 또한, 공공갈등이라는 사회현상을 구조와 행위라는 단위에 의해 분석할 수 있다. 이 두 축을 연계하여 다음과 같은 네 가지 유형으로 공공갈등을 세분할 수 있다(그림 1).

첫째, 주관적 구조 수준에서 나타나는 갈등이다. 환경, 교육, 안전, 대북 문제 등을 둘러싸고 나타나는 이념갈등이 여기에 해당한다. 예로서, 새만금 간척사업을 둘러싼 이해관계집단들 사이의 갈등이 각 집단들의 문화편향 차이에서 비롯된 것을 들 수 있다(김서용, 2005). 이 수준에서 나타나는 공공갈등은 공동체에 따라서는 이른바 '제3차원의 권력'이 작용함으로써 유발되지 않을 수도 있다(Luckes, 2007; Mattern, 2007). 1947년 이후 법적으로는 금지되었음에도 불구하고, 대다수 인도인들이 힌두교의 '업'과 '윤회' 사상을 바탕으로 3천 여 년 동안 이어져 온 신분제도('카스트')를 정당화하고 숙명으로 받아들임으로써 여전히 계급 간 차별이 이루어지고 있는 것을 예로 들 수 있다.

긍정적이고 적극적인 의미에서는 공공갈등 해소를 위해 그 공동체가 지향할 바람직한 공동의 가치관 혹은 문화를 사회화하는 노력이 중요하다(Nye, 2008). 앞에서 지적한 것처럼, 한국은 압축 발전으로 인하여 전근대, 근대 및 탈근대의 가치관이 혼재되어 있는 등 공동의 가치관 확립이 이루어져 있지 않기 때문에 많은 갈등이 나타나고 있다(정용덕, 2008; 박길성, 2010).

둘째, 객관적 구조 수준에서 나타나는 갈등이다. 권위주의 정치체제 하에서 유발된 많은 '국가기구' 대 민주화 세력 간의 갈등, 자본주의 경제체제 하의 산업화 과정에서 노동과 자본 간의 갈등 등이 여기에 해당한다. 사회연결망으로서의 여성, 종교, 인종, 민족 등의 정체성을 둘러싼 갈등도 이 범주에 포함할 수 있다.[7] 정체성 갈등이 구성원들의 주관적인 그러나 공통된 인식에 의해 유발된다는 점에서는 이념갈등에 해당하는 것으로도 볼 수 있다.[8]

---

6) 한국 정부가 대통령 소속으로 '사회통합위원회'(2010 –)를 설치하여 운영하게 된 이유를 여기서 찾을 수 있을 것이다(오균. 2010.).

7) 한국에서 사회연결망들은 대개 연줄이나 연고에 의존하며, 사익을 추구하는 목소리는 과도하게 분출하지만 공익을 추구하는 시민적 연대로서의 노력은 미약하다는 지적이 있다(박길성, 2010). 한편, 지난 20 여 년 동안 민주화 과정에서 시민사회 공동체의 발전도 크게 이루어져 온 것도 사실이다(Jung, Mazmanian and Tang, 2008: 10–11).

8) '정체성의 정치'는 다문화 시대에 문화집단들의 정체성에 대한 '인정(recognition)'의 요구와 더불어 제기되어 기존에 '자원 배분'의 문제에 초점이 주어졌던 정의론을 '인정'의 문제로 전환시키는 데 기

〈그림 1〉 공공갈등 원인의 유형화

구조/제도

주관	객관
주관적 구조 – 가치관, 문화, 헤게모니 – 이념갈등	**객관적 구조** – 정치경제체제, 사회연결망 – 계급갈등, 권력갈등, 정체성갈등
주관적 행위 – 의도적 선택 – 신념갈등	**객관적 행동** – 합리적 선택 – 이익갈등

행위/행동

정치, 경제, 사회 체제의 구조적 요인에 따른 공동체 구성원 간의 다양한 형태의 분열과 그로 인한 갈등이 나타날 수 있다. 예로써 소득 계층(즉, 중산층 대 근로자층)과 인종(즉, 흑인 대 백인)이라는 두 가지 차이를 통해 다음과 같은 세 가지 유형의 분열을 구분해 볼 수 있다. 첫째, 구분이 중복됨으로써 분열 요인이 축적되는 경우로서, 양 분열 요소 간 강화 효과로 인해 갈등의 정도도 그만큼 확대된다. 둘째, 중간 수준의 분리가 이루어지는 경우로써, 분열의 요인이 중첩되는 소수 집단(즉, 흑인 근로자층)에 의한 때로는 폭력을 동원한 극한적 저항이 발생하거나 아니면 무기력한 체념이 나타날 수 있다. 셋째, 상호 교차적으로 구분이 이루어지는 경우로써, 분열의 다원화(즉, 흑인 중산층, 흑인 근로자층, 백인 중산층, 백인 근로자층)에 의해 그만큼 갈등 유발의 가능성이 낮다. 따라서 자본주의 경제체제에서 나타나는 빈부 격차와 성, 지역, 인종, 종교 등 사회 연결망 간 격차가 중복되는 '축적된 분열'이 이루어지지 않도록 다원화하는 것이 공공갈등을 예방하는 지름길이다. 물론 이와 같은 분열 요인의 중복은 객관적 구조뿐만 아니라 주관적 구조의 요인에 의해서도 이루어질 수 있다.

셋째, 개인의 주관적 행위 수준에서 나타나는 갈등이다. 사적 부문에서는 '성희롱' 여부를 둘러싼 당사자 간의 갈등을 들 수 있다. 개인의 주관적 행위에 의해 유

여했다. 그러나 김희강(2010)에 의하면, 정체성의 정치는 집단이기주의의 다름 아니며, 진정한 심의 민주주의는 구조적 불평등으로 야기된 집단의 사회집단의 문제에 초점이 주어져야한다고 한다.

발된 공공갈등의 예로서 도롱뇽 서식에 위해를 가져올 여지가 있다는 이유로 '천성산 터널 공사'에 반대하는 지율 스님의 단식 농성과 그로 인한 공사 중단 사례를 들 수 있을 것이다. 이와 같은 경우는 의사결정 과정을 투명하게 함과 동시에 과학적 분석에 의해 객관성을 높임으로써 정책결정에 대한 (천성산 터널 사건의 경우 환경영향평가 결과 등에 대한) 의혹을 줄이는 반면에 신뢰를 바탕으로 한 '설득'의 리더십이 필요할 것이다.

넷째, 개인의 객관적 행동 수준에서 나타나는 갈등이다. 경제적인 이익 배분을 둘러싼 개인 혹은 집단에 의해 빚어지는 이익갈등의 대부분이 여기에 해당한다. 도시 재개발 사업 추진과정에서 철거민들과 추진 당국 간에 갈등으로 인해 빚어진 '용산참사'와 그밖에 많은 입지 선정(siting) 관련 공공갈등 사례들이 전형적인 예가 된다. 이 경우에는 보상에 의한 유인체계가 일차적으로 적용되지만, 이익 배분과 관련된 의사결정 과정에 당사자들이 참여하도록 함으로써 기회균등 보장에 대한 정당성을 확보할 필요가 있다.

이상에서의 각 유형별 공공갈등은 다음과 같이 다른 수준에 보다 근본적인 원인이 배경을 이루는 경우도 있다.

첫째, 개인 수준의 객관적 선택 행동으로 인해 객관적 구조 수준의 갈등이 유발되는 경우이다. 예로써, 주민들의 주요 소득원이기 때문에 해당 지역 공해 유발 공장에 대해 묵인함으로써 유지되던 '무의사결정' 상태에 어떤 변화로 인해 균형이 깨지면서 잠재해 있던 갈등이 표면화 하는 경우를 상정해 볼 수 있다. 구성원들이 문제를 인식하고는 있으면서도 갈등이 표면화하지 않는 무의사결정의 경우는 공익에 역기능적이다. 따라서 무의사결정의 원인을 제공하는 요인을 제거(즉, 주 소득원의 다원화)에 더하여 잠재하고 있는 갈등의 원인(즉, 공해 유발 제거)을 없애기 위한 노력도 아울러 기울여야 한다.

둘째, 지배적인 기존의 사회 규범에 대한 개인들의 주관적 신뢰에 변화가 이루어지면서 갈등이 발생하는 경우이다. 예로써, (의사 등) 전문 직종에서 남성이 여성보다 더 유능할 것이라는 믿음이 저하되면서 (수련의 채용 등에서의) 성 차별이나 구별에 관련된 갈등이 유발될 수 있다. 이와 같은 요인에 의한 갈등을 해소하는 방법은 공동체에 보다 보편적인 가치규범이 사회화되고 또한 그에 부합하는 제도화가 이루어지도록 해야 한다.

셋째, 주관적인 구조 수준의 갈등이 객관적인 개인 수준의 행태에 의해 유발되는 경우이다. 정치인들이 개인적 이익을 추구하기 위해 (재)생산함으로써 한국 사회에 만연한 '지역감정'이 확대되는 경우가 좋은 예다. 최근의 조사에 의하면 100명의 행정전문가 가운데 56명이 지역갈등이 개인 혹은 집단 이익에서 비롯되는 것으로, 그리고 55명이 이념갈등이 개인 혹은 집단 이익에서 비롯되는 것으로 보고 있어 흥미롭다(라휘문, 2010). 이와 같은 원인에서 비롯되는 공공갈등을 해소하기 위해서는 개인행동의 배경을 이루는 이기심과 그로 인해 형성되는 사회 규범의 역기능을 폭로하는 공동체 구성원들의 노력이 필요하다.

넷째, 개인 수준의 주관적 행위가 객관적 구조 수준의 갈등을 초래하는 경우이다. 특정의 종교 혹은 가치관에 몰입한 개인이 자신이 바람직하다고 믿는 사회 변화를 이끌어내겠다는 사명감에서 비롯된 의도적인 행위에 의해 거시 수준의 공공갈등이 초래되는 경우이다. 군인(즉, '한국의용병' 참모중장)으로서 일제의 침략을 막아야겠다는 사명감에서 이토 히로부미(伊藤博文)를 저격함으로써 일본의 한국 식민지화에 제동을 걸고자 했던 안중근 의사의 행위를 계기로 일제에 대한 한국인들의 정체성 갈등이 강화된 경우를 예로 들 수 있다. 전술한 바와 같이, '천성산 터널' 공사에 반대하는 단식 농성을 통해 환경보호와 국토이용 간 우선순위라는 공공갈등을 야기한 사례나 일부 종교인들이 '남북문제' 타결을 위한 불법 입북으로 인해 '국가보안법' 등에 대한 이른바 '남남갈등'을 촉발시킨 사례 등이 여기에 해당할 것이다. 이와 같은 개인의 주관적 행위로 인해 유발되는 공공갈등의 해소는 그 개인의 주관적 행위의 정당성에 대한 공동체 구성원들의 합의된 평가에 의해 해소될 성질의 것으로 보인다.

제3절 정책조정의 거버넌스와 리더십

앞에서 공공갈등의 개념, 발생하는 장과 대상, 그리고 원인을 진단하기 위한 개념적 준거 기준들을 살펴보았다. 이 절에서는 공공갈등을 해소하기 위한 정책조정 방안에 대해 검토해 본다. 공공갈등을 유발하는 원인을 분석하기 위한 준거 기준들을 검토하는 과정에서 각각의 특성에 적합한 해소 방안에 관해 이미 예시적으로 나마 논의가 이루어졌다. 따라서 여기서는 갈등보다 협력을 이끌어 내기 위한 정책조정에 기여할 거버넌스(governance) 체계와 그것을 구현하기 위한 공공리더십에 초점을 맞추어 논의한다. 다양한 유형을 상정해 볼 수 있겠으나, 전통적인 '국가' 중심의 하향적 거버넌스 및 리더십과 대안적인 새로운 거버넌스 및 리더십으로 크게 나누어 정리해 본다.

1. 전통적 거버넌스 체계와 지시적 리더십

공공갈등의 예방과 그것이 발생했을 때 해소하기 위한 정책조정 과정에서 전통적으로 적용해 온 거버넌스와 리더십은 '국가' 중심의 하향식(top-down) 관료제 방식이다. 공공갈등이 사회부문 혹은 '국가'-사회 간 관계에서 발생하는 경우에 '국가'가 중심이 되어 방안을 모색한다. 그리고 사회 영역이든 '국가' 영역 내부에서든 혹은 '국가'-사회 간 관계에 있어서든 발생하는 갈등을 관리하기 위해 계층제 원리를 적용한다. 리더십 발휘에 필요한 권력 자원으로서는 '경성권력(hard power)'에 의존한다(Nye, 2008). 실정법에 근거한 '법치'의 강조와 엄격한 집행 그리고 필요에 따라 강제력을 동원하는 것이다. 이와 같은 거버넌스 체계와 공공리더십은 위계주의 문화가 지배적으로 배태되어 있는 나라에서 흔히 발견되는 정책조정 방식이다(Hood, 1998: 4장). 동양 전통에서는 '법가(法家)'와 '병가(兵家)'의 지시적 리더십이 여기에 해당 하는 셈이다(박병련, 2009).

'국가기구' 내부에서 행정조직들 간에 갈등이 야기되는 경우는 그보다 상위 계층이 개입하여 하향식으로 조정한다. 한 부처 내에서 발생하는 부서 간 갈등을 그보다 한 등급 상급자 혹은 조직이, 그리고 부처 간에 갈등이 있는 경우는 국무총리실이나 대통령실이 개입하여 조정을 시도한다. 그리고 기초자치단체 간에 갈등이 발생하여 해소되지 않는 경우는 광역자치단체, 광역자치단체 간 갈등의 경우는 중앙정부가 각각 개입하여 조정을 시도한다.[9)]

이처럼 하향식의 계층제적 조정 방식에 익숙한 나라에서 자주 적용하는 접근방법으로 조직 통폐합이 있다. 행정업무의 유사성이 높거나 중복된 배분으로 인해 갈등이 발생하고 조정이 여의치 않은 경우에 흔히 시도한다. 새로운 국정과제가 추가된 경우(예: 녹색성장, 기후변화협약 대응 관련 정책 갈등 등), 부처 간 협력이 필요하지만 주무부처를 명확하게 규정하기 힘든 경우(예: 정보통신 관련 정책을 둘러싼 문화관광부, 행정안전부, 지식경제부 등의 정책 갈등 등), 모호한 관할권을 놓고 한정된 예산을 활용하는 과정에서의 부처 간 갈등이 발생하는 경우(예: 녹색성장 정책 추진과 관련한 국토해양부와 환경부 간의 관할권 다툼과 예산확보 갈등 등) 등의 경우에 관련 조직들을 가능한 한 통폐합하려고 한다. 계층제 문화가 지배적인 한국 행정에서 한 사람의 상급자(예: 장관)에 의한 하향식 내부 조정이 서로 다른 기관에 소속된 하부 조직들 간의 횡적 조정에 비해 훨씬 쉽기 때문이다.

그렇다고 하더라도 다양하고 복잡한 기능을 수행하는 현대 '국가' 행정에서 조직 통폐합의 대상 범위에는 일정한 한계가 있다. 무리한 통합을 통해 당시에 자주 발생하는 갈등을 조정하기가 쉬워질 수는 있을지라도, 각 부서별로 추구하는 부여된 교유 기능과 그에 따른 공공의 가치 가운데 일부를 훼손할 우려도 있다. 예로써, 환경보존과 국토개발 혹은 대기업 중심의 산업정책과 중소기업 중심의 산업정책처럼 본질적으로 상충하는 특성을 지닌 경우에 발생하는 갈등은 자연스럽고도 순기능적인 측면이 있다. 이와 같은 갈등을 단지 쉽게 조정하려는 목적에서 무리하게 조직 통합을 시도하는 경우 일부 기능이 위축될 여지가 많다. 대개 중장기적 기획 기능보다는 단기적 현안 중심의 기능, 보존보다는 개발, 분배보다는 성장, 안전과

9) 이처럼 상위 계층에 의한 정책조정 방식은 프랑스나 한국처럼 계층제 문화가 지배적으로 배태된 나라에서 많이 발견 되는 방식이다(Caiden and Wildavsky, 1974; Hood, 1998: 4장).

절약보다는 이용을 추구하는 행정 기능이 한 조직 내에 포함될 경우에 기관장은 전자보다 후자를 우선적으로 고려하는 경향이 있다.

한국에서 중앙–지방 관계는 특히 공공갈등의 규모와 관련해서 중요한 의미를 지닌다. 주지하는 바와 같이, 오랜 역사를 통해 집권화된 중앙–지방 간 관계가 민주주의 이행 이후 꾸준히 지방자치화 및 기능분권화가 촉진되고 있다. 그러나 아직도 많은 공공갈등이 중앙정부 수준까지 비화되고 그 수준에서 해결을 요한다. 비교론적 시각에서 보면, 의당 지방수준에서 유발되고 지방정부수준에서 해결될 수 있는 공공갈등이 한국에서는 굳이 중앙정부 수준에서의 해결을 요구하면서 전국 수준의 갈등으로 규모가 확대되고 비용도 치루는 형태로 발전한다.

최근의 전형적인 예로서 '용산 참사'를 들 수 있다. 이 사건의 일차적 원인이 용산역 부근의 도시재개발 사업일진대, 서구의 민주주의 국가라면 마땅히 지방정부 수준에서 제기되어 지방정부 수준에서 추진되었을 것이고, 공권력의 동원이 필요했다면 지방경찰 차원에서 수습되었을 것이다. 이처럼 본질적으로는 지방정부 수준의 사안임에도 불구하고 굳이 중앙정부 수준의 사안으로 '격상'되어 전개되는 현상의 배경에는 중앙집권 체제의 오랜 역사에서 배태된 정치행정문화가 자리 잡고 있다. 그러나 문화 탓으로만 돌리기에는 용산 도시재개발 사업이 시작에서 참사 발생에 이르기까지 중앙과 지방의 행정기관들이 제도적으로나 운영 면에서 산만하게 얽히고설킨 상태에서 벌어진 일이었다. 이처럼 문화적으로나 실제적으로나 한국은 여전히 '소용돌이의 정치'를 극복하지 못한 채로 남아 있다.[10] 공공갈등의 규모가 전국 수준으로 확대되기 이전에 해당 공공문제의 주변에서 작은 규모로 해결될 수 있도록 하기 위해서는 '지방스러운' 일들은 지방정부가 그리고 '중앙스러운' 일들

10) '소용돌이 정치(the politics of the vortex)'란 1950년대에서 1960년대 초반에 이르기까지 한국에서 근무했던 헨더슨(Gregory Henderson)이라는 미국 외교관이 귀국해서 펴낸 저서(Korea, 1968)의 부제목이다. 이 책에서 저자는 전통적으로 강한 사회적 동질성과 중앙집권적 특성에 의해 한국은 원자화된 개인들로 구성된 대중사회의 특성을 지닌다고 본다. 이처럼 원자화된 대중사회에서 개인이나 가족은 중앙권력으로의 진출에 전력을 기울이게 되었고, 결과적으로 사회 전체가 마치 소용돌이처럼 중앙권력으로 (서구와는 달리 사회집단이나 지방자치단체 같은 중간 매개체가 여의치 않은 상태에서 곧바로) 집결되는 성향이 있다는 주장이다. 40 여 년 전 한 서양인의 눈에 비쳤던 이와 같은 한국정치의 특성이 우리의 정치적 생활세계에 지금도 여전히 존재하고 있음에 놀라지 않을 수 없다. 크던 작던 대부분의 사안들이 중앙정부 수준으로 마치 회오리바람 일듯이 집결되는 현상을 목격하게 되는 것이다(정용덕, 2009a).

은 중앙정부가 각각 분담하여 책임지고 수행할 수 있도록 해야 한다.

'국가'와 사회 간 혹은 사회 내부에서 발생하는 공공갈등에 대한 '국가' 주도의 하향식 조정은 민주주의 국가라면 당연히 합법성을 바탕으로 이루어져야 한다. 그것이 강제력을 동원하는 경우라면 더더욱 그러하다. 그러나 과거 권위주의 시대의 정책조정은 법치를 넘어서는 경우도 많았다. 더 나아가, 형식적인 합법성 여부를 떠나 지나친 공권력의 동원은 설령 그것이 전체 국가발전에 이익이 되는 경우라 하더라도 새로운 공공갈등의 원인이 되기도 한다. 패도(覇道)의 리더십이 왕도(王道)의 리더십을 능가할 수 없다는 동양의 지혜를 참고할 만하다(박병련, 2009: 22-27). 예로써, 1979년에 발생한 'YH무역 신민당사 농성 사건'에 대해 정부가 경찰력을 투입하여 진압함으로써 한국에서 인권 문제와 노동자들의 계급의식을 촉발시키는 계기가 되었으며, 그 이후 보다 광범위한 노사 갈등의 씨앗으로 비화된 사건을 들 수 있다.

민주주의 이행 이후부터 공공갈등의 해소 과정에서 합법성에 따라 공권력이 적용되는 경향이 늘고 있다. 반면에 사회 영역에서 불법적 집단행동이 늘고 있다. 과거 권위주의 시대의 '권위'는 쇠퇴한 반면에 아직 새로운 권위는 형성되지 않은 채로 있는 셈이다(박길성, 2010). 후기민주주의 시대에 '국가기구'와 시민사회 모두가 법을 존중하는 기본 인식부터 갖출 필요가 있다.

'국가' 행정에 있어서 '권위'는 인체에 있어서 '혈액'에 해당한다(Etzioni-Halevy, 1985). 공공갈등을 해결하기 위한 '국가'의 엄격한 법 집행이 실효성을 확보하려면 권위가 뒷받침되어야 한다. 권위는 국민으로부터 '정당성'을 인정받을 수 있을 때 확보된다(Weber, 1994). 60년 남짓의 비교적 짧은 기간에 달성한 압축 발전 과정에서 '국가' 행정은 합법성과 합리성이라는 근대 '국가'로서 마땅히 갖추어야할 정당성 기반이 취약한 경우가 많았다. 후기민주주의 시대를 열어가는 21세기 한국에서 '국가' 행정이 공공갈등을 예방하고 해소하기 위한 법치의 준수와 공권력의 실효성을 높이기 위해 우선해야할 선결 조건이다.

2. 새로운 거버넌스 체계와 리더십

한국에서 공공갈등을 예방하고 해소하기 위한 '국가' 중심의 관료제형 거버넌스와 리더십은 민주화의 진전에 따라 점차 그 적용 범위와 실효성이 감소되고 있다. 더욱이 억압적인 공권력의 적용은 그것이 실정법에 근거한 경우조차도 국민적 순응을 얻어내기가 점점 더 힘들어지고 있다. 앞에서 지적한 것처럼, 과거 압축 발전을 추진하는 과정에서 부실했던 정당성의 기반이 오늘날 행정의 권위를 낮추는 요인으로 작용하고 있는 것이다. '법치국가'라면 당연히 존중되어야 할 엄격한 법 집행이 국민적 이해와 순응 위에서 효과적으로 수행되기 위해서는 무엇보다도 '국가' 행정의 보편성과 공직자들의 솔선수범을 통한 국민적 신뢰 증진이 선결조건이다.

이와 병행해서 새로운 대안적 거버넌스 체계와 공공리더십을 적극적으로 발굴하고 적용할 필요도 있다. 최근 서구 OECD 회원국 사이에서 강조되고 있는 '시장,' '설득,' '참여'에 의한 거버넌스와 리더십을 검토해 봄직하다. 이들 대안적 거버넌스의 적용이 늘어남에 따라 '국가'의 위상에 어떤 변화가 이루어지는가에 관한 흥미로운 논쟁이 최근에 이루어지고 있다. 대안적인 거버넌스 체계가 증가함에 따라 '국가'의 역할 범위와 정책능력이 축소되고 있다는 '사회중심' 시각과 반대로 이 대안들을 적절하게 활용함으로서 '국가'의 정책능력이 오히려 증대되고 있다는 '국가중심관계적(state-centric relational)' 시각 간의 논쟁이 그것이다(Bell & Hindmoor, 2009).

아무튼, 전통적 거버넌스와 리더십은 물론이거니와, 새로이 각광 받고 있는 이 대안들도 동서양을 막론하고 결코 새로운 이론이나 제도는 아니다. 그렇기는 해도, 이 시대에 새롭게 그 의미를 되새기고 새로운 시대적 환경에 적용하기 위해 개념화와 제도화가 검토되고 있는 것이다. 시장, 설득, 참여의 순으로 간략히 살펴보면 다음과 같다.

1) 시장기제의 거버넌스와 거래적 리더십

개인주의 문화가 지배적인 사회에서 원자화된 개인들 간의 경쟁과 교환 원리를 바탕으로 거버넌스 체계를 설계하는 방법이 있다(Hood, 1998). 자익추구적인 개인들의 합리적 선택 기제를 활용하여 공공문제 혹은 공공갈등을 해결하는 것이 가능하다(Schultze, 1977). 여기서는 경제적 보상과 유인이 거버넌스의 핵심 요인이며, 자연히 '거래적(transactional) 리더십'이 적용 된다(Bell & Hindmoor, 2009; Peters, 1996; Pierre & Peters, 2005; Van Wart, 2008).

한국에서 개인주의 문화의 유입은 비교적 일천한 역사를 지닌 편이지만, 자본주의 경제체제의 발달과 더불어 빠르게 제도화되고 있는 중이다. 공공부문의 경우는 특히 1987년 외환위기를 극복하는 과정에서 시장주의 거버넌스의 이른바 '강압적 동형화'가 시도되었다. 최근에 이르러 공공갈등을 해소하기 위해 보상과 유인을 바탕으로 하는 정책수단들이 동원되는 것을 볼 수 있다. 방폐장을 비롯한 쓰레기 소각장이나 화장장 같은 이른바 '혐오시설'을 특정 지역에 설치하고자 할 때 그 지역에 지역개발 등 그에 상응하는 보상을 통해 공공갈등을 해소하는 것이 전형적인 예다. 더 나아가, 경주 방폐장 입지 선정의 예에서 보듯이 입지 선정과 보상 규모의 결정에 지역 간에 자유경쟁 원리가 적용되는 경향도 늘고 있다.

보상과 유인을 바탕으로 하는 공공갈등의 해소 방식은 그것이 당사자들의 자발적 선택을 존중한다는 점에서 장점이 있다. 그럼에도 불구하고 이 접근방법에는 일정한 한계가 따른다. 우선, '국가'가 사회부문의 특정 집단이나 지역 혹은 계층에게 경제적 보상을 통해 갈등을 해결하기 위해서는 경성권력 자원(즉, 경제력)이 뒷받침되어야 한다. '국가'의 경제력이 뒷받침되는 경우에도 그 자원이 전체 국민으로부터 수취된 것이라면 형평의 문제와 상충하지 않아야 한다. 특히 '국가' 기구 간의 갈등이 그들 간의 상호 보상 방식에 의해 이루어지는 경우는 공익과는 무관하게 소위 '나누어 먹기' 식의 협상으로 타결될 여지가 많다. 예로써, 행정부에서 조직관리 담당 부처와 예산관리 담당 부처 간(조석준 · 임도빈, 2010), 혹은 국회에서 여야당 간 '상호 주고 받기 식'의 거래에 의해 갈등이 해소되는 – 그러나 공익과는 거리가 먼 – 경우가 그것이다.[11)]

---

11) 국회 예산심의 과정에서 흔히 나타나는 의원들 간의 '담합정치(pork barrel politics)'가 전형적 예가 될 것이다(정용덕, 2001: 981–4). 공직자들은 자신의 '정치적 비용 편익'의 집중 혹은 확산에 따라 공익과는 관계없이 공공갈등 문제에 개입하거나 방관 한다(Wilson, 1989; 정용덕, 2001: 1029–37).

2) 설득의 거버넌스와 관계적 리더십

이상에서 살펴 본 하향식 관료제 방식과 시장적 유인에 의한 공공갈등 조정은 모두 강제력이나 경제력이라는 '경성권력(hard power)' 자원을 필요로 한다. 이와는 달리, '연성권력(soft power)'에 의거하는 정책조정 거버넌스와 리더십에 의해 갈등을 해소하는 접근법을 생각해 볼 수 있다(Nye, 2008). 그 가운데 하나가 이른바 '설득'에 의한 거버넌스와 공공리더십이다(Bell and Hindmoor, 2009). 갈등을 사전에 예방하고 이미 발생한 갈등을 효과적으로 해소하기 위해 갈등의 잠재적 혹은 현재적인 당사자들을 협력으로 이끌어 내기 위한 정책의 조정자(즉 리더)의 설득을 강조하는 접근방법이다. 설득의 거버넌스와 리더십은 서양에서의 '카리스마(charisma)'나 동양에서의 솔선수범(率先垂範)의 리더십 개념에 부합 된다(박병련, 2009: 40-1).

리더로서의 정책조정자의 설득이 효과적이기 위해서는 그 대상자, 즉 추종자(followers)들과의 관계가 무엇보다도 중요하다. 우선, 정책조정자의 '타고난 자질'에서 나오는 개인적 '매력'이 추종자들의 의사결정에 영향을 미칠 수 있다(Nye, 2008). 이익 혹은 가치의 차이로 인해 정부나 다른 집단의 의견에 반대하던 사람(혹은 집단)이 정책조정자의 끌어 들이는 어떤 매력이나 힘에 의해 협력으로 입장을 바꾸는 경우가 그것이다.[12)]

흥미롭게도 이처럼 리더의 개인적 매력 혹은 카리스마에 의한 거버넌스와 리더십은 전근대적인 권위에 의거하는 방식으로서, 근대적 권위의 원천인 법과 합리성에 의한 관료제 방법에 의해 대체되어야 할 대상으로 간주되었었다(Weber, 1994). 그러던 것이 오늘날 탈근대주의 시대에 이르러 법에 근거하는 관료제 방식을 넘어서는 새로운 관리의 방식으로 새롭게 주목을 받고 있는 셈이다.

정책조정자(들)의 개인적 매력이나 카리스마에 의거하는 거버넌스와 리더십의 핵심은 정책조정의 대상자들의 마음을 움직임으로써 갈등을 해소하고 협력으로 이끈다는 점이다. 이 점은 장점이자 단점이 될 수 있다. 우선, 다른 방법들이 실정법

---

12) 또한, 지도자와 추종자들이 함께 공공문제를 인지하고 해결 방안을 모색해 가는 구성주의의 조직문화가 형성되어야 한다(Jun, 2005).

때문에 혹은 물질적인 유인 때문에 마지못해 추종하는 것인데 반해, 이 방법은 정책조정 대상자들의 마음 자체를 바뀌도록 하여 마음으로부터 '추종하도록' 만든다는 점에서 장점이 아닐 수 없다. 추종자들이 마음으로부터 이해와 협력이 이루어지는 경우에 다른 어떤 방법에 비해서도 더 변혁적으로(transformational) 그리고 효과적으로 갈등 해소에 기여할 것이다.

한국에서 인구규모 축소를 위해 1960년대부터 정부가 추진했던 '산아제한' 정책은 추종자들에 대한 보상이라는 유인체계도 활용했지만, 보다 근본적으로는 '둘만 낳아 잘 키우기' 등 캠페인을 통한 설득의 성공적 정책사례에 해당할 것이다. 오늘에 이르러서는 다시 인구 감소를 방지하기 위해 설득 내용의 '틀 다시 짓기(reframing)'가 필요한 시점에 처해 있다. 이처럼 설득에 의한 거버넌스와 리더십은 정책에 대한 틀 짓기의 적절한 활용에 크게 의존한다. 2008년부터 한국 정부가 '녹색성장' 정책을 표방함으로써 오랜 시기에 걸쳐 '보존 대 개발'이라는 이분법적인 가치관 갈등의 소재를 누그려 트리는 중이다(정용덕, 2009d; 김창수, 2010; 하민철 · 윤견수. 2010).[13] 미국의 예를 들면서 입법부와 행정부 간의 의견 대립이 있을 때 한국에서도 대통령이 국회의원들에게 직접 전화하여 설득할 것을 권하는 언론의 논평을 자주 본다. 그러나 전술한 것처럼, '버크식 원칙'에 의한 의회중심의 미국 의회와 '위임원칙'에 의한 정당중심의 한국 의회에서 대통령의 의원들에 대한 설득은 그 효과성이 큰 차이가 있을 것이다. 미국 대통령은 여야 의원을 막론하고 개별적으로 설득해야하고 또 효과성의 여지도 크다. 그와는 달리, 한국 대통령은 '당정 회의' 등을 통해 '타결'의 수준에서 여당과의 절충이 가능하고 또한 효과성도 크겠지만, 야당의원들에 대한 개별 설득은 그 실효성이 매우 적을 것이다.

추종자들의 마음이 바뀌도록 하는 것의 또 다른 함정이 있을 수 있다. 실제 정책의 내용은 바뀌는 것이 없는데 정책조정자의 수사(rhetoric) 혹은 상징정치 능력에 의해 당사자들이 마음을 바꾸는 경우에 언제든 갈등의 재발 여지가 있는 것이

13) 김창수(2010: 135)에 의하면, "인간의 인지 능력의 한계 때문에 프레임이 틀 지워주는 현상만을 바라보게" 되어 "보전주의 프레임으로 4대강 살리기 사업을 보게 되면 삽질하여 대운하의 기반을 닦는 것만 보이고 ... 개발주의 프레임에서 보게 되면, 예비타당성 조사나 사전환경성 검토라는 보전을 위한 절차적 장치의 위반을 가볍게" 보게 된다. 교육정책 분야에서 '틀 짓기' 혹은 '틀 다시 짓기'에 관한 분석을 위해서는 하연섭(2010)을 참고하기 바람.

다. 더 나아가 '마음을 바뀌게 한다'는 것이 단순히 일회성으로 행동의 변화를 가져오는 수준을 넘어 구성원들의 가치관이라는 구조 수준의 주관적 가치체계의 변화를 가져오는 경우에 이른바 '제3차원의 권력'으로 작용할 가능성도 있다(Luckes, 2007). 과거 중국의 '문화혁명' 과정을 예로 들 수 있거니와(Lindblom, 1977), 설득이라는 연성권력이 그렇게 "연한(soft) 것만은 아닐 수도" 있다(Mattern, 2007).

따라서 갈등 해소를 위한 설득의 거버넌스와 리더십이 순기능적이기 위해서는 공동체에 원활한 소통과 담론이 필요하다. 그래야 비로소 이른바 "가슴과 마음을 둘러싼 전쟁"(Luckes, 2007)이 공동체에 바람직한 방향으로 귀결될 수 있다. 설득에 의한 거버넌스와 리더십이 개인의 매력이나 수사력에 따른 일회적 갈등 해소가 아니라, 보다 지속적이고 궁극적인 해결책이 되도록 하기 위해서는 정책조정자에 대한 공동체 구성원들의 신뢰가 바탕이 되어야 한다. 아쉽게도 한국에서 거의 모든 공사부문의 행위자나 제도의 신뢰도는 매우 낮을 뿐만 아니라 점차 감소하고 있다. 시기별 국제비교에서 한국은 민주주의 이행 이전보다 이후에 오히려 사회적 신뢰도가 감소하고 있다. 압축 민주화에 의해 정부에 대한 신뢰가 급락하고 있으며, 이로 인해 국가경쟁력 저하와 경제발전의 저하라는 악순환의 고리가 이어지고 있다(박통희, 2009: 121). 행정전문가 100명 중 63명이 한국에서 세대갈등의 주원인으로 의사소통 부족을 들고 있다(라휘문, 2010).

신뢰는 정책조정자의 '귀속적 특성'에 더하여 그가 지닌 '능력, 정직성, 도덕성, 윤리성, 일관성 등의 성취된 특성'이 또한 기반이 된다(박통희, 2009). 정책조정자와 갈등 당사자들 간의 관계가 원활한 소통과 담론을 바탕으로 구성주의가 실현될 수 있을 때 비로소 신뢰가 확보될 수 있다. 한국이 신뢰를 증진하고 그래서 설득에 의한 효과적인 갈등 해소가 가능하기 위해서는 투명성 강화와 정보공개 그리고 공직자들의 공정성이 강화되어야 할 것이다.

3) 참여의 거버넌스와 변혁적 리더십

평등주의 문화가 지배적인 사회에서 조직 혹은 공동체 구성원들의 가능한 많은 참여를 통해 정책결정과 조정이 이루어지는 방식이다. 여기서는 전통적 관료제 방식의 하향식 통제와 감독을 지양하는 대신에 상향식 혹은 횡적 의사결정이 이루어지는 권한 부여(empowerment)의 거버넌스와 관계적(relational)이고 변혁적인 리더십을 선호한다.[14] 동양에서 전통적으로 강조되어 온 위임(委任), 혹은 수의(收議)형의 리더십에 부합한다(박병련, 2009: 31-40).

사회영역에서 개인이나 집단은 가능한 참여와 협의를 통해 스스로의 문제를 정의하고 해결 방안을 모색하여 추진함으로써 이른바 '정부 없는 거버넌스'를 지향한다(Peters, 1996). '국가'와 사회 간의 관계에서도 공공문제에 대한 사회 구성원들의 적극적인 참여(civic engagement)를 통해 상호 견제와 이해와 협력이 가능하도록 한다(Cooper, 2009). 그리고 '국가'기구 내부에서는 관련 부서와 구성원들의 참여를 통해 횡적 조정이 가능하도록 한다.

참여에 의한 거버넌스와 리더십이 가능하기 위해서는 구성원 간의 상호 신뢰를 바탕으로 하는 다양한 연대와 연결망(network)이 형성되어 있어야 한다. 이를 위해 '국가'는 사회영역에 대한 개입을 가능한 한 최소화여 사회 구성원들의 자발적인 문제해결 능력이 신장되도록 하는 것이 바람직하다. 의약분업 정책과정에서 본래 '국가'가 개입하였으나 정책조정이 여의치 않게 되자, 시민단체('경제정의실천연합')가 중재하여 의사회와 약사회 간의 합의가 이루어진 사례를 예로 들 수 있다.[15] 불가피하게 '국가' 개입에 의해 공공문제를 해결해야하는 경우에도 해당 정책영역별 정책공동체, 정책연결망, 사안연결망(issue network) 등의 참여에 의한 상호 이해와 조정을 극대화함으로써 갈등을 예방하고 조정한다. 이를 위한 좀더 체계적이고 제도적인 협의체로서 노사정위원회와 같은 삼자협상체계(tripartite system)를 정책영역별로 제도화하거나,[16] '의문사진상규명위원회'처럼 한시적인 협의기구를 만들어

14) 여기서는 대규모 계층제 조직보다는 분권화된 자기관리조직 혹은 참여조직, '보스중심주의', '선택주의 혹은 기회주의' 대신에 '공동체주의', '집단주의', '자율적 관리', '상호주의', '최대한의 직접 대면에 의한 책임성 확보' 등을 선호한다(Hood, 1998).

15) 이처럼 사회 구성원들 스스로가 문제를 찾아 해결하는 접근방식은 '사익정부(private interest government)' 개념에 해당 한다(Bell and Hindmoor, 2009: 8장).

16) 거시적 코포라티즘(macro-coporatism)에 해당하는 노사정위원회와 달리 정부의 세부 정책 영역별로 미시적 코포라티즘 체계를 제도화하는 것이 가능하다(Bell and Hindmoor, 2009: 8장). 한국에서 제도화되었던 '국가 코포라티즘'이 민주주의 이행 이후 점차 해체되고 있는 반면에 아직 '사회 혹은 민주 코포라티즘'은 제도화되고 있지 않다(Jung, 2010b).

갈등 해결 방법을 모색하는 방법도 가능하다(김정신, 2005). ‘국가기구’ 간 혹은 그 하부조직 간의 갈등을 예방하고 협력을 이끌어 내기 위해서는 구성원 상호간의 사전적 협의체를 권장할 필요가 있다. ‘관계장관회의’ 등의 다양한 횡적 협의체를 구성하거나, 계층제 조직을 지양하고 평면조직 혹은 ‘팀(team)’형의 조직화를 시도한다(Peters, 1996). 이처럼 ‘국가’와 사회의 영역 모두에서 그리고 ‘국가’와 사회 간 관계에 있어서 관련자들의 자발적 참여에 의해 상호 이해를 높이고 협의를 통해 정책을 결정하고 조정하는 경우에 공공갈등의 발생 혹은 재발 가능성은 그만큼 최소화될 것으로 기대된다.

그러나 평등주의에 의한 참여의 거버넌스와 리더십은 집합재를 위해 개인의 희생을 얻어내기가 어려울 수 있으며, 일탈 행위자 또는 이단자 등을 제외시키기 어려운 관계로 내부 분쟁과 분열에 취약하며, 기회주의적인 무임승차자들이 발생할 염려가 있다(정용덕, 2001: 794-8). 이러한 일반적 우려는 평등주의 문화와 그에 근거하는 거버넌스에 익숙하지 않은 한국에서 특히 많이 나타날 우려가 있다. 실제로 1980년대 말 이후 민주화와 더불어 많은 시민단체들이 형성되었으나 그 가운데 ‘시민’에 뿌리를 내린 단체가 얼마나 되는지는 의문이다. 시민단체들이 대부분 생존을 위해 ‘국가’ 기구와 자원에 쉽게 의존하려는 성향이 있으며, 자발적 조직으로서의 독자적 생존 능력이 부족한 것으로 보인다.

국무총리실의 지원 하에 각 부처들은 이해당사들의 참여를 통한 갈등해소를 촉진하기 위해 ‘갈등관리심의위원회’와 ‘사안별 갈등조정협의회’를 설치하도록 하고 있다. 그러나 1998년에 설립된 노사정위원회 활동의 부진에서도 알 수 있듯이 상호 이해가 엇갈리는 당사자들 간의 삼자협상체제가 아직은 한국에서 활성화되지 못하고 있다. 일본의 ‘심의회’ 활동에 비하면 부처마다 설치되어 있는 많은 자문위원회의 운영은 매우 부실하다.

또한, ‘국가’ 기구 간 혹은 기구 내부에서의 보다 적극적인 참여를 통해 갈등을 해소하려는 노력도 아직은 실효를 거두는 단계에 와있지 않다. 지난 10 여 년 동안 한국에서 팀제와 권한위임 등을 제도화하려는 노력이 있었다. 또한, 부처 간 교차근무를 통해 공무원들 간 상호 이해를 증진시키려는 노력도 기울였다. 2006년부터

비영어 사용권 국가로서는 처음으로 제도화한 '고위공무원단'의 목적 가운데에는 공무원들로 하여금 부처에 대한 강한 '소속' 관념을 해체함으로서 보다 넓은 시각에서 전체 국정에 대한 안목을 갖도록 하려는 의도도 포함되어 있다(Jung, 2010a). 그러나 이 의도가 과연 한국 조직의 강한 유기체적 규범 속에서 효과적일지는 아직은 의문이다. 일본의 이른바 '네마와시(根回し)'처럼 사전에 정책 관련 당사자들 간의 횡적 조정을 통해 갈등을 미연에 방지하는 관행도 한국은 미흡하다(정용덕, 2002). 특히 일본의 경우에 구성원과 해당 조직들 간의 적절한 균형과 안배가 하나의 기준으로 중시되는 전통도 한 몫 한다(Caiden and Wildavsky, 1974).

3. 선택과 종합

이상에서 공공갈등을 예방하고 해결하기 위한 네 가지 거버넌스와 리더십 유형에 대해 논의해 보았다(표 1). 이 밖에도 운명주의 문화가 지배적인 사회에서 흔히 적용되는 '의도된 무작위성'도 공공문제의 해결 방법으로 종종 사용된다(Hood, 1998: 145-70). 한국의 경우 많은 공공갈등을 예방하고 해소하기 위해 동원되고 나름대로 당사자들에 의해 수용되는 '제비뽑기' 방식이 한 예가 될 것이다(정용덕, 2001: 4장). 근대주의의 시각에서 보면 이 방식은 전근대적이고 비합리적인 전통적 거버넌스와 리더십의 한 유형으로 간주될 것이다. 흥미롭게도 최근에 탈근대주의 사조가 확산됨에 따라 인간들의 이성과 과학 발전에 의거한 미래 예측과 진보에 대한 회의와 더불어 새로운 관심이 제고되고 있다. 미국에서 20세기에 추진했던 많은 행정조직 개혁이 합리성과는 거리가 먼 마치 '쓰레기통'과도 같은 무작위적이고 우연적인 과정을 통해 이루어졌고(March and Olsen, 1983: 281-95), 그 결과로서 나온 개혁(안)들의 목적이 불분명하거나 표방한 경우에도 개혁의 목적과 대안(혹은 실제 개편)이 일치하는 경우가 별로 없다는 연구 결과(Thompson, 1993: 484)도 같은 범주에 포함 된다(정용덕, 2004).

전통적이던 새로운 것이던 그 어떤 거버넌스와 공공리더십 유형도 공공갈등 해소를 위한 유일한 최선의 정책조정 방식이 될 수는 없다. 상황과 목적에 따라 적절한 방법을 선정하고 때로는 종합하여 적용하는 이른바 '식시(識時)' 혹은 맥락지성의 발휘가 필요하다(박병련, 2009; Nye, 2008). 공공갈등을 해소하기 위해 경성권력과 연성권력을 적절하게 조합하는 이른바 '영특한 권력(smart power)'이나 "시대를 읽고, 좌표를 설정하는" 이른바 '시무(時務)'의 능력은 공공갈등을 초래하는 특정의 공공정책이 지닌 역사적 특성과 비교론적 보편성을 동시에 감안하는 지혜와 통찰력에서 나온다.

그런 가운데에서도 거버너스와 리더십 유형에 따라 특히 효과적으로 적용이 가능한 공공갈등 유형을 모색해 볼 수 있다(표 1). 민주적 절차와 기본권 등에 관한 법집행이라는 경성권력 자원에 의존하는 전통적 거버넌스와 리더십은 권력갈등과 정체성갈등 해소에 특히 유리할 것이다. 경제적 보상이라는 또 다른 경성권력 자원에 의존하는 거버넌스와 리더십은 이익갈등이 특히 효과적이다. 사람들의 마음을 움직이는 설득에 의존하는 거버넌스와 리더십은 신념갈등이나 이념갈등 해소에 효과적일 것으로 보인다. 참여의 거버넌스와 리더십 역시 신념갈등 및 이념갈등 해소에 효과적일 것이다. 추첨의 방식도 이익갈등의 한 방법이 될 수 있다.

〈표 1〉 공공갈등 해소를 위한 정책조정의 거버넌스와 리더십 유형

유형		거버넌스 체계	공공 리더십	문화	정책 수단	정당성	권력원	특히 적용 가능한 공공갈등
전통모형	계층	'국가'중심, 근대관료제	법가/병가, 지시적 리더십	위계주의	법집행, 공권력	법, 도구 합리성	경성 권력	권력갈등, 정체성갈등
새로운 모형	시장	'국가'중심관계, 시장	거래적 리더십	개인주의	보상, 유인	기회균등, 도구 합리성	경성 권력	이익갈등
	설득	'국가'중심관계, 설득	유가/솔선수범, 변혁적/관계적	'구성주의'	소통, 수사, 매력, '틀 짓기'	카리스마, 진정성	연성 권력	신념갈등, 이념갈등, 정체성갈등
	참여	'국가'중심관계, 연결망	위임/수의, 관계적/변혁적 리더십	평등주의	담론, 연대, 참여	실질 합리성	연성 권력	이념갈등, 신념갈등, 권력갈등
	추첨	'국가'중심관계, 복잡계?	수동적 조정형 리더십	운명주의	의도된 무작위	기회균등	상대성	이익갈등

이와 같은 지혜와 통찰력은 공공갈등에 좀더 직접 관련된 업무를 수행하는 공직자들에게 필수적인 요건이기도 하다. 미국 인사관리처(OPM)가 꼽은 고위공무원단(SES)에 진입하는 공무원들에게 필요한 다섯 가지 '관리자 핵심 자질(ECQ)' 가운데 '연합 구축 및 소통(Building Coalition/Communication)'이 포함되어 있음을 참고할 만하다.[17] 연합형성 및 소통 능력이란 공동의 목표를 달성하기 위해 조직 내부 및 여타의 행정기구, 지방정부, 비영리 및 사적 영역 조직, 외국 정부기구, 국제기구들과 연합을 형성할 수 있는 능력을 의미한다(www.leadership.opm.gov/SpecialOfferings/LEADCertificate/index.aspx).

이들 핵심 자질을 배양하기 위한 연방공무원교육원(FEI)의 '리더십 교육 및 개발 인증 프로그램(Leadership Education and Development Certificate Program)'의 핵심 과목 중에 '촉진적 리더십(Facilitative Leadership),' '조직문화 이음(Bridging Organizational Cultures),' '건설적 갈등을 통한 영도(Leading Through Constructive Conflict),' '조직 경계를 넘어선 협력(Collaborating Across Organizational Boundaries)' 등이 포함되어 있는 것도 참고할 만하다.[18] 또한, 최근 미국에서 대학 행정학 교육 프로그램들이 '협력적 공공관리'(Bingham and O'Leary, 2008) 혹은 '협력적 거버넌스'(Jung, Mazmanian and Tang, 2009)와 그것을 실현하기 위한 공공리더십(Morse et al., 2007)을 강조하는 경향도 마찬가지 맥락에서 이해할 수 있다.

---

17) 다섯 가지 핵심 자질에는 '변화 주도(Leading Change),' '사람 선도(Leading People),' '결과 유도(Result Driven),' '사업 감각(Business Acumen)' 등도 포함되어 있다. 이 핵심 자질들은 고위공무원단 진입뿐만 아니라 많은 부처와 기관에서 선발, 성과관리, 그리고 고위직을 위한 리더십 개발 등도 활용되고 있다(www.opm.gov/ses/recruitment/ecq.asp#ecq5).

18) '조직 경계를 넘어선 협력'은 다영역간의 협력적 리더십을 배양하기 위한 과목이고, '촉진적 리더십'은 집단들 안에서 신뢰, 협력 등을 구축함으로써 리더의 영향력과 성과를 극대화하는 것을 돕는 과목이다. '조직문화 이음'이라는 과목은 공조직, 사조직, 그리고 비영리조직들 사이에서 창조적인 파트너십 확립하기 등을 비롯한 여러 시각에서 조직의 경계를 넘어 협력하는 데 있어 당면하는 어려움과 가능성에 대한 수업이다. '건설적 갈등을 통한 선도'는 갈등관리에 대하여 사고하는 색다른 방법을 제공하는 과목이다(정용덕, 2009c).

제4절 이 책의 구성과 내용

민주주의 이행 이후 한국에서 만연하게 나타나는 다양한 형태의 공공갈등을 효과적으로 예방하고 해결하기 위해서는 무엇보다도 그 공공갈등의 양상과 원인 그리고 정책조정의 효과성에 대한 과학적 분석이 필요하다. 여기에 더하여 맥락지성 혹은 시무의 능력이 발휘되는 거버넌스 체계와 리더십이 가능해야 한다. 다양한 성공 혹은 실패 사례들을 발굴하여 그 원인을 규명하고 교훈으로 삼는 이유가 여기에 있다. 이 책은 바로 이와 같은 목적에서 쓰여진 것이다. 여기에 수록된 18개의 사례연구 결과를 정치적 특성에 따라 유형화하여 구성하면 다음과 같다.

제1편은 관료정치 수준에서 전개된 공공갈등 사례들이다. 김동욱과 성욱준, 장현주, 김석주의 연구 결과가 여기에 포함될 수 있을 것이다. 김동욱과 성욱준은 '방송통신융합(IPTV: Internet Protocol TV)' 정책을 추진하는 과정에서 부처간, 사업자간, 그리고 부처-사업자간의 갈등이 중층적으로 얽혀 있었으나, 그 핵심은 부처 수준의 관할권 갈등이었음을 확인시킨다. 이 갈등의 해소, 특히 정보통신부와 방송위원회간의 첨예한 대립을 조정하는 과정에서 부처간의 직접 협상이나 제3자 조정기구(즉, 멀티미디어정책협의회, 방송통신융합추진위원회, 국회 방송통신특별위원회 등)의 조정 역량은 한계가 있었고, 결국 두 부처의 조직 통합(즉, 방송통신위원회로의 통합)을 통해 갈등을 내부화함으로써 비로소 해결할 수 있었다고 분석한다. 김석주도 전자정부 사업 추진과 관련된 부처간의 갈등으로 인해 정책의 지연, 중복 투자 등을 초래하고 궁극적으로 성과 면에서 부정적 영향을 미친다고 본다. '전자정부 11대 과제'로 추진된 '인터넷 민원서비스 사업(G4C)'의 사례의 경우, 핵심은 정보공동이용센터의 운영관할권과 정보공동이용기관간 갈등으로 분석한다.

장현주는 '문화재관람료 징수' 및 '표준운임제 도입' 사례처럼 사회영역에서 유발되지만 국가기구 내부의 문제로 연계되는 갈등의 해결 기제로서 협력적 거버넌스(collaborative governance)의 수사적 규범성과 현실 처방성간 간격을 분석한다.

협력적 거버넌스의 현실 처방성을 제고하기 위해서는 정부의 적극적인 조정자로서의 역할 인식과 시각 전환이 필요함을 강조한다.

제2편은 의회정치 혹은 정당정치 수준에서 발생하는 공공갈등 사례들이다. 이선우와 김동영의 연구를 여기에 포함시킬 수 있다. 이선우는 현장에서의 실무 경험을 토대로 갈등조정 과정에 필요한 일곱 가지 조건을 제시한다. 사전조정, 기본규칙 설정, 조정대표 및 중립적 조정자의 선정과 조정자의 신뢰확보, 갈등조정위원회의 위상, 갈등당사자집단 상호간의 주장에 대한 이해, 합의안 도출을 위한 숙의적 방법 활용, 조정대표들의 책임성 확보 및 조정자의 역할이 그것이다. 이 조건들을 '한탄강댐 건설', '국립서울병원 설립', '밀양 765kv 송전선로 건설', '하남시 광역화장장 유치', '경인운하(아라뱃길) 건설' 등의 갈등 사례에 적용한다. 김동영은 지방자치단체에서 집행부와 의회 간에 소위 '여소야대' 정국이 형성 되었을 경우에 발생하는 공공갈등과 그 해결책에 대해 여러 사례 분석 결과를 예로 들면서 논의한다.

제3편은 집단정치 수준에서 전개된 공공갈등 사례들이다. 강문희, 심준섭과 김지수, 정지범, 배귀희/임승후, 박정훈/정용운, 홍준형, 하혜영의 연구를 포함시킬 수 있다. 강문희는 남양주시의 소각잔재매립장 입지선정 및 건설 과정에서 발생한 공공갈등은 시 당국이 경제적 합리성에만 주로 주목하고 갈등관리의 중요성은 경시했기 때문에 초래되었다고 진단한다. 집행단계에 이르러서야 비로소 이미 불거진 갈등을 봉합하기 위해 행정조치들이 취해졌지만, 오히려 지역주민의 불신을 심화시켰다. 최후 수단으로 적용된 법원의 판결도 정책사안의 합법성만 적시해줄 뿐 구체적인 이해관계의 조정은 여전히 당사자들간의 해결 과제로 남았다. 협상과 타협 그리고 제3자 개입을 통한 기존의 방법 외에 좀더 구체적인 정책단계별 갈등해소 전략의 필요성을 강조한다. 심준섭과 김지수는 공공갈등에서 당사자들이 인식하고 있는 갈등의 상황, 갈등의 표출 및 관리 태도나 행태는 그들의 인지적 틀 짓기(frame)에 의해 해석된 결과이며, 그로부터 영향 받음을 강조한다. 청주시 화장장 건립을 사례로 갈등 단계별로 당사자들의 인식 프레임을 8가지로 구분하여, 갈등의 전개 과정에서의 틀 다시 짓기(reframing) 및 변화 과정을 분석한다. 정지범은 공간적 · 시간적 · 집단적 형평성의 문제, 폐쇄적 입지선정 절차에 따른 민주성의 문

제 등이 주요 원인으로 작용하는 입지갈등 문제의 전형으로 방폐장 입지 문제를 들 수 있다. 한국과 스웨덴 사례를 모두 보상을 통한 형평성 문제 해결, 개방적 절차를 통한 자발성 고양, 적절한 수준의 경쟁 활용, 주민 친숙성을 고려한 위험소통 정책 등을 통해 해결에 도달한 경우이다. 배귀희와 임승후는 한탄강댐 건설 과정에서 전개된 공공갈등을 해결하기 위한 협력적 거버넌스의 형성과 진화 과정을 분석한다. 갈등의 표면화/표출기, 갈등의 심화기, 갈등의 격화기, 갈등의 조정기 등의 4가지 시기별로 연결망 분석을 활용하여 실증분석을 시도한다. 거버넌스 구조로서의 연결망에서 중심성을 차지하는 조직들은 공식적인 조정권한을 부여받거나 정당성을 높이는데 기여할 수 있거나 교환할 수 있는 자원을 확보한 행위자이었음을 확인한다. 협력적 거버넌스의 과정에 참여하는 행위자들이 공식적 혹은 비공식적으로, 그리고 반복적으로 맺고 있는 관계와 이로 인한 상호의존성에 대한 세밀한 관찰과 분석이 필요함을 역설한다. 협력적 네트워크의 형태 및 관리주도조직은 단일한 모습이 아니라 갈등이 전개되는 양상이라는 시간적 맥락과 문제해결기제의 도입이라는 제도적 맥락을 반영하여 각 상황에 적합한 모습으로 변화하고 있기 때문이다.

홍준형은 법정책적 시각에서 환경정책 분야에서의 갈등 조정에 특화된 제도와 절차의 마련 여부, 효과적 조정의 여지 및 그 원인, 그리고 대안 등의 쟁점들에 초점을 두어야 한다고 본다. 이러한 쟁점들을 해결하기 위해 갈등조정에 관련된 기존의 제도와 기구, 절차 등을 그 실태와 함께 분석 비교하고 그 대안을 모색하고 있다. 하혜영은 환경분쟁해결에서 제3자 개입방식인 조정에서 분쟁당사자들 간의 조정성립에 영향을 미치는 주요 요인을 중앙환경분쟁위원회가 17년간(1991—2007) 처리한 706개 분쟁사건을 대상으로 정교하게 분석한다. 분석결과 성공적인 환경분쟁 조정이 성립되기 위해서는 분쟁의 특성과 환경적 요인 등을 고려하여 제3자가 조정안의 내용과 수준을 신중히 결정하여야 할 것임을 강조한다.

박정훈과 정용운은 이상의 사례들과 다를 뿐만 아니라 그 해법에서도 독특한 접근을 시도한다. 정부의 학자금 대출 정책을 사례로 선정하여 이 정책이 학생들의 등록금 부담을 완화시켜 사회적 형평성을 제고할 수 있으나, 정부의 재정부담을 증가시킴으로써 재정건전성을 악화시킬 염려가 있다고 본다. 이와 같은 정책갈등의 문제를 신용보증공급, 대손위험률, 대출금리 등의 변화에 따라 필요한 정부의 재정 부담을 추정하는 시뮬레이션 모형을 통해 분석하여 국가장학기금의 재정적 건전성과 사회적 형평성을 모두 제고하기 위한 정책 대안을 제시한다.

제4편은 이데올로기 정치 혹은 운동 정치 수준에서 전개되는 공공갈등 사례들이다. 임도빈과 허준영, 하민철과 윤견수, 이민창, 정익재, 윤순영, 김정수를 포함시킬 수 있다. 임도빈과 허준영은 2008년에 미국산 쇠고기 협상결과에 대한 시민들의 저항과 반발 그리고 광우병에 대한 공포로 촉발된 '촛불시위' 사례를 분석한다. 지도부 없이 자발적으로 거리에 나선 시위참가자들에게 정부는 초기 갈등 인지 및 대응 시점이 매우 늦었을 뿐더러 전통적 관리방식의 입장에 집착하여 주로 조율되지 않은 '회피'나 '통제'전략을 사용함으로써, 결국 파국으로 치닫는 계기가 되었다고 본다. 정부가 보다 적절하게 대응하기 위해서는 갈등에 대한 민감성을 높여 정책과정 전반에 걸쳐 인지 및 해소를 도모할 수 있는 갈등관리에 대한 고려가 필요함을 강조한다. 김정수는 '미국산 쇠고기 수입과 관련된 광우병 파동'과 '스크린쿼터 축소를 둘러싼 갈등'이 국민의 감정에 대한 정부의 무관심과 몰이해에서 비롯되었다고 본다. 감정공동체로서의 대중은 감성적 소통을 바라는 반면 정부는 문제해결에 초점을 맞춘 이성적 소통에만 집중하기 때문에 양자 사이에 갈등이 심화된다. 국민의 감정을 잘 고려하는 '감성 정부' 혹은 '감성지능적 정부'로의 변신이 필요함을 강조한다.

이민창은 의사결정에 영향을 미치는 제도변수(즉, 규범와 유인)를 조합하여 네 가지 갈등상황을 도출하고, 그것을 적용하여 '방사성 폐기물 관리 시설 입지 선정' 과정을 분석한다. 분석결과 유인과 규범이 모두 약한 상황에서 정책갈등이 시작되어 강한 규범과 약한 유인 상황에서 갈등이 확산되었으며, 강한 규범과 강한 유인 상황에서 입지 선정에 성공했다고 본다. 윤순진은 2005년의 '중 · 저준위 방사성 폐기물 처분장 후보부지 선정' 과정에서 전개된 반핵운동이 소기의 성과를 이루지 못한 이유는 운동 내외적 요인과 환경의 변화로 반핵운동의 입지가 축소되고 반핵담론이 협소화된 데 있는 것으로 진단한다. 향후 도시인들이 원전의 위험성을 자신의 문제로 받아들일 수 있도록 교육과 홍보활동이 필요하며, 사회적 과제로 제시되는 사용 후 핵연료의 안전하고도 민주적인 처분을 위해 감시견 역할을 수행해야 할 것을 제안한다.

정익재는 '천성산 터널 공사'와 관련된 공공갈등 사례분석을 통해 위험 문제에 대한 사회적 관심이 인터넷 환경에서 증폭되는 과정을 분석한다. 인터넷의 특성으로 인하여 일반인의 관심 표출은 용이하지만 반대로 소수 적극적인 의견에 연쇄 반응하는 집단행동으로 연결되어 사회 차원의 광범위한 갈등을 유발할 수 있음을 보여준다. 윤견수와 하민철은 '녹색성장 정책'을 성장 프레임과 보호 프레임의 충돌, 즉 딜레마를 극복하기 위한 메타프레임(meta-frame)으로 이해하고, 프레임의 관점에서 녹색성장 정책 추진을 재해석한다. 이 정책은 녹색성장이라는 가치의 통합을 이루는 데는 성공하였지만, '4대강 정비사업'이라는 대안을 둘러싸고 찬성('4대강 살리기')과 반대('4대강 죽이기') 프레임 사이의 충돌에 갇힘으로써 다시금 딜레마 상황에 빠질 위험에 처했다고 본다. 이후 녹색성장 정책이 메타프레임으로서 효과적으로 작동하기 위해서는 서로 충돌하는 대안들을 공통의 범주로 묶고, 갈등하는 행위자들을 하나로 묶을 수 있는 방법들을 찾아야 함을 강조한다.

이상에서 4가지 정치 유형에 따라 18가지 공공갈등 사례들을 분류하여 간략하게 그 내용을 소개했다. 독자들은 각각의 사례를 정독하는 과정에서 각 사례별로 공공갈등이 어떻게 발생하였고 어떻게 해결될 수 있었는가에 대해 간접 체험을 할 수 있을 것이다. 독자들이 이처럼 다양한 공공갈등의 원인과 해법이 있을 수 있음을 확인하고, 그것을 향후 교훈으로 삼을 수 있다면, 이 책의 의도는 일단 성공한 것이라고 할 수 있다.

제 1 편
관료정치와 공공갈등

제 2 장

방송통신 융합 정책

김동욱 · 성욱준
(서울대학교 행정대학원 교수 · 박사과정)

제1절 서　론

2008년 9월 8일 방송통신위원회가 KT, 하나로텔레콤(현 SK broadband), LG데이콤(현 LG U+)을 IPTV(Internet Protocol TV)사업자로서 선정함에 따라 4년을 넘게 끌어오던 IPTV 도입 논란이 일단락되었다. 2004년 하반기에 본격화된 IPTV 정책 갈등은 방송통신 융합의 새로운 변화가 해당 정책영역의 논의에 어떤 영향을 주는지를 보여주는 대표적 사례라 할 수 있다. 정보통신기술(ICT)의 발전과 방송통신융합이라는 새로운 현상으로 신규서비스 도입을 둘러싼 사업자 간 갈등과 관할권의 유지 · 확장을 위한 부처 간 갈등이 어떻게 증폭되고 해소되었는지 IPTV 사례는 잘 보여준다.

IPTV는 광대역 통신망을 통해서 멀티미디어 콘텐츠를 제공하는 서비스로 기존 TV의 방송과 영상 서비스 외에도 VOD서비스, 전자결제, 문자서비스 등의 다양한 양방향 콘텐츠를 제공하는 서비스라 할 수 있다. 통신과 방송은 오랜 기간 별도의 규제체제 하에서 독립된 형태로 그 영역을 유지해왔다. 더구나 통신과 방송은 서로 상이한 네트워크를 중심으로 서비스와 콘텐츠를 제공하며, 방송은 불특정 다수에게 일방적으로 제공되는 서비스의 형태로 통신은 상호간의 1:1 소통을 위주로 하는 전화서비스의 형태로 성장해왔다. 따라서 독립된 서비스를 규율하는 법이나 규제기관도 독립적인 형태로 발전하였다. 하지만, IPTV는 통신망을 통해 방송서비스를 제공하고 있으며, 이 경우 전기통신사업법과 방송법 중 어떤 법률을 적용하고, 정보통신부와 방송위원회 중 어느 기관의 규율을 받느냐에 따라 도입방법과 규제의 강도가 정해지게 되는 불확실한 상황에 놓이게 된다.

한편 IPTV를 둘러싼 정책갈등이 복잡하고 오랜 기간 동안 전개되었던 만큼 정책갈등 관리 또한 다양한 조정기제와 방법을 통해 이루어졌다. 국무조정실의 멀티미디어정책협의회(2004.12~2005.2), 국무조정실 방송통신융합추진위원회(이하 융추위, 2006~2007.[1]), 국회 방송통신특별위원회(이하 국회 방통특위, 2007.3~2007.12)와 방송통신위원회의 설립(2008.3)까지 IPTV 갈등관리를 위한 다양한 기구들이 만들어졌다. IPTV를 둘러싼 다양한 당사자들의 이해관계가 첨예하였고, 정책쟁점 사안 또한 단기에 해결되기 힘든 복잡한 양상을 띠었던 만큼 그 갈등의 해소 과정 또한 다양한 과정과 방법을 거칠 수밖에 없었다.

이 논문은 IPTV 서비스 도입을 둘러싼 논쟁이 본격화되었던 2004년 9월부터 IPTV 서비스의 상용화가 이루어진 2008년 9월까지 전개되었던 정책갈등 구조와 전개과정을 살펴보고, 이를 통해 정책갈등 관리의 시사점을 살펴보고자 한다. 우선 정책갈등의 구조를 갈등주체(부처수준, 사업자 수준)와 갈등쟁점으로 나누고 IPTV 정책 지연을 가져온 IPTV 갈등 구조의 특징이 무엇인가를 살펴본다. 그리고 정책갈등의 해소과정을 갈등조정 기제를 중심으로 살펴봄으로써 정책갈등 관리에서의 함의를 모색한다.

---

1) 여기에서 방송통신융합추진위원회의 활동기간을 2007년 4월로 잡은 것은 융추위에서 IPTV 도입방안이 4월 5일에 나온 것을 기준으로 한 것이며, 융추위는 이후에도 콘텐츠와 관련된 후속 논의를 계속하게 된다.

제2절 이론적 논의와 연구문제

1. 선행연구와 이론적 논의

방송통신융합 환경에서 일어나는 정책갈등에 대한 기존의 연구는 주로 ICT의 발전에 따른 새로운 미디어나 서비스의 등장과 변화, 이로 인한 갈등의 등장에 주목하였다. 따라서 갈등의 전개양상과 갈등의 새로운 구조를 파악하는데 중점을 둔 연구들(주정민, 2001; 홍기선 · 황근, 2005, 정인숙, 2005; 황준석외, 2005; 정상윤 · 정인숙, 2005; 성지은, 2006; 정인숙, 2006; 이상호 · 김재범, 2006; 김동욱외 2008; 박승권 2009)이 다양하게 이루어져 왔다. 이러한 연구들은 통신과 방송의 융합으로 인한 경계의 소멸현상이 사업자 간 갈등, 통신과 방송 분야의 규제기관인 정보통신부와 방송위원회의 부처 간 갈등을 일으키며 상호간에 복합적인 갈등을 야기하고 있음을 보여준다. 따라서 위성 DMB나 IPTV와 같은 융합 서비스 사례들에서 갈등 당사자들의 이해관계와 갈등쟁점들을 둘러싼 갈등이 어떻게 전개되었나를 중심으로 연구를 진행하였다.

하지만, 방송통신융합으로 인한 갈등연구에서 갈등의 원인과 전개, 갈등주체와 갈등쟁점에 대한 연구들에 비해 갈등들이 어떻게 해결되어 갔으며, 그 과정에서 갈등의 조정이나 관리가 어떠한 방식으로 성공 혹은 실패하게 되었나에 대한 연구는 그동안 많지 않았던 것으로 보인다. 따라서 최근 일련의 연구들이 방송통신융합 환경 하에서의 갈등의 관리에 주목하고 있는 것은 바람직한 현상으로 여겨진다. 정상윤 · 정인숙(2005)은 방송통신융합서비스에서의 갈등관리 유형을 통제형 · 타협형 · 회피형 · 협동형 갈등관리로 나누고 IPTV 사례에 적용하였다. 이를 통해 방송통신융합 갈등에서 협동형 갈등관리를 바람직한 유형으로 보고, 대안으로서 제3자형 갈등관리를 한 방안으로 제안하였다. 정국환외(2008)는 IPTV를 포함한 방송통신융합 갈등사례들의 검토를 통해 방송통신융합분야의 갈등관리 시스템을 구축하고자 하였다. 특히, 방송통신위원회가 직접적인 갈등의 당사자가 되는 경우에는 방송통신 융합관련 갈등관리기구로서 중립성을 확보하기 위하여 제3의 기관을 구성하는 방안을 제안하였다. 정국환외(2009)는 일반 공공정책 갈등 관리방안에서 확립된 갈등관리 시스템을 디지털 전환정책에 적용하여 정책이슈와 시사점을 도출하면서 중립적인 갈등조정기구의 구성, 전문가에 의한 과학적 사실 확인, 다양한 공론조사 설계 및 시행, 국민의 신뢰 확보 등을 정책적으로 제언하였다. 이렇듯 최근의 방송통신융합을 둘러싼 정책갈등 연구들은 융합미디어나 서비스 사례에 대한 전개양상을 넘어 일반적인 갈등관리 방법들을 방송통신융합 갈등에 적용하려는 시도가 이루어지고 있다. 이 중 제3자형 갈등관리에 대한 관심은 방송통신융합분야가 아닌 다른 정책갈등 분야의 관리방안으로 제3자적 조정이 강조(주재복 · 홍성만, 2001; 이선우 2001; 박진 · 채종헌 2006)되어 온 것과 연장선상에 있다 하겠다.

한편, 갈등의 조정 방안으로서 양자 간 협상과 제3자적 조정 외에 조직개편을 통한 갈등의 관리에 주목한 연구들도 있다. Rogers(1982)는 조정전략을 상호조절, 연합, 통합으로 나누고 통합전략에 가까울수록 높은 공식화, 권력집중, 합의된 목표가 강조되고, 상호조절에 가까울수록 낮은 공식화, 권력분산, 각각의 목표가 강조된다고 하였다. 박재희(2000), 유홍림 · 윤상오(2006) 등의 연구들도 정책조정 도구로서 유사 기능의 부처 통합이나 조직 · 기능개편을 들고 있다. 김동욱 외(2007)의 경우 기관 간 경쟁의 해소방안을 기관 간 협력, 상위의 조정방안 마련, 관련 부처 기능들의 통합으로 나누고 기존 부처 간의 경쟁 및 갈등의 부정적 측면 해소를 위한 마지막 수단으로서 조직 개편을 고려할 수 있다고 주장하였다.

선행연구들을 통해 방송통신융합 분야의 갈등관리의 방식을 정리하면 당사자 간 협상, 제3자의 개입과 조정, 조직 개편으로 나눌 수 있다. 먼저, 이해 당사자 간 협상을 통해 자율적인 방식으로 갈등의 관리가 이루어질 수 있다. 이 경우, 행위자들은 어떠한 쟁점들에 대해 어떠한 방식으로 협상하고, 협상의 결과를 어떻게 실현할 것인지에 대해 최대한의 자율성을 가지고 갈등을 해소해 나가게 된다. 이는 모든 갈등의 관리에 있어 우선적으로 고려되는 방식이지만, 당사자 간의 이해관계가 첨예하고 갈등 쟁점이 양보될 수 없는 핵심적 이해일 경우 갈등이 장기화될 가능성이 크다. 둘째, 제3자의 개입과 조정을 통한 갈등관리 방식이 있다. 제3자의 개입을 통한 갈등 관리 방식은 제3자적 조정기구의 상시성과 조정구조, 조정 방법에 따라 다양하게 나눌 수 있다. 조정기구의 상시성에 따라 임시 기구와 상설 기구로 나눌 수 있으며, 갈등관리의 구조에 따라 당사자 간 갈등을 조직 내부의 상위 조직·기구의 집권적인 조정을 통해 해소하는지, 외부로부터의 전문가 영입을 통해 조정안의 마련 등을 통해 갈등을 해결하는지로 나눌 수 있다. 갈등의 제3자의 개입정도와 방식에 따라서는 알선과 조정, 중재의 방식으로 나눌 수 있으며 알선과 조정, 중재의 특징이 복합적으로 혼용되어 갈등 조정에 사용[2]되기도 한다. 셋째, 조직의 개편을 통한 갈등관리 방식이 있다. 조직 개편의 방식은 당사자 간의 조직의 기능을 재분배함으로써 조직의 기능 개편을 통해 갈등관리가 이루어지기도 하고, 해당 조직들의 통합을 통해 조직간 갈등을 조직 내 갈등으로 내부화함으로써 갈등 문제를 해결하기도 한다. 조직개편의 관리방식은 조직 환경의 빠른 변화에 조직이 효과적으로 대처하지 못함으로써 분산된 기능·구조의 역기능이 크다고 판단될 때 갈등 관리 방식으로 기능할 수 있다.

2. 연구문제와 분석틀

2004년 9월 KT가 IPTV 상용화 기술을 선보임으로써 수면 위로 떠오른 IPTV 갈등은 2008년 9월 방송통신위원회가 사업자를 선정하기까지 만 4년여에 걸쳐 기나긴 정책갈등과 정책지연을 겪었다. 행위자 수준에서 정보통신부, 방송위원회, KT·하나로텔레콤 등의 통신사업자, 케이블TV를 비롯한 방송사업자 등이 IPTV도입을 둘러싸고 대립하였다. 정책쟁점 수준에서는 IPTV의 성격과 적용법률, 통합기구, 허가방식, 사업권역, 자회사 분리, 망 동등접근, 콘텐츠 동등 접근 등 법제화와 사업 활성화를 둘러싼 사안들이 복합적으로 상호작용하며 IPTV 도입과정에서 다

2) 알선: 단순히 갈등 당사자 간의 만남을 주선하기만 하고 갈등의 해결에는 참여하지 않음. 조정: 제3자가 참여하여 갈등 당사자 간의 의견을 조정하여 일정한 협상안을 내놓되 협상안에 구속되지는 않음. 중재: 제3자가 일종의 사적 재판관이 되어 당사자 간의 갈등에 대해 법적 구속력 있는 결정을 내리고 당사자들이 이에 따르게 됨. 조정적 중재: 조정의 결과로 도출된 합의안이 중재와 같은 법적인 구속력을 갖는 방식. 중재적 조정: 법적인 결정권은 없으나 제3자가 당사자에게 합의안을 제시하는 방식. 이 외에도 조정적 중재와 같이 조정에 의한 합의안이 일정부분 구속력을 갖는 혼합적 방식 등도 사용될 수 있다.

루어졌다.

IPTV의 상용화 정책을 둘러싸고 왜 이토록 기나긴 갈등과 지연을 거듭하였을까? 또 이렇듯 이해관계자 간의 첨예한 대립으로 풀리지 않을 것 같던 IPTV 정책갈등은 어떠한 과정을 통해 해결될 수 있었을까? 정책갈등의 해소 과정에서 다루어졌던 다양한 조정기제들은 어떠한 역할을 통해 갈등의 해결에 기여할 수 있었을까? 그리고 IPTV 정책갈등을 통해 우리는 방송통신융합 시대의 정책갈등과 해결에 대한 어떠한 정책적 함의를 얻을 수 있을까? IPTV도입과정에서의 정책갈등을 둘러싼 행위자와 쟁점들을 검토함으로써 IPTV 갈등을 장기화시킨 갈등구조의 특징을 논의하고, 행위자와 쟁점들에 대한 갈등이 어떻게 해소되어 갔는지 살펴보는 것이 이 논문의 목적이다.

〈그림 1〉 IPTV 정책갈등의 구성

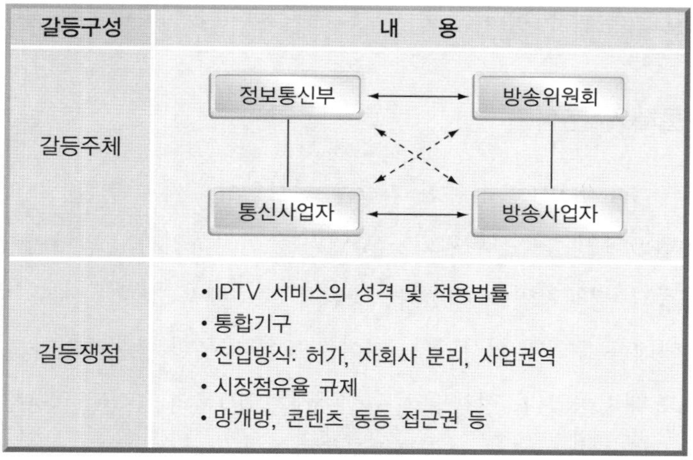

IPTV 도입과정에서 갈등관리 방식들을 시기에 따라 살펴보면, 국무조정실의 멀티미디어정책협의회(2004.12~2005.2), 정보통신부와 방송위원회 간의 양자 협상, 방송통신융합추진위원회(2006.7~2007.4), 국회 방송통신특별위원회(2007.3~12), 방송통신위원회(2008.3~2008.9)의 5단계로 나눌 수 있다. 이 중 멀티미디어정책협의회는 정보통신부와 방송위원회의 갈등의 초기 단계에서 관련 부처들의 협의 기회

를 제공하고자 구성되었다. 멀티미디어정책협의회는 일종의 임시적 상위기구를 통한 제3자적 조정이라고 볼 수 있을 것이다. 하지만, 이러한 조정은 정보통신부와 방송위원회 양 당사자 간의 첨예한 의견 대립과 입장차이로 성과를 얻지 못하고 실패하였다. 이후 정보통신부와 방송위원회는 부처 간 방송통신정책협의회[3]를 구성하고 고위정책협의회와 실무협의회를 통해 양자간 협상을 시도하였으나 합의에 이르지 못하였다. 2006년 7월에는 IPTV 정책지연을 중립적 시각에서 재정리하고 갈등을 해결하기 위하여 방송통신융합추진위원회가 구성되었다. 융추위는 제3자적 조정기구로서 중립적이고 전문적인 시각을 가진 민간 전문가를 중심으로 IPTV도입에 관련된 조정안을 마련하려 하였다. 국회 방송통신특별위원회의 경우 이해 당사자 간의 의견을 듣고 합의를 여전히 중시했다는 점에서 조정의 성격을 가지고 있으나, 입법적 해결을 도모하려 하였다. 입법의 경우 법적 강제력을 가진다는 점에서는 법적 중재의 성격을 가지고 있었다. 한편, 방송통신위원회는 부처 간 수준의 갈등을 해소하기 위한 조정기구들의 갈등관리의 결과인 동시에 사업자 수준의 갈등의 조정하기 위한 규제기관으로서 조정 역할을 하게 된다.

〈표 1〉 IPTV 정책갈등의 관리

시기	2004.12 ~2005.2	2005.2 ~2006.7	2006.7 ~2007.4	2007.3 ~2007.12	2008.3 ~2008.9
갈등관리 기제	멀티미디어 정책협의회	정통부-방소위 정책협의회	방송통신융합 추진위원회	국회 방송통신 융합특별위원회	방송통신위원회
갈등관리 방식	제3자 조정	당사자간 협상	제3자 조정	제3자 조정	조직개편

3) 방송위원회와 정통부는 2월 16일 방송 통신정책협의회를 열고, 분기별로 한 차례씩 노성대 방송위원장과 진대제 정통부 장관이 참석하는 방송 통신고위정책협의회를 개최키로 하면서 이같이 결정했다(전자신문 2005.2.17).

제3절 정책갈등의 전개와 갈등구조

1. IPTV 정책 갈등의 개요

방송통신융합 환경에서 새로운 IPTV 서비스의 도입과 관련된 정책갈등은 2004년 9월 KT가 ITU텔레콤 아시아 2004 행사에서 IP망을 이용한 멀티미디어 방송서비스 기술 시연회와 상용화 계획을 발표함으로써 본격화되었다(2008, 김동욱외). 이에 대해 케이블TV협회의 즉각적인 견제가 있었고, 이는 곧 통신과 방송의 관할 기관인 정보통신부와 방송위원회 간의 의견대립으로 이어졌다. 부처간 대립을 해소하기 위한 멀티미디어정책협의회(2004.12)가 국무조정실 산하에 마련되었으나 별 성과를 거두지 못하였다. 이후 갈등은 양 부처간의 협상과 협의를 통해 해결하게끔 맡겨졌지만 수차례에 걸친 양 부처간의 정책협의회가 성과를 거두지 못하고 갈등은 장기화되어 갔다. 이에 2006년 초부터 대두된 방송통신융합추진위원회의 설립 논의는 7월에 이르러 현실화되었으며, 방송통신융합추진위원회에서는 그동안의 논의를 정리하여 방송통신통합기구에 대한 법안과 IPTV도입에 대한 정책방안을 제시하며 갈등해소를 위한 돌파구를 열게 된다. 이를 토대로 국회 방송통신특별위원회가 구성되었고 방송통신특별위원회에서의 논의는 몇 차례 진통을 겪은 후에 2007년 12월 인터넷멀티미디어방송사업법(IPTV법) 제정으로 마무리된다. 곧이어 방송통신위원회 설립에 관한 법안이 2008년 국회를 통과하고 3월에 방송통신위원회가 설립됨으로써 IPTV를 둘러싼 부처간 갈등은 일단락하게 된다. IPTV 도입에서의 정책갈등은 이후 방송통신위원회에서의 시행령 제정과 9월의 사업자 선정을 거쳐 마무리되었다. 이 사례는 정보통신부, 방송위원회, 통신사업자, 방송사업자 등의 다양한 이해관계자가 IPTV 서비스의 개념 및 도입방법, 공정경쟁 문제 등의 다양한 이슈를 두고 대립한 대표적인 방송통신융합 갈등 사례라고 볼 수 있다.

〈표 2〉 IPTV 주요일정

날 짜	주요일정
2004.9.7.	KT ITU 텔레콤 아시아 2004에서 IPTV 시연회를 가지고 상용화를 선포
2004.12.12.	케이블TV업계 'IPTV에 대한 케이블방송업계의 입장'을 통해 IPTV의 방송법상 동일규제 주장4)
2004.12.27.	국무조정실 산하 멀티미디어정책협의회 구성
2006.3.2.	정보통신부, 광대역융합서비스(BCS)사업법안 공개
2006.7.28.	방송통신융합추진위원회 구성
2007.1.16.	IPTV 도입방안에 대한 정보통신부 입장 발표
2007.3.2.	국회 방송통신특별위원회 설치
2007.3.7.	방송위원회 주최, IPTV 등 통신망 이용 방송서비스 도입 및 유료방송 규제개선 정책마련을 위한 토론회 개최
2007.3.27.	방송위, IPTV 도입을 위한 정책방안 및 방송법 개정의견(안) 발표
2007.4.6.	방송통신융합추진위원회 IPTV 서비스 도입방안 발표
2007.12.28.	인터넷멀티미디어방송사업법(IPTV법) 국회 본회의 통과
2008.3.29.	방송통신위원회 출범
2008.6.27.	방통위, IPTV법 시행령 제정
2008.9.8.	방통위, IPTV법 사업자 선정

2. IPTV 갈등과정에서 행위자 양상의 특징

IPTV와 관련된 행위자를 보면 크게 방송진영과 통신진영의 두 부분으로 구성된다. 방송진영의 주요 행위자들은 방송위원회, 케이블TV사업자로 구성되고, 통신진영은 정보통신부, KT · 하나로텔레콤 등 IPTV 사업자, 관련 통신 장비 기업들로 구성된다. 이렇듯 IPTV 정책갈등의 경우 대립되는 양 진영 간의 경쟁이 분명하지만, 한편으로 중층적이고 복합적인 이해 당사자 간의 관계 구조를 가지고 있었다. 이런 의미에서 IPTV정책과정에서 행위자 측면은 단순한 방송-통신 진영의 갈등이라고 단정 지을 수 없는 중층적 갈등의 측면을 가진다.

1) 부처 수준: 방송통신융합 분야의 관할권을 둘러싼 갈등

부처 수준에서 정보통신부와 방송위원회 간의 관할권 갈등이 IPTV 정책과정에

4) 디지털타임스(2004.12.13)

서 주요한 갈등 원인이 되었다. 통신과 방송의 주무 부처로서 정보통신부와 방송위원회는 해당분야에 대한 관할권을 행사하며 정책과 규제 기능을 담당하여 왔다.[5] 기존에 존재하던 통신과 방송의 영역이 분명하게 구분되던 시기에는 통신-방송 주무부처가 각자의 영역에서 적절한 관할권을 가지고 양립하는 것이 가능하였다. 정보통신부는 1990년대부터 본격화된 정보통신기술 발전과 R&D를 통해 산업성을 강조하였고 방송위원회는 방송이 가진 사회적 영향력과 공익성을 기반으로 탈산업적인 부분을 강조하며, 각각의 영역에서 수직적인 규제체계를 유지해 나갈 수 있었다. 그러나 방송통신융합 기술이라는 말이 의미하듯이 통신과 방송의 경계를 희미하게 하는 기술과 서비스들이 나타남에 따라 이들을 통신과 방송 중 어느 부문에 포함시키느냐를 둘러싼 관할권의 확보 경쟁이 본격화되었던 것이다.

2) 사업자 수준: 서비스 상용화를 둘러싼 갈등

IPTV 정책과정에서의 주요한 또 다른 갈등은 사업자 수준에서 일어난다. 이는 KT와 하나로텔레콤 등 IPTV 서비스를 이른 시간 내에 상용화시키려는 통신진영과 IPTV의 상용화가 가져올 시장잠식의 위험성에 대응하여 방송시장 주도권을 유지하려는 케이블TV 사업자 진영의 첨예한 대립으로 나타난다. IPTV란 초고속 통신망을 통해 방송콘텐츠를 포함한 다양한 콘텐츠를 제공하는 서비스이다. 따라서 기존의 방송시장을 선점하고 있던 케이블TV 진영은 IPTV가 가진 실시간 방송 서비스 외에 VOD(방송 다시보기), 방송 시청 중 인터넷 연결을 통한 즉각적인 정보제공, SMS, 게임, 전자 결제 등의 새로운 부가 서비스가 자신들의 시장을 잠식하는 것은 물론 케이블TV사업의 흥망을 좌우할 수 있다고 판단하였다. 더구나, 막대한 매출액과 자금동원력을 가진 몇 개의 거대 사업자가 큰 영향력을 행사하는 통신시장과는 달리 케이블TV시장은 전국에 걸쳐 77개로 나누어진 권역에서 권역별로 한개 혹은 복수의 종합유선방송사업자(SO)가 서비스를 제공하고 있었다. 따라서 대규모 통신사업자들의 IPTV를 통한 방송시장 진입은 기존 케이블TV 시장의 잠식으로 이

5) 정보통신부는 독임제 기관, 방송위원회는 합의제 기관으로 각각 통신과 방송 영역에서 진흥이나 규제 기능을 함께 수행하였다.

어질 수 있었다. 통신진영으로서는 정체된 통신시장에 대한 돌파구를 마련하고, IPTV 기술과 서비스 시장의 선점 효과를 위해 가능한 빠른 시간 내에 국내 상용화와 외국시장 진출을 이루려 하고 있었다. 더구나, 이전 위성DMB 사례에서 보듯 상용화의 지연은 신기술 서비스의 파급력을 약화시키고, 새로운 수요의 창출에 부정적으로 작용하여 사업의 실패로 이어지리라는 부담을 안고 있었다. 결국, 케이블TV 사업자는 IPTV의 방송시장에의 진출을 막고, 혹시 진출하게 된다 하더라도 경쟁력을 갖춘 디지털케이블TV 서비스를 준비할 때까지 시간을 확보하려 하였다. 이를 위해 갈등을 가능한 길게 끌고 가면서 IPTV 서비스의 시장진입이 이루어지는 경우에도 최대한 자신들과 유사한 규제를 받도록 하는 것이 필요했다. 즉, 케이블TV가 가질 수 있는 전략은 IPTV 상용화를 가능한 한 지연시킴으로써 경쟁할 수 있는 시간을 확보하고, 통신시장에서의 시장점유율 전이와 같은 불리한 환경의 가능성을 배제하면서 자신과 동일한 시장크기, 동일 규제를 받도록 하는 것이었다.

3) 복합적 · 중층적 갈등

IPTV도입과정은 부처간의 관할권 경쟁과 사업자 간의 시장 상용화를 둘러싼 갈등에 더하여 부처 수준과 사업자 수준의 갈등이 서로 얽혀서 갈등 양상을 더욱 복잡하게 하였다. 정보통신부는 주요 정책 대상자인 통신사업자들의 이익을 무시할 수 없었고, 통신 사업자들도 시장 진입을 꾀하는데 비교적 단순한 통신 관련법을 적용 받기를 원하였다. IPTV가 통신법의 적용을 받을 경우 전기통신사업법 상의 전송사업자로서 등록을 통해 서비스를 할 수 있었다. 반면, 방송법을 적용 받을 경우 방송사업자로서 방송위원회의 추천과 정보통신부의 허가를 받아야하는 이중적 부담을 지는 것이었다. 한편, 방송위원회의 경우 방송의 공익성이라는 가치의 문제와 방송사업자의 존속이라는 현실적 이유로 IPTV 서비스를 조기에 허용할 수 없었다. 방송위원회는 시청자의 시청권, 방송의 사회문화적 영향력 등을 중시하는 방송의 공공성에 비추어 방송의 상업화 논란을 일으킬 수 있는 통신 기술의 일방적 수용에 조심스러울 수밖에 없었다. 케이블TV 사업자 또한 방송 부문의 주무부처인 방송위원회의 영향력 하에 있었고, 방송위원회가 주요 정책 대상자로서의 케이블

TV사업자의 이해를 고려할 것이라는 기대에서 방송위원회와의 같은 입장에서 IPTV정책 문제를 바라보게 된다.6)

〈표 3〉 행위자 수준의 경쟁 양상 및 주요 행위자 목표

부처수준	방송통신융합의 새로운 정책영역에 대한 관할권 경쟁
정보통신부	방송통신융합을 방송이나 통신과는 다른 제3의 영역으로 규정하고 새로운 법제(예: 광대역융합서비스사업법)의 마련을 통해 해당 영역의 선제적 영향력 확보
방송위원회	IPTV를 방송통신융합의 새로운 서비스로 보기보다는 멀티미디어 방송의 일종으로 보고, 기존 방송법의 개정을 통해 해당 영역에 대한 관할권 확보
사업자 수준	방송통신융합 서비스의 상용화를 둘러싼 경쟁
통신사업자	IPTV 서비스의 조기 상용화 및 도입에 있어 진입방법, 콘텐츠 확보 등에 있어 유리한 환경 조성
방송사업자	IPTV 서비스 상용화의 저지 → 상용화 경우에도 최대한 지연 → 도입시 기존의 케이블TV의 진입 규제와 동일 선상에서 상용화하도록 하여 시장 잠식 저지와 경쟁력 확보

3. IPTV 정책과정에서 갈등 쟁점의 특징

IPTV를 둘러싼 갈등 쟁점은 갈등 초기에는 IPTV서비스의 성격과 적용 법률에

6) IPTV정책과정을 둘러싼 부처와 사업자 간의 복합적인 갈등 양상은 두 가지 면에서 특징을 지닌다. 첫째, 부처와 사업자 간의 역할 관계에 대한 문제이다. 즉, 부처와 사업자의 관계는 IT산업 초기에 정부부처가 주도하여 R&D지원 및 시장 형성을 도와주고 산업계가 기술 개발 및 신제품의 출시를 통해 전체 통신 산업의 발전을 꾀하는 것과는 다른 양상을 지녔다. 기존의 부처 주도의 경우에 부처는 해당 기술에 대한 전반적인 이해와 상용화를 염두에 둔 선(先)정책방안을 마련한 뒤 시장지원을 함으로써 사업자가 해당 기술이나 서비스, 제품이 개발될 경우 이를 즉각 법 · 제도적으로 연결시킬 수 있었다. 하지만, 방송통신 융합 환경 하에서는 사업자가 먼저 기술을 개발하고 서비스를 준비하여 관할 기관에 상용화 협조를 요구하게 되었다. 즉, 변화된 정책 환경에서는 정부 부처가 주도하여 계획을 수립하고 사업을 수행하기보다는, 민간과 시장 부문에서 해당 기술이나 서비스에 대한 준비를 한 후 해당 주무 기관에 시장진입이나 허가를 요구하게 되는 경향이 나타났다. 이 경우 정부부처는 해당 기술에 대한 이해와 규제 메커니즘에 대한 일종의 학습 시간과 준비가 필요하고, 사업자가 필요로 하는 상용화까지의 기간은 훨씬 더 길어질 수밖에 없었다. 둘째, 복합갈등에서의 이해관계 문제이다. 방송통신 융합 환경에서 주무 부처와 사업자 간의 입장의 일치를 단순하게 사업자 입장의 부처 수용 혹은 부처 입장의 사업자 수용이라고 보아서는 곤란하다. 특히, 사업자 주도가 자신의 이해관계를 해당 규제 기관에 설득시킴으로써 사업자의 이해를 규제기관에 투영시키는 기존의 포섭이론과는 다르다. IPTV도입 정책과정에서 관련 부처는 사업자 입장을 그대로 반영하여 동일한 주장을 반복하기보다는 더 근원적인 문제에 초점을 맞추고 있다. 즉, IPTV라는 새로운 방송통신융합 서비스에 대해 자신의 영향력을 확대하고, 나아가 자기 부처에 생존에 영향을 미칠 수 있는 사안에 대해 선점함으로써 관할권을 확대하고 부처의 생존을 도모하려는 보다 분명한 조직 목표를 가지고 있었다.

관한 논의가 주를 이루었으나, 논의가 진전되고 서비스 도입이 가시화됨에 따라 자회사 분리나 사업권역, 망 동등접근권 등의 구체적인 도입방식을 둘러싼 쟁점들이 다루어졌다. IPTV 정책갈등에서 논의되었던 주요한 정책이슈로는 IPTV의 성격, IPTV 적용 법률, 통합 기구, 면허 방식, 사업권역, 진입규제(자회사 분리, 소유제한, 겸영제한), 시장점유율 규제, 네트워크 동등접근권, 콘텐츠 동등접근권 등이 있다. IPTV도입 정책 쟁점의 논의는 몇 가지 특징을 가지며 이러한 특징들은 IPTV 논의를 더욱 지연시키고 복잡하게 만들었다.

1) ICT 발전으로 인한 IPTV 서비스 성격의 모호성

1990년대 이후 급속한 ICT의 발달은 기존 행정 내부의 변화를 가져온 동시에 타 정책 분야와의 경계 소멸을 불러왔다. 전자의 일례가 전자정부 사업이라 한다면 후자의 대표적인 예로서 통신과 방송 분야의 융합현상을 들 수 있을 것이다. 특히 2000년대부터 위성 DMB , 지상파 DMB 등의 새로운 서비스들이 등장함으로써 기존 통신과 방송의 이분법적 구분이 어렵게 되었다. IPTV 사례는 통신-방송의 인위적 구분의 한계를 보여주는 대표적 융합사례라 할 수 있다. 즉, IPTV는 기존의 통신과 방송서비스와는 달리 통신과 방송의 융합적인 성격을 지니고 있었고, 이는 정보통신부와 방송위원회 간의 새로운 서비스에 대한 관할권 갈등으로 이어지게 하는 원인이 되었다. 한편, 방통융합으로의 환경변화는 새로운 기술의 발전에 따라 반복적으로 다시 생겨날 수 있음을 고려할 때 각 사안별로 접근하는 것은 갈등의 반복으로 다시 이어지고 근본적인 문제해결을 어렵게 할 수 있다.

2) 통합기구의 문제와 밀접한 관계

방송통신 융합 환경에서 방송통신의 수직적 · 이분법적 규제체계의 문제는 단순히 적용 법률의 문제뿐 아니라 이에 대한 사항을 관장하는 부처의 관할권 문제를 포함한다. 즉, 통신과 방송에 관한 규제 기관이 정보통신부와 방송위원회로 분명하게 나누어진 상황에서 방송통신융합이라는 변화는 두 기관의 협조 혹은 경쟁의 문제를 포함하게 될 것이기 때문이다. 이 경우, 융합의 영역이 각 부처의 양보할 수 없는 핵심 관할 사항이라 인식할 때 두 기관 사이의 갈등으로 비화하게 된다. IPTV의 경우 융합현상으로 인한 관할권 갈등이 첨예하게 나타난 사례이며, 관할권 문제의 근본적인 해결을 위해 기구통합에 대한 논의가 중점적으로 다루어질 수밖에 없었다.

3) 법적 문제를 포함한 갈등 사안들

새로운 정보기술이 개발되어 기존의 제도권으로 도입되어 사업이 시행되기까지는 공식적인 몇 가지 관문을 거쳐야 한다. 먼저, 새로운 기술 서비스 도입의 첫 단계로 기존의 법, 혹은 새로운 법의 도입을 통하여 새로운 서비스의 법적 근거가 마련되어야한다. 둘째, 새로운 서비스를 위해 필수적인 법적 근거를 마련하게 되면, 새로운 서비스 혹은 사업을 위한 구체적이고 세부적인 사항들을 소관부처에서 시행령의 형태로 결정하게 된다. 시행령은 법률이 시행령에 위임한 사항은 물론 실제 서비스 시작을 위해 필요한 전문적이고 구체적인 사항들을 빠짐없이 문서로 담게 된다. 마지막으로 법률과 시행령 제정을 통해 사업의 구체적인 틀이 마련되면 신기술을 이용한 서비스의 사업 개시를 위해 사업자 선정이 이루어진다. 사업자 선정을 위한 기준과 일정 등이 발표되고 이에 따라 사업자들의 신청과 담당부처의 심사를 통해 사업자가 선정되게 되고, 사업자는 이에 따라 신기술 서비스를 상용화하게 된다. 따라서 IPTV 도입과정은 서비스의 법적 성격과 적용 법률, 면허 방식, 사업권역, 진입규제(자회사 분리, 소유제한, 겸영제한), 시장점유율 규제, 네트워크 동등접근권, 콘텐츠 동등접근권 등 다양한 법적 문제를 갈등사안으로 포함하고 있으며 이를 해결해나가는 과정이라 할 수 있다.

4. 갈등 쟁점, 행위자 그리고 갈등 구조

IPTV 정책과정이 오랜 기간 첨예한 갈등으로 지속되었던 이유는 갈등의 쟁점들이 행위자들의 생존과 직결된 핵심적 이익을 포함하였고, 양 진영은 한발 물러서기보다는 맞섬으로써 자신들의 위치를 유리하게 가져가려고 했기 때문이라 할 수 있다. IPTV가 통신이냐 방송이냐, 통신법 · 제3의 융합법이냐 방송법이냐의 논쟁은 부처의 핵심 관할권을 결정하는 문제였으며, 이후 통합기구의 기능이나 형태를 둘러싼 주도권과 연결되어 있었다. 사업자 간에도 적용법률의 종류·내용은 시장의 진입 시기와 진입 방법을 둘러싼 기업들의 사활을 결정할 수 있는 문제였다. 또한 부처와 사업자는 규제기관과 규제대상자로서 서로 간의 이익을 고려하거나 이익을 공유하고 있었던 것이다.

〈표 4〉 갈등쟁점, 행위자, 갈등구조

		행위자 입장		갈등구조
		통신진영	방송진영	
쟁점	신규서비스 성격 및 적용법률	통신. 통신관련법, 제3의 융합법	방송. 방송법 개정	부처: 핵심 관할권 사업자: 진입 시기·방법
	통합기구	진흥/규제분리. 선 IPTV도입, 후 기구통합	진흥·규제 통합기구. 선기구통합	부처: 통합기구 주도권
	법적쟁점(시장진입, 사업권역, 자회사 분리 등)	신고. 전국권역. 자회사 분리 반대	허가. 지역권역. 자회사 분리	사업자: 시장진입과 시장 경쟁(IPTV와 케이블TV의 대체제적 성격) 부처: 피규제기관 이익 고려

따라서 뚜렷이 양분되는 입장을 가진 두 진영에게 서로 만족할 수 있는 절충안을 설득시키기는 어려웠으며, 당사자 간 합의를 우선하여 갈등을 해결해 나가는 관리 방식은 진영 간의 첨예한 대립 속으로 다시 함몰될 수밖에 없는 한계를 가졌다.

제4절 IPTV 정책갈등의 관리

IPTV 정책과정을 갈등관리기제에 따라 분류하면 국무조정실 산하 멀티미디어 정책협의회, 정보통신부와 방송위원회 양자간 정책협의회, 방송통신융합추진위원회, 국회 방송통신특별위원회, 방송통신위원회로 나눌 수 있다. 이 중 멀티미디어 정책협의회와 양자간 정책협의회의 기간은 양 부처간의 대립으로 갈등이 해소되기

보다는 갈등으로 인해 정책결정이 지연되어진 시기에 해당한다. 따라서 여기에서는 IPTV도입과정에서 본격적인 갈등관리 기제가 작동하게 되는 방송통신융합추진위원회, 국회 방송통신특별위원회, 방송통신위원회를 중심으로 살펴보도록 하겠다.

1. 멀티미디어정책협의회와 양자정책협의회

IPTV를 둘러싼 갈등이 수면위로 떠오름에 따라 국무조정실에서 정보통신부, 방송위원회 등 관련기관이 참여하는 멀티미디어정책협의회(2004.12~2005.2)를 구성하여 IPTV사안을 논의하고자 하였다. 하지만 정보통신부와 방송위원회 간의 첨예한 입장대립으로 합의에 이르지 못하고 실패로 끝난다. 이 후 양 부처간 협의를 중심으로 갈등조정 시도가 이루어져 부처 간 정책협의회 등이 여러 차례 있었으나 일시적인 합의와 줄다리기를 반복하면서 성과를 거두지 못하였다. 즉, 정보통신부와 방송위원회는 양 부처간의 의견 조정을 위하여 방송통신정책협의회를 구성하고 고위정책협의회와 실무협의회를 운영하였으나 원론적 수준에서의 협조를 강조했을 뿐 실질적인 진전 없이 각자의 입장과 영향력을 강화하기 위한 논의만을 반복하면서 합의에 이르지 못하였다.[7)]

2. 방송통신융합추진위원회: 민간전문가 중심의 제3자 조정기구

IPTV 정책갈등이 장기간 지연된 원인 중 하나는 당사자간 이해관계가 첨예하고 갈등 쟁점에 대한 이견이 컸다는 점도 있지만, IPTV 갈등에 있어 주요 당사자인 정보통신부와 방송위원회가 갈등 해결 기제에 직접적으로 참여하고 있었다는 점을 무시할 수 없다. 따라서 양자간 협상의 지연과 고착화에서 벗어나 중립적인 시각에서 IPTV 관련 쟁점과 각 당사자들의 입장을 명확화하기 위한 노력이 방송통신융합

7) IPTV 문제가 정부 내에서 해결되지 못하자, 국회에서 이를 법적으로 해결해보려는 시도가 이루어졌다. 구체적으로 2004년 10월 문화관광위원회 소속의 이경숙 위원의 방송법 개정안과 2005년 10월에는 과학기술정보통신위원회의 유승희 위원의 정보미디어사업법안이 발의되어 국회에서 논의되었다. 그러나 이 법안들은 정보통신부와 방송위원회의 입장대립과 상임위원회 간의 입장차이로 입법화되지 못하였는데, 국회 내에서도 상임위원회에 따라 통신과 방송 진영 간의 의견차이가 있었다고 할 수 있다.

추진위원회의 구성으로 이어졌다. 따라서 제 3자적 조정기제로서 융추위는 IPTV 문제에 대해 전문적 지식과 중립성을 가진 민간 전문가 집단의 갈등관리 과정을 보여준다.

방송통신융합추진위원회는 2006년 2월 IPTV 등을 둘러싼 정보통신부와 방송위원회 간의 갈등이 심화되면서 2005년 잠정적으로 중단[8]되었던 방송통신융합추진 TF가 재가동됨에 따라 2006년 7월 28일 방송통신융합추진위원회 규정(대통령령)을 거쳐 출범하게 되었다. 위원회는 안문석 위원장을 비롯하여 방송, 통신, 언론, 문화, 산업, 기술 등 각 분야의 전문가로 구성된 민간위원 14인과 정부위원인 당연직 위원 6인의 총 20인으로 구성되었으며, 명칭의 경우 인위적인 개편이나 세력다툼의 인식을 주지 않도록 방송통신융합추진위원회라는 명칭을 사용하였다. 한편 전문적이고 심도있는 논의를 위해 분과위원회와 전문위원회를 운영하였는데, 정책산업 분야와 기구법제 분야의 2부문으로 나누어 각각 분과위원회와 전문위원회를 구성하여 의제에 대한 균형있고 전문성 있는 검토가 이루어지게 하여 위원회의 공정성과 중립성을 확보하려 하였다. 위원회 운영 기간의 경우 2007년 말까지로 하여 일정 기간을 두면서도 위원회 내부 운영협의회 등을 통해 원활한 운영을 도모함으로써 논의가 실질적인 성과로 이어질 수 있도록 하였다(방송통신융합추진위원회 백서, 2008).

융추위는 1차 전체회의에서 주요 논의 의제로 방송통신 정책 및 규제체계 정비, 방송통신 산업의 활성화, 방송통신 기구개편, 방송통신 법제정비의 4개 부문 22개 과제를 선정하였으며, 이 중 의제검토에 있어 기구개편을 먼저 마무리하는 것이 필수적이라는 판단 하에 통합기구안을 2006년까지 처리하도록 결정하였다. IPTV는 주요과제에 해당하나 우선 정보통신부와 방송위원회 간의 자율적인 합의를 우선하

8) 2005년 3월부터 5월까지 대통령 공약사항인 방송통신통합기구 개편 추진을 위해 국무조정실에 '방송통신융합 추진 TF'를 구성 · 운영되어 정보통신부, 문화관광부, 방송위원회 등이 참여하는 방통 구조개편 논의 기구 구성이 논의되었다. 여기에서 논의된 몇 가지는 이후 2006년 7월 방송통신융합추진위에서 그대로 적용되었다. 먼저 명칭에 대해서는 방송통신구조개편위원회, 통신방송구조개편위, 제3의 명칭 사용 등이 검토되었으며, 위상은 대통령 소속으로 국무총리 소속의 두 안이 제기되었다. 기능에 대해서는 방송통신 전반에 대한 정책, 기능, 법령 등을 다루기로 하였다. 조직 구성에 있어 공정성, 중립성, 전문성의 원칙하에 이루어지도록 구성한다는 원칙에 합의하였다(융추위 백서, 2008).

〈표 5〉 IPTV 관련 방송통신융합추진위원회 주요일지

일 자	회 의	IPTV 관련 주요내용
2006.7.26.	융추위 출범	민간위원 14인 위촉
2006.8.18.	1차 전체회의	운영계획 · 세칙 및 의제(안) 의결
2006.9.8.	전체워크숍	방통융합 관련 주제발표 및 토론
2006.9.21.	2차 전체회의	IPTV 추진상황 보고, 논의
2006.10.20.	3차 전체회의	기구개편 방안 및 IPTV 협의상황 보고, 논의
2006.10.27.	4차 전체회의	기구개편 방안 의결
2006.11.17.	5차 전체회의	기구개편 입법추진 및 IPTV 도입 추진상황 보고 · 논의
2006.12.15.	6차 전체회의	기구설립법안 검토 논의
2007.1.11.		방송통신위원회 설립법안 국회 제출
2007.1.12.	7차 전체회의	2007년 논의의제 의결, IPTV 도입방안 논의
2007.2.13.	IPTV 워크샵	IPTV 시범사업 결과 보고 및 쟁점사항 논의
2007.2.15.	8차 전체회의	IPTV 도입방안 논의
2007.3.2.		국회 방송통신특별위원회 구성
2007.3.16.	IPTV 워크숍	IPTV 도입방안 논의
2007.3.22.	9차 전체회의	IPTV 도입 5대 기본원칙 의결
2007.4.2.	10차 전체회의	IPTV 도입방안 논의: 정보통신부, 방송위원회 의견 청취
2007.4.5.	11차 전체회의	IPTV 도입방안 의결: IPTV 성격, 진입제한, 사업권역 등에 대한 다수안과 소수안 제시

자료: 방송통신융합추진위원회 백서 참조(2008).

도록 하고, 양 기관 간의 합의에 이르지 못할 경우 융추위에서 검토하기로 하였다. 하지만, 정보통신부와 방송위원회는 2007년 내 IPTV가 도입될 수 있도록 법제도 정비에 최대한 노력한다는 원칙과 KBS1, EBS의 지상파 의무재송신의 IPTV 적용 등 일부 사항에 대해서는 합의하였으나, 도입과 관련된 서비스 성격 및 적용법률, 면허방식, 기간통신 사업자 진입제한, 사업권역의 핵심쟁점 4가지에 대해서는 여전히 양 부처 간에 합의하지 못하였다(제3차 융추위 회의, 2006.10.20).

이렇듯 2006년 말 융추위에서의 통합 기구안 논의가 끝날 때까지 IPTV에 대한 양 부처 간 합의가 이루어지지 않자, 그간의 논의를 바탕으로 융추위 차원에서의 조정안 마련 시도가 2007년 본격적으로 이루어졌다. 융추위는 2007년 제7차 회의(2007.1.12)를 통해 IPTV 문제를 최우선 과제로 선정하여 다루도록 결정하고 융추위에서의 논의를 통해 IPTV 문제와 관련된 사항들을 정리하였다. 이를 통해 융추

〈표 6〉 정보통신부와 방송위원회 간의 IPTV 미합의 쟁점

구 분	방송위원회	정보통신부
서비스 성격	(멀티미디어)방송서비스	광대역 융합 서비스 (실시간방송+부가통신서비스)
적용법률	방송법 개정	(가칭)광대역융합서비스사업법 제정
면허 방식	방송사업자로 허가 (방송위원회 추천+정보통신부 허가)	전송사업자 (정보통신부 등록+방송위원회 협의)
기간통신사업자진입제한	자회사 분리	자회사 분리 반대
사업권역	전국 77개 권역 유지 지역면허/전국면허 가능 사업자 Cream-Skimming 방지	전국사업권역(사업자 자율)

자료: 방송통신융합추진위원회 백서(2008) 재구성.

위는 이용자의 권익보호 및 복리증진 우선, 콘텐츠의 육성 · 발전에 도움이 되는 방향으로 제도 마련, 신기술과 새로운 산업 발전 도모, 방송이 갖는 공익성 보호, 공정 경쟁의 여건 조성의 IPTV도입을 위한 5대 기본원칙 발표에 이어 2007년 4월 IPTV 관련 도입방안을 발표하였다.

〈표 7〉 IPTV 관련 방송통신융합추진위원회 도입방안

쟁 점		내 용
서비스성격		방송이 주서비스, 통신이 부수적 서비스
사업자규제		방송사업자(플랫폼)
면허방식		허가(실시간+VOD)
사업권역		전국권역
진입제한	대기업	진입제한 없음
	지배적통신사업자	진입제한 없음
	일간신문 · 뉴스통신	49% 이하
	외국자본(49%)	방송법 기준
시장점유율 제한		유료방송시장(케이블+위성+IPTV) 대비 33%
망 동등 접근		사업 면허시 모든 사업자에 부과(유예기간언급X)
콘텐츠 활성화		심사기준명시+허가시 조건부여+콘텐츠발전재원 마련

자료: 방송통신융합추진위원회 백서(2008) 재구성.

융추위의 구성은 정부 내부적 논의에서 오는 폐쇄적 과정에서 벗어나 민간 전문가가 중심이 되어 IPTV문제를 중립성과 전문성의 관점에서 재검토할 수 있도록 했다는 점에서 의의가 있다. 융추위를 통해 IPTV에 대한 공식적인 논의가 본격적으로 이루어졌고, 통신진영과 방송진영 간 논의되었던 IPTV에 대한 다양한 방안들이 정리되었으며, 공식적 결과물로서 IPTV 도입원칙과 정책방안 문서를 산출하였다. 특히 융추위에서는 정보통신부와 방송위원회 간 정책안이 분명하게 제시되고 이를 객관적으로 검토, 비교할 수 있었다. 하지만, 정통부와 방송위 간의 합의를 이끌어내는 데는 실패하였고, 융추위 내부에서도 위원들 간 이견이 존재하여 법안 형태나 단일안이 아닌 다수안과 소수안으로 나뉘어 IPTV 정책방안을 제출한 것은 한계로 남는다.

3. 국회 방송통신특별위원회: 법제적 조정기구

IPTV도입의 지연으로 정책갈등에 대한 우려가 커짐에 따라 융추위의 통합기구안과 IPTV도입 정책방안을 토대로 국회 차원의 논의가 본격화되었다.

국회 방송통신특별위원회(이하 방통특위)는 총 19명으로 구성되었는데, 소속 정당을 기준으로 열린우리당 9명, 한나라당 8명, 비교섭단체 2명이었다. 상임위 소속을 기준으로 보면 문화관광위원회(이하 문광위) 7명, 과학기술정보통신위원회(이하 과기정위) 5명, 산업자원위원회(이하 산자위) 3명, 정무위원회(이하 정무위) 2명, 교육위원회(이하 교육위) 1명, 행정자치위원회(이하 행자위) 1명으로 비교적 소속정당과 상임위별로 고르게 구성되었다. 국회 방통특위는 융추위에서 제안된 방송통신위원회의 설립 및 운영에 관한 법률안과 IPTV 도입방안을 토대로 국회에서 논의하되 2007년 12월31일을 시한으로 두고 운영하기로 하였다. 국회 방통특위는 모두 13차례의 전체회의와 9차례의 법률안 심사 소위원회를 개최하여 방송통신위원회 설립법안과 IPTV도입관련 법안을 논의하였다.

이 기간 국회 방통특위에서는 2005년 발의된 2개의 법안과 방통특위 기간에 새로이 발의된 5개 등 총 7개의 관련 법안이 IPTV논의 과정에서와 함께 다루어졌다. 특히, 방통특위에서의 논의는 사업권역이나 시장 지배적 통신사업자의 자회사 분

〈표 8〉 국회 방송통신특별위원회 주요일지

전체회의	법안심사소위	주요 내용
1차회의(3.2)		위원회 구성, 운영일정
2차회의(3.12)		국무조정실, 정통부 업무보고
3차회의(3.13)		문광부, 방송위원회 업무보고
4차회의(4.13)		관련 4개(국조실,정통부,문광부, 방송위) 부처 질의
5차회의(5.3)		기구설립법안 상정 및 대체토론
6차회의(5.10)		기구설립법안 공청회
7차회의(5.28)		기구설립법안 대체토론
	1차회의(6.20)	방통위설립법안 상정
8차회의(7.9)		IPTV 도입법안 상정 및 대체토론
9차회의(7.13)		IPTV 관련법안 공청회
10차회의(7.18)		IPTV 관련 도입법안 상정 및 토론
11차회의(9.11)		IPTV 도입법안 상정 및 대체토론
	2차회의(9.14)	방통위 설립법안 논의
	3차회의(9.17)	방송위 설립법안 관련 잠정합의 IPTV 도입법안 논의
	4차회의(9.28)	방통위 설립법안 논의
	5차회의(10.4, 10.15)	정치현안 문제로 연기(10.4), 정치현안 문제로 산회(10.15)
	6차회의(11.6)	IPTV 도입법안(사업권역)논의
	7차회의(11.15)	IPTV 도입법안(사업권역, 자회사 분리 등) 논의
	8차회의(11.19)	IPTV 도입법안 논의
	9차회의(11.20)	IPTV 도입법안 논의
12차회의(11.20)		인터넷멀티미디어방송사업법(가칭) 의결
13차회의(11.23)		인터넷멀티미디어방송사업법(대안) 법안의 건 가결

자료: 방송통신융합추진백서(2008) 재구성.

리와 같은 실질적인 쟁점 사안에 대해 당사자들 간의 논의가 이루어졌다. 방통특위에서의 논의와 7개 법안의 주요 쟁점 사항을 정리하면 〈표 9〉와 같다. 방통특위에서는 관련법안의 개수에서 보이듯 IPTV를 둘러싼 다양한 의견들이 개진되면서도 방통특위 내부의 상임위와 정당에 따라 위원들이 다른 입장으로 나뉘어 좀처럼 합의점을 찾지 못하였다. 과기정위는 통신사업법안이나 제3의 법안을 통해 IPTV 서비스의 조속한 도입과 규제완화를 주장하였고, 문광위는 기존의 방송법 개정을 통해 IPTV를 도입하되 케이블TV 사업자와 동일 규제를 적용할 것을 주장하는 등 대립이 계속되었다. 하지만, IPTV 도입 정책결정의 지연에 대한 비판의 목소리가 커지고 IPTV 도입을 더 이상 늦출 수 없다는 방통특위 내부의 공통된 인식이 형성되어갔다. 2007년 11월부터 방통특위 내 법안심사소위 논의가 다시 이루어져 제12차 전체회의(11.20)에서 법안심사소위가 제시한 인터넷멀티미디어방송사업법을 의결하였으며, 동 법안은 11월23일 법사위 체계자구심사를 거쳐 12월 28일 국회 본회의를 통과하였다(2008년 1월 17일 공포, 4월17일 시행).

〈표 9〉 IPTV 도입 관련 법안 주요 내용

	김재홍의원안	손봉숙의원안	지병문의원안	이광철의원안	홍창선의원안	서상기의원안	유승희의원안
법안명	방송법 개정	방송법 개정	방송법 개정	유·무선멀티 미디어방송 사업법안	광대역통합 정보통신망 등 이용방송 사업법안	디지털미디어 서비스법안	정보미디어사 업법안
제안 일자	2005. 10.23	2007. 6.13	2007. 7.19	2007. 7.2	2007. 6.12	2007. 6.26	2005. 10.13
서비스성격	방송	방송	방송	방송	방송	융합서비스	융합서비스
사업권역	지역사업권	지역사업권	지역사업권	지역사업권	전국 원칙	–	–
자회사분리[9)]	–	–	–	49%소유제한	–	–	–
진입 방식	허가	허가	허가	허가	허가	허가	허가
소유 제한[10)]	33%	33%	49%	33%	49%	49%	–
시장점유율 기준[11)]	33%(매출액)	33%(매출액)	시장특성고려	30%(유료방송 가입가구)	1/3(유료방송 가입가구)	1/3(국내총가 입대상가구)	–

자료: 방송통신융합추진백서(2008) 재구성.

국회 방통특위에서의 논의는 갈등쟁점 측면에서는 IPTV의 상용화와 관련한 해결방안으로 입법 차원의 해결이 시도되고, IPTV의 법적 성격을 멀티미디어방송으로 규정하는 등 IPTV법의 제정을 통해 법제적 측면의 갈등 쟁점이 상당부분 해소되었다는 의의가 있다. 그러나 부처 간 갈등의 핵심 사안으로 사업자 권역이나 자

9) 시장지배적기간통신사업자의 별도법인 의무화
10) 일간신문, 뉴스통신의 소유제한
11) IPTV 사업자의 겸영 · 시장점유율

회사 분리 등의 일부 이슈에 대해서는 명확한 결론을 내리지 않았다는 점은 한계로 남는다. 더구나 시행령을 정보통신부와 방송위원회가 공동주관하게 함으로써 두 부처 간 갈등이 시행령 단계에서 재발할 수 있는 여지를 남겼다. 하지만, 국회 방통특위에서의 논의는 법제화를 염두에 둔 이해관계자들의 공식적인 의견 개진과 참여의 계기를 마련하였다. 국회 방통특위를 통한 인터넷멀티미디어방송사업법의 제정은 그 동안의 IPTV 정책 갈등을 본격적으로 해소하는 계기가 되었다.

4. 방송통신위원회: 조직개편을 통한 부처간 갈등 내부화

2008년 3월 '방송통신위원회의 설치 및 운영에 관한 법률'에 따라 방송통신위원회가 설립됨으로써 4년여를 끌어오던 IPTV 도입과정에서의 정보통신부와 방송위원회의 부처 간 조직 갈등이 공식적으로 해소되었다. 방송통신위원회는 부처 간 협상이 갈등으로 인한 부작용을 더 크게 드러내고, 제3자적 조정 또한 부처 간의 합의를 도출하지 못함에 따라 기존의 부처 갈등을 조직개편이라는 새로운 방식에 따라 관리한 것으로 보인다. 방송통신위원회를 통해 부처 수준의 갈등이 해소됨으로써 이후 방통위는 사업자 수준의 갈등에 대해 조정자 역할을 수행하며 전체 IPTV 갈등이 해소되는데 중요한 역할을 하였다. IPTV법 제정 이후에도 지속된 시행령 제정을 둘러싼 정보통신부와 방송위원회 간의 부처 간 갈등을 부처내의 집권적 조정으로 전환하고, 이에 따라 일관성을 가진 방송통신융합 조정 기구로서 작동할 계기를 마련하였다. 2008년 조직 개편 전 정통부와 방송위는 IPTV법 시행령 제정 과정에서 망 동등접근권, 망 이용대가, 대기업 소유 · 겸영제한의 범위, 시장점유율 기준 등의 쟁점을 둘러싸고 또다시 대립하였는데, 이러한 갈등은 3월29일 통합기구인 방송통신위원회의 설립을 통해 조직 내부화되었다. 또한 방송통신위원회는 사업자 수준에서 동일서비스 동일규제의 원칙이 지켜질 수 있도록 IPTV법 시행령에 상응하게 케이블TV 규제를 완화하기로 하고 2008년 12월31일 방송법 시행령을 개정하였다. 이를 통해 지상파방송과 케이블 보도 · 종합편성 채널에 대한 대기업 소유제한 기준을 자산 3조원 이상에서 10조원 이상으로 완화하고, 종합유선방송사업자(SO)의 경우 시장점유율에 대한 기준을 매출액에서 가입가구 수로 바꾸고, 사업권역도 전체 사업권역(77곳)의 1/5 초과 금지에서 1/3 초과 금지로 바꿈으로써[12] 케이블TV와 IPTV 간의 규제형평성을 제고하였다.

제5절 결 론

1. 요 약

이 논문은 IPTV 도입 정책의 갈등구조와 갈등관리 과정을 살펴보았다. 먼저 행위자 측면에서 IPTV 정책갈등은 부처 수준에서 정보통신부와 방송위원회 양 부처 간 IPTV 서비스 관할권을 차지하기 위한 갈등이면서, 사업자 수준에서 IPTV 서비스를 시장에 도입하려는 통신사업자와 IPTV의 도입이 가져올 시장 잠식과 경쟁력 저하를 우려하는 방송사업자 간의 갈등이었다. 동시에 IPTV 도입과정은 사업자-부처 간 연합진영 형성과 교차적인 갈등의 양상을 보이는 복합적이고 중층적인 갈등의 양상을 보인 사례라고 할 수 있다. 둘째, 갈등 쟁점의 측면에서 IPTV 사례는 ICT 발전으로 방송통신의 융합적 성격을 가진 기술적 모호성이 서비스 성격을 정의하게 어렵게 만들었다는 점, IPTV의 갈등 쟁점들이 새로운 기술서비스의 도입을 위해 필요한 법적 쟁점들을 다루기 위한 법률과 시행령의 제정과 밀접하게 관련되었다는 점, IPTV의 도입이 방송통신 통합기구의 구성, 성격, 위상, 기능과 관련되어 있어 IPTV도입을 단순한 기술도입의 사례로만 보기 어려웠다는 점 등이 IPTV 도입을 둘러싼 갈등을 장기화시키고 갈등 해결을 어렵게 만들었다. 한편, IPTV의 갈등관리 과정은 갈등의 핵심이 부처 간 관할권 갈등에 있음을 더 명확하게 보여준

12) 현행 방송법 시행령 제4조 7항의 제3호와 제4호
3. 특정 종합유선방송사업자가 경영하는 종합유선방송사업의 가입가구 수와 그 종합유선방송사업자와 특수관계자인 종합유선방송사업자의 가입가구 수의 합이 전체 종합유선방송사업 가입가구 수의 3분의 1을 초과하는 경우
4. 특정 종합유선방송사업자가 전체 종합유선방송구역의 3분의 1을 초과하는 구역에서 종합유선방송사업을 경영하는 경우

다. 사업자 간 갈등과 부처 간 갈등이 복합적으로 존재하지만, 갈등의 해소과정을 보면 새로운 서비스 영역에 대한 관할권과 통합기구 논의에서 유리한 위치를 선점하기 위한 부처 간 갈등이 더 크게 나타났다. 이 과정에서 부처간 협상이나 멀티미디어정책협의회, 융추위, 국회 방통특위 등의 조정 기구들도 첨예한 부처 간 이견을 조정하는데 한계가 있었다. 따라서 이러한 부처간의 첨예한 갈등은 조직을 통합하여 갈등을 내부화시키는 통합기구의 구성을 통해 해결되었다. 부처 간 갈등이 조직 내부화된 후 IPTV도입 갈등은 방송통신위원회가 사업자간 갈등쟁점에 대해 규제완화라는 비교적 일관된 기준으로 정책을 시행함으로써 갈등을 효과적으로 관리하고 서비스 상용화로 이어질 수 있었다.

2. 함　　의

IPTV 사례는 갈등관리에 있어 양자 간 협상, 제3자적 조정기구(멀티미디어정책협의회, 방송통신융합추진위원회, 국회방송통신특별위원회), 조직개편의 방법이 모두 시도되었다. 각각의 갈등관리 방식에서 양자간 협의의 경우 협상의 내용과 방식에 대한 자율성을 가지지만 이해당사자 간 갈등이 첨예할 때 갈등이 장기화될 가능성이 크다는 점, 제3자 조정의 경우 전문성과 중립성에 기반한 문제 해결을 도모할 수 있으나 결정에 대한 강제력을 담보할 수 없다는 점, 조직개편의 경우 관할권 갈등의 궁극적 해결이 이루어지나 조직개편으로 인한 추가비용이 발생한다는 점에서 장단점이 존재한다. IPTV의 경우 정보통신부와 방송위원회 간의 첨예한 입장 대립이 양자간의 협상은 물론이고 양 부처의 합의를 우선 고려하겠다는 제3자 조정기구의 해결시도를 어렵게 만든 원인이 되었다. 따라서 양 부처의 의사를 고려한 방식으로는 모두가 만족할 수 있는 해결책을 찾는 것이 어려웠고, 이는 강제적 기능조정에 기반한 조직개편으로써 궁극적으로 해결될 수 있었다.

관할권을 둘러싼 부처간 갈등은 '갈등이 일회적이냐, 반복적이냐'의 여부와 '갈등의 성격이 부수적 기능을 둘러싼 것이냐, 핵심적 기능을 둘러싼 것이냐'의 두 기준에 따라 4가지로 유형화할 수 있을 것이다. 이 경우 갈등이 일회적이고, 부수적 기능을 둘러싼 관할권 갈등일 경우 '부처간 기능재조정'을 통해 해결할 수 있으나,

부처 간 유사한 갈등이 반복적이며 핵심적 기능을 둘러싼 갈등일수록 기능 재조정이 어렵고 조직통합과 같은 '조직개편'을 통해 갈등을 궁극적으로 해결할 수 있게 된다. 하지만, 기능 재조정이 원래의 조직을 유지한 상태에서 조직 기능이 변동되는 것인데 반하여, 조직개편은 부처의 물리적 변화와 함께 이로 인한 업무재설계, 조직 구성원 간 융합 문제 등 다양한 부수적인 변화를 수반한다. 따라서 조직개편이 부처 간 관할권 갈등을 해결하는 궁극적 방법이라 할지라도, 변화에 따르는 갈등의 비용을 고려하여 이를 결정하는 것이 바람직하다. IPTV를 둘러싼 정보통신부와 방송위원회의 갈등은 기능 재조정을 통해 해결하기에는 양 기관 간 유사한 방송통신융합 서비스를 둘러싼 갈등의 반복 가능성이 너무 컸고, 갈등의 영역도 양 부처의 핵심적 기능을 포함하고 있는 것이었다. 따라서 기능 재조정을 위한 양자간 직접 협상과 제3자 개입의 조정 과정은 문제를 해결하기에는 한계가 있었고, 갈등의 지연에 따른 정책갈등 비용이 높아짐에 따라 조직 개편을 통해 갈등 해소에 이르게 된다. 다만, 정보통신부와 방송위원회의 통합은 양 조직의 과업의 속성이나 리더십의 형태, 조직의 구조에서 서로 다른 정체성을 가지고 있었고(조성은, 2008), 특히 부처 조직과 위원회 조직, 공무원 조직과 민간 조직의 결합이라는 조직통합의 드문 형태를 띠었다는 점에서 조직 정체성이나 직원융합 등의 불확실성 관리가 함께 다루어지는 것이 필요하였다. 특히, 정부조직의 개편에서는 조직의 기능적 측면과 함께 안정성 측면을 감안하여 사후적인 관리보다는 사전적 준비를 통해 통합기구 내 역할갈등이나 소속갈등 등의 역기능을 최소화시킬 필요가 있다는 점도 고려되어야 한다.

IPTV 정책갈등과 조정의 사례를 통해 갈등관리에 대한 몇 가지 시사점을 살펴볼 수 있다. 먼저 부처 간-사업자 간 갈등이 복합적으로 존재하는 중층적 갈등의 경우 모든 수준의 갈등에 대해 동일하게 접근하는 갈등관리는 효과적이지 않다. 이 경우 갈등구조의 핵심 수준을 파악하여 중요 당사자 간 갈등을 먼저 해소함으로써 부수적 갈등 수준의 문제를 해결할 수 있다. IPTV도입 사례의 경우 부처 간 갈등과 사업자 간 갈등, 부처와 사업자 간 갈등이 복합적으로 상호 영향을 주고 있었지만, 갈등의 핵심은 부처 간 관할권을 둘러싼 갈등에 있었다. 따라서 부처 간 갈등이 해소되자 부수적 갈등으로 사업자 간의 갈등이 비교적 쉽게 해소되는 것을 볼 수 있었다. 둘째, 부처간의 이해관계가 장기간 첨예하게 대립하여 상호간의 협상을 통해 이를 해결하는 것이 어려운 경우에는 갈등조정기제에 이해 당사자를 직접 참여하게 하는 것보다는 제3자적 조정기제가 중립적인 시각에서 갈등에 대한 해소방안을 마련하는 것이 갈등해결에 더 효과적일 수 있다. IPTV 갈등조정에서 멀티미디어정책협의회에 정보통신부와 방송위원회의 참여, 융추위와 국회 방통특위에서의 양부처의 협의의 우선고려라는 요소가 갈등조직 간의 합의를 이끌어내기보다는 당사자간의 갈등으로 인해 갈등해소 과정을 장기화시키는 원인이 되었다는 점은 부처간 장기 갈등과 관련하여 시사하는 바가 크다. 셋째, 부처 간 갈등 관리에서 조직개편 방식이 좀 더 적극적으로 고려되어야 한다. 행정환경의 빠른 변화는 기존의 행정조직과 기능에 대한 변화를 요구하고, 특히 기술의 발전은 정책분야의 융합현상을 가속화시키고 있다. 그동안 조직개편은 개편과정의 정치적 성격과 시간적 · 물리적 비용 등으로 비교적 소극적으로 다루어졌다. 하지만, 정책 환경의 변화가 기존 조직의 정상적인 기능수행을 불가능하게 하거나 조직 간의 심각한 정책갈등으로 이어질 경우, 또는 갈등이 기존 조직 간의 협상이나 제3자적 조정에 의해서도 해소되지 않고 유사한 갈등 상황이 반복될 경우 조직개편을 고려할 필요가 있다.

제 3 장

전자정부 정책

▨ 김 석 주
(선문대학교 행정학과 교수)

제1절 서 론

전자정부 사업은 이해당사자 사이의 갈등을 원천적으로 내포하고 있다. 기존 업무에 정보통신기술을 접목하여 일하는 방법을 혁신하는 사업이기 때문에 일하는 방법의 변화에 적응하지 못하는 사람이나 조직에 반발이나 이해관계 다툼을 양산할 수 있다. 뿐만 아니라 정보화는 네트워크 기술의 특징을 갖는 정보통신기술을 기반으로 다양한 조직과 업무를 연결하는 사업으로서, 추진과정에서 이해관계자 사이의 첨예한 이견에 노출되어 있는 경우가 많다.

특히 향후 전자정부의 미래모습은 범정부적 · 범국가적 정보공동활용을 통한 부처간 경계가 없는 통합(seamless)된 정부라고 할 수 있는데 이러한 통합된 전자정부로 가기 위해서는 무엇보다도 다 부처 관련 전자정부 사업이 더욱 증가할 수밖에 없다. 이런 측면에서 볼 때, 성공적인 전자정부를 구현을 위해서는 관련 부처간의 협력이 무엇보다도 절실한 시점이다. 왜냐하면, 전자정부 사업 관련 부처간 갈등은 전자정부의 사업추진의 지연, 중복투자 등 성과달성 측면에서 매우 부정적인 영향을 미치기 때문이다.

본 연구에서는 우리나라 전자정부 사업 중 대표적인 사업으로 국민의 정부 전자정부 11대 과제로 추진된 인터넷 민원서비스 사업(G4C) 추진과정에서 발생한 관련 부처간의 갈등들을 심층적으로 분석하여 이를 바탕으로 향후 전자정부 추진시 부처간 갈등을 극복하고 전자정부의 효과를 극대화하기 위한 개선 방안을 제시하고자 한다.

제2절 전자정부 사업의 갈등원인과 사례

1. 한국 전자정부 사업의 특성: 끊임없는 혼돈의 장

우리나라 전자정부 사업 또는 정책은 아래와 같은 특징들을 가지고 있으며, 이러한 특징들로 인하여 끊임없이 경쟁과 갈등의 장이 되고 있다(소영진, 2003의 수정).

1) 업무영역의 혼란

전자정부 사업의 업무영역이 잘 정의되어 있지 않다. 기존의 정보화 사업은 통신망 구축, H/W 및 S/W 산업 육성, 기술개발, 조직혁신 등 그 범위가 매우 넓어서 거의 전 부처의 영역에 걸쳐있기 때문에 따라서 여타 업무와 같이 단일 부처가 정보화 업무를 독점적으로 관장하기 어렵다. 뿐만 아니라 새로운 기술이 끊임없이 출연하고 정보기술의 융합에 따라 새로운 업무 영역들이 계속 창출되기 때문에 기존의 업무분장 기준에 따라 관할 부처를 정하기가 매우 어렵다. 업무영역의 정의가 어렵다는 것은 그 업무를 누구든지 할 수 있다는 말과 같다. 이는 곧 업무영역의 중복을 의미한다.

더 나아가 최근에는 기존의 국가정보화와 하위개념의 행정정보화 및 최근의 전자정부 사이에 개념 및 업무영역이 혼재되면서 이러한 문제점이 부각되고 있다. 특히 이러한 현상은 정보통신부 해체 이후에 두드러지고 있다. 똑같은 정보통신망의 구축도 과거 정보통신부가 정책을 추진하면 모든 국민을 대상으로 하는 국가정보화의 영역이었지만, 과거 행정자치부가 공무원들을 대상으로 추진하면 행정정보화의 일환으로 정부고속망의 구축이 되었다. 더 나아가 전자서명도 일반인들을 대상으로 할 경우, 과거 정보통신부의 영역이지만 공무원들이 대상이 되면 행정전자서명으로 바뀌어서 과거 행정자치부의 업무범위가 된다.[1)]

2) 부처의 권한 확대

전자정부사업의 업무분야 급속히 성장하는 영역이다. 사회의 정보화 진전에 따라 그 중요성이나 업무영역이 대폭 확대될 가능성이 크기 때문에 정보통신 분야를 장악하는 것은 부처의 성장 및 예산확보에 매우 긴요하다. 따라서 주도권을 쥐기 위하여 관련부처들은 경쟁적으로 노력할 수밖에 없다. 이러한 개별 부처들의 노력이 구체적으로 관할영역이 정해지지 않은 업무영역에서 충돌할 때 첨예한 경쟁과 갈등이 야기된다.

3) 급속한 변화 환경

전자정부 사업은 타 분야에 비하여 빠른 변화를 특징으로 한다. 기술 변화가 급속도로 이루어지기 때문에 이러한 변화를 반영한 업무 영역들이 빠르게 나타나고 사라진다. 이 때문에 정보통신 사업은 높은 불확실성을 가질 뿐 아니라 사업추진과정에서도 어떠한 추진체계가 적당한 것인지에 대해 확실한 답을 구하기 어렵다. 또한 업무 영역의 조정이 일시적으로 이루어졌다 할지라도 곧 이어 새로운 사업 분야들이 나타나기 때문에 부처 간의 갈등관계가 지속적으로 유지된다.

이상의 세 가지 특징을 종합적으로 고려해 볼 때, 전자정부 사업은 한마디로 불확실성 속에서 끊임없는 변화가 일어나는 가운데 부처 간 경쟁과 갈등이 이어지는 '지속적 혼돈의 장'이라고 할 수 있다.

---

1) 이명박정부의 출범 이후 정보통신부의 해체에 따라서 한국정보보호진흥원의 전자서명인증관리센터의 기능이 행정안전부로 이관되었다. 하지만 행정전자서명인증관리센터와 통합되지 못하고 행정안전부 산하에서도 이원화되어 기능하고 있다.

2. 전자정부 추진시 부처간 갈등 사례

우리나라의 전자정부 추진은 1980년대 후반부터 추진된 국가기간전산망사업으로 물리적 인프라를 구축한 후 1990년대의 부처별 업무정보화를 거쳐 2000년대 들어 범정부적 차원의 정보화가 가속되면서 다 부처 관련 전자정부 사업이 주류를 이루게 됨에 따라 부처간 관할권, 정보공동활용 등 다양한 측면에서 부처간 갈등이 지속적으로 커지고 있다.

전자정부 추진과정에서의 부처간 갈등은 전자정부 사업의 성패에 지대한 영향을 미칠 수 있음에도 불구하고 이제까지 부처간 갈등에 대한 연구는 많지 않은 실정이며, 그리고 이들 연구의 대부분은 전자정부 추진시 부처간의 갈등의 주요 원인으로 전자정부 정책의 주도권과 관할권을 확보하기 위한 부처이기주의에서 비롯한 갈등으로 설명하고 있다. 정국환 · 김희연(2008)은 통합전산센터 구축사업과 관련하여 표출된 정통부와 행자부와의 갈등을 주로 정책의 구체적 내용에 관한 정책갈등(통합센터구축사업의 추진여부,[2] 정보자원의 통합수준 정도[3])과 부처 사이의 영역확대를 위한 관할권 확대(정부통합센터 구축 주관 기관[4])로 설명하고 있으며, 또한 공공기관의 정보기술아키텍처(ITA), 전자정부평가, 전자정부 진흥원설립 등 전자정부를 둘러싼 행자부와 정통부간의 갈등 10개를 분석한 유홍림 · 윤상오(2006)의 연구도 부처간 관할권 분쟁[5] 및 관할권 확장[6]이 주요 갈등의 원인임을 지적하고 있다.

---

2) 통합센터구축 추진여부와 관련해서는 통합센터구축을 전자정부 11대 사업에 포함하여 추진, 통합센터구축은 시기 상조이기 때문에 전자정부사업이 성숙한 시점에서 다시 논의, 통합센터 구축을 단계적으로 추진하대 11대 과제에서는 BPR만 추진하자는 세 가지(안)을 가지고 전자정부특별위원회, 정통부, 행자부간 갈등표출.

3) 정보자원 통합수준과 관련전자정부특별위원회, 정통부, 행자부간 갈등표출해서는 전산자원의 단순위치 통합, 전산자원의 공동이용(H/W, S/W통합), 데이터 통합, 서비스 통합 등 네 개(안)을 가지고 전자정부특별위원회, 정통부, 행자부 간 갈등표출.

4) 통합센터구축 주관기관을 누구로 할 것인가 갈등으로 BPR의 추진은 정통부, 기예처, 행자부 3개 부처가 공동으로 맡기로 하였으며 정통부가 간사역할을 수행하기로 하였음.

5) 두 개 이상의 기관이 동일한 업무를 중복적으로 수행하고 있거나 이로 인해 업무에 대한 기존의 관할권이 불분명함으로써 발생하는 갈등으로 예를 들면, 전자정부진흥원 설립과 관련하여 행자부는 전자정부 주관기관으로서의 기능을 원활하게 수행하기 위해서 전문지원기관으로 「전자정부진흥원」설립을 강력하게 추진하였으나 이에 대하여 정통부는 전자정부 전문지원기능을 수행하고 있는 한국전산원이 있으므로 「전자정부진흥원」을 설립하는 것은 역할중복과 예산낭비라는 이유로 반대 입장을 취함.

6) 최근 들어 행정 부처들은 기존의 관할권 분쟁 이외에도 급격히 발달하고 있는 정보통신기술의 영향

한편 윤견수 · 하민철(2007)는 지금까지의 많은 전자정부 사업들에 있어서 부처간 갈등, 예들 들면 기업지도단일창구시스템(G4B)를 강조하는 산자부와 전자민원시스템(G4C)를 강조하는 행자부와의 갈등(전자신문, 2004), 공공기관정보시스템구축 정보기술아키텍처(ITA)를 도입하는 과정에서 기관별 업무연계를 기반으로 하는 업무참조모델(BRM) 방식의 도입을 주장하는 행자부와 정보기술 및 정보자원을 체계화하여 정리하는 기술참조모델(TRM)방식의 도입을 주장하는 정통부 간의 갈등(디지털타임즈, 2004), 전자정부를 통솔하는 국가 CIO가 정통부 장관과 행자부 장관 중 누가되어야 할 것인가에 관련된 갈등(디지털타임즈, 2005), 산자부의 전자거래진흥원과 정통부의 한국전산원을 중심으로 한 전자문서 표준중복을 둘러싼 갈등(전자신문, 2005) 등은 상당 부분 부처이기주의 측면에서 설명이 가능하다고 주장하면서도 부처간의 갈등을 단순히 부처간의 관할권 갈등으로 단순화시키는 것은 문제가 있다고 지적하면서 부처간의 갈등의 중요한 원인으로 전자정부 개념자체가 가지고 있는 애매성과 포괄성에 있다고 주장하고 있다. 전자정부법 상의 전자정부 개념은 '정보기술을 활용하여 행정기관의 사무를 전자화함으로써 행정기관 상호간 또는 국민에 대한 행정업무를 효율적으로 수행하는 정부'를 말한다(전자정부법 2조 1항). 그러나 법령상의 이 개념이 실제의 전자정부 개념의 내연과 외연을 모두 포함하지 않지 않고 있기 때문에 전자정부에 대한 개념은 보는 이의 입장에 따라서 그 강조점이 다르다는 것이다. 즉 전자정부는 해석적 유연성(interpretive flexibility)을 가지고 있는 대상이다. 예를 들면, 전자정부기능을 이관 받은 행자부는 전자정부 개념을 최광의로 해석하여 최대한 많은 기능을 확보하려는 시도를 하는 반면 정통부는 전자정부를 국가정보화의 하위개념으로 취급함으로써 행자부의 기능 확대 시도를 견제함과 동시에 여전히 정통부의 업무범위 내에 두려 한다. 보다 구체적으로, 행

력 범위나 그 기술들의 적용범위가 얼마나 확대될 것인가에 대한 예측이 불가능한 상황에서 기존의 정부편제와 기능배분을 가지고 정보통신기술에 의해 새롭게 형성되고 있는 영역에 대한 관할권을 운운하다가 부처간 갈등을 초래된 경우가 적지 않다. 예를 들면, 2차 산업으로 분류되고 있는 가전 산업이나 자동차사업에 디지털 기술이 결합되면서 산자부와 정통부의 영역 다툼이 벌어지고 있으며, U-시티 추진과 관련된 갈등도 여기에 속한다고 볼 수 있다. 행자부는 U-시티를 지역정보화 일환으로 인식하여 정책수립과 지원에 관할권을 주장하고 있으나, 정통부는 U-시티는 GIS와 RFID등 IT기술과 도시개발이 결합되는 것으로 정통부가 건교부와 공동으로 추진해야 하는 사업으로 규정하고 적극 추진하고 있어 갈등이 표출되고 있다.

자부는 '중앙정부와 지방정부가 추진하는 모든 정보화'를 전자정부로 인식한다. 여기에는 전자정부의 기획 · 집행 · 관리뿐만 아니라 전자정부평가 및 인프라 구축가지도 포함하고 있다. 반면에 정통부는 '정부 공통행정업무 정보화 및 대국민서비스 정보화'만을 전자정부로 인식하는 한편 보건복지 · 문화 · 농림 · 교통 등 각 분야별 공공정보화는 전자정부가 아닌 국가정보화의 영역으로 보고 있다. 따라서 이러한 양 기관의 전자정부의 개념과 범위에 대한 해석차이가 갈등을 유발한다.

소영진(2003)도 4대 사회보험 정보시스템 연계사업의 좌절이나 전자문서 암호키의 생성 · 관리주체를 둘러싼 국정원과 관련 부처간 갈등에 이르기까지 끊임없이 이어지고 있는 많은 갈등을 부처이기주의로만 판정내리기 어렵다고 주장한다. 즉 각 부처의 상반되는 논리와 주장은 어느 한쪽만 맞고 틀리는 문제가 아니다. 예컨대, 국가기간정보시스템 백업센터를 보안성과 효율성의 측면에서 각각 강조하는 행자부와 정통부는 나름대로의 명분이 있다. 또한 정보화추진체계를 두고는 행자부는 기존의 부처별로 분화된 업무영역을 존중하면서 분권적 접근을 요구하고, 정통부는 효율적인 추진을 위한 집권적 접근을 요구한다. 전자정부 사업에 있어서도 기획예산처가 정부개혁을 강조한다면, 행자부는 행정사무의 통일성을, 정통부는 정보기술성을 강조한다. 물론 이러한 강조가 부처의 이해를 반영한 것이기는 하지만, 모두 나름대로 중요한 가치들이어서 누가 옳고 누가 그른지를 판단하기 어려운 것이다. 결국 이런 측면에서 보면 정부부처는 어떤 특정 정책현안의 부상에 관계없이 부처 수행업무의 성격에 따른 부처간 서로 다른 정책우선 순위에 의해 관련 부처간 갈등이 항상 내재해 있다고 볼 수 있을 것이다.

한편 최근 협업기반의 막힘없는 정부구현을 통하여 단절 없는 대민서비스를 제공하기 위해서는 관련 기관간 정보공동활용의 필요성이 증가하면서 정부 부처간 정보공동활용과정에서 갈등이 표출되고 있는데 정부부처간 정보공동활용이 활성화되지 못하거나 저해되는 요인들로서 주로 기술적, 재정적, 법제도적, 조직심리적 요인들을 지적하고 있다(윤상오, 2006). 김현성(2002)은 정보통신기술의 발달은 정보공동활용의 가능성을 높여주기도 하지만, 공동활용 주체간 대상정보 DB의 코드 표준화, 정보시스템간 상호운용성 등 기술적인 문제로 정보공동활용을 어렵게 한다고 지적하고 있으며, 윤상오(2006)는 정보공동활용은 비용적인 문제로 어려움을 겪기도 한다고 주장한다. 즉 정보공동활용을 위한 시스템 및 네트워크 등 인프라 구축부터 관리인력, 사용료와 수수료 등의 문제가 그것이다. 이를 위한 제도적 차원의 예산지원이 이루어지지 않는 한 정보공동활용 활성화는 기대하기 어렵다고 보고 있다.

〈표 1〉 전자정부 사업추진과정에서 부처간 갈등성격 및 유형

학 자	갈등성격 및 유형
정국환 · 김희연	- 정책의 구체적 내용에 대한 정책갈등
	- 부처간 새로운 관할권 확장에 따른 갈등
유홍림 · 윤상오	- 기존 관할권 갈등
	- 부처간 새로운 관할권 확장에 따른 갈등
윤견수 · 하민철	- 전자정부법의 애매성과 포괄성에 기인한 전자정부 개념에 대한 상반된 인식
소영진	- 부처간 다른 정책우선순위
윤상오, 김현성	- 부처간 정보공동활용 과정에서 기술적, 재정적, 법제도, 조직심리적 요인

제3절 'G4C 사업'의 갈등 성격과 이해관계자와 주요 의제

1. 사례개요

1) 사업내용

G4C사업은 전자정부 프론트 오피스(front office) 차원에서는 인터넷상에서 정부를 대표하는 포털 사이트를 구축하여 각 행정기관의 정보를 연계 제공하는 전자정부 단일창구를 구축하고, 백 오피스(back office)차원에서는 정보공동활용시스템을 구축하는 사업이다(행정자치부, 2003). 전자정부 단일창구 구축을 통해서 민원인들은 원스톱(one-stop)으로 다양한 민원에 대한 정보(민원사무에 대한 설명, 처리기

관, 처리절차, 수수료, 구비서류, 관련 법 · 제도 등의 확인)를 얻을 수 있고, 주요 민원에 대해서는 온라인으로 직접 신청할 수 있고 인터넷으로 발급받을 수 있게 된다. 또한 행정정보공동활용시스템을 통해서 행정기관이 보유한 행정정보 중 국민생활과 밀접한 관계가 있는 주민, 부동산, 자동차, 기업, 세금 등 5대 분야 20[7]종의 정보를 행정기관간 공동이용을 통해 민원인이 행정기관에서 제 증명서류를 발급받아 다른 행정기관에 민원구비서류를 제출하거나, 행정기관 내부적으로 업무처리를 위해 다른 행정기관으로부터 제 증명서류를 떼어 활용하는 비효율을 해소할 수 있게 된다.

2) 추진경과

G4C 사업은 국민의 정부 시절 전자정부특별위원회에 의해 전자정부 11대 중점과제 중 하나로 선정되면서 2000년부터 추진되어 왔으며 지금까지의 추진경과를 살펴보면, 2000년 11월부터 2001년 5월까지 민원업무 재설계 및 정보화전략계획(BPR/ISP)을 수립하여 주민, 부동산, 자동차, 기업, 세금 등 5대 분야 835종의 민원 중 이용 빈도가 높고 전자적 처리가 가능한 419종을 발굴하였고, 그 결과를 토대로 2001년 10월부터 2002년 11월까지 시스템 구축을 추진하여 2002년 11월에 인터넷 민원서비스(G4C) 시스템을 본격 서비스를 개시하였다. 이 당시에는 인터넷을 통해 4,400여종의 민원사무를 안내하고, 393종의 민원사무를 인터넷으로 신청할 수 있게 하였으며, 특히 행정기관이 보유하고 있는 주민, 세금, 기업, 자동차 등 주요 행정정보 20종을 공동 이용하여 민원인들의 구비서류 제출을 최소화시켰다. 한편, 인터넷으로 신청만 되고 결과물은 우편이나 직접방문으로 수령하는 기존의 방식에서 신청 민원의 결과물을 인터넷으로도 발급하여 활용할 수 있도록 2003년 6월부터 그 해 12월까지 인터넷 발급시스템을 구축하여 국민생활과 가장 밀접한 주민등록등초본 등 8종에 대해서는 2004년부터 인터넷 발급서비스를 개시한 바 있

7) 공동이용 대상정보는 행정자치부가 보유한 주민등록등(초)본, 토지(임야)대장, 지방세납세증명서, 지방세세목별과세(납세)증명서 등 4종의 정보와 건설교통부가 보유한 개별공시지가확인서, 건축물대장등본, 사용승인서(주택건설사업사용검사필증), 자동차등록원부(갑/을), 이륜자동차사용신고필증, 건설기계등록원부(갑/을) 등 6종의 정보, 국세청이 보유한 국세납세증명서, 사업자등록증, 소득금액증명, 납세사실증명, 휴업사실증명, 폐업사실증명, 등 6종의 정보, 대법원이 보유한 건물등기부등본, 법인등기부등본, 토지등기부등본, 호적등본 등 4종 총 20종의 정보

다. 또한, 2003년 9월부터 2004년 5월까지 G4C시스템의 고도화를 위한 정보화전략계획(ISP)을 수립하여, 향후의 시스템 고도화 방향을 정립하였고, 그 결과를 토대로 2005년에 1단계 확대 사업을 추진하여 인터넷 민원신청 대상을 기존 430여종에서 526종, 인터넷 발급대상을 8종에서 20종으로 확대하였다. 아울러 민원인이 소관 행정기관에 직접가지 않고서도 가까운 다른 행정기관에서 민원서류를 신청하고 원하는 곳에서 결과물을 받아볼 수 있도록 기존의 단순한 팩스민원 서비스 방식을 개선하여 '어디서나 민원처리제'로 확대 발전시켰다. 한편 전자민원 서비스를 제공하기 위해 각 기관에서 공통으로 이용하는 기능(통합인증(SSO), 전자지불 등 7종)을 발굴 · 개발하여 공통서비스(Shared Service)화하여 각 기관에 보급한 바 있으며, 이는 각 기관 시스템간 상호운용성 확보는 물론 서비스에 대한 정보자원의 혁신을 시도한 대표적 사례로 볼 수 있다. 그 외에도 인터넷 위주의 전자정부서비스를 휴대폰 · PDA 등 모바일 기기를 (M-Gov) 통해서도 이용할 수 있도록 이용매체 다양화를 시도하고 있다(행정자치부, 2006).

3) G4C 사업의 갈등 성격

전자정부 11대 사업 중에서 G4C사업은 가장 대표적인 대 국민서비스 사업이다. 본 사업은 범부처적 차원에서 대 국민 민원서비스의 혁신을 도모하기 위해 전자정부특별위원회의 정부혁신의제 가운데 하나로 선정되어 기획예산처, 행정자치부, 정보통신부 등 3개 부처가 공동주관으로 업무재설계와 정보화추진계획을 시행하였다. 그 후 행정자치부가 주관부처로서 시스템 개발 및 운영을 담당하였다. 전자정부 단일창구 및 정보공동활용시스템을 구축하는 G4C 사업은 다 부처 관련사업으로 사업의 성격상 관련 부처간 갈등을 안고 출발하는 사업이다.

G4C사업 추진과정에서 나타난 주요 갈등은 첫째는 부처간 관할권에 관한 갈등이다. 특히 관할권 갈등 중에서도 기존 관할권 갈등보다는 부처간 새로운 관할권 확장에 따른 갈등을 성격을 내포하고 있다. 왜냐하면, 정보통신기술의 발달에 따라 기존에 존재하지 않았던 정보공동활용을 위한 정보공동이용센터의 운영권을 어느 부처가 갖는가 하는 관할권 문제와 직결되기 때문이다. 그리고 이러한 관할권 갈등

의 배경에는 부처 수행업무의 성격에 따른 부처간 서로 다른 정책우선 순위가 내재되 있었다. 둘째는 정보공동이용기관간 정보연계시 부처간 갈등으로 주로 기술적, 재정적, 법제도, 조직심리적(조직간 신뢰, 부처할거주의, 개인정보보호) 요인 등 다양한 요인들이 갈등의 원인으로 작용하고 있었다.

2. 이해관계자

G4C사업의 주요 이해관계자에는 당초 G4C사업을 공동으로 기획하고 추진한 기획예산처, 정보통신부, 행정자치부,[8] G4C사업에 대한 점검, 평가 및 사업추진 과정에서 발생하는 기관 간 이견사항을 조정하기 위한 전자정부특별위원회, 그리고 국세청, 대법원 등 정보공동이용기관(정보제공자이면서 동시에 정보이용자)들이 주요 관계자로 참여하였다.

1) 전자정부특별위원회

G4C사업에서 전자정부특별위원회[9]의 주요역할은 첫째, G4C사업의 추진실적을 정기적으로 점검 · 평가하여, 차질없이 이행되도록 독려하며 둘째, G4C사업에서 국민의 편의증진 효과가 조기에 가시화되도록 노력하며 세째, 부처간 · 기관간 이견사항을 강력히 조정하는 것이었다. G4C 사업에서 부처간 · 기관간 이견을 조정하기 위해 사용된 방식들은 주로 회의와 보고였다. 거의 매주 G4C담당 민간위원과 정부측 실무위원, 사업담당자들이 회의를 갖고, G4C사업에 대한 진행사항을 보고 받으며 쟁점을 조정하였다. 이 회의에는 청와대 정책기획수석실의 정책비서관이 참석하였으며, 쟁점사항은 정책기획수석을 통해 대통령에게 보고되어 졌다.

---

8) 기획예산처는 최근 조직개편으로 재정기획부로, 행정자치부는 행정안전부로 변경되었으며 정보통신부는 해체되었다.

9) 전자정부특별위원회는 정부혁신추진위원회의 특별위원회로 출범하였으나 운영에서는 독립성과 자율성을 가졌다. 전자특위의 구성은 본 위원회와 실무지원단으로 구성되어 있으며, 본위원회는 당연직 부처위원(행자부, 정통부, 기획예산처 차관)과 G4C사업을 비롯한 11대 과제 수행 부처위원(재정경제부, 교육인적자원부, 보건복지부, 노동부 차관), 민간위원으로 구성되어 있으며 민간위원이 위원장으로 위촉되었다. 실무지원단은 11대 관제 관련 국장과 민간인 전문가로 구성되었으며 실무지원단장은 2인 공동지원단장체제로 운영되었으며, 민간위원 1명과 청와대 정책비서관이 단장을 맡았다. 전자특위는 2001년 1월30일에 출범하여 2002년 12월 30일에 해산 하는 한시적 조직으로 20002년 12월 말까지 사업 완료를 목표로 G4C 사업 등 11대 과제를 선정하여 사업을 추진하였다.

2) 기획예산처

기획예산처는 2000년초부터 행정자치부와 함께 민원업무를 혁신하기 위한 사업으로 G4C사업의 추진을 합의하고 2000년 8월에 대통령 산하 정부혁신추진위원회에 '정보화를 통한 민원업무혁신 기본계획'을 보고하여 G4C사업 확정에 주도적 역할을 담당하였다. 특히 행정자치부와 함께 공동으로 민원업무재설계 및 정보화 전략계획(BPR/ISP)을 수립(2000년 11월부터 2001년 5월까지)하였으며, 시스템 구축단계에서는 정보통신부와 함께 G4C사업에 대한 지원 · 조정팀[10]의 일원으로 G4C사업에 대한 부처간 이견사항에 대한 조정과 지원역할을 담당하게 된다.

동일한 정책문제라고 할지라도 그것과 관련된 부처의 목표가 다르다면 자연스럽게 정부부처별 정책 우선순위에 따라 갈등이 나타나게 된다. 특히 G4C 사업에 실제로 큰 역할을 해왔던 기획예산처, 행정자치부, 정보통신부 등은 G4C사업의 구축으로 얻고자하는 지향점에 차이가 있었다. 특히 기획예산처는 정부혁신의 차원에서 전자정부사업에 접근하고 있다. IMF 외환위기 이후 정부조직 개편으로 새롭게 만들어진 기획예산처의 조직목표는 공공부문의 개혁에 맞추어져 있었다. 따라서 G4C사업과 관련하여 기획예산처가 주로 사용하는 개념들은 공공개혁, 정부혁신, 국가경쟁력 등이다. G4C사업을 온라인서비스 정부, 능률적인 정부, 고객지향적 정부 등의 개념요소로 파악하고 G4C구현을 통해 정부혁신을 도모하고자 하였다(윤견수 · 하민철, 2005).

3) 정보통신부

정보통신부는 초창기 G4C사업의 BPR/ISP사업에는 참여하지 않았지만, 시스템 구축단계부터 지원 · 조정팀의 일원으로 G4C사업에 적극적으로 관여하기 시작하였다. 정보통신부가 G4C사업에 참여하면서 전자정부단일창구 및 정보공동이용센터 등의 운영 관할권을 놓고 행정자치부와 끊임없이 대립하게 된다. 두 부처간의 갈등의 주요 원인은 전자정부 업무 및 정책에 대한 주도권 확보에 있었다. 행정자

10) 기획예산처는 G4C시스템 구축사업에 지원조정 역할 효율적으로 수행하기 위해 기획예산처 정부개혁실내 전자정부팀을 신설하였다.

치부는 '중앙정부와 지방정부가 추진하는 모든 정보화'를 전자정부로 인식하여 G4C사업을 주도적으로 관장하려고 하는 반면에 정보통신부는 '정부 공통행정업무 정보화 및 대국민서비스 정보화'만을 전자정부로 인식하고, 보건 · 복지 · 문화 · 농림 · 교통 등 각 분야별 공공정보화는 전자정부가 아닌 국가정보화의 영역으로 보고, 국세청, 대법원 등 다수 부처가 참여하고 있는 G4C사업의 주관은 국가 정보화 주무부처인 정보통신부가 주관하여야 한다는 입장이다. 이처럼 전자정부에 대한 인식이 두 부처간 차이가 나는 이유는 전자정부 개념자체가 가지고 있는 애매성과 포괄성에서 찾을 수 있다. 2001년 제정된 전자정부법 상의 전자정부 개념은 '정보기술을 활용하여 행정기관의 사무를 전자화함으로써 행정기관 상호간 또는 국민에 대한 행정업무를 효율적으로 수행하는 정부'를 말한다(전자정부법 2조 1항). 그러나 법령상의 이 개념이 실제의 전자정부 개념의 내연과 외연을 모두 포함하지 않지 않고 있기 때문에 전자정부에 대한 개념은 보는 이의 입장에 따라서 그 강조점이 다르다는 것이다. 즉 전자정부는 해석적 유연성(interpretive flexibility)을 가지고 있는 대상이다. 이런 맥락에서 행정자치부는 전자정부 개념을 최광의로 해석하여 최대한 많은 기능을 확보하려는 시도를 하는 반면 정보통신부는 전자정부를 협의로 해석하여 전자정부를 국가정보화[11]의 하위개념으로 취급함으로써 행정자치부의 전자정부 기능확대 시도를 견제함과 동시에 여전히 정보통신부의 업무범위 내에 두려고 하였다. 특히 전자정부를 국가정보화의 하위개념으로 인식하는 정보통신부는 전자정부를 효과적으로 구현하기 위해서는 개별적인 자료 전산화단계를 초월하여 정보기술을 활용하여 각 행정기관의 정보를 공동활용할 수 있는 체계를 마련하여야 한다고 주장하면서 G4C 사업에 있어 정보공동활용 주체간 대상정보 DB의 코드 표준화, 정보시스템간 상호운용성 등 기술적인 문제와 IT산업 발전을 강조하였다.

11) 정보통신부는 국가정보화 추진체계인 정보화추진위원회의 간사 기관으로 국가정보화 주무부처로서의 역할을 수행하였다.

4) 행정자치부

행정자치부는 BPR/ISP수립 후 G4C 시스템 구축사업의 주관기관으로 전자정부 단일창구, 정보공동이용시스템 구축을 실제적으로 주도하였다. 행정자치부는 앞에서 언급한 것처럼 전자정부법에서 규정한 전자정부의 개념을 최광의로 해석하여 전자정부를 '중앙정부와 지방정부가 추진하는 모든 정보화'로 보고 있을 뿐만 아니라 전자정부의 기획 · 집행 · 관리 · 평가 및 인프라 구축까지도 전자정부 영역으로 포함시키고 있다. 따라서 정부부처간 정보공동활용, 대국민 민원서비스 사업인 G4C사업의 주관은 당연히 행정자치부가 되어야 한다는 입장이다. 이러한 맥락에서 행정자치부는 G4C 사업의 청사진은 정부부처간 신속한 정보공동활용으로 국민과 기업이 관청을 방문하지 않고 언제 어디서나 민원을 해결할 수 있는 '안방민원서비스시대를 실현하는 것'이라 정의를 내리고 있는 것이다.

5) 정보공동이용기관들

G4C사업에 행정자치부, 국세청, 대법원, 건설교통부[12) 등은 주요 정보제공자인 동시에 정보이용자로서 참여하였다. 행정자치부는 주민관련 정보, 국세청은 국세 관련 정보(국세납세, 소득금액 증명, 휴 · 폐 사실 증명 등), 건설교통부는 건설(건축물 대장등본, 개별공시가확인 등) 및 자동차(자동차등록 등) 관련 정보, 대법원은 호적 관련 정보 등을 G4C의 정보공동이용센터와 정보연계를 위해서 참여하였다. 이들 정보이용활용기관들은 BPR/ISP 추진시부터 추진조직의 작업반(주민분야작업반, 부동분야작업반, 자동차분야작업반, 기업 · 세금분야작업반 등)의 일원으로 시스템 연계작업에 관여하였다(그림 1).

6) 한국전산원

한국전산원[13)]은 초기 G4C사업의 확정, 추진에 이르기까지 사업계획의 수립, 사업자 선정, 사업비의 집행 및 관리, 사업관리 및 전문기술지원의 기능을 수행하

12) 건설교통부는 최근 조직개편으로 국토해양부로 변경되었음.
13) 한국전산원은 최근 한국정보사회진흥원으로 변경되었음.

였다. 특히 주민, 부동산, 자동차, 세금, 기업 등 각 분야에 관련 담당자들을 작업반에 참여시켜 BPR/ISP 단계에서부터 사업추진단계에 이르기까지 단계별 내용들을 검토하고, 부처간 이견이 발생할 경우 바람직한 방향으로 사업추진을 위한 의견개진 및 전문기술지원 역할을 수행하였다.

〈그림 1〉 G4C 사업 BPR/ISP사업 추진조직도

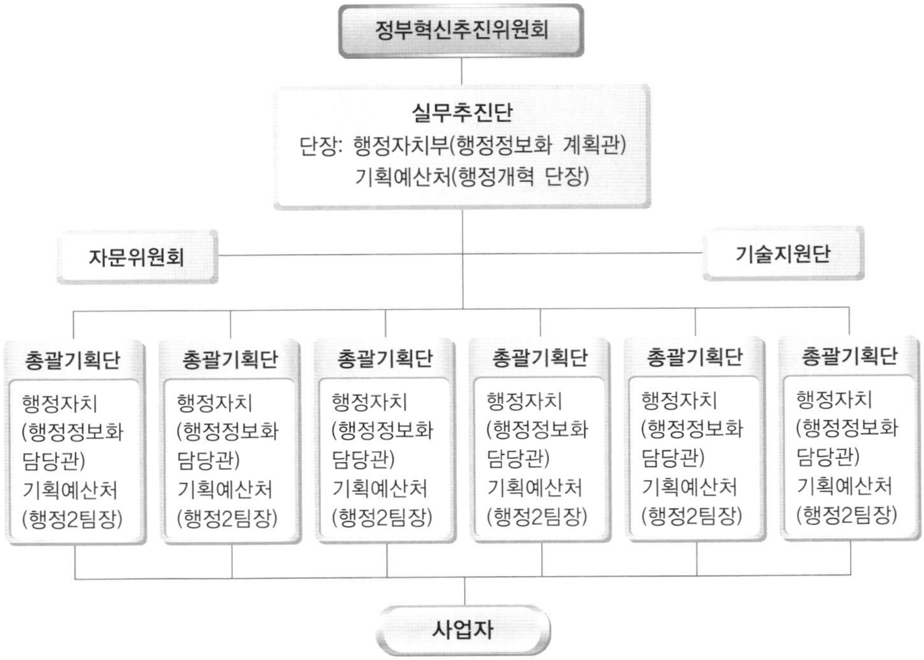

자료: 전자정부백서, 전자정부특별위원회, 2003.

〈표 2〉 G4C 사업 참여자들의 역할

구 분	주요 역할
전자정부특별위원회	· G4C사업의 추진실적을 정기적으로 점검 · 평가 · G4C사업의 부처간 · 기관간 이견사항은 조정
행정자치부	· 정보화전략계획(BPR/ISP)을 수립 · G4C 시스템 구축사업의 주관기관으로 전자정부단일창구 · 정보공동이용시스템 구축을 실제적으로 주도
기획예산처	· 정보화전략계획(BPR/ISP)을 수립 · G4C사업에 대한 부처간 이견사항에 대한 지원과 조정 · G4C사업을 정부혁신의 관점에서 접근
정보통신부	· G4C사업에 대한 부처간 이견사항에 대한 지원과 조정 · G4C사업을 정보기술 및 정보산업의 관점에서 접근
정보공동이용기관들	· G4C의 정보공동이용센터와 정보연계
한국전산원	· 사업관리 및 전문기술지원

3. 주요 갈등의제

G4C사업의 추진과정에서 발생한 주요 갈등은 주관기관 선정과 관련한 사업추진체계의 구성방안, 전자정부단일창구와 정보공동아용센터의 운영관할권에 대한 갈등, 그리고 G4C와 정보공동이용기관간 갈등으로 주요 갈등의제로는 홈텍스 증명민원서비스 연계방법, 국세신고민원 서비스 제공 방식, 대법원 등기열람 수수료 문제, 온라인 전입신고 등이 있다.

의제 1: 사업추진체계의 구성방안: 주관기관 선정문제

대안1: 공동주관(행정자치부, 정보통신부, 기획예산처)으로 하되 대표 주관기관 (행자부) 선정

대안2: 하나의 주관기관(정통부) 선정하되 관련기관 공동참여

G4C시스템 구축을 위한 BPR/ISP 수립 사업이 완료(2001. 5)됨에 따라, G4C 시스템 구현방법에 대한 논의와 더불어 사업추진을 위한 사업계획서 작성 및 시스템 구축 · 등을 주도적으로 추진할 주관기관의 선정이 필요하게 됨에 따라 사업 참여기관간 주관기관의 선정문제와 관련한 갈등이 표출되었다.

대안 1은 행정자치부의 의견으로써 G4C 시스템 구축사업의 추진체계는 행정자치부, 정보통신부, 기획예산처 등이 공동주관(3개 부처 실장급이 공동단장을 맡음)하되 시스템 구축, 인프라 확충 등 사업의 전반적 추진 · 관리는 행자부가 대표 주관기관으로서 역할을 수행하는 방안이다. 그리고 사업의 체계적 추진을 인프라구축팀 등을 구성하도록 하였다. 대안 1은 기본적으로 3개 공동주관 기관의 정신을 살리고 정부부처가 협력하여 사업을 추진하는 모습을 보이는 장점이 있지만, 다수 부처가 관련된 사업 특성상 공동 주관기관 및 관련 부처간 의견조정에 따른 사업지연 우려, 주관 기관간 요구사항 불일치, 사업추진에 대한 의견조율 지연 등으로 사업자의 대응에 많은 시간 소요, 정보제공기관의 하나인 행자부가 대표주관기관으로서의 역할을 수행할 경우, 관련기관(건설교통부, 국세청, 대법원)의 소극적 참여의 가능성이 존재한다는 단점이 있다.

대안 2는 정보통신부의 의견으로써 범정부적인 정보공동 이용과 서비스 제공을 위한 본 사업의 성격상 정보제공기관과 수요기관간 중립적인 위치에 있는 정보화 주무부처인 정보통신부에서 사업 추진단장을 맡고, 관련기관이 공동 참여하는 별도의 추진체계를 구성하는 방안이다. 대안 2는 특정부처의 입장에 집착하지 않고 단일조직의 강력한 추진체계 구성이 가능하다는 장점이 있지만, 현재 관련 기관간 상당한 이견이 존재하고 있는 상태에서 단일추진 체계로의 의견수렴은 많은 어려움이 예상되는 단점이 있다.

의제 2: 전자정부단일창구 운영 및 정보공동이용센터 운영관할권

대안1: 기존 시스템(홈민원센터)을 확충하여 전자정부단일창구를 구축하고, 정보공동이용센터를 행정자치부 산하 정부전산정보관리소(GCC)구축
대안2: 전자정부단일창구와 정보공동이용센터 운영을 아웃소싱(outsourcing)
대안3: 중립적 기관을 출연기관으로 설치하여 전자정부단일창구 및 정보공동이용센터 운영

전자정부단일창구와 정보공동이용시스템 구축의 BPR/ISP 수립 사업이 완료(2001. 5)됨에 따라 두 시스템 구축시 시스템 운영관할권을 두고 본격적으로 행정자

치부와 정보통신부간 전자정부 업무 및 정책 영역확대를 위한 치열한 관할권 갈등이 전개되었다(전자정부특별위원회 내부자료, 2002).

대안 1은 행정자치부의 의견으로써 현재 행정자치부가 운영하고 있는 전자민원실(홈민원센터)을 확충하여 전자정부단일창구를 구축하고, 정보공동이용센터를 행정자치부 산하 GCC에 구축하는 방안이다. 대안 1의 주장 논리는 안전 · 보안 등을 고려할 때, 국가주요정보관리 등의 업무에 대해서는 정부에서 직접 관리하여야 한다는 입장이다. 이 (안)은 관련부처에서 합의가 이루어질 경우 G4C사업의 조속한 추진은 가능하나 단일창구 및 공동이용센터 구축 후, 비용대비 효과성, 운영의 효율성에 많은 문제점이 야기될 수 있으며, 또한 GCC에 정보공동이용센터가 구축될 경우 센터의 정상적 운영을 위해서는 많은 전문 인력의 충원이 필요한데, 정부기관의 인력수급 구조상 정보기술에 대한 전문 인력의 확보가 어려우며, 또한 작은 정부의 원칙과도 부합되지 않다는 지적이 제기되었다.

대안 2는 정보통신부의 의견으로써 안정적이고 효율적인 대국민 서비스를 위해서는 최적의 기술과 인력의 지원이 필요한 만큼, 전자정부단일창구 및 정보공동이용센터 운영을 민간에 아웃소싱하자는 방안이다. 아웃소싱(안)은 정보통신부 입장에서는 행정자치부의 전자정부 영역확대를 견제함과 동시에 정보통신부의 IT산업 육성이라는 정책목표를 달성할 수 가장 적절한 대안으로 볼 수 있다. 대안 2의 주장 논리는 정보시스템 운영의 아웃소싱은 최근 세계적인 추세[14]이며, 작은 정부원칙과 민간 SI산업 육성방향과도 부합한다는 입장이다. 이 (안)은 정부기관(공무원)보다 민간부문에서 잘 할 수 있는 정보시스템 운영 등의 업무는 민간에 위탁하고 정부는 정부고유의 역할이라고 할 수 있는 정책수립 업무를 강화하는 것이 비용절감 등 행정의 효율성 측면에서 바람직하다는 입장이다. 반면에 아웃소싱은 민간위탁업체의 파업 등으로 업무(서비스) 중단 가능성 존재, 공급업체에 종속될 가능성, 정

14) 해외 정부포털서비스 아웃소싱 사례

o 미국 "first.gov": AT&T 자회사인 Federal Search Foundation
o 영국 "UK-Online": BT-StepChange와 BT-Syntegra 컨소시움
o 홍콩 "ESD-Life": COMPAQ, Hutchson 컨소시움

부업무의 외부위탁에 대한 보안상 우려 등이 문제점으로 지적되었다.

대안 3: 기획예산처의 의견으로써 한국전산원(NCA)과 정부전산정보관리소(GCC)의 전자인증, 정보이용연계 등 운영기능이 중복[15)]되므로, 두 기관의 중복기능을 분리 · 통합하여 국무총리실 등 중립적 기관의 출연기관으로 설치하여 전자정부단일창구 및 정보공동이용센터 운영하자는 방안으로 G4C사업에 있어서 기획예산처의 입장이 정부개혁을 강조하고 있음을 알 수 있다. 기획예산처의 통합(안)은 한국전산원의 국가정보화센터의 국가망사업부, 정보연계사 업무를 출연기관으로 이관하고, 정보전산정보관리소는 집행기능(2개과: 정보유통과, 행정망운영과)을 출연기관으로 이관하여 통합하는 (안)이다.

의제 3: 홈텍스서비스의 증명민원 6종에 대한 정보연계방법

대안1: 요약 DB로 실시간 자료 제공
대안2: 디스크공유방식의 자료교환시스템을 통해 G4C와 연계하여 서비스

G4C 시스템은 5개 분야 4개 기관(행정자치부, 건설교통부, 국세청, 대법원) 15개 시스템(주민등록, 지적행정, 지방세시스템, 자동차관리, 건축행정, 토지정보시스템, 호적, 등기시스템 등)과 연계하는 사업으로 정보공동활용을 위해 정보공동이용센터와 각 시스템간 연계과정에서 G4C 사업단과 관련 기관간 다양한 갈등이 표출되었다. 주로 연계방법과 관련된 갈등은 행정자치부(G4C사업단)과 국세청 간에 발생하였다.

대안 1은 행정자치부(G4C사업단)의 의견으로써 정보공유의 원활화 및 신속성을 위해 행정정보 공동이용 대상으로 분류된 홈텍스서비스의 증명민원 6종(국세납세증

15) NCA와 GCC의 중복기능 비교

구분	NCA	GCC
설립근거	• 정보화촉진기본법 시행령	• GCC직제, 행정정보공동이용에관한규정, 사무관리규정
하드웨어	• 약 30억원	• 약40억원(추정)
네트워크	• 초고속국가망 구축, 운영	• 정부고속망 구축, 운영
연계서비스	• 정부조달EDI연계시스템, 재정정보연계시스템,국방조달EDI,대법원 · 국세청간 등기정보	• 물관리연계시스템, 행정EDI시스(인사 · 급여), 실업복지연계시스템
인증	• 전자서명 인증서비스	• 전자관인 인증서비스

명서, 사업자등록증, 소득금액증명, 납세사실증명, 휴업사실증명, 폐업사실증명 등)을 요약 DB로 정보공동이용센터에 실시간으로 제공하여야 한다는 입장이다.

대안 2는 국세청의 의견으로써 증명민원 6종에 대한 요약 DB 제공은 타기관의 용도외 사용으로 개인의 과세정보 유출 우려가 있어 어려움이 있을 뿐만 아니라 국세통합시스템이 외부망과는 단절된 시스템으로 운영되고 있어 시스템 운영상 현실적으로 요약 DB를 만들 시간적 어려움이 있기 때문에 국세청에서 개발한 디스크공유방식의 자료교환시스템을 통해 G4C에 연계하여 서비스 제공하겠다는 입장이다.

의제 4: 국세신고민원 서비스 제공 방식: 국세신고민원 131종을 G4C와 연계하여 서비스하는 문제

대안1: 전자정부단일창구를 통한 국세 민원 서비스 제공
대안2: 전자정부단일창구에서 홈텍스서비스에 연결시켜 서비스 제공

대안 1은 행정자치부(G4C사업단)의 의견으로써 전자정부민원단일창구를 통해 국세에 대한 모든 민원을 서비스 제공해야 한다는 입장이다. 그러나 양쪽에서 같은 프로그램을 개발시에는 이중투자가 발생하는 문제가 제기되었다.

대안 2는 국세청의 의견으로 국세민원서비스는 기본적으로 홈택스서비스에서 시스템(국세 민원접수프로그램 등)을 개발하여야 하며, 이중투자에 따른 비용낭비를 해결하기 위해서는 G4C에서는 홈택스서비스에 연결시켜 서비스를 제공해야 한다는 입장이다.

의제 5: 대법원 등기열람 수수료 문제

대안1: 수수료 무료
대안2: 수수료 유료

대안 1은 행정자치부(G4C)의 입장으로써 '전자정부법시행령' 제41조를 근거로 공무원이 민원처리를 위해 등기정보를 공동 이용할 경우에 무료로 하여야 한다는 입장이다. 동 시행령 제41조에 의하면 행정기관의 장은 행정정보의 공동이용을 통

해 구비서류에 대한 정보확인이 가능한 경우에는 그 확인으로 구비서류를 갈음할 수 있으며, 이 경우 당해 구비서류에 대한 수수료는 무료로 한다(제41조)고 규정하고 있다.

대안 2는 대법원의 의견으로써 수수료를 징수하지 않을 경우 재정적 어려움이 있기 때문에 수수료를 무료로 할 수 없다는 입장이다. 따라서 대법원에서는 민원처리를 위해 등기부 열람수수료를 무료화하기 위해서는 기획예산처에서 예산으로 등기 수수료를 일괄 보전해 주는 방안 마련되어야 한다는 주장이다.

제4절 'G4C사업'의 갈등 조정과정 분석

일반적으로 볼 때, 갈등진행과정은 갈등전단계, 상승단계, 위기단계, 결말단계, 갈등후단계 등 다섯 단계로 나누어진다고 볼 수 있다. 그러나 전자정부특별위원회의 11대과제 중 하나로 추진된 G4C사업의 갈등 진행과정은 크게 갈등단계와 갈등 조정단계로 구분할 수 있다. 갈등단계는 사업추진과정에서 부처 · 부서간 이견이 발생하여 진행되는 단계이며, 갈등 조정단계는 부처 · 부서간 이견이 해소되는 갈등해결의 단계를 의미한다. 특히 G4C사업에서의 갈등조정은 부처 · 부서간 원만한 협의에 의해 갈등이 해소되기 보다는, 전자정부 11대 사업의 조정기관인 전자정부특별위원회에 의해 조정되었으며, 일부 갈등은 조정에 실패하기도 하였다.

1. 의제 1의 갈등 조정과정: 주관기관의 선정 문제

G4C 시스템 구축사업의 주관기관 선정문제와 관련하여 갈등조정은 먼저 관련 부처인 행정자치부와 정보통신부간 협의의 과정을 거쳤으나, 부처간 이견이 조정되지 않아[16] 전자정부특별위원회에서 조정을 시도하였다. 전자특별위원회는 이견을 조정하기 위해 두 부처(안)에 대한 장 · 단점을 면밀히 분석한 후, G4C사업의 본

격적 서비스 개시시기(2002년 12월)를 고려할 때, 3개 부처 공동 주관기관 체계는 관련 부처간 의견조정에 따른 사업지연이 우려되기 때문에 단독 주관이 바람직하며, 그리고 단독 주관은 본 사업의 BPR/ISP를 수행한 행정자치부가 적정하다는 전자특위(안)을 가지고 두 부처와의 협의를 하였으나 사업추진체계에서 배제된 정보통신부가 강력히 반발함으로써 조정에 실패하였다. 이 후 전자정부특별의원회의 주재하에 여러 번의 협의를 거치는 과정에서 정보통신부의 입장을 어느 정도 수용하는 절충(안)이 만들어졌고 이 (안)에 행정자치부, 정보통신부, 기획예산처[17] 등이 합의함으로써 주관기관 선정과 관련된 갈등이 조정 되었다. 새로운 절충(안)은 행정자치부가 주관기관을 맡되, 행정자치부가 주관기관으로서의 역할을 수행할 경우 나타날 수 있는 문제점인 ① 동일한 정보제공자의 입장에 있는 건설교통부, 국세청, 대법원 등의 소극적 참여 가능성, ② 정보연계 과정에서 관련 부처간 이견이 발생할 경우 행정자치부 단독으로서 조정의 어려움, ③ 사업 추진체계에서 배제된 정보통신부의 반발 등의 문제를 고려해서 사업추진의 총괄조정 및 부처 · 부서간 이견조정을 담당하는 지원 · 조정팀을 신설하여 정보통신부와 기획예산처가 맡도록 하는 것이었다.

비록 주관기관 선정과 관련된 갈등이 앞에서 살펴본 것처럼 '02년 12월까지 G4C사업을 완료하여야 한다는 시간적 압박에 의해 전자정부특별위원회의 절충(안)에 의해 조정되었다고 해도 관할권과 관련된 두 부처간의 갈등은 잠재되어 있다고 볼 수 있다. 왜냐하면, G4C사업의 주관기관 선정은 전자정부단일창구와 정보동이용센터의 운영 관할권 다툼의 전초전에 지나지 않기 때문이다.

---

16) 주관기관 선정의 문제와 관련하여 두 부처간 갈등이 첨예화되면서 부처간 협의에 의해 해결되지 못한 중요한 이유는 앞에서 언급한 것처럼 G4C사업을 통해 전자정부 기능 확대를 시도하려는 행정자치부와 전자정부를 국가정보화의 하위개념으로 취급함으로써 행정자치부의 전자정부 기능 확대 시도를 견제함과 동시에 여전히 정보통신부의 업무범위 내에 두려고 하는 정보통신부와의 전자정부 주도권 쟁탈권 다툼에 그 이유가 있다고 볼 수 있다.

17) 기획예산처는 사업의 주관기관 선정과 관련해서는 특별한 대안을 제시하지 않았을 뿐만 아니라 행정자치부(안)과 정보통신부(안)에 대하여 중도적 입장을 견지하였다.

〈그림 2〉 G4C 시스템 구축사업 추진체계

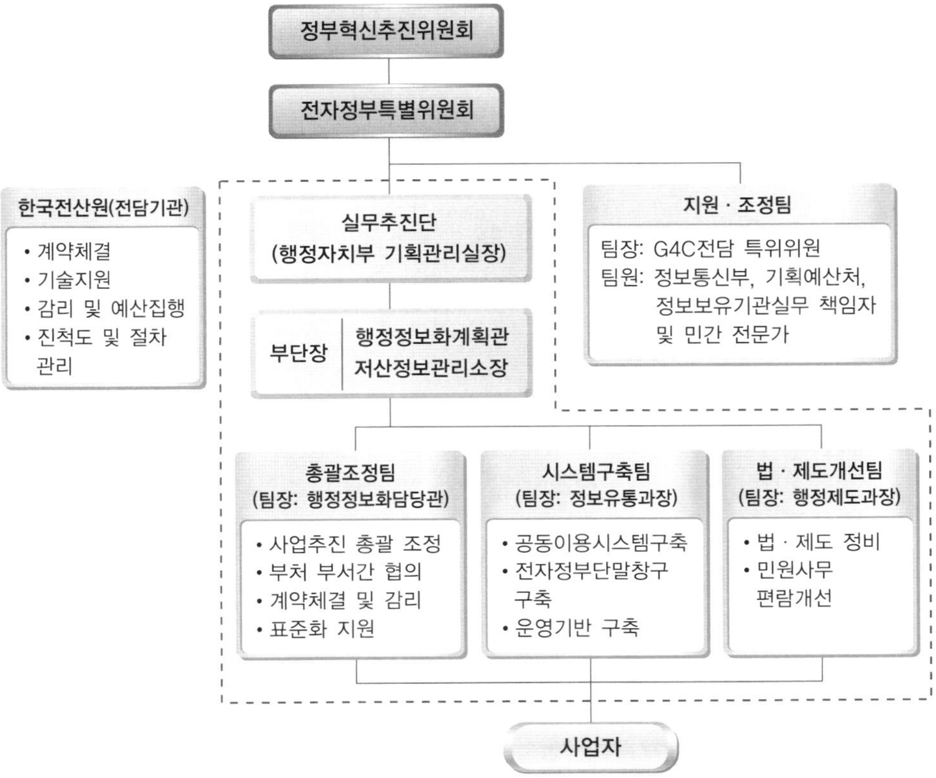

자료: 전자정부백서, 전자정부특별위원회, 2003.

2. 의제 2의 갈등 조정과정: 전자정부 단일창구 및 정보공동이용센터 운영관할권

전자정부단일창구 및 정보공동이용센터의 운영관할권에 대한 갈등조정은 먼저 관련 세 부처간 협의의 과정을 거쳤으나 이견이 조정되지 않아 전자정부특별위원회에서 조정을 시도하였다. 전자정부특별위원회는 이견을 조정하기 한국전산원 및 학계 전문가들의 자문을 얻어 세 (안)에 대한 장 · 단점을 비교하였다. 전자정부특별위원회는 세 (안)에 대한 면밀한 검토결과 전자정부단일창구 및 정보공동이용센터의 운영을 아웃소싱하자는 정보통신부(안)이 보다 적정(안)이라 판단하고, 이(안)

을 가지고 기획예산처와 행정자치부를 설득하였다. 그러나 행정자치부가 끝내 거부하게 됨에 따라 최종적으로 청와대 기획비서관의 주재로 정보통신부와 행정자치부 기획관리실장이 참석한 회의를 통해 협의를 벌였으나 합의에 도달하지 못하였다. 이러한 이유로 G4C사업은 전자정부단일창구 및 정보공동이용센터의 운영관할권이 명확히 정의 되지 않는 상태에서 사업이 추진되다가 결국 참여정부가 출범하면서 정부기능 개편(2004.4월)에 따라 행정자치부가 전자정부 주무부처가 되면서 운영관할권을 가지는 것으로 결정되었다.

관할권에 관한 갈등의 문제는 전자정부의 다른 어떤 영역보다도 해결하기 어렵다. 특히 단일창구와 공동이용센터의 운영관할권 갈등은 관할권 중에서도 새로운 관할권 확장에 따른 갈등의 성격을 내포하고 있는 동시에 행정자치부와 정보통신부간 전자정부 업무 및 정책 영역확대를 위한 관할권 다툼의 성격까지 포함하고 있어 첨예한 경쟁과 갈등이 보다 격화될 수 밖에 없는 상황이었다.

【정보공동이용센터 운영 관할권에 대한 전자정부특별위원회 검토의견】

o 정보공동이용센터 등의 운영을 정부기관이 하기보다는 외부위탁 운영하는 것이 국가적으로 보다 효율적임
  - 전산시스템의 운영업무(유지 · 보수업무 포함)는 정부기관 보다는 전문성과 기술력을 갖춘 민간 전문업체가 훨씬 잘 할 수 있음
  - 정부기관의 인력수급 구조상 정보기술에 대한 전문인력의 확보가 어렵다는 점과 정보화 투자효과를 높일 수 있다는 점에서 정보시스템 운영의 아웃소싱 적극 추진 필요
  - 정보시스템 운영의 아웃소싱은 최근 세계적인 추세이며, 작은 정부 원칙과 민간 SI 산업 육성 방향과도 부합
    ※ 새로 제정된 '전자정부구현을위한행정업무등의전자화촉진에관한법률'에서 "기술개발 및 운영 외주의 원칙(제14조)"을 규정
    ※ G4C 용역사업 최종보고서에 민 · 관협력(아웃소싱)방안 제시(p.909~p.916)

o 정부기관(공무원)보다 민간부문에서 잘 할 수 있는 정보시스템 운영 등의 업무를 정부가 수행하게 하기보다는 정부 고유의 역할이라고 할 수 있는 정책수립 관련 업무를 강화하도록 하는 것이 바람직함

o 민간부문에 아웃소싱할 경우에도 경쟁입찰방식을 통해 가장 우수한 업체를 선정함으로써 최상의 서비스가 제공될 수 있도록 해야 할 것임

3. 의제 3의 갈등 조정과정: 홈텍스 서비스의 증명민원 6종에 대한 정보연계방법

행정자치부(G4C사업단)와 국세청간의 정보공동이용 대상으로 분류된 홈텍스서비스의 증명민원 6종(국세납세증명서, 사업자등록증, 소득금액증명, 납세사실증명, 휴업사실증명, 폐업사실증명 등)에 대한 갈등조정은 먼저 관련 두 부처간 협의의 과정을 거쳤으나 이견이 조정되지 않아 전자정부특별위원회에서 조정을 시도하였다. 요약DB로 실시간 자료 제공을 요구하는 행정자치부의 입장에 대해서 국세청의 의견은 증명민원 6종에 대한 요약 DB 제공은 타기관의 용도외 사용으로 개인의 과세정보 유출 우려가 있어 어려움이 있을 뿐만 아니라 시스템 운영상 현실적으로 요약 DB를 만들 시간적 어려움이 있기 때문에 국세청에서 개발한 디스크공유방식의 자료교환시스템을 통해 G4C에 연계하여 서비스 제공하겠다는 입장이다. 두 부처의 상반된 입장은 전자정부특별위원회의 주재 하에 여러 번의 회의를 거쳐 조정(안)이 도출되었다. 조정(안)은 행정자치부의 양보와 국세청의 입장을 어느 정도 수용하는 절충(안)으로, 요약 DB구축의 시간적 제약성을 고려하여 증명민원 6종 중에서 사업추진 일정내 구축이 가능한 단순 증명민원인 사업자등록정보와 휴 · 폐업정보는 요약 DB를 구축하여 실시간 제공하고, 사업추진 일정내 구축이 어려운 납세증명, 납세사실증명 및 소득금액증명 등 3종은 국세통합시스템에서 발급된 증명을 국세청이 개발한 디스크공유방식의 자료교환시스템을 통해 G4C에 연계하여 서비스하는 것으로 두 부처간의 이견을 해결하였다. 그리고 개인의 과세정보 유출의 문제는 특히 개인세금 관련 정보를 많이 담고 있는 납세증명, 납세사실증명 및 소득금액증명 등 3종의 공동이용 대상정보에 대해서는 공무원들의 열람조건을 민원 신청시에만 열람이 가능하도록 하는 준 실시간 열람방법을 채택하여 국세청에서 제공한 과세정보를 타 기관의 용도외 사용을 제한하는 방법으로 이견을 조정하였다.

4. 의제 4의 갈등 조정과정: 국세신고민원 서비스 제공 방식

국세신고민원 131종을 G4C와 연계하여 서비스하는 문제였다. G4C에서는 전자정부민원단일창구를 통해 국세에 대한 모든 민원을 서비스해야 한다는 입장이었다. 그러나 양쪽에서 같은 프로그램을 개발시에는 이중투자문제가 발생하는 문제가 발생하였다. 이 문제도 전자정부특별위원회와 행정자치부, 국세청 등이 협의를 통해 국세민원서비스는 홈택스서비스에서 시스템을 개발하고, G4C에서는 홈택스서비스에 연결시켜 서비스하는 것으로 갈등을 해결하였다.

5. 의제 5의 갈등 조정과정: 대법원 등기열람 수수료 문제

G4C 시스템과 부동산 등기시스템과의 연계시 공무원이 민원처리를 위해 등기정보를 공동이용할 경우에 행정기관이 등기열람수수료를 무료로 하는 방안에 대해 전자정부특별위원회 주재 하에 관련 부처들이 모여서 여러 번에 걸쳐 협의를 했으나 대법원의 반대로 무산되었다. 대법원의 반대 이유는 수수료(등기특별회계)를 징수하지 않을 경우의 재정적 어려움이 있다는 것이었다. 이 문제를 해결하기 위해 일반인과 같이 열람수수료(1,000원)를 징수하기로 했으나, 사실 각급 행정기관에서 민원인으로부터 현금을 징수하기란 현실적인 어려움이 있을 뿐만 아니라 게다가 수수료의 입금, 처리절차가 복잡하며 별도의 예금계좌를 만들어 수수료를 관리하는 것은 현행 회계제도상 허용되지 않기 때문에 등기정보에 대한 공동이용은 어렵게 되었다.

제5절 결 론

1. 평 가

전자정부 추진과정에서 발생하는 갈등을 G4C사업을 사업으로 중심으로 살펴보았다. 전자정부 사업을 프런트 오피스(front office)와 백오피스(back office)로 구분할 때, G4C사업은 전자정부 11대 사업 중에서 각 행정기관의 정보연계(백오피스)

를 토대로 인터넷 상에서 정부를 대표하는 전자정부단일창구(프런트 오피스) 구축하여 행정의 효율성(중복투자 방지, 업무처리의 신속성, 정책결정의 질 제고 등) 및 대국민 민원서비스 혁신하는 가장 대표적인 사업으로 향후 우리의 전자정부가 지향해야 할 미래 전자정부의 기반이 된다는 점에서 본 사업에 대한 갈등 분석은 중요한 의미를 가지고 있다고 볼 수 있다.[18)]

G4C사업의 주요 갈등은 앞에서 살펴본 것처럼 사업추진체계 구성(주관기관 선정), 전자정부단일창구와 정보공동이용센터의 관할권에 대한 갈등, G4C와 정보공동이용기관간 갈등으로 주요 갈등의제로는 홈텍스 증명민원서비스 연계방법, 국세신고민원 서비스 제공 방식, 대법원 등기열람 수수료 문제 등에 대한 갈등이다.

첫째, G4C 시스템 구축 사업의 주관기관 선정문제와 관련된 행정자치부와 정보통신부간의 갈등은 BPR/ISP사업에는 참여하지 않았던 정통부가 시스템 구축사업에 본격적으로 참여하게 되면서 주관기관 선정과 관련하여 갈등이 표출되었다. 사업의 추진체계는 행정자치부, 정보통신부, 기획예산처 등 3개 부처가 공동주관하되 행자부가 대표 주관기관의 역할을 하여야 한다는 행정자치부(안)과 정보화 주무부처인 정보통신부에서 사업 추진단장을 맡고, 관련기관이 공동 참여하는 별도의 추진체계가 필요하다는 정통부(안)을 가지고 두 부처가 협상을 하였으나 합의에 이르지 못해 결국 전자정부특별위원회의 조정을 통해 갈등을 조정하였다. 두 부처간 갈등이 첨예화되면서 부처간 협의에 의해 해결되지 못한 중요한 이유는 사업의 주관기관 선정여부가 향후 전자정부단일창구와 정보공동이용센터의 관할권 확보를 위해 유리한 위치를 선점할 수 있는 전초전 성격을 내포하고 있기 때문이다. 따라서 주관기관 선정과 관련된 갈등이 전자정부특별위원회의 절충(안)에 의해 조정되었다고 해도 관할권과 관련된 두 부처간의 갈등은 잠재되어 있는 것이다. 이러한 측면에서 볼 때 전자정부특별위원회의 조정은 문제의 근본적 해결을 위한 조정이

18) 향후 전자정부의 미래모습은 범정부적 · 범국가적 정보공동활용을 통한 부처간 경계가 없는 통합(Seamless)된 정부라고 할 수 있는데 이러한 통합된 전자정부로 가기위해서는 무엇보다도 다 부처 관련 전자정부 사업이 더욱 증가할 수밖에 없다. 이런 측면에서 볼 때, 성공적인 전자정부를 구현을 위해서는 관련 부처간의 협력이 무엇보다도 절실한 시점이다. 왜냐하면, 전자정부 사업 관련 부처간 갈등은 전자정부의 사업추진의 지연, 중복투자 등 성과달성 측면에서 매우 부정적인 영향을 미치기 때문이다.

라기 보다는 조속한 사업 추진(G4C사업은 추진계획은 '02년 12월 사업을 완료하여 본격적인 서비스를 개시하도록 되어 있음)을 위한 임시방편적 조정에 불과하다고 볼 수 있는 것이다.

둘째, 전자정부단일창구 및 정보공동이용센터의 운영관할권과 관련된 갈등이다. 운영관할권에 대한 갈등은 관련 부처간의 협의와 전자정부특별위원회의 조정에도 불구하고 갈등해결에 실패하였으며, 결국 참여정부가 출범하면서 정부조직개편에 따라 전자정부 주무부처인 행정자치부가 관할권을 가지는 것으로 결정되었다. 관할권에 관한 갈등의 문제는 정보화 진전에 따라 정보통신 분야를 장악하는 것은 부처의 성장 및 예산확보에 매우 긴요하다는 측면에서 전자정부의 다른 어떤 영역보다도 해결하기 어렵다. 특히 G4C사업을 통해 전자정부에 대한 기능확대를 시도하고자 하는 행정자치부와 반대로 행정자치부의 기능확대를 견제하고 동시에 여전히 전자정부를 정보통신부의 업무범위 내에 두려는 정보통신부의 입장은 구체적으로 관할영역이 정해지지 않은 업무영역에서 충돌할 때 첨예한 경쟁과 갈등이 보다 격화될 수 밖에 없는 상황이었다.

셋째, G4C와 정보공동이용기관간 주요 갈등 사례로는 홈텍스 증명민원서비스 정보연계방법, 국세신고민원 서비스 제공 방식, 대법원 등기열람 수수료 문제 등에 대한 갈등이다. G4C와 홈텍스 증명민원서비스 정보연계방법, 국세신고민원 서비스 제공 방식에 대한 갈등은 시스템 연계에 따른 과세정보 유출(타 기관이 용도외 사용할 경우), 중복투자의 문제로서 전자정부특별위원회와 G4C사업단, 국세청 간의 협의로 과세정보 유출의 문제는 정보공동이용시 공무원들의 열람조건(민원신청시 열람가능)을 제한하는 방법으로, 중복투자의 문제는 국세청이 시스템을 개발하고 G4C시 링크를 통하는 방식으로 갈등을 해결하였다. 반면에 공무원이 민원처리를 위해 등기정보를 공동이용할 경우에 등기열람수수료를 무료로 하는 문제는 등기수수료를 징수하지 않을 경우의 대법원의 재정적 어려움을 호소한 대법원의 반대로 많은 협의의 과정을 거쳤지만 결국 정보공동이용 대상에서 제외되었다. 부처간 시스템 연계를 통한 정보공동활용은 다수 부처가 관련되어 갈등이 표출될 수밖에 없지만, 특히 원활한 시스템 연계를 위해서는 무엇보다도 시스템 연계에 따른 재정적 문제, 법제도 상의 제약 등을 사전에 면밀히 검토할 필요가 있음을 알 수 있다.

2. 시사점: 갈등 해소전략

G4C 사업의 핵심 갈등은 정보공동이용센터의 운영관할권과 G4C와 정보공동이용기관간 갈등이라 볼 수 있다. 이하에서는 G4C 갈등사례의 분석을 토대로 부처간 관할권 갈등 및 부처간 정보연계시 갈등에 대한 해소 전략을 제시하고자 한다.

1) 부처간 관할권 갈등 해소전략

관할권에 대한 부처간 갈등해소는 G4C사업의 단일창구 및 공동이용센터의 관할권 갈등사례에서도 알 수 있듯이 설득(persuasion), 협상(bargaining)과정을 거쳐 결국에는 강압적 수단(coercion)을[19] 통해 해결되는 것이 일반적이다. 문제는 이러한 강압적 수단에 의한 갈등해결은 일시적 갈등해소에는 도움이 되나 갈등요소가 물밑으로 가라앉은 채 계속 잠재해 있음으로 해서 언제든 기회가 주어지면 다시 수면위로 부상할 수 있는 여지가 있다는 것이다. 따라서 관할권 갈등문제를 해소하기 위해서는 먼저 갈등들의 발생소지를 최소화해야 하며, 두 번째는 발생한 갈등을 적절히 다루고 해소해야 하는 것이다.

첫째, 부처간 관할권 갈등 발생소지를 최소화하기 위해서는 먼저 G4C 갈등사례에서도 알 수 있듯이 전자정부 추진 관련 기관 간 명확한 역할 분담이 필요하다. 이를 위해서는 역할 분담의 기준이 분명해야 한다. 기술업무인가 아니면 행정혁신 관련 업무인가를 중심으로 역할 논쟁이 얼마나 많은 갈등을 불러 왔는가는 G4C 사업 관련 논의에서 살펴 볼 수 있었다. 역할 분담의 불명확성은 새로운 갈등의 방향을 예고한다. 과거 정보통신부 주도의 국가정보화 추진기능이 이제는 정보화 영역에 따라 행정안전부, 지식경제부, 방송통신위원회, 문화체육관광부 등으로 구분되어 진행되기 때문이다.

---

19) 강압적 수단이란 갈등 관련부처간, 관련부처와 상위 조정기관간 협의해결이 아니라 상위기관에 의한 일방적 명령 · 지시 등에 의한 조정으로 조직개편에 의한 조정도 강압적 수단에 포함된다.

둘째, 발생한 관할권 갈등을 적절히 다루기 위해서는 중립적인 범정부적 조정기구(위원회)를 통한 조정이 필요하다. 위원회를 통해 이해관계자간의 원활하고도 체계적인 의사소통 채널을 구축하고, 때로는 강력한 조정력을 발동하여 문제를 해결한다. 이해관계 부처가 모두 참여하여 합의함으로써 갈등의 소지를 없애고, 동시에 중립적인 조정기구를 구성하여 대립되는 이해관계를 하나씩 조정하는 것이다. 체계적인 의사소통은 협상을 위한 공식적인 위원회뿐 아니라 비공식적인 상시적 의사소통 채널까지 포함 한다.. 조정기구가 갈등을 효과적으로 관리하여 기대되는 효과를 얻기 위해서는 추가적인 조건이 만족되어야 한다. 위원회가 구성되는 경우 통상 조정의 중립성 또는 객관성과 전문성을 확보하기 위해 민간 전문가의 참여가 일반적이다. 이 경우 의사결정과정에서 민간전문가의 역할이 사전에 정의될 필요가 있다. 민간 전문가들과 현장의 정책실무자 두 집단 간의 의견차이 때문에 위원회의 장점을 살리지 못하고 오히려 의사결정에 부담만 초래할 수도 있기 때문이다. 이를 피하기 위해서는 위원회 지도부는 이해관계기관이 모두 신뢰할 수 있는 중립적인 성향의 전문가가 맡아야 한다. 그리고 위원회의 조정력 강화를 위해서는 최고의사결정권자와의 명시적이고 수직적인 연결고리가 제도화되어야 한다.

2) 부처간 정보연계 갈등 해소 전략

부처간 시스템 연계를 통한 정보공동활용의 필요성과 정부의 다양한 노력에도 불구하고 정보공동활용은 여전히 어려움으로 남아있다. G4C사례를 통해서 볼 때, 현실적으로 정보연계를 어렵게 하는 요인으로는 크게 다음 세 가지를 들 수 있다. 정보공동활용을 어렵게 만드는 법제도, 재정적 어려움, 시스템 연계의 기술적 문제 및 시스템 연계에 따른 개인정보 유출 문제 등이다. 이러한 정보공동활용의 부처간 갈등들을 극복하기 위해서는 첫째, G4C와 국세청과의 정보연계 갈등사례(G4C사업단과 국세청의 협력 및 전자정부특별위원회의 조정)알 수 있듯이 갈등 해소를 위해서는 관련 부처간 상호 신뢰관계 회복을 통한 자발적 협력 및 공생문화의 정착이 요구된다(정국환외, 2009). 정보공동활용은 매우 복잡하고 혁신적인 변화이기 때문에 그 편익을 생산하는 것뿐만 아니라 공유하는 것이 필수적이다. 참여자간 파트너십이 필요하고, 각 부처가 갖고 있는 전통적인 장벽, 즉 행정적, 문화적, 기술적, 지리적, 조직적 장벽을 뛰어넘는 협력관계가 필수적이다

둘째, 정보공동활용을 어렵게 만드는 법제도의 정비를 들 수 있다(행정자치부 주민과 사례). 각 부처에서 타 부처의 정보공유 요구를 거부하는 가장 큰 근거이자 회피수단이 현재 법규정상의 제약, 법에서 금지하고 있다거나 관련법규나 근거가 없다는 것인 만큼, 이 부분이 해결되지 않고는 부처간 정보공동활용이 활성화되는 것을 기대하기는 어렵다. 현재 정보연계를 어렵게 하는 법규정 제약은 시스템 개발에 앞서 철저한 BPR/ISP작업을 통해 문제가 되는 법규정을 도출하여 제 · 개정작업이 이루어져야 할 것이다. 그리고 기밀이나 보안 등의 이유로 법에서 정보제공을 금지하고 있는 경우, 이러한 규정들이 현실에 비추어 타당한가를 검토해보고 타당성이 부족할 경우에는 과감하게 개정하는 노력이 필요하다.

셋째, 정보공동활용을 거부하는 또 다른 근거인 예산부족의 문제(대법원 등기 수수료 사례)를 해결하기 위해서는 필요한 예산을 적절하게 지원할 수 있어야 한다. 특히 해당 부처 단독으로. 다수부처가 연계된 사업을 추진할 경우 해당부처의 예산은 확보가 가능하나, 연계된 기관의 연계 및 구축예산은 연계기관에서 확보하여야 하므로 연계 기관들의 예산 미확보로 적시에 연계하여 제대로 서비스를 제공하지 못한다. 따라서 각 부처는 정보공동활용 관련부처와 협상 및 합의를 통해서 예산분담 비율 등을 정하고 시너지 효과가 큰 정보공동활용 사업에 우선적으로 예산을 배정하는 노력을 기울여야만 할 것이다.

제 4 장

문화재관람료 및 표준운임제 정책

▨ 장 현 주
(한국외국어대학교 행정학과 교수)

제1절 서 론

한국 사회에서 공공갈등은 점차 이해관계자의 범위가 넓어지고 있으며, 그들이 추구하고자 하는 가치 또는 이해관계도 시간이 경과함에 따라 점차 복잡해지는 특성을 지닌다. 따라서 현실적으로 공공갈등을 둘러싸고 점차 증가하는 다수의 이해관계자가 추구하는 가치 또는 목표의 상호 양립 가능성이 낮다는 점에서 모든 관련 이해관계자간 합의를 통한 갈등의 완전한 해결은 어렵다(하혜영, 2007: 275). 하지만 갈등의 해결이 합의를 통한 완전한 해결 그 자체보다는 이해관계자간 지속적인 대화와 협상 노력 등을 통해서 모든 이해관계자들이 만족할만하고 수용 가능한 의견의 일치를 모색해가는 합의형성과정(Susskind, McKearman & Thomas-Larmer, 1999: 6)이라는 점에서 볼 때, 공공갈등의 해결을 위해서 정부를 포함한 관련 이해관계자간의 합의 형성 노력이 무엇보다도 중요하다.

그러한 노력 중 공공갈등의 현장에서 가장 많이 활용되고 있는 해결기제가 협력적 거버넌스인 듯 보인다. 중앙정부간, 중앙정부와 지자체간, 지자체간, 정부와 민간간, 민간 상호간 복잡한 갈등의 쟁점을 대화와 협상을 통해 합의에 이르는 기제로서 '협의회', '위원회' 등 다양한 명칭을 지닌 기구가 가장 흔하게 구축, 활용되고 있다. 때로는 공공갈등의 해결에 있어서 협력적 거버넌스가 유일무이한 만병통치약(panacea)인 것처럼 인식되고 있다. 이는 정부만의 독단적인 결정으로는 갈등의 완화 또는 해결보다는 갈등을 오히려 증폭시킬 가능성이 높다는 위험이 있기 때문이며, 민간 이해관계자 역시 재원배분에 관한 최종 의사결정자가 정부라는 점에서 집회, 시위 등 비공식적인 정책과정 참여방식을 통해 지지세력을 확장하는 전략을 추진하다가도 어느 시점에서는 정부가 참여하는 공식적인 논의기구를 통해 이해관계의 폭을 줄이는 것이 자신들에게 유리할 것이라는 인식의 공통분모가 존재하기 때문이다.

물론, 이 때 구성원의 자발적인 참여와 협력이 전제가 되는 서구의 협력적 거버넌스와는 달리 우리의 협력적 거버넌스는 철저히 '국가 중심'이라는 점에서 그 차이를 인정하는 것을 전제로 한다. 이는 우리 사회에서 1980년대 후반~1990년대 초반 급격한 민주화와 2000년대 초반 사회권의 확대로 인해 비공공부문의 권리가 대폭 신장함에 따라 지난 10여 년간 이들의 정책과정 참여욕구와 권리를 구현하는 방법으로 각종 위원회 형식을 띤 협력적 거버넌스가 활용되었기 때문으로 보인다.

갈등해결기제로서 협력적 거버넌스의 폭넓은 활용에도 불구하고, 일부의 갈등은 장기간을 요하더라도 이해관계자간 합의를 통한 해결에 이르기도 하지만, 대부분은 오히려 이해관계자간 신뢰가 약화되어 결국 갈등양상이 더욱 악화되거나 장기간동안 수면 아래로 다시 잠복하는 경우가 많다. 갈등의 해결기제로서 협력적 거버넌스의 구축을 통해 이해관계자간 대화와 협상을 통해 합의 형성을 추구하는 전략이 현실에서는 처방성이 다소 떨어지고 있는 것이다. 그렇다면 다양한 형태로 운영되는 협력적 거버넌스가 갈등의 해결기제로서는 규범적인 측면에서 '수사학(rhetoric)'에 불과한 것인지, 아니면 단지 합의 형성 과정에 있어서의 기술적인 문제인지 의문이 들 수 있다. 이 논의는 바로 이러한 의문에서 출발하였다. 이러한 의문에 대한 해답을 찾기 위해 여기에서는 공공갈등의 몇 가지 사례를 통해 갈등해결기제로서 협력적 거버넌스의 처방성을 조명하고자 하였다.

제2절 공공갈등과 협력적 거버넌스

흔히 갈등은 이해관계자간 감정과 인지의 부조화(incompatibility)가 발전하여 대립과 분쟁 등의 형태로 표출되는 것을 의미한다(Corvette, 2007: 34). 감정과 인지의 부조화가 민간 이해관계자간에 나타나면 사적갈등이 되며, 정부 또는 공공기관이 정책을 결정하거나 집행하는 과정에서 이해관계자간의 대립과 충돌이 발생하면 공공갈등이 된다. 실무적인 관점에서 보는 공공갈등은 법령의 제·개정, 각종 사업 등을 추진하는 과정에서 민간 이해관계자와 정부, 또는 민간 이해관계자 상호간에 이해관계의 충돌이 있는 사안을 의미하기도 한다. 근래 들어서는 민간 이해관계자 상호간 이해관계의 대립과 충돌이 공공서비스 또는 공공재를 둘러싸고 발생하는 경우가 많으며, 때로는 순수 이해관계의 대립과 충돌이지만 그 사회적 파장이 큰 경우 민간 이해관계자간 대립과 충돌과정에 정부가 개입하여 갈등의 성격이 변화되는 경우도 많다. 지하철, 철도, 버스 등 대중교통수단을 둘러싸고 노사 간 이해관계의 대립과 충돌이 발생하거나, 정부의 개발사업을 둘러싸고 민간에서 발생하는 극한 찬반 대립의 경우가 전자에 해당하며, 임금협상결렬에 따른 노조파업, 용산재개발 사건 등이 후자에 해당한다. 그러한 점에서 최근의 흐름은 공공갈등의 범위가 사적갈등의 기존 영역을 점차 포함하고 있는 추세이며, 결국 공공갈등의 핵심은 정책결정 및 집행, 즉 한정된 재원배분 방식을 둘러싼 이해관계의 대립이라고 볼 수 있다.

이러한 공공갈등은 시간이 경과함에 따라 더욱 증폭되는 경우가 많다. 이는 공공부문이 이해관계자가 되는 즉시 정부는 효율성뿐 아니라 형평성 등 여러 행정가치를 동시에 고려할 수밖에 없으며, 이는 곧 갈등진행과정에서 행동의 제약으로 나타나기 때문에 갈등과 관련된 정부의 유·무형의 재원을 둘러싸고 이해관계자간에 일종의 지렛대 효과(leverage effect)[1]가 발생하기 때문이다. 즉 갈등발생 초기 첨예

1) 경제학에서 말하는 지렛대 효과는 타인으로부터 빌린 차입금으로 투자하는 것이 적은 자기자본만으로 투자하는 것보다 투자이익이 높은 현상을 의미한다.

하게 대립된 소수의 이해관계 속에서 정부는 가능하면 이해관계자간 직접적인 협상과 타협을 통해 균형 있는 유 · 무형의 재원배분을 추진하려고 하며 이 과정에서 정부의 결정은 단기간에 이뤄지기 어렵다. 시간이 경과함에 따라 기존 이해관계자는 갈등구조 속에 더 깊이 진입하거나 또는 새로운 이해관계자가 갈등구조에 진입하여 당분간 많은 비용을 지불하더라도 언젠가 해결될 갈등을 통해 얻을 수 있는 수익이 훨씬 높을 수 있다는 인식 때문이다. 결국, 지렛대 효과가 새로운 이해관계자의 갈등 진입장벽을 낮추고 기존 이해관계자로 하여금 합의 가능성을 낮춰 정부의 적극적인 대화의지가 표명되는 일정 시점까지 갈등이 장기화되도록 한다. 따라서 갈등이 진행됨에 따라서 이해관계자가 다수로 증가하며, 이해관계의 대립 구조는 더욱 복잡해지게 되어 시간이 경과함에 따라 갈등은 더욱 증폭된다.

갈등에 얽혀있는 이해관계자가 다수이며, 이들의 이해관계는 시간이 경과함에 따라 더욱 복잡해진다는 점에서 공동의 이해관계를 지니고 있는 주체들이 커다란 시간 지연없이 대화와 협상을 통해 갈등의 원인과 쟁점에 대해 합의를 형성할 수 있는 논의구조를 구축하는 것이 중요하다(김선희, 2006). 즉 갈등관리의 초기단계에는 합의의 신속성보다는 대화와 협상을 위한 구조마련 이니셔티브(initiative)의 신속성이 중요하다. 이렇게 본다면, 우리 사회에서 갈등해결기제로 폭넓게 활용되는 협력적 거버넌스의 성격은 여기에 부합하는지 고민해 볼 필요가 있다.

현재 정책결정 및 정책집행단계에서 우리 사회에 광범위하게 적용되고 있는 거버넌스가 행위자간의 자발적인 참여와 협력이 전제되어 있지 않다는 점에서 서구의 거버넌스와는 본질적인 한계가 있으며, 진정한 의미의 거버넌스가 아닌 '관 주도-민 들러리' 형식의 유사(pseudo) 거버넌스에 가깝다(장현주, 2009: 142). 그러나 차별성과 다양성을 반영하고 정책과정에서의 민관의 '참여'와 '협의' 중심의 '한국형 거버넌스'로 전제할 수 있다는 점에서는 또 다른 의의를 찾을 수 있다. 따라서 우리 사회에서 갈등해결기제로서의 협력적 거버넌스는 정부가 논의구조 마련에 이니셔티브를 주로 쥘 수밖에 없는 상황이다. 재원, 조직 등의 자원동원능력에 있어서 민간 이해관계자의 역량 및 참여의지 부족도 한 원인이 되지만, 재원배분과 관련한 최종 의사결정자가 정부라는 점이 더욱 중요한 원인이다. 비록 정부 주도의 갈등해결기제가 구축되고 있지만, 우리는 아직까지 합의 형성을 위한 논의구조 마련의 신속성에 있어서 빠르지 못한 편이어서 갈등을 스스로 증폭시키는 경우가 많다.

이것은 갈등해결기제로서 협력적 거버넌스의 유형과 기능 및 그 유용성에 대해 민간 이해관계자뿐 아니라 정부조차도 신뢰하지 못하였기 때문이다. 최근에 들어서야 대통령령인 '공공기관의 갈등 예방과 해결에 관한 규정'에 의해 제도적으로 갈등해결기제로서 협력적 거버넌스를 설치, 운영해야 하며, 현실적으로도 이를 대체할만한 대안이 없고 방치할 경우 갈등이 증폭되어 추가적으로 부담해야 하는 경제적 · 사회적 비용이 막대해질 가능성이 높아진다는 사실 때문에 점차 협력적 거버넌스 구조 마련의 신속성이 미약한 수준이나마 개선되고 있는 편이다.

전술한 제도적 기반인 대통령령이 공포된 2007년 이후 정부가 갈등해결기제 마련의 주도권을 발휘하여 설치할 수 있는 협력적 거버넌스의 유형의 대부분은 갈등조정협의회이다. 갈등관리심의위원회도 있지만, 주로 개별 부처의 갈등관리 종합시책 수립, 법령 정비, 교육훈련, 다양한 갈등예방 및 해결수단 발굴, 갈등영향분석 등 갈등관리정책에 관한 사항을 심의하기 위해 설치한 기구(대통령령 규정 제11조)라는 점에서 갈등의 직접적인 이해관계자가 참여하는 구조는 아니다. 갈등조정협의회는 개별부처의 갈등현안 해결을 위해 사안별로 설치하는 기구(대통령령 제16조)로서 민관 이해관계자 또는 이해관계자를 대표하는 사람 또는 단체로 구성하여 운영하며, 실제 갈등현안이 많은 부처에서 적극 활용하도록 권고 받고 있는 유형이며, 일부 기관에서 주요 갈등현안을 해결하기 위해 설치, 운영했거나 지금도 운영하고 있는 유형이다.

현재 이해당사자의 참여로 이루어지는 갈등조정협의회는 군사시설(국방부), 정신병원(복지부), 문화재관람료(총리실), 표준운임제(총리실) 등 비선호시설의 입지 또는 이익과 관련한 갈등현안을 해결하기 위해 주로 구성 · 운영 중이거나 이미 활동한 바 있다. 그러나 분명 협력적 거버넌스를 통한 논의구조를 마련함으로써 이해관계자간 직접적인 대화와 협상을 통해 갈등을 완화하거나 해결할 수 있는 중요성에 대한 인식과 함께 갈등해결기제의 운영에도 불구하고 갈등이 해결된 사례는 아직까지 많지 않다. 일부는 장기간에 걸친 이해관계자간 대화와 협상이 계속 진전없이 반복되면서 오히려 신뢰관계가 약화되어 갈등이 더욱 악화되거나 잠복기로 다시 들어가는 경우도 발생하고 있다. 갈등해결기제로서 정부 주도의 협력적 거버넌스의 필요성에는 공감하고 있지만, 현실에서는 대부분 그 효과가 아직 구현되지 않고 있다. 문제는 민간 이해관계자의 협상 기술의 부족에서도 그 원인을 찾을 수 있지만, 더욱 중요한 원인은 협력적 거버넌스 내에서 정부의 역할에 있는 것으로 보인다. 갈등해결을 위한 논의구조 마련의 신속성은 정부에 의해 점차 개선되고 있지만, 운영과정에서 정부의 명확하지 못한 역할로 인해 갈등해결을 위한 현실 적합성이 떨어지고 있기 때문이다. 이러한 문제가 결국 갈등해결기제로서 협력적 거버넌스의 수사학과 같은 규범성과 현실 처방성간 불일치 현상의 주 원인으로 작용하고 있는 것이다. 이러한 논의를 구체적으로 보기 위해, 여기에서는 문화재관람료와 표준운임제와 관련된 갈등조정협의회 구성 및 운영 사례를 통해 현실 처방적 측면에서 정부 역할의 문제점은 무엇이며, 향후 협력적 거버넌스의 규범성과 현실 처방성간 간격을 줄이기 위해 어떠한 역할이 필요한지 고찰해 보도록 한다.

제3절 사례 분석[2)]

1. 국립공원내 문화재관람료 징수 갈등

1) 갈등 개요

국립공원내 문화재관람료 징수 갈등은 2007년 1월 1일 국립공원입장료가 폐지되면서부터 국립공원입구에서 문화재 관람의사가 없는 국립공원 탐방객을 대상으로 국립공원내에 소재한 문화재 보유 사찰에서 문화재관람료를 징수하는 것에 대

2) 갈등사례의 내용 및 다음의 정부의 역할에 관한 일부 내용은 국무조정실(2007), 장현주(2008), 국토해양부(2008), 장현주 · 배귀희(2010)의 연구내용 일부를 활용, 이를 재구성하였음을 밝힌다.

한 불만이 지속적으로 제기되고 이에 따른 마찰이 심화되면서 발생한 조계종-시민단체-국가간의 공공갈등이다. 국립공원 탐방객들은 2007년 1월 1일부로 국립공원 입장료가 폐지된 것을 인지하고 있었으나, 현장에서는 문화재 관람 여부와 상관없이 사찰 사유지에 산재한 문화재 주위의 등산로를 이용하는 모든 탐방객들을 대상으로 문화재관람료를 여전히 징수, 탐방객 및 시민단체와 조계종(사찰) 사이에서 최초 갈등이 발생하였다. 이후, 현장에서 갈등이 점차 심해지자 환경부, 문화재청, 국립공원관리공단 등 정부가 개입하여 양측간 조정을 시도하지만, 문화재관람료 폐지에 대한 반대급부로서 예산을 통한 손실보전의 문제에 대한 이해관계자간 입장차이가 커서 갈등구조가 더욱 악화된 사례이다. 2008년 기준으로 현재 국립공원내 소재한 사찰 22개소 중 18개소에서 갈등이 발생, 점차 심화되었다.[3)]

여기에서 국립공원 내에서 문화재관람료를 징수한 배경을 살펴볼 필요가 있다. 일반적으로 국가에서 문화재로 지정을 해도 개인이나 사찰이 소유 문화재를 공개하지 않아서 국민의 문화유산을 향유할 수 있는 권리가 제한되는 것을 방지하고 문화재 공개를 의무적으로 지도하기 위해 1962년 정부는 문화재보호법을 제정하였으며, 이를 근거로 문화재관람료 제도가 도입되었다. 갈등의 직접적 원인이 된 사찰이 징수하고 있는 국립공원내 문화재관람료는 문화재보호법 제44조(관람료의 징수) 제1항인 “국가지정문화재의 소유자, 보유자 또는 관리단체는 그 문화재를 공개하는 경우에는 관리자로부터 관람료를 징수할 수 있다”라는 조항에 근거하고 있다는 점에서 현행법상 합법적인 행위라고 볼 수 있다.[4)] 조계종은 이러한 법 조항에 근거해 관람료를 징수하고 있지만, 박물관과 같이 폐쇄되고 배타적인 공간이 아닌 국립공원과 같이 개방되고 특수한 지역에서 문화재관람료를 징수할 수 있는 규정이 명확하지 않고, 오히려 포괄적인 자율권을 인정하고 있다는 점에서 일부 시민단

3) 2006년말 기준 국립공원내 22개 사찰이 문화재관람료를 징수하였으나 설악산 백담사, 덕유산 백련사와 안국사 등 3개 사찰이 국립공원입장료 폐지 이후 문화재관람료를 폐지하거나 현재 징수하고 있지 않으며, 한려해상국립공원 보리암은 매표소를 정부와 협의 이전하였다(환경부, 2007).

4) 문화재관람료에 대한 사법부의 판단은 엇갈린다. 지난 2002년 참여연대가 낸 설악산 신흥사 및 지리산 천은사에 대한 부당이익금반환청구소송에서 문화재관람료 징수 자체의 합법성을 인정하였지만, 2008년 소요산 자재암 문화재관람료 부당이익금 반환청구소송에서는 내지 않아도 되는 것을 알면서도 관람료를 지불한 원고 패소 판결을 내리기는 하였지만, 문화재관람료 징수의 법적 근거를 찾기 어렵다는 취지의 판결을 내리기도 하였다.

체나 탐방객들은 법 규정의 모호함을 갈등의 근본적인 원인으로 지적하고 있다. 이러한 점에서 정부도 이해관계자의 입장에서 자유로운 편이 아니다.

더욱 문제가 복잡해진 것은 1967년 국립공원제도가 도입되고 이의 근거법인 자연공원법 제37조 제1항에 의거하여 국립공원입장료를 징수하고, 1975년에 징수의 편의 및 탐방객 편의를 위해 국립공원입장료와 문화재관람료를 국립공원 입구에서 통합징수하면서부터였다. 국립공원 탐방객들은 한 번의 매표로 국립공원을 입장할 수 있었으며, 두 요금이 통합되어 있다는 사실에 대해 대부분 인지하지 못하다가, 2007년부터 국립공원입장료만 폐지되면서부터 국립공원 무료입장이 가능한 것으로 인지하고 있던 탐방객들과 문화재관람료를 여전히 따로 징수하고자 하는 사찰간의 마찰이 발생하면서부터 갈등이 점차 심화되기 시작한 것이다. 현장에서 시민들과 시민단체의 반발이 더욱 심해진 것은 2007년 1월 1일부로 사찰 측이 기존 2,000원 안팎의 문화재관람료를 3,500원 내외로 대폭 인상하였다는 점이다. 이 금액은 국립공원입장료가 폐지되기 전 탐방객이 매표소에서 통합징수 요금액으로 내던 액수와 비슷한 수준이었기 때문에, 국립공원입장료가 폐지되고 존치하던 문화재관람료만 약 2,000원 내외를 지불하는 방식이었다면 아마 현장에서의 마찰은 일시적인 현상에 그칠 수도 있었을 것이다.

이후 갈등문제를 둘러싼 환경부, 국립공원관리공단, 문화재청, 시민단체(국립공원을 지키는 시민의 모임, 문화연대 등), 조계종 등 주요 이해관계자간의 갈등으로 확대되었고, 현재 전체 국립공원 면적의 10%, 국립공원 내 사유지의 25%를 차지하고 국립공원 내 요지에 위치하고 있는 사찰을 대표하는 조계종 측은 문화재관람료의 폐지 또는 매표소 위치 이전 요구에 대해 반대하는 반면, 시민단체는 국립공원지역에서 문화재관람료 부당징수 거부운동을 전개하는 등 이해관계자간 첨예한 대립양상을 보이고 있다. 이러한 상황은 2년여가 지난 아직까지도 해결되지 않고 있는 상황이다.

2) 갈등해결기제로서의 협력적 거버넌스

최초 국립공원입구에서 발생했던 탐방객과 사찰간의 갈등이 점차 국민과 조계종간의 갈등으로 확대되자 정부는 2007년 3월 국립공원 유지 관리의 주무부처인 환경부를 중심으로 문화재청, 국립공원관리공단, 시민단체, 조계종을 참여시켜 국장급 '국립공원 및 문화재관람료 제도개선협의회(이하 제도개선협의회)'를 출범시키고, 과장급 실무자 중심의 실무소위원회를 구성, 이해관계자간 공식적인 대화와 합의를 모색하기 시작하였다. 문화재관람료 징수 갈등은 '제도개선협의회'와 실무소위원회의 설치, 운영으로 현장에서 탐방객과 개별 사찰간의 갈등이 제도권 내에서 이해관계자간 대화와 협의의 기회가 마련됨으로써 명목적으로는 원인 분석과 함께 해결을 위한 갈등 완화의 단계로 접어들었다. 하지만, 2008년초까지 약 11차례의 실무협의회를 개최하였지만, 정부측의 문화재관람료 매표소 이전, 문화재관람료 수입 손실분에 대한 예산을 통한 보전 등 핵심 쟁점에 대한 정부, 시민단체와 조계종간 의견차이의 심화로 인해 시민단체가 제도개선협의회에 불참하고, 국립공원입구에서 문화재관람료 부당징수 거부운동을 전개하는 등 주요 이해관계자간 갈등상태에서 아무런 진전없이 오랜 기간동안 정체, 심화되었다.

2008년 여름 정부와 조계종 측의 과장급 실무자 중심으로 실무협의회를 다시 구성, 일부 사찰에 국한하여 문화재관람료 폐지와 정부의 예산지원 방식을 논의하는 이해관계자간 합의 노력이 다시 시작되어 단계적으로 갈등을 해결하는 듯 보였으나, 아직까지 이해관계자간 이견 조정의 실패, 매표소 현장에서 시민들의 반발 약화로 인해 이해관계자간 합의가 이루어지지 않고 갈등이 표류하고 있는 상황이다. 결국, 점차 잊혀져가는 문제로 치부되어 정부도 굳이 '긁어 부스럼' 만들 필요가 없는 사안이 되어 가고 있으며, 그 피해는 고스란히 국민들이 부담하고 있는 실정이다. 특히, 제도개선협의회에서 현장방문 등을 통해 갈등해소를 위해 제안한 문화재관람료의 폐지 또는 매표소 위치의 이전 요구에 대해 조계종측은 수용불가의 입장을 보이고 있으며, 이러한 요구 수용시 수입 손실분에 대해 전액 예산을 통한 보전을 요구하고 있다. 이에 대해 주무부처인 환경부는 전액 손실보전은 불가능하며, 일부에 한해 사후정산이 필요한 경비방식으로 지원할 용의가 있으나, 이러한 방식에 대해서 조계종측은 반대하고 있으며, 시민단체 또한 타 종교와의 형평성 문제를 지적하면서 반대하고 있다. 결국, 환경부, 국립공원관리공단, 문화재청, 시민단체, 조계종 등 주요 이해관계자간의 갈등은 '제도개선협의회'라는 갈등해결기제를 구축하여 대화와 협의를 통한 합의형성과정을 운영하였으나 중단되어 갈등이 일부 잠복 또는 표류하고 있는 상황이다.

2. 화물운송시장 표준운임제 도입 갈등

1) 갈등 개요

2004년 이후 화물자동차운송사업에 대한 허가제 및 상시 수급조절제(공급기준제도)의 시행으로 화물자동차운송시장에서의 수급 불균형은 점차 완화되어 왔으나, 화물운임을 둘러싼 화주, 운송업자, 화물차주 등 이해관계자간 갈등과 마찰은 지속적으로 발생하고 있었다. 이것은 현행 시장자율운임제가 화물운송시장의 다단계 거래구조와 화물차 과잉공급 등으로 2008년에 발생한 유가급등과 같은 원가상승요인을 최종 운송 업무를 담당하는 화물차주의 운임에 적절하게 반영하지 못하고 있기 때문이다.

이러한 화물운송시장의 구조적 한계로 인해 시장에서 적정운임이 형성되지 못하자, 2003년 이후부터 화물연대는 강제적인 표준운임의 법제화를 지속적으로 요구해 왔다. 표준운임제는 정부가 화물의 종류별과 구간별로 표준운임을 설정하고, 화주와 운송사업자 그리고 차주가 이를 준수하도록 하여 화물운송시장에서 적정 화물운임이 형성될 수 있게 하는 제도이다. 이에 대해 지식경제부, 공정거래위원회는 표준운임제가 반시장적인 제도로서 규제완화의 흐름에 역행되며 시장에서의 실현가능성이 없다는 이유로 반대의 입장을 유지해 오는 등 정부 내 관련부처에서도 다양한 이유로 부처 간 입장 차이를 보여 왔다.

그러나 2008년 6월 고유가로 인해 화물연대의 집단운송거부 사태가 발생하자, 정부는 화물운송시장의 적정운임 형성을 유도하고 화물운송시장의 안정화를 도모하고자 그동안 화물연대가 지속적으로 주장해왔던 표준운임제 도입을 결정하기에 이르렀다. 그러나 화주단체들은 정부가 시장에 직접 개입하여 표준운임을 결정한 후 그 실효성을 확보하기 위해 위반자를 처벌하는 것은 반시장적이며 세계적 규제

완화 추세에도 역행한다는 점에서 부정적 입장을 보이고 있다. 이들은 또한 과잉공급 현상, 왜곡된 다단계 운송구조 등의 화물운송시장의 구조적인 문제 때문에 표준운임제가 차주들의 실질소득 보장과 화물운송시장의 안정화에 기여할 것이라는 데에 매우 회의적인 입장을 견지하고 있다. 이에 반해, 운송사업자단체와 차주단체는 현행 자율운임제로 인한 저운임 구조가 표준운임제 도입을 통해 해소될 수 있을 것이라는 기대를 가지고 있는 상태이다. 결국, 화주, 운송사업자 또는 주선사업자, 차주로 이어지는 화물운송시장의 수요 및 공급구조에 적용되는 표준운임제의 개념, 시범운영을 둘러싼 도입시기의 완급 여부, 표준운임 적용대상 화물의 유형 및 품목, 시장에서의 실효성 확보방안 등을 둘러싸고 화주, 운송사업자, 차주 등 주요 이해관계자 간 갈등이 점차 심화되어 법제화의 장애요인으로 작용할 가능성이 많다.

이해관계자간 갈등의 쟁점은 크게 i) 표준운임제의 개념, ii) 적용범위, iii) 실효성 확보방안이라고 할 수 있다. 이를 구체적으로 보면, 첫 번째 쟁점과 관련하여 화주단체와 운송사업자단체는 표준운임을 화주와 운송사업자 간 계약에 의해 운송사업자에게 지불되는 1차 계약운임으로 보는 반면, 차주단체는 운송사업자가 차주에게 지급하는 2차 하불요금으로 보고 있다. 두 번째 쟁점과 관련하여, 화주단체는 철강, 컨테이너 등 부피, 중량 등 화물운송운임 산정기준이 간단하여 객관적인 표준운임요율 산정이 가능한 최소한의 화물유형 및 품목에 한하여 적용하자는 입장인 반면, 운송사업자단체와 차주단체는 모든 화물유형과 품목에 대해 전면 적용하자는 입장이다. 가장 중요한 쟁점은 바로 표준운임 위반시 누구를 처벌할 것인가에 관한 실효성 확보방안이다. 즉 표준운임제를 도입할 경우, 이행강제를 위해서는 현장 단속이 용이해야 하지만, 처벌대상에 누구를 포함할 것인지에 대해서도 명확한 정의 및 합의가 어려운 상태이다. 현행 '화물자동차운수사업법' 관련 규정은 신고운임에 비해 "운송사업자가 부당한 운임을 받은 때"에 한해 운송사업자를 처벌할 수 있도록 규정함으로써 운송사업자가 화주로부터 신고운임보다 낮은 운임을 받는 경우를 규제하는 규정은 없는 상태이다. 그러나 화물운송질서 유지 등을 입법목적으로 하는 '화물자동차운수사업법'이 주로 운송사업자를 대상으로 한다는 점에서 표준운임을 위반했을 경우 동법에 화주에 대한 처벌규정을 두는 것은 현실적으로 곤란한 상황이다. 따라서 표준운임제가 도입된 이후 이행수단을 확보하지 못할 경우 개별 사업장에서 표준운임제 이행여부를 두고 이해관계자간 새로운 갈등이 발생할 우려가 있으며, 이로 인해 물류비 상승 및 물류시장의 불안정이 야기되면, 결국 표준운임제 도입 효과가 사장될 가능성이 있다.

2) 갈등해결기제로서의 협력적 거버넌스

정부는 화물연대에 약속한 표준운임제 도입을 추진하기 위해 2008년 8월 총리실, 국토해양부, 지식경제부, 공정거래위원회 등 정부 유관부처뿐 아니라, 한국무역협회, 한국철강협회, 전국화물자동차운송사업연합회, 화물연대 등 화주단체, 운송사업자단체, 차주단체로 구성된 주요 이해관계자를 중심으로 '표준운임제 도입추진위원회'를 국무총리실 산하에 설치하였다(파이낸셜뉴스, 2008). 위원회는 '표준운임제 도입추진 위원회의 설치 · 운영에 관한 규정(국무총리 훈령)'이 공표됨에 따라 본격 출범하게 되었으며, 관계기관 공무원 및 화물운송관련 단체임원, 전문가 등 민관 대표 총 14명으로 구성되었다(한국재경신문, 2008). 위원장은 국무총리실에서 맡고, 국토해양부가 간사 역할을 하도록 구성되어 있다는 점에서 이해관계의 대립이 첨예하자 정부의 적극적인 조정 역할을 기대하면서 민간 이해관계자들이 공식적인 논의의 장에 적극 참여했던 것이다. 그러나 화주단체들은 화물연대와는 달리 표준운임제 도입에 지속적으로 반대입장을 표명해왔다는 점에서 위원회에 참여하는 것 자체를 반대하였으나, 정부의 설득으로 참여하게 되었다. 기존에 반대입장을 표명해왔던 국토해양부, 지식경제부, 공정거래위원회의 입장도 이와 비슷하였다.

정부에서는 위원회를 통해 표준운임제 법제화를 전제로, 요금산정방식 및 요율, 할증범위 및 비율 등을 확정하여 추진할 예정이지만, 표준운임제 도입 결정 자체에 대한 이해관계자간 입장 차이로 인해 위원회 내에서조차 갈등은 점차 심화되고 있다. 위원회 내에서 주무부처인 국토해양부는 표준운임제가 화물운송시장에 미치는 영향을 감안하여 전문 용역기관(한국교통연구원)의 표준운임요율 산정방식 및 적용 품목 등에 관한 연구를 통해 시범운영방안부터 화주, 화물운송사업자, 차주 등 이해관계자간 충분한 합의를 거쳐 표준운임제를 도입해야 한다는 입장이지만, 이해관계자 간 현격한 입장차이로 인해 합의가 2010년 현재까지 어려운 상황이다. 원래 연구용역의 결과를 토대로 2009년부터 상반기부터 시범운영을 하기로 위원회에서 합의하였으나, 연구용역을 통해 제시된 표준운임요율 산정방식 등에 대해 이해관계자간 새로운 갈등이 발생하여 시범운영방안을 다시 수정하여 2010년 11월부터 1년간 시범운영을 하기로 확정한 상태이다. 1년후 시범운영의 결과를 분석하여 2011년 11월에 표준운임제의 본격적인 도입이 이루어질 전망이지만, 시범운영 이후 나타날 문제점에 대해서도 위원회내에서 이해관계자간 첨예한 대립이 발생할 것으로 예상되어 표준운임제 도입 갈등은 매우 비관적인 것으로 보인다. 향후 위원회내에서 정부의 적극적인 조정 역할이 보이지 않는다면 위원회 기능의 유명무실뿐 아니라 화물연대의 장외투쟁도 예상되어 갈등이 더욱 심화될 것으로 예측된다.

제4절 갈등 사례를 통해 본 정부의 역할

두 개의 갈등 사례에서는 모두 협의회 방식의 협력적 거버넌스가 정부 주도에 의해 빠른 시간 내에 갈등해결기제로 구축되었으나, 협의회를 통한 이해관계자간 합의형성은 지연되어 아직까지 갈등이 심화 또는 표류하고 있는 상황이다. 갈등해결을 위한 논의구조 마련의 신속성은 정부 주도의 협력적 거버넌스 구축을 통해 이뤄졌으나, 협상과 합의는 계속 장기화되고 있는 양상이다. 두 갈등 사례에서 나타난 주요 이해관계자간 신뢰 관계를 분석한 후, 이에 기반하여 협의회 내에서 정부의 역할에 대해서 고찰해 본다.

먼저, 국립공원내 문화재관람료 징수 갈등 해결을 위한 '제도개선협의회'에 참여한 주요 이해관계자간 상호신뢰관계를 갈등지도를 통해 맵핑해보면 〈그림 1〉과 같다, 우선 조계종과 환경부간, 조계종과 시민단체간 관계가 매우 대립적인 반면, 환경부-문화재청-국립공원관리공단은 상호 우호적인 편이다. 환경부와 시민단체간 관계도 대체로 우호적인 편인 반면, 국립공원관리공단과 문화재청은 조계종 및 시민단체와 대체로 중립적인 입장을 유지하고 있다. 갈등지도 상에 나타난 관계를 통해 제도개선협의회에서의 위치 및 역할을 대략 유추해 볼 수 있다. 환경부와 주도적인 역할을 수행하고 있으며, 문화재청과 국립공원관리공단은 간접적 이해관계자의 역할을 수행하고 있는 것으로 판단할 수 있다. 결국 갈등구조가 환경부-조계종-시민단체라는 3각 구도로 형성되고 있다.

〈그림 1〉 문화재관람료 징수 갈등 주요 이해관계자간 상호신뢰관계

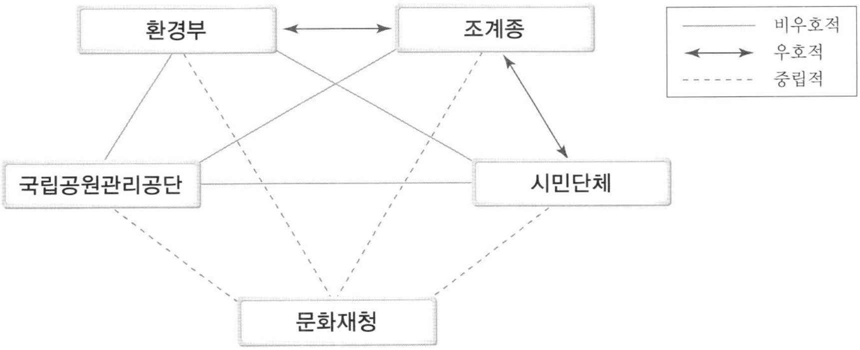

자료: 국무조정실(2007: 50).

그러나 이해관계자들이 보고 있는 갈등구조에 대한 인식에 있어서는 다소 차이가 드러난다. 조계종을 제외한 대부분의 이해관계자는 조계종과 국민간의 갈등이라고 인식하고 있지만, 조계종은 조계종과 정부간의 갈등이라고 보고 있다. 환경부를 비롯한 정부측의 인식도 조계종과 국민간의 갈등이라고 주로 보고 있는데, '제도개선협의회' 내에서 정부가 수동적인 역할에 머문 주 이유가 여기에 있다. 즉 제도개선협의회를 통한 합의형성과정과 주요 갈등의 쟁점을 보면, 문화재관람료의 폐지 또는 매표소 위치 이전이 현재까지도 가장 합리적인 해결책으로 제시되고 있으나 여기에는 조계종의 수입 손실분에 대하여 예산을 통한 보전과 시민단체에 대

한 설득이 전제되어야 가능하다. 따라서 제도개선협의회에서 예산 지원에 대한 결정과 시민단체에 대한 설득 역할을 동시에 수행해야 하는 이해관계자는 환경부이지만, 환경부는 분명 갈등구조를 '조계종과 국민간의 갈등'으로 인식하고 있으며, 갈등이 심화되자 주무부처라는 이유로 어쩔 수 없이 제도개선협의회에 참여하고 있는 인식을 지니고 있었던 것이다.

또한, 문화재관람료 징수의 포괄적인 법적근거가 되고 있는 문화재보호법에 관한 논란과 국립공원입장료와 통합징수를 해 옴으로써 갈등 발생의 개연성이 높아졌다는 점에서 정부가 갈등구조에 대한 인식을 전환하고 갈등해결에 필요한 가장 중요한 역할을 수행했어야 한다. 아울러, 정부가 처음 주도하여 만든 협의회의 공식 명칭도 '국립공원 및 문화재관람료 제도개선협의회'이었다는 점에서 비단 문화재관람료뿐 아니라 국립공원제도 자체의 개선도 함께 논의하기 위한 구조였으며, 그리고 국립공원입장료 폐지 결정이 대선을 앞두고 정치적 동기에 의해 갑자기 이뤄졌기 때문에 적절한 대국민 홍보와 현장에서의 혼란을 사전에 방지하기 위해 충분한 유예기간을 두고 시행하지 못해서 갈등발생이 필연적이었다는 점을 고려해보면, 정부의 적극적인 조정자 역할 수행은 당연한 사실이었다. 하지만 결국 정부가 주도하여 '제도개선협의회'라는 갈등조정협의회 방식의 협력적 거버넌스를 마련하였고, '제도개선협의회'를 통해 갈등해결에 있어서 가장 중요한 쟁점을 풀 수 있는 이해관계자는 정부였음에도 불구하고, 정부는 적극적인 조정자의 역할 수행에 피동적인 입장이었던 것이다.[5] 정부 주도의 협력적 거버넌스를 통해 합의형성과정을 마련함으로써 갈등해결을 위한 논의구조 마련의 신속성은 이루었다는 점에서 의의를 찾을 수 있지만, 운영과정에서 정부의 적극적인 조정자 역할의 한계가 여실히 드러난 사례이다.

다음으로, 화물운송시장 표준운임제 도입 갈등 해결을 위한 '표준운임제 도입추진위원회'에 참여한 주요 이해관계자간 상호신뢰관계를 갈등지도를 통해 맵핑해보면 〈그림 2〉와 같다. 먼저, 화주단체와 차주단체는 시장에서 교섭력을 보유하고 우월적 위치에 있는 고객 또는 사용자와 근로자의 관계라는 점에서 전통적으로 대

5) 실제 모든 이해관계자에 대한 인터뷰를 통해서도 이러한 인식이 드러났었다.

립 또는 비우호적 관계에 있으며, 양자간 신뢰도 높지 않은 편이다(정용덕, 2003; 고칠진, 2004). 특히, 그동안 시장 자율운임이 공급과잉과 다단계 운송구조에 의해 화주에게는 편익을, 차주에게는 손해를 가져다 줄 수밖에 없는 구조라는 점에서 차주단체가 운송거부라는 집단행동을 선택함으로써 화주단체와는 지속적인 대립관계를 형성해 왔다. 화주단체와 운송사업자는 시장 자율운임제 하에서 그동안 대립보다는 비협력적인 관계를 유지하였으며, 운송사업자와 차주단체는 현실적으로 시장에서 만연되어 있는 지입차주의 특성상 기본적으로 이해관계가 동일하다는 입장에서 협력관계를 유지하고 있는 것으로 보인다.

〈그림 2〉 표준운임제 도입 갈등 주요 이해관계자 간 상호신뢰관계

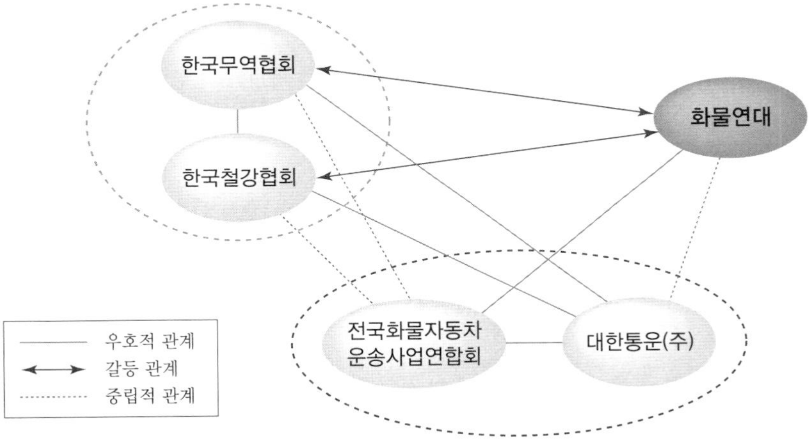

자료: 국토해양부(2008: 31).

그러나 갈등지도에서 가장 큰 문제는 정부가 주요 이해관계자에서 누락되어 있다는 점이다. 표준운임제 갈등구조에 대한 인식에서 화주단체, 운송사업자단체, 화물연대가 정부, 화주, 운송사업연합회, 화물연대를 주요 이해관계자로 인식하고 있으며 대부분의 이해관계자들이 정부의 조정역할에 가장 큰 비중을 두고 있음에도 불구하고, 정부는 객관적인 제3자의 위치에 놓여 있다. 문화재관람료 갈등 사례의 경우에 국립공원입장료의 폐지 및 문화재관람료의 존치에 대한 정부의 홍보 부족,

문화재관람료 징수의 법적 근거인 문화재보호법 관련 조항의 포괄성, 갈등으로 인해 피해를 보는 집단이 대부분 국민이라는 점에서 정부(환경부)가 제3자라기보다는 핵심적인 이해관계자로서 조계종과 시민단체와 예산지원을 통한 해결책을 강구해야 하는 입장이었다. 그럼에도 불구하고, 실제로 정부는 제3자의 역할에 머무르고자 하였던 것이다. 표준운임제 갈등 사례에서는 정부가 바라보는 갈등구조에 대한 시각이 기본적으로 공공갈등이라기보다는 노사갈등에 가깝다. 다만, 갈등심화시 물류운송이라는 준공공재를 둘러싼 갈등으로 확산되어 국가경제에 미칠 파장이 크다는 점에서 가능한 한 위원회라는 공론의 장을 마련하여 노사간 합의를 유도하는 제3의 조정자로서의 역할만 수행하고자 한다. 갈등해결기제로서 협력적 거버넌스를 구축한 정당성은 유사하나, 갈등을 바라보는 근본적인 시각이 틀리기 때문에 이해관계자로 구성된 위원회 내에서 정부의 역할에 대한 인식도 표준운임제 사례가 문화재관람료 사례에 비해 더욱 수동적이다. 그러나 기존 시장 자율운임제가 규제완화 추세 및 시장원리에 가장 충실한 제도임에도 불구하고 기존 표준운임제 도입 불가 방침에서 도입으로 정부가 전향적인 의사결정을 한 것 자체가 시장기능의 비효율성을 바로잡기 위한 최소한의 정부개입이라고 본다면, 제도의 실효성을 확보하기 위해서 위반시 행정처분의 실질화는 정부의 역할이어야 한다.

제5절 결 론

한국 사회에서는 급격한 민주화와 사회권의 신장으로 인해 다양한 형태의 갈등이 발생하고 있다. 비록 사적갈등이라고 하더라도 그 범위와 파급효과가 클 경우 공공갈등의 범위에 점차 포함하고 있는 추세이다. 증가하는 공공갈등의 완화 또는 해결에 있어서 중요한 것은 갈등해결기제의 구축과 운영방식이다. 갈등관리의 초기단계에서는 합의와 해결의 신속성과 함께 갈등해결기제 마련의 신속성이 지렛대 효과와 때로는 무임승차에 의해 이해관계자 수가 증가하고 이해관계가 더욱 복잡해지는 것을 초기에 예방할 수 있는 방법 중 하나이다.

두 개의 갈등 사례를 통해 보았을 때, 한국 사회는 점차 갈등해결기제 마련의 신속성은 협력적 거버넌스를 통해 대부분 이루어지고 있는 양상이다. 그러나 합의와 해결의 신속성은 아직까지 요원하기만 한 실정으로서 갈등이 점차 심화될 경우 추가로 부담해야 하는 경제적 · 사회적 비용의 규모가 막대하다. 우리의 사회문화적 맥락과 재원배분의 결정방식 등을 고려해 볼 때, 갈등해결기제로서 정부 주도의 협력적 거버넌스 구축뿐 아니라 운영의 내실화는 아직까지 불가피한 현상으로 보인다. 합의와 해결의 신속성을 확보하기 위해서는 협력적 거버넌스 내에서 정부의 적극적인 조정 역할이 무엇보다 절실히 필요한 시점이다. 이를 위해서 가장 중요한 것은 갈등구조를 바라보는 정부의 인식 개선이다. 공공갈등의 범위가 점차 넓어짐에 따라 갈등구조를 명확히 인식한 후, 정부가 직접적인 이해관계자로서 역할을 수행할 것인지, 아니면 제3의 조정자로서 조정과 중재의 역할을 수행할 것인지를 정립해야 하며, 합의형성과정에서는 이해관계의 타협을 위해서 지금의 수동적인 입장에서 벗어나 공공갈등의 근본적인 원인이라고 할 수 있는 재원배분의 최종 의사결정자로서 적극적인 역할을 수행해야 한다. 이는 두 갈등사례를 통해 민간 이해관계자들이 공통적으로 정부가 단순한 의사전달자가 아니라 직접 조정 또는 중재하는 역할을 수행해야 한다는 점을 지적하고 있다는 사실에서도 충분히 확인할 수 있다.

이제는 공공갈등의 예방과 함께 공공갈등 발생시 합의와 해결의 신속성에도 정부의 갈등관리 역량과 노력이 집중되어야 할 시점이다. 이것이 갈등해결기제로서 협력적 거버넌스의 수사적 규범성뿐 아니라 현실 처방성도 제고할 수 있는 유일한 방법이다. 병원 이전 문제로 발생한 병원과 주민간 갈등을 복지부와 광진구청 협의로 이해당사자, 관련 공무원, 갈등관리전문가 등 총 21명으로 주민의견 수렴창구인 갈등조정위원회를 구성하여 현 병원부지에 종합의료복합단지를 설립하고 지역경제 발전에 기여하기로 최종협의함으로써 위원회 구성 약 1년후 갈등을 해결한 '국립서울병원' 사례를 통해서 갈등해결기제 마련의 신속성과 아울러 합의와 해결

의 신속성을 구현하는데 있어서 정부의 적극적인 역할의 중요성을 충분히 확인할 수 있다.[6)]

6) 국립서울병원 이전문제를 둘러싼 갈등은 1962년 병월설립 당시부터 발생하였으며, 병원재건축 및 이전계획에 따른 갈등은 최근 21년 동안 지속되었다. 그러나 지역구 국회의원이 갈등해결기제 마련의 이니셔티브를 발휘하고, 중앙정부와 지자체가 갈등해결기제 내에서 합의와 해결의 신속성을 이루는데 적극적인 역할을 수행하여 위원회 구성 후 만 1년만에 업무협약을 체결하여 갈등을 해결한 사례이다.

제 2 편
의회정치와 공공갈등

제 5 장

건설 정책

▨ 이 선 우
(한국방송통신대학교 행정학과 교수)

제1절 서 론

한국 사회에 공공정책갈등을 둘러 싼 많은 갈등들을 법이 아닌 중립적이고 객관적인 조정자(mediator)[1]들을 활용하여 해소고자 하는 노력들을 간혹 볼 수 있으며, 그 필요성과 관심도도 점점 높아지고 있다. 조정(mediation)이란 여타 갈등관리 방식과는 달리, 갈등당사자들 스스로 갈등의 원인을 파악하고 대안을 탐색 · 평가한 후 합의에 이르도록 하는 것으로 갈등당자사집단 구성원들이 만족할 수 있는 대안에 대한 합의과정(consensus-building)을 중히 여기는 갈등관리방식이다.

그럼에도 불구하고 우리 학계나 갈등관리 실무분야에서 갈등조정과 관련된 연구나 실무적 보고는 활발한 편이 아니다. 공공정책과 연관된 갈등관련 학술논문은 사례연구나 게임이론, 또는 자원의존이론 등 일련의 연구분석 틀이라는 기준을 정하여 접근하고 있으나, 갈등조정과정을 분석하고 조정의 기술적인 측면을 평가하여 향후 유사 갈등조정과정에 도움을 제공할 수 있도록 도움을 줄 수 있는 논문이나 보고서는 흔하지 않다. 물론 최근 한탄강댐 갈등조정사례(박진 외, 2009), 국립서

1) Mediator와 arbitrator는 구분되어야 할 개념이다. 이 글에서 조정자는 mediator이며, arbitrator는 임의중재(non-binding arbitration)나 강제중재(binding arbitration)를 담당하는 이를 의미한다.

울병원관련 갈등조정사례(김광구 · 이선우, 2011), 765kv 밀양송전선로 갈등조정사례(이선우 · 홍수정, 2011) 등을 개별 논문으로 학술지에 게재 또는 발표하거나 KDI 정책대학원(박진 외, 2009), 한국행정연구원에서 국무총리실의 의뢰로 갈등사례집(한국행정연구원, 2011)을 만들어 실무에 도움을 주고자 노력하고 있다. 또한 경실련 (사)갈등해소센터에서도 담당하였던 갈등조정사례들을 백서 내지는 보고서 형태로 조정과정과 그 과정에서 일어났던 주요한 내용들을 기록으로 남기고 있다.

갈등조정에 대한 이론적인 접근도 중요하지만, 현장의 경험을 통하여 습득한 지식과 노하우를 갈등조정 현장에서 활동하는 전문가들이나 연구자들과 공유하는 것이 무엇보다도 중요할 것이다. 같은 차원에서 이 글은 필자가 직접 경험한 갈등조정사례들을 이론적이기 보다는 실무적인 차원에서 정리한 것이다.

이 장에서는 이론적으로는 뒷받침하기 어려우나 갈등조정 현장에서 조정의 원활한 운영을 위하여 반드시 필요하다고 느낀 일련의 조건들(① 사전조정과정, ② Groundrule 정하기, ③ 조정대표 및 중립적 조정자의 선정과 조정자의 신뢰확보, ④ 갈등조정위원회의 위상, ⑤ 갈등당사자집단 상호간의 주장에 대한 정확한 이해, ⑥ 합의안 도출을 위한 숙의적 방법의 활용, ⑦ 합의과정에서의 조정대표들의 책임성 확보 및 조정자의 역할갈등)을 제시하고, 실제 사례들을 활용하여 조건별 상황을 설명하고 그 조건이 갖는 의미를 기술하고자 한다. 사용되어질 사례들은 우리나라 최초의 공식적인 갈등조정과정의 의미를 가지고 있는 한탄강댐건설관련 갈등, 국립서울병원관련 갈등, 밀양 765kv 송전선로건설 갈등사례, 경기도 하남시 광역화장장유치갈등 등이며, 경인운하(지금의 아라뱃길)건설갈등사례 등에 대해서도 참고로 언급하고 있다.

제2절 조정과정에 대한 탐색적 이해

일반적인 갈등조정과정은 6단계(Lovenheim and Guerin, 2004), 7단계(Katz and Lawyer, 1992), 14단계(이선우, 2004) 등으로 설명되어지며, 어느 것이 가장 효과적인가는 알 수 없다. 다만 중요한 것은 이들 단계들이 교과서적이며 실제 조정과정에서는 조정자들의 성향이나 조정상황에 따라서 적절히 변형되어 운용되고 있다는 점이다. 〈표 1〉은 각 과정을 소개하고 있다.

교과서적인 조정과정에서는 몇 가지 중요한 단계를 공통적으로 강조하고 있는데 신뢰형성을 위한 친밀감 쌓기와 적극적 듣기, 갈등원인에 대한 인식공유, 의제합의, 대안탐색 및 평가를 위한 브레인스토밍, 합의안 작성 등이다.

〈표 1〉 갈등조정과정 비교

구 분	6단계*	7단계**	14단계***
1	조정자의 모두진술	상대의 주장듣기	친근감 쌓기
2	분쟁당사자들의 모두진술	상대입장 정리	간접적 전달
3	합동토론	나의 주장하기	의사확인
4	개별면담	나의 입장 정리	협상의 틀짜기
5	합동협상	상호 만족할 수 있는 입장제시	문제역사와 현 상황 점검
6	종결	상호주장의 유사점 및 상이점 정리	제안듣기와 말하기
7		문제해결과정 진입	협상대상 이슈 확인, 요약, 우선순위 정하기
8			Interest와 Position 구분
9			대안개발
10			대안평가
11			대안선택
12			구체적 대안실행계획
13			합의안 작성
14			합의안 실행가능성과 해석상의 문제부분 점검

자료: * 이선우 · 김동현 · 이혁우 · 임동완 · 홍수정(역).(2007).
** Katz, Neil., and John Lawyer. (1992). Communication and Conflict Resolution Skills, Kendall/Hunt Publishing Co. Dubuque, Iowa.
*** 이선우 · 오성호.(2004).

이와는 달리 실제 조정과정에서는 〈그림 1〉과 같은 필요요소들을 강조하고 있다. 그렇다고 교과서적으로 강조하는 요소들이 덜 중요하다는 의미는 아니며, 모두 중요하지만, 교과서적으로 강조하는 것은 조정단계별로 판단한 것이라면, 〈그림 1〉은 조정과정의 원활한 운영측면을 강조한 것이라고 판단할 수 있다.

간단히 설명하면, 조정과정은 크게 세 단계로 구분될 수 있다. 무엇보다도 중요한 과정이 본격적인 조정단계이지만, 그에 못지않게 중요한 과정이 조정 전 단계(또는 사전조정단계)이다. 일반적으로 우리나라에 사전예방 또는 Conflict Assessment라고 소개되고 있는데, 그와는 다른 의미에서 적용되는 것으로 사전조정단계는 말 그대로 본격적인 조정과정에 들어가기 전에 정지작업을 하는 것으로 생각해도 무방하다. 물론 그 과정에서 Conflict Assessment가 활용되기도 한다.

〈그림 1〉 원활한 조정을 위한 필요요소

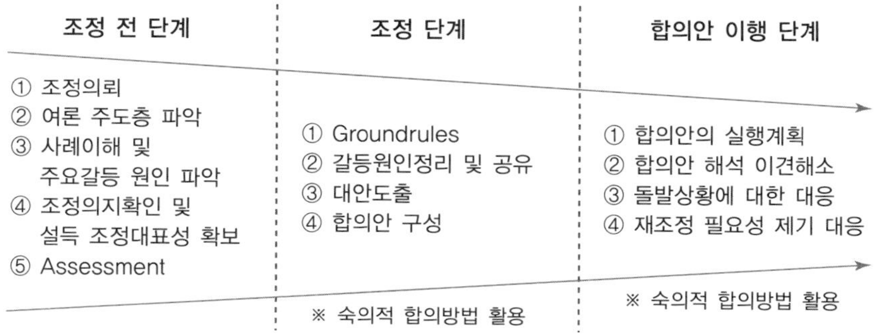

자료: 이선우 (2007) “갈등관리와 거버넌스: 조정프로세스 사례를 중심으로” 「국정관리연구」 2권 2호, pp.75-100.

사전조정단계에 진입하기 위해서는 갈등당사자들로부터, 또는 최소한 갈등당사자들이 동의한 상태에서 제3의 관련자(예: 정부, 시민단체, 국회의원, 지방자치단체 등)에 의해 조정의뢰가 있어야 하며, 조정자는 갈등당사자들로부터 조정자로서의 공정성, 객관성, 중립성, 신뢰성 등에 대하여 추인을 받아야 한다. 조정자는 여론주도층을 파악하여 갈등의 내용에 대하여 파악하기 시작하고, 주요이해당사자들을 만나 서로가 원하는 바를 정리하고 그 과정에서 필요하다면 사전조정을 실시한다. 이 과정이 소위 Conflict assessment에 해당될 수도 있다. 이 과정에서 가장 관심을 갖고 주의가 필요한 것은 이해당사자집단의 대표를 어떻게 선정하고 이들의 대표성을 어떻게 확보 할 것인가이다.

두 번째 단계는 갈등조정을 위한 본 단계로 조정과정을 공식적으로 진행하기 위한 절차(groundrules)에 관한 합의가 우선적으로 이루어져야 하며, 서로의 대화를 통하여 조정자는 갈등의 원인을 정리하고 대안을 도출하여 합의하는 과정을 밟게 된다. 그러나 대안을 탐색하고 평가하는 과정이 매우 어렵기 때문에 전문성을 가지고 있지 못한 갈등당사자들 스스로 문제를 해결하기 쉽지 않은 경우가 자주 발생하는데, 이 때 활용할 수 있는 방법이 숙의적 합의형성을 위한 방법들이다. 잘 알려져 있는 공론조사, 합의회의, 시나리오 워크샵, Policy Dialogue 등이 여기에 해당된다.

다음은 세 번째 단계로서 합의안이 마련되면, 그 합의안을 이해하기 위한 단계가 있는데, 이는 합의안 문구를 해석하는데서 발생할 수 있는 문제해결을 위한, 단순히 합의안 관리(일명 contract management)를 위한 것도 있지만, 합의내용 중 차후 이행을 조건으로 기초적인 합의가 이루어진 경우에는 이 합의안관리과정도 전체 갈등조정 중 상당히 중요한 부분을 차지한다. 예를 들어, 국립서울병원관련갈등이 합의안을 도출하면서 "종합의료복합단지건설추진위원회구성"에 합의한 경우(이선우 외, 2010)나, 밀양765kv송전선로건설갈등조정이 "제도개선추진위원회구성"으로 문제를 풀어나가겠다는 합의(이선우 · 홍수정, 2011) 등이 여기에 해당된다.

제3절 갈등조정의 필요조건 탐색

이 글에서 제시하는 필요조건은 성공적 갈등조정을 위하여 최소한 필요하다고 판단되는, 앞서 언급한 일곱 가지 조건들이다. 공공정책갈등조정의 시작에서 가장 중요한 것은 갈등조정을 위해 구성된 기구를 갈등당사자집단으로부터 신뢰와 정당성을 인정받는 것이다. 물론 공식적인 기구를 본 조정단계에서부터 운영하고 사전

조정단계에서는 비공식적으로 구성하여 운영할 수도 있을 것이다. 그러나 최소한 갈등당사자집단 대표들로부터 갈등조정과정 진입에 대한 동의를 획득하는 절차를 밟아야 할 것이다.

물론 이러한 동의가 이루어지지 않을 경우, 갈등당자사 중 한 집단에서 중립적이고 객관적인 조정자를 섭외하여 조정과정 진입에 대한 동의를 상대집단으로부터 구할 수 있도록 의뢰하는 절차를 밟기도 한다.

어느 경우가 되었던, 중요한 것은 두 가지인데, 하나는 조정자의 중립성에 대한 신뢰를 어떻게 담보할 수 있느냐 하는 것이며, 다른 하나는 향후 구성될 소위 조정위원회의 법적 지위 및 권위에 대한 확인이다. 조정자의 중립성확보는 당연한 사안이지만, 통상적으로 조정위원회의 법적 근거는 정책갈등관련 당사자집단 중 특히 주민측에서는 매우 민감한 사안이며, 이는 조정과정을 거쳐 합의된 내용들이 한낱 휴지조각이 아닌 실제로 정책당국에서 합의안을 실행하도록 강제할 수 있는 구속력을 가진 조정기구이기를 원하기 때문이다.

실제 사례들에서 조정위원회가 어떻게 구성되었으며, 그 과정에서 조정자의 중립성이 왜 의심받고 어떻게 신뢰를 구축하였는지를 살펴보고자 한다. 이상과 같이 갈등조정과정에서 주요한 일곱 가지의 필요조건별로 내용을 설명하고, 이로부터 얻을 수 있는 교훈을 정리하고자 한다.

1. 사전조정과정

한탄강댐건설관련 갈등은 사전조정단계로서 '한탄강댐건설갈등관리준비단'을 발족하였다. 우리 사회에 만연해 있는 정책갈등으로 인한 사회적 비용의 심각성을 인식해서 갈등당사자간 합의를 통한 문제해결원칙을 정립하기 위하여 시범적 사례로 한탄강댐건설관련 갈등이 선정되었으며, 갈등조정의 원활한 운영을 위하여 사전준비의 일환으로 한탄강댐건설갈등관리준비단이 구성되었다(지속가능발전위원회, 2005).

한탄강댐건설갈등관리준비단의 설치목적은 정부정책으로 인한 사회적 갈등의 해결절차를 제시하고, 갈등해결의 성공적인 Model을 제시하려는 조정위원회의 효율적인 운영을 위한 준비작업을 수행하며, 조정위원회의 잠정 일정을 확정하는 것은 물론, 조정회의 운영과정에서 발생될 수 있는 문제점을 발굴하고 대비하는 것에 두고 있었다.

한탄강댐건설관련 갈등을 위한 사전조정활동은 2004년 2월 10일 대통령의 지시로 한탄강갈등관리준비단이 설치되고, 이를 지속가능발전위원회에서 지원하기로 하면서 시작되었다. 중요한 것은 지속가능발전위원회에서 행정지원을 함에도 불구하고 향후 조정과정에서 지속가능발전위원회나 청와대 대통령실 등 어느 곳으로 부터도 간섭을 받지 않는 독립성이 보장된 갈등조정위원회로서의 위상을 부여받았다는 것은 중요한 시사점을 갖는다.

2004년 2월 38회 국정과제회의는 갈등조정위원회에 당사자간 합의에 의한 갈등해소를 위한 임무를 부여하였고, 한탄강댐건설 문제에 국한된 것이 아닌 정책갈등 전반에 걸친 갈등해소시스템 구축에 의미를 부여하여 주었다. 당사자간 합의도출을 원칙으로 하고 정부는 이를 수용하겠다는 의지를 보였다는 측면에서 의미를 갖는다.

이 준비단의 주요한 역할은 "한탄강갈등조정위원회"의 업무를 준비하고 기획하는 것이었고, 갈등의 원인과 주요내용을 규명하고, 조정의제를 설정하여, 잠재적 이해당사자의 파악과 조정참여를 유도하는 것에 두고 있었다. 이 과정에서 각 이해당사자집단의 조정대표자들을 선정하였으며, 주민들의 동의를 구하였다.

그러나 모든 갈등조정위원회의 탄생이 이 경우처럼 준비단을 사전에 구성하지는 않는다. 이 당시만하더라도 소극적 사전조정 차원에서의 접근이었고, 적극적 차원에서의 접근을 통하여 사전 조정을 통한 대안마련 내지는 합의안 도출을 고려하지는 않은 상태였다. 즉 한탄강댐건설갈등관리준비단은 사전조정을 통한 대안도출을 위한 노력을 적극적으로 기울이지는 않았으며, 단지 조정을 위한 분위기 조성과 갈등당사자집단간 상호이해를 증진시키는 차원에서 소극적으로 진행되었다.

따라서 이 사례 이전까지만 하더라도, 정부측이나 또는 정부정책에 반대하는 집단에서 공식적이건 비공식적이건 조정전문가에게 조정의뢰를 한 경우는 드물다. 거의 없다고 보아도 무방할 것이다. 그렇기 때문에, 사전조정활동에 의하여 여론주도층을 파악하고 그들을 대상으로 하여 사례에 대한 이해와 주요갈등원인을 파악하는 경우도 드물다.

반면, 하남시 광역화장장유치관련 갈등의 경우는 사전조정을 위해 상당한 노력을 한 경우이다. 국민고충처리위원회(현 국민권익위원회)와 경실련 (사)갈등해소센터에서 공동으로 범주민대책위원회와 하남시간의 갈등을 여러 차례 사전조정과정을 거쳐 합의안을 이끌어내기 위하여 노력하였다. 이는 갈등당사자간 상호간의 불신이 컸고 서로 얼굴을 마주하기를 꺼려하는 입장이었기 때문에 일종의 Conciliation[2]의 과정을 밟은 경우였다(국민고충처리위원회, 2007).

이외 사전조정과정을 거친 사례는 밀양765kv 송전선로건설 갈등으로 한국전력측이 경실련(사)갈등해소센터에 2009년 3월 의뢰하여 시작되었다. 엄격히 말하여 공식적인 사전조정과정이라기 보다는 한국전력공사측에서 의뢰한 갈등영향평가연구 진행과정에서 시도된 것이라 평가할 수 있다. 이 과정을 통하여 갈등당사자집단을 파악하였고, 그들의 주요이해가 무엇인지 확인하였으며, 조정의 필요성을 인식하고 조정과정에 임할 의지가 있음을 대부분의 이해당사자들이 인식을 공유하고 있다는 사실을 확인 할 수 있었다. 이 결과에 의하여, 해당지역의 지역구 국회의원인 조해진 의원이 2009년 9월 국회에서 "한국의 전력사업 어떻게 개혁할 것인가?"란 주제로 토론회를 거치면서 2009년 12월 본격적인 조정회의가 개최되는 밑거름을 마련하였다.

여기서 얻을 수 있는 교훈은 세 가지이다. 첫째, 어떤 갈등이던지 갈등당사자 스스로 조정의 필요성을 인지하고 중립적 조정자를 찾기 위하여 노력하는 경우는 흔하지 않다. 그렇기 때문에 갈등의 원인을 제공한 정부나 공공기관 측에서 갈등영향평가를 실시하여 갈등관리연구자 또는 전문가들이 갈등당사자들과 접촉하는 과정에서 자연스럽게 조정의 의미를 이해시키게 되고 그 필요성을 당사자들 스스로 인식토록 함으로써 사전조정과정의 장을 마련할 수 있다.

둘째, 갈등영향평가를 하지 않을 경우, 갈등당사자들 중 어느 한 편은 반드시

---

2) Mediation과 유사하나 갈등당사자간 감정적 대립이 매우 심하여 서로 얼굴을 마주 하지 않은 상태에서 조정자들이 각 당사자들을 개별적으로 접촉하여 갈등을 풀어나가는 과정이다.

서로간의 문제를 중립적이고 객관적인 제3자의 도움으로 해결하고자 하는 노력이 필요하며, 이러한 노력은 정부측에서 먼저 시도하는 것이 문제해결을 위한 의지를 보인다는 측면에서도 바람직하다.

셋째, 갈등당사자들 간 관계가 극도로 악화되어 상호간 깊은 불신을 가지고 있고, 만남 자체를 꺼려하는 경우에는 상위기관[3]이 직접 나서서 제3의 기관 또는 중립적 인사에게 사전조정을 의뢰할 수도 있으며, 갈등관리를 전문으로 하는 중립적 입장의 시민단체, 연구자, 활동가들이 자발적으로 직접 나설 수도 있다.

2. 조정대표 및 중립적 조정자의 선정과 조정자의 신뢰확보

본 조정과정을 운영하기 위하여 시도하는 것이 중립적 조정자와 갈등당사자집단의 대표들을 선정하는 일이다. 거의 대부분의 공공갈등의 경우, 갈등의 원인을 제공한 정부측에서 조정을 위한 단초를 제공하고자 노력하고, 이에 대하여 갈등을 빚고 있는 이해당사자들이 동의하면서 갈등조정위원회가 구성되는 특징을 갖는다. 대부분의 조정자 선정은 정부 또는 공공기관 주도로 이루어지며, 갈등당사자집단을 대표한 조정대표들도 대체로 정부측에서 갈등당사자집단의 인사들과 논의하여 조정대표단을 구성하는 형식을 취한다. 대표적인 사례가 국립서울병원관련 갈등조정이다. 그러나 이 경우, 조정대표자들로부터 조정자에 대한 신뢰를 확보하여야 하는 문제가 숙제로 남는다.

한편, 한탄강댐건설관련 갈등사례의 특징 중 하나는 조정자의 선정이 정부주도로 이루어지기는 했지만 조정자들이 중심이 되어, 주민의 동의를 구하는 순서를 밟았다는 점이다. 그럼에도 불구하고 우리나라 최초의 공식적 조정과정인 탓도 있겠지만, 조정자들이 각 집단의 조정대표들로부터 신뢰를 확보하기까지는 상당한 시간이 소요되었다.

---

3) 정부부처가 당사자일 경우, 국무총리실에서, 산하기관의 경우 상급기관에서 조정자를 섭외하여 사전조정과정이나 갈등영향평가를 시도할 수 있다. 그리고 국민권익위원회에서 민원해결차원에서 갈등지역 주민이나 기관으로 부터 민원을 접수하여 제3의 중립적 기관에 사전조정을 의뢰할 수도 있다. 하남시 광역화장장 갈등조정의 경우도, 하남시의 중립적 입장을 견지하는 시민단체가 국민고충처리위원회(현 국민권익위원회)에 민원을 접수하면서 조정이 시작된 사례이다.

즉 한탄강댐건설 갈등사례만 하더라도 교과서적으로 적용된 사례이고 대통령이 관심을 가지고 체계적으로 접근하였음에도 조정대표 및 조정자 선정과 조정자의 신뢰확보가 어려운 상황이었다. 대부분의 갈등사례들은 이해당사자들간 첨예하게 대립되고 있는 상황에서 제3의 중립적 전문가에게 조정을 의뢰하는 경우가 일반적이기 때문에 준비단을 사전에 구성하여 상호합의에 의하여 조정자를 선정하고 조정자들에 의하여 집단별 조정대표들을 구성하는 경우는 드물다. 그렇기 때문에 사전조정과정을 거치지 않을 경우나 갈등당사자들이 조정의 필요성을 인지하지 못할 경우는 조정과정이 더 어려울 수 있음을 이해할 수 있다.

정식으로 사전조정과정을 거친 것은 아니지만, 갈등영향평가를 통하여 조정의 필요성을 갈등당사자 모두 인식한 사례인 밀양 765kv송전선로갈등의 경우는 관련 부처인 지식경제부 주도가 아닌 주민측과 한전측, 그리고 국회의원측에서 함께 주도하였다. 특히 주민측의 적극적 조정의뢰노력[4)]이 평가받을 수 있는 사례이기도 하다.

또 한 가지 주요한 점은 이해주민집단의 대표성을 확보하는 것은 매우 중요하지만 쉬운 일이 아니다. 조정을 시작하면서 대표성을 인정받았다 하더라도 차후 합의내용에 불만족할 경우, 그 대표성을 부정하는 일이 발생하기도 한다. 그러나 국립서울병원관련 갈등조정의 경우는 조정과정을 시작하면서 주민대표성을 확보하지 못한 상태에서 출발하였지만 참여하고 있는 주민대표들 중 선출직 의원들과 구청공무원(예: 부구청장, 국장) 등은 나름대로의 대표성을 갖는다고 볼 수 있었으며, 합의안에 대한 주민 동의를 다양한 방법에 의하여 확인하는 과정을 거침으로써 한계를 극복하였다. 조정위원회 출발 당시 조정대표자들의 대표성 확보를 위하여 밀양사례는 주민대표로서의 추인여부를 주민들로부터 서명으로 확인받도록 하였다.

한 가지 재미있는 사례는 경인운하건설 갈등사례로 국회의원이 구성한 갈등조정위원회에 참석한 이해당사자들 중 환경부와 건설교통부 담당국장이 참석하였다는 점인데 정부가 공식적으로 인정한 조정위원회가 아닌 조정기구에 정부조직의

4) 주민측에서 경실련(사)갈등해소센터와 국민권익위원회, 그리고 지역국회의원 등에게 갈등조정을 요청하여 국민권익위원회에 민원을 접수하고 국민권익위원회에서 경실련에 조정을 의뢰하는 형식을 취하게 되었음.

담당국장들이 서로 입장을 달리하여 참석하였다는 점에서 다소 어색한 면이 있다(이선우 외, 2008).

여기서 얻을 수 있는 교훈은 정부(또는 공공기관) 주도의 조정자 선정은 갈등당사자집단으로 부터의 신뢰확보에 어려움을 겪기 때문에 조정위원회 구성을 위한 사전정지 작업이 필요하다는 것이다. 사전정지 작업이란 사전조정과정에서도 이루어질 수 있는 것으로 ① 정부 또는 공공기관측에서 조정위원회를 구성할 때 가능한 갈등당사자들과 협의를 거쳐야 하며, ② 그들의 조정대표를 그들 스스로 선정하여 오도록 하되 주민들의 동의를 공식적인 의사결정과정(예: 구성원 다수의 동의, 공청회 등을 통한 공개적 추인 등)을 거쳐 받도록 하여야 하고, ③ 조정자 선정은 조정대표들 또는 갈등당사자집단 대표들과 협의하여 선정하여야 함을 의미한다. 그리고 ④ 무엇보다도 가장 바람직한 것은 갈등당사자들 스스로 조정의 필요성을 인식하고 중립적 조정자 선정을 주도하는 것이 성공적인 조정을 위한 필요조건이기도 하다.

앞서 언급한 바와 같이, 조정자의 선택은 전체 조정과정에서 가장 중요한 절차이다. 무엇보다도 갈등당사자집단으로부터 조정자에 대한 신뢰를 어떻게 확보하느냐가 중요하다. 특히 이 선정 과정의 주체가 누구냐에 따라 조정자의 신뢰성 확보의 용이함이 달라질 수 있다. 그런데 대부분의 조정자 선정은 갈등당사자집단 중 정부 또는 공공기관의 의뢰로 시작되기 때문에 주민측 또는 정책에 대한 반대집단으로부터 조정자의 신뢰를 확보하는 것은 용이한 일이 아니다.

한탄간댐건설관련 갈등사례, 국립서울병원관련 갈등사례 등은 정부주도로 시작된 조정과정이었기 때문에 갈등조정과정 시작단계에서 갈등당사자집단 대표들의 조정자에 대한 믿음보다는 불신이 더 많았었다. 국립서울병원관련 갈등조정과정에서의 조정자에 대한 신뢰는 보건복지부 주도로 조정위원회가 구성되었음에도 불구하고 조정회의 초기 조정위원회 명칭수정과정에서 조정자의 중립성을 조정대표들이 확인함으로써 단시간 내 신뢰구축이 이루어진 경우이나, 한탄감댐건설관련 갈등의 경우는 조정과정 동안 지속적으로 조정자에 대한 불신이 지속되기도 하였다.[5] 반면, 밀양송전선로갈등조정의 경우는 주민측과 한전측이 모두 동의한 상태

5) 보건복지부는 '국립정신건강연구원 설립추진위원회'란 명칭을 사용하고자 한 반면 주민측은 '국립서

에서 조정자를 선택하였기 때문에 조정자에 대한 신뢰는 확보된 상태에서 조정이 시작되었다.

3. 갈등조정위원회의 위상

갈등당사자들이 가장 궁금해 하고 의문을 갖는 점이 갈등조정위원회의 법적 지위와 합의안의 실행력이다. 즉 무슨 근거로 위원회가 구성되었으며, 조정위원장이 갖는 법적 위상이나 조정위원회에서 도출되는 합의안의 법적 구속력을 어떻게 믿을 수 있는가에 대하여 궁금해하고, 또 이에 대하여 회의적 시각을 갖기도 한다.

한탄강댐건설관련갈등의 경우는 아무런 법적 근거가 없이 대통령의 관심과 지시로 시작된 상황이었기 때문에 정부측을 제외한 나머지 당사자들은 조정위원회의 위상과 도출되는 합의안의 이행력에 대하여 대통령의 약속을 주장하면서 지속적으로 의문을 제기하였다.

반면, 국립서울병원관련갈등은 대통령령인 '공공기관갈등예방 및 해결에 관한 규정'에 의거하여 국무총리실과 협의 하에 보건복지부가 갈등조정위원회를 구성하였기 때문에 주민측의 법적 근거제시 요구에 대하여 효과적으로 대응할 수 있었다.

밀양송전선로갈등의 경우도 국민권익위원회, 지식경제부, 한국전력, 밀양시, 경상남도가 공식적으로 갈등조정위원회를 구성하였고, 조정위원회 운영을 국민권익위원회의 의뢰로 경실련(사)갈등해소센터가 맡았기 때문에 법적 위상은 충분히 갖추어진 상태였다. 조정위원회가 법적 근거를 갖는다는 것은 두 가지 의미가 있는데 국민권익위와 같이 다른 정부기관에 권고할 수 있는 권한을 가진 기관으로부터 조정을 위임 받은 경우와 단순히 "공공기관갈등예방 및 해결에 간한 규정"에 의하여 조정위원회가 구성된 경우는 조정위원회에서 도출된 합의안이 갖는 법적 구속력에 차이를 갖는다. 즉 전자의 경우는 법적 구속력을 갖지만, 후자의 경우는 그렇지 못하다.

따라서 한 가지 얻을 수 있는 교훈은 갈등조정위원회의 법적 위상 내지는 구성

울병원이전추진위원회'를 주장하였으나, 조정회의의 목적이 국립서울병원 이전 및 병원현대화 여부를 둘러싼 갈들이기 때문에 '국립서울병원관련 갈등조정위원회'란 이름으로 합의가 이루어졌다.

의 정당성에 대한 확보가 갈등조정의 성공적 운영을 위하여 대단히 중요한 사항임을 알 수 있다.

그러나 여기에는 한 가지 함정이 존재한다. 조정의 특징은 그 과정이 중립적이고 객관적인 제3의 조정가에 의하여 진행되고, 순수하게 갈등당사자집단 대표들 공동노력에 의하여 대안을 도출해내는 것이다. 그렇기 때문에 조정의 결과는 법적 구속력은 없지만, 당사자 상호간 만족도가 높은 합의안을 이끌어내기 때문에 조정의 성공률이 높은 것이다. 이 글에서 소개하고 있는 사례들도 국민권익위원회의 의뢰를 받은 경우를 제외하고는 법적 구속력을 가진 갈등사례는 없다. 국민권익위원회의 의뢰를 받은 밀양765Kv송전선로 갈등사례의 경우도, 주민간의 합의가 가질 수 있는 법적 구속력은 한계가 있다. 즉 국민권익위원회의 법체계 상, 관련정부부처(지식경제부, 한국전력)에 합의안이행을 권고를 하는 수준이지 강제할 수 있는 상황은 아니다.

궁극적으로 정부정책갈등과 관련하여 상대당사자들인 주민들은 조정위원회가 어떤 식으로든지 법적 테두리 속에서 이루어지기를 희망하고 있으며, 그 근저에는 높은 수준(예: 해당부처 장관, 대통령)으로부터 조정위원회에서 도출된 합의안에 대한 이행 약속을 담보하고 싶은 의지가 담겨있는 것이다. 예를 들어, 국립서울병원 관련갈등조정의 경우, 당시 전재희보건복지부 장관이 조정위원회에서 도출된 대안을 주민들이 동의하면 그에 따르겠다는 약속을 주민설명회 등에서 공개적으로 언급한 것은 조정위원회의 위상을 높여준 계기가 되었고, 이후 조정위원회가 제시한 대안에 대하여 80%이상의 주민들이 찬성하게 되는 원동력이 되었다.

이처럼 우리나라의 정책갈등의 경우는 순수한 민간조정에 의존하기 보다는 최소한 갈등관련 조직의 장의 합의안 이행약속이 공개적으로 천명된 상태에서 합의에 의하여 조정위원회를 구성하거나, 법적근거를 가지고 민간조정가에 의하여 운영되는 조정위원회를 구성하는 것이 조정위원회의 위상에 대한 시시비비를 줄일 수 있다.

4. Groundrule 정하기

공공정책갈등의 조정과정에서 가장 중요한 요소 중 하나는 사전약속이라 칭해질 수 있는 Groundrule 정하기이다. 원활한 조정회의를 위한 회의운영원칙, 합의방식, 당사자간 신뢰형성을 위한 조치 등을 논의한 후 합의하게 된다. 이 과정을 통하여 조정회의운영방식의 공통의 밑그림을 작성하고, 대화의 원칙과 방법을 상호 확인하며, 조정프로세스에 대한 이해의 폭 넓히고자 노력하게 된다. 또한 조정프로세스 참여에 대한 책임성 확보를 위하여 노력하고, 조정회의 목적을 명확히 하며 갈등당사자집단간에 조정의 목적에 대한 인식을 공유하는 것도 중요한다(이선우 · 오성호, 2010).

한탄강댐건설갈등조정에서는 Groundrule을 정하면서 발생한 주요 쟁점은 두 가지였다. 즉 상호신뢰형성과 대화분위기조성을 위해 모든 비신사적 행위를 금지하기로 합의하였는데, 바로 이 비신사적 행위에 대한 입장차이가 확연하였고 상호간에 비신사적 행위를 하지 않겠다는 보장을 어떻게 할 것인가에 대한 논란이 있었다.

비신사적 행위금지는 어떤 조정과정에서나 대두되는 이슈이며 정부측과 주민간의 갈등 속에서 주민들은 범주민대책위원회를 구성하여 집회를 하고 있는 상황이고, 정부측에서는 공사를 위하여 사전기초조사 및 구획정리 등의 활동을 하고 있는 상태에서 조정과정에 진입하였기 때문에 비신사적 행위에 대한 감정적 대응이 상당한 정도였다. 그러나 대체로 조정기간 내에는 갈등조정의 분위기 조성과 합리적인 대안도출을 위한 상호신뢰를 형성하기 위해서라도 상호 이런 비신사적 행동을 자제하기 위하여 노력하는 것이 통상적이다.

Groundrule을 정하는 과정에서 가장 중요한 부분이 조정의 목적을 정하는 것인데 이분법적 접근은 바람직하지 않다. 조정의 목적은 갈등의 근본원인을 찾아 그에 대한 해답을 찾는 것이어야 한다. 즉 댐을 건설할 것이냐 아니냐, 시설을 이전할 것이냐 아니냐 등의 찬반을 다루는 방식의 조정목적 설정은 조정을 매우 어렵게 한다. 한탄강댐건설 갈등사례에서 조정의 목적을 댐을 건설할 것이냐 아니냐로 두면

조정은 이루어지기 어렵다. 한탄강댐을 건설하고자 하였던 근본적인 목적이 임진강유역의 수행방지에 있는 것이었기 때문에 조정의 목적도 임진강유역 수행방지를 위하여 어떤 대안이 필요할 것인가에 두었다. 그렇기 때문에, 그 과정에서 댐을 포함한 다양한 대안들이 도출될 수 있었다. 애초에 환경단체 등에서는 댐을 제외한 대안만을 찾으려고 하였고, 정부측에서는 댐을 주요한 대안으로 생각하고 있었기 때문에 댐이란 정책수단이 마치 목적이 되어 버린 경우였다. 따라서, 근본적인 목적을 달성할 수 있는 다양한 수단들을 찾다 보면 정부측이 기존에 주장하던 댐을 비롯하여 반대측의 녹색댐 등의 대안적 수단들도 고려되어질 수 있는 것이다. 즉 선택의 폭이 넓어진다는 이야기이다.

마찬가지로, 국립서울병원의 경우도 병원을 이전할 것이냐 아니냐에 국한한 것이 아니라 이전주장의 근본목적이 주변지역인 중곡동 일대의 지역발전과 정신병원이 있는 곳이라는 지역이미지 개선에 있는 것이었기 때문에 조정의 목적도 지역발전과 이미지 개선, 그리고 국립서울병원의 현대화에 두었다. 반면, 경인운하의 경우는 굴포천 주변의 수해방지가 주 목적임에도 불구하고 경인운하건설의 찬반여부를 주요 목적으로 전개되었다. 하남시 광역화장장유치갈등의 주요원인도 낙후된 지역경제의 활성화에 있었다면 유치반대냐 아니냐로 시간을 낭비할 것이 아니라 과연 지역경제발전을 위하여 어떤 설계를 할 것인가에 논의의 초점이 맞추어졌어야 하였다. 밀양송전선로갈등사례의 경우, 765kv 송전선로를 건설할 것인가에서 신고리 원자력발전소에서 생산되는 전기를 어떻게 송전할 것인가에 초점을 맞춤으로써 문제를 풀어갔다.

여기서의 교훈은 Groundrule을 정함에 있어서 가장 중요한 것은 조정의 목적에 대한 합의이다. 그리고 조정의 목적은 갈등을 일으킨 근본원인에 초점을 맞추어야 한다. 특히 정책갈등의 경우는 정책을 입안한 원래의 정신과 목적을 벗어나게 되면 정책추진의 명분을 상실하게 된다. 하남시 광역화장장유치갈등은 원래의 정책추진목적이 낙후된 하남시의 경제적 발전이었기 때문에 광역화장장유치여부를 둘러싼 이분법적이고 감정적 갈등에서 하남시의 경제적 발전을 위한 대안마련으로 의제전환이 일찍 이루어졌다면 시장에 대한 주민소환 등의 소란을 피할 수 있었을 것이다.

5. 갈등당사자집단 상호간의 주장에 대한 정확한 이해

오랜 세월을 서로 분쟁을 겪어 왔어도 상대가 주장하는 내용에 대해서 정확하게 이해하고 있는 경우는 드물다. 원활한 조정의 진행을 위해서도 상호간 주장에 대하여 정확히 이해하는 것이 중요하다. 따라서 대부분의 조정과정들은 서로의 생각에 대한 이해를 공유하는 것을 조정단계의 초기과정에서 실시하고 있다.

한탄강댐건설갈등사례의 경우도 마찬가지여서 서로의 주장에 대한 이해와 신뢰회복을 위한 노력을 우선시 하였다. 이 때, 주로 하는 일은 이해당사자들간 한탄강댐건설관련 갈등에 대한 입장과 원인에 대한 의견 교환 후 공통점과 상이점을 찾아 쟁점을 정리하는 것이었다. 자연히 서로의 입장을 들어주고 이해한 후 함께 풀어갈 쟁점을 찾는 것에 초점을 두었고, 갈등 후 처음으로 서로의 입장을 듣고 이해하는 자리로서의 의미를 가지게 되었다.

이 과정에서 조정자의 주요한 임무 중에 하나는 사전약속(groundrule)에 따라 발언의 기회와 회수 및 시간 등을 균형적으로 조절하고 감정을 제어함과 동시에 인신공격적 발언을 제지하여 대화를 유지토록 조절하는 것이다.

대부분의 갈등사례에서 오랜 기간 동안 갈등을 빚고 있는 상대방에 대한 이해도가 부족한 이유는 서로의 주장만 하고 상대의 말을 무시함으로써 상호간 제안이나 주장을 면밀히 분석해보는 여유를 갖지 못하기 때문이다. 또 격앙된 분위기 속에서 쉽게 상대편의 입장을 이해하는 듯한 발언을 하기는 용이하지 않기 때문에 발생하는 문제이기도 하다.

국립서울병원관련 갈등사례의 경우도, 국립서울병원이 이전을 하게 되면 고층아파트 등이 들어와서 분당 등 신도시처럼 발전할 수 있다는 주장에 대해서 국유지를 마음대로 개발할 수 없을 뿐만 아니라 최근의 추세가 공원화, 청소년체육시설 등의 부지로 활용한다는 사실을 주민들에게 쉽게 전달할 수 없는 상황이었다. 그러나 객관적 사실을 주민들에게 인지시키면서, 현재의 논란을 없애고 새로운 대안을 제시하여 주민들의 동의여부를 묻는 여론조사를 여러 차례 실시할 수 있었던 것은 갈등조정위원회의 활동이 있었기 때문이었다.

즉 갈등조정위원회의 다양한 활동(예: 지역언론 면담, 주민 설명회, 조정위원회 참관인 허용 등)을 통하여 주민들과의 소통을 시도하였고, 그를 통하여 쟁점사항에 대한 주민들의 이해를 도울 수 있었다.

밀양765kv송전선로갈등은 한국전력과 밀양의 이해관계주민당사자들, 그리고 지역국회의원이 조정의 필요성을 인지하고 이를 국민권익위원회에 의뢰하여 제3자 조정이 경실련 (사) 갈등해소센타에 의하여 이루어진 사례인데, 조정위원회의 활동을 통하여 상호간의 주장을 정확히 이해하는 시간을 가졌다. 특히 가장 주요한 쟁점이었던 전자파의 인체유해성여부와 신고리원자력발전소에서 생산되는 전력을 송전하는 방식에 대한 서로의 주장이 무엇인지, 그리고 어떤 해결 가능성과 한계를 가지고 있는지도 상호이해할 수 있게 되었다. 물론 이해한다는 것이 상호의 주장에 대하여 공감하고 수용한다는 의미는 아니며, 상대의 주장 속에 담겨있는 내용이 무엇인지 인지하고 어떤 논의가 진행되어야 할 것인가, 즉 갈등조정의 의제와 그 의제의 내용이 무엇인지 상호인지하게 된다는 것을 의미한다.

여기서 얻을 수 있는 교훈은 두 가지이다. 첫째, 갈등당사자들 서로가 주장하는 내용에 대한 이해와 상호간 주장의 유사점과 차이점을 파악하는 것이 중요하다. 이것은 우선 조정대표들간의 상호이해를 위해서도 필요한 절차이다.

둘째, 갈등당사자집단 구성원들이 상호 갈등을 빚고 있는 상대의 주장을 이해하고 자신들의 주장과 유사한 점과 상이한 점이 무엇인지 알 수 있도록 하여야 한다. 이를 위해서는 조정자의 역할이 중요하다. 즉 조정자들이 쟁점사항들을 잘 정리하고 숙지하여 지역 여론주도층과의 대화, 지역언론에 대한 설명, 주민들과 접촉이 잦은 사업장이면서 여론형성이 이루어지는 곳의 사업주 및 직원들과의 대화를 수시로 진행하는 것이 필요하다.

6. 합의안 도출을 위한 숙의적 방법의 활용

갈등당사자집단간의 합의안은 서로 이해관계와 명분 또는 집단 내 구성원간 이견으로 쉽게 도출되지 못하는 경우가 발생한다. 이 과정에서 숙의적 합의형성방법을 활용할 수 있다.

한탄강댐건설갈등사례의 경우, 조정적 중재를 위한 합의안을 이끌어내기 위하여 일종의 전문가회의를 활용하였다. 조정기간 동안 참여한 전문가들을 찬 · 반그룹과 중립적 그룹으로 구분하여 선별하였고, 이들에게 대안에 대한 검토를 의뢰하였고, 오랜 시간의 토의 끝에 전문가적 식견과 양식에 근거하여 합의안을 도출하였으며, 새로운 안을 제시하기에 이르렀다. 즉 천변저류지(2개소)와 새로운 홍수조절용댐(기존 설계된 댐 규모보다 축소)을 건설하되 공동협의회를 구성하여 저류지의 저류효과, 홍수조절효과, 규모 및 안전성 검토 후 건설을 추진할 것을 내용으로 결정하고 통보하였다.

이러한 결정사항에 대해서 건설교통부와 수자원공사, 환경단체, 반대주민측, 그리고 찬성주민측 등 갈등당사자집단이 모두 만족할 수는 없는 상황이었지만, 조정합의문에 어떠한 결정에도 따르겠다는 약속을 하였기 때문에 반대주민측을 제외한 나머지 갈등당사자집단대표들은 최종합의문에 서명을 하였다. 환경단체측에서도 합의문의 정신을 존중하여 불만이 있음에도 결정사항에 동의하는 서명을 한 것은 의미있는 행동이고 책임 있는 자세였다고 평가할 수 있다. 이 후 한탄강댐건설갈등은 이 당시에 도출한 합의사항에 근거하여 국무총리실에서 최종적으로 결정하고 공사에 착수하였다. 다만, 지역갈등에 정치가 관여하게 되고 선거에 영향을 받고, 극단적 사고를 이해당사자들이 하게 될 때, 이를 합리적으로 해결하기란 쉽지 않다. 이해당사자들을 대표하는 이들의 개인적 이해관계가 집단적 이해관계를 앞서는 경우에도 문제를 해결하기 어렵고, 지역갈등을 제3의 세력의 도움으로 문제를 풀려고 하여도 쉽게 풀리지 않는다. 이런 면에서 이천 군부대 이전 갈등(박진 외, 2009)이나 하남시 광역화장장유치갈등문제는 지역주민들 스스로에 의하여 다루어졌다는 측면에서 의미를 가진다. 국립서울병원갈등의 경우는 지역국회의원을 비롯하여 선출직 의원들이 적극적으로 문제를 해결하고자 노력하였다는 점에서 높이 평가받을 만하다.

밀양송전선로 갈등사례의 경우, 전자파의 인체유해성여부에 대한 합의를 이끌기 위하여 전문가들을 초청하여 주민들도 참관한 상황에서 1박 2일의 워크숍을 실시하였고 주민들과 한전측 모두 동의할 수 있는 수준의 기준(송전선으로부터의 거리와 가우스의 양)을 정할 수 있었다.

국립서울병원관련 갈등사례의 경우, 조정위원회에서 합의안을 도출하기는 하였지만, 합의안에 대한 주민동의를 얻는 것이 무엇보다도 중요하였다. 그 이유는 합의안의 내용이 국립서울병원을 이전하는 것이 아니라 그대로 두면서 (가칭)국립정신건강연구원과 부속병원을 두면서 현재 위치에 (가칭)종합의료복합단지를 조성하고, 이를 지구단위개발계획과 연계하여 주변 지역도 종상향을 통하여 지역경제발전을 이끌어간다는 내용이었다. 합의안의 정신은 주요갈등원인이 국립서울병원으로 인한 지역경제낙후와 정신병원이 있다는 지역이미지훼손이었기 때문에, 이 두 원인을 해결하는데 충실하자는 데 있었다. 물론 병원을 이전하기 위한 최선의 노력을 하는 것이 우선적이었지만, 이전이 용이하지 않았기 때문에 대안으로 현재 위치에서 갈등의 원인을 해결하는 방안을 찾게 된 것이다. 이 합의안에 대한 주민동의를 얻기 위하여 시도한 방법이 주민설명회, 변형된 형태의 소규모 공론조사, 정보제공형 여론조사, 여론주도층에 대한 정확한 내용전달, 지역언론과의 대화, 반대여론이 높은 지역주민들과의 대화 등을 통하여 조정위원회에서 제시한 대안에 대한 높은 여론지지를 얻게 되었다.

여기서 얻을 수 있는 교훈은 첫째, 다양한 이해당사자들의 영향을 받을 수 있는 상황이기 때문에 갈등조정위원회에서 논의되거나 합의된 내용을 주민들과 직접 소통할 필요가 있으며, 둘째, 직접소통의 방법은 주민설명회와 같은 전통적인 방법도 있으며, 전문가회의, 합의회의와 같은 숙의적 과정을 활용하는 방법도 있다. 이 숙의적 방법을 활용할 경우에는 이해당사자들이 반드시 참여하여 의견을 개진하거나 공정하게 과정이 진행되는지 확인하도록 하여야 한다. 셋째, 조정위원회에서 합의된 내용에 대하여 주민(이해당사자집단 구성원)을 대상으로 여론조사를 할 경우, 충분한 정보를 제공하고 필요하다면 여러 번의 설명회를 실시하고 특별히 반대가 심한 지역주민들을 대상으로 설명회와 질의응답기회를 여러 차례 갖는 것이 필요하다.

7. 합의과정에서의 조정대표들의 책임성 확보 및 조정자의 역할갈등

조정과정의 절차 중 하나가 갈등조정을 위한 의제설정이다. 그런데 의제가 설정된 후 각 의제별로 대안을 도출하여 합의하는 것은 더욱 더 지난한 과정이다. 각 이해당사자들의 대표인 조정대표들이 서로 실행가능한 대안을 찾아 합의해 나가는 과정은 조정참여자 모두가 최선의 안을 찾기 위하여 브레인스토밍에 참여할 때 의미를 갖는다. 그러나 문제는 조정대표자들이 최선의 안을 찾지 못하거나 또는 최선의 안이 무엇인지 알지만 합의 후 자신이 소속된 구성원들로부터의 비난을 우려하여 조정대표로서의 책임을 다 하지 못하고 최종대안 선택의 결정권을 조정자에게 위임하고자 하는 행태를 보이는 경우이다. 이 경우, 조정자들이 어떻게 행동하여야 할 것인지에 대한 논의가 필요하다.

한탄강댐건설 갈등사례의 경우, 갈등의 주요원인이었던 홍수조절을 위한 다양한 대안 도출과 평가를 실시하였고, 천변저류, 제방증고, 분수로 건설 등 상대방을 배려한 상생의 문제해결방안을 도출하기 시작하였다. 그러나 그 대안들이 댐을 짓지 않아도 충분한 홍수조절효과를 가지고 있을 것인가에 대한 합의에는 쉽게 이르지 못하였다. 따라서, 임진강 유역 수해대책의 다양한 방법과 관련문제해결을 위하여 마라톤 조정회의를 시작하였다.

그 결과, 각 갈등당사집단들의 조정대표들은 조정자들에게 한탄강댐 문제해결의 최종결정권을 위임하였다. 즉 조정자들은 전문가자문과 조정회의 내용에 근거하여 천변저류+제방안, 제방안, 분수로+제방안, 한탄강댐안, 한탄강댐(규모축소)+천변저류, 전문가 제시안 중 하나를 선택하되, 사회적 수용성, 홍수조절효과, 건설비용(경제성), 환경성, 안전성, 기타 사항 확인 후 결정하도록 합의하였다. 그리고 한탄강댐 건설 철회 시와 건설 시 대책을 마련할 것을 조정자들에게 주문하였고, 관련당사자 조정대표단은 조정자들의 결정에 반대 없이 수용하겠다고 약속함으로써 조정합의문을 작성하게 되었고, 이후 조정자들은 조정적 중재(Med-Arb)과정[6]에 들어가게 된다.

---

6) 조정적 중재란 회의진행은 조정과정처럼 운영하되 도출되는 합의안은 중재과정에서의 합의안과 같은 법적 구속력을 갖게되는 것을 의미한다.

조정적 중재는 애초 국가갈등해결시스템을 제안할 때 설계된 것으로 조정과정 다음에 갈등당사자들이 원하는 경우 조정적 중재과정에 진입할 수 있도록 하였고, 한탄강댐 갈등사례도 각 이해집단의 조정대표자들로부터 확인을 받은 후 조정적 중재(Med-Arb) 과정에 진입하게 되었다.

그런데 여기서 하나의 고민 내지는 논의사항이 발생한다. 조정자의 역할을 어디까지로 규정할 것인가인데, 조정과정을 통한 합의안 도출까지만 책임지도록 할 것인지, 아니면 합의안 이행 이후 까지도 책임지고 관여할 것인가의 문제이다. 한탄강댐건설관련 갈등사례와 밀양송전선로 갈등사례는 조정자가 합의안의 이행까지도 관여한 사례라면, 국립서울병원관련 갈등사례는 합의안 도출까지만 조정자의 역할로 선을 그은 경우이다. 그러나 대체로 갈등조정위원회의 역할은 합의안 도출까지만이다. 국립서울병원의 예처럼 합의안을 구체화하는 '복합의료단지추진위원회구성' 이후에는 추진위원으로 직접 참여하지 않은 것이 좋은 예이다.

그러나 경우에 따라서는 조정자가 또 다른 역할을 위임받기도 하는데 한탄강댐건설관련갈등과 밀양 765kv 송전선로 건설갈등이 그러한 예들이다.

어떤 면에서는 조정과정에서 조정적 중재과정이나 중재과정으로 전환할 때에는 조정자로서 역할을 한 사람들이 아닌 제3의 인물들이 담당하는 것이 더 좋을 수도 있다. 그러나 갈등당사자집단대표들의 주문이 오랫동안 사안들을 누구보다 객관적인 시각에서 보아왔으며, 그들이 가장 신뢰할 수 있기 때문에 상식적인 차원에서 조정자들이 결정을 내려주거나 합의안 이행을 위한 차후의 과정을 이끌어주기를 원할 수도 있다. 조정과정에서 쌓인 신뢰가 조정적 중재로 전환되는데 긍정적 역할을 할 수도 있다. 그러나 이 과정에 다소의 논란이 될 수 있으며, 조정과정 이후의 과정에 대한 불만 등으로 인하여 전반적으로 원활하게 추진된 조정과정이 평가절하되는 아쉬움을 갖게 될 수도 있다. 한탄강댐건설관련 갈등사례가 이 경우에 해당된다.

한편, 한탄강댐건설 갈등사례가 조정자들이 조정적 중재자로서 대안을 선택하여 결정을 내려야 하는 역할전환의 사안이었다고 한다면, 밀양 765kv 송전선로 건설갈등의 경우는 조정과정의 합의사항 중 합리적 보상을 위하여 전국차원의 송·

변전시설 보상관련 제도개선위원회[7]를 구성하자는 합의내용이 있었고, 누구보다도 갈등사안에 대하여 잘 알고 위원회 구성정신을 충분히 이해하고 있는 중립적 회의진행자를 필요로 하는 사안이라는 차이점을 가지고 있다.

그러나 국립서울병원관련 갈등조정의 결과 합의된 대안을 추진하기 위하여 구성된 '추진위원회'의 경우는 다양한 이해관계자들의 의견을 다시 조정하여야 하는 역할이 필요하였고, 더욱이 지역개발이라는 지역경제발전과 관련하여 서울시, 국토해양부 등과의 협의과정을 이끌어가는 등의 주요한 역할과 전문성을 필요로 하는 사안이어서 조정전문가들이 맡기에는 부적합한 측면도 있었다. 그렇기 때문에 조정자가 추진위원장을 맡지 않는 것이 좋다는 판단이었다.

여기서의 교훈은 첫째, 객관적이고 중립적인 조정자가 조정적 중재자 또는 중재자의 역할을 수행하는 것은 바람직하지 않다는 것과 둘째, 조정결과 도출된 합의안을 이행하기 위하여 구성된 회의체를 이끌어 줄 것을 조정대표들이 요청할 경우, 조정자들에게 요구되어지는 전문성, 역할 등에 판단이 필요하다는 점이다.

제4절 결 론

이 글은 정책갈등관련 조정의 현장에서 직접 경험한 사례들을 중심으로 구성되었으며, 교과서나 이론서적 등에서 언급하고 있는 기술적인 부분들 보다는 어떤 조정과정에서든지 관심을 가지고 다루어야 할 필수적인 조건들을 제시하고 이를 실제 사례들을 활용하여 설명하고 있다. 많은 연구자들이 정책갈등사례들을 분석하면서 표면적인 쟁점사항들에 자칫 매몰될 수 있기 때문에, 쟁점사항들이 해소되어 나가는 과정과 감정적인 부분들에 대한 논의가 함께 사례의 맥락적 접근이 필요함

7) 밀양 765kv 송전선로 갈등사례는 전자파의제는 한전과 주민측이 이해할 수 있는 수준의 합의가 이루어진 반면, 보상과 관련하여서는 현행제도 하에서는 합리적인 보상이 어렵다는 판단을 하고 보상법을 개선하여 정당한 보상을 하자는 대국적 차원에서의 합의가 이루어졌고, 보상법개정을 위한 일환으로 '제도개선위원회'를 구성하게 되었다.

을 이 논문은 강조하고자 한다.

다시 한 번 더 언급하면, 이 글은 이론적이거나 분석적 논문이기보다는 직접 갈등조정과정에 참여한 경험을 글로써 표현한 것이며, 학문적 기여보다는 갈등관리 현장에 참여하는 실무자들에게 더 도움이 될 수 있을 것으로 기대한다. 또한 갈등관리분야를 실무보다는 학문적으로 분석적 차원에서 접근하거나 사례연구를 하는 연구자들에게 현장을 이해하는데 도움이 될 것으로도 기대한다.

제 6 장

여소야대 지방정부의 정책결정

김 동 영
(KDI 국제정책대학원 교수)

제1절 서 론

이 장에서는 2010년 6월 전국 지방 선거 이후에 지방자치 행정과 의회 간의 정책 갈등 전개 양상에 대한 원인을 파악하고 해결책을 논의한다.

2010년 6월 2일에 실시된 제5회 전국 동시 지방선거에서는 유권자 절반 이상이 투표하였다(전국 투표율 평균 54.5%). 선거 결과에서 가장 두드러진 현상은 서울, 경기, 강원, 충남, 경남, 제주 지역에서 민선 지방자치단체장이 속한 정당과 각 지역 의회의 과반수 의원들이 속한 정당이 서로 다르다는 것이었다. 편의상 민선 지방자치단체장이 속한 정당을 여당이라고 하고 그 밖의 정당을 야당이라고 한다면, 지방 의회의 구성이 소위 여소야대 현상을 보이게 되었다는 점이다.

서울과 경기의 경우, 시장과 도지사가 한나라당 소속인데 비해 각 의회는 민주당 소속의 의원들이 과반수이상을 차지하게 되었고 강원도와 충청남도의 경우에는 도지사가 민주당 소속인데 비해 도 의회 구성은 한나라당과 선진한국 당 소속의 의원들이 과반수이상을 차지하게 되었다. 경상남도와 제주도에서는 도지사들이 모두 무소속이지만 의회 구성은 한나라당과 민주당이 각각 과반을 차지하고 있다. 1995년 지방자치제 부활이후 지방 의회에서 이러한 '지방판 여소야대' 현상이 나타난 것이 역사적으로 처음인 것이다.

특히 서울시의 경우, 1995년 민선 1기였던 조순 시장은 당시 같은 민주당 소속의 시의원이 압도적으로 우세한 서울 시의회와 함께 했고 1998년 고건 시장 당시에는 국민회의 소속이 80명에 육박해 한나라당보다 훨씬 많았으며 2002년 이명박 시장 재임 시에는 한나라당 소속의 의원이 80명을 넘었다. 2006년과 2010년의 차이는 매우 급진적이라고 할 수 있다.

2006년의 서울과 경기지역의 민선 의원수를 볼 때, 한나라당이 거의 지역구를 싹쓸이하며 각각 102석, 115석을 차지하는 바람에 민주당은 교섭단체 요건(10명)조차 충족하지 못하고 겨우 명맥만 유지했던 것과는 크게 달라진 상황이다.

결론은 전혀 문제가 되지 않는다는 것이다. 오히려 여소야대 현상은 궁극적으로 '민주주의의 공고화'(Diamond & Kim, 2000; Linz & Stepan, 1996)와 다양한 정치적 실험을 통한 시행착오와 학습 등을 통하여 정치권은 물론 국민 전체의 대화와 참여를 통한 갈등 해결 및 문제 해결 역량 개선에 좋은 토대를 제공할 수도 있을 것이다.

민주주의에 대한 여러 개념적 정의가 있지만 민주주의에 대한 최소한의 개념을 규정한 조셉 슘페터(Schumpeter, 1942)[1)]와 그의 개념을 발전시킨 아담 셰볼스키(Przeworski, 1999)[2)]의 말을 빌리자면, 민주주의란 간단히 말해 지도자들이 경쟁적인 선거절차에 의해 선택되는 시스템을 의미한다. 시민들로 하여금 폭력과 테러를 사용하지 않고도 정치권력을 바꿀 수 있도록 해주는 기능을 해 준다는 것이다. 그리고 선거를 통해 정치권력이 바뀐 반복된 경험과 그리고 언제든지 바뀔 수 있다는 가능성이야 말로 제도권 안에서 정치 권력간 비교적 평화로운(즉, 폭력과 유혈 사태와 같은 불행한 갈등이 일어나지 않는) 갈등의 해결을 유도하는 조건이 된다. 그것이 가능한 이유는 선거 결과를 통해 승리한 정당이 합법적으로 권력을 행사할 수 있고 선거에 진 정당은 결과에 승복하는 게임의 법칙이 지켜지기 때문이다.[3)]

---

1) Schumpeter, Joseph A. 1942. Capitalism, Socialism, and Democracy. New York: Harper & Brothers.
2) Adam Przeworski. 1999. Minimalist Conception of Democracy: A Defense. In Democarcy's Value, edited by Ian Shapiro and Casiano Hacker-Cordón. Cambridge: Cambridge University Press.

전 세계에 걸쳐 실증적으로 증명된 것은 단일 정치권력이 지배하는 경우보다 그렇지 않은 경우가 민주주의가 해체되지 않고 살아남고 공고화되었다는 것이다. 실제로 1990년대 이후 선진국들을 살펴보면 지방행정의 장과 지방의회의 정당색이 다른 소위 분점정부(divided government) 또는 동거정부(Cohabitation government) 현상(Sartori, 1997)이 자주 나타난다. 물론 행정부와 의회가 같은 정당으로 이루어질 경우 즉, 여대야소가 되면 정책의 결정과 집행이 보다 일사분란하게 이루어질 수 있고, 그러한 정책의 집행의 결과에 따라 책임소재를 분명하게 할 수 있다는 장점이 있다. 그러나 이론적으로 그리고 실증적으로 이러한 분점정부 하에서는 상호 견제를 통해 예산이 절약되고, 부정부패가 최소화되며(행정부, 의회 그리고 시민들의 효과적인 의사소통을 통해) 최선의 정책이 형성되어 결과적으로 효율적인 지방정부 운영과 높은 경제성장률을 가져온 사례도 어렵지 않게 발견할 수 있다. 실제로 최근 우리나라에서는 지방자치단체에서 막대한 예산이 소모되는 대형 청사들을 건설 또는 계획하거나 많은 빚을 진 지자체들의 실상이 알려지면서 사회적 문제가 되기도 하였고, 예산, 행정 등에 있어 의회의 견제 및 감시 기능이 부족할 경우 위와 같은 문제가 추가로 발생할 수 도 있다.

견제와 균형을 모토로 하는 미국의 경우 1951년 이후 여소야대를 경험한 기간이 총 36년이었고 그렇지 않았던 기간보다 조금 길다. 그렇지만 그러한 상황에서도 국정 운영이나 입법과정의 효율성을 크게 떨어뜨리지 않는 상생의 방식을 학습하고 터득해 왔다고 할 수 있다.[4] 물론 그것이 가능하려면 행정부와 입법부의 엄격한 분리와 그 안에서의 효과적인 의사소통이 전제되어 있어야 할 것이다. 그리고 미국에서도 비효율적인 정쟁에만 몰두하는 정치권에 대한 여러 비판(Erdman &

3) 이러한 민주주의에 대한 개념은 물론 선거 결과에 대한 해석의 복잡성에 대해서는 이야기하고 있지 않다.

4) 참고로 2010년 11월 2일로 예정된 미국의 중간 선거를 살펴보면, 야당인 공화당은 재정적자와 높은 실업률 등을 내세워 오바마 행정부를 심판하자며 공세를 취하고 있으며, 현재 다수 의석을 확보하고 있는 민주당이 위협받고 있다. 9월 29일 발표된 월스트리트 저널과 NBC 방송의 여론조사에 의하면 공화당이 46%, 민주당이 43% 지지를 받고 있고 여러 정치 전문가들은 공화당이 상원의 과반수를 확보하게 될 것이라고 예상하고 있다. 하원의 경우에도 공화당이 207곳, 민주당이 191곳의 지역구에서 우세를 보이고 있다. 이 추세가 계속되면 결국 공화당은 하원에서 다수당이 되고, 상원에서는 필리버스터(Filibuster), 즉 합법적 고의 의사방해 행위를 통해 민주당을 견제할 수 있게 된다.

Susskind, 1996, 2008)[5]과 시민들의 정치에 대한 혐오, 정치적 참여의 감소 등에 대한 우려가 있는 것이 사실이다(Putnam, 2000).[6]

정리하면 여소야대 자체가 문제가 되는 것이 아니라 오히려 견제와 균형에 입각한 공고화된 민주주의로 가기 위한 토대가 될 수 있다. 이론적으로는 그렇다. 그러나 지방정치가 아니라 중앙정치에서 우리는 이미 1987년 민주화 이후, 대통령과 의회 다수당이 속한 정당들이 다른 소위 여소야대 현상을 종종 경험한 바 있다. 그리고 위의 이론에 따르면 중앙정치에서도 여소야대 상황이 견제와 균형 그리고 대화와 합의 형성이라는 기재를 활용하여 보다 성숙한 정치권의 모습을 보여주었어야 한다. 그런데 현실은 그렇지 아니하였다.

1988년 13대 총선과 2000년 16대 총선까지 지속적으로 여당이 다수 의석을 차지하지 못함으로써 여소야대 상황이 이루어진 경험이 있지만 의원 영입, 정당연합 등을 통하여 전략적으로 여대야소로 다시 바꾸었기 때문에,[7] 실질적인 견제나 균형보다는 힘이 약해진 야당 등이 국회를 떠나 장외 투쟁 방식 등을 활용하게 되면서 여소야대 상황에서의 협상, 대화, 소통, 합의와 같은 고도의 기술이 학습되지 못하였던 것이 아쉬운 점이다.

우리는 인간으로서 갈등 자체를 좋아하거나 일부러 즐기는 것을 원하지 않는다. 가급적이면 갈등 없이 평화롭게 살고 싶은 것이 인지상정일 것이다. 그리고 다른 사람이 싸우고 있는 모습을 볼 때 그리 마음이 편치 않게 된다. 그러나 갈등을 피할 수 없는 경우에는 왜 싸우는지 그리고 어떻게 싸우는지가 매우 중요한 이슈가

---

5) Sol Erdman and Lawrence Susskind. 1996. Reinventing Congress for the 21st Century: Toward a politics of accountability, participation, and consensus. The MIT-Harvard Public Disputes Program. Sol Erdman and Lawrence Susskind. 2008. The Cure for Our Broken Political Process: How We Can Get Our Politicians to Resolve the Issues Tearing Our Country Apart. Potomac Books, Inc. Washington, D.C.

6) Robert D. Putnam. 2000. Bowling Alone: The Collapse and Revival of American Community. Simon & Schuster Paperbacks.

7) 13대 총선 이후 과반의석을 확보하지 못한 노태우 정부는 민주정의당, 김영삼 총재의 통일민주당, 김종필 총재의 신민주공화당이 3당 합당을 하였고, 김영삼 정부는 여소야대 상황을 무소속 의원 대거 영입이라는 방법을 통해 인위적으로 여대야소 국회로 바꾸었으며, 김대중 정부 역시 평화민주당과 김종필 총재의 자유민주연합의 소위 DJP 정당연합을 통해 사실상 여대야소로 개편하였다. 그 이후인 제17대 총선을 통해 노무현 정부 때 최초로 여대야소 정국이, 그리고 이명박 정부 시기인 제18대 총선에서 다시 한 번 여대야소 정국이 형성되었다.

된다.

갈등에도 두 종류의 갈등이 있다. 첫 번째는 생산적이고 건설적인 갈등이다. 어떤 이슈에 대하여 가치나 이해관계의 차이가 있을 경우 당연히 다양한 의견이 존재할 수 있다. 이러한 의견의 차이는 언제든지 발생할 수 있다. 하늘에서 비가 오는 것을 막을 수 없는 것과 마찬가지 이치로 그러한 의견의 차이로 인한 갈등을 모두 회피하는 것은 인간 세상에서는 불가능할 것이다. 오히려 갈등을 예방하고 해결한다는 명분으로 그러한 차이를 묵살하고 한 쪽의 의견만을 강요할 때 우리는 더 많은 문제점을 야기할 수 있다. 생산적인 갈등으로 인한 상호 견제와 균형, 그리고 보다 더 낳은 해결책을 다듬어 가는 과정이야말로 갈등이 그렇게까지 나쁜 것만은 아닌 이유가 된다.

그러나 두 번째 종류의 갈등은 비생산적이며 파괴적인 갈등이다. 이러한 유형의 갈등은 단지 가치나 이해관계의 차이에서 올 수도 있지만 문제해결이나 이해관계의 충족이 목적이 아니라 상대방을 이기는 데 목적이 있거나 조직의 선명성을 강화하고 단합을 시도하려는 다른 목적을 가질 때 발생할 수 있다. 또한 단순히 가치나 이해관계의 차이로 시작되었으나 의사소통 방식이나 그러한 갈등들이 다루어지는 제도의 결함, 문제해결 및 협상 능력의 부재로 인하여 감정이나 힘, 권한 등의 요소가 사용되면서 갈등의 강도가 심화될 때 많은 비용을 유발하게 된다. 이러한 유형의 비생산적인 파괴적인 갈등은 우리가 지혜를 발휘하여 심화를 예방하거나 슬기롭게 해결해야 하는 관리의 대상이 될 수 있다.

결론적으로 행정부와 의회의 갈등이 권력의 균형과 상호 견제 차원에서 발생하고 다양한 가치와 이해관계의 차이에서 발생하는 경우, 공공의 문제해결과 다양한 이해당사자들의 이해관계를 충족시키기 위한 목적으로 발생하는 경우 그 목적들을 최대로 달성할 수 있는 갈등해결방식을 활용한다는 가정 하에서 매우 생산적인 결과를 가져올 수 있다. 그러나 만약, 권력의 균형과 상호 견제 차원을 넘어서서, 공공의 문제 해결과 다른 부수적 이해관계가 개입되고, 갈등을 다루는 고도의 세련된 역량이 부족한 상황에서의 갈등 양상은 행정부, 의회, 그리고 시민들에게 모두 피해를 주는 심각한 문제를 야기할 수 있을 것이다.

올해 지방선거 이후 지방자치단체장과 해당 의회와의 갈등 양상이 언론에 지속적으로 그리고 자주 보도되었다. 서울시의 경우, 서울 광장 개방문제, 디자인 서울 사업, 한강 르네상스 프로젝트, 한강지천 뱃길조성사업, 한강 주운 사업, 초중고 대상 무상급식, 뉴타운 정책 등에 대해 행정부와 의회가 갈등 양상을 보여주었다. 경기도의 경우에도, 수도권 광역 급행철도(GTX) 사업, 152개 한강 잇기 사업, 무한돌봄, 경기일자리센터, 화성 전곡항 국제보트쇼 등 이미 막대한 예산이 투입되었고 큼지막한 사업들이 줄줄이 갈등의 내용으로 서서히 나타나고 있다.

이러한 갈등들을 지방행정 당국, 지역 의회, 그리고 시민사회가 어떻게 현명하게 다루느냐에 따라 우리나라의 선진화, 민주주의의 공고화, 국가와 지역 경쟁력의 강화 여부가 결정될 것이다.

현재 언론에 등장하는 우려의 목소리를 요약하면 다음과 같다. 서울시와 경기도 행정당국이 추진하던 많은 다양한 프로젝트들의 집행을 위해 기초단체와 의회의 협조가 절실하지만 다른 정당색이 있는 기초단체나 의회의 반대로 원활한 추진이 힘들 것이라는 것이다. 특히 특정 정책이나 사업의 경우, 여소야대 상황에서 야당이 당론으로 반대하고 있기 때문에 마찰로 인하여 순조롭게 추진하기가 더욱 어려워 질 것이라는 것이다. 자칫하면 사사건건 의견 대립으로 시정이 마비될 것이라는 것이다.

언론의 내용을 주로 살펴보면 갈등의 부정적인 측면을 강조하면서 예측하고 있다. 그러나 이제 시작된 견제와 감시라는 시스템 하에서 시민들에게 갈등의 양상으로 비추어 지고는 있지만, 아마도 시민들은(이상적으로) 그들이 선택한 대표들(시장, 도지사와 의회 의원들 모두 포함)이 행정당국이 제안하고 진행하고 있는 정책과 사업들의 예산이 합리적으로 책정되고, 효율적으로 집행되고 있는지, 공익에 부합하는지, 정책 결정 과정과 집행과정에서 비리나 부패는 없는지 등을 꼼꼼하게 함께 살펴보고, 의회의 결정이 합리적이고 객관적인 정책 결정 기준 하에서 그들이 대표하는 시민들이 정당성이 있다고 이해해 줄 수 있는 수준의 것인지 등에 대해 논의하기를 기대하고 있을 것이다.

만약 여소야대 상황의 지방자치 또는 지방 정치에서 앞으로 예견된 갈등의 양상이 비생산적이고 파괴적인 갈등의 양상, 즉 증상을 보인다면, 이것은 우리 모두에게 큰 불행이 될 것이다. 이러한 파괴적인 갈등의 특징은 일반적으로 승자와 패자만이 존재하는 승자독식의 구도 하에서 힘의 대결, 서로의 입장에서 한 걸음도 물러서지 않는 벼랑끝 전략, 새로운 가치가 창조되지 못한 채 상대방의 손해가 곧 나의 이익이 되는 제로섬(Zero-Sum) 게임이라는 것이다. 중앙 정치에서 우리가 종종 실망하고 있는 모습이기도 하다.

만약 이러한 모습과 증상이 지방자치 행정과 정치에서 그대로 재연된다면 우리는 다음과 같은 부정적인 결과들에 직면하게 될 수도 있다.

첫째, 정책의 장 · 단점에 기반을 둔 합리적 대화가 아닌 정당의 기조와 당론에 따른 정치적인 힘의 대결에 기반을 두고 결정될 경우, 정책의 내용에 대한 실질적인 보완이 이루어지지 않고 승자의 입장만 강조됨으로써 정책의 품질이 저하될 수 있다. 그 피해는 고스란히 시민들이 입게 될 것이다.

둘째, 중앙 정치의 영향을 과도하게 받으면서 지방자치라는 본연의 가치에서 벗어나 그 지역 중심의 문제해결과 지역 주민의 이해관계나 의견의 반영이 미흡해질 수 있다.

셋째, 패자가 된 경우, 승자의 정책이 잘못 되기만을 기대하며 다음 선거에서 복수의 기회를 노리게 되어 '힘의 대결'의 비효율적인 양상이 지속될 수 있다.

넷째, 합리적인 이유나 근거가 수반하지 않은 지리한 정치적 공방으로 인하여 공공의 문제가 해결되지 않은 채, 잦은 사업 및 정책의 번복 및 철회로 인하여 세금으로 마련된 예산이 낭비되고, 정책 일관성이 없어짐으로써 행정당국과 의회 모두에 대한 시민들의 신뢰가 추락하게 될 것이다.

다섯째, 이러한 모습에 염증을 느낀 시민들은 정치권을 더욱 혐오하게 되고, 정치 및 행정에 관심을 두지 않음으로써 정치적, 사회적 자본(Social capital)이 줄어들게 되어 투표율은 줄어들고, 의회 및 민선 단체장과 시민과의 거리가 멀어지고 그만큼 정치권력의 정당성이 위협받게 될 것이다.

여섯째, 무관심을 두는 시민들이 있는 반면, 해당 문제에 대한 반작용으로 정치개혁을 주장하는 시민사회의 목소리가 커지면서 시민 의회와 같은 시민 참여적 정치 개혁의 압력이 정치권에 불어 닥칠 수 있다. 즉, 대의 민주주의의 한계를 넘어서려는 보다 직접적이고 참여적인 민주주의에 대한 열망이 생길 수 있다. 실제로 캐나다의 브리티시 콜롬비아(British Columbia) 주와 같은 경우에도 시민 의회(Citizen's Assembly)를 구성하여 선거제도의 개혁을 시도한 바 있다.[8)]

제2절 갈등의 원인

1. 이상적인 문제 해결 상황

문제가 되는 증상의 원인을 고찰하고 그 과정을 통해 해결책을 모색하기 위해 약간 다른 방식으로 이야기를 전개하고자 한다. 먼저 가상이지만 이상적인 지방자치단체와 그 의회를 가정해 보기로 한다.

"지구상에 존재하지 않는 이 가상 지역의 지방선거제도는 다수대표제와 비례대표제의 혼합형을 사용하고 있다. 이 나라의 정당 시스템은 미국과 같이 양당제는 아니지만 보수와 진보를 대표하는 두 개의 대표적 정당들이 거의 중앙 정치를 주도하고 있다. 최근의 지방선거 결과 지방 의회에 진출한 의원 중 과반수 이상이 야당 출신 의원들이고, 절묘하게도 지방자치단체장은 여당 출신이 당선되었다. 당선의 기쁨을 만끽할 여유도 없이 이들 민선 정치인들이 기다리고 있는 것은 해당 지역의 주춤한 경제 성장률을 회복시키고, 일자리를 창출하며, 해외 투자를 유치하고, 수질 및 대기 오염과 같은 환경문제를 해결하며, 교통 인프라 구축, 교육의 질 향상 등 산적한 지역 현안들이다. 이들이 속한 정당은 이념적으로 보수와 진보로 구분되어 많은 이슈들에 대한 해결 방안으로 다른 생각과 정책들을 표방하고 있다. 지방자치단체장은 지방 행정의 성공적 경험을 바탕으로 중앙정치에 데뷔하여 더 큰 무

8) British Columbia Citizen's Assembly on Electoral Reform. 2004. Making every vote count: The Case for electoral reform in British Columbia. Final Report.

대에서 뜻을 실현할 개인적인 비전을 가지고 있다. 지방 의회 의원들도 적극적인 의정활동을 통해 시민들의 지지를 더욱 확보하여 정치인으로서 성공적인 인생을 지속적으로 추구하고자 하는 비전을 가지고 있다.

환경, 경제, 교육, 복지 등 각각의 문제 해결을 위해 지방자치단체장이 야심차게 내 세운 여러 가지 정책들과 사업들의 제안은 이제 지방 의회의 심의와 의결을 거쳐 확정되고 집행되는 동안에도 지속적으로 의회의 감시와 견제를 당하게 될 것이다. 문제는 정치적으로 다른 이념을 가진 정당에 속한 이들 정치인들이 각각 주장하는 문제해결 접근 방식, 즉 정책의 방향과 내용이 다르다는 것이다. 한 쪽은 성장을 다른 쪽은 분배를, 한쪽이 효율을 다른 쪽은 형평성을 주장하는 식이다.

6개월이 지난 뒤, 지방자치 행정당국이 제안한 여러 정책과 사업들의 내용들은 그러한 정책과 사업의 영향을 받는 이해당사자들의 여러 의견을 청취하고 반영한 뒤, 의회에 상정되었다. 의회에서도 자신들이 주관한 공청회나 이해 당사자 포럼 등을 통해 행정당국에 제안한 정책과 사업 내용이 해당 지역 시민들과 이해당사자들의 이익을 최대로 창출할 수 있는 것인지를 판단하는 과정을 거쳐 최종 심의를 한 뒤 표결에 들어가게 되었다. 행정부나 의회가 주관하는 다양한 공공 포럼을 통해 최대한 다양한 이해당사자들의 의견을 반영하려고 노력하는 동안 각각의 의견이 다른 쟁점들에 대해서 행정당국과 의회 관계자들의 과정상의 의사소통과 협상을 통해 타협점을 찾으려고 노력하였다. 그 결과 다듬어진 정책 및 사업의 내용에 대해, 행정부나 의회에서도 그들의 결정에 대해 시민들이나 이해당사자들이 크게 반발하지 않을 것으로 기대하게 되었다. 이제 행정당국은 의회의 결정에 따라 사업을 집행하는 과정에서 비리나 부패가 있지 않도록 하고 예산의 효율적 활용이 될 수 있도록 최대한 노력해야 할 것이다. 지금까지의 의사소통 및 의사결정 과정은 절대 순탄하지 않았고 끊임없는 소통과 대화 그리고 합의 형성 노력의 연속이었다.”

위에서 언급한 가상의 사례의 전반부는 우리나라의 현재 상황과 유사한 면이 적지 않다. 그러나 이후의 상황은 현실로 받아들이기가 쉽지 않다고 느낄 정도로 어색하게 들린다. 전반부와 후반부의 상황이 잘 연결되지 않는 것이다.

일단 후반부의 상황이 이루어지기 위해서는 다음과 같은 상황, 조건 또는 원칙들이 존재할 경우일 가능성이 크다.

첫째, 행정부와 의회 지도자들이 정치적 입장(Positions)이 아닌 실익(Interests)(실질적으로 그들이 달성하고자 하는 목표)에 초점을 맞추고 대화할 수 있어야 한다.

입장에만 초점을 맞출 경우, 생산적인 대안이 발견될 수 없고, 감정적인 의사소통이 이루어질 가능성이 크며 힘의 대결 양상으로 변질되어 갈등이 심화될 가능성이 크기 때문이다.

둘째, 그들 자신들의 개인적 실익뿐만 아니라 지역 주민을 비롯한 지역의 다양한 가치와 이해관계를 지닌 이해당사자들의 실익들이 정책과 사업을 통해 최대한 달성되도록 그들의 실익에 대한 파악과 반영이 정책 결정과정에서 이루어져야 한다.

선거를 통해 선출되었다고 하더라도 투표율은 전체 유권자 수에 비해 미진할 수 있으며, 그 중 많은 표로 당선되었다는 뜻이 곧 자신이 내건 공약을 모든 이해당사자들이 지지하고 있는 것이라고 인식해서는 안 되기 때문이다. 자신에게 투표하지 않은 시민 및 조직, 그리고 다양한 이해관계를 가진 모든 시민들을 의회에서 대변해야 하기 때문이고 그러한 이해관계를 조정하는 것이 바로 의회의 역할이기 때문이다. 이 부분이 제대로 작동되지 않을 경우, 다양한 이해관계를 가진 시민들과 의회의 거리는 멀어지고, 시민들의 무기력감은 커져 갈 수 있으며 정치권에 대한 실망으로 이어질 수 있다.

셋째, 그러한 실익들을 충족시키기 위한 다양하고 창조적인 대안들이 숙의 과정에서 개발 또는 창출되어야 한다.

동일한 입장에 대한 같은 주장만 서로 반복하고 밀고 당기기와 타협(Compromise)에만 치중하거나 관련된 이해관계의 조정을 거치지 않은 채 서로 다른 이슈들에 대한 무작정 주고받기(Log-rolling)로 문제를 해결하는 경우, 새로운 가치가 창출되지 않는 비생산적인 제로섬 게임이 될 것이다.

넷째, 의사소통 과정에서 참가자들 사이에서 신뢰 관계가 조금씩 형성되어야 한다.

최초 의사소통 및 대화는 신뢰가 없는 상태에서 주로 시작되게 마련이다. 신뢰가 형성되는 방향으로 의사소통이 이루어져야만 합의가 이루어지는 토대가 마련된다. 중간에 명확하지 않은 의사소통과 배신 등으로 신뢰가 깨어지면 그 신뢰를 회복하는데 많은 비용이 유발되게 된다.

다섯째, 그들 각자가 상대방(행정부의 경우, 의회 또는 민간 이해당사자 및 시민/의회의 경우 행정부 또는 민간 이해당사자 및 시민)들의 의견을 무시하고 자신의 입장을 독자적으로 추구할 수 있는 대안이 별로 존재하지 않고, 독자적인 행동이 가져올 사회적 비용과 결과에 대한 불확실성이 존재해야 한다.

만약 제도적인 역학 구조 또는 단순한 주관적인 인식과 판단에 의하여 힘의 균형 측면에서 어느 일방이 월등하게 우세하다, 즉 힘이 세다고 느낄 경우에는 대화나 소통보다는 독단적이 방법을 사용할 동기가 큰 반면에 힘이 약하다고 느낄 경우에는 불리한 대화보다는 외부 세력을 규합하거나 내부 결속을 통해 힘을 키우는 갈등적 전략을 구사할 가능성이 크기 때문이다. 힘의 균형이 완전히 깨져서 그 상황이 체념적으로 받아들여 지지 않는 한, 이러한 긴장관계로 인한 갈등 상황은 지속적으로 반복될 가능성이 있다.

여섯째, 다양한 참가자가 의사소통을 진행하였다고 가정할 때, 그러한 당사자들의 의사소통을 매끄럽고 효과적으로 처리할 수 있는 역량을 가진 누군가가 있어야 한다.

참여 자체가 효과적이고 효율적인 문제 해결을 곧바로 의미하지는 않는다. 오히려 참여와 효율은 서로 상충되는 개념이 될 수 있다. '또한 참여를 통해 갈등이 해결되는 것이 아니라 오히려 갈등이 심화되는 계기가 되기도 한다. 참가자가 많다는 것은 그 만큼 그 안에서 효율적인 대화 구조와 의사 결정을 내리기 어렵게 된다는 것을 의미한다. 따라서 그러한 상황을 효과적으로 다룰 수 있는 전문성과 역량을 가진 인재가 필요하게 된다.

2. 갈등의 원인

위에서 언급한 성공적인 합의 형성 및 의사소통의 6가지의 상황, 조건 또는 원칙은 매우 실무적이고 실용적인 것으로써 그러한 상황, 조건, 원칙의 존재는 두 가지 원인에 의해 좌우될 수 있을 것이다. 첫 번째는 단순히 민선 정치인들의 개인적인 역량 차원의 문제로서 진단할 수 있다. 즉, 우리가 그러한 상황, 조건, 원칙들이 실제 사례에서 발견되지 않을 경우, 해당 정치인들 개개인의 역량 부족에 대해 비난할 수 있다는 것이다. 그리고 문제가 잘 해결될 경우에는 그 반대로 정치인 개개인의 역량을 높이 평가할 수 있다. 두 번째 원인은 단순한 개인적인 역량 차원의 문제가 아니라 구조적인 문제일 가능성이 있다. 유명한 경영 전문가 Edwards Deming[9)]의 말을 빌리자면, "만약 어떤 일을 맡았던 또는 맡고 있는 사람들 모두 형편없이 그 일을 하고 있다면, (사람들이 문제가 아니라) 그 일 자체가 무언가 문제가 있다고 봐야 한다(If most people do a job poorly, something must be wrong with the job.)." 즉 구조(Structure)나 틀에 문제가 있을 수 있다는 것이다. 만약 선거를 통해 지방자치단체장이 되고, 의회에 입성한 대다수의 정치인들이 위에서 언급한 안 좋은 증상들을 보여주고 또한 앞으로 보여줄 것이라고 가정한다면, 개개인의 역량과 관계없이 무언가 구조적인 원인이 있다고 볼 수 있다는 것이다.

다만, 구조적인 원인이 발견된다면 이것은 매우 심각한 원인이 될 수 있다. 구조적 원인을 파악하지 못한 채 증상 그 자체만을 완화시키기 위해 피상적인 치료를 한다면 지속적으로 같은 증상이 나타날 수 있다. 그러나 이미 오랫동안 구축된 구조적인 틀을 새롭게 뜯어고치는 것은 그만큼 비용과 시간 그리고 노력이 들 수 있음을 의미한다. 즉 대수술을 해야 하는 것으로 비유될 수 있다.

1) 구　　조

먼저 구조적인 원인을 찾기 위해 보편적으로 적용할 수 있는 하나의 가정을 가지고 시작하기로 한다. 첫째, 시장주의적 관점이나 제도주의적 관점에서는 개인의 이기심(Self-interest)을 가장 중요한 논의의 출발점으로 하여 그 이해관계를 충족시킬 수 있는 동기 유인의 존재에 따라, 개인의 행위가 영향을 받는다고 가정한다. 정치인의 경우, 공익을 실현하고 자신이 대변하는 유권자들의 삶의 질을 높이려고 하

9) 1950년대부터 일본에서 활동하면서 통계에 기반한 품질 관리, 경영 혁신 등의 경영 비결을 일본에 전수하면서 일본 기업의 성공을 가져다주었다고 인정받는 경영 전문가로서 후에 미국에서도 인정을 받음.

는 숭고한 가치를 실현하고자 하는 동기를 가지고 있을 수 있지만 그에 못지않게 정치인으로서 인정받고 안정적으로 지위를 보장받으며 다음 선거에서 지속적으로 당선되는 것을 원할 것이라고 가정할 수 있다.

위의 가정과 더불어 앞에서 언급한 6가지의 효과적인 합의 형성 조건이나 원칙의 달성을 구조적으로 방해하는 요소가 있다면 그것은 바람직하지 못한 증상의 구조적 원인으로 파악될 수 있고 그러한 구조적 요소들을 6가지 조건이나 원칙의 달성이 용이해 지도록 개선하는 노력들이 해결책으로 제시될 수 있을 것이다.

즉, 자치단체장이나 의회 지도자들로 하여금 1) 특정 입장에만 초점을 맞추도록 하고, 2) 지역의 다양한 이해관계 보다는 개인이나 다른 이해관계에만 초점을 맞추도록 하고, 3) 다양한 대안 개발을 위한 융통성이나 유연성의 담보가 되지 않으며, 4) 상호 신뢰를 해치는 언사와 행동을 하도록 유도하며, 5) 힘의 우위를 기반으로 힘의 대결을 선호하도록 만들며, 6) 다수의 참가자들의 원활한 의사소통을 이끌 역량을 가진 인재나 인사가 활용되지 못하도록 하는 구조적인 원인이 있는지 찾아보아야 한다.

실증적인 연구 결과에 의한 결론은 아니지만 불행히도 여러 부분에서 위와 같은 부정적인 증상을 유발할 만한 구조적인 원인이 진단된다. 거시적인 것부터 열거하면 첫째, 선거제도의 구성이다. 다수대표제와 비례대표제를 혼용하고는 있지만, 하나의 선거구에서 한 명의 당선자를 뽑는 소선거구제를 기본으로 하여 당해 선거구에서 가장 많은 표를 얻은 후보자가 당선되며 당선자 결정 절차가 매우 간단하지만 사표가 많이 나와 소수 의사가 반영되지 못하는 단점이 있다. 이러한 선거제도 하에서는 의회가 과반수가 넘는 정당에 의해 지배되는 상황이 쉽게 만들어지기 때문에 문제의 해결이 일사불란해 지고 정책의 실패로 인한 책임소재가 불분명해지는 장점이 있는 대신 소수의 의견이 무시된 채 다수결에만 의존하게 되는 단점이 있다. 다수결에 의한 힘의 원리가 지배하기 때문에 정당 간 잦은 정쟁과 갈등으로 인해 문제 해결이 지연되면서 유권자들이 정치권에 대한 실망으로 인하여 등을 돌리게 되는 결과를 초래할 수도 있다.

또한 일단 원내에서 다수 의석을 확보하게 되면 표결을 통해 특정 결정을 내릴 수 있다는(힘에 대한) 긍정적 인식이 생기기 때문에 자칫 다양한 이해당사자와 소수의 의견이 무시될 수도 있는 구조적인 상황이 존재한다는 것이다.

둘째, 우리나라에 존재하는 정당공천제라는 구조가 원인이라는 의견이 분분하다. 현재 기초의원까지 정당공천제가 실시되고 있어 지방 정치인들의 중앙 정치 예속이 갈수록 심화되고 있다고 한다. 물론 경선제를 통한 상향식 공천 방식 도입, 비례대표 의원 선출을 위한 1인 2표제 도입, 광역의원 후보 추천 시 여성 의석 비율 확대 실시, 예비후보제도 등 선거 제도를 보완하였으나 실질적으로 아직까지 중앙 정치의 이해관계가 지방 정치의 형식과 내용을 결정할 수 있는 구조인 것으로 인식되고 있다. 즉, 지방 선거에 출마하여 당선되기 위해서는 지역 주민의 민심도 중요하지만 중앙 정치, 즉 해당 정당의 기조나 당론에 얼마나 충실한가에 기초하여 중앙 정치권의 소수 핵심 정치인들의 환심이나 지지를 더 중요하게 여길 수 있는 동기가 존재한다는 것이다.

그러한 구조 하에서는 지방자치의 쟁점이 기존의 중앙정치의 연장선에 놓일 것이고, 중앙 정치에서 보여주었던 구태의연한 입장과 힘에 기반을 둔 승자독식의 제로섬 게임으로 변질될 가능성이 크다는 것이다. 또한 지방 정치의 승패가 중앙 정치의 승패에 직접적인 영향을 주는 변수로 인식될 때는 그러한 구조의 영향력은 가중될 수밖에 없을 것이다. 특히, 특정 지방자치단체장의 성공이 총선과 대선에 영향을 주고 그것이 정당의 전체적인 운명과 관련 있다고 인식될 때 정치적인 논리가 개입될 수 있는 여지가 더 커질 수밖에 없다. 지방선거가 대선의 전초전이나 정당의 대리전으로 전락해 버릴 수 있다는 것이다.

특정 입장(Position)보다는 실익(Interest)에 초점을 맞추고 그러한 실익들을 충족시켜주는 창의적인 대안들이 논의되어야 하는데 지방자치 차원의 정책이나 사업에 대한 주요 쟁점 사안마다 해당 지역의 다양한 이해당사자들이 가지고 있는 실익에 대한 논의보다는 대선을 향한 소속 정당의 당론이 가장 중요한 입장이 되고, 단체장과 의원들이 그러한 당의 입장(당론)을 상명하달식으로 따라야 하는 구조라면(그렇게 하는 것이 본인에게 더 유리하다고 인식이 되는 구조라면), 그러한 당의 입장을 (협상에서 유리한 고지를 점하기 위해 초반에는 극단적이나 과격한 입장을 취하게 됨) 달성하기 위한 힘(세력) 대결에 치중할 수밖에 없다. 지방자치의 민선 정치인들은 협상에서 융통성 있는 유연한 결론을 내릴 수 있는 권한은 주어지지 않은 상태로, 그들이 속한 정당의 정리된 입장을 어떻게 해서든지 달성해야 하는 당의 협상 대표가 되는 것이다.

2010년 6월의 제5회 전국지방선거의 전국 평균 투표율은 54.5%였다. 제4회 전국지방선거의 51.6%보다는 증가한 것이지만 대선 투표율보다 10~20%정도 낮은 수치이다. 또한 투표를 했다고 하더라도 후보자들의 능력과 자질에 대한 정보 수집을 통한 선택이 아니라 단순히 정당만을 보고 선택하는 경우도 많이 있을 수 있다. 이러한 낮은 관심과 투표율도 민선 정치인들의 행정과 의정활동에 대한 책임성(Accountability)과 동기 부여에 부정적으로 영향을 미칠 수 있다. 실증적인 것은 아니지만 지역 유권자들의 낮은 관심과 투표율은 지역 후보들이 지역의 이슈보다는 중앙정치의 모습이 연속적으로 투영되었기 때문이라고 추측할 수 있다.

셋째, 정당 조직 자체의 비민주적 조직 문화도 구조적 원인이 될 수 있다. 물론 정당 자체가 같은 정치적 비전을 위해 함께 뜻을 모은 결사체이지만, 그 조직에 속한 개개인의 의원들은 당론에 따라 일사분란하게 공동체로서 움직여야만 하는 문화적 체계를 가지고 있다. 의원총회에서 당론이 결정되면 소속 의원들에게 당론의 사수가 강요되는 구조가 존재한다. 같은 정당 소속이라도 당의 당론에 어긋나지 않는 범위 내에서 지역의 이해관계의 최대의 충족을 위해 창의적인 대안을 개발하고 상대방과 실익에 대해 논의할 수 있는 개인의 자율성이 보장되기 어려운 구조라는 것이다. 따라서 상대방과의 대화와 타협의 여지가 별로 없게 된다. 당론을 관철시켜야 한다는 막중한 사명감을 갖고 무한투쟁에 돌입하게 된다. 이 과정에서 실질적으로 대변해야 하는 지역 시민들의 이해관계가 무시될 수도 있다.

넷째, 지역 의회이나 지방자치단체의 정책 전문성, 즉 지역 현안에 대한 심층 분석과 제도개선 대안 마련 등을 위한 전문적인 자원의 존재 여부에 따라 효과적인 지방 자치가 되느냐 아니면 중앙 정치의 연장선 역할을 하는가가 좌우될 수 있다. 선진국과 단순 인력의 수를 비교하는 것은 의미가 없지만 현재 우리나라 지방자치단체와 지방 의회가 활용하고 있는 전문 인적 자원은 어떠한지 자문해 볼 필요가 있다.

다섯째, 상호 견제도 중요하지만 힘의 균형을 맞추어 줄 수 있는 제도의 구조가 중요하다. 왜냐하면 어느 한 쪽이 일방적으로 우세하다는 인식보다는 독자적인 행동으로 인한 결과의 불확실성이 크다는 인식이 더 강할 경우 일반적으로 당사자들은 힘의 충돌보다는 대화를 시도할 가능성이 많기 때문이다. 물론 모든 비용을 감수하고서라도 모험을 감행할 수 있으나 그 경우 갈등으로 인한 사회적 비용과 기회비용은 모두 지역 주민이 감수해야 하는 위험이 초래될 수 있다.

현재, 지방자치법에서 규정하고 있는 지방자치단체장과 지방의회의 권한은 다음과 같다. 지방자치단체장은 각종 인허가권, 예산편성권, 인사권을 가지고 있고 지방의회가 의결한 조례에 대해 거부권을 행사할 수 있는데 곧 재의요구이다. 이때 조례가 상위법을 위반하고 국가 정책에 반한다고 판단될 때 조례 무효화를 위해 대법원에 제소할 수 있다. 지방 의회는 예산안 결산 심사권, 조례제 · 개정권, 행정사무감사권 등 크게 세 가지를 가지고 있다. 행정사무 감사권은 1년에 한 차례 실시하며 지적 사항에 대하 강제력이 없는 시정 요구를 할 수도 있다. 조례 제 · 개정은 지자체장은 물론 의원, 주민 모두가 발의할 수 있다. 의회의 예산안 결산 심사권은 단체장이 견제할 수 있는 수단이 전혀 없어 의회의 강력한 권한이 될 수 있다. 각각이 가진 권한은 자신들의 이해관계를 달성하기 위해 활용할 수 있는 무기와도 같다. 어느 한쪽이 취할 수 있는 최선의 무기(제도 및 권한)는 상대방에게는 최악의 상황을 초래하게 되는 상대적인 관계를 가지고 있다.

이러한 제도적인 권한들의 존재는 당사자들의 입장을 달성하는 데 활용될 수 있는 유용한 도구가 되지만 이들 권한의 사용과 충돌에만 초점을 맞출 경우, 결코 실익 (Interests)에 대한 논의와 의사소통은 이루어지기 힘들게 된다. 결국, 권한과 힘의 대결로 이어지게 될 것이다. 다만, 어느 한 쪽이 일방적으로 우세하게 권한이 배분되어 있는 것보다는 권한들도 상호 배분이 절묘하게 균형을 이루도로 구성되어 있어서 어느 한 쪽의 결정이 결정적인 영향을 미치지 못하도록 해야 한다. 제도적인 권한 외에 각종 행정법과 헌법까지 사용될 경우 그 비용은 당사자들은 물론 시민들도 부담하게 될 것이다.

일곱째, 중앙정부와 지방정부 사이에 종속적인 관계, 예컨대 지방자치단체의 재정자립, 국가사업 지정과 같은 측면에서 중앙정부가 영향력을 행사할 수 있다면 구조적으로 중앙정치에 영향을 받지 않을 수 없다. 이것은 진정한 지방자치의 실현이라는 측면에서 크게 영향을 주고 있는 구조적 원인이 될 수 있다.

2) 개인적 역량, 전략, 태도, 마음가짐

환자의 비유를 다시 사용하면 구조적으로 체질적으로 허약하게 태어났거나 어떤 원인으로 인하여 몸속에 기가 부족한 경우 질병에 자주 걸리게 된다. 그런데 그 환자의 정신 상태와 삶에 대한 태도가 긍정적이지 않고 부정적이며 같은 상황에 처한 다른 사람들 보다 쉽게 포기를 잘하고 스트레스를 잘 견디지 못하고 화를 잘 내는 등 개인적인 마음가짐 및 태도로 부터 질병이 비롯될 수도 있다.

실제로 필자가 협상과 공공 갈등조정에 대한 교육을 매우 오랫동안 진행하는 동안 매번 발견하는 현상은 다음과 같다. 같은 교실 안에서 같은 시간 안에 같은 정보를 가지고 다수의 학생들로 하여금 모의로 공공 갈등 상황에서의 협상을 시도하도록 하는 경우, 분명히 같은 구조 및 조건 하에서의 갈등이었음에도 불구하고 갈등 해결 결과는 테이블마다 모두 다 다르다는 것이다. 협상 당사자가 어떤 가정과, 전략, 그리고 의사소통 스킬을 사용하였느냐에 따라 협상 결과가 모두 달라지는 것을 볼 수 있다. 그 결과가 알려주는 중요한 단서는 구조적인 원인이 중요한 변수임에는 틀림없지만 100% 현상을 설명하지는 못한다는 것이다. 즉, 개인적인 역량과 태도 그리고 인식에 따라 얼마든지 한계를 극복하고 남보다 성공적인 결과를 가져올 수 있다는 것이다.

또 다른 실증적인 예로서, 우리나라에서는 폐기물 처리시설, 예컨대 생활쓰레기 소각장과 같은 공익시설에 대한 갈등이 매우 심각하게 발생하였다. 그 결과 정부는 폐기물 처리시설 설치의 촉진에 관한 법(소위 '폐촉법')을 제정하여 정책결정 절차와 주민 대상 인센티브 제공을 명문화하여 갈등을 최소화하고 그러한 시설의 설치를 촉진하고자 하였다. 그러나 같은 구조 즉 제도 하에서 여러 지역에서 발생한 사례들을 보면 매우 다양한 결과를 보여준다. 어떤 지자체는 그 제도 하에서 성공을 하기도 하고, 다른 지자체에서는 그 제도 하에서 실패하기도 하며 또 다른 지자체는 그 제도 하에서 다른 조례를 제정함으로써 우회적으로 성공하기도 한다. 이러한 예를 보더라도, 우리는 구조적인 한계를 그 구조에 속한 창의적인 개인들의 노력으로 어느 정도 극복할 수 있다는 것을 발견할 수 있다.[10]

즉, 환자의 경우, 대수술을 받지는 않더라도 삶에 대한 가치관의 변화, 의식구조의 변화, 작은 생활습관의 변화, 규칙적인 운동 등을 통해 체질을 개선하고 증상을 완화시키며 질병을 이겨냄으로써 다른 환자들에게 귀감이 되는 사례들을 우리는 많이 알고 있다.

제3절 해결책

1. 구조적 원인에 대한 해결책

이상에서 부정적인 증상들에 대한 원인들을 파악해 보았다. 이러한 원인들을 개선하거나 제거해 주어야 증상을 완화하거나 완치시킬 수 있을 것이다.

먼저, 구조적인 원인으로 '선거제도의 개선'을 들 수 있다. 다수대표제를 소수대표제로 바꾸거나 다른 나라의 사례를 참고하여 새로운 형식으로 선거제도를 고치는 노력을 할 수 있다. 이러한 치료법은 환자의 비유를 들면 대수술에 해당한다. 많은 시간과 비용이 드는 치료법이다. 이 치료법의 가장 힘든 점은 환자가 수술을 받기 싫어한다는 점이다. 선거제도에 대한 개혁을 그 개혁에 직접적으로 영향을 받는 정치인들에게 맡기는 경우 과연 성공할 수 있을지에 대한 의문이 제기될 수 있다. 고양이에게 생선을 맡기는 것과 같다는 것이다. 캐나다의 경우, British Columbia 주의 의회는 이러한 자치 선거제도의 비효율성(그 당시 다수대표제)을 개

10) 김동영 · 김광구 · 정지범 · 박재근. 2009. 공익시설의 입지와 운영 갈등의 제도 개선 연구. KDI 국제정책대학원. 갈등조정협상센터.

선하기 위하여 기존 의회와 별도로 시민의회(Citizen's Assembly)를 설치하여 선거제도 개선안을 마련하였고 주민투표에 회부한 사례가 있다. 막대한 시간과 거래 비용이 들어서 마련한 시민의회의 선거제도 개선안은(다수대표제를 Single Transferable Vote(STV) 시스템으로 개선하고자 함) 주민투표에서 근소한 차이로 결국 부결되었다. 그 만큼 개혁이 어렵다는 것이다. 개혁이 어렵다고 해서 논의 자체를 포기하는 것은 바람직하지 않다. 지속적인 관심 속에서 장기적으로 구조적 개선 논의가 진행되어야 한다. 그러나 단기적인 처방으로는 적합하지 않다.

둘째, 정당공천제와 정당의 조직적 문화와 같은 것은 선거제도 개편보다는 비교적 하부의 문제이지만, 이것 역시 짧은 시간 안에 개선되기를 기대하는 것은 매우 어려울 수 있다. 실제로 지자체장과 지방의원에 대한 정당공천제를 폐지하자는 전문가들의 의견이 존재하는 것으로 알고 있다. 이러한 정당 내부의 문화적, 조직적 체계의 변화는 외부의 충격이나 내부의 학습 및 변화 등을 통해 이루어질 수 있기 때문에 단기적인 처방은 되지 않을 것이다. 이것도 비교적 장기적인 관점에서 지속적인 논의가 이루어지고 단계적인 개선이 이루어져야 할 것이다.

셋째, 제도를 통한 힘의 균형이 이루어지도록 해야 하는데 의회가 예산을 승인하지 않고 삭감하는 경우나 조례를 제정 또는 개정하여 제안된 정책이나 사업이 영향을 받는 경우 행정당국이 조치할 수 있는 제도적 수단의 존재 여부에 따라서 갈등의 양상이 달라질 수 있을 것이다. 의회의 결정이 합리적인 기준의 사용과 시민의 이해관계가 잘 반영된 결론이라면 문제가 되지 않겠지만 단순한 정략적 차원의 결정이었다면 그 결정으로 인한 향후 책임 공방에서 의회가 자유롭지 못하게 될 수도 있다. 참고로 미국의 오바마 대통령은 2010년 11월에 예정되어 있는 중간 선거에서 내심 의회가 공화당이 다수당이 되어, 즉 여소야대가 되는 상황이 되었으면 한다는 설이 있다. 경제적으로 어려운 상황에서 공화당이 의회를 장악하면 민주당 대통령이 추진하는 법안 통과가 어려워지지만 대신 국정 책임이 분산되어 책임 공방에서 비교적 자유로워질 수 있고 그 결과 대통령 재선에 도움이 될 수도 있다는 판단을 내리고 있기 때문이라고 추측할 수 있다.

결론적으로 제도적인 힘의 균형을 맞추는 것도 당사자 간 대화의 유리한 구조를 만들어준다는 측면에서 매우 중요하고 매우 조심스럽고 정교하게 접근해야 할 치료법이라고 할 수 있다.

환자의 비유를 사용하면, 구조적 원인들이 현재 상황에서 확실히 존재하며 그러한 구조적 원인들이 부정적인 증상들을 만들어 내는데 일조하고 있는 것이 분명하다. 그러나 그러한 원인들의 제거 및 개선은 반드시 필요하나 그 목적을 달성하기 위한 치료에 드는 시간과 비용이 비교적 크게 들 수 있다는 단점이 있다.

우리는 이러한 구조적인 원인들을 무시하고 단기적인 처방, 즉 개인적인 역량 강화 및 의식과 행태의 변화에 초점을 맞추기 쉽다. 그것은 결국 절반의 치료가 될 것이고 치료에는 한계가 있을 수 있다. 따라서 치료가 어렵다고 해서 포기하는 우를 범해서는 안 될 것이다. 실제로 선거법이나 제도를 둘러싼 여러 정치 개혁 시도는 여러 번 있어왔으나 정치권력의 이해관계에 밀접하게 관련되어 있기 때문에 용두사미 개혁이 될 가능성이 크게 마련이다. 그렇다고 해서 이러한 구조적 개선을 소홀히 해서는 안 될 것이다.

2. 개인적 역량, 의식, 행태, 태도, 가치관의 변화에 대한 기대

우리는 현재 비정상적인 구조 하에서의 개인적인 역량, 의식, 행태의 변화에 대한 가능성에 대해 너무 비관적인 나머지 앞부분의 노력을 포기한 채 구조적인 문제의 해결에만 매달릴 경우, 문제의 해결은 소원해질 수 있고 그 과정에서 지칠 수 있다. 왜냐하면 구조적인 개선은 장기간의 치료가 필요하기 때문이다.

우리는 따라서 그림은 크게 보되 현실적인 접근 방식을 취할 필요가 있다. 구조적 문제를 주어진 것으로 보고 치밀하게 개혁을 시도하되 단기적으로 구조의 한계를 깨뜨릴 수 있는 성공 사례를 만드는 것에 많은 에너지를 배분할 수 있어야 한다. 식이요법이나 명상으로 질병을 극복한 환자의 사례를 만들어 주는 것이다. 단지, 환자의 허약한 체질, 즉 구조적인 원인을 무시하고 환자의 가치관이나 의식, 생활환경만을 보고 그들을 비판해서는 안 된다.

현재 우리나라 지방자치 및 지방정치의 구조적 한계 속에 있는 여러 정치인들에게 그들의 이해관계에 엄청난 영향을 주고 있는 그 구조를 과감하게 깨고 새로운 실험을 하라고 주문하는 것 자체가 매우 어려운 일이 될 것이다. 그리고 그 실험이 과연 성공할 수 있을 것인가에 대한 확신이 서지 않는 경우라면 그러한 결단은 더욱 더 어려운 일이 될 것이다. 즉, 해결책으로 제시하는 수준이 구조적 한계를 언급하지 않은 채 규범적으로 어떤 식으로 해야 한다고 한다면, 별로 도움이 되지 않을지도 모른다. 예컨대, 상대방을 불신하지 말고 스스로 여야 갈등과 이념 대립의 틀에서 벗어나 힘에 의존하지 말고 상대방의 입장을 조금씩 용인해주는 대화와 타협의 정치를 하고 상호 소통에 의존하여 합의를 이루어보라는 식의 제안은 너무나 어렵고 와 닿지 않는 이야기일 수도 있다.

보다 현실적인 주문은 규범적인 해결책이 아니라 철저히 현실적이고 실용적으로 접근해야 한다. 예컨대, 여소야대 상황에서의 힘의 대결이 결코 지방자치단체장과 지방 의회, 그리고 지역 시민들에게 이익을 가져다주지 않을 수도 있다는 불안감, 두려움, 그리고 그 비용이 적지 않을 수 있음을 스스로 깨닫는 것이 가장 현실적인 탈출구일지도 모른다.

미국의 경우 대안적인 갈등해결 기법인 ADR(Alterantive Dispute Resolution) 방식은 저절로 유용해 져서 널리 사용된 것이 아니다. 날로 늘어가는 민사소송으로 인해 처리하지 못해 갈수록 쌓여가는 사건 관련 서류를 보다 못한 판사들이 고안한 방식이다.[11] 합의형성절차(Consensus Building Process)나 규제 협상(Negotiated Rulemaking)도 공공 갈등을 법원에서 해결할 때 드는 비용과 시간의 현실적인 인식을 바탕으로 더 효율적인 방식을 찾는 과정에서 활용되기 시작하였다.[12]

미국에서 1970년대에 제정된 멸종동물보호법(Endangered Species Act)의 내용을 보면 개발과정에서 멸종동물로 지정된 종의 서식지가 의도하지 않은 개발의 절차로 인하여 부정적인 영향을 받게 되는 경우에도, 민간인이 정부나 민간개발업자를 상대로 소송을 제기할 수 있는 법적인 권한이 있다. 갈등의 소지를 다분히 담고 있어서 그 당시 시한폭탄법이라는 악명이 붙기도 하였다. 그러나 그러한 상황에서

11) Jerome T. Barrett. 2004. A History of Alternative Dispute Resolution: The Story of a Political, Cultural, and Social Movement. Jossey-Bass.

12) Susskind, L. and Jeffrey Cruikshank. 1987. Breaking the Impass: Consensual Approaches to Resolving Public Disputes. Basic Books.

실질적으로 일어난 일은 개발업자와 환경단체간의 치열한 갈등 및 소송이 아니라 대화와 협상을 통한 서식지의 보존과 개발의 공존을 위한 상호 협력이었다. 그 배경에는 규범적으로 대화를 해야 한다는 주장에 이끌려 그러한 협력이 이루어진 것이 아니라 개발업자의 경우, 소송에 대한 끊임없는 압력과 그러한 소송으로 인하여 지연되는 개발행위로 유발되는 비용을 고려할 때 독자적인 행동을 할 수 없었고 환경단체의 경우에도 소송을 통해 문제 해결을 시도하여 법원에서 승소하고 이미 파괴된 서식지를 복원하지 못하는 것보다 개발업자와의 대화를 통해 서식지를 조금이라도 보존하는 것이 더 현실적이라고 보았기 때문에 그러한 협력이 가능할 수 있었다.[13)]

따라서 구조적인 원인들에 대한 단기간의 개선이 어려운 현재의 상황에서 현명한 정치인들이라면, 구조적인 원인들을 인정하는 상태에서 힘의 대결로 인한 갈등 상황으로 유발될 수 있는 여러 비용과 부정적인 결과에 대하여 미리 예측하고 현실적이고 실용적인 접근 방식을 취하는 것이 더 바람직할 것이라는 판단을 내리기를 바랄 뿐이다.

여러 갈등 이슈에 대한 충분한 대화가 선행되었음에도 불구하고, 이견이 좁혀지지 않는 경우에는 법적인 판단을 통해 해결하는 것이 순리가 될 것이다. 그러나 또한 법적인 판단 이전에 주민투표와 같은 방식을 고려할 수도 있다. 그러나 법적인 수단을 활용하거나 주민투표를 활용할 경우에 갈등 당사자 모두에게 유발될 경제적, 정치적 비용에 대한 고려야말로, 당사자들을 대화의 자리로 유도하는 현실적인 힘으로 작용할 수 있을 것이다. 그러한 수단을 사용할 경우에 최종적으로 도출될 결론에 대하여 불확실성이 존재한다면 더욱 그러할 것이다. 힘의 대결로 인한 비용이 아직 내재화되지 않았다면, 차라리 의도적인 대치상황이 좀더 지속되어 상황이 더욱 악화되는 편이 더 낳을 수도 있다. 대화에 참여할 동기가 부여될 만큼 상황이 익어야 하는 것이다.

---

13) Craig W. Thomas. 2003. Habitat Conservation Plans: Certainly Empowered, Somewhat Deliberative, Questionably Democratic. In Archon Fung and Erik Olin Wright, (Eds). Deepening Democracy: Institutional Innovations in Empowered Participatory Governance. London. Verso Press.

그러한 현실적인 고려를 바탕으로, 실질적으로 그들이 추구하는 실익을 허심탄회하게 소통하고 그들의 실익을 최대한 충족시켜줄 수 있는 창조적인 대안들이 창출되기를 기대하는 것이고, 그 과정에서 두 당사자뿐만 아니라 그 정책에 관심을 가지고 있고 영향을 받을 수 있는 시민들의 대표 및 대변인들(예컨대, 시민단체, 지역의 소상공인, 택시, 버스 단체, 일반 시민 등등)이 함께 시당국과 의회에 제안할 수 있는 합의안을 만들어 낼 수만 있다면 그 과정에서 전문적인 중립자가 그 합의안 도출에 기여할 수 있다면 그 것이 바로 성공사례가 될 수 있을 것이다.

만약, 모든 대화 수단이 소멸되고, 사법적 판단이나 주민투표와 같은 힘의 대결이 심각하게 고려된다면, 동일한 효과를 가져오되 비용은 적은 방식을 합의하에 시도해보는 것도 대안이 될 수 있을 것이다. 예컨대, 정확한 정보를 바탕으로 숙의과정이 없는 시민들이 단순한 예, 아니오를 가르는 투표지에 이념이나 정당적 성향에 따라 투표를 하는 것이 아니라, 공론조사 기법을 활용하여 전체 서울 주민을 대변할 수 있는 모집단을 선정한 뒤, 균형있게 구성된 자료나 논거에 대한 정보를 바탕으로 충분히 숙의할 시간을 제공한 뒤에 의사 표시를 할 수 있도록 한다면, 그리고 그 결론이 다양한 언론을 통해 확산되도록 한다면, 보다 정확하고 합리적인 여론을 보다 적은 비용으로, 보다 적은 정치적 리스크를 가지고 찾아낼 수 있을 것이다.

정치인은 그들이 대변하는 시민들의 이익을 충족시켜 줄 때 지지를 받고 성공할 수 있다. 그러한 목적을 달성하기 위하여 정치인들은 지금까지도 자신이 대변하고 있는 시민 또는 국민들을 위하여 갈등의 선봉에 서왔다. 그것인 정치인으로서 으뜸으로 인식되는 덕목이자 가치이며 실질적으로 재선에 결정적인 영향을 미치는 직접적인 요소가 되었다. 그러나 이제 곧 그러한 갈등의 확대 재생산을 통한 표심의 확보가 과거의 유물이 되는 시대가 올 것으로 예상한다. 이제 정치인들이 갈등의 효과적이고 효율적인 해결을 통해 그들이 대변하는 유권자들의 실익을 보다 더 잘 충족시켜줄 때 그들의 정치적 역량에 대한 가치가 인정받는 시대가 온다는 것이다.

실례를 들자면, 서울시 광진구에 위치한 서울국립정신병원과 관련된 해묵은 갈등 사례가 있다. 18년 동안 광진구 주민들은 정신병원의 이전을 통하여 지역의 지체된 발전을 추구하였다. 그러나 보건복지부도 서울국립정신병원으로서의 위상과 중요성을 감안하여 낡고 오래된 병원을 최신식 건물로 재건축하고자 하였다. 그러한 이해관계의 충돌로 인한 갈등은 민선 지자체장과 국회의원들의 개입으로 인한 갈등으로 인하여 어떠한 결론도 내리지 못한 채 힘에 의한 투쟁과 권한을 이용한 예산 삭감 등의 갈등 양상만 보여주고 있었다. 그러나 작년에 지역구 국회의원은 동일한 갈등상황에 대하여 과거와 다른 방식을 취함으로써 갈등을 해결하는데 많은 기여를 하게 되었고 지금은 공공갈등의 효율적인 해결에 대하여 지대한 관심을 가지고 누구보다 더 발로 뛰는 국회의원이 되었다. 그가 한 일은 자신이 문제를 직접 해결하는 방식에서 벗어나, 중앙정부, 지방정부, 병원 관계자, 지역 주민, 시민단체, 중립자 등이 함께 문제를 풀어보는 협의체 구성에 일조를 하고 그 틀 안에서 주민들의 실익이 최대로 달성되고, 신뢰가 회복될 수 있는 창의적인 대안들이 개발되도록 자리를 깔아주는 역할을 한 것이다. 1년여 간의 힘든 대화와 소통을 통해 합의안이 도출되었고, 그 합의안이 성공적으로 이행되어 그가 대변하는 시민들의 만족도가 제고되면 그의 정치적인 지지는 저절로 확보되는 새로운 모델이 탄생한 것이다. 즉 정치인의 역할에 대한 새로운 모델이 제시된 것이다.

정략적인 이유이건 가치의 차이이건 간에 의한 힘의 대결을 통해 승자가 되었다고 하더라도 다른 상황이 오면 부메랑과 같이 똑같은 이유로 힘의 대결을 통하여 승자가 패자가 될 수도 있다. 또한 힘의 대결에서 승리했다고 하더라도 그 결정의 결과가 안 좋은 경우에는 시민들로부터의 책임 추궁을 받아야 한다는 점도 장기적이고 현실적인 고려사항이 되어야 할 것이다.

다양한 이해당사자들이 존재하는 시민들의 이해관계를 충족시켜주지 못하는 정책이나 결정은 지방자치단체장이나 의회의 결정이라도 인정받지 못한 채 비난받을 수 있음을 인정해야 한다.

새로운 갈등해결 방식의 시도와 그로부터의 성공은 결국 그것을 시도한 모두에게 정치적 이익을 가져다 줄 수 있다는 믿음을 가져야 한다. 그것을 가질 수 있는 자는 그러한 믿음을 바탕으로 실제로 시도한 자일 수밖에 없다. 그러한 믿음은 철저히 현실에 기반을 둔 실용적인 이유일 수밖에 없다.

마지막으로 해결책이라는 이름에는 미흡하지만 우리나라 정치인들 모두가 구조적인 어려움 속에서도 의사소통 기법, 실익에 기반을 둔 협상 전략, 다자간 협상 전략, 중립자를 활용한 갈등 조정, 다양한 참여적 의견 수렴 기법들의 이해와 활용과 같은 지식과 역량 개발에 관심을 가지고 에너지를 투자해 볼 필요가 있다. 왜냐하면 단순히 실용적인 동기를 가지고 새로운 실험을 해보겠다는 의지만 가지고는 부족할 것이기 때문이다.

제4절 결 론

갈등이라는 사회 현상은 자연스러운 것이고 그로 인해 생산적이고 합리적인 결과가 창출된다면 회피하고 우려할 만한 것은 아니다. 그러나 이제 한국의 지방자치와 정치라는 제도와 그 속의 행위자들이 여러 가지 구조적 난맥 속에서 그러한 긍정적인 결과를 도출할 수 있을지에 대해서 정치인들과 시민들은 큰 정치적 실험대에 오른 셈이다.

민주주의라는 우월하지만 나름대로의 한계를 지닌 제도의 틀 안에서 우리는 우리 수준에 맞는 제도들을 구축하였고 우리가 만들어 낸 제도들은 우리에게 새로운 문제들을 유발하고 있다. 알베르트 아인슈타인의 말을 빌리면, "우리가 맞닥뜨리고 있는 심각한 문제들은 우리가 그 문제들을 발생시킨 그 당시의 사고방식으로는 해결할 수 없다"고 하였다.

우리는 어려움 속에서 새로운 사고방식을 통해 문제를 해결해야 한다. 부정적으로 보이는 상황도 사실 국민과 시민이 절묘하게 만들어낸 하늘이 준 절호의 찬스일 수 있다. 교묘한 견제와 균형 시스템은 정치적, 정책적, 그러나 합리적이고 민주적인 경쟁과 갈등의 효과적인 해결을 도모할 수 있는 배경이 될 수 있기 때문이다.

이 글은 최초로 여소야대 상황을 맞은 지방자치와 지방 정치가 견제와 균형, 그리고 소통과 합의라는 상반된 가치들을 효과적으로 추구하는 것이 매우 어려운 것임을 고찰해 보았다. 특히 효과적인 의사소통과 효율적인 합의를 이루지 못하게 유도하는 구조적인 원인들이 다수 존재하는 상황 속에서 어려움에 봉착해 있는 정치지도자들이 난관을 극복할 수 있도록 긍정적인 에너지를 전달해 주어야 한다. 왜냐하면 결국 이상적인 문제 해결은 다양한 이해관계를 가진 시민들의 참여가 전제되어야 하며, 모든 참여자는 각자의 문제해결을 위한 파트너가 되어야 하기 때문이다.

이러한 상황에서 우리가 필요한 것은 구조적인 원인을 고치기 위해 장기간의 노력을 치밀하게 기울이되 단기적으로 새로운 사고방식과 대안을 가지고 비효율적인 구조를 깨뜨리기 위한 지속적인 노력을 경주해야 한다는 것이다. 그리고 그러한 새로운 사고방식과 대안은 규범적인 의무사항이 아니라 갈등으로 인한 비용에 대한 장기적인 안목을 바탕으로 한 현실적인 고려사항이 되어야 한다.

제 3 편
집단정치와 공공갈등

제 7 장

쓰레기 소각잔재매립장 입지 정책

강 문 희
(한국방송통신대학교 행정학과 교수)

제1절 서　론

최근 지방정부가 담당하게 된 대부분의 정책과정(정책결정-홍보-집행-평가)이 일종의 공공갈등관리과정의 연속이라는 점은 많은 정책학자들 사이에 이론의 여지없이 동감되는 부분이다(김영평, 2002). 또한 효율적인 갈등관리전략은 정책대안의 경제적 합리성이나 효율성 그리고 법률적 합법성 등의 전통적인 기준에 더하여 정책의 성패여부를 판단하는 중요한 기준으로 강조되고 있기도 하다. 실제 자치제 실시 이후 무수히 발생한 지방정부 정책추진 과정의 갈등 사례들은 지방정부의 갈등관리능력 여하에 따라 그 성패여부가 엇갈리고 있음을 보여준 바 있다(나태준, 2008; 하혜영, 2007; 변성수 · 배정환, 2010).

이 연구는 오랜 기간 난항을 거듭해왔던 한 갈등 사례를 통해 지방정부의 정책추진과정에서 갈등관리능력이 차지하는 중요성을 부각시켜보고자 한다. 본 연구가 주목한 사례는 지난 1991년 입지선정에서 시작하여 무려 20년이란 긴 세월 동안 정책추진의 난항을 거듭해오다가 최근에 이르러서야 해결의 문턱을 넘어 비교적 안정적인 정책추진의 기미를 보이고 있는 경기도 남양주시의 쓰레기 소각잔재매립장 건설사례다. 유사한 입지선정 및 건설과정의 갈등을 겪었음에도 불구하고 상대적으로 짧은 기간 내에 성공적인 정책추진을 경험했던 기타의 많은 지방정부 사례와 달리 남양주시 사례의 경우 장기간 동안 대립적 상황을 거듭해 왔던 점은 갈등관리의 차원에서 주목해 볼만한 특이사례라고 할 수 있다. 과연 남양주시는 왜 정책추진에 그토록 오랜 세월을 허비하며 난항을 거듭해 온 것일까? 본 연구는 이 특이사례를 정책의 추진단계별로 분석해 봄으로써 공공갈등의 해결과 관련된 시사점을 도출하는 데 목적을 두고 있다. 따라서 본 연구는 일정한 분석모형에 입각하여 정책 성패요인의 인과관계를 검증하는 연역적 접근과는 달리, 정책단계별 사례의 개요와 쟁점 및 구조를 기술하는데 치중함으로써 정책단계별 갈등관리의 중요 요소를 귀납적으로 추론해 나가는 방식을 취하고자 한다. 정책단계는 정책수립 및 결정-홍보-집행 등 세 단계로 나누어 살펴보기로 한다. 사례의 설명은 주로 신문기사와 언론보도, 법원의 판례와 갈등당사자들이 제시한 각종 문건자료와 2007년 8월과 2011년 1월, 2회에 걸쳐 실시한 지역주민, 반대투쟁위원회 임원 및 관계공무원과의 심층면접조사 결과에 바탕을 두고 있다.

이하의 논의는 크게 두 가지 내용으로 이루어지게 된다. 첫째, 지금까지 20년에 걸쳐 진행되어온 남양주시 쓰레기소각잔재매립장 건설 갈등의 정책단계별 전개과정을 살펴보기로 한다. 둘째로는 정책추진과정에서 단계별로 성패의 주요 영향요인이 무엇인가를 추론적으로 논의해 보기로 한다. 결론에서는 이상의 논의를 간략히 요약하고 지방정부 갈등관리전략의 중요성을 환기시켜보기로 한다.

제2절 이론 및 선행연구 그리고 분석의 초점

본 연구는 기본적으로 귀납적 사례연구를 통해 지방정부의 효율적인 갈등관리 전략을 추론함을 목적으로 하고 있다. 따라서 여기서는 본 연구가 취하고자 하는 귀납적 관찰의 필요성을 연역적 논리에 기반한 기존 이론과 선행연구들의 한계를 통해 지적해 보기로 한다.

1. 이론 및 선행연구

지방정부의 비선호시설 입지와 관련된 기존의 이론들과 선행연구들은 연구의 초점을 어디에 두느냐에 따라 크게 두 가지로 분류될 수 있다. 하나는 입지갈등과 관련된 다양한 원인변수들을 논리적으로 추출하고 이를 실제 사례에 적용하려는 연구라고 할 수 있다. 이는 일찍이 Walton(1969)에 의해 기초적인 개념이 제공되고 Mitchell(1981)에 의해 도식화된 갈등의 누적순환모형에 기초한 일종의 거시적인 원인탐색연구라고 할 수 있다. 누적순환모형에 따르면 갈등이란 잠재된 갈등에서 어떤 촉발요인에 의해 현재화되어 폭발하기도 하고 또는 억압되거나 해소되기도 하는 갈등증감의 시간적 가변성과 내용적 다양성을 가지게 되는데, 바로 이러한 동태적 특성이 인과관계에 대한 가설의 설정과 연역적 연구를 가능케 하는 것이다. 따라서 이러한 유형의 연구 속에서 밝혀진 원인변수들은 매우 다양하게 제시되고 있다. 분석단위의 수준에 따라 크게는 정치 · 경제 · 사회 · 문화적 변수군으로 제시되기도 하며, 작게는 갈등 당사자들의 심리적 · 행태적 변수로 세분화되기도 한다. 최근 게임이론이나 정책네트워크분석에 따라 갈등의 원인을 탐색하려는 일련의 연구들은 다분히 분석단위를 행위자 수준으로 낮춘 연구들이라고 할 수 있다. 이처럼 수많은 연구들 속에서 제시된 다양한 변수들을 일일이 열거하기는 힘들다. 다만 이들 원인변수들을 다시 갈등누적순환모형이 전제하고 있는 잠재요인과 현재요인을 기준으로 분류해 볼 수 있다. 잠재요인이란 갈등이 촉발되기 이전에 이미 지역주민들에게 감지되고 있는 비선호시설 자체에 대한 심리적 거부감과 불안감을 의미한다. 이때의 거부감과 불안감은 주로 시설 자체의 안전성과 시설입지로 인해 받게 될 경제적 손실에서 비롯된다고 설명된다(Mazmanian & Morell, 1994; Gibson, Caldeira & Spence, 2005). 현재요인은 이러한 거부감과 불안감이 실제의 반대운동으로 촉발되도록 하는 요인들을 의미한다. 여기에는 주로 지방정부의 갈등관리전략, 입지선정의 타당성, 갈등당사자들 간의 상호신뢰, 보상의 적절성 등이 포함된다(김도희, 2004; 김필두, 2000; 이경훈, 2003; 전주상, 2000; 정주용 · 길종백, 2007). 물론 이들 변수들에 대한 측정은 각각 연구자별로 설정한 분석단위의 수준에 따라 다르게 이루어지고 있다. 그러나 이러한 이론적 바탕 위에서 시도된 수많은 연구들이 가지고 있는 기본적인 한계는 갈등변화를 촉발하는 원인변수들에 대해 여전히 합의를 이루지 못하고 있다는 점이다. 연구자별로 혹은 사례별로 다양한 결론이 도출되고 있다. 오히려 선행연구들의 결론에서 발견되는 현실은 연구에 포함된 다양한 변수들이 모두 갈등증감에 복합적으로 영향을 미치고 있을 것이라는 또 하나의 잠정적 추론이다. 이는 갈등연구가 가지고 있는 생래적인 한계라고도 볼 수 있지만, 기본적으로는 사례별 변이현상을 충분히 설명할 수 없는 연역적 연구방식의 한계라고 할 수 있다.

한편 또 다른 유형의 연구는 연구의 초점을 해결과정에 국한한 비교적 미시적인 연구라고 할 수 있다. 즉 갈등의 전 과정에 걸쳐 나타나는 국면변화의 원인에 초점을 맞추는 것이 아니라 이론적으로 제시된 다양한 해결전략의 유용성을 검증하려는 연구다. 대표적으로 대비되는 이론으로는 입지선정의 하향식 접근방법(DAD, Decide-Announce-Defend)의 유용성과 상향식 접근방법인 부지공모방식의 유용성에 대한 이론이라고 할 수 있다. 전자의 경우 시설입지에 대한 지방정부의 전문적인 지식이 보다 합리적이며 이기적인 동기에 따른 지역주민의 반대는 규제전략과 경제적 보상에 의해 충분히 극복할 수 있을 것이라는 이론적 가정에 입각해 있다(Munton & Don, 1996; Rabe & G. Barry, 1994). 반면 상향식 접근방법은 주민참여와 공론화 과정을 통해 입지를 결정함으로써 비선호시설에 대한 주민들의 수용태도를 훨씬 더 쉽게 확보할 수 있다는 점에서 보다 효율적인 전략일 것이라는 가정을 하고 있다(McAvoy and E. Gregory, 1999; Munton & Don, 1996; Rabe & G. Barry, 1994). 여기에 더하여 주민참여의 수준이나 협상방법의 유형과 갈등해결의 상관관계에 대한 이론적 가정도 이루어지고 있다(이달곤, 2005; Walton & Richard, 1969). 즉 권위적 협상보다는 협력적 협상의 방법이 유용하며, 참여를 늘리고 정보공개를 많이 할수록 그리고 제3자(전문가, 중앙정부, NGO 등)의 개입을 통해 협상의 객관성을 높일수록 갈등해결의 효율성이 높아질 것이라는 가정이다. 이러한 이론적 가정에 따라 전개된 대부분의 연구들은 거의 일률적으로 상향적 접근방법의 유용성을 입증하고 있다(김상구, 2003; 장영두, 2001; 조승현, 2005; 하혜영, 2007). 그러나 이 경우 역시 상향적 접근방식이 가지는 정책 딜레마 현상을 충분히 설명할 수 없는 한계를 보여주고 있다. 즉, 주민참여를 보장하고 제3자의 개입이 충분히 보장된 상황에서 정책참여자들의 문제제기와 집단의사표시 그리고 반대행위가 폭발함에 따라 최종적인 정책결정이 무기한 지연되는 상황이다(김영종, 2006). 결국 이러한 유형의 연구 역시 연역적 연구가 가지는 이념적 한계에 봉착되는 셈이라고 할 수 있다. 따라서 어떤 방식의 협상방법이 갈등관리전략으로 가장 좋은 것인가의 문제는 여전히 사례별로 다를 수밖에 없다는 혼돈에 빠지게 되는 것이다.

2. 귀납적 연구를 위한 분석의 초점

입지갈등이 가지는 사례별 다양성과 시기별 가변성의 동태적 속성은 지방정부의 효율적인 갈등관리방식에서도 엄연한 차이를 나타낼 수밖에 없다. 갈등의 증감에 미치는 영향변수가 복합적일 뿐 아니라 특정 갈등관리방식이 가지는 효용성 역시 사례에 따라 그리고 특정 사례의 시간적 상황에 따라 각기 다르게 나타날 수 있기 때문이다. 따라서 효율적인 갈등관리방식은 개별 사례에 대한 심층적인 귀납적 관찰을 통한 통합적 추론의 과정을 필요로 한다. 이러한 귀납적 관찰을 위해 본 연구가 주목할 분석의 초점은 크게 정책의 추진과정에 따라 나타난 지방정부의 갈등관리방식과 이에 대한 반작용으로 나타난 지역주민들의 반응이다. 정책의 추진과정은 크게 정책수립 및 결정단계, 정책홍보단계, 그리고 정책집행단계로 구분하기로 한다. 즉 각 단계별로 갈등의 두 주체인 지방정부와 지역주민들 간의 대립이 무엇 때문에 일어났는지를 살펴보고 이를 바탕으로 효율적인 갈등관리방식을 단계별로 다시 추론해 내는 방식을 취하기로 한다.

제3절 정책단계별 사례의 전개과정

1. 정책수립 및 결정단계

남양주시의 소각잔재매립장 건설정책의 형성은 크게 두 가지 국면으로 구성되고 있다. 하나는 1991년 별내면 광전리 일대를 매립장 부지로 선정하게 된 과정이며, 다른 하나는 2000년 7월 수원지법으로부터의 건설승인 취소판결이 난 이후 설계변경을 통해 구리시와의 광역화 협약을 맺어 소각잔재매립장으로 다시 한 번 부지를 확정하고 건설추진을 결정한 과정이다. 전반부의 결정이 남양주시 관할권 내에서 발생하는 쓰레기를 처리하기 위한 생쓰레기 매립장 건설을 위한 결정이었다면, 후반부의 결정은 주민의 반대와 법원의 건설허가 취소판결을 극복하기 위한 남양주시의 새로운 정책수립 및 결정이었다고 할 수 있다.

우선 매립장 선정은 1991년 각 읍, 면에서 후보지를 선정하여 제출한 사항 중 별내면 광전리 1번지 일원이 적합한 최종후보지로 환경처에 보고되었고, 같은 해 9월 14일 환경처는 현 부지를 폐기물관리법에 의한 매립장 후보지로 선정하였다. 이듬해인 1992년 1월 10일 광역쓰레기처리시설(매립장) 설치를 확정하였다. 1992년 8월 10일에는 '일반폐기물 처리 기본계획'을 수립하여 환경처에 제출하여, 1993년 12월 22일 폐기물관리법 제8조 규정에 의하여 환경처 장관으로부터 '국가종합폐기물처리 기본계획' 승인을 얻게 된다. 1994년 7월에는 '남양주권 광역매립지 조성사업 타당성조사'를 통해 6개 후보지 중 광전리를 최적의 입지로 선정하였다.

남양주시가 광전리를 매립장 부지로 선정한 것은 1992년이었는데, 이때만 해도 주변에 아파트가 없었다. 그러나 1995년 별내면 일대를 건교부와 경기도가 청학택지지구로 신도시개발허가를 하고 아파트 건설이 시작되면서 상황은 반전되기 시작한다. 신설되는 아파트 단지가 매립장 부지에서 불과 2km 정도밖에 떨어지지 않은 근접거리에 위치한데다가 분양 당시 매립장 건설에 대한 충분한 고지가 이루어지지 않았다는 것이 후에 주민 반발을 일으키는 중요 요인이 된 것이다. 청학리 아파트단지와 매립장의 거리는 800m 정도이고, 산자락을 400m 정도 넘으면 광릉수목원이 나타난다.

결국 1997년부터 매립장 부지 반경 2km 안(2004. 4. 6 판결문에서 원고적격을 인정)에 6,300여 가구가 입주하면서 주민반발은 자신의 재산권보호라는 차원에서 새로운 국면을 맞이하게 된다. 매립지 주변의 원주민들을 중심으로 이루어졌던 반대투쟁이 이제는 입주자들의 반대투쟁위원회로 조직화되었으며, 이들의 활동은 장외투쟁은 물론 적극적인 법원소송으로까지 비화되기에 이르게 된다. 결국 폐기물 처리시설 설치계획승인처분 무효확인 청구소송에서 수원지방법원은 2000년에 주민들의 반대의견을 받아들여 승인처분에 대한 무효판결을 내리게 된다.

남양주시 P팀장에 의하면, 애초에 남양주시에서는 본 위치에 소각장, 매립장, 음식물처리시설장, 재활용품 선별장 등을 설치하는 환경관리센터를 설치할 계획이었다. 1995년까지 환경부 지침은 1소각장 1매립장 원칙을 내세웠기 때문이다. 그러나 1997년부터 폐기물처리시설 광역화 논의가 있어서 남양주시는 구리시와 2000년 12월 20일 폐기물처리시설에 대한 행정협약을 맺게 된다. 이러한 배경 뒤에는 남양주시 내부의 여러 가지 상황변화와 지방의회의 역할이 있었다. 남양주시장은 경기도지사에게 남양주권 광역쓰레기매립장 설치를 추진하는 내용의 '일반폐기물처리 기본계획'을 제출하는 한편, 관련 주민간담회, 공청회 등을 실시하고, 용역의뢰결과 제출된 환경영향평가서를 기초로 한강환경관리청장과의 환경영향평가 협의를 거친 다음 광역쓰레기매립장에 대한 기본설계를 마쳤다. 그런데 남양주시 의회가 1995년 12월 21일 소각로 설치를 우선사업으로 추진하여야 한다는 내용의 의안을 의결하자, 남양주시장은 1996년 1월 25일 소각장을 설치하여 소각잔재 매립을 원칙으로 하는 것으로 사업계획을 일부 변경하였다. 이에 따라 소각장과 매립장이 분리되는 근거를 마련했으며, 2000년 12월 20일 구리시와 환경빅딜 이후 남양주시는 매립장만 설치토록 결정되었다. 매립장이 생쓰레기에서 소각잔재로 변경되면서, 매립예측량이 감소함에 따라 사업 부지를 축소 · 변경하고, 침출수처리시설, 주민편익시설 등을 설치하는 계획변경을 하게 되었다.

현재 소각장은 구리시 토평동에 구리시와 공동 설치하여 2002년 4월부터 운영

중이다. 음식물처리장은 남양주시 관내 이패동 및 진접읍 내곡리에서, 건설폐기물은 진건읍 송능리, 진접읍 연평리와 호평동에서 처리하고 있으며, 하수처리장은 진건읍 진관리와 화도읍 금남리 등에서 처리 · 운영되고 있다. 이에 대해 남양주시는 관내 타 지역과의 형평성을 고려해 볼 때, 별내면 광전리는 매립장 입지로서 타당하다는 입장을 견지하고 있다(남양주시 P팀장 면담, 2007. 8. 13).

이와 같이 1991년부터 2000년에 이르기까지 나타난 정책수립과정은 남양주시의 성급한 입지결정과정과 주민반발에 의한 매립지 건설승인 취소판결 그리고 사업규모의 변경에 따른 소각잔재매립장으로의 정책변동으로 특징지어지고 있다. 시의 관점에서는 합리적인 입지선택과 광역화에 따른 건설규모의 축소를 통해 최선을 다했다는 것이며, 주민들의 관점에서는 여전히 시가 민주적 절차를 거치지 않은 채 일방적으로 광전리 일대의 매립장 건설을 고수하는 것으로 비쳐진 것이다.

2. 정책홍보단계

남양주시의 매립장 건설과 관련된 정책홍보활동은 전반적으로 건설의 당위성을 일방적으로 주민들에게 강요하는 방식에 따라 추진해 왔다는 점을 보여주고 있다. 그럼에도 불구하고 남양주시가 취한 홍보전략의 구체적인 변화를 시기별로 나누어 보면 크게 다섯 가지 국면의 특징적 변화가 나타나고 있음을 파악할 수 있다.

첫째, 1단계로서 2000년 12월 이전에는 재산가압류 등 법상 조치로 주민들에게 강경한 입장이었다(남양주시 P팀장 면담, 2007. 8. 13). 즉, 지역주민들과 설명회와 간담회를 개최하면서 쓰레기처리장 입지를 기정사실화하고 대화를 통해 설득하는 전략을 취하고 있다. 아래에 예시된 남양주시 P팀장과의 면담내용은 초기 남양주시가 시도한 일방적 설득전략의 면모를 그대로 보여주고 있다.

1991년과 1992년 광전리 일대에 매립장 부지가 선정될 당시에도 청학리 자연부락을 중심으로 반대가 있었습니다. 그러나 강경하고 적극적인 대처(재산가압류, 행정대집행, 위협 등)로 인해 주민들이 많이 놀라고 섭섭하여 지금까지 불신의 뿌리를 형성하고 있는 것은 사실입니다. 당시에는 주로 법무계장 출신들이 법적으로 아무런 하자가 없다는 자신감에 기초하여 일을 성급하게 밀어 붙였다는 사실을 인정합니다(남양주시 P팀장 면담, 2007. 8. 13).

둘째, 2단계는 1997년 별내면 아파트 주민들이 가세하면서 반대운동이 본격화되는 시점으로부터 2002년 말에 이르는 시기다. 특히 남양주시는 2000년 12월 이후 1999년 수원지법을 거쳐 2001년 5월 1일 서울고법 항소심에서 "구 폐촉법 제9조에 근거한 입지선정위원회 구성 등의 절차상의 흠결 때문"에 패소함에 따라 상소를 포기한 상태에서 어떻게 해서든 이미 선정된 매립장 부지에 건설을 재개할 돌파구를 탐색하고 있던 상황이었다. 남양주시는 패소한 후, 동일한 장소에 규모를 축소하여 소각잔재 매립장사업을 추진하면서 주민들과 대화를 추진하고, 특히 소규모 그룹으로 나누어 대화와 설득을 시도하는 전략을 구사했다(남양주시 P팀장 면담, 2007. 8. 13). 물론 남양주시의 이러한 홍보전략은 주민반대투쟁위원회의 더욱 완강한 반대를 불러일으키는 역효과를 가져오게 되었다.

셋째, 3단계로서 광역화사업으로 전환된 쓰레기소각잔재매립장에 대한 적극적 홍보시기에 해당된다. 이 시기에 남양주시는 소각잔재매립장(에코-랜드)건설계획을 구체화하였고 주민들의 반발을 완화하기 위한 각종의 지원사업과 주민편의시설 건설계획까지 세우게 된다. 우선 주민들의 협력을 얻어내기 위한 방안으로 주민지원사업기금 60억원을 조성하고 이를 운영하기 위해 '주민지원사업협의회' 구성을 제안하고 있다. 또한 소각잔재매립장 건설기간동안 주민들이 추천한 전문가 및 주민대표와 남양주시가 선정한 감리단이 공동으로 공사를 감독할 수 있는 공동건설 방안도 제안하고 있다. 건설이 완료된 이후에는 매립장 관리를 철저히 하기 위해 유급으로 채용된 주민감시단이 폐기물 반입차량을 감시하고 매립장의 운영을 관리 감독할 수 있는 방안도 제시된다. 한편 〈그림 1〉에 나타난 바와 같이 매립장 주변에 환경동산, 인라인스케이트장, 인조잔디축구장 및 산책로 등 주민편익시설을 건설할 것을 조감도를 통해 보여주고 있기도 하다. 남양주시는 이상의 사업내용을 KBS 영상사업단에 의뢰하여 2003년 9월에 홍보동영상을 제작하여 이장, 새마을 지도자, 부녀회장, 노인회장 등에게 배부하고 학교와 교회, 공동주택관리사무소, 노인회관에 배부하게 된다. 동시에 주민설명회를 소모임 별로 개최하고 마을대동회 및 척사대회참석 그리고 지역 종교지도자와의 면담 등을 통해 실시하는 등 적극적인 대주민 홍보활동을 펼치게 된다. 그러나 이러한 홍보활동은 2003년 12월 20일 별내초등학교에서 개최하기로 한 주민설명회가 무산되어 실질적인 대화기회가 차단되는 위기를 맞게 된다. 당시 반대투쟁위원회 위원장이었던 김○○씨가 중심이 되어 주민설명회장소인 학교 정문에서 주민들의 설명회장입장을 방해하였으며, 이미 강당에 들어와 있던 주민들도 이런 상황을 보고 퇴장하여 사실상 무산되었다 (남양주시 P팀장 면담, 2007. 8. 13).

〈그림 1〉 소각잔재매립장 주민편의시설 조감도

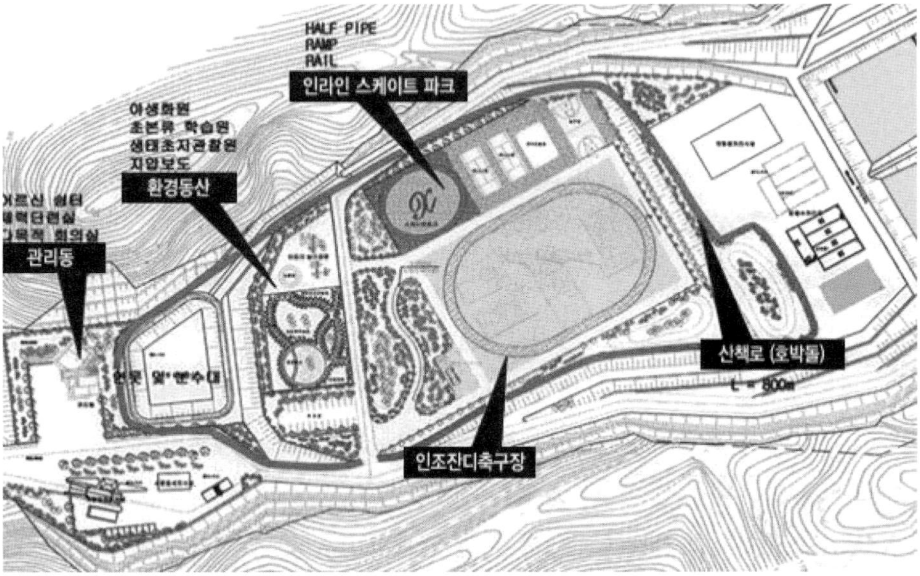

자료: 별내면 소각잔재매립장 에코-랜드 사이트 (http://www.nyj.go.kr/eco-land/).

넷째, 4단계는 2005년 11월 이후 2006년 4월을 거쳐 남양주시가 공사를 강행하기 위해 용역업체를 고용하는 등 폭력을 통해 강경한 입장을 돌아서면서 쌍방향적 공공관계보다는 합법성을 바탕으로 하는 법적 투쟁으로 비화된 극단적인 상호대립의 특징을 보여주고 있다. 남양주시는 2006년에 홈페이지에 별도로 소각잔재매립장 에코-랜드 사이트를 개설하여 각종의 공사계획정보를 홍보하기 시작하고 있다. 이 시기는 사실상 상호 대화보다는 일방적인 주장이 대립되는 극한 갈등적 상황이 지속되었다고 할 수 있다. 2007년 4월 남양주시는 다시 동영상(시민과 함께 만드는 에코-랜드)을 제작하여 주민들에게 무상으로 배포하는 노력을 하게 되는데 이러한 홍보노력은 사실상 시기상으로 큰 반향을 얻지 못하고 있었다. K시의원과의 면담은 남양주시의 홍보노력에 대한 지역주민들의 냉소적인 반응을 단적으로 표현해 주고 있다.

> 시의 사업홍보는 말 그대로 사업광고에 지나지 않았습니다. 시민들과의 대화가 단절된 일방적인 정보전달에 몰두해 왔다고 할 수 있습니다. 홍보물자 제작에 소요된 예산을 차라리 시민과의 진정한 대화에 썼더라면 지금과 같은 사태는 벌어지지 않았을 겁니다. 지금이라도 시는 광고에 몰두하기보다는 공청회나 협의회 구성을 통해 문제의 해결에 진정성을 보여야 한다고 생각합니다. 문제의 본질은 외면한 채 사업의 추진에만 골몰하는 시의 입장이 답답하기만 합니다. 시가 광고하고 있는 체육시설이나 매립장의 안전성은 이제 이 지역주민이라면 아무도 믿는 사람이 없습니다. 시에 대한 기본적인 신뢰가 없어진 거죠(남양주 시 K 의원 면담, 2007. 8. 13).

마지막 5단계는 2008년 이후 지금에 이르는 상황의 변화라고 할 수 있다. 이 시기는 주민들의 매립장건설승인무효소송이 잇달아 서울고등법원에서 패소(2008년 5월과 10월)함에 따라 남양주시가 세운 건설계획의 합법성이 사실상 확정되는 시점이라고 할 수 있다. 따라서 시는 보다 자신감을 가지고 지역주민들을 설득하고 공사재개의 시점을 탐색하려는 시도를 하게 된다. 남양주시의 내부자료에 따르면 2008년 12월부터 3월에 이르기까지 시는 11회에 걸친 반대주민과의 대화, 3회에 걸친 지역주민들의 공사현장 견학, 3회에 걸친 주민설명회를 개최한 것으로 나타나고 있다. 비교적 짧은 기간 동안 집중적으로 적극적인 주민설득 및 홍보전략을 펼친 셈이라고 할 수 있다. 여기서 한 가지 흥미로운 사실은 이 시기에 지역주민들의 여론이 크게 두 갈래로 분산되기 시작했다는 점이다. 기존의 별내면 지역주민 대부분은 반대투쟁위원회를 중심으로 여전히 냉담과 반대의 입장을 견지하고 있었던 반면, 일부 외부지역 대표를 포함한 주민들은 '매립장조건부수용추진위원회'(2008년 8월 15일 발족)를 발족함으로써 무조건 반대의 입장을 벗어나 시로부터

보다 많은 지원대책을 확보하려는 움직임을 보이게 된다. 시의 입장에서는 당연히 후자의 움직임에 반색을 하게 되었고, 이 단체와의 대화를 적극적으로 추진하는 한편 궁극적으로는 이를 '주민협의체위원회'로 구성하여 모든 대화의 채널을 공식화하려는 움직임을 보이게 된다. 한편 기존의 반대투쟁위원회는 '주민협의체위원회'를 중심으로 건설을 강행하려는 남양주시에 대항하여 매립장건설문제를 주민투표로 결정할 것을 제안하게 된다. 이에 대해 남양주시는 주민투표의 결과에 상관없이 건설계획의 기본방침에는 변화가 없을 것이라는 전제하에 주민투표에 동의하게 된다. 그러나 2009년 3월 21일에 치러진 주민투표는 90%(총 2,609명 투표 중 2,150명 반대)가 매립장 건설을 반대하는 것으로 나타나게 된다. 이 결과에 대해 남양주시는 낮은 투표율(지역주민의 20% 미만)과 투표 자체의 공정성이 확보되지 않았다는 점을 들어 투표결과의 정당성을 인정하지 않겠다는 입장을 고수한다. 결국 시는 2009년 3월 31일 행정집행을 강행함으로써 매립장 건설을 재개하게 되고, 반대투쟁위원회는 이러한 시의 강제집행에 강한 반발을 표출하게 된다. 이러한 대립 상황이 지속된 가운데 남양주 시는 결국 2011년 1월 사실상 건설공정의 약 70%가 진행되고 있는 시점에서 별내면 일대에 대한 주민지원조례의 제정을 추진함으로써 반대여론을 무마하려고 있으나, 여전히 반대투쟁위원회는 조례의 졸속성과 공정성 문제를 지적하며 시와 대치하고 있는 상황이다(2011년 5월 31일 남양주투데이).

이상 다섯 단계의 국면으로 변화되는 남양주시 홍보활동의 중요한 특징은 정책의 타당성을 알리는데 많은 에너지를 집중하고 정작 지역주민들과의 대화를 통한 해결책 모색에는 소홀했다는 점이다. 즉, 쌍방향 커뮤니케이션에 입각한 홍보활동이 아니라 일방적인 정보의 제공을 통해 주민들을 설득하려는 행태를 계속 보여주었다고 평가된다. 이는 정책의 수립단계에서 이미 잘못 시작된 주민관계가 두 차례에 걸친 건설의 강제집행(2006년 4월 3일, 2009년 3월 31일)이라는 극단적인 대립양상으로 격돌됨에 따라 지속적으로 악화된 경우라고 할 수 있다. 뒤늦게 주민지원조례의 제정노력을 통해 반대여론을 중화시키려는 움직임을 보이고는 있지만, 여전히 이에 대한 반대투쟁위원회의 반대에 시달리고 있는 상황이다.

〈표 1〉 남양주시 정책홍보전략의 변화과정

단 계	시 기	주요 내용	주민 반응
1	2000년 12월 이전	자연부락중심의 설득	냉담
2	2000년 12월~2002	반대 단체별 개별접촉	냉담
3	2003~2005	주민지원계획 홍보	냉담
4	2006년~2008년 11월	합법성 및 안정성 홍보	냉담
5	2008년 12월 이후 현재	반대주민과의 적극대화, 견학, 설명회, 주민지원협의체 구성, 주민지원조례제정	반대와 수용으로 분리

3. 정책집행단계

정해진 정책목표의 달성을 위해 다양한 정책도구를 모색하고 이를 적극적으로 사용하여 실현해 나가는 것이 정책집행이라고 할 때, 남양주시의 경우는 다양한 정책도구의 탐색보다는 경제적 능률성을 실현할 수 있는 신속한 매립장 건설방식을 주요 정책도구로 사용해 왔던 것으로 평가된다. 남양주시의 이러한 정책집행 방식은 최초 매립장 부지의 선정에서부터 최근 주민과의 극심한 대립양상을 빚고 있는 상황에 이르기까지 일관된 특징으로 나타나고 있다.

우선 남양주시는 1991년 매립지 지정과정에서 무척이나 성급한 결정을 보여주고 있다. 즉 당시에 제시되었던 대상후보지에 대한 상호비교와 민주적 의견수렴절차가 없이 불과 몇 개월 만에 후보지 선정을 마치고 이를 환경처에 신청하는 관료적 절차를 밟게 된다. 1995년 매립장 인근 800m에 위치한 청학리에 신 도시형 대형 아파트 건설이 승인된 시점에서도 남양주시는 이에 대한 적극적 대응을 하지 않고 있다. 당시 주민들의 관점에서 남양주시의 이러한 태만한 반응은 주민들의 이익이나 권리를 방기한 행정으로 비쳐지고 있다. 2000년 수원지법에서의 매립장건설 승인 무효판결이 난 이후에도 남양주시는 또 다른 대안으로 추진되고 있던 구리시와의 소각잔재매립장 건설을 새로운 대안으로 기획하면서 해당 부지에의 건설을 지속적으로 추진하게 된다. 생쓰레기에서 소각잔재매립장으로의 설계변경이 이루어졌다고는 하지만 기본적으로 인근 주민들의 관점에서는 동일한 입지였으며 그들의 피해의식을 완화시켜줄 수 있는 방식은 아니었다. 시의 입장에서는 이미 선정된 최적의 후보지에 법적으로 하자가 없는 설계변경을 통해 추진하는 것이 최상의 정책추진방식이었으며, 주민들은 이러한 시의 추진방식이 일종의 기만적 행정추진으로 받아들여지게 된 것이다. 시와 주민들 간의 상호불신은 더욱 깊어지고 양측 모두 자신의 입장을 관철시키기 위한 대립을 강화하게 됨에 따라 정작 매립장 건설은 지금에 이르기까지 지연되고 있는 실정이다. 이러한 일련의 정책집행과정을 크게 정책집행과정상의 갈등 증폭상황과 양 당사자 간의 법적 소송과정으로 나누어 좀 더 부연해 보기로 한다.

1) 정책집행과정상의 갈등 증폭상황

1992년 별내면 광전리에 대해 소각잔재매립장 입지선정이 이루어진 이후 1995년부터 1997년까지 매립장 부지 반경 2km 안에 해당하는 인근지역을 택지개발지구로 지정하여 6300여 가구가 입주하면서 주민반발이 증폭되기 시작했다. 남양주시는 갈등영향에 대해 충분히 분석하고 예측하지 못한 것이다. 남양주시 P 팀장에 의하면, 남양주시는 아파트가 인근지역에 들어오더라도 합법성과 안전성에는 별 문제가 없었기 때문에 심각하게 받아들이지 않았다고 한다. 그러나 이에 대한 주민들의 반응은 매우 냉소적이다. 2007년 6월 반대투쟁위원회 위원장이었던 K씨가 횡령혐의로 구속된 이후 반대투쟁위원회의 핵심적 역할을 대신해 온 K시의원과의 면담내용은 이를 그대로 방증해 주고 있다.

> 이 사업은 전형적인 행정편의주의적인 사례라고 볼 수 있습니다. 민주적인 절차는 무시되었고, 관료들의 일방적인 기획과 홍보만이 우선시 되었습니다. 지역주민들과의 대화는 단절된 채, 사업에 대한 내용이 마을의 동장이나 이장에게 통보되는 수준이었습니다. 인터넷에 올라와 있는 홍보 내용 역시 사업이 모두 결정되고 난 이후 사후 공지의 의미만 있을 뿐입니다. 지역주민들이 진정으로 무엇을 원하는지 들으려고 하지도 않았고 적극적으로 대처하려는 의지도 전혀 찾아볼 수 없습니다. 이는 여론을 조작하고 힘으로 사업을 밀어붙이려는 소위 독재시대에 벌어졌던 관치행정의 잔재가 그대로 답습되고 있는 상황이었다고 할 수 있습니다. 90년대 초 별내면을 매립지로 선정하는 과정에서도 300여명에 불과했던 당시 지역 주민들로부터 동의를 구하는 절차가 없었습니다. 결정하고 난 뒤에 통보만 한 것이죠. 이에 대해 주민들이 반발한 것은

당연한 것이었다고 생각합니다. 제가 들은 바로는 당시 시 관료들이 지역주민들을 향해 법에 따라 이미 결정된 일이니 무조건 반대만 하면 법에 저촉될 수도 있다는 협박성 발언도 했다고 합니다. 무지한 일부 주민들은 주눅이 들 수밖에 없는 상황이었겠죠. 90년대 중반에 이곳 별내면에 아파트건립허가가 내려진 과정 역시 시는 책임이 없다고 하는데 정말 어이가 없는 변명이 아닐 수 없다고 생각합니다. 시의 관할지역에 아파트건립을 허가하는 과정에서 해당 시청 관계자들과 일체의 협의가 없었다는 것은 상식적인 수준에서도 이해가 되지 않는 일입니다. 공식적인 증거자료를 확보하진 못했지만, 사전교섭이나 정보의 교류가 있었음이 분명합니다. 그렇다면 시는 묵인하고 있었다는 이야기인데 바로 이 부분이 이해가 되질 않는 것입니다. 아파트 건설이 되고 나면 당연히 많은 입주자들, 무려 4만에 달하는 지역주민들이 이사를 오게 되는데 매립장 건설을 반대할 것이 뻔한 이치 아니었겠습니까? 아마도 시는 반대는 쉽게 극복할 수 있으리라고 생각했던 것 같습니다. 묵인하는 대신 시는 엄청난 지방세 수입을 얻을 수 있을 것이란 타산적 계산이 앞서지 않았나 생각됩니다. 시민들의 재산과 안전 그리고 쾌적한 환경 보다는 시의 돈주머니를 먼저 생각했다는 거죠. 사실 아파트의 보상결정이 내려지긴 했지만, 시가 실질적으로 손해 본 것은 아직까지 없는 셈입니다. 보상은 건설업체가 한 것이니까요.

그리고 시는 소각잔재니까 냄새도 없고 안전하다고 강조하고 있지만, 제가 알고 있는 바로는 이미 선진국에서는 더 이상 소각매립을 폐기한 지 오랩니다. 장기적으로 환경에 더 치명적이라는 점을 깨달았다는 것이죠. 이미 선진국에서 폐기한 소각매립장을 안전하다고 내세우는 것은 매립장 플랜트업체의 과장된 선전일 뿐입니다. 자국에서는 더 이상 사업성을 인정받지 못 받으니까 이를 제3국에 수출하고 있는 것입니다. 저는 매립장 부지 선정은 물론 설계에 이르기까지 전면적으로 이 사업에 다시 검토되어야 한다고 생각합니다. 처음부터 새롭게 모든 과정이 시작되지 않고서는 이 사업의 성공은 절대 확보될 수 없습니다. 주민대표, 시, 전문가 등이 참여한 공정하고 투명한 절차에 의해 사업이 다시 검토되고 기획되어야 합니다. 이미 투입된 예산을 운운하는 것은 지역의 미래와 후손들을 생각하면, 너무나 근시안적이고 관료주의적인 변명일 뿐입니다(남양주 시 K 의원 면담, 2007. 8. 13).

2000년 7월 12일 폐기물처리시설 설치계획 승인처분이 수원지방법원에서 무효판결이 내려지고, 2001년 5월 1일 서울고법에서 패소하면서 남양주시는 항고를 포기하게 된다. 이런 가운데 환경부의 폐기물처리시설 광역화 정책이 추진되면서

2000년 12월 20일 구리시와 환경빅딜을 성사시키게 된다. 그리고 환경빅딜 이후 2001년 2월에 이르면 폐기물처리시설이 소각잔재매립장으로 용어가 바뀌어 기본 및 실시설계에 들어가는 것을 알 수 있다. 반대투쟁위원회 K시의원의 얘기를 빌면(2007. 8. 13~14), 이때 입지선정위원회를 공정하게 구성하고, 일방적으로 사업을 추진하지 않았다면 지금과 같은 극한 대립상태는 없었을 것이라고 한다.

남양주시와 구리시는 2000년 12월 구리시에는 자원회수시설을, 남양주시에는 소각잔재매립장을 지어 양 시설을 공동으로 이용키로 합의했다. 구리시는 이에 따라 2001년 12월부터 자원회수시설을 운영하고 있다. 이곳에는 하루 평균 95톤씩 남양주지역의 쓰레기가 반입되고 있다. 반면 남양주시는 약속을 지키지 못하고 있다. 8만 6000여 평 규모의 소각잔재매립장이 들어설 별내면 광전리 주민들과 매립장 부지에서 400여m 떨어진 광릉 숲을 지키려는 환경단체의 반대 때문이었다(동아일보, 2005. 1. 27). 남양주시 K 시의원에 의하면, 환경단체의 반대는 지역주민과 지속적으로 연대되지 못하고 반대운동에도 참가하지 않고 있다고 했다. 2005년 1월 29일 남양주시 관계자에 따르면, 구리시 토평동 자원회수시설(쓰레기소각장)에서 나오는 하루 평균 20여 톤의 소각잔재를 처리하기 위해 지난 1999년부터 남양주시 별내면 광전리 일원에 소각잔재매립장 건립이 추진되고 있다. 남양주시 관계자는 “구리시는 2000년 자원회수시설을, 남양주시는 자원회수시설에서 나오는 소각잔재를 매립하는 시설을 각각 건립하는 빅딜 형식의 협약을 체결했으나 소각잔재매립장을 아직 건립하지 못해 구리시민에게 면목이 없다”며 “구리시와 약속을 지키기 위해 오는 2005년 3월부터 건립을 강행할 수밖에 없다”고 말했다. 남양주시 P팀장에 의하면, 정책추진주체의 입장에서는 합법성을 충실히 지켰고, 주민들의 이익을 위해 공사규모도 줄인 상태에서 공기지연에 따른 비용손실을 감당하는 데도 한계가 있었기 때문에 당시의 공사강행 결정은 불가피한 선택이었다고 한다.

이에 대해 주민들은 2005년 1월 21일 남양주시청 앞에 모여 “매립장과 소각장 등 폐기물 관련 시설물의 유해성이 입증되고 있음에도 불구하고 주민들과 합의 없이 시설을 건립하려는 행위는 있을 수 없다”며 항의농성을 벌였다. 남양주시는 그동안 주민들을 상대로 “소각잔재매립장은 각종 첨단공법으로 건립돼 유해성 문제가 없다"며 설득해왔다. 남양주시가 추진 중인 소각잔재매립장은 전체 부지 28만 4000여㎡ 가운데 11만2000여㎡ 규모로 모두 436억 원(부지매입비 포함)의 예산이 투입될 예정이다. 나머지 부지에는 관리동과 주민들의 편의시설인 인조잔디축구장, 테니스장, 인라인스케이팅 코스, 지압보드, 어린이놀이터, 야생화단지, 분수대 등이 2006년 12월말 완공될 계획이었다.

2005년 11월과 2006년 4월에는 주민들과 건설회사 용역직원들 간의 폭행사건이 발생했다. 규모를 축소하여 소각잔재매립장건설 승인을 받고 주민들의 무효소송에서도 승소한 남양주시가 2005년 9월 말부터 공사를 강행하기 시작한 것에 대한 주민들의 극한 반발이 일어난 것이다. 시의 입장에서는 어떻게든 공사가 진행될 수 있도록 하기 위해 주민들의 공사장 난입을 막기 위해 용역업체 직원들을 고용했으며, 주민들은 시의 일방적인 공사 진행에 분노한 것이다. 반대투쟁위원회 관계자와 지역주민에 의하면, 이때의 충돌상황은 상상을 초월하는 것이었다고 한다. 충돌과정에서 주민 17여명이 부상을 입는 사태가 발생하기도 한다. 실제 이 당시의 상황은 언론을 통해 상세히 보도된 바 있다(MBC 2006년 4. 10, 생방송 "아주 특별한 아침"; SBS 2006. 4. 14. 임성훈 생방송 "세븐 데이즈"; KBS 2006. 4. 26. 추적 60분 "2006 용역실태보고, 폭력을 서비스해 드립니다). 당시 폭력사태에 대한 시와 반대투쟁위원회의 극단적인 대립적 입장은 남양주시 P팀장과 K시의원과의 면담내용을 통해 그대로 드러나고 있다.

(1) 남양주시의 입장: 크게 두 차례에 걸친 대치상황이 있었던 것은 사실입니다. 이는 이미 언론에서도 자세히 보도가 된 바 있습니다. 안타까운 현실임을 인정합니다. 2005년 4월에 건설업체가 공사를 진행하기 위해 고용한 용역직원 100여명과 주민 400여명이 공사장 진입로에서 정면 충돌을 했습니다. 당시로서는 공사재개 결정이 난 상태였기 때문에 건설업체로서는 당연히 공사를 속개할 수밖에 없는 상황이었습니다. 시로서도 업체로 하여금 공사를 지연하라고 할 수 없는 상황이기도 했고요. 그러나 지역주민들은 무조건 공사재개는 안 된다는 주장으로 장비의 진입 자체를 방해한 것입니다. 이 과정에서 용역직원과 주민들 간의 몸싸움이 일어나게 되었고, 서로 감정이 격해진 것입니다. 이후 2005년 11월에는 시의 환경과장이 반대주민들에게 감금당한 채 폭행을 당하는 사건이 발생하기도 했습니다. 저 역시 저 자신은 물론 가족들

의 신변 안전에 위협을 느낄만한 협박전화와 폭언을 수차례 당한 바 있습니다. 따라서 시는 더 이상의 충돌을 막기 위해 사법부에 공사방해 및 공사장 출입금지 가처분 신청을 하는 등 적법한 조치를 취했습니다. 가장 극렬했던 충돌은 2006년 4월입니다. 이 사진들은 당시 공사장 안에서 대치하고 있던 반대주민들이 준비해 두었던 각종의 장비들입니다. 이 사진들은 공개할 수 없지만 만약을 위해 저희가 참고자료로 준비해 두고 있는 것입니다. 보시면 알겠지만 사진 속에 나타난 장비들은 이들의 반대가 단순한 농성이나 시위가 아니라 무력을 사용하려고 했다는 증거를 확실히 보여주고 있습니다. 당시 충돌이 일어났던 4월 3일 전날 밤에 시와 건설업체에서는 반대투쟁위원장인 K씨가 북파공작원 출신의 청년 80여명을 무장시켜 대항할 것이라는 첩보를 입수하였고 경악을 금치 못했습니다. 공사를 재개해야할 건설업체와 시로서는 난감한 상황이 아닐 수 없었던 거죠. 4월 3일 공사재개를 위해 현장에 도착하자 역시나 극렬한 반대시위가 시작되었습니다. 할 수 없이 경찰병력이 동원되었고 경찰 중재 하에 양 측이 물러났습니다(남양주시 P팀장 면담, 2007. 8. 13).

(2) 지역주민의 입장: 저 역시 이곳 별내면 청학리 아파트 입주민의 한 사람으로서 그리고 시의원이 되기 이전에는 민주노동당의 당원이자 환경운동가의 한 사람으로서, 소각잔재매립장 건설을 둘러싼 주민과 시 간의 대립상황을 주의 깊게 관찰해 왔습니다. 저는 시민의 한 사람으로서 시가 정작 보호해야 할 지역 주민들을 대상으로 무력행사를 방관하고 심지어는 조장했던 처사에 분노를 금할 수 없습니다. 남양주 시청 관계자들에게 지역 주민은 더 이상 봉사의 대상이 아니라 시가 고집하고자 하는 사업의 장애물 정도로 밖에는 보이지 않는 것 같습니다. 이는 정말 오만의 극치라고 할 수 있습니다. 생존권과 재산권에 위해를 받고 있는 지역주민들로서는 소각잔재매립장의 건설을 당연히 반대할 수밖에 없는 것입니다. 그럼에도 불구하고 시 측은 더 이상의 대화나 대안을 찾지 않은 채 공사를 굳이 강행하겠다고 고집하고 있는 겁니다. 지역주민들의 반대가 보다 강도 있게 진행된 것은 이와 같은 시 측의 강경한 입장을 감지하게 된 2005년 9월 이후라고 할 수 있습니다. 이 시기에 시는 공사업체를 선정하고 다시 공사 재개를 공표했습니다. 지역주민들은 이때부터 공사현장에 천막을 설치하고 교대로 24시간 반대농성을 시작했습니다. 아침시간과 낮에는 주로 은퇴하신 노인들과 주부들이 현장에 계셨고, 밤에는 퇴근하고 돌아온 남자 주민들이 교대로 현장을 지켰습니다. 2005년 11월 경 시의 과장이 감금당하고 폭행을 당했다는 이야기가 있는데, 당시 농성현장에 나왔던 과장이 주민들을 상대로 "여기엔 민주적 과정이 필요 없다"고 발언한데에 대한 주민들의 거센 반발이 있었을 뿐입니다. 그러다가 2005년 12월 1일 오전 7시에 갑자기 헬멧을 착용한 100여명의 용역업체 직원들이 현장을 급습

하여 주민들이 자고 있던 천막을 철거하고 강제로 끌어내기 시작했습니다. 즉시 현장을 떠나지 않으면 가만 두지 않겠다는 험악한 욕설과 협박이 있기도 했습니다. 이에 거세게 항의한 주민들과는 심한 몸싸움이 일어났고 많은 주민들이 부상을 당하는 사태가 발생했습니다. 당시 현장에 있었던 주민들의 말에 따르면 이들 용역업체 직원들 중 상당수는 조직폭력배임이 분명하다고 합니다. 이 사건이 발생하자마자 소식을 전해들은 2,000여명 이상의 지역주민들이 현장에 나와 폭력적인 공사업체에 항의를 한 바 있습니다. 뒤 늦게 경찰이 출동하여 사태가 진정되긴 했지만 이미 공사현장에 있던 주민들의 농성장은 만신창이가 되어 있었고, 모두 쫓겨 난 뒤였습니다. 저는 개인적으로 시와 건설회사 그리고 경찰들 사이에 사전 협약이 있지 않았나 생각합니다. 즉 농성현장을 파기하고 공사를 강행하기 위한 강제집행이 기획되어 있었다는 거죠. 이에 대해 아직까지도 시 측은 사실은 부인하고 있고 일체의 공식적인 사과나 해명을 하지 않고 있습니다. 오히려 시와 건설회사는 농성현장 시설물을 철거하라는 법원명령을 받아냈고 이를 현장에 공시하는 한편, 농성주민들을 대상으로 공사현장 출입금지 가처분소송을 통해 출입금지를 명하는 공고문까지 내걸게 됩니다. 이게 2005년 12월 무력충돌이 일어난 뒤 불과 3개월 사이에 나타난 일들입니다. 주민들로서는 무력에 의한 공사강행을 어떻게 해서든 막기 위해 다시 공사현장입구에 농성장을 만들어 대치하게 됩니다. 그러다가 급기야 2006년 4월 3일(우리는 이를 4 · 3사태라고 부릅니다), 농성현장 시설물 철거를 명하는 공고문과 함께 용역업체직원 400여명과 경찰병력 600여명이 동원되어 농성현장에 있던 주민들을 강제로 철거시키는 상황이 발생합니다. 즉 임의철거집행이었던 거죠. 이 날 숫적으로 절대 열세였던 지역주민들은 강하게 반발했습니다만, 결국은 현장으로부터 쫓겨나올 수 밖에 없었고 집단적인 폭행을 감수해야만 했습니다. 지역주민들이 얻어맞는 이 사태가 과연 오늘날의 민주시대에도 일어날 수 있구나 하는 점에 망연자실했습니다. 당시의 사태에 대해서는 최근 언론을 통해서도 자세히 소개가 되어 있고 각종 사진자료들로도 보도가 되어 있는 상태입니다(남양주 시 K 의원 면담, 2007. 8. 13).

2009년 3월 31일, 남양주시는 매립장건설재개를 위한 행정대집행을 강행함으로써 본격적으로 건설추진을 하게 되지만 여전히 반대투쟁위원회와의 갈등상황은 종식시키지 못했다.

2) 법적 소송과정

청학리 별내면 주민들과 남양주시 사이에 벌어진 법적 소송과정은 크게 2001년 이전과 이후로 대별될 수 있다. 이 시기는 매립장 건설의 규모와 관련된 것으로서 관련법이 폐촉법인지 아니면 폐기물관리법인지 그리고 해당 건설지역이 환경영향평가의 대상인지 아닌지가 주요 법정 공방의 쟁점으로 제기되었다.

2007년 10월 11일 면담한 남양주시 P팀장에 의하면, 2001년 공사가 진행 중이던 상황에서 소송에서 패소하면서 질곡의 늪으로 빠졌다면서 안타까워했다. 1년이면 공사가 완공될 수 있는 상황이었기 때문에 절차적 흠결로 인한 패소는 남양주시의 입장에서는 뼈아픈 상처로 남게 된 것이다.

남양주시는 '에코-랜드' 관련 소송에서 2006년 11월 21일 1심 판결에 이어, 2007년 6월 27일 고등법원에서 승소했다. 남양주시가 별내면 광전리 일대 28만 4000㎡에 추진 중인 남양주권 광역 소각잔재 매립장 '에코-랜드' 조성사업과 관련한 항고소송에서 항고소송의 대상이 될 수 없다는 항소심 판결이 나왔다.

서울고법 제6특별부는 2007년 6월 27일 전 · 현직 시의원 등이 이석우 남양주시장을 상대로 제기한 항소심에서 "협약이나 고시 자체에 직접 원고들이나 주민들의 구체적인 권리 · 의무에 직접적 변동을 초래하거나 법률관계를 규율하는 내용을 포함하고 있지 않으므로 항고소송이 될 수 없다"는 1심 판결을 확정하고, 원고들의 항소를 기각했다. 에코-랜드 조성을 반대하는 전 · 현직 시의원 2명은 지난해 6월 이 시장을 상대로 '광역폐기물 처리시설 설치와 운영사업에 관한 협의고시 무효확인' 소송을 제기했지만 의정부지법은 지난해 11월 "항고소송의 대상이 될 수 없다"고 판결했었다.

남양주시는 지난 1992년부터 별내면 광전리 일대 28만4000㎡ 부지에 남양주권 광역 쓰레기 소각 잔재 매립장 건설을 추진하고 있으며, 지난 2005년 9월 착공했으나 주민들의 반대로 2006년 8월 공사가 중단됐다(조선일보, 2007. 6. 29). 이에 대해 주민들은 2006년 11월 21일 의정부지방법원 1심 판결에서 "협약이나 고시 자체에 직접 원고(전 · 현직 시의원)들이나 주민들의 구체적인 권리의무에 직접적 변동을 초래하거나 법률관계를 규율하는 내용을 포함하고 있지 아니하므로 이는 항고소송의 대상이 될 수 없다"고 각하처리된 데 불복, 같은 해 12월 8일 서울고등법원에 항소하고 있다.

그러나 별도의 지역주민대표들을 중심으로 제기된 일련의 건설승인 무효소송은 2008년 5월과 10월에 서울고등법원에서 기각 판결을 받게 되며, 궁극적으로 2010년 3월 대법원은 지역주민들이 제기한 소송에 대해 기각판결을 내림으로써 모든 법적공방의 종지부를 찍게 된다. 따라서 지금까지의 법적 공방을 돌이켜 보면, 결국 남양주시가 추진하고 있는 소각잔재매립장 건설은 합법적인 상태로 남게 된 셈이며, 여전히 매립장 인근의 지역주민들은 이러한 법적 판단에 불복하고 있는 상황이라고 할 수 있다.

제4절 정책단계별 갈등관리전략의 추론

위에서 살펴본 바와 같이 남양주시 소각잔재매립장 건설문제는 1991년 입지선정이 시작되고 광역화사업의 일환으로 설계변경이 이루어져 오늘에 이르기까지 남양주시측과 지역주민들 간의 극단적인 대립상황이 지속되어온 특징을 보여주고 있다. 이러한 대립상황은 결국 남양주시가 취한 갈등관리전략의 부재 또는 비효율성에서 비롯된 것이라고 평가할 수 있다. 여기서는 정책단계별로 지방정부가 취해야 할 바람직한 갈등관리전략의 방향을 추론해 보기로 한다.

1. 정책형성단계

1) 갈등영향분석의 중요성

갈등영향분석을 포함한 공무원의 분석적 합리성의 부족은 행정의 신뢰성을 떨어뜨리는 중요한 요인이 된다. 분석과 결정과정의 합리성 부족은 집행과정에서 착오를 가져와 정책갈등을 초래하는 중요한 원인으로 작동하기 때문이다. 환경갈등을 초래할 수 있는 건설 사업을 추진함에 있어서는 무엇보다 철저한 사전조사와 그에 따른 준비와 계획이 빈틈없이 수립될 필요가 있다. 특히 개발을 우선시 하여 환경문제를 소홀히 해서는 결코 사업의 성공이 보장될 수 없다는 점에도 유의할 필요가 있다. 경비와 시간이 더 든다고 해도 친환경적인 개발과 건설이 이루어져야 하여 그에 필요한 새로운 기술과 운영이 요구되는 까닭도 여기에 있다. 특히 혐오시설 사업 준비과정에서 합법적 절차를 뛰어넘어 민주적 절차까지 검토하여 시민사회의 동의를 얻기 위해서는 경제효과 분석, 갈등영향 예측, 환경영향 예측 등에서 충분한 합리성을 갖고 준비해야 할 필요가 있다.

이러한 관점에서 볼 때 남양주시의 경우 1992년 별내면 광전리에 대해 소각잔재매립장 입지선정이 이루어진 이후 이 일대가 택지개발지구로 지정되어 6,300여 가구가 입주하는 과정에서 남양주시는 갈등영향에 대해 충분히 분석하고 예측하지 못했다고 할 수 있다. 따라서 공무원의 직업적 전문성과 분석적 합리성을 바탕으로 하는 정책추진 로드맵의 확립과 이에 따른 정책집행은 정책성패에 중요한 영향을 미침을 알 수 있다.

2) 느림의 행정문화와 사회적 합의도출의 중요성

환경영향평가나 사전환경성검토 절차를 통과해야 하는 등 분석 작업에 장시간을 요하고, 특히 집행에 10년 이상의 긴 시간을 요하는 혐오시설사업에 있어서는 정책설계를 할 때 정책오차를 항상 고려할 필요가 있다. 그리고 예측오차를 줄이는 중요한 방법이 분석과 결정시간을 집행시간보다 더 많이 안배하는 것이다. 그러면 집행과정에서 정책혼란을 줄여 집행시간을 감소시킬 수 있기 때문이다. 결정시간과 집행시간을 고려한 총시간을 염두에 두면서 시간안배를 할 필요가 있는 것이다.

권위주의 시대에는 소위 DAD(Decide-Announce- Defense)방식으로 정부사업의 추진이 가능하였기 때문에 굳이 결정시간에 많은 비중을 두지 않아도 되었다. 따라서 총시간의 대부분을 좌우하는 집행시간에 대해서만 고려하면 그만이었다. 그러나 사회가 다원화되고 민주화되면서 이해관계자들의 동의를 구하는 결정시간의 비중이 중요하게 되었다. 정책결정에 관여하는 사람이 많고, 이해관계가 상충하고, 문제는 복잡하고, 이해당사자들의 자율성이 높은 사회에서는 결정비용이 증가하기 때문이다(김영평, 1995). 그런데 결정비용의 삭감에만 많은 신경을 쓰는 정책결정자들이 이에 대한 배려 없이 결정시간을 무시하다보니 오히려 집행시간의 지연을 가져오고, 결국 총시간의 증대를 가져온 것이다. 남양주시에서 20년간 매립장 공사가 표류하고 혼란을 거듭한 이유는 분석과 결정시간을 아끼기 위해 조급하게 결정하고 밀어붙인 권위주의적 정책추진방식 때문에 발생한 것으로 볼 수 있다.

3) 의견수렴절차의 민주성

본 사례에서 관련 공무원들이 가장 부족했던 점은 민주적 절차를 통해 사회적 합의를 도출하는 지혜가 부족했다는 것이다. 물론 정치적 시간표에 맞추어 공사를 추진할 수밖에 없는 관료로서의 한계도 있지만, 민주적이고 합리적 절차가 문제해결에 얼마나 중요한지를 충분히 인식하지 못했던 점은 부인할 수 없을 것이다.

2004년 4월 6일 남양주시가 소송에서 승소한 이후 2005년 9월 29일 공사를 재개하면서 반대집단은 대화를 원했지만 정치적 시간표에 따라 사업을 추진하면서 2005년 11월 1일과 2006년 4월 3일 용역업체를 동원하여 무리하게 공권력을 행사하기도 하였다. 물론 '폐기물관리법'에 근거해서 합법성을 충족하였다고는 하지만, 품질 높은 정책은 지역주민에 대한 배려에서 나온다는 민주성의 이념을 충족하지 못하면 원만한 정책집행이 어렵다는 사실을 시사해준다. 그리고 주어진 정책일정에 맞추어 공사를 추진할 수밖에 없는 관료로서의 한계도 있지만, 민주적이고 합리적인 절차가 문제해결에 얼마나 중요한지를 충분히 인식하지 못했던 점은 부인할 수 없을 것이다.

2. 정책홍보단계

1) 민주적 홍보의 중요성

Flyvbjerg, et al. (2003)은 미국, 영국, 스웨덴, 덴마크뿐만 아니라 중국 삼협댐에 이르기까지 20개 국가의 대형사업 추진사례를 비교연구하면서 대형사업의 실태와 실패위험성에 대해 경고한 바 있다. 이 연구는 대형사업의 실패원인을 사업결정과정의 투명성(transparency) 문제, 시민사회의 미약한 참여로 인한 민주성 부족(democracy deficit), 그리고 사업결정과정의 책임성 부족에서 찾고 있다. 대형 사업들(mega-projects)은 과소 계상된 비용, 과대 추정된 수익, 과소평가된 환경영향, 그리고 과대평가된 경제발전 효과라는 승인공식에 따라 추진되기 때문에 매우 위험함을 경고하고 있는 것이다. 따라서 처음부터 진실하게 예상되는 비용, 편익, 환경영향, 경제발전 효과를 국민과 이해관계자에게 알리고, 의견을 수렴하고 함께 사업을 추진하는 정책홍보 전략이 요구된다.

먼저 진실한 정보공개가 요구된다. 이는 시민사회로부터 협력을 얻을 수 있는 가장 효율적인 방법이다. 매립장 공사를 하면 어떤 위험이 있는지, 생태계에 어떤 영향을 미치는지, 대안의 비용과 편익이 어느 정도인지 진실하게 공개하고 시민사회의 협조를 구하고 설득하는 작업이 필요하다. 따라서 정책기획단계에서부터 진실한 홍보를 통해 시민사회의 협조를 구하는 자세가 요구된다.

그리고 공청기능을 강화할 필요가 있다. 먼저 시민사회의 의견을 수렴하고 이를 바탕으로 정책을 기획하는 '발상의 전환'이 요구된다. 정책형성과정에서 시민사회는 의견투입의 기회를 얻지 못하면, 집행과정에서 문제를 제기하면서 정책집행을 지연시키는 중요한 요인으로 작용한다. 실제 남양주시 시장을 비롯한 관계자들이 숱하게 지역주민들을 만나고 설명회를 가졌지만, 진실하게 정보를 공개하고 의견을 수렴하기보다는 일방적으로 알리는 데만 급급했기 때문에 반대투쟁위원회와 관계된 주민들은 함께 민주주의를 만들어간다는 효능감이 전혀 없었다. 특히 지역주민들이 2006년 4월 3일 '4.3사태'라고 부르는 용역들의 폭력사태 이후 남양주시와 경찰공권력에 대한 서운함과 실망감으로 불신의 골이 깊이 팬 것을 읽을 수 있었다.

2) 지혜로운 홍보전략의 추진

고영철 · 정연우(2002)는 정책홍보의 개념을 일반국민 대상이 아닌 구체적인 집단별 활동으로 확장시키면서, 정책홍보는 이해(interests)가 상충되어 갈등이 발생된 집단의 이해(comprehension)와 타협을 이끌어내고 최대한의 공공이익을 창출 할 수 있는 정책대안을 마련함과 동시에 반대자의 이해와 협조를 구하기 위한 능동적 · 적극적 커뮤니케이션 활동을 수행하는 것이라고 보았다. 따라서 주민들에게 불편함이나 손해를 끼칠 수 있는 것으로 인식하고 있는 혐오시설 입지정책을 추진할 때는 다음과 같은 몇 가지 지혜가 요구된다.

첫째, 쌍방 과정(two way process)을 통한 신뢰 및 선린관계의 유지 · 확보를 근간으로 하여 설득관계와 지지 협조관계로 유도하는 관계가 형성되어야 한다. 남양주시 별내면 주민들을 만나본 결과(2007. 8. 13~4), 남양주시가 몇 차례에 걸쳐 폭력을 행사하면서 민주사회에서 영원히 함께 지역사회를 꾸려갈 지역주민들을 비참하게 만든 사실에 때문에 설득과 협조관계보다는 불신과 방해로 태도를 고집하고 있는 것으로 나타났다. 따라서 남양주시의 입장에서는 이러한 불신의 구조를 신뢰구조로 전환시키는 각별한 노력이 요구된다.

둘째, 인간관계를 개선시킴으로써 정책추진주체의 이미지 형성(image building)을 통해 지역주민의 지지와 지원을 끌어들이는 것이 중요하다. 특히 지역주민의 호의적인 이미지 형성(favorable image making)을 유발하는 방법이 요구된다. 이때 각종 매스미디어를 통하여 지역주민의 태도 변화를 가져오는 방법을 활용하는 것이어야 효과적일 수 있다. 그러나 남양주시의 경우 이미 2006년 4월 MBC "생방송 특별한 아침"이라든지, KBS 추적 60분 "폭력을 서비스해드립니다" 등의 프로그램을 통해서 부정적인 이미지가 각인되어 버렸다. 따라서 이후에 남양주시가 주력한 홈페이지를 통한 홍보물의 상영, '에코-랜드'라는 명칭 사용, 각종 팜플렛의 활용 등은 부정적 이미지를 회복하기에는 역부족이었다고 판단된다.

3. 정책집행단계

1) 정책주체간의 조정 및 협력

남양주시의 소각잔재매립장사례는 별도의 정책목표를 지향하는 정책주체들(중앙정부와 광역정부, 지방정부 그리고 공기업 등)간의 정책조정 및 협력이 얼마나 중요한가를 환기시켜주는 대표적인 사례라고 할 수 있다. 정책조정 및 협력이란 어떤

한 정책이 관련되는 다른 정책에 미치게 될 악영향(adverse consequences)을 어느 정도까지, 그리고 일정한 빈도로 회피, 감소, 상쇄할 수 있도록 관련정책을 정책주체들끼리 상호 조절하는 일련의 노력이라고 할 수 있다(Lindblom, E. Charles, & Woodhouse, J. Edward, 1993). 중앙정부와 광역정부 그리고 주택공사가 수도권 인근지역에 보다 많은 주택공급을 정책목표로 하고 있었다면, 남양주시는 자체의 관할권내에 쓰레기매립장건설을 통해 전체 지역주민에 대한 생활서비스를 제공하려는 정책목표를 지향하고 있었다고 할 수 있다. 문제는 바로 이 두 가지 정책목표가 공교롭게도 동일한 지역을 대상으로 집행됨으로써 시작된 것이다. 입지선정과 건설계획 등에 관해 사전에 정책주체들 사이에 조율과 협력이 이루어졌다면, 그토록 장기간에 걸친 지역주민과의 갈등상황을 연출하지 않았을 수도 있을 것이란 추론이 가능하다. 즉, 1995년 건교부와 경기도가 청학택지지구를 매립장 인근에 지정했을 당시 남양주시는 충분히 주민들의 반대를 예상할 수 있었으리라 짐작된다. 물론 이에 대해 2007년 8월 13일에 만난 남양주시 P팀장은 택지개발지구 지정은 건설교통부에서 서민주택공급사업의 일환으로 추진하는 사항으로 지방정부가 반대하더라도 추진되었을 것이라고 항변하고 있다. 이러한 항변은 일견 우리의 정책현실에서 정책주체간의 사전 조율이나 협의가 제대로 작동하지 않고 있음을 시사해 주고 있기도 하다.

결과적으로 당시 주택공사는 매립장 입지 사실은 주민들에게 공지하지 않았고, 나중에 손해배상책임을 지게 된다. 2006년 8월 19일 남양주시 청학지구 주공아파트 입주자 325명이 낸 손해배상 청구소송에 대한 대법원의 원고승소 판결이 내려진다. 대법원은 쓰레기 매립장이 들어선다는 사실을 미리 알리지 않았다는 점을 인정함으로써 대한주택공사가 입주자들에게 총 22억 2천여만 원을 배상할 것을 판결한 것이다. 한편 남양주시는 택지지구와 매립지건설이라는 두 마리의 토끼를 잡기 위해 함구함으로써 이후의 장기적인 갈등상황을 초래했다고 볼 수 있다. 결국 상이한 정책들이 한 지역에 조율 없이 집행될 경우 발생할 수 있는 혼란과 갈등을 보여준 셈이다.

2) 집행과정에서 열린 토론의 지향

정책집행의 성공을 위해서는 예기치 못한 상황에 대한 지혜로운 정책조정이 요구된다. 이는 정책과 관련된 이해당사자들 간의 인내심을 바탕으로 한 열린 토론과 협력을 전제조건으로 한다. 남양주시와 지역주민들은 상호 대화를 통해 문제를 해결하기 보다는 10개의 법적 소송을 통해 법적 우위를 다투기 위한 극단적 선택을 했다고 할 수 있다. 이 경우 대화와 협상을 통한 문제해결의 단계는 이미 넘어선 셈이다. 최근 사실상 공사가 진행되고 있는 상황에서도 반대투쟁위원회를 중심으로 여전히 매립지 주변의 주민지원조례의 내용과 관련하여 갈등상황을 연출하고 있는 것은 토론과 협력의 문화가 정착되지 못했음을 반증해주고 있다.

제5절 결 론

본 연구가 보여준 남양주시의 소각잔재매립장 입지선정 및 건설갈등 사례는 기본적으로 지방정부의 정책추진과정에서 지역주민들과의 갈등관리가 매우 중요한 요소로 작동하고 있음을 일깨워주고 있다. 이러한 갈등관리는 정책의 수립과 결정, 홍보와 집행에 이르는 모든 과정에서 핵심적인 요인으로 작동하고 있다. 남양주시가 지난 20년간 겪어온 일련의 갈등상황은 결국 정책의 경제적 합리성에만 주목한 나머지 갈등관리의 중요성을 경시한 때문에 발생된 것이라고 할 수 있다. 집행단계에 이르러서야 비로소 이미 불거진 갈등을 봉합하기 위해 취해진 뒤늦은 행정조치들은 오히려 지역주민의 불신을 심화시켰으며, 정책의 집행 또한 지연시키는 악재로 작용하고 있었다. 또한 최후의 수단으로 이용되는 법적 공방은 결코 이해당사자들 간의 만족스런 정책조정을 가져오지 못한다는 사실도 확인할 수 있다. 법원의 판결이란 정책사안의 합법성만을 적시해줄 뿐 사실상 해당 정책에 의해 발생되는 구체적인 이해관계의 조정은 여전히 당사자들 사이의 몫으로 남기 때문이다. 한편 본 연구가 위 사례를 통해 정책단계별로 추론한 성공적인 갈등관리전략들은 향후 지방정부의 정책성패요인을 검증해 볼 수 있는 하위변수로서의 잠재성을 지니고 있다고도 판단된다. 이는 기존의 갈등관리전략과 관련된 선행연구에서 협상과 타협 그리고 제3자개입을 통한 방법이 가장 우월한 전략임을 강조해왔던 것과 달리 정책단계별로 주민과의 갈등을 해소할 수 있는 구체적인 전략이 필요하다는 점을 확인케 해주고 있기도 하다. 물론 이에 대한 검증은 좀 더 체계적인 이론적 설명과 연구설계에 기초한 후속연구를 필요로 하고 있다.

제 8 장

화장장 입지 정책

▨ 심준섭 · 김지수
(중앙대학교 공공인재학부 교수 · 행정학 박사과정)

제1절 서 론

대중의 정책참여가 급속히 확대되면서 우리 사회에서도 갈등에 대한 패러다임이 변하고 있다. 무엇보다 갈등을 바라보는 사회적 인식이 점진적으로 바뀌어가고 있다. 정책 갈등이 바람직하지 못하고 즉각적으로 제거되어야 할 대상이라기보다는 보편적인 사회 현상일 뿐만 아니라 단지 이해관계의 차이를 드러내는 것이라는 인식이 보편적인 시각으로 자리잡아가고 있다.

이러한 시각의 변화를 반영하듯 지금까지 정책 갈등의 다양한 관리 기법과 기제들이 개발되고 적용되어 왔다. 그러나 여전히 대부분의 접근방법들은 갈등의 근본원인을 "누가 무엇을 가질 것인가?(Who gets what?)"의 문제, 즉 이해관계의 충돌에서 찾고 있다. 그 결과 갈등의 근원을 인간의 악의(ill-will), 그릇된 동기, 이익의 배분 등으로 종종 그릇되게 귀인 시키기도 한다. 따라서 자원의 배분과정에서 더 적은 몫을 갖는 쪽이 더 많은 몫을 갖는 쪽과 필연적으로 충돌할 수밖에 없다고 보기 때문에 가장 현명한 갈등관리 방법은 자원의 공정한 배분 기제를 찾는 것이었다.

다양한 정책 갈등 중에서도 환경 갈등은 가장 다루기 어려운 갈등(intractable

conflict) 영역에 해당된다(Burgess & Burgess, 1996). 지금까지 많은 노력들이 전개되어왔지만 환경 갈등이 관리되고 해소되는 경우보다는 오히려 증폭되고, 오랜 기간 지속됨으로써 합의형성 노력이나, 경제적 보상, 정치적 해결방법과 같은 갈등관리 기제들이 작동하지 않는 경우가 빈번하였다. 그렇다면 왜 환경 이슈들에서는 다루기 어려운 갈등이 지속되는가? 자원의 공정한 배분 기제를 발견하지 못했기 때문인가? 왜 어떤 갈등은 쉽게 관리되는데 반해 어떤 갈등은 오랜 기간 지속되는가? 왜 동일한 갈등 이슈가 어떤 지역에서는 해결이 되는데 다른 지역에서는 오히려 증폭되는가?

이러한 질문들에 대한 해답을 구하기 위해서는 갈등당사자들이 갈등을 어떻게 이해하고 해석하는가를 분석하는 일이 무엇보다 중요하다. Simon(1957)이 '인간은 제한된 합리성(bounded rationality)을 가지고 있는 존재'라고 정의했듯이, 인간은 문제 상황에서 휴리스틱스(heuristics)나 직관(intuition)에 의존하여 복잡한 문제를 단순화 하는 '인지적 지름길(cognitive shortcut)'을 이용해 정보를 처리하는 존재이다. 이러한 인지적 지름길은 '인지적 틀(cognitive schema)' 또는 '인지적 프레임(cognitive frame)'으로 불린다. 인간은 문제 상황의 불확실성과 복잡성을 모두 고려하기에는 근본적인 한계가 있기 때문에 필연적인 오차가 발생한다 하더라도 이를 단순화한 나름의 인식-행동의 해석체계를 가지고 현상을 바라보게 되는 것이다. 정책 갈등에서 이해당사자들이 인식하고 있는 갈등 상황 역시 이들의 프레임에 의해 판단된 결과이며, 이들이 갈등을 표출하고 관리하는 태도나 행태 역시 자신들의 인지적 프레임에 영향을 받을 수밖에 없다. 그렇기 때문에 이해당사자들이 문제 상황을 어떻게 프레이밍(framing) 하는가는 갈등의 양상과 결과에 매우 중대한 영향을 미치게 된다.

프레이밍에 대한 초기의 국내 연구는 대부분 언론학 분야에서 이루어졌으며, 행정학에서 프레이밍에 대한 연구가 시작된 것은 2000년대 이후이다. 행정학에서의 프레이밍에 대한 선행연구의 대부분은 갈등 사례에 대한 담론분석이나, 인터뷰 내용분석, 미디어에 나타난 용어 등을 통하여 각 당사자의 프레임이 무엇인지 규정하고, 프레임 간의 차이를 비교하는 데 초점을 맞추고 있다. 그러나 갈등 시기별 당사자들의 프레임 변화에 대한 연구는 상당히 미흡하여 갈등의 역동성과 프레임 변화(frame change)의 관계를 종합적이고 체계적으로 분석하는 데는 커다란 한계를 드러내고 있다.

본 연구의 목적은 정책 갈등에 대한 당사자들의 인식 프레임(frame)의 특성을 분석하고, 갈등전개 과정에서의 리프레이밍(reframing) 및 프레임 변화 과정을 분석하는 것이다. 특히 갈등 단계별로 당사자들이 상황의 다양한 요소들을 어떻게 프레이밍하며, 또한 의식적으로 상황에 대한 프레이밍을 시도하는가를 분석하고자 하였다. 이를 위해 본 연구에서는 환경 갈등의 성공적인 관리 사례로 여겨지는 청주시 화장장 유치사업을 사례로 갈등당사자들의 프레임을 분석하였다.

제2절 이론적 배경

1. 프레임(frame)과 프레이밍(framing)

프레임은 인지심리학자인 Bartlett(1932)에 의해 최초로 개념화되었고, Bateson(1972)이 프레임이라는 개념을 비유적으로 사용하기는 하였으나, 프레임 연구의 실질적인 시초는 Goffman(1974)으로 보는 것이 타당하다. Goffman(1974)은 프레임을 실제의 표상과 인식을 인도하는 기본적인 인지적 구조(cognitive structure)로 정의하였다. 그에 따르면, "사건을 지배하는 조직화의 원칙에 조응하도록 어떤 상황에 대한 정의가 이루어지고... 그 속에서 우리의 주관적 관여가 이루어진다. 프레임은 확인할 수 있는 이러한 기본적 요소들을 나타낸다(p. 10)."

Goffman(1974)의 이러한 프레임 정의에도 불구하고, 프레임이 정확히 무엇을 의미하는가에 대해서는 여전히 상당한 논란이 존재한다. 각 연구에서 다루어지는 프레임의 의미나 종류는 프레임 연구만큼이나 다양한 상황이다. 그 결과 프레임을 연구할 때 어떤 관점에서 어떤 프레임을 분석하고 있는지 밝히지 않고서는 제대로 된 의사소통조차 쉽지 않은 상황이다. 무엇보다 어떤 프레임 연구 관점을 적용하느냐에 따라 프레임의 개념과 분석의 수준은 달라진다. 프레임은 분석단위에 따라 개

〈표 1〉 프레임 연구의 주요 접근법

구 분	인지심리학적 연구		사회운동 연구	매체연구
학문 배경	인지심리학		사회학	언론학, 신문방송학
주요 연구자	· Tversky & Kahneman (1980, 1981)	· Tannen(1993)	· Snow et al.(1986) · Snow & Benford, (1988) · Gamson(1992) · Carroll & Ratner (1996)	· Iyengar(1991) · Gitlin(1980) · Gamson(1988) · Entman(1993)
프레임의 원천	· 문제의 제시 방식	· 인지적 정향: 행위에 대한 기대의 산출	· 인지적 정향(해석의 틀)	· 뉴스(메시지)의 조직 방식
프레이밍 과정	비의식적 과정		의식적, 비의식적 과정	의식적 과정
프레이밍의 효과	개인수준		개인, 집단, 사회수준	집단, 사회수준
프레임의 유형	· 긍정적 프레임 (이익 중심), · 부정적 프레임 (손실 중심)	· 대항 프레이밍 (counter framing)	· 진단적 프레이밍, 예측적 프레이밍, 동기적 프레이밍	· 일화적 프레임, 주제적 프레임
초 점	프레임이 개인의 선택에 미치는 영향	상호작용 과정에서의 개인의 의미 부여	· 집단적 프레임 공유 과정과 동원화 · 조직간 연대	· 뉴스 프레이밍의 현실 구성과정 · 뉴스 프레임이 생산하는 의미 · 의식적인 프레이밍의 효과
주요 개념	· 긍정적 프레임 · 부정적 프레임	· 인지적 프레임 · 상황에 대한 의미 부여	· 문화적 현상 · 사회적 구성물 · 동의된 이해방식 · 프레임 정렬 · 매스터프레임 (master frames)	· 사회적, 정치적 현실 구성 · 의식적 담론 (discourse) 구성 및 조직 · 의도적 프레임 선택 · 매체 프레이밍의 효과
분석 단위	개인		개인, 집단, 전체 사회	집단
분석 방법	양적	질적	질적	양적, 질적

인, 집단, 집단간 프레임의 다양한 수준으로 구분된다. 변수의 관점에서 보면 프레임을 독립변수로 다루어 프레이밍의 효과를 분석하는 연구와 프레임 유형 자체를 서술적으로 분석하는 연구로 구분된다. 이러한 혼란에도 불구하고 기본적으로 프레임 연구 관점은 크게 인지심리학적 연구, 사회운동(social movement) 연구, 매체(medial) 연구로 구분될 수 있다.

〈표 1〉에서 제시된 것처럼 세 가지 관점 중에서도 Tannen(1993)의 인지심리학적 관점과 Snow를 중심으로 한 사회운동연구 관점은 프레임에 대한 유사한 정의를 공유하고 있다. 본 연구에서는 두 관점을 기초로 다음과 같이 프레임과 프레이밍을 정의하였다.

이 두 관점에서 보면 인간은 선택적으로 받아들여지는 정보를 토대로 머릿속에서 세상의 일들이 발생되고 전개되는 과정에 대한 나름대로의 인지적 구조나 틀을 통해 최종적인 결론에 도달한다. 즉, 개인은 세상의 일들을 자기 나름대로 이해하기 위한 인지적 스키마(cognitive schema)를 가지고 있으며, 프레임은 이러한 인지적 스키마의 하나로 이해된다.

프레임은 지금까지의 경험을 분류하고 범주화함은 물론 새로운 경험을 해석하고 조직화하도록 돕는다(Tannen, 1993; Lewicki, Gray, & Elliot, 2003). 또한 프레임은 한 개인이 상호작용에 사용하는 지식, 특히 상호작용에 대한 기대의 구조(structure of expectations)를 산출하는 구조화된 지식으로도 이해된다(Tannen, 1993).[1] 따라서 상호작용 과정에 참여한 개인은 프레임, 즉 기대구조를 산출하는 상황에 대한 지식에 따라 상호작용의 의미를 이해하고, 상황을 파악하게 된다. 주어진 문제나 상황에서 어떤 프레임을 적용할 것인가에 대한 선택은 상호작용 과정에서 다른 사람들이 전달하는 정보와 자신의 기억 속에 저장된 목록(repertoire)에 따라 달라진다(Van Dijk, 1980).

프레이밍(framing)은 사람들이 세상의 사건들을 해석하고, 초점을 맞추고, 조직화하는 정신적 과정을 의미한다(Snow et al,, 1988; 1986). 프레이밍 과정은 개인이

1) 사회언어학자인 Tannen(1993)은 상호작용 과정에서의 개인의 인지적 구조에 초점을 맞추고 스키마, 범주, 휴리스틱스, 스크립트 등을 포용하는 새로운 개념으로서의 프레임을 개념화하였다.

경험하고 있는 것들을 이해하고 분명하게 만드는데 기여할 뿐만 아니라, 경험에 대한 개인 자신의 입장을 정하도록 한다. 즉 사건이나 이슈에 대한 입장을 취하도록 함으로써 개인은 어떻게 그리고 왜 사건이 일어났으며 그 사건에 대해 누가 책임이 있는가에 대해 귀인(attribution)하도록 한다. 사람들은 여러 가지 다른 프레임들을 문제와 상황에 따라 다르게 적용한다.

프레이밍 효과는 개인의 인지구조의 형성이나 변화로 나타나며, 사회문제에 대한 개인의 해석, 의미형성 등이 역동적으로 구성되어 사회운동 참여 의지로 전환된다. 집단 수준에서의 프레이밍 효과는 조직 또는 집단의 시각이나 관점을 결정짓는 전체적인 해석의 틀이 형성되거나 변화됨을 의미한다. 이러한 프레이밍 효과는 집단적 의견 표출이나 행동으로 나타난다. 따라서 집단 수준의 거시적인 프레이밍 효과는 개인 수준의 미시적인 프레이밍 효과를 전제로 한다고 볼 수 있다.

2. 환경 갈등과 프레이밍

프레임 개념은 정책갈등에서의 문제해결 과정을 설명하는 유용한 도구를 제공한다(하민철 · 윤견수, 2010). 특히 프레이밍 과정은 왜 어떤 환경 분쟁들이 해결이 어려운가에 대한 강력한 설명 도구를 제공한다(Lewicki et al., 2003). 최근의 환경갈등 연구들에 따르면 갈등 당사자들은 갈등이 어떤 상황이며, 갈등이 왜 발생되었으며, 갈등이 어떻게 해결되어야 하며, 관련된 당사자들의 동기가 무엇인가에 대해 매우 상이한 프레임들을 구성하는 것으로 나타났다(Gray, 1997; Vaughan & Seifert, 1992).

사회운동론 관점에서 보면, 프레이밍은 갈등이 지속되도록 만드는데 커다란 영향을 미치며, 프레임의 변화는 갈등을 다루기 쉽거나 또는 다루기 어려운 것으로 변환시킨다. 이것은 프레임이 갈등의 역동성을 해석하는데 이용하는 렌즈처럼 작동하며, 이러한 해석은 갈등에 대한 당사자들의 태도를 결정하기 때문이다. 보통 당사자들은 갈등을 동일한 방식으로 프레이밍하지 않으며, 프레임간의 차이가 커질수록 갈등의 관리와 해결의 가능성은 적어진다. 반대로 갈등 당사자의 프레임이 수렴할 때 갈등 해결의 가능성이 높아진다(Drake & Donohue, 1996). 이러한 일반적인 특성과 함께, 특히 환경 갈등에서의 프레임의 특성들은 다음과 같이 정리될 수 있다(Lewicki et al., 2003). 첫째, 프레임은 이슈를 규정한다. 사람들은 문제가 존재하는지, 문제가 무엇인지를 규정하기 위해 상이한 프레임들을 이용한다(Vaughan & Seifert, 1992). 환경 위험에 직면한 갈등당사자들은 무엇이 문제이고 누가 문제를 어떻게 해결해야 하는가에 대해 매우 다른 프레임들을 지니고 있다. 원자력에 대해 찬성하는 사람들은 원자력의 경제적 기술적 혜택의 관점에서 이슈들을 프레이밍하는 반면 반대론자들은 주로 심리적, 환경적 위험에 초점을 맞춘다(강민아 · 장지호, 2007).

둘째, 프레임은 사회적 사건의 의미를 제시함으로써, 개인이나 집단으로 하여금 경험을 체계적으로 조직하며 행동을 특정한 방향으로 이끄는 기능을 한다. 프레임은 환경 분쟁이 어떻게 해결되어야 하는가에 대한 개인들의 선택과 행동에 영향을 미친다(Vaughan & Seifert, 1992). 따라서 어떻게 프레임을 구성하는가에 따라 집단적 행동이나 반응 양태가 달라질 수밖에 없다(Snow & Benford, 1988). 오염물질과 관련된 위험 갈등에서 당사자들이 문제를 기술적 관점에서 프레이밍하면, 이들은 어떤 조치를 취하기에 앞서 기술적 대안들에 대한 정교한 비용편익분석을 하고 이를 토대로 조취를 취할 것을 선호한다. 반대로 이슈를 보건위험으로 프레이밍하는 경우 비용이 얼마가 들던 위험으로부터의 즉각적인 보호를 주장하게 된다.

셋째, 프레임은 갈등 당사자들이 자신들을 보호하는데도 이용된다. 타인의 행동으로 인해 억울하다고 느끼는 당사자들은 '권리' 프레임(right frame)에 의지하게 되고, 그 결과 자신들의 피해에 대한 법적구제를 요청하기 쉽다. 권리 프레임은 이해관계(interest)의 관점에서 프레이밍되기보다는 입장(position)의 관점에서 프레이밍되므로 갈등의 증폭을 불러오기 쉽다(Ury, Brett, & Goldberg, 1988). 사회운동 조직은 의도적인 진단적 프레이밍(prognostic framing)을 통해 문제의 책임을 특정 대상에 전가하며, 동기적 프레이밍(motivational framing)을 통해 구성원들로 하여금 자신들을 보호하는 집단적 행동이 정당하도록 느끼게 만든다(Snow & Benford, 1988).

넷째, 프레임은 갈등당사자로 하여금 자신들의 행동을 정당화하도록 만든다.

자신의 정체성을 규정하는데 도움이 되는 어떤 프레임이 형성되고 나면, 이 프레임은 사람들이 '무엇이 진실'이고 '무엇이 거짓'인가에 대해 정의하는 방식에 영향을 미친다. 프레임은 사람들이 '어떻게 되어야 한다'고 믿는 바를 구성하게 만든다. 프레임 속에서 만들어진 기대에 부합하는 자신의 행동을 '옳으며' 또한 '바람직하다'고 정당화시킨다. 나아가 자신의 기대에 부응하지 않는 타인들의 잘못을 지적하거나 비난하게 된다.

다섯째, 프레임은 사람들로 하여금 행동으로 옮기도록 유도하는데도 이용된다. 사회운동에 참여하는 사람들은 자신들의 불만을 집단적으로 동원하기 위해 프레이밍을 이용한다(Snow et al., 1986). 즉, 프레이밍은 참여자들간에 공동의 목표, 임무, 비전뿐만 아니라 공동의 적을 만들어내는데 중요한 역할을 한다. 사회운동가들은 이슈와 관련하여 의도적으로 타인들의 행동에 영향을 미치기 위해 프레이밍을 이용하기도 한다. 또한 동원과정에서 개인들이 자신의 프레임이 사회운동집단의 프레임과 일치한다고 보고, 이념적 가치, 규범 등을 공유하도록 만드는 프레임 정렬(frame alignment)이 이루어지기도 한다. 특히 이 과정에서 정책에 대한 분명한 반대의 표현과 같은 프레임 증폭(frame amplification)이나 프레임의 경계를 확장함으로써 더 많은 지지자들을 동원하는 프레임 확장(frame exension)이 빈번히 활용된다.

여섯째, 갈등과정에서 프레임의 변화가 일어나기도 한다. 프레임은 한번 형성되면 정박 효과(anchoring effect)로 인해 쉽게 변하지 않지만(Tversky & Kahneman, 1974), 프레임이 변화되는 리프레이밍(reframing)도 종종 발생된다. 흔히 갈등상황에서 분쟁중인 상대방이나 이슈들에 대한 새로운 이해나 해석이 이루어지면서 리프레이밍이 이루어진다. 물론 갈등에 대한 이해의 리프레이밍이 이루어지려면 한 걸음 물러서서 사실들을 관찰하고 성찰함으로써 또 다른 시각들이 존재할 수 있다고 받아들이는 관점수용(perspective taking)이 필요하다(Lewicki, et al., 2003).

3. 프레임 분석(frame analysis)

프레임 접근법을 채택한 갈등 연구들 가운데 프레임의 유형화를 시도한 연구는 극히 소수에 불과하다. 인지심리학 분야에서 Kahneman & Tversky(1980, 1981)는 문제가 구성되는 방식에 따라 프레임을 단순하게 긍정(이익)과 부정(손실)으로 분류하였으며, 나태준(2009)은 이러한 이분법적 프레임 분류를 따르고 있다. 그러나 갈등 당사자들의 인식의 프레임은 다양한 인식-행동 체계가 결합되어 만들어지기 때문에 매우 복잡하고 다양하며, 따라서 단순히 특정 이슈에 대한 '찬성 또는 반대', '긍정 또는 부정'과 같은 이분법적 구분만으로는 불충분하다.

사회운동 분야의 연구들은 보다 세분화된 프레임 유형을 제시하였다. Snow & Benford(1988, 1992)는 사회운동에서 참여자들의 불만표출(grievance claims)을 위해 이용되는 프레임을 진단적 프레임(diagnostic frame), 예측적 프레임(prognotics frame), 동기적 프레임(motivational frame) 등 세 가지로 구분하였다. 국내에서는 강민아 · 장지호(2007)의 연구가 이러한 프레임 분류에 기초하고 있다. 한편 Schön & Rein(1994)은 정책담론(policy discourse)의 관점에서 당사자들의 프레임을 사회복지 프레임, 시장 프레임, 사회통제프레임으로 분류하고 있다. 이러한 두 가지 접근법들이 프레이밍과 갈등의 역동성 간의 관계를 분석하는데 있어서 상당한 기여를 한 것은 사실이다. 그러나 이들 프레임 분류는 포괄적 프레임(generic frame)을 발견하는 것 이외에 갈등 당사자들의 인식 프레임간의 차이를 체계적이고 종합적으로 분석하는 데는 분명한 한계를 드러내고 있다. 물론 다양한 프레임의 존재를 확인한 연구들도 있으나(대표적으로, 이혁우 · 조병훈 · 문광휘, 2009; 안혜원 · 박대운 · 김학돈, 2008; 이준웅, 2005), 대부분 프레임 구분에 대한 이론적 토대가 미흡한 상황에서 신문 보도, 담론 내용을 분석하는 과정에서 연구자 본인에 의해 주관적으로 확인된 프레임들을 단순히 서술하는 방식으로 연구를 진행하였다. 그 결과 연구 수만큼 프레임 수가 많다고 해도 과언이 아니며, 체계적이고 일반화 가능한 프레임 분류에는 이르지 못하고 있다.

이러한 문제점들을 지적하면서 Gray & Donnellon(1989)은 초기 연구에서 갈등 당사자의 프레임을 실체적 프레임, 결과 프레임, 기대 프레임, 손익 프레임, 특징부여 프레임, 과정 프레임으로 세분화하였다. 국내에서는 주경일(2002)이 이들의 초기 분류에 기초하여 한탄강댐 건설 갈등에서의 주민들의 프레임을 분석하였다. Gray를 중심으로 한 후속 연구에서 Lewicki et al.(2003)은 환경갈등 당사자들의 프레임을 정체성 프레임, 특징부여 프레임, 갈등관리 프레임, 사회적통제 프레임, 상황요약 프레임, 권력 프레임, 위험 프레임, 손익 프레임으로 보다 정교하게 구분하였다. 무엇보다 이들의 분류는 기존 프레임 연구를 통해 확인된 프레임들을 종합적으로 재정리함은 물론 각 프레임마다 이론적 토대를 분명히 했다는 점에서 기존 연구들을 압도한다. 따라서 Lewicki et al.(2003)의 프레임 분류는 본 연구에서 정책갈등 당사자의 프레임을 분석하기 위한 이론적 토대를 제공하기에 충분하다. 8개 프레임 각각의 특성은 다음과 같이 정리될 수 있다.

첫째, 정체성 프레임(identity frames)은 갈등당사자 개인 또는 집단이 스스로를 어떻게 정의하는가(Who am I?)와 관련된다. 사람들은 다양한 방식으로 스스로를 정의하지만, 보통 '농부,' '환경론자,' '개발론자' 등과 같은 일정한 특징들을 지닌 사회적 범주에 자신을 포함시키는 방법을 택한다(Hogg, Terry, & White, 1995). 자신이 속한 사회적 집단에 대한 정의는 다른 집단과의 사회적 비교나 다른 집단의 정체성과의 대비를 통해 구성된다(Gamson, 1992; Snow & Benford, 1988; Tajfel & Turner, 1985). 이러한 비교는 집단 구성원들의 사회적 정체성을 강화시키고, 나아가 자신들이 다른 집단에 비해 우수하다는 생각을 갖게 만들기도 한다. 환경 분쟁 상황에서 개인들은 자신들의 정체성이 위협받고 있다고 느끼게 되면, 이를 자신들의 가치와 신념에 대한 도전으로 받아들이게 된다. 그 결과 극단적으로 방어적이 될 뿐만 아니라, 부정적인 사건에 대한 책임을 자신들과 대립되는 정체성을 지닌 사람들에게 전가하려 하기 때문에 갈등이 증폭되게 된다. 대부분의 정체성 프레임은 인구통계학적 특성, 거주 지역, 사회적 역할, 소속된 기관, 사회적 관심사와 밀접한 관련이 있다. 일반적으로 정체성은 오랜 기간 변하지 않고 지속되지만, 갈등이 전개되면서 정체성이 리프레이밍 되는 일이 일어나기도 하며, 이 경우 갈등 당사자들의 인식이 변화함으로써 분쟁 상황이 해결되는 기회를 얻기도 한다.

둘째, 특징부여 프레임(characterization frames)은 개인이 상대방을 어떻게 정의하는가(Who they are?)와 관련된다. 흔히 특징부여 프레임은 경험을 통해 책임이나 원인을 귀인하는 과정에서 만들어진다. 사람들은 자신보다는 타인이나 상황적 요인들에 쉽게 책임을 전가하는 근본적인 귀인 오류(attribution error)에 취약하다. 특히 정체성 프레임과 상호작용하여, 자신이 속한 집단에 대한 신뢰와 유대가 강해질수록 집단 외의 사람들에 대한 부정적 인식이나 편견이 강해진다(Tajfel & Turner, 1985).

셋째, 갈등관리 프레임(conflict management frames)은 당사자들이 가지고 있는 갈등관리 방법의 선호를 나타낸다. 즉 갈등이 어떻게 관리되고 다루어져야 하는가에 대한 당사자들의 인식을 보여준다. 갈등 당사자들은 각자의 갈등관리 프레임에 따라 서로 다른 방식으로 갈등을 관리하고 다루기를 원한다. 갈등당사자들이 상이한 갈등관리 프레임들을 지닌 경우, 모두가 수용할 수 있는 분쟁해결 방안을 발견하기는 더욱 어려워진다. Keltner(1994)의 '투쟁 스펙트럼(struggle spectrum)'을 기초로 Lewicki et al.(2003)은 갈등관리 프레임을 가장 소극적인 방안에서 부터 가장 적극적인 방안에 이르기까지 9가지로 분류하고 있다(〈표2〉 참조).

〈표 2〉 갈등관리 프레임의 분류

프레임 유형	정 의
회피-수동적 반응	갈등 상황에서 아무 것도 하지 않음
진상조사	문제에 대한 과학적인 조사를 촉구하고 보다 많은 정보를 수집
공동문제해결 (joint problem solving)	공동체나 공동행동, 협력, 조정 등 집단적 노력을 통한 해결을 선호함: 만장일치, 이해관계자들의 의견 수렴에 기초한 정부의 결정도 포함
전문성의 권위에 의한 결정	지방정부, 협회, 기관 등이 기술적인 지식이나 전문성을 근거로 결정함
재 판	법적 권한을 지닌 제3자나 재판을 통해서 결정함
정치적 행동에 호소	정부에 법이나 규제의 실시, 개정, 폐지 등을 요구함. 로비, 투표, 특정 후보 지지 등을 통해 갈등을 다룸
시장경제(market economy)에 호소	당사자간 협상, 시장에 의한 해결, 동기부여나 경제적인 보상 등을 통한 갈등 관리를 선호
분쟁, 파괴, 폭력	투쟁, 시민불복종, 무력시위와 같은 방식으로 위협함
기 타	일반적인 상식에 의존을 비롯한 나머지 갈등관리 방안들

자료: Lewicki, et al.(2003).

넷째, 상황요약 프레임(whole story frames)은 당사자가 갈등 상황에 대해서 어떻게 핵심을 요약하여 인식하고 있는가와 관련된다. 즉, 갈등상황에 대해 각자가 가지고 있는 총체적이고 핵심적인 상황의 정의를 말한다. 예컨대 “한 마디로 요약하자면 개발과 보존간의 가치의 충돌이다”와 같은 상황 요약이 여기에 해당된다.

다섯째, 사회적 통제프레임(social control frames)은 사회적 이슈들에 관한 결정이 어떻게 이루어져하는가에 대한 견해를 나타낸다. 사회적 통제프레임은 의사결정을 위해 다른 사람들(특히 전문가들)에 의존하는 정도와 의사결정에 대한 주인의식(ownership)에 따라 4가지 유형으로 구분된다(Lewicki et al., 2003). 구체적으로, 운명론자는 자신들에게 전혀 통제권이 없다고 믿는 경우이다. 개인주의자는 사회가 어떻게 다스려져야 하는가에 대해 자신이 알고 있으며, 최고의 사회적 통제는 개인의 자유에 맡기는 것이라고 믿는다. 평등주의자는 집단이나 지역공통체가 모든 갈등에 대한 통제권을 행사해야 한다고 믿는다. 계층주의자는 국가나 전문가에 의한 통제를 선호하는데, 특히 권위를 존경하고, 규제에 순응하기 때문에 톱다운 방식으로 상황에 대한 통제가 이루어지기를 원한다.

여섯째, 권력 프레임(power frames)은 권력의 원천에 대한 당사자들의 시각을 나타낸다. Lewicki et al.(2003)은 권력을 사회적 권위, 자원의 소유, 전문성, 성격(예: 카리스마, 협상경험 등), 연합(coalition) 또는 관계, 동정심, 힘과 위협, 도덕성, 공식적 참여를 통한 목소리 내기(voice at the table) 등의 9가지로 세분화하고 있다.

일곱째, 위험 프레임(risk frames)은 갈등 당사자가 해당 환경이슈와 관련된 위험의 수준과 유형을 어떻게 인식하는가를 나타낸다. 흔히 정부와 대중간에 위험에 대한 인식은 상당한 차이를 보인다.

마지막으로, 손익 프레임(gain vs. loss frames)은 위험에 대한 인식의 일종으로, 다른 사람들에 의한 행동이 자신들에게 손실을 가져오는지 또는 이익을 가져오는지에 대한 시각을 나타낸다. 해당 문제를 이익의 프레임으로 보는가 또는 손실의 프레임으로 보는가의 차이라고 할 수 있다(Tversky & Kahneman, 1980, 1981).

제3절 연구설계

1. 분석틀

본 연구는 청주시 화장장 유치 사례를 대상으로 갈등 단계별로 당사자들의 프레임 특성과 프레임 변화과정을 분석하는데 초점을 맞추고 있다. 이를 위해 본 연구는 청주시 화장장 유치 갈등을 '갈등 발생기 → 갈등 심화기 → 갈등 완화기'의 3단계로 구분하였다. 또한 갈등 단계별 당사자들의 프레임을 분석하기 위해 Lewicki et al.(2003)이 제시한 8가지 프레임을 ① 당사자와 상황에 대한 인식, ② 갈등 관리에 대한 선호, ③ 위험에 대한 인식의 3가지로 구분하였다.

〈표 3〉 분석을 위한 프레임의 재분류

구 분	주요 프레임 유형
당사자와 상황에 대한 인식	– 정체성 프레임(Identity Frames) – 특징부여 프레임(Characterization Frames) – 상황요약 프레임(Whole Story Frames)
갈등 관리에 대한 선호	– 갈등관리 프레임(Conflict Management Frames) – 사회적 통제 프레임(Social Control Frames) – 권력 프레임(Power Frames)
위험과 손익에 대한 인식	– 위험 프레임(Risk Frames) – 손익 프레임(Gain versus Loss)

이러한 프레임 분류에 기초하여 갈등 단계별로 주요 당사자들의 프레임을 확인하고, 지배적인 프레임(dominant frames)을 포함한 프레임 분석을 실시하였다. 이와 함께 갈등 단계별로 프레임의 변화 과정을 분석하였다. 본 연구를 위한 분석의 틀은 〈그림 1〉과 같다.

〈그림 1〉 분석틀

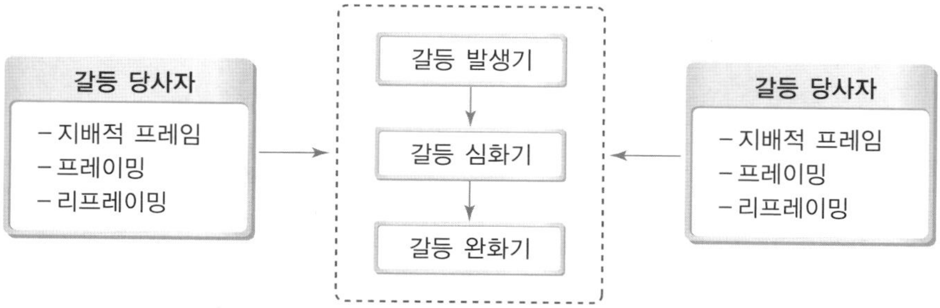

2. 프레임 분석 방법

Goffman(1974)에 의해 최초로 제시된 프레임 분석(frame analysis)은 지금까지도 하나의 완전한 방법론이라고 보기는 어렵다. 오히려 담론(discourse)이나 텍스트(text) 분석을 위해 이용되는 때로는 일부 상충되기까지 하는 다양한 방법들을 총칭하는 개념으로 볼 수 있다(Scheufele, 1999). 비록 프레임 분석이라는 포괄적인 명칭 하에 매우 다양한 접근방법들이 포함될 수 있지만, 방법론 관점에서 보면 질적 접근과 양적 접근으로 구분할 수 있다.

프레임 연구의 대부분을 차지하는 질적인 프레임 분석 연구들은 프레임에 대한 측정이나 조작화의 과정을 언급조차 하고 있지 않다. 사실 프레임 분석에서 가장 어려운 과정은 내면적이고 주관적인 속성을 지닌 프레임을 경험적으로 확인하고 측정하는 일이다. 질적인 프레임 연구에서는 어떤 탐구의 과정을 통해 특정한 프레임을 발견했는지 또한 어떻게 경험적으로 그것들을 측정했는지 평가하기 어렵다. 보고서, 신문 등 프레임 분석을 위해 이용된 원천들에 대해서만 간략하게 언급하고 있을 뿐이다. 대부분의 질적 연구들은 프레임 분석을 위해 담론분석(discourse analysis)과 사회언어학(sociolinguistics)의 기법들을 이용한다. 그 결과 연구의 객관성과 반복가능성(replicability) 측면에서 커다란 한계를 드러내고 있다.

프레임 분석에 대한 양적인 접근을 한 연구들은(대표적으로, Ferree et al., 2002; 주경일, 2002) 실증주의 관점에서 프레임의 조작화와 측정에 대해 분명히 하고 있다. 양적인 프레임 연구자들은 질적인 프레임 분석에서 연구자가 자의적으로 프레임을 만들어내는 '연구자 지시(research fiat)'의 문제를 비판한다. 따라서 양적 연구들은 프레임의 종류를 분명하게 구분하고 있으며, 프레임의 확인을 위해 분명한 표현, 키워드, 용어들을 지표로 이용한다. 프레임 그 자체는 잠재적인(latent) 개념이며 따라서 글이나 말 속에서 완전하게 표현되지는 않지만, 분명한 표현, 키워드, 용어들을 통해 상당 부분 확인 가능하다고 전제한다. 프레임 분석 과정에서는 가장 빈번하게 발견되는 표현이나 단어들을 정리하고 분류하는 작업이 무엇보다 중요하며, 이 과정에서 연구자 오류(researcher bias)를 방지하기 위해 표현이나 단어들에 대한 연구자의 해석은 지양된다. 흔히 복수의 코더(coder)들에 의존하기 때문에 코더들간의 신뢰도가 중요하며, 따라서 코더의 숙련도가 중요한 이슈이다.

본 연구는 갈등 단계별로 2차 자료를 대상으로 질적 담론분석(qualitative discourse analysis)을 주요 분석방법으로 하되, 양적 프레임 분석을 보조적으로 시행하는 방법론적 다각화(methodological triangulation)를 추구하였다.[2] 본 연구에서는 양적 프레임 분석을 위한 표집단위(sampling units)[3] 또는 기록단위(recording units)[4]로서 각 2차 자료상의 '용어' 또는 '단어'를 선택했다. 또한 상황단위(context units)는 동일한 용어를 사용했다고 하더라도 그 용어가 어떤 상황적 맥락에서 언급된 것인지를 구분하는데 사용되었다. 이러한 상황단위를 고려하여 본 연구에서는 동일한 용어라도 화장장 건설에 긍정적인지 또는 부정적인지 여부와 같은 상황적 맥락을 기준으로 용어를 분류하였다.

구체적으로, 수집된 자료들을 갈등 단계별로 분류하고 다시 주요 당사자별로 분류하였다. 이렇게 분류된 자료들을 대상으로 조작화된 8개 프레임 각각에 해당되는 단어와 표현들의 빈도를 측정하는 방법을 통해 갈등 당사자들의 프레임을 확인하였다. 단, 사회적 통제와 권력 프레임은 빈도 분석의 대상으로 적절하지 않아

---

2) 2차 자료는 갈등의 발생기에서 완화기에 이르는 장기간에 걸친 갈등에서 당사자들의 프레임의 변화를 분석하기에 적절한 자료를 제공하였다. 패널 연구를 수행하지 않는 이상 당사자들에 대한 인터뷰나 설문은 한 시점의 횡단면적인 프레임 분석에 적절하지만, 종단면적인 연구 방법으로는 커다란 한계를 지닌다.

3) 연구자가 관심을 가지고 있는 전체 내용으로부터 연구를 위해 선택되는 물리적 단위를 의미한다.

4) 내용분석의 기초단위로서 표집단위와 동일할 수 있다(Riffe, Lacy, & Fico, 1998). 본 논문에서는 표집단위와 기록단위가 동일하였다.

〈표 4〉 프레임의 분류 기준

프레임	분류 기준: 핵심적인 용어와 표현
정체성	– 집단과 그 구성원에 대한 의미부여 * 용어: 공동체, 지역주민, 우리, 결집, 이해관계, 분열, 연대, 수혜지역, 강경파, 온건파 등
특징부여	– 상대방과 그 구성원에 대한 의미부여 용어: 불신, 약속불이행, 책임 회피, 지역이기주의, 님비 등
상황요약	– 갈등 상황에 대한 종합적인 정의 * 용어: 님비, 지역이기주의, 일방적 희생, 결사반대, 이주요청, 건립반대, 다른 지역에 설치, 화장장 반대, 숙원사업, 죽은 도시, 혐오시설, 묘지 동네 등
갈등관리	– 선호하는 갈등관리 방법 * 용어: 불참, 대화 거부, 무력 저지, 반대운동, 집단행동, 반대시위, 반대집회, 항의방문, 거리유세, 가두시위, 현수막(플랜카드), 출입통제, 과격행동, 기자회견, 성명서 발표, 수익금의 지역개발 및 복지용 지원, 시의원, 국회의원의 협조, 국민고충처리위원회 의결, 화장장건립공사중지가처분, 견학 지원, 시민단체 의견 청취 등
위 험	– 위험의 수준과 유형에 대한 인식 * 용어: 분진, 매연, 냄새, 생업과 안전의 위협, 시설 노후화(대조되는 용어: 첨단 설비) 등
손 익	– 이익과 손실의 인식 * 용어: 지역이미지 실추, 지역발전 저해, 정신적 피해, 지가하락, 농산물 판매 감소, 예산낭비 등

프레임 분석에서 제외하였다. 〈표 4〉는 프레임의 확인을 위해 각 용어와 표현들을 어떻게 범주화했는가를 보여준다. 단순히 단어의 빈도에 의존한 프레임 확인 과정에서의 발생되는 1종 오류를 방지하기 위해 동일한 용어라도 상황적 단위를 고려하였다. 또한 동일한 단어가(예컨대 님비, 지역이기주의) 두 개 이상의 프레임으로 중복적으로 분류될 수 있는 문제를 방지하기 위해 더 중심이 되는 프레임으로 분류되도록 하였다.

3. 연구과정 및 범위

본 연구의 대상인 청주시 화장장 유치사례는 2003년 1월 23일 청주시장의 결정으로 청주시 화장장 조성계획을 수립·확정한 때부터, 2007년 10월 10일 청주 목련원이 준공되기 까지 약 5년간의 갈등 전개과정을 시간적 범위로 하였다.

한편 갈등 당사자의 경우, 화장장 건립이 논의되던 초기에는 후보지였던 월오동 주민, 낭성면 주민, 시민단체(청주시 환경연합, 청사모, 청주YMCA 등) 및 일반시민까지 다양했지만, 건립예정지로서 월오동 산 4번지가 확정된 이후로는 화장장 조성계획을 수립한 청주시청과 화장장 걸립예정지로 지정된 월오동 산 4번지 주민들이 주된 갈등의 당사자가 되었다.

당사자들의 프레임을 분석하기 위한 2차 자료로는 「청주목련원(화장장) 건립백서」(청주시, 2008)를 비롯하여 시민공청회, 발표문, 각종 토론회, 주민들의 성명서, 협정서, 월오지역 종합개발기본계획의 발췌 및 요약문 등이 이용되었다.[5)]

제4절 분석결과

1. 갈등 발생기

1) 사건 요약

갈등의 발생기는 2003년 1월 청주시가 화장장 조성계획을 수립 · 확정한 후부터 2003년 3월 초 청주시 상당구 월오동 산 4번지로 화장장 건립후보지가 확정 발표되기까지의 시기이다. 최초 화장장 입지 후보 6개 지역에서 당사자들 간의 대화와 사업추진 용이성 분석을 통해 최종 건립 후보지인 월오동 산 4번지로 후보지가 좁혀가는 시기라고 할 수 있다.

2) 프레임 분석결과

전체적으로 지역주민과 청주시 두 당사자의 지배적인 프레임이 전혀 다른 특성

---

5) 본 연구에서는 당사자들의 인식 프레임을 분석하기 위해 당사자들의 인식을 분석할 수 있는 다양한 자료들을 이용하였다. 다양한 자료를 활용함으로써 특정 자료에 전적으로 의존하는 것보다 내적타당도가 높은 연구를 수행할 수 있다고 판단된다. 다만 월오동 주민들과 관련된 자료에 한정함으로써 갈등 당사자의 확인에 주의하였다.

을 보였다. 주민들의 경우 연령에 따라 상이한 위험 프레임과 손익 프레임을 기반으로 정체성 프레임이 다르게 형성되었다. 반면 청주시의 경우 화장장 입지로 인한 사회 · 경제적 갈등 비용을 최소화하는데 초점을 맞추고 있으며 따라서 갈등관리 프레임이 지배적인 프레임으로 나타났다.

당사자와 상황에 대한 인식 프레임을 살펴보면, 이 시기에는 지역 주민 간에 '어디까지가 해당지역 주민인가?'에 대한 정체성 프레임이 형성, 붕괴, 재정의 되는 양상을 보였다. 화장장 조성계획 수립 초기, 15개 후보 지역에서 6개 지역으로 압축되는 과정에서 월오동 등 3개 지역이 후보지에 포함되었다. 화장장과 인접하게 될 자연부락인 월오동 주민들은 후보지역 구분 없이 기존의 연대감을 공유하며 자신들을 화장장 건설 시 가장 큰 피해를 보는 집단으로 규정하고, 다른 지역과 차별화를 시도하였다. 그러나 화장장 건립 후보지 3곳 중 제1후보지인 월오동 산 4번지가 최적지로 검토되면서, 주민들간의 집단적 동질성은 붕괴되고, 산 4번지가 소재한 월오동 1통을 중심으로 보다 분명한 정체성 프레임이 재형성되기 시작하였다. 월오동 1통 주민들로만 '화장장 건립반대 대책위원회'를 구성하고 조직적으로 "화장장 결사반대"를 선언함으로써, 정체성의 리프레이밍을 공식화하고, 프레임증폭(frame amplification)을 시도하였다.[6]

이러한 정체성 리프레이밍의 이면에는 보상의 문제가 내재되어 있었다. 화장장 건립 지역에 포함되는 경우 보상 수급권이 주어지므로, 해당지역 주민의 범위에 대한 결정이 매우 민감한 사안으로 부각되었기 때문이다. 따라서 월오동 1통의 경우, 화장장 건립반대 이슈에서는 월오동 2~5통과 동일한 정체성 프레임을 형성하였지만, 화장장 건립 시 보상 문제가 부각되면서 월오동 전체를 통합하는 정체성 프레임은 더 이상 유지되기 어려웠다.[7]

특징부여 프레임과 상황요약 프레임 간에는 상호작용이 분명하게 드러났다. 월

6) "월오동은 목련공원이 조성되어 있어 지역 이미지를 저하시키고 있고, 지역주민들도 재산적, 정신적으로 피해를 보고 있어 화장장 등 추가적인 장사시설의 설치를 결사반대한다 (화장장건립 시민공청회 자료, 2003.2.27)."

7) 또 다른 당사자인 청주시청은 갈등 과정 전반에 걸쳐 스스로를 '충분한 대화와 보상을 통해 갈등을 해결하고자 노력하는 공익의 대변자이자 민주적인 방법을 취하는 지방정부'로 규정하고 있을 뿐, 자치단체라는 특성으로 인해 정체성 프레임은 확인되지 않는다.

오동 주민들은 화장장 건립 반대의 모든 책임을 청주시에 귀착시킴으로써 갈등 상대방이 누구이며 또한 갈등의 원인이 어디에 있는가를 분명하게 규정하였다.

"월오동에 목련묘지공원을 조성할 당시 약속했던 사항도 전혀 이행되지 않고 있고, 더욱이.. 주민들은 생업과 안전에 위협을 받고 있으며, 생활하는 실정에 있어 월오동 주민들은 화장장 건립을 반대할 수 밖에 없는 것이며, 이 모든 것은 청주시의 책임이다(화장장건립관련 시민공청회 자료, 2003.2.27)."

상황요약 프레임의 경우, 지역 주민 간에는 연령에 따른 차이가 두드러졌다. 젊은 층은 월오동 화장장 건립의 필요성에 동의하면서 경제적 보상을 요구한 반면, 노년층은 청주시에 대한 불신을 바탕으로 화장장 건립 자체를 반대하였다(건립후보지 인근주민과의 대화, 2003.1.29).[8] 반면 청주시의 경우는 당시 정부가 추진하던 장묘문화 개선사업의 중요성과 월오동 화장장 건립의 정당성 및 필연성을 강조하며, 갈등 상황을 보상의 문제로 프레이밍하고자 하였다.

"건립예정지의 장단점을 비교한 결과 상당구 월오동 산4번지 일원이 최적지이다(건립후보지 인근주민과의 대화, 2003.1.29)."

"월오동 주민들은 농촌문화회관 건축, 다목적 광장 조성, 주민숙원사업 지원 등 많은 혜택을 받았음에도, 당초 요구 사항 중 식당운영권, 석물운영권 등이 아직 이행되지 않았다는 이유로 청주시 행정에 많은 불신을 느끼고 있다(화장장 건립관련 주민동향과 여론, 2003)."

갈등관리 선호 프레임의 경우, 지역주민과 청주시 모두 기본으로 시민공청회나 주민과의 대화에 참여하여 문제를 해결하고자 하는 '공동문제해결(joint problem solving)' 방식의 갈등해결을 희망하였다.[9] 또한 월오동 주민들은 월오동이 화장장

---

8) "화장장 건립의 필요성과 당위성은 인정하지만, 지역이미지 실추와 지역발전 저해를 불러오기 때문에 월오 지역 종합개발계획 수립 후 그와 병행하여 추진해야 한다 (건립후보지 인근주민과의 대화 중 젊은 층의 의견)."
"청주시에서 아직 월오동을 건립예정지로 확정 한 것이 아니므로 화장장 건립 그 자체에 대해서 반대하며, 반대를 적극적으로 표현하기 위해서는 화장장 건립시 분진 등의 피해가 예상되는 지역주민들과 연대하여 건립반대를 주장해야 한다 (인근주민과의 대화 중 노년층의 의견)."

건립지로 확정되면 분쟁(struggle)이나 시위를 통한 갈등해결을 시도할 것임을 시사함으로써 청주시에 대한 위협의 수단이 되었다. 사회적 통제 프레임의 경우, 당사자들 모두 지역 사회에 의해 갈등이 통제되기를 선호하기 때문에 상호의존성과 주인의식이 높은 평등주의자 프레임을 공유했다고 볼 수 있다. 권력 프레임의 경우, 프레임들이 복합적으로 형성되는 방식에서 집단별 차이가 두드러졌다. 월오동 주민들은 '의견을 같이하는 지지자'와 '압박'의 프레임을 병행한 반면, 청주시는 '전문성,' '자원소유,' '일반시민의지지,' '공익의 필요성'의 프레임들을 병행하였다.

마지막으로, 지역주민들 경우 위험 프레임이 손익 프레임보다 강력하게 작용하였다. 또한 주민들간에 화장장 건립으로 인한 건강과 환경적인 위험에 대한 인식에서 프레임 차이가 두드러졌다. 월오동 지역 주민들의 경우, 특히 노년층에서 분진 등의 피해와 관련된 부정적 위험인식이 강하게 형성되었다(건립 후보지 인근주민과의 대화, 2003.1.29). 반면 청주시는 일관되게 매연, 분진 등의 오염이 전혀 발생 되지 않는 현대식의 친환경적 화장장이라고 주장하면서 주민들의 위험 프레임을 변화시키려고 노력하였다.

마찬가지로, 손익 프레임의 경우에도 지역 주민들은 화장장 건설을 일관되게 손해로만 인식하는 반면, 청주시는 이익의 관점에서만 접근하였다. 지역 주민들간에는 화장장 건설에 따른 '지역이미지 실추,' '발전의 저하,' '분진 등의 피해,' '재산적 · 정신적 피해' 등의 손실과 관련된 인식만이 지배하였다(시민공청회 자료, 2003.2.27). 더욱이 손해에 대한 인식과 위험 인식의 강력한 상호작용으로 인해 화장장은 어떤 비용을 치루더라도 막아야만 되는 시설로 규정되었다. 반면, 청주시의 경우는 화장장이 설치되면, '도로 확장,' '기반시설 정비,' '주민숙원사업 지원,' '타지에서 화장시 드는 비용의 절감,' '최첨단 시설' 등의 경제적, 기술적 혜택의 관점에서 이슈를 프레이밍 하였다(시민공청회 자료, 2003.2.27). 〈표 5〉는 갈등 발생기의 당사자별 프레임들을 정리한 것이다.

---

9) "인근 지역 주민의 공감대 형성과 관련해서 시는 해당지역 주민 설명회를 통한 인근주민과의 지속적인 대화를 실시하고...화장장 건립과 관련된 사항은 인근 주민 누구와도 시기와 장소를 가리지 않고 대화할 것이다 (청주목련원(화장장) 건립백서, 2008)."

〈표 5〉 갈등 발생기의 프레임 정리

프레임	지역 주민	청주시
정체성	화장장 건립 시의 피해를 기준으로 주민 간 정체성 구분 –'화장장반대 대책위원회' 구성	–
특징부여	노년층: 청주시에 대해 부정적(불신) 청년층: 중립적	주민에 대한 불신, 그러나 보상을 통해 합의 가능
상황요약	청년층: 화장장 건립 필요성 인정, 다만 종합개발계획과 병행요구. 노년층: "화장장 결사반대"	'월오동은 화장장 건립의 최적지'
갈등관리	공동문제해결의 선호	
사회적통제	평등주의자 프레임의 공유	
권 력	–	장묘문화 개선의 필요성(사회적 권위)
위 험	분진 피해 예상(노년층)	현대식의 친환경적 화장장으로 위험성 없음
손 익	손해: 지역이미지 실추, 발전저하 등의 재산적 정신적 피해	이익: 도로확장, 주민숙원사업 지원, 타지에서의 화장 비용 절감

〈표 6〉은 갈등 발생기의 프레임 분석결과를 정리한 것이다. 지역 주민의 경우 전체 프레임 유형 중 위험 프레임(31.8%)이 가장 높은 비율을 차지하고 있으며, 다음으로 손익 프레임(18.2%), 정체성 및 상황요약 프레임(각 13.6%) 순으로 나타나고 있다. 반면 청주시의 경우에는 갈등관리 프레임(78.6%)이 압도적으로 많았고, 다음으로 손익 프레임(14.3%) 순으로 나타났다. 이러한 결과는 주민들 간에 화장장 건설의 위험과 손해에 대한 인식이 확산되면서, 부정적인 상황요약과 강력한 집단의식으로 이어지고 있음을 보여준다. 반면 청주시는 화장장 건설이 가져다 줄 혜택만

〈표 6〉 갈등 발생기의 프레임 분석결과

당사자		프레임												합 계
		정체성	특징부여	생활요약	갈등관리							위험	손익	
					공동문제해결	분쟁파괴폭력	재판	정치	권위	시장	합계			
지역주민	%	13.6	9.1	13.6	9.1	4.5	0.0	0.0	0.0	0.0	13.6	31.8	18.2	100.0
	(n)	(6)	(4)	(6)	(4)	(2)	(0)	(0)	(0)	(0)	(6)	(14)	(8)	(44)
청주시	%	0.0	7.1	0.0	57.1	0.0	0.0	0.0	7.1	14.3	78.6	0.0	14.3	100.0
	(n)	(0)	(1)	(0)	(8)	(0)	(0)	(0)	(1)	(2)	(11)	(0)	(2)	(14)

을 강조하면서 주민과의 공동의 문제해결 의지를 표명하였다.

2. 갈등 심화기

1) 사건 요약

갈등의 심화기는 월오동 산 4번지가 화장장 건립 예정지로 최종 확정된 2003년 3월부터 월오동 주민들로 구성된 '월오동 주민반대추진위원회'가 '월오동 주민협의체'로 전환된 2004년 6월까지이다. 이 시기에 월오동 주민들은 예고했던 대로 월오동이 화장장건립 후보지로 최종 확정 및 발표가 되자, 해당 지역 주민들은 '월오동 주민반대추진위원회'를 구성하여 청주시의 정책에 대한 적극적인 반대 활동을 벌이면서 갈등이 증폭되었다. 이 과정에서 월오동에 인접한 청원군 낭성면 주민들이 새로운 이해관계자로 등장하였다.

2) 프레임 분석결과

이 시기에는 지역주민과 청주시 모두 갈등관리 프레임이 지배적인 프레임으로 나타났으나, 구체적인 갈등관리 방안들에 대해서는 현격한 차이를 드러냈다. 주민들은 화장장 건립 백지화만이 갈등해결이라고 본 반면, 청주시는 신속하게 화장장 입지 결정을 하는 것만이 갈등의 비용을 최소화하는 방안으로 보았다. 이러한 상황인식의 토대 위에서 주민들은 화장장 건설을 저지하기 위해 집단적이고 물리적인 저항을 통한 갈등해결을 모색하였다. 반면 청주시는 화장장 입지 갈등을 이익과 보상의 관점에서 지속적으로 프레이밍함으로써 갈등 해결을 모색하였다. 동시에 지역 주민들을 대상으로 화장장이 혐오시설이라는 부정적인 인식을 감소시키기 위한 노력들을 전개하였다. 이러한 노력들은 점차 주민들의 프레임 전환을 이끌어내게 되었다.

정체성 프레임의 경우, 연령이나 화장장과의 인접성에 따라 지역 주민이 분열되던 양상을 보였던 갈등 발생기와는 달리, 이 시기에는 지역적 이해관계를 기초로 의식적인 정체성 리프레이밍이 이루어졌다. 청주시와의 갈등이 심화되는 상황에서 정체성 프레임의 붕괴는 집단적 결속력의 붕괴와 집단적 대항력의 상실로 이어질 것이 분명하였기에, 주민들간에 정체성 프레임의 재구축이 절실하였다. 2003년 3월 24일 월오동 주민들만으로 통합된 '월오동 화장장 반대추진위원회'가 구성되면서 월오동과 월오동 외 지역(산성동 것대마을, 낭성면 등) 간의 분명한 정체성 구분이 이루어졌다. 더욱이 화장장이 혐오시설임을 부각시킴으로써 월오동의 나머지 지역으로부터 가능한 한 많은 지지 세력을 결집시키는 프레임 증폭(frame amplification)이 이루어졌다.

특징부여 프레임을 살펴보면, 정체성 리프레이밍을 통한 집단결속력 강화 노력과 맞물려 연령 구분 없이 지역주민들은 한 목소리로 "청주시의 책임"을 주장하며, 청주시에 대한 강한 불신을 드러냈다. 이들은 청주시를 더 이상 신뢰할 수 없는 상대방으로 규정하였다.[10)]

상대방에 대한 부정적인 인식은 '화장장 결사반대'로 요약되는 상황 정의로 이어졌다. 그러나 시간이 흐르면서 '보상'의 관점에서도 갈등 상황을 접근하는 이중적인 상황요약 프레임이 나타났다. 지역주민들 간에는 "화장장 건립이 기정사실이라면 경제적 보상을 충분히 받아야 한다"는 상황요약 프레임이 점차 확산되었다.

> "13년 전 공원묘지 조성 시 약속한 미 이행사항이 선행되고 종합 개발시 제시된 사업을 추진할 시에는 화장장사업에 반대하지 않을 것이다(화장장사업 관련 정책세미나, 2003. 10. 23: 월오동 주민 박 ○○)."

갈등관리 프레임에서는 지역 주민과 청주시 간에 분명한 차이가 드러났다. 특히 '월오동 화장장 반대추진위원회'를 중심으로 시위나 투쟁, 정치적 압박을 주된 갈등관리 수단으로 사용하면서도, 동시에 전문가의 권위 의존, 공동문제해결 모색과 같은 보완적인 수단들이 이용되었다.[11)] 2003년 3월 20일 월오동 주민들은 인근

10) "시민들에게 의견조사도 없이 화장장 설치를 하겠다고 하였으며 주인들에게 혜택을 주는 대안도 내놓지 않았다 (월오지역 주민간담회, 2003.6.24: 부녀회장 김 ○○)."
"전직 시장이 약속한 사항(화장장을 만들지 않겠다는)은 존중되어야 하면 상황에 따라 바뀌는 것은 주민을 기만하는 행위다 (월오지역 주민간담회, 2003.6.24: 간사 박 ○○)."

11) "8월 1일의 화장장 현장설명회를 취소하지 않으면 무력으로 저지할 것이다 (화장장대책위 간담회, 2003.7.21, 김○○위원장)." "화장장 사업을 일방적으로 발표하였고 주민의 진정서에 대한 답변이 부실할 뿐만 아니라 주민의견 수렴 약속을 파기하는 등 월오 지역 주민들을 세 번이나 무시하였기 때문에 반대운동에 전력을 다할 것이다 (화장장대책위 간담회, 2003.7.21, 간사 김○○)."

지역주민들과 연대하여 국회의사당을 방문해 지역구 국회의원이 화장장 건립 반대에 나서줄 것을 요구하였다(청주시, 2008: 76). 2003년 6월 24일 월오 지역 주민간담회에서 주민들은 "한국행정학회 조사결과 충주화장장만으로도 앞으로 10~30년 이상 이용이 가능하다"는 의견을 제시하여(간담회, 2003b) 전문가의 권위에 의존한 갈등해결도 모색하였다.

반면 청주시는 공공기관의 특성상 토론회와 간담회를 주요 수단으로 하는 공동문제해결(joint problem solving)을 갈등관리 방법으로 선호하였으며, 동시에 화장장의 안전성에 대한 의식적인 리프레이밍을 시도하였다. 청주시는 일반시민들에 대해 장묘문화 개선 홍보를 지속적으로 실시하고, 월오동 주민들을 대상으로 국내외

〈표 7〉 갈등 심화기의 프레임 정리

프레임	지역 주민	청주시
정체성	지역기반 집단결속력 강화: 월오동 1통과 2~5통의 보상 지역 범위에 대한 논의 끝에 단일 집단으로 통합	–
특징부여	청주시에 대한 강한 불신	목련공원 설립 시 많은 혜택을 주었음에도 일부 불이행을 이유로 청주시를 불신: 보상을 통해 주민과의 합의가 가능
상황요약	초기: 화장장 결사 반대 후기: 약속의 이행, 경제적 보상	– 낙후된 지역개발 – 반드시 필요한 시설
갈등관리	– 시위와 저항을 주로 하며, – 공동문제해결, 전문가의 권위 활용, 정치적 청원 등의 수단을 보조적으로 활용	– 공동문제해결: 간담회와 토론회 – 청주시민 대상 홍보 – 월오동 주민들에 대한 장사시설 견학
사회적통제	지역사회에 의한 갈등 통제를 희망: 평등주의자(상호의존성-주인의식이 높음)	
권 력	물리적 자원, 주변지역과의 연합, 전문가 의견, 공식적 대화, 정치적 행동 등을 권력의 원천으로 활용	– 시민들의 긍정적인 여론, 자원을 기반으로 한 월오 지역 종합개발계획과 주민 견학제공 – 공식적 대화를 통한 목소리(voice at the table)
위 험	위험인식 높음(그러나 손익보다는 상대적으로 낮음)	현대식의 친환경적 화장장: 시설의 안전성
손 익	손해: 지역이미지 실추, 발전저하, 분진 등의 피해, 재산적 정신적 피해.	혜택: 도로확장, 기반시설 정비, 주민숙원사업 지원, 타지에서 화장시 드는 비용 절감, 최첨단 시설

의 장묘시설 견학을 통해 화장장 건립에 대한 긍정적 프레임을 확산시키고자 하였다(청주목련원(화장장) 건립백서, 2008).

위험과 손익에 대한 인식의 경우, 갈등 발생기와는 다른 양상을 보였다. 갈등 발생기에는 위험 프레임이 손익 프레임에 비해 주민들의 태도나 행동에 강력한 영향을 미쳤지만, 갈등 심화기에는 시간이 흐를수록 손익 프레임이 위험 프레임을 압도하는 양상을 보였다. 특히, 월오동 주민들간에 화장장 건설이 불가피하다는 인식이 확산되면서, 화장장 건설에 따른 경제적 보상 이슈가 부각되었다. 그 결과 위험보다는 손익에 대한 프레임이 지배적인 프레임으로 자리 잡게 되었다. 〈표 7〉은 갈등 심화기의 당사자들의 프레임을 정리한 것이다.

〈표 8〉은 갈등 심화기의 프레임 분석결과를 정리한 것이다. 지역주민의 경우, 전체 프레임 유형 중 갈등관리 프레임이 34.7%, 손익프레임이 21.1%, 상황요약 프레임이 15.8% 순으로 프레임의 비중이 높은 것으로 나타났다. 이처럼 갈등 발생기에 비해 정체성 프레임은 위축되는 반면 갈등관리 프레임이 확대됨을 알 수 있다. 그러나 분쟁이나 저항과 같은 갈등 관리 프레임이 지배적이어서 갈등이 심화되고 있음을 알 수 있다. 이처럼 갈등이 심화되고 있음에도 불구하고, 동시에 위험프레임 보다는 손익프레임이 확산됨으로써 갈등 해결의 가능성은 역설적으로 증대되었다.

〈표 8〉 갈등 심화기의 프레임 분석결과

당사자		프레임												합 계
		정체성	특징 부여	생활 요약	갈등관리							위험	손익	
					공동문제 해결	분쟁 저항	재판	정치	권위	시장	합계			
해당지역 주민	%	7.4	10.5	15.8	1.1	30.5	0.0	0.0	2.1	1.1	34.7	10.5	21.1	100.0
	(n)	(7)	(10)	(15)	(1)	(29)	(0)	(0)	(2)	(1)	(33)	(10)	(20)	(95)
청주시	%	0.0	11.5	0.0	38.5	7.7	0.0	0.0	11.5	26.9	84.6	0.0	3.8	100.0
	(n)	(0)	(3)	(0)	(10)	(2)	(0)	(0)	(3)	(7)	(22)	(0)	(1)	(26)

반면 청주시는 갈등 발생기와 비슷하게 갈등관리 프레임이 84.6%로 지배적인 프레임으로 확인되었다. 구체적으로, 공동문제해결방식이 38.5%, 시장에 의한 해결방식이 26.9%로 나타났다. 이는 화장장 건설 갈등을 경제적 보상의 문제로 접근함으로써 주민과의 공동문제해결이 가능하다는 시각을 보여준다.

3. 갈등 완화기

1) 사건 요약

갈등 심화기에서 갈등 완화기로 전환되게 된 원인은 크게 세 가지로 지적할 수 있다. 첫째, 2003년 6월 청주시는 '월오지역 종합개발기본계획'을 수립하고 지속적으로 주민간담회와 설명회를 개최하여 주민들을 설득하였다. 둘째, 2003년 12월부터 2007년 4월 까지 월오동 주민들을 대상으로 지속적으로 국내 장사시설 견학을 실시함으로써 주민들의 위험 인식이 감소했다는 점이다. 셋째, 일반 시민들에 대한 장기적인 홍보를 통해 화장장 건설에 대한 정책지지를 확산시켰다는 점이다. 이러한 요인들로 인해 월오동 화장장 건설이 점차 당연한 사실로 받아들여지게 되었다.

이와 같은 변화의 상징적 사건은 2004년 6월 '월오동 화장장 반대추진위원회'가 자체회의를 통해 '월오동주민협의체'로 전환된 사건이라고 할 수 있다. 갈등 완화기는 이 시기부터 최종적으로 화장장이 준공된 2007년 10월까지이다.

2) 프레임 분석결과

이 시기에는 갈등 초기부터 상당한 차이를 보였던 지역주민과 청주시간에 특징부여 프레임, 상황요약 프레임, 갈등관리 프레임, 위험과 손익 프레임이 유사해지는 특성을 보였다.

당사자와 상황에 대한 인식에서 월오지역 주민들은 갈등 심화기와는 상이한 프레임 특성들을 보였다. 특히 혐오시설에 대한 반대 이념보다는 보상 대상 여부가 주민들간의 정체성 프레임을 결정하는 보다 중요한 변수로 부각되었다. 월오지역 주민들은 집회를 열고 보상 대상지역에 낭성면을 포함시키지 말 것을 주장하면서 피해 당사자는 월오 지역주민 자신들에 한정됨을 재확인하였다(월오지역 주민 성명서, 2003.8.1). 또한 '월오동 화장장 반대추진위원회'의 지속적인 반대활동에도 불구하고 화장장 건립의 당위성과 지지가 확산되자, 2004년 6월 자체 회의를 통해 '월오동 주민협의체'로 정체성을 재정의 하기에 이르렀다. 정체성 프레임의 변환(frame transformation)을 통해 변화된 인식을 드러냄으로써 갈등상황이 해결될 수 있는 기회가 마련된 것이다(Lewicki et al, 2003).

특징부여 프레임의 경우, 청주시의 '월오지역 종합개발기본계획'의 발표, 주민설명회와 토론회 등을 통한 적극적인 주민의견 수용, 월오동 주민을 대상으로 한 전국 각지 장사시설 견학 등은 청주시에 대한 지역 주민들의 부정적인 인식을 감소시키는데 크게 기여하였다(청주목련원(화장장) 건립백서, 2008). 그 결과 지역주민들에게 청주시는 약속을 어기고 주민들의 희생만을 강요하는 집단으로부터 대화와 협상이 가능한 대상으로 리프레이밍될 수 있었다. 이러한 특징부여 프레임의 변화는 상황요약 프레임의 변화로 이어졌다. 화장장 건립에 대한 월오동 주민들의 반대는 점차 완화되었으며, '더 이상 반대는 무의미하며, 경제적 보상범위를 보다 구체화해야 한다'는 인식이 주민들간에 공유되기에 이르렀다.

지역주민과 청주시 간에 갈등 관리 프레임이 매우 이질적이었던 갈등 심화기와는 달리, 갈등 완화기에는 두 당사자의 갈등관리 프레임이 유사해지는 특성을 보였다. 당사자들의 갈등관리 전략이 수렴함으로써 갈등 해소의 가능성이 증대되었다. 월오동 주민들은 갈등관리 방법으로 분쟁이나 시위를 선호했던 갈등 심화기와는 달리 대화나 협상을 통한 공동문제해결을 선호하였다(청주목련원(화장장) 건립백서, 2008). 이러한 프레임 변화에 상응하여 청주시는 주민협의체 대표들과의 대화뿐만 아니라 각 통별로 주민설명회를 개최하는 등 적극적으로 공동문제해결 노력을 전개했다(청주목련원(화장장) 건립백서, 2008).

청주시는 또한 지역 주민들의 부정적인 위험인식을 리프레이밍하기 위해 주민들을 대상으로 여러 차례 전국 각지의 장사시설 견학을 실시하고, 지속적인 정책홍보도 실시하였다. 그 결과 화장장 건설로 인한 위험에 대한 주민들의 부정적 인식은 크게 완화되었고, 주민들은 위험보다는 손익 문제에 관심을 돌리게 되었다. 따라서 주민들에게는 '혐오시설 입지로 인한 경제적 · 정신적 손실'에 대한 충분한 보상이 가장 중요한 이슈가 되었다.

〈표 9〉 갈등 완화기의 프레임 정리

프레임	지역 주민	청주시
정체성	- 월오동과 기타 지역의 구분 - 프레임 변화: '월오동 주민반대추진위원회'에서 '월오동주민협의체'로 전환	-
특징부여	상대방에 대한 신뢰 증진, 대화의 상대로 인식	
상황요약	화장장 건립 시 경제적 보상부분에 대한 합의가 필요	
갈등관리	공동문제해결 방식으로 복귀	
사회적통제	지역사회에 의한 갈등 통제를 선호: 평등주의자(상호의존성-주인의식이 높음)	
권 력	공식적 대화에 참여해 목소리를 냄	
위 험	위험인식의 감소	현대식 친환경 화장장: 시설의 안전성
손 익	혐오시설로 인한 경제적 정신적 손실의 보상	혜택: '월오지역 종합개발 계획'에 따른 다양한 혜택

〈표 10〉은 갈등 완화기의 프레임 분석결과를 정리한 것이다. 지역주민의 경우, 전체 프레임 중 66.7%가 갈등관리 프레임에 집중되었으며, 그 중에서도 공동문제해결 방식이 50.0%로 가장 높은 비중을 차지했다. 청주시 역시 94.3%가 갈등관리 프레임에 집중되어있으며, 그중에서도 60.0%가 공동문제해결 방식으로 나타났다. 이처럼 공동문제해결에 대한 주민과 청주시의 프레임 공유는 '청주화장장 건립 추진 협정서' 체결로 이어짐으로써 갈등해소에 이르게 되었다.

〈표 10〉 갈등 완화기의 프레임 분석결과

당사자		프레임												합 계
		정체성	특징부여	생활요약	갈등관리							위험	손익	
					공동문제해결	분쟁파괴폭력	재판	정치	권위	시장	합계			
해당지역 주민	% (n)	0.0 (0)	7.1 (3)	2.4 (1)	50.0 (21)	11.9 (5)	2.4 (1)	2.4 (1)	0.0 (0)	0.0 (0)	66.7 (28)	11.9 (5)	11.9 (5)	100.0 (42)
청주 시청	% (n)	0.0 (0)	.0.0 (0)	0.0 (0)	60.0 (21)	0.0 (0)	2.9 (1)	0.0 (0)	0.0 (0)	31.4 (11)	94.3 (33)	0.0 (0)	5.7 (2)	100.0 (35)

4. 프레임 변화과정 분석

이상에서 갈등 단계 별로 프레임 분석결과를 제시하였다. 〈표 5〉에서 〈표 10〉까지의 내용을 토대로 갈등 단계별로 6개 프레임 차원에서 당사자들의 프레임이 동질적인 경우와 이질적인 경우로 구분하였다. 이를 통해 갈등 양상에 따른 당사자들의 프레임의 역동적인 변화를 분석할 수 있었다. 〈표 11〉은 갈등 단계별 당사자들의 프레임 변화를 종합 정리한 것이다.

〈표 11〉 갈등 단계별 프레임 변화과정 분석

시 기	프레임 비교분석
갈등 발생기	· 당사자와 상황에 대한 인식(불일치): 지역 주민들 간에 화장장 입지에 따른 피해를 기준으로 정체성 갈등 확대, 화장장 건립의 필요성에 대한 주민과 청주시 간의 상호불신 및 상반된 프레임 존재 · 갈등 관리에 대한 선호(일치): 갈등 해결 방법의 다양성이 낮고 당사자 모두 공동문제해결을 선호 · 위험과 손익에 대한 인식(불일치): 지역 주민의 경우 위험 및 손실 인식이 지배적이나, 청주시는 이익의 관점에서만 프레이밍 시도
갈등 심화기	· 당사자와 상황에 대한 인식(불일치): 당사자간에 상대방에 대한 신뢰도가 낮고, 특히 주민들은 갈등이 합의 불가능한 정도라고 인식. 화장장 건립의 필요성에 대한 주민의 불신 심화 · 갈등 관리에 대한 선호(불일치): 당사자가에 갈등관리 방안에 대한 현격한 인식차를 보임: 주민들은 갈등의 통제방식으로 시위와 저항을 선호한 반면, 청주시는 공동문제해결을 선호 · 위험과 손익에 대한 인식(불일치): 주민들 사이에 위험 프레임이 점차 감소하고 손익 프레임이 강화되는 경향을 보임
갈등 완화기	· 당사자와 상황에 대한 인식(일치): 당사자간에 상대방에 대한 신뢰가 증진되고, 대화의 가능성이 커짐. 당사자 모두 화장장 건립 시 경제적 보상에 대한 합의가 핵심 이슈가 됨 · 갈등 관리에 대한 선호(일치): 당사자 모두 공동문제해결 방식으로 복귀 · 위험과 손익에 대한 인식(일치): 주민들 사이에 위험 프레임이 최소화되고, 손익 프레임이 지배: 당사자 모두 화장장 입지에 따른 정당한 보상의 필요성 공유

〈표 11〉에서 보듯이 갈등 발생기에는 당사자들 간에 이질적 프레임이 동질적 프레임에 비해 약간 많은 것으로 나타났다. 이 시기에 당사자들 간의 프레임 차이는 갈등의 중요한 원인이 되고 있다. 갈등의 심화기는 당사자들 간에 상호불신이

확대되면서 동질적인 프레임보다는 이질적인 프레임이 압도적으로 많이 나타나는 시기이다. 특히 갈등 통제에 대한 선호 프레임이 전혀 다르게 형성되고, 다양한 권력 프레임을 이용하여 자신들의 입장을 강화하는 시기이다. 갈등 당사자 간에 분명한 프레임 차이는 서로에 대한 특징부여 프레임의 차이를 증폭시키는 요인으로도 작용하였다. 갈등 완화기에는 당사자들간에 인식의 프레임이 매우 비슷해지는 양상을 보였다. 갈등 발생기와 갈등 심화기를 거치면서 매우 이질적이었던 프레임들이 갈등 완화기에는 동질화되었음을 알 수 있다. 서로에 대한 신뢰가 증진되면서 특징부여 프레임의 차이가 줄어들었고, 갈등의 주요 원인 중 하나인 위험 프레임의 이질성이 크게 감소되었다. 그 결과 적절한 경제적 보상을 통해 화장장 입지 갈등을 해결할 수 있을 것으로 보는 손익 프레임이 당사자들 간에 공유되었다.

제5절 결 론

지금까지 몇몇 연구들이 청주시 사례를 비롯한 화장장 입지 갈등을 다루었으며, 또한 의미 있는 연구 결과들을 제시하였다. 박종구 · 최재실(2009), 이중훈 · 김동찬 · 김기황 · 석혜준 · 이만형(2007), 신범순 · 양승일 · 박주용(2006), 백종섭(2002) 등은 다양한 화장장 입지 갈등 사례분석을 통해 공통적으로 정책주체에 대한 신뢰, 정책결정 과정의 정보공개와 주민참여, 정책내용에 대한 주민들의 인식, 경제적 보상수준, 집행기술(즉, 화장장 관리)에 대한 신뢰 등을 갈등의 유발요인으로 지적하였다. 특히, 이중훈 · 김동찬 · 김기황 · 석혜준 · 이만형(2007)은 청주 화장장 갈등 분석에서 보상에 대한 주민들의 기대심리가 상승하면 화장장 입지의 찬성 비율을 감소시킨다고 주장하였다.[12] 보다 일반화된 관점에서 김도희(2004)는 님비시설 입지 갈등의 경우 사례에 관계없이 동일한 갈등구조를 보인다고 주장하였다. 이

12) 즉 기대심리의 상승은 요구수준을 높게 만들고 따라서 찬성비율을 감소시킨다는 것이다.

러한 중요한 발견들에도 불구하고 기존 연구들은 화장장 입지 갈등의 유발요인이나 갈등관리의 성공 요인을 단순히 확인하고 기술하는데 초점을 맞추고 있을 뿐, 갈등당사자의 인식(즉, 프레임)과 갈등 양상간의 역동적인 관계를 체계적으로 분석하고 있지는 못하다.

이러한 한계를 극복하기 위해 본 연구는 청주시 화장장 건립 사례를 통해 갈등 시기별 당사자들의 인식 프레임들을 8가지로 구분하여 비교 · 분석하였다. 분석 결과, 정책갈등 상황에서 당사자들은 다양한 인식 프레임을 가지고 있으며, 갈등이 진행되는 과정에서 인식의 프레임은 고정되기도 하고 또는 변하기도 하는 것으로 나타났다. 특히, 갈등 당사자들이 공통된 프레임을 지니고 있을 경우 갈등이 완화되는 반면, 프레임간 이질성이 증대될 경우 갈등이 심화됨을 확인 할 수 있었다.

또한 본 연구는 선행 연구들과는 차별화된 연구방법론을 적용하였다. 특히, 본 연구는 프레임 분석을 위해 질적 방법론과 양적 방법론을 결합함으로써 방법론적 다각화(methodological-triangulation)를 시도하였다. 기존의 담론분석 중심의 질적 방법론은 연구자의 주관이 강하게 개입됨으로써 연구 결과의 객관성과 반복가능성 측면에서 커다란 한계를 드러내고 있다. 본 연구는 담론분석을 프레임 분석의 주된 방법론으로 하되 양적 프레임 분석을 보완적으로 실시함으로써 단일 방법(mono-method)의 한계를 극복하였다는 점에서 커다란 의미를 지닌다.

공공갈등 관리에 대한 본 연구 결과의 중요한 정책적 시사점들은 다음과 같이 요약될 수 있다. 첫째, 갈등 당사자들 간의 프레임 차이는 갈등의 중요한 원인이 된다(Gray et al., 2002). 이상의 연구결과에 따르면 갈등 발생기에서 갈등 심화기로 갈수록 당사자들 간에 프레임 이질성이 커지는 것으로 나타났다. 특히 당사자들 간에 상호불신이 확대되면서, 갈등 관리에 대한 선호 프레임이 전혀 다르게 형성되었다. 이러한 프레임 차이는 갈등 당사자 간에 서로에 대한 특징부여 프레임의 차이를 증폭시키는 요인으로도 작용하였다. 이와는 대조적으로, 갈등 완화기에는 당사자들의 인식의 프레임이 매우 비슷해지는 양상을 보였다. 갈등 발생기와 갈등 심화기를 걸치면서 매우 이질적이었던 프레임들이 유사해짐을 알 수 있다. 서로에 대한 신뢰가 증진되면서 특징부여 프레임간 차이가 줄어들었고, 갈등의 핵심적인 원인 중 하나인 위험 프레임의 차이가 감소되었다. 이러한 위험 프레임의 동질화는 손익 프레임으로의 관심 전환을 불러오게 되었다.

둘째, 갈등의 모든 단계에 걸쳐 주민들이 일관되게 화장장 건립에 대해 손실의 프레임을 고수하였음에도 불구하고, 위험에 대한 프레임을 변화시킴으로써 갈등을 관리 가능한 수준으로 전환시킬 수 있었다. 이는 개인의 인식과 판단에서 위험 프레임이 손실 프레임에 비해 강력하고 지배적인 프레임으로 작용함을 보여준다. 청주시는 지역 주민들에게 국내외의 첨단 화장시설에 대한 견학 기회를 제공함으로써 환경오염과 같은 치명적인 위험에 대한 주민들의 부정적 인식을 리프레이밍 할 수 있었다.

셋째, 손실에 대한 적절한 보상이 이루어진다면 손실 프레임은 위험프레임에 비해 상대적으로 쉽게 리프레이밍될 수 있으며, 따라서 갈등의 해소 가능성은 커지게 된다. 손익 프레임의 변화는 주민들로 하여금 자신들이 겪게 될 손실이 경제적 보상으로 충분히 해결될 수 있는 수준이라고 인식하도록 만들었다.

넷째, 상대방에 대한 긍정적인 특징부여는 갈등 당사자간 공동문제해결의 가능성을 제고한다. 청주시는 화장장 건립 논의 초기부터 주민들과의 지속적인 대화를 시도함으로써 지역 주민들이 청주시에 대해 긍정적인 특징부여 프레임을 형성하도록 유도하였다. 상대방에 대한 긍정적인 평가는 공동문제해결의 가능성에 대한 기대를 산출하고, 따라서 분쟁이나 시위와 같은 집단적 행동을 억제하는 효과도 거두었다. 실제로 주민들이 청주시를 신뢰할 수 있는 대화의 상대로 인식하면서부터 갈등 해소의 가능성은 급속히 증대되었다.

이상의 중요한 정책적 시사점에도 불구하고, 본 연구의 한계를 언급할 필요가 있다. 청주시는 환경단체의 역할이 상대적으로 강력하지 않은 지역이며, 또한 지역언론은 화장장 건립 예정 지역 주민들의 의견을 소극적으로 보도하는데 그쳤다. 이러한 지역적 특성들로 인해 본 연구의 결과를 타 지역의 환경갈등 사례에 일반화하기에는 한계가 있다. 앞으로 이러한 요인들이 갈등 당사자의 인지적 프레임에 미치는 효과에 대한 보다 체계적인 연구가 필요할 것이다.

제 9 장

방폐장 입지 정책

▨ 정 지 범
(한국행정연구원 연구위원)

제1절 서 론

현대사회의 모든 시설은 경우에 따라 비선호시설이 될 수 있다. 주변 지역을 오염시킬 수 있는 쓰레기소각장 등 전통적 비선호시설들뿐만 아니라, 시장, 병원, 놀이공원 등도 다양한 이유에서 비선호시설로 받아들여 질 수 있다. 즉, 복잡한 현대사회에서는 어떠한 시설이라도 잠재적으로 누군가에게 비용을 유발할 수 있기 때문에 언제든 반대의 대상이 될 수 있다(Armour, 1991).

그럼에도 불구하고 그 시설이 다수의 편익을 위해 꼭 필요한 공공시설일 경우에는, 비록 일부의 반대가 있다 하더라도 설치를 강행할 수밖에 없다. 이러한 정책적 판단은 이른바 '최대 행복의 원칙'이라는 공리주의적 관점에 근거한다. 마이클 샌델(Michael J. Sandel, 2009) 교수가 예를 든 것처럼, 브레이크가 고장 난 전차 앞에서, 다섯 사람의 목숨이 위협받고 있는 어쩔 수 없는 상황에선, 전차의 방향을 바꿔 다섯 사람 대신 한 사람을 희생시키는 선택은 당연한 것으로 받아들여진다. 이와 같이 다수의 이익을 보호하기 위해 소수가 희생할 수 있다는 것은 공공시설을 둘러싼 입지갈등의 가장 기본적인 철학적 배경이다.

샌델(Sandel, 2009) 교수는 이 예를 좀 더 발전시켜 보다 극적인 상황을 제시한다. 만일 이 다섯 사람의 생명을 지키기 위해 이 사건에 전혀 개입되어 있지 않았던 철로 옆에 서 있던 어떤 사람을 밀어 철로를 막는 경우를 생각해보자. 이 경우도 한 사람이 희생하여 다섯 사람의 목숨을 구한 '공리적' 결단일 수 있겠으나, 아무리 명분이 옳다 해도 죄 없는 사람을 개입시켜 이용한다는 비난에 직면할 수밖에 없을 것이다. 이러한 비난은 공공시설 입지의 경우에도 그대로 적용된다. 예를 들어 국가적으로 꼭 필요한 시설이었던 방폐장 입지로 굴업도나 안면도를 갑작스레 선정한 것은 지역 주민들에게는 너무도 뜬금없이 일로 느껴졌다. 그리고 철로 밖에 서 있던 우리가 왜 다수를 위해 희생해야 하는가 하는 피해의식을 주었다. 또한 서울시에 꼭 필요한 각종 비선호 공공시설들을 경기도에 입지시키고[1] 제대로 된 보상도 하지 않는 경우 역시 마찬가지다. 이러한 예는 다수의 편익을 위한 공리적 기준에는 맞을 수 있으나 입지 선정 절차의 정당성이라는 측면에 있어서는 매우 부적절한 사례라 할 수 있다.

한편, 어떤 시설이 주변 사람들에게 건강상 위해를 줄 수 있는 잠재적 위험시설이라면 이에 대한 거부감은 더욱 심해지곤 한다. 일반적으로 여기서 등장하는 문제는 기술적 불확실성과 위험 커뮤니케이션(risk communication)의 효과이다. 예를 들어 1980년대 TMI 및 체르노빌 원자력발전소 사고를 겪으면서 원자력의 안전성에 대한 전문가와 일반인의 인식에는 엄청난 차이가 있었고, 전문가들은 일반인의 이러한 불안감을 비이성적 반응이며, 교육과 홍보를 통하여 극복해야 한다고 역설했다. 이러한 인식의 차이는 기술이 지속적으로 발전하고 국민들의 교육 수준이 높아지면서 자연스레 해결될 것이라는 기대감도 존재했다. 그러나 2008년 우리나라가 겪었던 광우병 촛불시위 사태나 지금도 계속되고 있는 경주 방폐장의 지질학적 안전성 논란을 보면 그 기대감이 잘못된 것이라는 것을 쉽게 알 수 있다.

이와 함께 어떤 입지의 문제는 편익의 분배 문제나 정당성의 문제가 아닌 매우 정치적인 현상이 되곤 한다. 예를 들어 행정수도 입지 문제를 둘러싸고 벌어졌던 세종시 논쟁은 문제의 본질을 떠나 매우 정치적인 방향으로 흘렀다. 행정수도 이전

1) 경기도 의회 주민기피시설대책특위에 따르면 서울시와 각 자치구들이 경기도 내에 운영 중인 기피시설은 화장장 등 추모시설 12곳, 하수처리장 등 환경시설 4곳, 요양원 등 복지시설 28곳 등 총 44곳에 이른다.

에 따른 효율의 측면이나 기업도시로의 변환의 경제적 타당성보다는 여러 정파와 지역의 정치적 입장이 갈리면서 타협보다는 대결을 택하게 되었다. 위험사회론의 선구자 중 하나인 울리히 벡(Beck, 1992)은 현대사회의 많은 문제들은 단 하나의 최선의 해결책이 주어지기보다는, 여러 가지 해결책들 중에서 하나가 집단적 정치작용을 통해 결정된다고 주장하였다. 그는 현대사회에서 "정치적 의사결정과정은 어떤 수준에서 이루어지건 간에, 그 합리성이 토론의 대상이 아니며 ... 어떤 현자나 지도자가 미리 결정한 모형의 강행 또는 실행으로 더 이상 이해될 수 없게 된다"(홍성태 역, 1999: 299)면서, 과학과 합리성에 대한 맹신보다는 다양한 이해관계자들과의 타협의 중요성을 강조하였다.

이와 같이 입지선정 정책의 문제는 공리주의적 입장에 따른 비용과 편익의 분배 문제, 입지선정의 절차의 정당성의 문제, 과학적 불확실성과 위험 커뮤니케이션의 문제, 그리고 다양한 이해당사자들과의 협의의 문제 등 다양한 관점에서 볼 수 있다. 본 논문에서는 특히 공공시설 입지정책 분야에서의 갈등과 조정의 문제를 이러한 다양한 프리즘을 통하여 살펴보고자 한다.

이를 위해 먼저 입지선정 과정에서 발생하는 갈등의 원인을 형평성의 문제와 절차의 문제로 크게 나누어 설명할 것이다. 이러한 문제의 구분은 각각 경제적 문제, 행정 · 계획적 문제, 그리고 심리 · 사회 · 정치적 문제 등 학문 분과적 접근을 통해 입지갈등 문제를 이해하려는 노력으로 해석할 수 있다. 그리고 이러한 이론을 실제 사례에 적용하여 효과적 입지갈등 해결을 위한 기본적 원칙을 제시할 것이다. 사례 분석은 우리나라 입지갈등 문제에 있어 가장 대표적인 사례라 할 수 있는 방사성폐기물처분장(이하 방폐장) 사례를 활용할 것이다. 사례 분석 방법으로 방폐장 입지 문제 해결에 있어 세계적 모범사례로 볼 수 있는 스웨덴 고준위방폐장 사례와의 비교 분석 방법을 활용하여, 시사점을 보다 명확히 할 수 있도록 노력할 것이다.

제2절 비선호 공공시설 입지갈등의 원인[2)]

1. 경제학적 관점: 형평성의 문제

비선호 공공시설은 '사회통념상으로 혐오 또는 기피하는 시설'로 이른 바 '혐오시설'의 특징을 갖는다. 보다 일반적인 도시계획적 용어로서 이와 같은 시설들을 '지역적으로 원하지 않는 토지 이용(Locally Unwanted Land Uses)', 즉 LULUs라 명칭하기도 하고(Popper, 1985), 님비(NIMBY)[3)] 시설이라고 표현하기도 한다. 이러한 시설들은 일반적으로 두 가지 형태로 구분이 가능한데, 하나는 주민들의 삶의 질과 재산 가치에 영향을 미칠 수 있는 것이고, 다른 하나는 환경과 건강에 잠재적으로 영향을 끼칠 수 있는 것들이다. 전자의 예로는 노숙자 쉼터, 중독자치료시설, 정신병원, 교도소, 임대주택 등을 들 수 있고, 후자의 예로서는 발전소, 변전소, 쓰레기 처리시설, 방폐장 등을 들 수 있다(Schively, 2007).

비선호 공공시설들은 일반적으로 건강상의 위험을 줄 수 있다는 공통적인 특성 외에도, 땅값 등 재산가치의 하락; 일단 입지한 시설은 다시 내보낼 수가 없음; 소음, 교통, 악취 등으로 인한 삶의 질의 저하; 지역 이미지의 실추; 지역 자치단체의 서비스 및 예산의 과도한 부담; 심미적인 거부감 등 다양한 문제의 원인이 되곤 한다(Sandman, 1986; Schively, 2007). 그런데 공공시설이라는 특징을 고려할 때 이러한 시설들로 인한 편익은 고르게 분포되는 반면, 이로 인한 비용은 입지 지역 주변으로만 한정된다(Armour, 1991). 즉, 시설로 인한 비용과 편익의 불일치 현상이 발생한다는 것인데, 이는 비단 공간적으로 한정되는 문제가 아니다. 경우에 따라서는 이러한 비용과 편익의 불일치가 시간적으로도, 그리고 집단적인 차이로도 발생할 수 있다. 이 절에서는 이러한 비용과 편익의 불일치를 시간, 공간, 집단적 차이에서

---

2) 본 절의 내용은 「공익시설의 입지와 운영 갈등의 제도 개선 연구」(김동영 · 김광구 · 정지범 · 박재근, 2009)의 내용은 본 저자의 집필 부분을 발췌, 재정리한 것이다.

3) 최초 님비라는 용어는 오헤어(O'Hare)의 1977년 논문 'Not on my block you don't: facility siting and the strategic importance of compensation'에서 비롯되었다고 알려져 있다 (Armour, 1991).

살펴본다.

1) 공간적 불평등성

경제학적으로 입지 갈등의 근본적인 원인은 해당 시설로 인한 편익과 비용이 불일치된다는 점이다(Sandman, 1986). 일반적으로 비선호 공공시설 설치에 따른 편익(benefits)은 국가 전체 또는 해당 지역 전체에 고르게 분포되는 반면, 이에 따른 부정적 영향(비용; costs)은 입지 주변 지역 주민들에게 집중된다. 물론 전체 지역을 놓고 볼 때 편익의 총량은 비용의 총량에 비하여 월등하게 높지만, 이러한 공리적 판단에 따른 정책이 직접적 피해를 받게 되는 인근 거주민의 반발을 누그러뜨리기는 힘들다. 즉, 지역 주민들은 시설의 필요성은 인정한다고 할지라도, 이러한 상황에 대하여 매우 부당하다고 인식하고 정부의 행정행위에 반발하면서 갈등이 발생하게 된다.

만일 입지할 시설이 환경이나 건강상의 피해를 야기할 것으로 우려되는 발전소, 변전소, 폐기물처리장, 화장장, 방폐장 등일 경우, 지역 주민의 심리적 우려감(risk perception)이 높아지게 마련이다. 이는 결국 지역주민들이 심리적으로 느끼는 비용(perceived cost)을 더욱 크게 만들게 되고, 이로 인한 주민들의 반발은 더욱 확대될 가능성이 높다. 비선공 공공시설로 인한 비용과 편익의 공간적 분배를 그림으로 나타내면 아래와 같다(그림 1).

〈그림 1〉 시설 입지에 따른 공간적 불평등의 분배

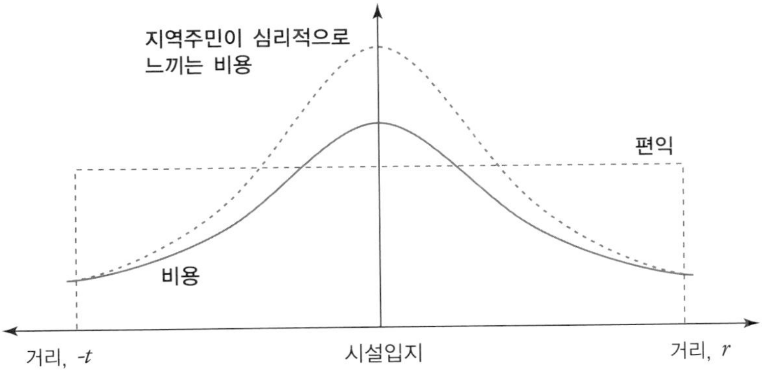

그렇다면 비선호 공공시설 입지를 둘러싼 지역주민과의 갈등은 어떻게 해결할 수 있을까? 가장 합리적이면서도 일반적인 방법은 바로 시설 주변 지역의 주민들이 받게 될 비용과 편익의 괴리를 보상을 통하여 해결하는 것이다. 우리나라의 경우에도 다양한 비선호 공공시설 설치에 따른 지역주민들의 피해를 보상하기 위해, 지역 인프라에 대한 투자, 주민직접지원, 다양한 간접적 인센티브의 제공 등을 활용하고 있다. 다만 이러한 보상이 과연 어느 정도가 적당한지에 대해서는 많은 논란이 존재한다. 앞의 그림에서도 제시된 바와 같이 일반적으로 지역 주민들이 심리적으로 느끼는 피해는 실제 피해보다 훨씬 과장된 경우가 많기 때문에 정부가 제공할 수 있는 최고의 보상액조차 부족하다고 느끼는 경우가 많기 때문이다. 실제로 경주방폐장 사례의 경우, 정부와 전문가들은 3,000억원 및 한수원 본사 이전이라는 인센티브가 너무 과한 면이 있다고 주장하는 반면, 경주시와 지역 주민들은 실제로 지원되는 것은 거의 없는 알맹이 없는 보상이라고 불평을 한다.

2) 시간적 불평등성

한편 어떤 시설들은 당장 현재에는 많은 이익을 가져다 줄 것처럼 보이지만, 이는 비용을 다음 세대(next generation)에 전가한 것에 불과한 경우가 있다. 이러한 관점은 주로 환경적 측면에서의 비용을 고려할 때 발생하는 경우가 많으며, 환경단체나 시민단체가 주된 갈등의 주체가 된다. 그리고 이러한 논쟁은 결국 환경에 대한 '개발'이냐, '보존'이냐에 대한 것일 수 있다. 우리나라의 대표적인 사례로는 천성산 도롱뇽 갈등이나 새만금 사업을 둘러싼 갈등 등을 들 수 있을 것이다.

또한 보는 관점에 따라 다를 수가 있지만, 이러한 시설의 대표적인 예는 아마도 원자력발전소가 될 것이다. 즉, 당장 현재에는 전력 소비를 충당하기 위해서 꼭 필요하며, 이에 따른 비용은 대용량의 전력 생산이라는 혜택과 비교하면 매우 작을 수 있다. 그러나 환경적 관점을 고려한 장기적인 관점에서 볼 때, 향후 원자력발전소의 해체 비용, 사용 후 핵연료의 처리 문제, 아직까지는 알 수 없는 환경적 불확실성의 문제의 처리 등에 필요한 막대한 비용을 결국은 후세에 전가해 놓은 것에 불과할 수도 있을 것이다. 따라서 이러한 시설은 혜택과 비용의 괴리가 시간적으로 펼쳐진다고 볼 수 있다. 비선호 공공시설로 인한 비용과 편익의 시간적 분배를 그림으로 나타내면 아래와 같다(그림 2).

〈그림 2〉 시설 입지에 따른 시간적 불평등의 분배

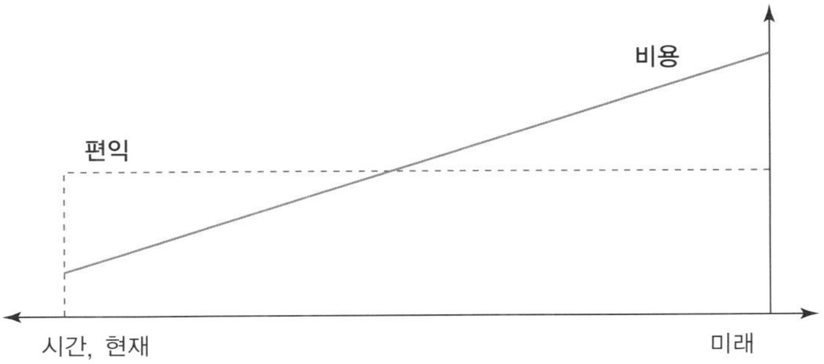

원자력발전소의 경우, 특히 다음 세대에 비용으로 전가되는 방사성폐기물의 처리를 위한 비용을 기금(방사성폐기물관리기금)[4] 형태로 적립하여, 시간적 불평등의 문제를 해결하려하고 있다.

3) 집단적 불평등성

어떤 시설은 그 지역에 거주하고 있는 특정 집단에는 이익이 되지만, 다른 집단에게는 오히려 불이익을 주는 경우가 있다. 사회통념상 비선호시설들은 일반적인 지역 주민들에게 비용으로만 생각되지만, 그 시설로 인하여 일부의 사람들은 일자리를 얻고, 상인들의 매출이 증가할 수 있다. 이러한 경우에는 일반적인 민-관 갈등 형태가 아닌 민-민 갈등이 문제가 될 수 있을 것이다. 2008년 속초시가 추진했던 교도소 유치 사업의 경우, 속초시번영회, 속초상공회의소, 속초 소기업소상공인연합회 등은 교도소가 상주인구 1,000여명에 연간 200억 가량의 자금이 유입된다면서 유치를 촉구했다. 반면 유치 예정지역 주민들은 반대의사를 분명히 하면서 민-민 갈등 형태로 사태가 진전되었다(조선일보, 2008; 연합뉴스, 2008). 최근 경주

4) 우리나라의 경우 '방사성폐기물 관리법'을 통하여 방사성폐기물 및 사용후핵연료를 발생시키는 자가(polluter's pay) 발생량에 따라 관리비용을 지불하고, 이를 기금형태로 적립하고 있다.

교도소 폐쇄 건에 대해서도 경주지역통합발전협의회는 지역주민들과는 달리 지역 경제가 침체될 우려가 있다면서 반대 의사를 분명히 했다(서울신문, 2010).

〈그림 3〉 시설 입지에 따른 집단간 불평등의 분배

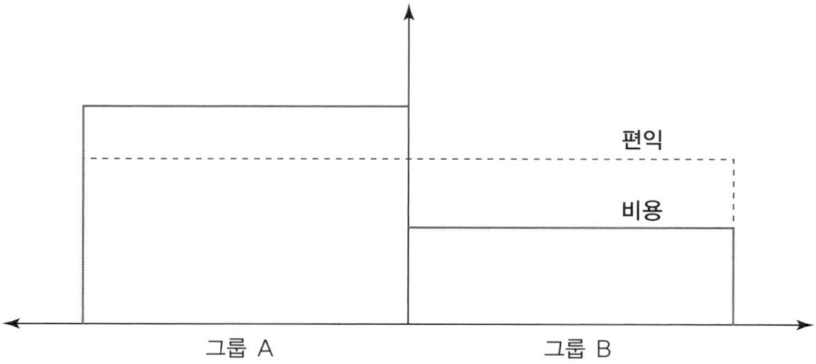

2. 행정 · 계획적 관점: 절차의 문제

행정학이나 계획학(Planning)의 관점에서 볼 때, 비선호 공공시설의 입지갈등은 정부의 폐쇄적이고 일방적인 정책결정에 기인한다. 이러한 폐쇄적 입지선정 방식(closed approach)은 일반적으로 전문가의 기술적 판단을 중심으로 이루어지는 하향적(top-down) 과정이다. 이 방식은 DAD(Decide-Announce-Defend)라는 이름으로 불리기도 하는데, 여기서 입지선정은 계획입안자의 주도로 다음과 같은 형태로 진행된다. "① 목표 설정(goal identification), ② 프로젝트 특성 정의(project characterization), ③ 입지 평가 기준 마련(selection of site specific evaluation criteria), ④ 입지 및 지역 선별(area and site screening), ⑤ 입지 선택 및 평가(site assessment and selection), ⑥ 최종 상세 설계(final detailed design), ⑦ 입지선정(site decision)" (Kuhn and Ballard, 1998: 535). 그리고 입지가 결정되면 예정 지역에 입지 선정사실을 발표하고(Announce), 주민들을 대상으로 교육과 홍보를 통한 위험소통(risk communication) 과정을 통하여 주민들의 반발을 무마하려 노력한다(Defend). 그러나 이러한 전문가 주도의 기술적 판단은 합리적이고 과학적일 수 있으나 지역 주민을 비롯한 여러 이해당사자들과의 협력 관계 부족으로 인해, 갈등이 발생하고 결국 실패로 끝나는 경우가 많다.

반면 개방적 입지선정 방식(open approach)은 전문가, 계획 입안자 중심으로 입지를 사전 선택하는 것이 아니라, 자발적으로 지원한 지역들만을 잠정적 입지로 한정하고 입지선정 절차를 진행하는 것을 원칙으로 한다. 이러한 개방적 절차 역시 일곱 단계로 구분이 가능하며 다음과 같이 구분할 수 있다. "① 일반적 환경 기준 마련(establish general environmental criteria), ② 대중과의 광범위한 협의(broad public consultation), ③ 참여 요청(invitation to participate), ④ 이해당사자와의 협의(consultation with interested communities), ⑤ 입지 조사(site investigations), ⑥ 주민 투표(community referendum), ⑦ 입지 결정(site decision)" (Kuhn and Ballard, 1998: 536). 이러한 개방적 절차는 주민들에게 거부권(veto power)을 부여하곤 하며, 주민 투표를 통하여 대다수의 주민들이 찬성할 때만 입지를 확정한다. 이는 지역주민들의 자발적 참여와 협조적 자세를 강조하기 위한 방편이며, 힘의 균형이 계획입안자에게 과도하게 부여되는 것을 막기 위한 장치로 해석이 가능하다.

비선호 공공시설, 특히 위험하다고 판단되는 시설의 입지선정 절차에 있어 가장 중요한 다른 하나의 요소는 위험소통(risk communication)의 문제이다. 대중들은 어떠한 위험에 대하여 객관적, 과학적 증거에 따른 판단을 하기보다는 개인들의 사적 경험을 통한 주관적 판단을 통해 실제 위험을 과대평가하거나 과소평가하곤 한다. 보다 구체적으로 살펴보면, 대중들의 위험지각(risk perception)은 그 위험이 가지고 있는 통제성, 자발성, 친숙성, 두려움 등의 특성에 따라 매우 달라진다(Slovic, 1987). 즉, 일반 사람들은 자신이 스스로 선택하였고, 친숙하며, 통제가능한 것들(흡연, 음주, 오토바이 타기 등) 보다는, 외부로부터 주어졌고, 낯설고, 개인의 통제가 어렵다고 판단되는 것들을(대표적으로 방폐장, 광우병 등) 더 위험하게 느낀다는 것이다.

이러한 현상에 대하여 위험지각 연구자들은 과학자나 관료와 같은 전문가(experts)와 일반인(lay person)이 가진 위험지각의 차이와 그들 사이의 괴리를 갈등의 주요 원인으로 인식한다. 이러한 전문가와 일반인의 위험지각의 차이는 위험정책에 있어 위험소통(risk communication)의 중요성을 부각시켰으며, 두 집단 사이의 위험지각의 간격을 줄이기 위한 여러 계몽적인 방법(교육, 홍보 등)의 도입에 대하여 강조하였다. 결국 입지선정 과정에 있어서도 대중의 이러한 위험지각 특성을 고려하여 효과적인 소통전략의 마련이 필요할 것이다.

제3절 입지갈등 사례 비교 연구

본 절에서는 앞에서 제시한 입지갈등을 둘러싼 형평성의 문제 및 절차의 문제를 보다 구체적으로 살펴볼 수 있는 방법으로 사례 연구를 시도한다. 사례 분석 대상은 우리나라의 중저준위 방폐장 사례와 스웨덴의 고준위 방폐장 사례를 선정하고 이를 서로 비교 · 분석하는 형식을 취할 것이다. 본 연구에서 다른 여러 비선호 공공시설 중에서도 특히 방폐장 사례를 택한 것은 이 사례가 우리나라뿐만 아니라 스웨덴에서도 20년 이상 해결되지 않았던 대표적 갈등 사례이며, 사례의 해결 과정에서 개방적 입지선정 방식의 주요 요소를 단계적으로 적용하여 입지 갈등 문제 해결에 있어 매우 구체적인 시사점을 던져주기 때문이다.

1980년대 이래로 원자력 관련 시설은 여러 비선호시설 중에서도 가장 "두렵고–낯선(Dread – Unknown)" 시설로 지역 주민의 반대가 극심하였다. 심리측정(Psychometric) 방법을 활용하여, 위험 특성에 따른 위험지각을 연구했던 학자들은 원자력 관련 위험의 특성은 매우 비자발적이고, 알 수 없고, 지연되어 있으며, 낯설고, 제어할 수 없고, 치명적이고, 두려우며, 재앙적 성격[5)]이 있다고 주장하였다(Fischhoff et al. 1978; Slovic, 1987). 결국 대중들의 "원자력에 대한 위험지각은 여러 다른 위험과는 질적으로 다른"(Fischhoff et al., 1978: 98) 매우 심각한 것이었다. 물론 최근에는 원유값 상승 및 기후변화 대응 등의 영향으로 원자력 관련 국민 인식이 긍정적으로 변화하는 현상이 확인[6)]되기도 하지만, 원자력 관련 시설은 여전히

5) Nuclear risk is highly involuntary, unknown, delayed, new, uncontrollable, fatal, dread and catastrophic.

6) 실제로 2005년 국제원자력기구(IAEA)가 발표한 18개국 국민의 원자력에 관한 여론조사 결과에 따르면, 한국인이 원자력에 대한 지지도 및 기후변화대응에 있어 긍정적인 측면을 가장 높이 평가하

대표적인 비선호시설로 볼 수 있다. 더구나 방폐장 관련 사례는 원자력의 특성과 함께 폐기물의 특성이 혼합되어 더욱 첨예한 갈등 양상을 보이곤 한다.

1. 우리나라 경주 방폐장 사례

우리나라의 방폐장 입지 선정 사례는 1986년 원자력법 개정으로 방사성폐기물 관리에 대한 법적기반이 마련된 이후, 2005년 경주 입지가 결정되기까지 약 20년간 표류했던 가장 대표적인 갈등 사례이다. 경주 방폐장 선정을 둘러싸고 벌어졌던 주요 사건들은 다음의 표와 같이 정리할 수 있다(표 1).

이상의 입지를 둘러싼 과정을 폐쇄식-개방식 절차 및 보상이라는 관점에서 살펴보면 〈표 1〉에 제시한 바와 같이 크게 3단계로 구분이 가능하다. 각 단계의 특징과 주요 사건을 살펴보면 다음과 같다.

1) 제1기(1986~1993): 전형적인 DAD식 접근

1978년 고리 1호기의 상업운전을 시작으로 원자력발전을 시작한 우리나라는 지속적 원자력 드라이브 정책을 펼쳐왔다. 그 결과 2010년 현재 우리나라 전력의 약 40%는 원자력발전이 책임지고 있으며, 영광, 울진, 경주, 고리의 4개 지역에 총 20기의 원자력발전소가 가동 중이다. 우리나라에서 본격적으로 방사성폐기물의 관리 및 처리에 대하여 관심을 갖게 된 것은 1983년 '방사성폐기물 관리사업 대책위원회'의 설립을 출발점으로 볼 수 있다. 그 후 1986년에 개정된 원자력법은 "제조자 부담(Polluter's Pay Principle; PPP)"의 원칙을 명시하여 방사성폐기물의 처리에 대한 한전(현재 한국수력원자력)의 책임을 명확히 하였다. 이에 따라 한전은 발전 중에 발생한 방사성폐기물 처분을 위한 기금을 조성(현재 방사성폐기물 관리 기금)하기 시작하였다.

당시의 사업은 원자력연구소가 사업의 주체가 되었고, 과학기술처가 주관부서가 되어 영구 처분에 적합한 입지를 찾는 것에 중심에 두었다. 이 당시의 사업 방식

고 있다. 이 조사의 결과는 다음과 같다. (1) 원자력은 안전, 더 지어야 함(52%); (2) 있는 것은 사용하지만 추가 건설은 중단(34%); (3) 원자력은 위험, 모두 폐쇄해야 함(12%) (GlobeScan Inc., 2005).

〈표 1 〉 경주 중저준위 방폐장 관련 주요 사건 연표

단계	년 도	사 건
1기	1986	원자력법 개정을 통한 방폐물 처리에 대한 법적 기반 마련 – 발생자부담(Polluter's Pay) 원칙 확립, 기금 설립
	1986 ~1989	원자력연구소 중심으로 전국을 대상으로 문헌 및 현지조사를 실시하여 경북 울진, 영덕, 영일을 후보지로 선정. 주민반대로 지질조사 중지
	1990 ~1991	원자력연구소의 비공개 조사를 통하여 충남 안면도를 선정하고 제2원자력연구소와 함께 설치를 계획. 안면도 주민의 격렬한 반대(안면도 사태)로 인하여 결국 철회됨.
	1991	강원 고성 · 양양, 경북 울진 · 영일, 전남 장흥, 충남 안면 등 6곳을 방폐장 후보지로 발표하였으나 주민 반대로 실패
2기	1994	94년 6월「방사성폐기물 관리사업의 촉진 및 그 시설 주변지역 지원에 관한 법」 발효 – 입지 주변 지역 지원 근거 마련 경남 양산, 경북 울진 유치 신청. 주민반대시위로 무산
	1994 ~1995	경기도 옹진군의 굴업도 방폐장 후보지 발표. 환경운동 단체 및 인근 덕적도 주민들의 반대 및 활성단층 발견으로 백지화
	1997.1	방폐장 부지선정 주무부처를 과학기술부에서 산업자원부로 이관, 사업시행주체도 한국원자력연구소에서 한국전력으로 이관
	1998.9	원자력위원회, 방폐장 입지선정을 정부주도방식에서 유치공모방식으로 변경
	2000 ~2001	지자체 유치공모 시작, 영광 등 7개 지역에서 유치공모가 있었으나 지자체장들의 반대로 실패
	2001.4	전력산업구조 개편에 따라 한국전력의 발전부문이 6개 자회사로 분리됨. 방폐장 사업은 한국수력원자력이 담당
	2003.2	경북 영덕 · 울진, 전남 영광, 전북 고창 등을 후보지로 발표하였으나 단체장을 중심으로 한 조직적 반대로 백지화
	2003.4	국무회의를 통하여 3,000억 지원 및 한수원 본사 이전, 양성자가속기 사업 연계 추진 등 강력한 보상 정책 발표
	2003.7 ~2004.9	부안군수 단독으로 유치 신청(지역주민들과 지방의회는 반대) 정부는 부지선정위원회를 통하여 부안 위도를 최종후보지로 선정 그러나 강력한 주민들의 시위(부안 사태)로 백지화
3기	2003.12	정부, '부지선정과정에 주민투표 도입' 방침 발표
	2004.12	원자력위원회, 중저준위방폐물과 고준위방폐물의 분리처리 방침 발표
	2005.3	「중저준위방사성폐기물 처분시설의 유치지역 지원에 관한 특별법」제정 – 입지지역에 대한 지원 명문화
	2005	산자부, 부지선정 절차와 진행일정 확정 및 유치 공고 유치공고 후 경주, 군산, 영덕, 포항이 의회 동의를 통해 신청
	2005.11. 2	4개 지역 주민 투표 실시, 찬성율이 가장 높은 경주시를 최종 부지로 선정

자료: 김길수(2007), Chung et al(2008, 2009)에서 수정 보완.

은 전형적인 DAD 방식을 따랐다. 즉, 원자력연구소를 비롯한 기술전문가 집단은 비공개를 원칙으로 지질학적으로 가장 적합한 입지를 찾기 위해 노력하였다. 그리고 이를 통해 선정된 적합지를 전격적으로 발표하고, 이후 적극적 홍보활동을 통해 주민들의 반대를 무마시키려 노력하였다. 그러나 주민들의 반발은 항상 정부의 예상을 뛰어 넘었다. 대표적으로 1990년 벌어졌던 안면도 사태의 경우, 마을 이장들의 집단 사표, 학생들의 등교 거부, 대규모 시위와 안면지서 방화 사건까지 벌어지며, 폭력시위의 형태로까지 진화하였다. 이러한 격렬한 반대로 인하여 결국 당시 책임자였던 과기처장관이 사퇴하기에 이르렀다.

이러한 방식의 철학적 배경은 다수의 공익을 위해서는 소수의 희생은 불가피하다는 전형적인 공리적 관점으로 볼 수 있다. 또한 절차적 특징은 전문가의 과학적 판단을 바탕으로 하는 하향적, 폐쇄적 방식으로 이해당사자와의 협의 과정은 전혀 포괄하지 못하였다. 물론 안면도 사태 이후 정부의 일방적 추진의 문제점이 지적되어, 지역주민들과의 협의를 강조하고 공개적인 절차를 통한 지원지역 우선 원칙을 마련하기도 했다. 그러나 정부의 조급함은 이러한 개방적 절차의 성숙을 기다리지 못했고, 결국 폐쇄적, 하향적, 기술전문가 중심의 입지 선정 방식으로 되돌아갔다.

2) 제2기(1994~2003): 보상과 부분적 참여

기존의 실패를 바탕으로 정부는 1994년 6월 '방사성폐기물 관리사업의 촉진 및 그 시설 주변지역 지원에 관한 법'을 발효하였다. 이 법은 방폐장 입지 지역에 대한 지원의 근거를 마련하고 명문화한 법으로서 지역이 겪게 되는 공간적 형평성의 문제 해결에 초점을 둔 것으로 해석이 가능하다. 이와 함께 정부는 되도록 공개적인 절차에 의해 지원지역의 유치 신청을 적극적으로 독려했다. 이러한 경제적 보상의 강조는 실제로 낙후된 지역경제의 발전을 염원하던 여러 지자체에게는 좋은 당근으로 작용했다. 실제로 경남 양산, 경북 울진 지역의 일부 주민과 지역사회단체에서는 유치 신청을 했었으나, 대다수 지역 주민들이 강력한 반대 운동을 전개했고, 찬성측 주민과의 민민갈등 양상도 보임에 따라 무산되고 말았다.

이러한 강력한 주민 반발이 계속되자 정부는 주민 반발이 가장 적을 수 있는 지역으로서 폐광 및 도서 지역을 고려하기 시작한다. 이러한 지역은 인구가 매우 희박하기 때문에 주민 저항이 덜 할 것이라는 기대감의 반영이었다고 볼 수 있다(이미숙, 2006). 그러나 인근 굴업도 주민들과 함께 외부 환경단체들이 결합하면서 기존의 '공간적 형평성 문제'가 아닌 '시간적 형평성의 문제'를 강조하는 환경운동적 모습을 띠기 시작한다. 이후 굴업도는 지질조사 과정에서 활성단층이 발견되어 전면 백지화된다.

1997년 정부는 방폐장 부지선정 주무부처를 과학기술부에서 산업자원부로 이관하고, 사업시행주체도 한국원자력연구소에서 한국전력으로 이관하였다. 그리고 원자력위원회 1998년, 지속적 주민 반대를 무마하기 위하여 방폐장 입지선정을 정부주도 방식에서 유치공모 방식으로 변경하였다. 이후 정부는 이 방식에 따라 전국의 지방자치단체를 대상으로 유치공모를 실시하였다. 이 당시 영광 등 총 7개 지역에서 공모를 하였으나 결국 지자체장들의 반대로 모두 실패하였다.

계속된 실패에 따른 정부의 조급함은 다시 한번 방폐장사업을 사업자 주도로 전환하는 오류를 범한다. 2003년 정부는 경북 영덕 · 울진, 전남 영광, 전북 고창 등을 후보지로 발표하였으나, 역시 단체장을 중심으로 한 주민 및 시민사회단체들의 조직적 반대로 백지화되고 말았다.

새로 출범한 참여정부는 2003년 4월 사업방식을 유치공모 방식으로 다시 전환하였고, 약 3,000억원 지원 및 한수원 본사 이전, 양성자가속기 사업 연계 추진 등 강력한 보상 정책 발표한다. 이에 따라 군산, 장흥 등에서 관심을 보였으나 모두 포기하였고, 2003년 7월 부안이 단독으로 유치 신청을 하게 된다. 그러나 이 신청은 당시 부안군수가 지방의회의 반대에도 불구하고 독단적으로 추진된 것으로서 매우 큰 반발을 불러일으킨다. 이러한 자치단체장의 독단적 행위가 인정되었다는 것은 이후 절차상의 근본적인 문제로 지적되어 반대 운동의 주요 논거가 되었다(김철규, 2005). 이러한 절차 상의 하자에도 불구하고 산업자원부는 7월 24일 부지선정위원회 회의를 통하여 전북 부안군 위도를 최종 후보지로 선정하였다. 이에 지역 주민들과 각종 시민사회단체는 강력하게 반발하면서, 다양한 형태의 집회와 시위를 전개한다. 실제로 부안사태는 이전의 모든 방폐장 관련 갈등의 총집합체와 같은 양상을 띠었다. 대규모 시위는 물론 학생들의 등교 거부, 나아가 고속도로 점거와 부안 군수에 대한 직접 폭행 사건까지 발생하는 등 일련의 사태는 거의 민란의 수준까지 확장되었다. 결국 부안 사태는 2004년 2월 14일 주민투표를 통해 주민들의 절대 다수의 반대를 확인하고(91.8%가 반대) 철회되었다. 이 주민투표는 헌정사상 최초로 주민자주 관리 방식에 의하여 치러진 사적 투표였으나, 정부는 이 결과를 바탕으로 공식적으로 부안을 방폐장 후보지에서 제외하였다. 이로써 부안 주민투표는 방폐장 입지선정 과정에서 주민들에게 거부권(veto power)을 제도로서 보장하는 중요한 계기가 되었다.

부안사태의 경우 전북 농민회, 한총련 학생들, 환경운동 단체, 문규현 신부를 대표로 하는 종교계까지 참여하여 기존의 님비 운동과는 전혀 다른 양상으로 번져갔다. 즉 부안사태는 공간적 형평성뿐만 아니라 시간적 형평성을 염려하는 새로운 환경운동의 양상을 띠었다. 환경운동을 하는 사람들의 시각에서 본다면 부안사태는 "환경운동의 승리이자 생태민주주의의 가능성까지 보여준 중요한 주민운동"으로 평가할 수 있다(김철규, 2005; 윤순진, 2005).

그러나 엄밀하게 분석한다면, 부안에서의 사태의 전개는 방폐장 자체가 가진 위험에 비하면 과한 면이 존재한다. 이는 마치 2008년 미국산쇠고기 반대 촛불집회 당시, 전문가의 광우병 위험에 대한 판단과는 달리, 대중의 불안감이 엄청나게 높았던 현상과 유사하다. 이와 같이 전문가의 판단에 따르면 사소했던 위험들이 사회적으로 크게 확산[7]된 것은, 두 경우 모두 민주적, 개방적 절차를 따르기보다는 독단적, 폐쇄적 절차에 의존한 것에 기인한다. 즉, 대중 및 이해당사자들과의 협의를 거쳐 의사결정을 하는 개방적 절차가 아닌 전문가와 관료를 중심으로 한 독단적이고 폐쇄적인 과정을 통하여 의사결정이 이루어졌다는 것이다.

부안사태를 중심으로 방폐장 입지선정 제2기를 관통하는 제도상의 특징은 "강

7) 이와 같이 전문가들이 판단하기에는 별 것 아닌 위험이 사회적으로 엄청나게 확산되어 사회적 문제로 발전하는 현상을 카스퍼슨 등은(Kasperson et. al., 1988) 위험의 사회적 확산 현상(Social Amplification of Risk)이라고 정의했다. 위험의 사회적 확산 현상은 위험 자체가 가진 속성과 위험관리자의 관리 행태에 의하여 크게 좌우되곤 한다. 일반적으로 일반인들이 느끼기에 낯설고, 두려우며, 언론의 관심이 집중되는 등의 특징을 갖는 위험, 그리고 위험관리자(정부)에게 책임이 있다고 느껴지는 경우 사회적으로 광범위하게 확산되는 경향이 있다 (Kasperson et. al., 2001). 광우병과 방폐장 위험은 공통적으로 낯설고, 두려우며, 언론의 관심이 집중되는 특징이 있는 것으로 보인다.

력한 보상 정책과 부분적 참여의 강조"로 볼 수 있다. 보상 정책은 방폐장 입지에 있어 가장 중요한 문제였던 공간적 형평성 문제를 해결했다는데서 그 의의를 찾을 수 있다. 반면 절차의 관점에서 본다면 정부의 공모절차 및 주민참여 유도 정책은 매우 일관성이 부족했으며, 계획단계에서 아직까지 DAD식 접근을 버리지 못했고, 주민들의 거부권을 인정하지 않았다는 점에서 여전히 한계를 가지고 있었다.

3) 제3기(2004~): 강력한 보상과 주민참여의 진전, 그리고 문제의 해결

2003년 12월 부안사태를 경험한 참여정부는 결국 '부지선정과정에서 주민투표를 도입'하는 방침을 통하여 주민들에게 거부권을 부여한다. 이와 함께 부안은 지자체장이 예비신청한 것으로 보고, 기타 지역에 대한 새로운 공모를 실시하였다. 그러나 부안을 제외한 어떤 지자체도 예비신청을 추가로 하지 않아 결국 실패로 끝났다.

이후 정부는 지자체를 유인할 수 있는 몇가지 중요한 결정을 내린다. 2004년 12월 원자력위원회는 중저준위방폐물과 고준위방폐물의 분리처리 방침 발표했고, 2005년 3월에는 '중저준위방사성폐기물 처분시설의 유치지역 지원에 관한 특별법'이 제정되어, 입지 지역에 대한 지원을 명문화했다. 특히 특별지원금 약 3,000억원 지급, 처분시설 운영과정에서의 연평균 85억원에 달하는 폐기물 반입수수료 제공, 아울러 한국수력원자력(주) 본사 유치 등 일련의 보상 정책은 예상을 뛰어넘는 강력한 유인으로 작용했다. 2005년 6월 산자부는 부지선정 절차와 진행일정 확정하고 유치 공고를 내었다. 유치공고 후 경주, 군산, 영덕, 포항이 의회 동의를 통해 신청했고, 정부는 4개 지역 주민 투표 실시, 찬성율이 가장 높은 지역을 최종 후보지를 선정한다고 발표했다. 2005년 9월 산자부와 부지선정위원회는 유치신청을 4곳 모두 부지안전성과 사업추진여건이 적합함을 발표하였고, 예정된 절차에 따라 주민투표를 실시하기로 결정하였다.

이후의 과정은 기존의 극렬한 주민반대로 인한 몸살 앓던 것과는 전혀 반대되는 양상으로 전개되었다. 4개 지방자치단체, 특히 경주와 군산은 방폐장 입지를 위해 치열한 경쟁을 벌이기 시작했다.[8] 결국 11월 2일 경주가 89.5%의 찬성률로 군산의 84.4%를 제치고 최종 방폐장 유치 지역으로 선정되었다.

방폐장 입지 선정 과정 제3기의 정부 정책의 특징은 "강력한 보상과 개방적 입지선정 절차"로 요약될 수 있다. 제2기부터 유지되었던 보상을 강화했고, 유치공모 방식 및 주민 거부권의 부여 등 형식적으로는 개방적 입지선정 절차의 요건을 거의 모두 포함하였다. 물론 주민투표 과정에서의 지방자치단체 간의 과열 경쟁, 주민투표의 공정한 관리 문제, 입지 선정 후 발생했던 경주 지역 내의 소지역 갈등 등은 문제로 지적될 수 있다. 그럼에도 불구하고 경주에의 방폐장 입지 성공은 20여년을 끌어왔던 국책사업의 성공이자, 대한민국의 가장 큰 갈등 사례의 종결로서 큰 의의를 가지고 있다.

2. 스웨덴의 고준위방폐장 입지 사례

스웨덴은 핀란드[9]를 제외하고는 세계에서 유일하게 고준위방폐장 입지 갈등 문제를 성공적으로 해결한 나라이다. 고준위방폐장은 중저준위방폐장에 비하여 훨씬 위험한 시설이며, 우리나라를 포함한 세계 대부분의 나라가 아직까지 해결하지 못한 원자력의 아킬레스건(Achilles Heel)으로 볼 수 있다(Elam & Sundqvist, 2009b). 물론 경주와는 시설의 성격 자체가 차이가 있으나, 그 입지 갈등의 양상은 경주의 경우와 매우 유사했다. 더불어, 스웨덴 사례는 경주의 그것에 비하여 보다 진전된 절차적 완결성을 갖추고 있기 때문에 매우 큰 시사점을 줄 수 있다고 판단된다.

스웨덴은 현재 3개의 사이트(Forsmark, Oskarshamn, Ringhals)에 총 10기의 원자력발전소를 운영하고 있다. 스웨덴은 원래 풍부한 수력 자원을 가지고 있으나, 이는 매년 강수량에 따라 그 변화 폭이 매우 큰 것이 문제였다. 따라서 스웨덴 정부는 원자력발전을 대안으로 추진했고, 1972년 Oskarshamn 1호기(467MW)를 시작으로 상업 운전을 개시했다.[10] 1955년 스웨덴원자력위원회(Atomic Commission)는 원자

---

8) 과열된 경쟁은 기존과는 정반대의 새로운 문제들을 불러일으켰다. 특히 경주와 군산 두 지역의 지방정부와 의회는 시민들에게 과장된 혜택에 대한 정보를 흘렸고, 서로를 비방하면서 지역감정을 자극하기도 했다. 특히 과도한 부재자 투표율 및 찬성률은 주민투표 과정에서의 관권개입 의혹을 불러일으켰다.

9) 핀란드의 경우, 스웨덴의 기술과 절차를 받아들여 고준위방폐장 입지에 성공하였다.

력 분야에 있어 '스웨덴의 길(Swedish Path)'을 제창한다. 이는 스웨덴내 저품위 우라늄 광산 개발 및 중수로 도입, 재처리 기술 및 독자적 핵무기 기술 보유 등 강력한 원자력 드라이브 정책으로 이해할 수 있다(Elam & Sundqvist, 2009a).

최초 스웨덴은 핵연료의 수급이 문제이지 그 처분이 문제라는 생각은 하지 않았다. 이에 따라 핵연료의 안정적 공급의 중요성에 따라 1972년 스웨덴 핵연료주식회사(Swedish Nuclear Fuel Supply Company; SKBF)가 원자력발전소 소유 회사들의 조인트벤처(Joint venture) 형태로 출범했다. SKBF는 이후 사용후핵연료의 안전한 처분을 중심 업무로 SKB(Swedish Nuclear Fuel and Waste Management Company)[11]로 전환되었다. 스웨덴의 원자력정책은 반핵 중도우파 정권이 등장하면서 큰 변화를 겪게 되는데, 방폐장 입지와 관련되 주요 사건은 〈표 2〉와 같다.

1) 제0기(~1980): 배경기(반핵정권의 등장과 핵연료 문제의 대두)

1976년 국회의원 선거를 통하여 스웨덴에 우파정권이 등장하게 된다. 특히 우파 중 최다 득표(24.1%)를 한 중도당(the Center Party) 중심으로 보수당(15.6%)과 자유당(11.1%) 연립정부[12]가 출범하고, 총리는 매우 반핵적인 지향을 가지고 있던 중도당의 펠딘(Thorbjorn Falldin)이 맡게 되었다. 중도당은 스웨덴 내에서 모든 원자력발전소의 폐쇄를 원했고, 연합정권 내 다른 정당과의 원자력에 대한 인식 차이를 극복하고 합의된 법이 1977년 제정된 Nuclear Stipulation Act이다. 특히 펠딘 총리는 원자력 분야에서 정부와 산업과의 연계관계를 끊어, 연구개발은 산업부문에서 전담하고, 정부는 독립적으로 그 결과를 판정할 수 있는 역할분담을 지향하였다(Elam & Sundqvist, 2009a).

Nuclear Stipulation Act는 "원자력발전소에 연료 장전 허가 전, 사업주는 핵폐기물을 '완벽히 안전(absolute safety)'한 장소와 방법으로 처분할 수 있음을 증명할 것을 요구하였다(Elam & Sundqvist, 2009b). 그리고 이 법에 의하여 State Power

10) 현재 스웨덴의 전력 생산은 수력과 원자력이 90% 이상을 차지하고 있으며, 2008년 원자력발전 비중은 42%였다(World Nuclear Association).

11) SKB는 우리나라의 방사성폐기물 관리공단과 매우 유사한 조직으로 볼 수 있다.

12) 중도당의 매우 반핵적인 성향을 가지고 있었지만, 보수당과 자유당은 원자력 산업의 지속적 발전을 지향하였음(Elam & Sundqvist, 2009a).

〈표 2〉 스웨덴 고준위방폐장 관련 주요 사건 연표

기수	년 도	사 건
0기	1976	AKA Inquiry의 정부보고서(SOU 1976)는 재처리 공장, 핵연료 농축 공장, 그리고 고준위방사성폐기물 심층 처분장의 설립을 권고함. Osthammar와 Oskarsham을 대상지로 추천
	1977	AKA의 권고에 따라 어디에, 어떻게 고준위 방사성폐기물을 안전하게 처리할지에 대한 KBS(Nuclear Fuel Safety) 프로그램이 제안되었고, 9개월 뒤 Nuclear Power Stipulation Act가 도입됨
	1978 ~1979	KBS 개념의 중심이 안전한 대상지에 대한 탐색으로 전환되고('어디에'), 이를 위한 추가 지질학적 조사가 실시됨
	1978	재처리를 하지 않고 직접 처분하는 방식의 KBS-2 개념이 제안됨
	1979. 3	TMI 사고 하루 전, SKI는 KBS 프로그램을 완벽한 핵연료 안전을 위한 계획으로 인정하였으나 논란이 많았음
	1980. 3	스웨덴의 원자력발전 미래에 대한 국민투표가 실시됨
1기	1980. 4	KBS 개념의 방폐장 건설을 위한 체계적 지질조사가 시작됨
	1984	Nuclear Power Stipulation Act를 대신할 Act on Nuclear Activities가 도입됨. 정부는 KBS-3 개념을 잠정적으로 허가함
	1985	Almunge 지역의 지질조사에 항의하는 대규모 시위로 인하여 SKB의 스웨덴 전체를 대상으로 하는 광범위한 지질조사가 중단됨 고준위폐기물 임시 저장소(CLAB)는 Oskarshamn 발전소 부근에 설립 · 운영 시작, 30년간 수용 예정
	1988	중저준위 폐기물에 대한 저장소를 Forsmark 원전 근처에 설립
2기	1992	KBS-3의 입지 전략의 중심이 지역 수용성과 자발성으로 옮겨짐
	1995	SKB는 KBS-3 방폐장의 입지를 자원한 지역이 부족하자 이미 원자력발전소가 입지한 4개의 지역에 공식적 의향서를 제시함 Oskarsham에 Aspo Hard Rock Laboratory 준공
	2001.5	핀랜드 의회는 KBS-3 방폐장을 Olkiluoto에 입지하겠다는 원칙을 비준함
	2001.11	스웨덴 정부는 Osthammar, Oskarsham, Tierp에 대한 부지 조사를 승인함
	2002	Osthammar와 Oskarsham에 대한 부지조사를 동시에 병행하고, 두 도시 중 하나를 대상으로 환경영향평가를 실시하기로 함
	2004	NGO들도 부지에 대한 환경영향평가 작업에 참여할 수 있도록 National Nuclear Waste Fund는 자금을 지원함
	2006	Swedish National Council for Nuclear Waste는 새로운 투명성 프로젝트를 통해 환경영향평가 과정을 개선하려 시도함
	2009.6	Osthammar가 가장 적합적 지질학적 구조를 가지고 있다는 판단에 따라 최종 고준위방폐장 입지로 결정됨.

자료: Elam & Sundqvist(2009a), World Nuclear Association에서 편집.

Board는 1977년 새로 건설한 Ringhal 3 원전의 연료장전을 승인받지 못하였고, 이는 현재 건설 중인 다른 원전에도 적용되었다. 1979년 발생한 미국의 드리마일 아일랜드(Three Mile Island; TMI) 원자력발전소 사고는 스웨덴의 반핵 분위기를 최고조로 이끌게 된다. 결국 1980년 스웨덴 정부는 원자력발전의 폐쇄 시기를 묻는 국민투표(Sweden Referendum 1980)를 실시하였다. 이 결과는 대부분의 국민들이 원자력발전을 거부하고 있다는 사실을 증명하였고,[13] 결국 의회는 이러한 결과를 바탕으로, "더 이상의 원자력발전소 건설을 중단하고, 2010년까지 스웨덴 내 모든 원자력발전소의 폐쇄"를 결정하게 된다.

1977년의 Nuclear Stipulation Act의 요구에 따라 사업주는 사용후핵연료를 어떻게(How), 어디에(Where) '완벽히 안전(absolute safety)'하게 처리할 것인가를 고민하게 되었고, KBS(Nuclear Fuel Safety) 프로그램을 서둘러 추진한다. 법이 발효될 당시, 스웨덴에는 6기의 가동중 원자로, 4기의 건설중 원자로가 있었고, 3기의 새로운 원자로가 계획 중이었다. 건설중인 원자로의 운전허가를 얻기 위하여, 원자력 산업계는 450여명의 과학자가 9개월간 약 60여권의 보고서를 쏟아내었다(Lidskog & Sundqvist, 2004). 이렇게 만들어진 KBS 개념은 기술적(technical), 지질학적(geological)의 다중 방호원칙(multi-barrier principle)을 적용한 형태였다. 최초 기술적 방호막은 사용후핵연료를 납과 티타늄으로 만들어진 원통(canister)으로 포장하는 형태였고, 지질학적 방호막은 이 캐니스터를 지하 500m의 암반에 보관한다는 개념이었다.

Nuclear Stipulation Act가 요구한 '완벽한 안전' 개념은 그 모호성 때문에 많은 논란을 야기했다. 이에 정부는 스웨덴의 24개, 국외의 23개 기관으로 방대한 평가위원회를 구성하고 검토를 시작했으나, 대부분의 평가위원들은 얼마나 안전해야 '완벽히 안전한' 것인지에 대하여 의문을 표시하였고, 완벽한 안전은 불가능한 기준이라는 의견이 많았다. 이와 함께 가장 중요한 평가위원인 SKI(Swedish Nuclear Power Inspectorate)는 국가전력위원회가 제출한 지질학적 조사 자료에 대하여 많

13) 그러나 일부 전문가들은 이 국민투표가 원자력 발전을 찬성하는 항목을 포함하지 않았기 때문에 제대로 된 국민의 의사를 파악하지 못했다는 비판을 했음.

은 문제점를 지적하였고, 외국 평가위원 중 하나인 미국 지질조사국(US Geological Survey)도 사용허가에 대한 기각의견을 제출했다. 이에 스웨덴 정부는 1978년 10월 Ringhal 3 원전의 사용 허가를 거부하고 말았다. 이와 함께 스웨덴 정부는 향후 개정된 사용허가에 대한 인가를 SKI에 위임하였다(Lidskog & Sundqvist, 2004).

이후 국가전력위원회는 몇 개월간의 지질조사를 추가하여 다시 사용허가를 제출한다. 이에 SKI는 1979년 3월 Ringhal 3 원전의 사용을 허가하였고, 이를 포함한 나머지 3기의 건설중인 원전들의 운전도 허가되었다. SKI의 허가의 이유를 다음과 같았다. "다른 방호막(기술적)이 양호한 상태일 경우, 장기적인 암반 상태는 큰 문제가 되지 않기 때문에, 지질학적 방호막의 요구조건을 너무 강조하는 것은 바람직하지 않다"(Lidskog & Sundqvist, 2004: 259). 이는 결국 지질학적 불확실성의 문제를 기술로 해결할 수 있다는 의미로 해석이 가능하다.

1978년 KBS-2 개념이 등장하는데 이는 사용후핵연료의 재처리에 대한 국제적 거부감에 기인한다(Elam & Sundqvist, 2009a). 1970년대 독일에서는 새로운 핵연료 재처리 공장 계획이 시위대에 의하여 좌절되었고, 영국과 프랑스의 위탁재처리 역시 재처리후 남는 고준위방폐물을 원래 발생한 나라에 반환한다는 단서조건이 만들어졌다. 결정적으로 미국의 카터(Carter) 행정부는 1977년 미국에서의 재처리를 금지시켰는데, 이는 전세계적인 핵무기 확산의 우려때문이었다. 이와 같은 상황은 해외 위탁재처리 계획을 무산시켰고, 대신 사용후핵연료를 직접 영구 처분하는 KBS-2 개념이 등장하게 된다.

2) 제1기(1980~1991): DAD 접근(기술적 전문성과 지질학적 안전성 중시)

1984년 Nuclear Activities Act가 기존의 Nuclear Stipulation Act를 대신하게 된다. 이 법에서는 원자력발전 사업주들, 특히 SKB가 사용후핵연료의 안전한 관리, 중간저장, 지하처분에 대한 '포괄적인 연구개발'에 책임이 있다고 명시하였다. 1987년 체르노빌 원자력발전소 사고 후에는, 향후 스웨덴 내에서 새로운 원자력발전소 건설을 위한 설계 · 계획을 금지하는 조항을 이 법에 추가하였다(Elam & Sundqvist, 2009b).

KBS 개념이 효과적으로 구현되기 위해서는 결국 어디엔가 사용후핵연료를 안전하게 보관할 곳을 찾아야 했다. 즉 이상적으로 '완벽히 안전한' 장소는 어디인가 이것이 가장 중요한 문제였고, SKB는 KBS의 '완벽한 안전' 개념 구현을 위해서 적어도 한 곳의 지질학적으로 이상적인 위치(ideal location)를 선정하고자 노력한다. 지질학적으로 이상적인 위치를 찾기 위해, 지질학 전문가들이 KBS 프로그램에 참여하였고, 1980년부터 본격적으로 지질학적 탐사를 시작하게 된다. 1985년까지 10개의 지역에 대하여 시험굴착(test drilling) 및 연구를 진행하였고, 주로 반려암(gabbro) 지역을 찾기 위해 노력했다.

적합한 방폐장 부지를 찾기 위한 여러 지역에 대한 시험굴착은 각 지역 환경단체의 결렬한 저항에 부딪히게 된다(Lidskog & Sundqvist, 2004). 다양한 지역에서 시험굴착을 반대하는 'rescue group'이 등장하여 격렬한 반대운동을 전개했다. 대표적으로 Kynnefjall 지역에선 주민들이 진입로를 막고 SKB가 진입하지 못하도록 밤낮으로 계속 지켰으며, 이러한 반대 시위가 무려 20년간 지속되었다(1980~2000).[14] 그리고 이러한 개별적 지역주민 저항단체들은 곧 전국가적 연합조직(Avfallskedjan)을 구축하는 단계까지 발전하였다. 이러한 주민 저항에도 불구하고 SKB는 적어도 한 곳의 지질학적 적합지를 찾아야 KBS 개념이 성공할 수 있다는 판단 하에 전국적 시험굴착을 강행하였다.

1985년 SKB는 Uppsala주의 Almunge시에 대한 시험굴착을 시도했으나, 주민들은 지역을 봉쇄하고 SKB 조사단의 접근을 차단한다. 이에 SKB는 경찰을 동원하여 Almunge 지역의 시위대를 해산시키려 시도하였고, 이 사태는 커다란 사회적 관심을 받게 되었다. 결국 환경부 장관은 SKB가 지역에 대한 지질조사에서 경찰을 동원하는 일을 삼가라고 공식적으로 선언하게 되었고, 이후 SKB는 시험굴착을 중단했다.

결국 제1기에 스웨덴 정부와 SKB가 가졌던 입지선정정책은 기술적, 지질학적

14) Kynnefjall은 스웨덴 서부 해안지역의 Bohuslan에 위치하고 있다. 시험굴착 계획이 발표되자, 지역주민들은 'Kynnefjall을 지키는 사람들(Save Kynnefjall Action Group)'이라는 환경운동단체를 만들어 마을의 진입로를 막고 조사단의 진입을 무려 20년간 차단하였다(1980년 4월부터 2000년 2월까지). 이러한 지역 주민들의 저항에 스웨덴 환경부장관은 Kynnefjall은 고준위방폐장 대상지에서 완전히 제외한다고 선언하였고, 주민들은 진입로 차단을 해제하였다(Lidskog & Sundqvist, 2004).

전문가의 판단을 바탕으로 한 일종의 DAD식 방식으로 볼 수 있다. 물론 시험굴착이 바로 입지로 연결되는 방식은 아니었으나, 지역주민들은 이를 단순한 조사로 받아들이지 않았다. 전문가들의 판단을 바탕으로 일방적으로 시험굴착 대상지를 선정하고, 굴착을 강행하는 것은 주민들로 하여금 정부가 미리 입지를 선정하지 않았을까하는 의심을 갖게 만들었다. 이러한 방식은 지역 주민들로 하여금 "왜 하필 우리가?"라는 공간적 형평성의 문제뿐만 아니라, 원자력은 후손들에게 엄청난 환경적 부담을 남겨준다는 시간적 형평성의 문제까지 불러 일으켰다.

3) 제2기(1992~): 참여와 사회적 수용성의 강조

이러한 지역사회의 반발을 경험하면서, 1992년 SKB는 새로운 부지 선정 전략을 수립하게 된다. 이는 지질학적 평가를 우선시하기보다는 지역 수용성 및 자발성을 우선시하는 것이었다. 따라서 부지 타당성 조사(feasibility study)는 "자발적으로 조사에 관심을 보인 지역만을" 대상으로 하고, 주민투표를 통해 최종입지를 결정하는 방식을 그 내용으로 한다(Lidskog & Sundqvist, 2004). 부지 타당성 조사는 지역별로 지역 주도로 실시하며, 지질조사(시험굴착은 포함하지 않으며, 기존 데이터를 활용)와 부지, 환경, 교통, 사회적 영향 조사를 실시하게 된다. 이는 향후 SKB는 모든 요소 중 지역의 동의와 자발성을 가장 중요한 기준으로 삼겠다는 분명한 의사의 표현이었다.

이후 SKB는 스웨덴의 286개 전체 지자체에 의향서를 보냈고, 2개의 지자체 Strouman과 Mala가 타당성 조사에 동의하였다. 1994년, 타당성 조사 결과 방폐장 부지로 적합함이 증명되었으나, 두 도시 모두 주민투표(local referendum) 결과 반대(Strouman, 1995; Mala, 1997)를 표명하여 결국 실패한다. 그러나 이러한 실패에도 불구하고 모든 지자체에 의향서를 보낸 것은 정부가 미리 입지 장소를 선정하지 않고 모든 지자체를 공평하게 대우한다는(unprejudiced manner) 인상을 심어주었고, 이후 입지선정 작업의 성공을 이끄는 밑거름이 되었다.

1995년, SKB는 이미 원자력 시설을 보유한 4개 자자체에 의향서를 다시 보냈는데, 이는 원자력발전소 주변 주민들이 아무래도 원자력 산업에 보다 친숙하고,

기반시설과 교통문제가 쉽게 해결될 수 있다는 기대때문이었다. Osthammar와 Oskarshamn이 동의했고, 이후 주변의 Tierp 등을 추가하여 총 6개 지역에 대하여 타당성 조사 실시하게 되었다. 2000년, 타당성 조사가 완료되어 Osthammar, Oskarshamn, 그리고 Tierp가 적합하다고 판정되었고, 2001년 11월부터 최종 부지조사(site investigation)를 시작하게 된다. 2002년 4월, Tierp는 부지조사중 중도 포기하여 최종적으로 Osthammar와 Oskarshamn만을 대상으로 부지 선정 절차를 진행하였다. 2008년 독립적 기관에 의하여 실시된 여론조사에 따르면(n=900), 자신의 지역에 고준위방폐장 설립에 대한 주민 지지율은 Osthammar의 경우 77%, Oskarshamn의 경우 83%로 매우 높은 편이었다(World Nuclear Association).

2009년 6월, SKB는 상세 지질조사 결과를 바탕으로 고준위 방폐장 입지로 Osthammar의 Forsmark를 최종적으로 선정하였다. SKB에 따르면 Osthammar의 방폐장은 2013년 공사가 시작되어, 2015년 완공, 2023년부터 운영에 들어갈 계획이며, 방폐장 운영 전까지는 Oskarshamn의 위치한 사용후핵연료 임시저장소(CLAB)를 활용할 것이다.

스웨덴의 경우에도 보상은 방폐장입지선정에 매우 중요한 역할을 했다. 2009년 4월, SKB는 Osthammar와 Oskarshamn시와 20억 SKR(US$ 245 million, 한화 약 3,000 억원)에 상당하는 투자협정을 맺었다. 여기서 특히 주목할 것은 이 보상금의 대부분을 최종 입지에 실패한 도시에 주기로 협의한 것이었다. 이러한 결정은 방폐장을 입지하면 다양한 직간접 투자를 통하여 보상을 받게 되기 때문에 오히려 실패한 도시를 금전적으로 도와야 한다는 논리였다.

제2기를 관통하는 입지선정 정책의 가장 중요한 논리는 기술적 전문성보다는 사회적 수용성을 중시해야 한다는 것이었다. 폐쇄적 입지선정 정책(DAD)의 실패는 사회적 수용성을 중시하는 개방적 입지선정 정책으로 전환하게 만들었고, 공식적으로 강조하지는 않았으나 보상은 지역적 형평성 문제의 해결에 결정적인 역할을 했다. 이러한 사회적 수용성의 중시를 위해서는 기본적 전제 조건이 필요했다. 즉, 완벽하게 안전한 지질학적 위치를 요구했던 Nuclear Stipulation Act의 요구조건을 어떻게 만족시킬 수 있는가 하는 것이다. 이 문제의 해결은 지질학적 불확실성을 인정하는 대신 기술적 보완(The partial freeing of 'how' from 'where')을 통한 안전성의 확보를 사회적으로 합의하는 것이었다(Elam & Sundqvist, 2009b).

3. 스웨덴과 경주의 성공요인 비교

이상의 사례를 바탕으로 경주의 입지선정 정책의 각 단계를 스웨덴의 성공사례와 비교하여 분석하면 아래의 표와 같다(표 3).

〈표 3〉 경주 방폐장과 스웨덴 방폐장 입지선정 각 단계의 공통점과 차이점

단 계	경주 중저준위 방폐장	스웨덴 고준위 방폐장
1단계 DAD 방식	· 1986, 원자력법, "제조자 부담"의 원칙 확정 · 원자력연구소 중심의 기술적 접근 및 후보지 일방 선정 · 안면도사태 등 격렬한 저항으로 인하여 실패	· 1977, Nuclear Power Stipulation Act, "완벽한 안전"에 대한 논쟁 확산 및 지질학적 탐색 · SKB 중심의 기술지질학적 접근과 일방적 지질조사 실시 · Almunge, Kynnefjall 등의 저항으로 인하여 결국 실패함
2단계 보상과 부분적 참여	· 1994, 입지선정지역에 대한 경제적 보상 법제화 · 입지지역에 대한 공모제를 도입했으나 일관성이 없었음 · 굴업도사태, 부안사태 등 격렬한 저항으로 인하여 결국 실패	· 보상은 매우 중요한 요소였으나 구체적 보상협정은 추후 진행됨 · 1992, SKB, 새로운 부지선정전략 수립-부지타당성조사는 자발적으로 조사에 관심을 보인 지역만을 대상으로 함
3단계 강력한 보상과 거부권의 부여	· 2005, 방폐장 유치지역 지원에 관한 특별법 제정(3,000억 지원, 한수원 본사 이전 등) · 주민투표제 도입을 통한 주민 거부권(veto power) 부여 · 지자체의 자발성 유도를 위하여 자치단체간 경쟁을 유도 · 원자력에 친숙한 원전입지 도시가 최종 후보지가 되었음	· 2009, SKB는 후보경쟁 2도시와 약 3,000억원의 투자협정 체결(탈락도시에도 보상 지급) · 스웨덴 지방자치제도에 의해 기본적으로 거부권(주민투표) 부여 · 자치단체의 자발성 유도를 위하여 모든 지자체의 의향서 발송 · 원자력에 친숙한 원전입지 도시가 최종 후보지가 되었음

제4절 결 론

2007년 경주시민들을 대상으로 한 설문조사(Chung et. al., 2008; 2009)를 통하여 분석한 경주시민들의 방폐장 입지 선정 찬성의 주요 이유는 경제적 보상, 개방적 절차, 지역간 경쟁, 원자력 시설에 대한 친숙함이었다. 이러한 요소들은 스웨덴의 경우에서도 동일한 것으로 보인다. 경주와 스웨덴의 공통적 성공요인 및 서로간의 차이점을 통하여 얻을 수 있는 시사점은 다음과 같다.

첫째, 입지갈등 문제를 해결하는데 있어 가장 효과적인 방법 중 하나는 경제적 보상이다. 보상은 비선호 공공시설로 인한 공간적 형평성 문제를 해결할 수 있는 강력한 수단이며, 가장 현실적인 수단이다. 특히 해당 지역이 경제적으로 침체된 상태라면 이러한 위험시설 입지에 대한 지역 수용성이 부정적이지 않을 가능성이 높다(Kuhn and Ballard, 1998). 경주의 경우에도 방폐장 시설이 위험하다는 것을 느끼고 있었지만, 그 위험이 경제적 이익을 거부할 정도로 크지는 않다고 인식한 것이 지역주민들의 수용성을 높였다고 볼 수 있다.

그러나 우리나라의 경우에는 경제적 보상을 이용하여 지역간 경쟁을 유도했고, 이는 지역감정 자극 및 관권개입 논란 등 부작용을 유발했다. 더구나 경쟁에 참여했다 실패한 군산의 경우에는 엄청난 사회적 갈등을 경험했으나, 이에 대한 보상은 전혀 주어지지 않았다. 스웨덴의 경우에는 최종 입지 선정 절차에 참여했지만, 탈락한 도시에도 충분한 보상을 제공했는데, 이는 입지 선정 절차에서 그들이 경험한 사회적 갈등 비용에 대한 보상으로 해석할 수 있다.

둘째, 지역의 자발성을 유도하는 개방적 절차 역시 매우 중요한 요인이었다. 경제적 보상만으로는 문제가 해결되지 않는 경우가 많다. 특히 부안사태의 경우 경제적 보상에도 불구하고 주민동의가 없는 일방적 의사결정은 주민들이 분노했던 가장 큰 이유였다(김철규, 2005). 스웨덴의 경우에도 단순 지질조사마저도 주민동의 없이는 실패했다. 따라서 주민의 동의를 이끌어낼 수 있는 공모절차의 일관성있는 운영 및 주민들에게 거부권을 부여하는 것은 매우 필수적인 절차적 성공요소로 볼 수 있다.

정부가 폐쇄적 혹은 DAD 방식을 사용하는 것은, 전문가와 관료들이 과학적 지식을 바탕으로 가장 적합한 위치에 입지를 선정할 수 있다는 '전문성에 대한 신뢰'를 바탕으로 한다. 그리고 가장 합리적인 입지선택에 대하여 국민들이 이해할 수 있도록 교육과 홍보(risk communication)를 강화하면 된다는 것이다. 그러나 우리가 부안사태나 광우병시위, 천안함사태에서 확인할 수 있듯이, 현대사회에서는 아무리 교육과 홍보를 강화해도 국민들의 불안과 갈등이 더욱 더 확산되는 일이 많다. 이는 모든 전문성에는 언제나 불확실성이 존재하기 마련이며, 정부의견과 반대되는 다른 전문가도 존재하며, 또한 누구나 쉽게 정보를 획득할 수 있는 민주화된 환경에선 대중 역시 전문적 식견을 갖는 것이 가능하기 때문이다. 이제 대중은 아무리 합리적 설득이라도 쉽게 받아들이지 않으며 아무리 사소한 위험이라도 커다란 사회적 갈등으로 확산될 수 있다는 가능성을 명심할 필요가 있다. 이러한 상황에서는 하나의 과학적, 합리적 대안을 찾기보다는 다양한 대안을 사회적으로 합의하는 매커니즘을 성숙시킬 필요가 있다.

셋째, 대중의 위험에 대한 친숙성은 위험소통에 있어 매우 중요한 요소이다. 대중이 가지는 위험지각의 특성을 고려할 때, 위험에 대한 친숙성과 두려움은 사회적 갈등을 만들어내는 중요한 요소 중 하나이다. 실제로 2008년 광우병 시위 당시, 우리나라에서는 단 한건의 광우병 사례가 없었으나, 오히려 이러한 '친숙하지 않은' 조건이 사회적 갈등을 확산시키는 요소가 되었다. 경주와 스웨덴의 방폐장 사례 역시 결국 입지에 성공한 곳은 이미 원자력발전소가 위치한 지역이었다. 다른 여러 요소들과 함께, 지역 주민이 가지고 있던 원자력에 대한 친숙함은 매우 중요한 성공요인이었다.

넷째, 경쟁은 지역의 자발성을 이끌어내는 매우 좋은 도구이지만, 이에 대한 부작용을 충분히 고려해야 한다. 우리나라에서 방폐장 입지 경쟁이 이렇게 격화된 가장 큰 원인은 최종 입지를 가장 지지율이 높은 도시를 선정하겠다는 절차적 오류에 근거한다. 이러한 기준은 지질학적 안전성보다는 사회적 수용을 중시하겠다는 정부의 강력한 의사표현이었지만, 이로 인하여 과도한 지역간 경쟁이라는 또 하나의 사회적 갈등을 만들어내고 말았다. 스웨덴의 경우에도 지질학적 안전성 기준(where)을 완화시키는 대신 공학적 안전성(how)과 사회적 수용을 더욱 중시하는 정책방향을 제시했다. 하지만 그들은 사회적 수용성을 경쟁의 대상으로 만들지는 않았다. 경주의 89.5%의 찬성률이 군산의 84.4%보다 월등하게 우월한 조건이라는 것을 과연 누가 증명할 수 있겠는가? 실제로 스웨덴의 경우, 2009년의 설문조사 결과(Westerberg, 2010) Osthammar의 지지율이 79%, Oskarshamn의 지지율이 84%였지만, 이후 진행된 상세 지질조사 결과를 바탕으로 Osthammar를 최종 입지 지역으로 선정했다. 우리나라의 경우에도 주민투표의 결과는 주민동의 여부를 판단하고, 거부권 확인의 절차로 활용하고, 최종 입지 선정은 지질학적 안전성을 비롯한 여타의 조건을 비교, 분석하여 결정하는 것이 보다 타당한 방법이었을 것이다.

우리나라는 중저준위 방폐장 입지 선정 문제를 20여년의 노력 끝에 해결했으나, 아직까지 사용후핵연료를 포함한 고준위방폐장 문제는 제대로 된 공론화 절차도 시작하지 못했다. 고준위방폐장은 세계에서 단 두 나라만 성공했을 정도로 매우 어려운 문제이며, 엄청난 사회적 갈등 가능성이 존재한다. 실제로 미국의 경우에도 고준위 방폐장 입지로 선정되었던 유카산(Yucca Mountain)이 오바마 행정부 집권 이후 전격적으로 취소되었다. 미국 역시 무려 20여년의 각고 끝에 결정된 입지가 취소된 것이어서 그 파급효과는 엄청나게 컸다.

이렇게 어려운 문제를 앞에 두고, 우리에게 주어진 시간은 그렇게 넉넉하지 않은 것으로 보인다. 현재 원자력발전소 내에 저장되어 있는 사용후핵연료가 계속 쌓이고 있으며, 소내 저장 공간은 조만간 한계에 이를 것이다. 이 논문은 경주와 스웨덴의 사례를 비교하여 보다 완결되고, 효과적인 비선호시설 입지 절차 마련에 도움이 되고자 한다. 지금까지 성공요소로 제시했던 보상을 통한 형평성 문제의 해결, 개방적 절차를 통한 자발성의 고양, 적절한 수준의 경쟁의 활용, 주민 친숙성을 고려한 위험소통 정책 등은 다만 기본적인 원칙일 뿐이다. 가장 중요한 것은, 비록 우리에게 주어진 시간을 짧지만, 보다 긴 호흡을 가지고 일관된 원칙과 유연한 적용을 통한 '한국적' 입지 절차의 완성일 것이다.

제 10 장

댐 건설 정책

배귀희 · 임승후
(숭실대학교 행정학부 교수 · 플로리다주립대학교 행정학과 박사과정)

제1절 서 론

갈등관리에 대한 중요성이 지속적으로 강조되어 왔으며, 최근 학자나 실무자들 사이에서도 효과적인 갈등관리를 위한 다양한 대안들에 대한 논의가 활발하다. 실제 사회갈등이 유발하고 있는 경제적 · 사회적 비용은 굉장히 크기에 이를 완화시키기 위해서 현행 갈등관리시스템을 보완해야 할 필요성이 제기된다(삼성경제연구소, 2009). 한국 사회에서 사회갈등뿐만 아니라 특히 공공갈등은 개인 혹은 집단 간 이해의 충돌이나 가치 차이, 사실관계에 대한 인식 차이, 현실과 제도의 부조화, 의사소통의 부족, 주민요구와 공공사업 추진 방식간 모순 심화, 정체성 혼란이나 충돌 등과 같이 다양하고 복잡한 원인들로 인해 발생하고 있는 실정이다(박태순, 2010). 이러한 갈등을 완화하고 해결할 수 있는 효과적인 갈등관리 시스템을 구축하기 위해서는 상대에 대한 배려 및 관용이 기초가 된 가운데 다양한 담론이 이루어질 수 있는 심의민주주의가 확립되어야 할 것이다.

이러한 심의민주주의와 상응하는 이론이 바로 협력적 거버넌스일 것이다. 거버넌스에 대한 관심이 1990년대 이후로 증가해 오고 있으며, '거버넌스'라는 용어가 행정학 및 정치학, 사회학 등의 여러 학문분야에서 폭넓게 사용되어지고 있다. 급격하게 변화하고 불확실성과 복잡성이 증가하는 행정, 정책결정 및 공공관리에 있어서 더 이상 정부 관료제가 홀로 효과적으로 공공문제를 대처하고 해결할 수 없기 때문에 협력적 거버넌스에 대한 관심이 증가하고 있는 것이다. 즉, 공공문제 해결을 위한 협력에 대한 필요성과 요청은 협력적 거버넌스 논의의 핵심이라고 볼 수 있다(Hajer & Wagenaar, 2003; Jung et al., 2009; Sirianni, 2009; Tang & Mazmanian, 2008). 무엇보다도 효과적인 갈등관리가 이루어지기 위해서는 지역적 · 상황적 맥락에 기초한 협력적 거버넌스가 잘 작동하는 것이 필요한 상황이다.

협력적 거버넌스의 성과는 협력적 거버넌스의 구조(structure)와 과정(process)의 상호작용에 의해 이루어진다. 한탄강댐 갈등사례 연구에서도 알 수 있듯이, 거버넌스를 통한 갈등에 대한 대부분의 연구가 거버넌스 과정에 치우쳐 있고, 상대적으로 거버넌스 구조에 대한 연구를 찾아보기 힘들다(이주헌 · 박치성, 2010; 박형준 · 장현주, 2009; 장현주, 2006; Choi, 2010). 이러한 문제의식을 바탕으로 본 논문은 한탄강댐 건설문제의 해법을 찾기 위한 협력적 거버넌스의 형성과 진화 과정에서 중심적인 행위자는 누구였으며, 그리고 협력적 거버넌스의 변화 과정에서 네트워크의 구조적 속성은 어떠한 모습을 보이는가에 대한 연구문제를 해결해 보고자 한다. 이러한 연구 질문을 해결하기 위해 1995년부터 2009년까지 전개된 한탄강댐 건설 문제와 관련한 이해당사자들의 관계를 보여주는 자료를 갈등의 표면화/표출기, 갈등의 심화기, 갈등의 격화기, 갈등의 조정기 등의 네 가지 시기별로 수집한 다음에 네트워크 분석(social network analysis)을 활용하여 실증분석을 시도하였다.

제2절 이론적 배경 및 선행연구

1. 협력적 거버넌스와 갈등관리

갈등관리에 대한 중요성이 부각되는 중요한 이유는 갈등의 복잡화 및 장기화로 인한 경제적 · 사회적 손실이 크기 때문이다. 예를 들면, 한탄강댐 건설 문제로 야기된 갈등의 직접적인 사회적 비용이 2004년 당시 24억을 넘었고(경향신문, 2004), 댐건설 합의의 지연으로 발생하는 사회적 비용이 한강수자원연구소 추산 348억 원에 달했다고 보도되었다(세계일보, 2006). 또한 우리나라 사회갈등지수가 OECD 27개국 중 네 번째로 높은 것으로 나타났다. 보고서에 의하면 우리나라의 갈등지수(0.71)가 OECD 평균 수준(0.44)으로만 완화돼도 국내총생산이 27%가량 증가할 것이라 전망도 있다(삼성경제연구소, 2009).[1)]

이처럼 한국사회에서 갈등관리의 중요성이 대두되면서 2007년 2월 대통령령 제 19886호 '공공기관의 갈등예방과 해결에 관한 규정'이 제정된 이후 시행되고 있다. 갈등관리는 크게 사회갈등이나 공공갈등으로 나눌 수 있다. 공공기관의 갈등예방과 해결에 관한 규정 제2조에 의하면 공공갈등이라 함은 공공정책(법령의 제정 · 개정, 각종 사업계획의 수립 · 추진을 포함함)을 수립하거나 추진하는 과정에서 발생하는 이해관계의 충돌을 말한다. 이에 반해, 사회갈등은 사회양극화와 같이 공공갈등보다 좀 더 포괄적인 의미의 갈등을 의미한다고 볼 수 있다.

이러한 공공갈등이 발생하는 가장 큰 이유는 정부의 많은 정책들이 가치배분적 [illegible]격을 띠기 때문이다. 가치배분적 성격은 포지티브 게임보다는 제로섬 게임의 특성[illegible] 있어 비용의 부담자와 편익의 향유자의 구도가 형성되게 마련이다. 또한 갈등의 원[illegible]은 정부 정책이 갖는 공유재적 성격과 정책 가운데 내재되어있는 정당성으로부터 [illegible]인하기도 한다(박호숙, 2009).

갈등관[illegible] 연구에 대한 기존의 연구들은 '님비'라 불리는 혐오시설이나 위험시설 등을 둘러[illegible] 갈등을 이해당사자 간의 갈등내용에 초점을 두거나(김상구, 2003; 전주상, 2002; 정[illegible]용 · 길종백, 2007), 제도론적 관점(이민창, 2005), 문화론적 관점(김서용, 2005) 혹은 정[illegible]네트워크 분석(김영종, 2006)을 통한 연구들이 주류를 이루었다. 그러나 최근에 [illegible]공갈등에 거버넌스적 접근으로 갈등을 접근하고 이에 대한 해결대안을 제시하[illegible]는 연구들이 많아지고 있는 추세이다(정규호, 2007; 채종헌, 2009; 채종

---

1) [illegible]년 기준 우리나라 GDP가 1,063조원인 것을 감안한다면 연간 갈등비용이 무려 300조원에 해당한다. 비록 삼성경제연구소(2009)가 초점을 맞춘 것이 사회갈등이지만 실로 막대한 비용이 소요된다고 볼 수 있다.

헌 · 김재근, 2009). 갈등관리에 있어서 거버넌스적 접근의 유용성은 거버넌스 이론이 지니고 있는 특성 자체에서 찾을 수 있다. 즉, 거버넌스 이론은 행위자들이 주어진 제도적 맥락 하에서 상호협력을 통해 공공문제 혹은 공공갈등을 해결과정을 명확하게 보여줄 수 있다는 장점을 가진다. 이러한 인식하에 본 연구는 협력적 거버넌스 관점에서 갈등관리를 이해해 보고자 한다.

먼저, 협력적 거버넌스와 거버넌스와의 관계를 이해하는 것이 필요하다. 이명석(2002)은 거버넌스를 그 개념적 논의의 수준에 따라 최광의, 광의, 협의로 분류한다. 최광의의 거버넌스를 공통문제 해결기제로서의 거버넌스라고 규정하고, 광의의 의미로는 정부관련 문제 해결기제로서의 거버넌스라고 이해한다. 협의로는 신거버넌스, 또는 네트워크 거버넌스로서의 거버넌스라고 정의하고 있다. 협의의 거버넌스인 신거버넌스는 시장과 계층제의 중간적인 형태를 갖는 사회적 조정방법의 특수한 유형으로 이해할 수 있다.

협력적 거버넌스에 대해서도 다양한 논의들이 전개되고 있다. Ansell & Gash(2008: 544)는 협력적 거버넌스를 "하나 또는 그 이상의 공공기관이 공식적이고 합의지향적이며 심의적인 성격을 지닌 공공정책을 결정 · 집행하거나 또는 공공사업 및 공공자산을 관리하는 목적을 지닌 집단적 의사결정과정에 비정부적 이해관계자들을 직접적으로 관여시키는 통치형태"로 규정한다. Ansell & Gash(2008)의 논의를 토대로 조만형 · 김이수(2009)도 협력적 거버넌스를 "두 개 이상의 지방정부 또는 중앙정부가 협상, 네트워크를 통한 수평적 관계를 형성하고 공공프로그램이나 공공자산을 관리하는 목적을 지닌 집단적 의사결정에 비정부적 이해관계자들을 직접적으로 개입시키고 심의과정을 거쳐 합의에 도달함으로써 정부간 공동목표를 달성하는 협력적 통치운영양식"으로 정의하고 있다. 이와 유사하게 채종헌 · 김재근(2009)은 협력적 거버넌스를 "자율성을 갖춘 행위자들이 공동의 문제해결을 위한 협의 및 관리노력의 수단으로 합의추구를 지향하는 숙의적 의사결정체계"로 정의한다. 이러한 논의들을 통해서 협력적 거버넌스는 거버넌스의 특수한 형태임을 이해할 필요가 있다.

본 연구에서는 협력적 거버넌스를 공공, 민간, 시민사회든 관계없이 모든 이해관계자들이 공동의 목적을 설정하고 이를 달성하기 위해 참여하는 집단적 의사결정 내지는 집합적 행동의 메커니즘이라고 정의하고자 한다. 협력적 거버넌스에서 집단적 의사결정 및 집합적 행동은 협력적 통치운영방식으로 이해되어 질수 있다. 이와 같은 정의는 거버넌스를 사회중심적인 접근[2)]으로서 접근하는 것이고, Peters(1996)의 참여 거버넌스[3)]와 매우 유사하다. 참여 거버넌스는 권한위임을 통한 참여관리, 시민참여, 분권화, 담론민주주의(discursive democracy), 공동체주의 등을 강조한다.

협력적 거버넌스에서는 이해당사자인 조직들이 담론과 심의를 기초로 집합적 행동(collective action), 즉 집합적 의사결정(collective decision making)에 참여하는 것을 핵심요소로 본다고 할 수 있다. 협력적 거버넌스의 핵심 개념은 대화(dialogue)[4)]에 근거한 '개인,''조직,' 그리고 '조직 간의 네트워크'라고 할 수 있다. 조직에는 공공조직, 민간부문 조직, 시민사회라 불리는 비영리 민간조직을 포함한다. 결과적으로 이들 조직 간의 자발적인 협력을 통한 네트워크의 형성은 공공서비스를 전달하고 만들어내는데 있어서 가장 중요하다. 협력적 거버넌스는 더 나아가 공공조직, 민간조직 그리고 시민을 포함한 비영리 조직으로부터 가능한 모든 이해당사자들이 참여하는 담론 또는 대화로부터 시작한다. 이러한 이해당사자간 대화의 강조는 분권화, 권한위임, 참여로 연결된다.

공공갈등관리 및 갈등해결을 위한 시스템으로서 주목받는 사회 중심적 거버넌스의 한 형태인 협력적 거버넌스는 이해당사자들의 실질적인 참여와 신뢰와 규범 같은 사회자본의 양에도 영향을 받는다. Kooiman(1993)이 지적하듯이 전통적인 거버넌스와는 달리 새로운 거버넌스인 협력적 거버넌스는 공동조향(co-steering), 그리고 공동 관리(co-managing)의 성격을 지니고 있다. 이때 정부의 신뢰는 이해당사자들의 다양한 의견을 조정해내는 과정에서 매우 중요하다. 협력적 거버넌스 과

---

2) 본 연구에서는 거버넌스를 다음의 네 가지로 분류(배귀희, 2007)해 사용한다. 첫째, 거래비용 경제학적인 접근, 둘째, 좋은 거버넌스, 셋째, 국가 중심적 거버넌스 넷째, 사회 중심적 거버넌스이다.

3) Peters(1996)는 거버넌스를 첫째, 시장 거버넌스(market governance), 둘째, 참여 거버넌스(participative governance), 셋째, 유연한 거버넌스(flexible governance) 넷째, 탈규제 거버넌스(deregulated governance)로 분류한다.

4) 이 개념에는 담론(discourse)과 의사소통 행위(communicative action)의 개념을 포함한다.

정에서 이해당사자들의 참여를 법으로 규정해 놓더라도 이해당사자들의 상호신뢰와 정부신뢰가 없이는 협력적 거버넌스는 명분만 존재하고 형식적으로 운영됨으로 말미암아 무늬만 거버넌스인 상태로 될 가능성이 높다. 또한 이해당사자들이 시민의식 혹은 시민의 덕을 기초로 상호이익 혹은 공동체 이익에 대해 자각하고, 자율성과 책임의식을 공유할 때, 협력적 거버넌스가 공공갈등관리의 대안이 될 수 있을 것이라고 판단된다.

종합해보면, 협력적 거버넌스는 다음과 같은 특징들을 갖는다. 첫째, 공공부문, 시장, 비영리민간조직(시민사회), 및 시민의 상호작용을 통한 경계 및 영역을 뛰어넘는 협력(cross-sectoral collaboration)을 지향한다. 즉, 다양한 이해당사자들의 참여와 상호작용을 통한 협력을 유도한다. 둘째, 구조와 운영 차원에서 협력적 거버넌스는 네트워크 형태로 나타난다. 협력적 거버넌스의 네트워크 형태란 사회적 조정과정에서 네트워크를 형성하는 이해당사자들간 상호작용의 유형을 의미한다.[5] 구체적으로는 연합과 전략적 제휴, 그리고 다양한 정책네트워크를 포함한 조직 간의 네트워크 또는 조직 간의 협력의 형태로 나타난다. 셋째, 협력적 거버넌스는 사회 중심적 거버넌스의 형태로서 모든 이해당사자들이 참여하는 집단적 의사결정 내지는 집합적 행동의 메커니즘이기에 참여하는 이해당사자들의 호혜성, 규범 및 신뢰 즉, 사회자본의 수준 혹은 양에 영향을 받는다.

이와 같은 협력적 거버넌스는 구조(structure)와 과정(process) 그리고 성과(outcome)로 나누어 살펴볼 수 있다. 즉, 구조와 과정의 상호작용을 통해 협력적 거버넌스 성과가 결정되는 것이다. 구체적으로 선행연구들은 살펴보면 협력적 거버넌스의 형성 및 구축(박형준 · 이인원, 2009; 조만형 · 김이수, 2009), 협력적 거버넌스 구조(이주헌 · 박치성, 2010; 박형준 · 장현주, 2009; 장현주, 2006; Choi, 2010)와 협력적 거버넌스 과정(Bae, 2009; Eun, 2009) 및 협력적 거버넌스의 성과(이주헌 · 박치성, 2010) 등으로 구분할 수 있다.

---

5) 이러한 측면에서 네트워크를 강조하는 특수한 형태의 사회적 조정방법인 네트워크 거버넌스의 개념과 유사하다고 볼 수 있다(배재현, 2009; Goldsmith & Eggers, 2004).

2. 협력적 거버넌스의 구조

협력적 거버넌스의 네트워크 구조에 대한 논문은 그리 많지는 않다. Choi(2010)는 협력적 거버넌스라는 용어를 사용하면서 Provan & Kenis(2008)의 모형을 사용해 협력적 거버넌스의 구조를 참여자관리 네트워크 거버넌스(participant-governed network), 주도조직관리 네트워크 거버넌스(lead organization-governed network), 네트워크 관리조직(network administrative organization) 네트워크 거버넌스로 나누고 있다. 반면에 이주헌 · 박치성(2010)은 협력적 거버넌스라는 어휘 대신에 네트워크 거버넌스라는 용어를 사용하면서 Provan & Kenis(2008)에서 나타나는 거버넌스 모형을 실증적으로 분석하고 있다.

본 연구에서도 Choi(2010)의 주장처럼 Provan & Kenis(2008)의 모형을 사용해 협력적 거버넌스의 구조를 참여자관리 네트워크 거버넌스, 주도조직관리 네트워크 거버넌스, 네트워크 관리조직 네트워크 거버넌스 등의 세 가지로 나누어 살펴보고자 한다. 먼저, 참여자관리 네트워크 거버넌스(participant-governed network)는 별개의 독립된 거버넌스 운영체계가 존재하지 않고 네트워크 참여자들 스스로에 의해 운영되는 형태이다. 이러한 네트워크 유형에서는 거버넌스 과정에서 네트워크에 참여하는 모든 이해당사들이 상대적으로 대등한 상태에서 상호작용을 한다. 참여자관리 네트워크의 성공은 거버넌스 과정에서 모든 이해당사자들의 참여와 헌신에 좌우된다. 또한 참여자의 수는 상대적으로 적으며, 신뢰는 높고, 목표에 대한 합의도 높은 것이 특징이다. 다음으로 주도조직관리 네트워크 거버넌스(lead organization-governed network)에서는 이해당사자들 가운데 하나가 리더의 역할을 함으로써 조정 및 촉진자의 역할을 담당하게 된다. 리더 역할을 하는 조직은 네트워크를 형성하는 이해당사자들의 공동의 목적을 달성하기 위한 결정적인 역할을 수행하며, 이를 위해 외부의 자원에 접근하거나 네트워크 내에 존재하는 이해당사자들로부터 자원을 부여받기도 한다. 마지막으로 네트워크 관리조직(NAO: network administrative organization) 네트워크 거버넌스 유형에서는 외부조직이 네트워크 내로 진입하여 이해당사자들의 조정 및 촉진자 역할을 수행한다. 외부에서 네트워크 내로 진입한 조직은 대체로 정부조직이거나 비영리민간단체 조직이다. 네트워크 관리조직 네트워크 거버넌스에서는 참여자의 수가 중간 정도에서 많은 정도인 편이고 목표에 대한 합의도 상대적으로 높이며, 신뢰는 중간 정도이다.

〈그림 1〉 협력적 거버넌스 구조의 세 가지 형태

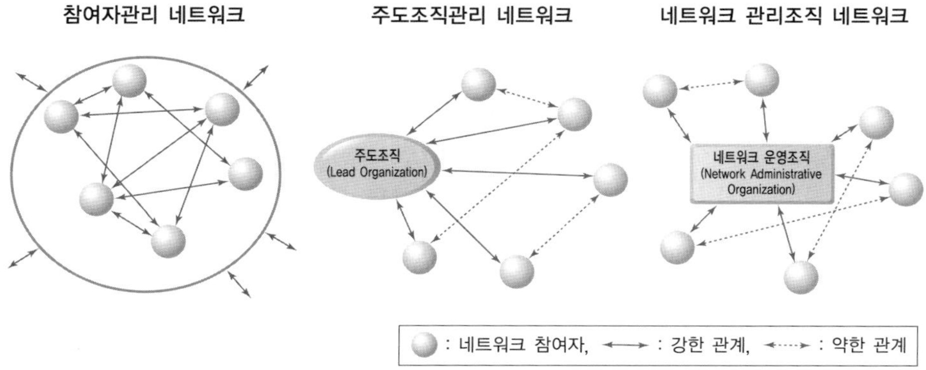

자료: Chio(2010)가 Provan & Kenis(2008:44)를 수정한 것을 재인용.

3. 협력적 거버넌스 구조의 형성요인

협력적 거버넌스의 구조는 네트워크 형태로 나타난다. 공공관리에 있어서 협력에 대한 관심의 증가하고 있을 뿐만 아니라 불확실성 가운데 나타나는 복잡한 문제들을 해결하고 정책효과를 제고시키기 위한 대안 기제로 행정학 및 정책학에서의 네트워크에 대한 관심은 증가하고 있다(Goldsmith & Eggers, 2004; Kettl, 2002; O'Toole et al,, 2005). 협력적 거버넌스에서 네트워크는 일련의 노드들과 노드들 사이의 연계(tie)들의 일반적인 형태로 정의된다(Brass et al., 2004). 모든 연계들은 물질적 혹은 비물질적 자원들의 흐름을 나타내며, 일정 수준의 의사소통 정도를 포함한다.

협력적 거버넌스(혹은 네트워크 거버넌스) 하에서 나타나는 네트워크의 일반적인 속성으로는 복수성(pluriformity; 다양한 형태의 조직들의 참여), 자기 지시성(self-referentiality; 각 참여자는 자기 자신의 고유의 아젠다를 가짐), 비대칭적 상호의존

(asymmetric interdependencies; 종속은 협력을 의미하지 않음), 역동성(dynamism; 네트워크 특성들이 시간에 흐름에 따라 변함) 등을 들 수 있다(Salamon, 2002). 이러한 협력적 거버넌스의 구조를 형성하는 요인으로는 여러 가지가 존재할 수 있다. 다음의 이론들을 통해 다양한 선행 요인들이 거버넌스 구조에 영향을 미치고 있다는 점을 알 수 있다.

1) 자원의존이론

자원의존이론은 정책네트워크에서의 조직들의 행동을 설명하는데 있어 오랫동안 사용되어 왔다(Hardy et al., 1990; Marsh & Rhodes, 1992; Rhodes, 1981). 조직간 관계 혹은 조직간 네트워크를 이해하는 이론적 관점에서 자원의존모형은 기본적으로 어떤 조직도 자기 충족적(self-sufficient)일 수 없다는 전제 하에서 조직의 생존에 결정적인 자원들을 얻기 위해 조직들이 다른 조직들과 관계 혹은 네트워크를 형성하려고 시도한다고 설명한다. 즉, 자기 충족성의 결여는 생존을 위해 자원에 의존할 수밖에 없게 만들기에 그 자원을 통제하는 조직과 상호작용을 통한 네트워크를 형성하도록 만든다. 모든 조직들은 조직의 생존에 필수적이지만 스스로 통제할 수 없는 자원들을 획득해야만 한다. 그래서 조직들은 그러한 자원들을 얻기 위해 외부 환경, 즉 다른 조직들과 상호작용을 하게 되고 결국 조직 간의 네트워크가 형성된다는 것이다(Das & Teng, 2000; Sharfman et al., 1991). 조직 간의 네트워크는 조직 간의 자원교환에 따라 형성되며, A조직의 B조직에 대한 의존도는 B조직이 A조직에 제공하는 자원의 중요성과 이러한 자원의 대체가능성에 따라 결정된다(김준기, 2000; Scharph, 1978). Pfeffer & Salancik(1978) 또한 조직의 의존성을 결정하는 중요한 요인들로 자원의 중요성, 자원에 대한 통제와 재량, 자원공급의 대체가능성 등을 들고 있다.

2) 사회교환이론

사회교환이론에 의하면, 사회적 교환은 두 명 이상의 사람들이 비용과 편익을 자각함으로써 발생하는 반복적인 상호작용을 통해 발생한다(Blau, 1964; Homans,

1961). 사람들은 자신의 이익을 극대화하기 위해 손해보는 행동보다는 보상이 주어지는 행동방향으로 상호작용을 추구한다. 사람들은 보상을 원하지만 행위의 선택과 결정은 친구나 친족 등의 사회적 영향력에 의해 제한을 받기도 한다(Blau, 1964). 또한 상호작용을 통해 형성된 사회구조는 개인의 기대나 의도와는 관계없이 개개인들에 대한 영향력을 발휘할 수도 있다(Cook et al., 1983; Molm, 1990). 사회교환이론에 따르면 네트워크는 연결되어진 상호교환 관계의 일련의 조합으로 정의되는데, 1970년대 이후 사회교환이론은 더욱 발전해 네트워크 구조와 권력과의 관계를 연구하는 방향으로 확대되어져 왔다(Molm & Peterson, 1999).

3) 권력의존이론

권력의존이론(power-dependence theory)은 사회적 교환이론 및 자원의존이론과 밀접한 관련이 있으며, 네트워크 상에서 권력을 가장 잘 설명하고 있다(Emerson, 1962, 1972; Cook et al., 1983). 권력의존 관계는 사회적 삶에 있어서 핵심인데, Emerson(1962; 1972)에 따르면 권력이란 A가 선호하는 행동에 대한 B의 저항을 극복할 수 있는 능력이다. 따라서 특정인에 대한 권력은 특정인의 의존과 동등한 개념이다. 이것을 다시 표현하면 "권력(a)-b = 의존(b)-a"이 되는 것이다. 즉, B에 대한 A의 권력은 A에 대한 B의 의존과 같은 개념으로 이해할 수 있는 것이다. 양자가 특정 자원에 대해 동등하게 상호의존적일 경우, 그들은 상호 권력균형(power balance)의 상태에 있게 된다. 이러한 측면에서 사회교환이론은 사회적 권력관계를 설명하는데 있어 기초를 제공하게 된다.

4) (신)제도주의 이론

신제도주의 관점에서는 조직을 효율성만을 추구하기보다는 제도적 환경 혹은 조직 환경 내에서 생존을 중요시 여기는 실체로 이해하고 이러한 조직 생존의 토대는 조직의 사회적 정당성을 확보하는 것이라고 주장한다. 예를 들면, Selznick (1980)에서 나타나는 것처럼 TVA 조직의 목표는 지역사회의 지원과 정당성을 획득하는 과정에서 왜곡되었다. 이에 반해 (구)제도주의이론은 조직의 목표와 자원의 동원 간의 관계에 초점을 두는데, 조직간 관계가 조직의 목표, 구조, 운영에 어떻게 영향을 미치는지를 설명한다(DiMaggio & Powell, 1991; Selznick, 1980).

신제도주의 이론의 관점에서 제도란 한 사회에서의 게임의 규칙 혹은 상호작용을 형성하는 제약으로 정의된다(North, 1990). 여기에서 제도는 공식적 제도와 비공식적 제도를 모두 포함한다. 또한 제도는 조직과 구별되는데, 조직은 제도 안에서 활동하는 하나의 행위자이다. 제도가 체계화되고, 정당성을 얻고, 구속하는 힘을 가지게 될 때, 제도는 집단적이고 조직적인 요소들 가지게 된다. 이러한 관점에서 보면, 제도는 다음과 같은 두 가지의 특성을 가지게 된다. 첫째, 제도는 인간들과 조직들 사이의 관계들을 영향을 미치게 된다. 즉 강제 혹은 규제하는 능력을 가지게 된다. 또 다른 규칙의 특성은 미래에도 작용할 수 있기에 예측 가능하다는 점이다(Nabli & Nugent, 1989).

제도는 이와 함께 사회적 행동에 의미와 안정성을 부여하고 제공하는 인식적인, 규범적인 그리고 규제적인 구조를 포함한다(Scott, 1995). 신제도주의이론 하에서, 제도적 환경에 부합하는 조직의 행동들은 조직에 정당성과 사회적 승인을 부여함으로 인해 조직의 지속적인 생존에 필요한 자원과 보상을 제공해 준다(Scott, 1995). 즉, 제도적 환경 혹은 제도적 기제가 조직들이 동형화되도록 압력을 행사한다는 것이다(DiMaggio & Powell, 1983).

4. 이론적 틀

협력적 거버넌스의 구조(structure)와 과정(process)은 협력적 거버넌스가 발생하는 시간과 공간이라는 특수한 맥락(context) 아래에서 성과를 나타나게 된다. 협력적 거버넌스 과정에서는 어떻게 이해당사자들이 담론 및 사회자본을 통해 협력을 도출하고 이것을 통해 어떻게 제도를 형성하고 문제해결을 달성하는가를 중심적으로 살펴본다. 이에 반해 협력적 거버넌스의 구조는 거버넌스 과정에서 발생하는 네트워크에 초점을 둔다. 따라서 본 연구에서는 한탄강댐 갈등사례에서 나타난 협력적 거버넌스의 구조로서의 네트워크가 어떻게 형성되고, 변화하는지에 초점을 맞추고 있다.

협력적 거버넌스의 구조로서의 네트워크는 위에서 언급한 바와 같이 자원의존이론, 사회교환이론, 권력의존이론, (신)제도주의이론 등에 따르면 필요한 자원, 권력, 정당성 등을 획득하거나 교환하기 위해 이해당사자들 간에 상호작용을 하고 이를 통해 네트워크가 형성됨을 알 수 있었다. Ansell & Gash(2008) 또한 협력적 거버넌스의 초기조건으로서 권력 · 자원 · 지식의 불균형을 지적하고 있다. 그래서 본 연구에서는 자원의존이론, 사회교환이론, 권력의존이론 및 (신)제도주의이론의 요소들이 한탄강댐 건설 문제를 둘러싸고 있는 모든 이해당사자들 간의 네트워크를 형성하는데 있어 영향을 미친다는 것을 〈그림 2〉와 같이 설명하고자 한다.

〈그림 2〉 본 연구의 이론적 틀

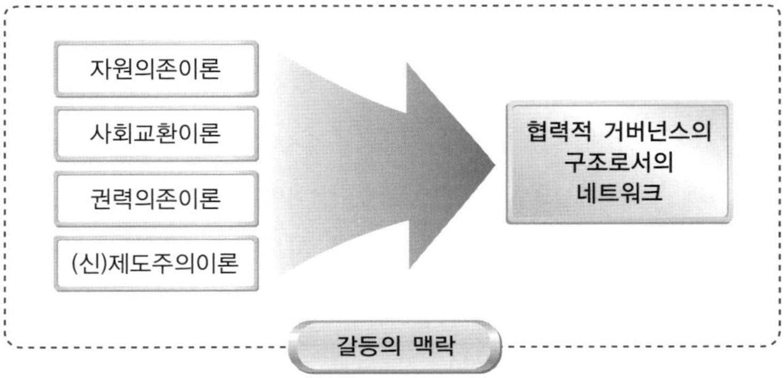

제3절 한탄강댐건설 갈등사례의 서술

본 연구에서는 건설교통부에 의해 임진강유역조사 용역이 이루어진 1995년 6월부터 대법원에 의해 한탄강댐 사업계획고시취소소송에 대한 상고가 기각된 2009년 5월까지의 기간을 대상으로 네 시기로 나누어 한탄강댐 건설과정을 둘러싼 갈등과정을 이해하였다. 먼저, I기는 한탄강댐 건설사업이 제기되고, 정식으로 공표되어 잠복해 있던 갈등이 표면화된 시기이다. II기는 지속가능발전위원회의 한탄강갈등조정위원회를 통해 사회적 합의 형성과정이 시도되고, 이해당사자들의 물리적 대응이 심화된 시기이다. III기는 관련업무가 국무조정실로 이관된 후, 홍수대책특별위원회를 통해 댐건설이 최종적으로 결정되어 격렬한 갈등을 불러일으킨 시기이다. IV기는 반대지역의 주민단체가 법적 소송절차를 밟는 시기이다. 한탄강댐 건설을 둘러싼 갈등의 추이와 사건 전개는 〈표 1〉을 통해서도 확인된다(김재근 · 채종헌, 2009; 정회성 · 이창훈, 2005; 조성배 외, 2008; 최흥석 외, 2003).

1. I기: 갈등의 표면화/표출기

1996년(7.26~7.28), 1998년(8.3~8.8), 1999년(7.31~8.2)의 세 차례에 걸쳐 경기북부(파주, 연천지역)와 철원지역에 내린 집중호우로 인하여 대규모 홍수피해(총 230여명의 인명피해와 약 1조 6천여 억 원의 재산피해)가 발생하였다. 임진강유역의 항구적인 홍수방지대책의 필요성이 제기되어 건설교통부는 1999년 12월에 한탄강댐 기본설계를 시작하여 2000년 12월 '한탄강댐 기본설계보고서'를 완료하고, 6월에는 '수자원장기종합계획'에서 한탄강댐 건설계획을 포함시킴으로써 갈등이 생성된다. 8월부터 주민의견을 수렴하는 절차를 거치기 위해 환경영향평가서의 초안을 공람하고 주민설명회와 전문가 토론회 등을 개최하려고 하였지만 설명회가 무산되면서 입지예정지역인 임진강 상류지역의 강원도 철원군, 경기도 포천시, 연천군 등을 중심으로 한 갈등이 표면화된다. 건설교통부와 수자원공사 등의 건설주체는 지속적인 주민대응책으로서 사업타당성, 경제성 및 환경분야 등의 주민공청회 및 토론회를 개최하였지만 반대지역 주민들의 반발은 고조되기 시작하였다.

2. II기: 갈등의 심화기

주민설명회, 토론회, 공청회 등 갖가지 반대지역 주민들에 대한 설득노력이 모두 실패하고 건설계획이 표류하자 노무현 대통령은 합의와 승복을 전제로 한 대안적 갈등해결프로세스에 따라 문제를 해결할 것을 지시하여 지속가능발전위원회 내에 갈등조정위원회가 구성된다. 이에 따라 2004년 6월부터 8월까지 갈등조정위원회의 주도 아래 우리나라 최초로 사회적 합의의 형성과정이 시도되었다. 건설교통부 · 수자원공사 등의 정부관계자, 환경단체 대표, 찬반주민대표 등의 관련당사자들이 모여 16회에 걸쳐 조정회의를 하였다. 당해 지역의 홍수문제 해결을 위한 대안을 모색하고 합의하고자 하는 적극적인 노력에도 불구하고 각 대안에 따른 찬반양론으로 치닫게 되고, 대안을 제3자 조직에 의해서 마련하는 것으로 합의하게 된다. '홍수피해방지 대안의 결정권을 조정소위에 위임하고, 관련당사자들은 이 결정에 따른다'는 최종합의를 통해 2004년 11월, 조정소위에서는 전문가 자문회의의 자문결과와 조정회의의 논의결과를 바탕으로 '천변저류지 2개소와 축소된 홍수조절용댐 안'을 중심으로 한다는 중재안을 발표한다. 하지만 반대측 주민대표측은 중재안 수용을 거부하였으며, 법적 구속력이 없는 조정과정과 당사자들의 대표성에 관한 논란은 계속되었다. 따라서 2005년 1월에 국회 예결산 특별위원회의 요구에 따라 감사원의 건설교통부와 수자원공사에 대한 특별감사가 진행된다. 감사 결과, 홍수조절능력의 과대추산, 댐 규모의 적정성, 댐건설 추진절차기준의 불준수, 수자원공사 사장의 비자금조성 문제 등이 지적되어 한탄강댐 건설계획의 전면재검토가 권고된다.6)

3. III기: 갈등의 격화기

2005년 5월 23일, 감사원의 감사 결과가 발표된 직후 한탄강댐 건설 관련업무는 지속가능발전위원회에서 국무조정실로 이관되게 되고, 이후 이해당사자가 배제되는 제3자 전문가들로 구성되는 '임진강유역홍수대책특별위원회(위원장: 국무총리)'가 설치된다. 홍수대책특별위의 실무위원회에서 한탄강댐 홍수조절효과 및 각 대안에 대한 경제성, 환경성, 사회적 수용성 등을 검증하기로 결정하여 수 차례의

6) 한탄강댐 건설에 반대하는 임진강 상류지역의 강원도 철원군, 경기도 포천시, 연천군과 찬성하는 하류지역의 파주시 등으로 나뉘었던 지역민들은 지속위의 갈등조정프로세스를 거친 후, 연천 · 포천지역은 찬반측이 공존하게 되었으나 철원지역은 여전히 군전체가 강력하게 반대입장을 고수하였다.

실무협의를 통해 2006년 8월에 '홍수조절용 댐과 천변저류지'안이 결정되어 발표된다. 1월에 있었던 감사원의 감사결과에 따라 백지화 수순을 밟을 것으로 생각했던 이해지역의 주민집단, 지자체 및 환경단체들의 찬반 시위가 격렬해지고, 갈등은 격화되었다. 홍수대책특별위원회의 결정대로 2006년 12월에 한탄강댐기본계획은 고시되고, 건설지역에 대한 토지보상이 공고된다. 한편, 2006년 11월에 환경운동연합의 주도로 감사원에 홍수대책특별위원회, 검증평가실무위원회, 건설교통부, 수자원공사 등을 상대로 국민감사청구가 이루어지지만 2007년 3월에 기각된다.

4. IV기: 갈등의 조정기

2007년 3월, 철원 · 연천 · 포천 수몰예정지역의 반대주민단체는 건설교통부를 상대로 한탄강댐 사업계획고시취소소송을 서울행정법원에 제기한다. 양측은 한탄강댐의 홍수조절효과 및 철원지역의 강우량 자료의 신빙성, 댐의 안정성, 댐 이외의 대안, 역류로 인한 댐 상류지역인 철원의 홍수피해 우려 등을 놓고 공방을 펼쳤다. 2008년 1월, 1심 선고공판에서 댐 건설을 취소할만한 중대한 하자가 없는 것으로 판단되지만 댐규모를 축소하는 것이 바람직하다는 내용으로 조정 권고를 내린다. 하지만 양측 모두 재판부의 조정권고안에 불만을 나타내며 즉각 이의신청을 한다. 이후 6월에 열린 선고공판에서 패소하자 철원 · 연천 · 포천공동투쟁위원회는 즉시 항소하여 이 문제는 서울고등법원 행정심판부로 넘어가게 되지만 12월에 있었던 항소심에서도 주민들의 요구는 받아들여지지 않았다. 또다시 철원 · 연천 · 포천공동투쟁위원회는 상고하였으나 2009년 5월, 대법원은 이를 기각함으로써 10여년 이상 지속되어 온 한탄강댐 백지화 운동은 실패하고, 정부의 한탄강댐 건설 움직임은 가속도를 붙게 되었다.

〈표 1〉 한탄강댐 건설 정책추진과정

시 기	날 짜	주요내용
갈등의 표출/표면화	1995. 6~1997. 12	임진강유역조사 용역(건교부)
	1998. 12~1999. 12	수도권지역 수자원개발계획 수립조사 용역/대통령비서실 산하 수해방지대책기획단 설치(99. 8)
	1999. 12	임진강유역 홍수피해방지를 위한 수해방지종합대책 확정
	1999. 12~2000. 12	한탄강댐 기본설계용역 수행 및 한탄강댐 기본설계보고서 완료(건교부)
	2001. 6	수자원장기종합계획 수립
	2001. 7	한탄강댐 환경영향평가서 초안 작성 후 관계기관 제출
	2001. 8~10	한탄강댐환경영향평가(초안) 공람 및 주민의견 수렴
	2001. 11. 20	한탄강댐기본계획 및 입지예정지(안) 제출(수공→건교부)
	2001. 12. 15~2003. 7. 28	댐환경영향평가 재검증, 추가보완 및 협의완료
	2002. 3. 25	임진강수계 수해방지종합대책 확정(다목적 댐을 홍수조절용 댐으로 변경)
	2002. 10. 9~2002. 11. 5	입찰 및 사업자 선정
	2003. 12. 19	노무현 대통령 강원도 방문시 댐건설 재검토 제안
갈등의 심화	2004. 1~5	사회적 합의 형성과정의 추진 (한탄강댐 갈등조정소위원회 구성)
	2004. 4. 19	한탄강댐 건설공사 실시설계 중지 통보
	2004. 6~8	한탄강댐 문제조정 관련 당사자회의 개최(한탄강댐 조정회의 16회, 기술검토소회의 5회 개최)
	2004. 11	한탄강댐 타당성검토보고서 발표
	2004. 11. 2	지속가능발전위원회 한탄강갈등조정소위원회의 중재결정 확정 · 발표 및 후속조치 추진
	2004. 11. 30	지속위공동협의회 구성을 위한 운영소위원회 구성
	2005. 1. 5~2005. 5. 19	국회 예결산 특별위원회의 요구에 따른 감사원 감사
갈등의 격화	2005. 5. 23	국무조정실로의 관련업무 이관(지속위→국무조정실)
	2005. 5. 23~2006. 8. 22	임진강유역홍수대책특별위원회(위원장: 국무총리) 구성 및 실무협의
	2006. 8. 22~2006. 10. 30	건설교통부의 최종결정안 발표
	2006. 11~2007. 3. 13	환경운동연합의 주도로 감사원에 홍수대책특별위, 건설교통부, 수자원공사 상대로 국민감사청구 및 기각
	2006. 12. 20	한탄강댐기본계획고시 및 토지보상공고
	2006. 12. 27	국회 2007년도 예산통과
갈등의 조정기	2007. 3. 8	철원 · 연천 · 포천 수몰예정지 주민들이 한탄강댐 사업계획고시취소소송 제기
	2008. 1. 26	서울행정법원의 한탄강댐 절반축소 조정권고 및 불수용
	2008. 6. 27	1심 선고공판 원고 패소
	2008. 7. 7	반대주민단체에 의한 항소(서울고등법원)
	2008. 12. 19	항소심 원고 패소판결
	2009. 1. 9	반대주민단체에 의한 상고(대법원)
	2009. 4. 23	서울지방국토관리청의 한탄강홍수조절댐 1차 실시계획 변경의 승인 및 철원군 통보
	2009. 5. 14	상고 기각

제4절 사례분석

1. 사례의 선정

본 연구의 분석대상은 한탄강댐 건립으로 인한 갈등사례이다. 한탄강댐 갈등사례는 크게 두 가지의 기준으로 나누어 살펴 볼 수 있다. 먼저, 주체에 따른 구분이다(정회성 · 이창훈, 2005; 조성배 외, 2008). 건설교통부와 수자원공사 등의 행정주체 측이 임진강 유역의 홍수피해 방지, 안정적 용수공급, 수력에너지 개발 등의 공익을 실현하기 위해 2001년 한탄강댐 건설기본계획을 확정하자 댐건설 예정지의 상류에 살고 있는 철원 · 연천 · 포천 지역 주민들은 상수원보호구역 지정과 이로 인한 경제적 손실, 안개발생으로 인한 농작물 피해, 홍수 시 상류지역 침수 등을 우려하여 반대하였다. 또한 환경단체는 정부의 전반적인 물관리 정책과 생태계 파괴, 예산낭비, 홍수량과 홍수조절효과 산정의 부정확성, 댐건설 결정 및 추진절차의 정당성 결여, 댐의 안정성 등을 제기하면서 반대측 주민들과 연대하게 된다. 반면 댐건설 예정지의 하류인 파주, 문산, 연천의 수몰예정지역에 사는 주민들 대부분은 수몰민대책위원회를 구성하여 상습적인 수해로부터 벗어나기 위해 신속한 댐건설과 즉각적인 보상을 요구하였다. 강원도, 경기도, 철원군, 연천군, 포천군, 파주시 등의 관련 지방자치단체들도 이러한 지역주민들의 이해와 요구에 따라 각각 입장이 나뉜다.

행위자 측면뿐만 아니라 본 사례는 쟁점 혹은 갈등의 원인 측면(유영성, 2008; Moore, 2003)에서도 다양하게 얽혀있다(김종호 외, 2004; 정회성 · 이창훈, 2005). 댐건설을 둘러싼 상 · 하류 지역 주민 사이의 이해관계와 수몰예정지 주민 사이의 이해관계 대립에서 볼 수 있는 이해의 배분과 절차에 관련한 갈등(interest conflict), 생태계 및 환경보전을 중시할 것인지 아니면 개발을 추구할 것인지와 같이 상이한 가치관 및 신념체계에서 비롯되는 가치갈등(value conflict), 홍수피해의 원인 규명, 홍수량의 산정, 적절한 댐규모와 용도 등과 같이 객관적인 자료의 확보와 이에 대한 상이한 해석으로 인한 문제인 사실관계측면의 갈등(data conflict), 정부 측의 댐건설 추진과정을 둘러싼 절차상의 하자와 같은 상황적인 요인으로 인한 구조적 갈등(structural conflict) 등이 다양하게 파악된다.

따라서 한탄강댐 건설로 인한 갈등은 복합적인 이해관계로 인한 환경갈등의 대표적인 사례로서 다양한 이해관계자들 사이의 역학관계 및 네트워크의 변화양상을 분석하기에 적절한 사례로 볼 수 있다.

2. 자료수집 및 측정

본 연구는 네트워크 분석을 위해 1995년 6월부터 2009년 5월까지의 한탄강댐 건설 문제 해결과정에서 발생한 정보전달 및 교환에 관한 관계자료(relational data)를 수집하였다. 관계자료는 개별 행위자의 속성으로 환원되어 설명될 수 없는 관계, 즉 행위자들 혹은 집단들 사이의 접촉, 연결, 연계 등을 보여주는 자료이다(Scott, 2000). 실질적인 관계측정은 한탄강댐 사례를 언급하고 있는 주요 중앙 및 지방일간지 신문기사에 대한 내용분석을 통해 이루어졌다.[7] 개별 일간지들의 홈페이지에서 검색조건으로 '한탄강댐'을 입력하여 나타난 기사들 중 한탄강댐 건설과 관련한 행위자들의 관계를 파악할 수 있는 기사만을 추출하였다. 내용분석을 통해 파악된 조직간 정보전달 및 교환의 예로는 공동성명발표, 관계기관간 상호협의, 대책회의, 토론회 개최, 위원회 구성, 법적대응(행정소송), 감사청구 등이었으며, 선포식은 정보의 교환이 없다고 판단해 네트워크가 형성되지 않았다고 판단하였다. 하지만 해명자료를 요구했다는 기사는 정보의 교환이 이루어졌다고 판단하였다. 이와 같은 관계를 보여주는 사건이 발생할 때마다 그 회수를 관계맺은 기관 간에 누적하여 코딩하였다. 이 때 관계의 방향성도 함께 고려하였다. 기존의 협력적 거버넌스의 구조를 보여주는 연구들이 설문조사 결과를 활용하여 특정 시점에서만의 모습을 보여준데 반해, 본 연구는 신문기사에서 추출한 관계자료를 바탕으로 객관

7) 본 연구의 내용분석에 사용된 언론사는 연합뉴스, 동아일보, 세계일보, 한겨레, 문화일보, 국민일보, 한국일보, 경향신문, 서울신문, 내일신문, 오마이뉴스, 머니투데이, 한국경제, 파이낸셜뉴스, 헤럴드경제, 프레시안, 데일리안 등의 중앙일간지와 강원일보, 강원도민일보, 경기일보, 철원신문, 연천저널, 포천신문, 파주신문 등의 지역일간지이다.

성을 높였을 뿐만 아니라 시간 요인을 함께 고려하기 위해 네 시기로 나누어 분석하였다.

3. 분석 결과

각 시기별 주요 행위자에 대한 속성 분석에 앞서 한탄강댐 갈등 네트워크들의 전반적인 특성을 검토하였다. 이를 위해 각 시기별 네트워크에 참여한 조직의 수, 참여조직들 사이의 연결관계의 전체 합, 개별 조직당 평균 연결관계의 수, 네트워크의 집중도, 네트워크의 밀도 등의 통계량을 제시하였다(표 2).

첫째, 전체 네트워크에 참여하는 행위자들의 총 수인 규모면에서 살펴보면, I기에서 III기로 가면서 참여조직수가 증가하다가, 마지막 IV기에서 줄어드는 모습을 보인다. 연결 관계의 총 수도 마찬가지의 경향을 보인다. 그러나 한 행위자당 연결 관계의 평균을 보면, I기에서 II기로 가면서 크게 증가했다가 다시 III기부터 줄어드는 것을 알 수 있다.

둘째, 한 네트워크 전체가 얼마나 하나의 중심으로 집중되는지를 보여주는 네트워크 집중도를 살펴보면(Wasserman & Faust, 1994; Scott, 2000), II기에 네트워크 집중도가 내향과 외향 모두 제일 높다. 따라서 이 시기에 소수의 행위자가 집중적으로 정보의 전달 및 교류를 가지고 있다는 것을 알 수 있다.

셋째, 네트워크 내 전체 행위자들이 서로 간 얼마나 많은 관계를 맺고 있는가를 나타내는 밀도를 보면(Wasserman & Faust, 1994), II기에 가장 낮게 나타난다. 이는 이 시기에 행위자들 사이의 연결과 교류가 소수에 집중된다는 의미로 일반적으로 밀도와 집중도 사이에 나타나는 반비례 경향을 보여준다고 할 수 있다.

〈표 2〉 각 시기별 네트워크의 규모 및 구조의 변화

시 기	참여자수	연결합	평균연결 집중도(내향)	네트워크 집중도(외향)	네트워크	네트워크 밀도
I	22	103	4.7	16.1	9.0	0.18
II	38	477	12.6	31.9	27.7	0.06
III	71	665	9.4	16.0	9.5	0.11
IV	49	141	2.9	10.5	5.9	0.05

1) 갈등의 표출/표면화: I기

각 시기별 네트워크의 구조적 특성은 전반적인 연계형태를 소시오그램(sociogram)을 통해 시각적으로 나타내었다. 그리고 개별 행위자들의 연결정도 중앙성, 인접 중앙성, 사이 중앙성을 측정하여 각 시기별로 중심적인 위치를 차지하는 행위자를 탐색하였다. 또한 구조적 공백을 통하여 두 집단 간 교량역할을 하는 행위자를 분석하였으며, Lambda set 분석을 통해서는 한 네트워크 내에서 가장 활발하게 연결된 행위자들을 추출해 보았다. 마지막으로 앞서 살펴 본 한탄강댐 갈등 네트워크의 특성 일반에 대한 분석결과와 더불어 각 시기별 협력적 거버넌스의 유형을 분류하고, 그 특징들을 살펴보았다.

〈그림 3〉 I기의 거버넌스 구조: 주도조직 관리 네트워크 거버넌스 유형

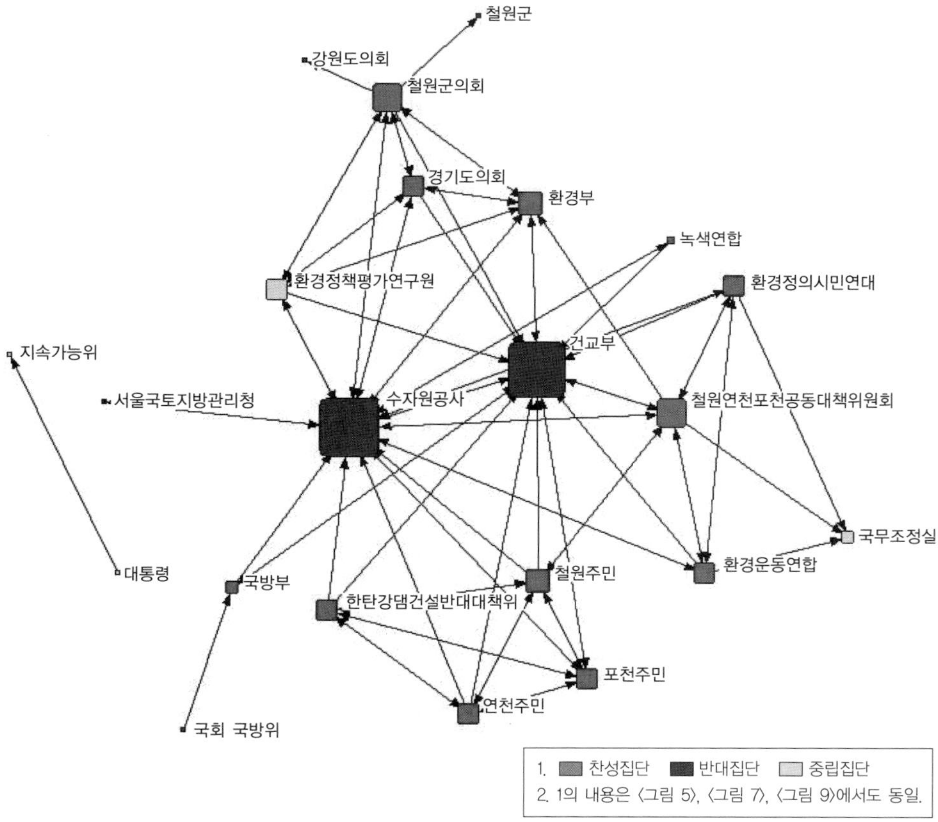

먼저, 한탄강댐 건설 문제가 처음으로 제기되어 갈등이 드러나기 시작한 1995년부터 2003년까지의 I기이다. 〈그림 3〉의 네트워크 소시오그램을 보면, 매우 많은 관계를 가진 수자원공사와 건설교통부의 중앙부와 나머지 행위자들의 주변부로 구분되는 것을 알 수 있다. 이는 수자원공급과 관련한 정책네트워크의 전통적인 주요행위자인 건설교통부와 한국수자원공사(최흥석 · 홍성만, 2004)가 한탄강댐 건설 문제를 처음 촉발시키고 추진해나감에 따라 이들에 의해 많은 수의 주변부 조직들이 관리되는 형태가 드러나는 것이다. 〈표 3〉의 중앙성 분석결과에서도 수자원공사와 건교부가 핵심적 위치를 점유하고 있는 것으로 나타났다. 이것은 2000년 12월 한탄강에 홍수조절용 댐건설이라는 계획을 발표하면서 댐건설의 정당성과 타당성을 내세워 다른 이해당사자들과의 네트워크 형성 과정에서 주도적인 위치를 차지하고 있음을 보여준다. 따라서 I기의 거버넌스 구조는 주도조직 관리 네트워크 유형으로 볼 수 있다.

댐건설계획 발표이후, 주변부 조직인 철원지역 주민들과 연천 · 포천 등의 지역 환경단체와 주민들이 점차 댐건설 반대운동의 중심세력으로 등장하게 된다. 댐건설로 인한 편익은 대부분 하류지역에 집중되는 반면에 생활기반을 잃게 되는 상류지역으로 부담이 미치게 됨으로써 나타나는 전형적인 수몰에 의한 직접적인 피해지역의 반대라고 볼 수 있다(조성배 외, 2008; 최흥석 외, 2003). 한편, 299세대에 이르는 연천 · 파주지역의 수몰예정지역 주민들 대부분은 수몰민 대책위원회를 만들어 댐 건설에 찬성하였다.

Lambda set 분석 결과를 살펴보면, I기에서 가장 연계의 정도가 높은 하위집단은 '수자원공사–건교부'이었고, 그 다음은 '수자원공사–건교부–철원 · 연천 · 포천공대위'이고, 세 번째는 '수자원공사–건교부–철원 · 연천 · 포천공대위–환경부', 네 번째는 '수자원공사–건교부–철원 · 연천 · 포천공대위–환경부–포천주민', 다섯 번째는 '수자원공사–건교부–철원 · 연천 · 포천공대위–환경부–포천주민–철원주민–철원군의회'로 이루어진 관계이었다(그림 4). 댐건설 이슈를 촉발시킨 건설교통부와 수자원공사 사이의 연계가 가장 두터워 제일 두드러진 하위집단으로 나타났으며, 이에 반발하는 철원 · 연천 · 포천공대위, 철원주민, 포천주민, 철원군의회 사

〈표 3〉 중앙성 분석을 통해 살펴 본 I기 네트워크의 중요 행위자

<table>
<tr><th rowspan="2"></th><th colspan="4">연결정도 중앙성[1]</th><th colspan="4">인접 중앙성</th><th colspan="2" rowspan="2">사이 중앙성[1]</th><th colspan="2" rowspan="2">구조적 공백[2]</th></tr>
<tr><th colspan="2">외 향</th><th colspan="2">내 향</th><th colspan="2">외 향</th><th colspan="2">내 향</th></tr>
<tr><th>순위</th><th>행위자</th><th>지수</th><th>행위자</th><th>지수</th><th>행위자</th><th>지수</th><th>행위자</th><th>지수</th><th>행위자</th><th>지수</th><th>행위자</th><th>지수</th></tr>
<tr><td>1</td><td>철·연·포공대위</td><td>12.1</td><td>건교부</td><td>18.9</td><td>수자원공사</td><td>23.1</td><td>수자원공사</td><td>16.5</td><td>수자원공사</td><td>35.8</td><td>수자원공사</td><td>.28</td></tr>
<tr><td>2</td><td>수자원공사</td><td>9.8</td><td>수자원공사</td><td>16.7</td><td>철·연·포공대위</td><td>21.6</td><td>건교부</td><td>16.4</td><td>건교부</td><td>9.9</td><td>건교부</td><td>.31</td></tr>
<tr><td>3</td><td>건교부</td><td>6.1</td><td>환경부</td><td>4.5</td><td>철원주민</td><td>21.4</td><td>국무조정실</td><td>16.0</td><td>철원군의회</td><td>7.6</td><td>철원군의회</td><td>.48</td></tr>
<tr><td>4</td><td>철원군의회</td><td rowspan="2">5.3</td><td>철·연·포공대위</td><td rowspan="2">3.8</td><td>건교부</td><td rowspan="2">21.2</td><td>철원군</td><td rowspan="2">15.7</td><td>포천주민</td><td>6.6</td><td>철·연·포공대위</td><td rowspan="2">.56</td></tr>
<tr><td>5</td><td>환경부</td><td>철원군의회</td><td>철원군의회</td><td>강원도의회</td><td>철·연·포공대위</td><td>4.6</td><td>철원주민</td></tr>
</table>

1. 연결정도 중앙성과 사이 중앙성 값은 표준화된 값임.
2. 구조적 공백의 지수는 constraint를 나타내는 것으로 수치가 작을수록 중복이 적다는 것을 의미.
3. 1과 2의 내용은 〈표 4〉, 〈표 5〉, 〈표 6〉에서도 동일.

〈그림 4〉 Lambda set 분석을 통한 I기의 연계간 흐름의 강도[8)]

```
          1 1 1   1       1 1           1 1 1 2 2 2
Lambda    2 6 7 9 8 3 6 8 0 1 7 5 2 4 1 3 4 5 9 0 1 2
------    - - - - - - - - - - - - - - - - - - - - - -
    22    . . . . . . . . . . . . . XXX . . . . . . .
    16    . . . . . . . . . . . . . XXXXX . . . . . .
     8    . . . . . . . . . . . . XXXXXXX . . . . . .
     7    . . . . . . . . . . . XXXXXXXXX . . . . . .
     6    . . . . . . . . . . XXXXXXXXXXXXX . . . . .
     5    . . . . . . XXXXXXXXXXXXXXXXXXXXXXXXX . . .
     4    . . . . . XXXXXXXXXXXXXXXXXXXXXXXXXXX . . .
     3    . . . . XXXXXXXXXXXXXXXXXXXXXXXXXXXXX . . .
     2    . . . XXXXXXXXXXXXXXXXXXXXXXXXXXXXXXX . . .
     1    XXXXXXXXXXXXXXXXXXXXXXXXXXXXXXXXXXXXXXX XXX
     0    XXXXXXXXXXXXXXXXXXXXXXXXXXXXXXXXXXXXXXXXXXX
```

1. 행위자: 4(수자원공사), 1(건교부), 13(철원 · 연천 · 포천공대위), 2(환경부), 5(포천주민), 7(철원주민), 14(철원군의회).
2. 상위 다섯 개 하위집단에 속하는 행위자들까지만 1에서 밝힘(이하 〈그림 6〉, 〈그림 8〉, 〈그림 10〉에서도 동일).

---

8) 한 네트워크 안 모든 연계들 중 어떤 행위자들 사이의 연계가 끊어졌을 경우 전체 연계의 흐름을 가장 저해시키는가를 찾아냄으로써 하위집단 분류를 해내는 방식이다(Borgatti, et al., 1990). 예를 들어, 〈그림 2〉에서 I기 네트워크를 취약하게 만드는, 즉 행위자간 연결이 끊어졌을 경우에 정보나

이의 연계가 뒤를 이어 확대된 하위집단 형성에 추가된 모습이다. 또한 건설교통부가 제출한 환경영향평가서에 대해 환경부가 지속적인 보완요구를 하면서 관계부처 간 상호협의가 빈번하게 이루어져서 환경부도 포함된 것으로 보인다.

2) 갈등의 심화: II기

갈등심화기인 II기는 절차에 대한 합의와 이에 대한 승복을 토대로 대화에 의해 갈등을 해결하라는 대통령의 지시에 의해 지속가능위원회 내에 한탄강댐갈등조정위원회가 설치되어 조정역할을 담당하고, 이러한 조정위원회를 중심으로 많은 이해당사자들이 상호작용을 하며 네트워크를 구성하는 것이 특징이다. 한탄강갈등조정위원회는 정부를 포함한 찬성측과 환경단체와 연대한 지역사회조직들을 중심으로 한 반대측, 그리고 다양한 전문가 집단들의 의견 및 주장을 조정하는 역할을 수행하였다. 한탄강갈등조정위원회의 결정에 법적인 구속력은 없었으나 지속가능위원회로부터 독립적인 조정활동을 인정받았다. 조정위원회는 18차례의 공청회와 토론회를 개최하여 이견해소에 주력하였다. 조정자를 통해 갈등의 당사자들 간의 합의 및 협력을 도출하는 역할을 수행하였지만 반대 측의 수용거부로 인해 갈등의 해결은 고착상태에 빠지게 되었다.

갈등이 심화되어 가는 시기인 II기에서 사이 중앙성과 구조적 공백에서 한탄강갈등조정위원회와 다른 상위조직들 사이의 편차가 상당히 큰 것으로 나타난다(표 4). 한탄강갈등조정위원회는 중재에 가까운 조정역할을 수행하였기에 조정위원회에 부과된 구속적인 강제규범에 의해 다양한 이해당사자들이 상호의존관계를 형성할 수 있었다.[9] 즉, II기 네트워크의 전체적인 관계의 흐름에서 한탄강갈등조정위원회가 현격하게 중개역할을 수행하는 것을 알 수 있다. 따라서 한탄강갈등조정위원회는 한탄강댐 갈등의 직접적인 당사자라기보다는 외부에서 개입하여 관리하는 공식적인 네트워크 관리조직(NAO)로서의 성격[10]을 띠고 있다. 분석결과에서 알 수

자원의 흐름을 가장 어렵게 만드는 연결은 4번(수자원공사)과 1번(건교부) 사이의 연계이다. 그 다음 순위의 연계는 4번과 1번 외에 13번(철원 · 연천 · 포천공대위)이 추가된 세 행위자들 사이의 연계이다. 따라서 Lambda set 분석을 통해 한 네트워크 안에서 가장 관계의 정도가 강한 하위집단을 순서대로 추출해 낼 수 있다.

9) 한탄강갈등조정위원회의 역할은 중재에 가까운 조정이었다(박진, 2007).

있듯이, 한탄강갈등조정위원회는 대안적 갈등해결프로세스의 첫 적용사례로서 중립적인 조정자로서의 역할을 부여받아 갈등당사자들 사이의 대화와 합의를 이끌어 내는 역할을 충실히 한 것처럼 보이나 실제로는 반대 측의 중재안 수용거부로 갈등의 최종적인 해결에는 실패하고 말았다.[11]

이밖에 환경운동연합, 녹색연합 등의 중앙환경운동단체와 지역환경운동 단체들은 댐건설반대운동의 근거와 이론적 토대를 제공하면서 반대주민측과 연대하고,

〈그림 5〉 II기의 거버넌스 구조: 네트워크 관리 조직 거버넌스 유형

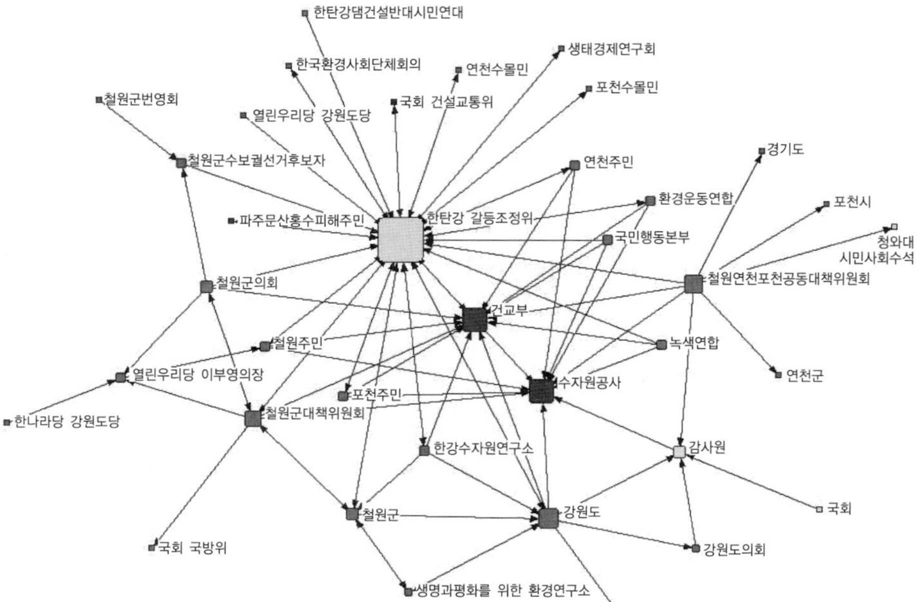

10) 갈등상황에서 합의도출을 위한 제3자의 개입은 사법적 재판을 통해 해결하는 전통적 분쟁해결방식과 중립적인 조정자의 개입을 통해 상호수용할 만한 합의를 도출하는 대체적 분쟁해결방식(Alternative Dispute Resolution)으로 나뉜다(김재근 · 채종헌, 2009). 한탄강갈등조정위원회는 후자에 속한다.

11) 전체 합의 도출을 실패한 원인(정회성 · 이창훈, 2005)으로는 첫째, 사전예방 차원의 적극적인 갈등관리가 아니라 이미 갈등이 심화된 상태에서 사후적으로 개입되었다는 점, 둘째, 당사자 대표들이 대표하는 지지자들로부터 이해와 신뢰를 얻지 못하거나 중간에 당사자 대표들이 교체되어 당사자 대표들의 대표성에 의문이 제기되었다는 점 등이 제시된다. 하지만 조정과정을 통해 당사자간 정보공유와 토론이 이루어짐으로써 갈등구조를 전환시킬 수 있었다는 긍정적인 평가(김재근 · 채종헌, 2009)도 있다.

적극적으로 관여해온 것을 알 수 있다. 댐건설반대주민측도 이들과 상시적으로 입장을 조율하며 공동보조를 취하는 협력적인 관계를 유지해왔다.

〈표 4〉 중앙성 분석을 통해 살펴 본 II기 네트워크의 중요 행위자

<table>
<tr><th rowspan="2"></th><th colspan="4">연결정도 중앙성[1]</th><th colspan="4">인접 중앙성[1]</th><th colspan="2" rowspan="2">사이 중앙성</th><th colspan="2" rowspan="2">구조적 공백[2]</th></tr>
<tr><th colspan="2">외 향</th><th colspan="2">내 향</th><th colspan="2">외 향</th><th colspan="2">내 향</th></tr>
<tr><th>순위</th><th>행위자</th><th>지수</th><th>행위자</th><th>지수</th><th>행위자</th><th>지수</th><th>행위자</th><th>지수</th><th>행위자</th><th>지수</th><th>행위자</th><th>지수</th></tr>
<tr><td>1</td><td>한탄강 갈등 조정위</td><td>28.8</td><td>한탄강 갈등 조정위</td><td>32.9</td><td>철·연·포 공대위</td><td>10.2</td><td>한탄강 갈등 조정위</td><td>12.1</td><td>한탄강 갈등 조정위</td><td>46.0</td><td>한탄강 갈등 조정위</td><td>.09</td></tr>
<tr><td>2</td><td>철원 주민</td><td rowspan="2">3.1</td><td>건교부</td><td>4.2</td><td>녹색 연합</td><td rowspan="2">7.2</td><td>수자원 공사</td><td>11.7</td><td>철원군 대책위</td><td>8.6</td><td>감사원</td><td>.45</td></tr>
<tr><td>3</td><td>철원군</td><td>수자원 공사</td><td>3.8</td><td>국민행 동본부</td><td>건교부</td><td>11.5</td><td>강원도</td><td>8.1</td><td>열린 우리 당의장</td><td>.47</td></tr>
<tr><td>4</td><td>한강 수자원 연구소</td><td>2.9</td><td>철원군</td><td>3.1</td><td>한탄강 댐 건설 반대</td><td rowspan="2">7.1</td><td>강원지 역 국회 의원</td><td>11.4</td><td>수자원 공사</td><td>5.1</td><td>강원도</td><td>.48</td></tr>
<tr><td>5</td><td>환경운 동연합</td><td>2.8</td><td>철원 주민</td><td>2.5</td><td>열린우 리 강원 도당</td><td>국회 국방위</td><td>11.3</td><td>감사원</td><td>3.5</td><td>철·연·포 공대위</td><td>.54</td></tr>
</table>

〈그림 6〉 Lambda set 분석을 통한 II기의 연계간 흐름의 강도

```
          1 1 2 2 3 3 3 3 1 2 2 2   1 2 2 1   1   1         1   1   1 2 2 2 3 3 3 3 3
Lambda    8 4 7 8 0 1 2 3 2 4 5 9 8 3 3 6 0 9 7 2 9 4 5 7 6 1 3 5 1 6 0 1 2 4 5 6 7 8
------    - - - - - - - - - - - - - - - - - - - - - - - - - - - - - - - - - - - - - -
    29    . . . . . . . . . . . . . . . . . . . . . . . . . . . XXX . . . . . . . . .
    26    . . . . . . . . . . . . . . . . . . . . . . . . . . XXXXX . . . . . . . . .
    23    . . . . . . . . . . . . . . . . . . . . . . . . . XXXXXXX . . . . . . . . .
    22    . . . . . . . . . . . . . . . . . . . . . . . . XXXXXXXXX . . . . . . . . .
    20    . . . . . . . . . . . . . . . . . . . . . . . . XXXXXXXXXXX . . . . . . . .
    19    . . . . . . . . . . . . . . . . . . . . . XXXXXXXXXXXXXXXXX . . . . . . . .
    17    . . . . . . . . . . . . . . . . . . . . . XXXXXXXXXXXXXXXXXXX . . . . . . .
    16    . . . . . . . . . . . . . . . . . . . . XXXXXXXXXXXXXXXXXXXXXXXXX . . . . .
    14    . . . . . . . . . . . . . . . . . . . XXXXXXXXXXXXXXXXXXXXXXXXXXX . . . . .
    10    . . . . . . . . . . . . . . . . . . XXXXXXXXXXXXXXXXXXXXXXXXXXXXX . . . . .
     8    . . . . . . . . . . . . . . . . . XXXXXXXXXXXXXXXXXXXXXXXXXXXXXXX . . . . .
     6    . . . . . . . . . . . . . . . . XXXXXXXXXXXXXXXXXXXXXXXXXXXXXXXXX . . . . .
     4    . . . . . . . . . . . . . . . . XXXXXXXXXXXXXXXXXXXXXXXXXXXXXXXXXXX . . . .
     3    . . . . . . . . . . . . XXXXXXXXXXXXXXXXXXXXXXXXXXXXXXXXXXXXXXXXXXX . . . .
     2    . . . . . . . . XXXXXXXXXXXXXXXXXXXXXXXXXXXXXXXXXXXXXXXXXXXXXXXXXXX . . . .
     1    . XXXXXXXXXXXXXXXXXXXXXXXXXXXXXXXXXXXXXXXXXXXXXXXXXXXXXXXXXXXXXXXXXXXXXXXXX
     0    XXXXXXXXXXXXXXXXXXXXXXXXXXXXXXXXXXXXXXXXXXXXXXXXXXXXXXXXXXXXXXXXXXXXXXXXXXX
```

행위자: 15(한탄강갈등조정위), 1(건교부), 3(수자원공사), 11(철원군), 6(철원주민), 16(한강수자원연구소)

Lambda set 분석을 통해 II기에서 드러난 주요 하위집단들을 살펴보면, 한탄강갈등조정위원회와 건설교통부 사이의 연계가 가장 강했으며, 그 다음으로 '한탄강갈등조정위-건교부-수자원공사', 세 번째로 '한탄강갈등조정위-건교부-수자원공사-철원군', 네 번째로 '한탄강갈등조정위-건교부-수자원공사-철원군-철원주민'의 조합으로 나타났다(그림 6). 즉, 갈등조정위원회를 중심으로 가장 강력한 찬성측 행위자들과 반대측 행위자들이 하위집단을 구성하는 것을 알 수 있다.

3) 갈등의 격화: III기

갈등이 격해지는 시기인 III기는 지속가능발전위원회의 한탄강댐 조정이 실패하고 감사원의 한탄강댐 건설 재검토 권고사항이 있은 후, 정부는 국무총리를 위원장으로 하는 임진강유역 홍수특별대책위원회를 구성하였다. 하지만 댐건설 반대측의 홍수특별대책위원회와 댐건설 문제에 대한 합의도출 과정에 대한 신뢰는 여전히 확보하기 어려운 상태였다. 홍수특별대책위원회가 한탄강댐 건설의 조정역할을 하도록 되어있으나 관계의 흐름을 주도하기보다는 참여하는 이해당사자들의 수가 급증하고, 참여의 정도가 훨씬 강해진 상황 속에서 협상력이 분산되고 다극화, 다원화되는 참여자관리 네트워크 형태를 보이고 있다.

실제 III기의 네트워크 구조 또한 상당히 분권화가 이루어진 구조적 특성을 보인다. 〈그림 7〉의 네트워크 소시오그램을 보면, 홍수대책특별위원회가 연결정도 중앙성, 인접 중앙성(내향), 사이 중앙성, 구조적 공백 모두에서 상위조직에 속하지만 강력한 권한을 가진 리더로서의 관리자 역할보다는 건교부, 철원군의회, 철원·연천·포천공동대책위원회, 수자원공사, 철원군대책위원회, 환경운동연합 등과 비슷하게 권한을 나누어 가지는 모습을 보인다. 실제로 〈표 5〉의 모든 지표에서 상위조직들 간의 편차가 그리 크지 않다. 외부에서 개입된 홍수대책특별위원회와 같은 네트워크 관리조직 또는 극소수의 행위자가 전체 네트워크를 이끌기보다는 한탄강댐 건설에 찬성, 반대, 중립적인 주도집단들을 중심으로 상대적으로 집중도가 낮게 네트워크 관리되는 모습을 보인다. 따라서 III기의 거버넌스 구조는 참여자 관리 네트워크의 형태를 보인다.

〈그림 7〉 III기의 거버넌스 구조: 참여자 관리 네트워크 거버넌스 유형

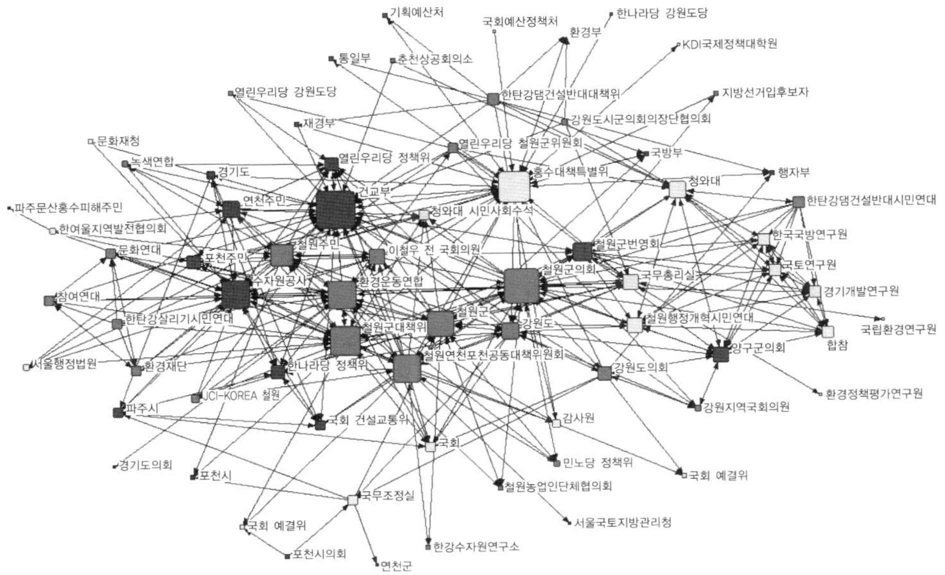

〈표 5〉 중앙성 분석을 통해 살펴 본 III기 네트워크의 중요 행위자

	연결정도 중앙성[1]				인접 중앙성[1]				사이 중앙성		구조적 공백[2]	
	외 향		내 향		외 향		내 향					
순위	행위자	지수	행위자	지수	행위자	지수	행위자	지수	행위자	지수	행위자	지수
1	홍수 대책 특별위	11.3	홍수 대책 특별위	17.7	한여울 지역발전 협의회	9.6	건교부	10.6	홍수 대책 특별위	21.7	홍수 대책 특별위	.10
2	철·연·포 공대위		건교부	10.3	한탄강 살리기 시민연대	8.9	홍수 대책 특별위	10.5	건교부	17.2	한탄강 댐 건설 반대 대책위	.14
3	환경운 동연합	9.7	수자원 공사	6.2	한탄강댐 건설반대 대책위	8.8	포천시	10.2	철원군	12.6	철원군 의회	.16
4	철원군 대책위	7.4	국무 총리실	6.0	철원군 대책위	8.6	수자원 공사	10.2	철원군 의회	10.5	철원군 대책위	.20
5	철원군	6.6	환경운 동연합	5.4	강원도 시군의회 의장단 협의회		서울 행정 법원	10.2	강원도	10.3	철·연·포 공대위	.21

이 밖에 III기에서 드러난 행위자간 관계의 구체적인 양상은 다양하게 나타난다. 예를 들어, 찬성주민측과 반대주민측 모두 각종 공청회와 토론회에서 실력행사와 대립적 입장을 제시하기 위해 같은 입장을 취하는 다른 행위자들과 함께 세를 확대해 나가면서 각종 지지집회, 지자체 및 사업추진부처 항의 방문, 농성활동 등을 활발하게 전개해갔다. 특히 댐건설반대측은 소홀한 주민의견수렴절차로 인해 댐건설 추진과정의 사회적 정당성이 결여되어있다는 주장에 따라 찬성측과 추진주체들은 설명회와 공청회를 지속적으로 개최하는 등 의견수렴 절차를 확대하고자 노력하였다.

III기에서 가장 활발했던 행위자간 연계는 철원 · 연천 · 포천공동대책위원회, 건설교통부, 홍수대책특별위원회로 구성된 집합으로 나타나 대표적인 반대, 찬성, 중립적 행위자들 사이에 하위집단이 구성된 것을 알 수 있다. 그 다음은 환경운동연합이 추가된 형태이며, 세 번째는 철원군대책위원회와 철원군의회가, 네 번째는 철원군이, 다섯 번째는 철원주민이 가세한 집단이었다. 이는 철원군과 철원군의회가 한탄강댐 건설반대운동을 펼치는 철원주민 및 지역단체들을 직 · 간접적으로 지원한 것을 반영하는 것으로 보인다.

〈그림 8〉 Lambda set 분석을 통한 III기의 연계간 흐름의 강도

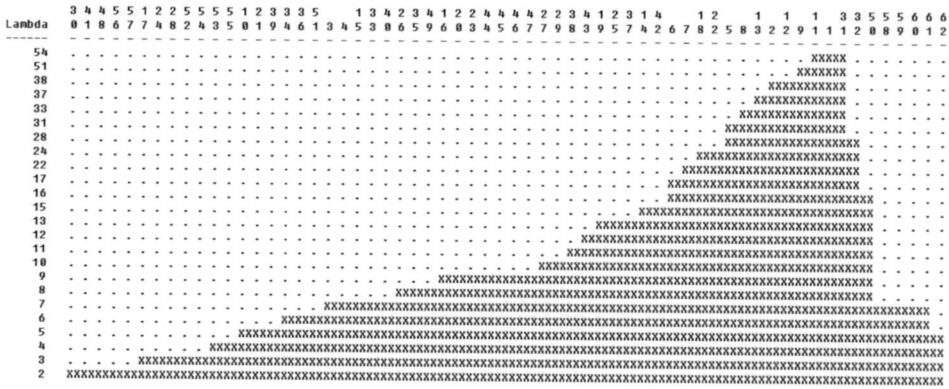

행위자: 11(철원 · 연천 · 포천공대위), 1(건교부), 31(홍수대책특별위), 9(환경운동연합), 2(철원군대책위), 12(철원군의회), 13(철원군), 8(철원주민).

4) 갈등의 조정기: IV기

II기에서 당사자 사이의 자율적인 합의 및 조정 노력이 실패함에 따라 사법적 권위와 법리의 적용이라는 공식적 권위에 의한 사회갈등 결정시스템이 주도하게 되는 IV기이다. 댐건설 반대 측이 한탄강갈등조정위원회의 조정안을 거부하고 사법적 판결을 선택한 것은 향후 이와 유사한 갈등사례가 발생하였을 경우에 이해당사자들이 갈등조정방식을 선택하는 의사결정에 영향을 미칠 수 있다는 점에서 중요하다. 왜냐하면 행위자들이 협력적 거버넌스의 과정이나 결과에 만족하지 못했을 때, 어떠한 조정수단이 효과적이었는지에 대한 정보와 경험은 이해당사자로 하여금 참여 여부와 정도, 즉 참여의 유인(incentive)을 판단하게 만들 것이기 때문이다(Khademian & Weber, 1997). 2007년 3월 서울행정법원에 댐건설에 반대하는 철원·연천·포천주민 156명이 서울행정법원에 소송을 제기하였으나 1심에서 원고패소 결정 후, 서울고등법원을 거쳐 마침내 대법원이 댐건설 반대 측에서 제기한 소송에 대해 기각결정을 내렸다. 대법원의 판결이후 한탄강댐 건설이 본격적으로 추진하는 것으로 결정되었다.

IV기의 네트워크 구조에 대한 분석결과에서도 한탄강댐 사업계획고시취소소송을 맡은 서울행정법원의 사이 중앙성 및 구조적 공백이 제일 높다. 즉, 서울행정법원이 전체 네트워크의 권위적 조정이라는 측면에서 네트워크 관리자로서의 역할을 한 것을 알 수 있다. 따라서 서울행정법원은 한탄강댐 문제를 해결하기 위해 외부에서 개입하여 네트워크를 관리하는 공식적 네트워크 관리조직(NAO)로서의 성격을 지닌다.[12)]

이 밖에 재판 과정에서 강원도의회, 강원도시군의회의장협의회, 철원·연천·포천공동투쟁위원회, 철원군이장협의회, 한탄강댐반대 철원군투쟁위원회 등은 한탄강댐 건설계획의 백지화를 요구하는 탄원서 및 변론서를 서울행정법원 재판부에 제출한다.

---

12) 본 연구에서 한탄강갈등조정위원회와 서울행정법원 모두를 공식적 네트워크관리조직(NAO)로 분류하였지만 〈각주 8〉에서 설명하였듯이 전자는 대체적 분쟁해결방식의 일환으로, 그리고 후자는 전통적 분쟁해결방식으로 외부에서 개입하는 형태이다.

〈그림 9〉 Ⅳ기의 거버넌스 구조: 네트워크 관리 조직 거버넌스 유형

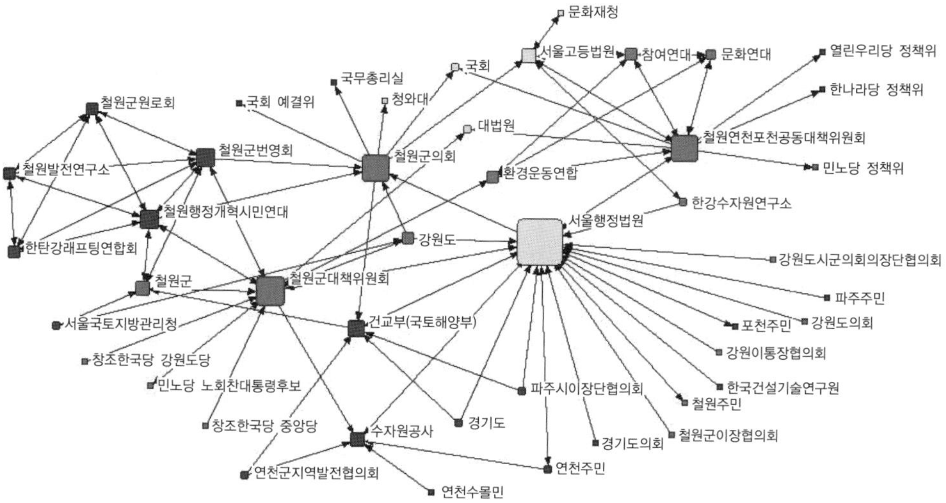

〈표 6〉 중앙성 분석을 통해 살펴 본 Ⅳ기 네트워크의 중요 행위자

	연결정도 중앙성[1]				인접 중앙성[1]				사이 중앙성		구조적 공백[2]	
	외 향		내 향		외 향		내 향					
순위	행위자	지수	행위자	지수	행위자	지수	행위자	지수	행위자	지수	행위자	지수
1	철·연·포 공대위	6.9	서울행정법원	11.4	경기도	5.3	대법원	7.5	서울행정법원	27.7	서울행정법원	.15
2	서울행정법원	6.5	철·연·포 공대위	3.7	파주시이장단협의회		국회	7.4	철원군대책위	16.6	철원군대책위	.23
3	철원군대책위	4.5	건교부(국토해양부)		강원도의회	5.2	서울행정법원	7.4	철·연·포 공대위	11.6	철·연·포 공대위	.26
4	철원군번영회	4.1	서울고등법원	3.3	경기도의회		국회예결위	7.3	철원군의회	8.9	철원군의회	.36
5	철원행정개혁시민연대		철원군번영회		철원군이장단협의회		국무총리실		서울고등법원	5.4	서울고등법원	.39

IV기에서는 '철원행정개혁시민연대-철원군번영회-철원군대책위원회-서울행정법원-국토해양부-철원 · 연천 · 포천공대위' 사이에서 정보 및 자원의 교환이 가장 활발하게 이루어졌던 하위집단으로 나타났다. 주요 하위집단 구성원으로 권위적 조정자인 서울행정법원과 소송의 양 당사자인 철원군대책위원회와 국토해양부 사이의 활발한 연계뿐만 아니라 극단적인 반대활동을 지양하고 철원의 건설적인 발전을 모색하고자 했던 철원행정개혁시민연대와 철원군번영회가 등장한 것이 본 갈등의 마무리 단계에서의 특징적인 모습이다.

〈그림 10〉 Lambda set 분석을 통한 III기의 연계간 흐름의 강도

```
        2 2 3 3       1 1 2 2 2 2 2 2 3 3 3 3 3 4 4 4     1 1 2 4 4 4 1 3   1 3   1 1 2 1   3   1 4 4 4 4
Lambda  8 9 1 4 4 6 8 6 7 1 2 3 4 5 7 0 6 7 8 9 0 2 5 5 9 3 4 0 1 3 6 9 3 7 5 2 3 1 2 6 8 2 5 1 0 4 7 8 9
------  - - - - - - - - - - - - - - - - - - - - - - - - - - - - - - - - - - - - - - - - - - - - - - - - -
    10  . . . . . . . . . . . . . . . . . . . . . . . . . . . . . . . . . . . . . . . XXX XXXXXXX . . . .
     7  . . . . . . . . . . . . . . . . . . . . . . . . . . . . . . . . . . . . . XXXXXXXXXXXXXXXXX . . .
     5  . . . . . . . . . . . . . . . . . . . . . . . . . . . . . . . . . . . . XXXXXXXXXXXXXXXXXXX . . .
     4  . . . . . . . . . . . . . . . . . . . . . . . . . . . . . . . . . XXXXXXXXXXXXXXXXXXXXXXXXXXXXXXX
     3  . . . . . . . . . . . . . . . . . . . . . . . . . . . . . . . XXXXXXXXXXXXXXXXXXXXXXXXXXXXXXXXXXX
     2  . . . . . . . . . . . . . . . . . . . . . . . XXXXXXXXXXXXXXXXXXXXXXXXXXXXXXXXXXXXXXXXXXXXXXXXXXX
     1  . . . . XXXXXXXXXXXXXXXXXXXXXXXXXXXXXXXXXXXXXXXXXXXXXXXXXXXXXXXXXXXXXXXXXXXXXXXXXXXXXXXXXXXXXXXXX
     0  XXXXXXXXXXXXXXXXXXXXXXXXXXXXXXXXXXXXXXXXXXXXXXXXXXXXXXXXXXXXXXXXXXXXXXXXXXXXXXXXXXXXXXXXXXXXXXXXXXX
```

행위자: 26(철원행정개혁시민연대), 18(철원군번영회), 2(철원군대책위원회), 35(서울행정법원), 1(국토해양부), 10(철원 · 연천 · 포천공대위), 11(철원군의회), 12(철원군), 44(서울고등법원), 3(수자원공사), 7(환경운동연합), 15(강원도), 32(참여연대), 47(철원군원로회), 48(한강래프팅연합회), 49(철원발전연구소), 19(국회), 33(문화연대).

제5절 결 론

본 연구는 한탄강댐 건설 갈등사례를 갈등의 표출/표면화 시기, 갈등의 심화기, 갈등의 격화기, 갈등의 조정기 등의 네 가지 시기로 나누어 협력적 거버넌스의 구조가 어떻게 변화되었는가를 살펴보았다. 즉, 거버넌스의 구조로서의 네트워크가 갈등의 생애주기별로 어떻게 변하는지를 살펴보면서 네트워크 형태별로 중심 행위

자가 어떤 조직이었고 어떻게 이러한 조직이 중심성에 있었는지를 파악하였다. 분석결과에 따르면 I기는 이슈를 촉발시킨 건설교통부와 수자원공사가 이끄는 주도조직관리 네트워크의 모습을 보였다. II기는 외부에서 한탄강갈등조정위원회가 개입하여 조정하는 네트워크 관리조직 네트워크 유형이었다. III기는 다양한 이해관계자들 사이의 협상력이 분산되어 다원화 구조를 보인 참여자관리 네트워크의 형태를 띠었다. 마지막으로 IV기는 법원이 권위적 조정력을 가지고 개입하여 갈등을 종국적으로 해결하는 네트워크 관리조직 네트워크의 모습이었다. 이와 같이 거버넌스 구조로서의 네트워크 형태와 행위자 간 관계를 결정하는 요인은 행위자들이 보유한 혹은 행위자들에게 부여된 자원, 권한, 권위, 지식, 정당성 등을 상호추구하거나 교환에 있다는 것을 살펴보았다.

본 연구의 시사점은 다음과 같다. 첫째, 거버넌스 구조로서의 네트워크에서 중심성을 차지하는 조직들은 공식적인 조정권한을 부여받거나 정당성을 높이는데 기여할 수 있거나 교환할 수 있는 자원을 확보한 행위자라는 것을 알 수 있다(참고: 김준기, 2000). I기에서는 댐건설을 추진할 수 있는 권한과 자원을 가진 조직(건교부, 수자원공사), II기와 III기에서는 공식적 조정권한을 부여받았던 조직(한탄강댐갈등조정위원회, 홍수대책특별위원회), IV기에서는 법적 · 제도적 정당성을 가진 조직(법원) 등이 중심적인 행위자이었다. 따라서 갈등분석에 있어 기존의 주체별(행위자별) 분류 또는 쟁점별 분류뿐만 아니라 행위자들이 보유한 자원, 권한, 협상력, 전문성, 정당성 등의 비교우위의 측면의 분류도 함께 고려되어야 할 것으로 보인다. 더 나아가 이해당사자들간 자원 및 권력의 불균형은 협력적 거버넌스의 성공을 저해한다는 Ansell & Gash(2008)의 지적처럼 비교열위에 있거나 과소대표된 행위자들의 실질적인 참여를 보장할 수 있는 제도적 설계나 권한부여(empowerment)의 방식들도 충분히 고려되어야 할 것이다.

둘째, 협력적 거버넌스의 과정에 참여하는 행위자들이 공식적 혹은 비공식적으로, 그리고 반복적으로 맺고 있는 관계와 이로 인한 상호의존성에 대한 세밀한 관찰과 분석이 필요하다는 점이다. 행위자들 사이의 연대 및 연합의 결과 생긴 상호의존성이 목표달성에 기여할 경우, 협력적 거버넌스가 성공적으로 작동하여 향후에도 행위자들이 서로 협력할 유인이 생길 것이다.[13] 하지만 개별 행위자들이 독자적으로 행동하는 것이 보다 비용과 시간을 덜 소모하며, 목표를 효과적으로 달성할 수 있다고 인식하게 되면 행위자들 사이의 신뢰와 사회자본의 정도는 낮은 수준에 머물러 더 이상 협력적 거버넌스는 작동하기 어려울 것이기 때문이다(Logsdon, 1991).

셋째, 협력적 네트워크의 형태 및 관리주도조직은 단일한 모습이 아니라 갈등이 전개되는 양상이라는 시간적 맥락과 문제해결기제의 도입이라는 제도적 맥락을 반영하여 각 상황에 적합한 모습으로 변화하고 있는 모습을 확인할 수 있었다. 즉, 실제 갈등이 전개되는 상황은 단편적이고 단선적이기 보다는 복잡하고 역동적이어서 갈등관리 또한 이를 고려하여 각 단계마다 차별적이고 맞춤형 식의 전략으로 대응할 필요가 있다(Ansell & Gash, 2008; Ring & Van de Ven, 1994).

본 연구의 한계는 다음과 같다. 먼저, 한탄강댐 건설과 관련된 신문기사에서 드러난 행위자들 사이의 관계에 기초하여 분석을 진행하였다는 점이다. 사건의 전개과정에서 행위자들이 실제 지각하고 인식한 관계와 이로 인한 네트워크의 양상은 외부에서 관찰하여 측정한 결과와 다를 수 있기 때문이다(Choi & Brower, 2006). 둘째, 본 연구는 협력적 거버넌스의 구조에 초점을 맞추어 진행함으로써 상대적으로 과정이나 성과에 대한 분석을 결여했다는 점이다. 구조와 과정, 그리고 성과 사이의 상호작용까지도 함께 고려할 때, 협력적 거버넌스의 총체적인 모습을 파악할 수 있기 때문이다. 후속연구에서는 이러한 한계점들에 대한 고려가 좀 더 필요하다.

13) 물론 전체 행위자들 중 일부 행위자들이 신뢰관계를 넘어 유착관계를 바탕으로 파당을 이룬다면 다른 집단과의 협력을 저해할 것이고, 이는 전체 협력적 거버넌스의 효과성을 떨어뜨릴 것이다.

제 11 장

환경 정책

▨ 홍 준 형
(서울대학교 행정대학원 교수)

제1절 서 론

환경갈등은 공공갈등의 가장 대표적인 유형이다. 급격한 압축성장 과정에서 우리 사회가 겪었던 공공갈등의 가장 큰 부분을 차지하는 것이 환경갈등이다. 환경갈등은 계속 증가하는데도 잘 해결되지 않고 고질화 · 장기화되거나 더 악화되어 과도한 사회적 부담을 초래한다는 점에서 공공갈등의 속성을 특징적으로 대표한다(홍준형, 2008: 116-7). 그렇지만 환경갈등과 환경갈등의 조정에 관한 많은 쟁점들이 아직도 충분히 규명되지 않은 채 남아 있다.

환경갈등의 조정과 관련하여 제기되는 가장 중요한 법정책적 물음은 환경갈등의 예방 · 해결을 위한 제도와 기구가 충실히 구비되어 있는가 하는 것이다. 이는 과거 노무현정부가 추진했던 '갈등관리기본법'의 입법과정에서 제기되고, 이명박정부 들어 사회통합위원회가 추진해온 '공공갈등 예방 · 해결법'의 입법을 둘러싸고 여전히 논란되고 있는 문제와 연결되는 쟁점으로서, 기존의 갈등 예방 · 해결을 위한 제도와 기구만으로도 갈등 관리가 가능하지 않은가, 나아가 환경갈등의 예방 · 해결을 위한 별도의 제도와 기구가 필요한가 라는 문제제기로 이어진다.

환경갈등의 조정에 특화된 제도와 절차가 마련되어 있는가. 그런 제도와 절차가 존재한다면, 이를 통해 환경갈등이 효과적으로 잘 조정되고 있는가, 그렇지 못하다면 그 원인은 무엇이며 그에 대한 정책적 대안은 무엇인가. 이와 같은 쟁점들을 해결하기 위해서는 환경갈등의 조정에 관여하는 기존의 제도와 기구, 절차 등을 그 실태와 함께 분석, 비교해 볼 필요가 있다.

이 글은 환경갈등의 조정에 관한 주요 쟁점들을 분석하여 합당한 대안을 모색함으로써 향후 환경갈등의 조정에 관한 더욱 심화된 연구의 토대로 삼고자 한다.

제2절 환경갈등과 환경갈등의 조정

1. 환경갈등의 개념과 범위

갈등의 개념은 매우 다양하게 정의할 수 있으나, 일상적인 언어관용에 따르면 갈등이란 노사 간 갈등, 세대 간 갈등처럼 '개인이나 집단 사이에 목표나 이해관계가 달라 서로 적대시하거나 불화를 일으키는 상태' 또는 '양립불가능한 것으로 보이는 이해관계나 목표가 상충되는 상태'를 말한다(한귀현, 2004: 13). 즉 사람들 사이의 이익이나 가치의 대립 또는 상충을 말한다. 이러한 넓은 의미의 갈등 개념에는 당사자 간 동의 여부, 이해관계의 양립가능성, 실제와 인식 간의 차이, 세계관 및 행위양식의 불일치 등의 계기가 포함된다. 환경갈등(environmental conflict)이란 결국 환경을 둘러싼 갈등, 즉 이해 또는 가치의 대립 · 상충으로 파악할 수 있다. 그러한 맥락에서 환경갈등을 둘 이상의 당사자들 간의 환경적 가치와 이해를 둘러싸고 발생하는 상호배타적인 행위로 정의할 수 있다(사득환, 1997: 187-202).

이에 비해 '분쟁(dispute)'이란 갈등이 당사자 간의 대립 · 충돌로 가시화 · 표면화 또는 현재화된 것을 말한다. '갈등이 분쟁으로 비화한다'는 표현은 전자를 잠재적인 대립 · 충돌로, 후자를 그것이 표출된 현재적인 결과로 보는 시각을 반영한다. 갈등을 전술한 바와 같이 비교적 넓은 의미의 사회현상으로 보고, 분쟁은 그보다는 좁은 의미의 이익이나 재산, 권한 등을 둘러싼 대립 · 충돌을 표상하는 것으로 보는 시각도 이와 무관하지 않다. 이러한 맥락에서 환경분쟁(environmental dispute)의 개념을 환경갈등보다 더 좁은 의미, 즉, 당사자들 간의 상호배타적인 행위뿐만 아니라 반대의사가 외부로 표출되어 명시적으로 대립적 행동을 나타내는 경우라고 파악하기도 한다(허혜영, 2009: 337). 갈등(conflict)은 분쟁의 원인이 된 상태(state), 즉 잠재적 갈등(latent conflict)을 말하며, 분쟁은 갈등의 결과로서 '표출된 갈등(manifest conflict)'를 의미한다고 보는 시각(지속가능발전위원회편, 2005: 73-4)도 유사한 맥락이다. 사실 분쟁은 분쟁해결을 위한 법제도를 통해 해결 또는 처리되는 경우가 많기 때문에 이러한 시각에 일리가 없는 것은 아니다. 그러나 갈등의 개념과 그 가시화 · 현재화로서 '분쟁'의 개념을 절대적 · 이론적으로 구별하는 것은 가능하지 않으며 또 그렇게 해야 할 필연적인 이유도 없다. 양자는 사람들 사이의 이해관계나 목표, 이념 등의 불일치와 대립이라는 동일한 사회현상을 바라보는 관점을 드러내줄 뿐 양자를 준별하는 것은 이론적으로나 실무적으로 큰 의미는 없다. 따라서 양자는 오히려 상호 배타적이라기보다는 상호 교환 가능한 개념이라고 보아도 무방할 것이다(이희정, 2006: 3-44).

환경갈등 역시 다양한 기준에 따라 분류될 수 있으나, 그 원인이나 내용 면에서 특히 환경오염이나 생태계 훼손 등으로 인한 환경피해에 관한 다툼과 입지갈등을 가장 중요한 유형으로 꼽을 수 있다. 실제로 '환경분쟁조정법'은 분쟁조정의 대상을 '환경분쟁', 즉 "환경피해에 대한 다툼과 '환경기술개발 및 지원에 관한 법' 제2조제2호에 따른 환경시설의 설치 또는 관리와 관련된 다툼"으로 명문화하고 있다. 이에 따르면, 환경분쟁의 첫 번째 유형은 환경피해에 대한 다툼인데, 여기서 "환경피해"란 사업활동 기타 사람의 활동에 의하여 발생하였거나 발생이 예상되는 대기오염, 수질오염, 토양오염, 해양오염, 소음 · 진동, 악취, 자연생태계파괴, 일조방해, 통풍방해, 조망저해 그 밖의 대통령령이 정하는 원인으로 인한 건강 · 재산 · 정신에 관한 피해를 말하며(법 제2조 제1호 본문), 방사능오염으로 인한 피해는 제외된다(법 제2조 제1호 단서). 환경분쟁의 두 번째 유형은 '환경기술개발 및 지원에 관한 법' 제2조 제2호의 규정에 의한 환경시설의 설치 또는 관리와 관련된 다툼이다. 여기서 "환경시설"이란 "환경오염물질 등으로 인한 자연환경 및 생활환경에 대한 위해를 사전에 예방 또는 감소하거나 환경오염물질의 적정한 처리 또는 폐기물 등의 재활용을 위한 시설 · 기계 · 기구, 그 밖의 물체로서 환경부령으로 정하는 것"으로 정의되고 있다.[1] 입지갈등은 이른바 '기피시설'의 설치를 반대하는 소극적인 기피갈등과 공공시설의 유치를 희망하는 지역이나 지자체들 사이의 적극적인 유치갈등을 포함한다.

그러나 환경갈등은 위와 같은 환경피해와 입지에 관한 갈등보다는 훨씬 더 넓은 개념이다. 그것은 입지갈등을 넘어 환경정책을 둘러싼 갈등(정책갈등), 환경과 관련된 대규모 국책사업의 계획 및 실시 등을 둘러싼 공공사업 갈등, 환경피해와 직결되지 않는 자연환경과 생태계의 보전 · 이용 등을 둘러싼 갈등, 또는 환경가치에 관한 갈등 등을 포함한다. 따라서 환경갈등 중에서 환경분쟁조정법이 분쟁조정의 대상으로 삼는 환경분쟁이 차지하는 비중은 매우 제한적이라 할 수 있다. 이와 같이 환경분쟁조정법은 그 대상이 되는 환경분쟁의 개념을 좁게 설정함으로써 제도 설계 단계에서부터 환경갈등 조정의 범위를 원천적으로 한정하는 결과를 가져왔다. 이는 오늘날 환경오염을 둘러싼 갈등이 "피해 발생 후의 사후대책형으로부터 피해발생 전 단계에서 발생할 우려가 있는 공해의 예방이라는 사전예방형"으로, 그리고 "개인 간의 민사분쟁형으로부터 국가나 지방공공단체 등을 직간접의 당사자로 하는 공법형분쟁"으로 변화하고 있다는 사실(박태현, 2008: 161-83)을 충분히 고려하지 못 한 결과라고 할 수 있다. 따라서 현행 환경분쟁조정법에 따른 환경분쟁조정위원회의 분쟁조정기능이 환경갈등의 조정에 실질적인 기여를 보이지 못하고 있다는 것도 그리 이상한 일은 아니다.

환경갈등은 환경정책과 환경행정의 전 과정에 걸쳐 발생할 수 있다. 먼저 환경정책의 형성 및 결정과 관련하여 발생하는 환경갈등은 정책갈등의 성격을 띠는 것이 일반적이며 주로 입법과정을 둘러싸고 행정부와 정당, 국회의원, 이해관계자, 시민사회단체 등의 참여나 상호 작용을 통해 다루어진다. 환경관련 행정권한의 행

1) '환경기술개발 및 지원에 관한 법' 제2조 제2호에서 환경시설의 범위는 위 법률의 시행규칙 제2조에서 한정 · 열거하고 있다.

사를 둘러싼 환경갈등은 주로 국가와 지방자치단체 소속 행정기관과 이해관계 있는 주민이나 기업, 시민사회단체 등 사이에서 발생하고 전개되며, 그 권한 행사의 적법여부에 관한 행정소송 등을 통해 다투어지는 경우가 많다. 또한 국가행정기관과 지방자치단체간이나 지방자치단체 상호간의 권한 행사를 둘러싸고 환경갈등이 발생할 수 있고, 많은 부분의 환경갈등이 공기업의 사업과정에서 지역주민이나 이해관계자들과의 관계에서 발생하고 있다. 환경갈등은 반면 환경정책이나 환경행정과 직접적인 관련 없이 또는 입법부나 행정기관의 직접적 개입이 없이 민간부문에서도 일어난다. 사업자나 공장과 인근 주민들 간의 환경오염피해로 인한 갈등이나 환경관련 시설의 설치를 둘러싼 갈등이 벌어지고 있다.

2. 환경갈등의 조정과 조정수단들

1) 환경갈등의 조정

앞서 본 바와 같이 환경갈등이 발생하는 다양한 부문과 수준에서 환경갈등의 조정이 이루어질 수 있다. 여기서 환경갈등의 '조정'이 무엇을 의미하는지를 먼저 분명히 해 둘 필요가 있다. 갈등의 '조정'이라고 할 때 두 가지 종류의 조정 개념이 사용된다. 먼저, '조정(調整)'이란 용어가 사용되고 있는데, 사전적 의미로는 '어떤 기준이나 실정에 맞게 정돈하는 것'을 말한다. 정책을 조정하거나 선거구를 조정하거나 또는 시내버스 노선을 조정한다든가, 회사를 구조조정한다는 뜻으로 쓰인다. 반면, '조정(調停)'이란 '분쟁을 중간에서 화해하게 하거나 서로 타협점을 찾아 합의하도록 하는 것'을 말한다. 견해 차이를 조정하거나, 노사 간 대립 또는 분쟁을 조정한다는 식으로 쓰이는 용어로서 '대체적 분쟁해결방법(ADR)'의 하나인 'mediation'은 바로 '조정(調停)'에 해당되는 것으로 통용되고 있다. '조정(調停)'이란 용어는 그와 같은 특정 분쟁해결방법만이 아니라 널리 ADR 또는 분쟁의 합의해결방식을 대표하는 용어로 사용되는 경우도 없지 않지만, 통상 '조정(調整)'은 '조정(調停)'의 상위개념으로 사용된다. 실례로 환경분쟁조정법은 "조정(調整)"이라 함은 환경분쟁에 대한 알선 · 조정(調停) 및 재정(裁定)을 말한다고 정의하고 있다.

그러나 환경분쟁조정법에서 말하는 '조정(調整)'은 ADR과 동일한 개념이 아니며 또 ADR의 유형 전부를 포괄하는 것도 아니다. 오히려 ADR은 '조정(調整)'보다 더 상위개념이라 할 수 있으므로 ADR-'조정(調整)'-'조정(調停)'이라는 개념간 상하관계가 성립한다. 이 글의 문제의식에 비추어 볼 때, 환경갈등을 조정한다고 할 때 '조정'이란 넓은 의미의 '조정(調整)'을 말하는 것으로 보아야 할 것이다. 여기서 말하는 '조정(調整)'이란 환경분쟁에 대한 알선 · 조정(調停) 및 재정(裁定)을 위시하여 그 밖의 환경갈등의 해결을 위해 사용가능한 모든 ADR 절차를 포함한다는 점에서 환경분쟁조정법의 그것보다도 넓은 개념이다. 이러한 견지에서 환경갈등의 조정수단들을 검토해 보기로 한다.

2) 환경갈등의 조정수단

환경갈등의 조정수단을 널리 ADR에 해당하는 절차유형들로 설정할 경우 그 구체적인 범위와 유형들이 문제된다(김정순, 2006: 13-9; 하혜영, 2011). ADR, 즉 '재판 외 분쟁해결수단'은 일반적으로 광의와 협의, 최협의 세 가지로 분류된다. 첫째, 광의의 재판 외 분쟁해결수단은 법원에서의 재판을 제외한 모든 분쟁해결수단을 말하며, 재판적 방식에 의하더라도 그 기관이 법원이 아니면, 광의의 재판 외 분쟁해결수단에 포함된다. 행정심판의 경우, 사법절차에 유사한 재판적 방식에 의하지만 주체가 다르므로 광의의 재판 외 분쟁해결수단에 포함된다. 둘째, 협의의 재판 외 분쟁해결수단은 합의에 의한 해결을 지향하는 재판 외 분쟁해결수단을 말하며, 계약적 합의의 성립을 의미하는 화해와 컨센서스적 합의의 성립이 해당되고, 계약적 또는 컨센서스적 합의를 위한 당사자들 간의 협상, 합의의 성립을 돕기 위한 제3자의 조력이 부가되는 조정, 사실이나 법적 쟁점에 대한 전문가의 평가 및 해결책 제안 등이 포함된다. 최종판정이 당사자를 구속하는 구속적 중재는 이질적이지만, 중재의 이용과 절차, 준거법 등에 대한 당사자의 합의를 최종 결과에 대한 합의와 유사한 뿌리를 가지는 것으로 본다면, 중재도 이에 포함시킬 수 있다고 한다. 구체적인 예로 ① 행정청과 사인간의 직접적인 계약적, 컨센서스적 합의의 한 예인 행정청과 피 규제자간의 규제준수에 대한 자발적 협약, ② 현행법령상 다수 설치되어 있는 당사자의 합의를 조정성립의 요건으로 하는 각종 조정위원회의 조정을 든다. 셋째, 최협의의 재판 외 분쟁해결수단은 제3자가 조정인으로서 분쟁해결에 조력하는 형태로, 당사자들 간 의 화해나 협상을 제외하고 제3자로서의 조정인, 중립인, 평가인 등이 참여하여 합의를 돕는 재판 외 분쟁해결수단을 말한다. 조정, 중재, 사실이나 법적 쟁점에 대한 전문가의 평가 및 제안 등이 포함되며, 미국에서 행정청의 결정과정에서 재판 외 분쟁해결수단의 이용을 수권하는 법률인 행정분쟁해결법(ADRA)의 재판 외 분쟁해결수단이, 그리고 우리나라의 경우, 현행법상 행정기관의 소관사무별로 설치 · 운영되고 있는 각종 분쟁조정위원회 등의 조정이 이에 해당한다. 이 경우 조정은 대부분의 경우 당사자들이 해결안을 형성하도록 돕는 형태가 아니라 조정부가 조정안을 제시하고 그 수락여부를 묻는 형태로 이루어진다.

제3절 환경갈등 조정의 주요 쟁점

1. 정부책임론 대 정부책임실종론

환경갈등의 조정에 관한 논의에서 가장 먼저 부딪히는 쟁점은 이른바 정부책임론이다. 이것은 환경과 관련한 공공갈등은 정부가 원인을 제공하는 경우가 많은데, 정부가 나서서 갈등을 관리한다는 것은 어불성설이며 갈등원인제공자 또는 갈등유발자가 갈등을 조정하는 것은 이해관계의 충돌 때문에 성공하기 어렵다는 통념, 특히 환경단체나 시민단체 사이에 널리 공유되고 있는 정부에 대한 불신을 배경으로 한 입장이다. 환경단체나 시민단체의 대표들은 갈등관리제도의 도입 및 법제화에 관한 포럼에서 지난 노무현 정부 이래 줄곧 이와 같은 태도를 견지해 오고 있다. 반면, 갈등관리시스템을 법제화할 경우, 결국 시민단체나 비정부기관 등이 정부정책을 좌지우지할 수 있게 되는 결과를 초래할 것이라는 우려도 나오고 있다.

그러나 환경과 관련한 공공갈등에서 정부나 공공기관에 귀책사유가 있는 경우가 많았다는 사실에도 불구하고 정부나 공공기관이 갈등관리에 대한 기본적 · 최종적 책임을 진다는 점을 부인할 이유는 없다. 갈등의 예방과 해결, 특히 공공갈등의 관리는 궁극적으로는 정부가 담당해야 할 과제이고 갈등관리는 정부가 최종적으로 져야 할 고유한 책임이라고 볼 수 있다. 오히려 정부가 갈등해결의 타이밍을 놓치거나 즉흥적이고 일관성 없게 정책을 추진하지 못하도록 예방해야 할 것이고 그러한 맥락에서 갈등관리에 대한 정부책임을 더욱 강화할 필요가 있다. 주요 선진국들이 공공갈등에 효과적으로 대응하기 위하여 법적 · 제도적 장치를 마련해 온 것도 바로 그런 배경에서 이해할 수 있다. 미국의 행정분쟁해결법(96), 협상에 의한 법규제정법(96)이나 일본의 ADR기본법(04)(김상찬, 2006: 127-60)이 그 대표적인 예들이다(홍준형 외, 2008). 아울러 공공갈등의 관리를 위한 법제화는 갈등 문제에 대한 체계적 접근, 절차의 중립성과 공정성 등을 규정할 뿐, 정부나 시민단체 어느 누구에게 유리한 방향으로 흘러서는 아니 될 것이다.

2. 환경갈등 조정의 제도적 공백 문제

1) 쟁 점

현행법이 제공하는 환경갈등의 조정 수단들은 다양하다. 그러나 정작 환경갈등의 조정을 위해 사용가능한 특화된 수단들은 존재하지 아니 한다. 그런 이유에서 환경갈등 조정제도의 공백에 대한 문제 제기가 가능하다. 이 문제에 답하기 위해서는 우선, 환경갈등의 조정 수단들을 그 법규범적 · 현실적 기능을 중심으로 검토해 볼 필요가 있다.

2) 환경갈등 조정에 관한 현행제도

(1) 국민권익위원회의 고충민원 처리의 일환으로 수행되는 갈등 · 분쟁의 조정

고충민원의 처리와 이에 관련된 불합리한 행정제도를 개선하고, 부패의 발생을 예방하며 부패행위를 효율적으로 규제하도록 하기 위하여 국무총리 소속으로 설치된 국민권익위원회는 그 설치근거법인 '부패방지 및 국민권익위원회의 설치와 운영에 관한 법'에 따라 매우 포괄적인 권한을 행사한다.

환경갈등의 조정과 관련하여 국민권익위원회가 행사할 수 있는 권한은 주로 고충민원의 처리와 관련된 것이지만, 위 법률 제12조 제18호는 '다수인 관련 갈등 사항에 대한 중재 · 조정'을 그 소관업무로 명시하고 있고, 제45조에서는 '조정'에 관하여 권익위원회는 다수인이 관련되거나 사회적 파급효과가 크다고 인정되는 고충민원의 신속하고 공정한 해결을 위하여 필요하다고 인정하는 경우에는 당사자의 신청 또는 직권에 의하여 조정을 할 수 있다고 규정하고 있다(§ 45 ①).[2] 이에 따라 국민권익위원회는 특히 다수인 민원 해결을 위한 현장조정을 활성화하고 갈등의 예방 · 조정으로 국민고충을 감축시키기 위해 노력하고 있다.

그러나 국민권익위원회가 고충민원처리의 차원에서 '다수인 관련 갈등 사항에 대한 중재 · 조정'을 할지라도 환경갈등 조정에 관한 전문성을 기대하기 어렵고 또 환경갈등의 조정을 위한 ADR이나 참여적 의사결정방법의 활용 면에서도 미흡한 점이 없지 않다.

(2) 행정절차 · 행정심판과 조정

행정절차법에 따른 행정절차, 특히 불이익처분이나 행정계획 등과 관련한 청문이나 공청회 등과 같은 의견수렴절차를 통해 환경갈등의 조정이 이루어질 수도 있다. 행정절차법에 조정에 관한 법률의 수권이 없다고 할지라도 조정인에 의한 활동이 금지되는 것은 아니다(김용섭, 2004: 27).[3]

한편, 행정심판법에 따른 행정심판절차에서도 조정이 가능하며 또 그 한계와 아울러 바람직한 측면도 있다고 볼 수 있다. 실제로 구 국무총리행정심판위원회(현 중앙행정심판위원회)는 2003년 12월 행정심판청구사건의 당사자 간의 신속하고 자율적인 분쟁해결 등을 위하여 당사자의 타협으로 조정이 가능한 사건에 대하여는 위원회가 의결을 유보하고 사건 당사자간의 합의를 끌어내어 적정한 해결을 모색하는 재판상의 조정제도를 도입하여 운영해 왔다.

그러나 행정절차에서의 조정은 그 절차나 효과 등이 구체적으로 정해지지 않아

---

2) 이에 따른 조정은 민법상의 화해와 동일한 효력을 가진다(§ 45 ③).

3) 한귀현(한귀현, 2006)은 독일에 있어 행정절차에서의 조정을 통한 행정갈등해결의 가능성과 범위를 논의한 바 있다.

실제 이용에 한계가 있고 더욱이 행정절차법상 의견수렴 절차는 처분절차 위주로 되어 있을 뿐만 아니라 행정청의 선택에 따른 임의적 절차로 되어 있어 한계가 있고, 행정심판에서의 조정 또한 어디까지나 행정처분이나 부작위에 대한 행정심판의 범위 내에서 이루어지는 것이므로 환경갈등 조정수단으로는 매우 제한적인 의미를 가질 뿐이다.

(3) 환경분쟁조정법에 의한 환경분쟁의 조정

환경분쟁조정법에 의한 환경분쟁조정제도는 단연 환경갈등의 조정을 위한 가장 주요한 수단에 해당한다. 환경분쟁을 준사법적 분쟁해결기구를 통해 소송외적 방법으로 신속 · 공정하게 해결한다는 아이디어에서 나온 제도로서, 이것은 과거 '공해의 시대'에는 공해피해의 구제라는 형태로 분쟁을 해결하는 것이 중심과제였던 반면 오늘날 같은 '환경의 시대'에서는 사회의 제이익과 환경이익의 조정이 분쟁처리의 중심과제로 대두되고 있다는 상황의 변화와 이에 따른 '구제에서 조정으로'라는 인식의 전환을 배경으로 도입되었다(南博 方, 1992: 30). 환경분쟁조정제도는 분쟁의 신속한 해결, 피해사실 입증에 있어 기술적, 경제적 부담의 경감, 비용과 시간의 절감, 전문성과 과학적인 지식 · 정보의 활용 등에서 소송제도에 대한 비교우위를 목표로 설계된 제도라 할 수 있다(김홍균, 2001: 43).

우리나라 환경분쟁조정제도는 환경소송에 대한 대체적 · 보완적 분쟁해결제도로서 비교적 성공적인 기능을 수행하고 있는 것으로 평가되고 있으나(설계경, 2006: 19-40/21), 과연 그 제도 취지에 걸맞게 환경분쟁을 실효적으로 해결하고 있는지, 또는 적어도 그 해결에 기여하고 있는지에 대해서는 의문이 제기되고 있다. 후술하는 바와 같이 제도 본연의 조정 기능보다는 주로 소음 · 진동 피해에 대한 정신적 피해배상(위자료)을 위한 일종의 환경소액사건(environmental small claims)에 대한 재정 위주의 사법종속적 분쟁해결서비스로 흐르고 있다는 점에 한계가 있다.

(4) ADR과 참여적 의사결정 방법

대체적 또는 대안적 분쟁해결 방법, 즉 ADR(Alternative Dispute Resolution)은 1960년대 후반 미국을 필두로 전통적 사법제도의 결함을 보완해 주는 대안으로 각

광을 받아 왔고(Sander, 1985: 97; Mackie, 1991: 1; Richard L. Abel, 1982: 269)[4] 연방 정부가 갈등을 다루는 방식에 심대한 영향을 끼쳤다(Senger, 2000).[5] 그리하여 오늘날 대체적 분쟁해결제도의 사용은 보편적 현상이 되었다.[6] 우리나라에서도 다양한 분야에서 대체적 분쟁해결방식이 제도화되고 있다. 상사중재, 민사조정, 가사조정, 국제상사중재 외에도 행정부의 각부처별로 다양한 형태의 분쟁조정제도들이 시행되고 있다(홍준형, 2008: 160). 그러나 우리나라의 ADR은 주로 법원에 연결된(court-annexed) 조정유형이나 심판형 조정이 대종을 이루며 또한 환경분쟁조정법에 의한 환경분쟁조정제도를 제외하고는 환경갈등의 조정을 위해 특화된 ADR은 없다.

합의회의(consensus conference), 시민배심원제(citizen's juries), 공론조사(deliberative poll), 시나리오 워크샵(scenario workshop), 협상에 의한 규칙제정 또는 규제협상(negotiated rulemaking) 등과 같은 참여적 의사결정방법(participatory decision making) 역시 환경갈등의 조정을 위해 활용될 수 있는 대안적 수단들이다. 우리나라에서도 경주방사성폐기물처분장 입지결정(주민투표 방식)이나 울산 음식물 쓰레기 처리시설 입지결정(시민배심원제도) 등 이들 참여적 의사결정방법을 적용 또는 응용한 갈등조정시도가 이루어지고 있고 또 제한적으로 성공적인 결과를 도출하는데 기여한 것으로 알려지고 있지만, 아직 제도화되는 데까지 이르지는 못하고 있다.

(5) 환경영향평가제도

대표적인 사전예방적 환경정책수단으로 꼽히는 환경영향평가 역시 환경갈등의

4) 미국 대체적 분쟁해결법(Alternative Dispute Resolution Act of 1998)의 시행결과와 문제점에 대한 보고로는 Nabatchi, Tina, The Institutionalization of Alternative Dispute Resolution in the Federal Government, Public Administration Review; July/August 2007, 646-661면을 참조.

5) 물론 미국에서의 ADR 법 및 ADR의 성과에 관해서는 논란이 있다. 가령 ADR 찬성론자들은 ADR이 신속하고 저렴하며 소송보다 더 양질의, 더 안정적인 결과를 가져온다고 주장하는 반면(Cannon 1985; Carnevale 1993; Senger 2004), 비판론자들은 ADR의 성과 평가를 위한 노력이 전반적으로 미흡하여 ADR의 이점을 경험적으로 입증하지 못했고 따라서 ADR 법의 영향 또한 제대로 평가하지 못했다고 주장한다(Bingham, 1997, 2002; Hensler, 1999; Sander 2000).

6) 일례로 영국 정부는 2001년 3월 23일 정부 부처와 기관들이 모든 적합한 사안에 당사자들의 동의하에 Alternative Dispute Resolution (ADR) 기법에 의하여 법적 분쟁을 해결하도록 하겠다는 방침을 천명하였고, 이에 따라 매년 그러한 방침을 실효적으로 이행하고 있는지 여부를 조사하여 보고서를 공개하고 있다(http://www.dca.gov.uk/civil/adr/adr_reports.htm).

조정에 기여할 수 있을 뿐만 아니라 이들 제도의 취지에 비추어 볼 때 사전환경성 검토나 환경영향평가가 충실히 이행된다면 그 과정에서 환경갈등을 사전에 조정할 수 있는 기회가 생기며 아울러 환경갈등을 원천적으로 예방할 가능성도 열릴 수 있다.

환경영향평가와 관련한 제도로 사전환경성검토 또한 유사한 기능을 수행한다. 사전환경성검토제도와 환경영향평가제도[7]는 모두 환경에 미치는 영향을 사전에 고려, 검토 · 평가하여 친환경적인 개발을 도모한다는 점에서는 공통점을 지니고 있으나, 환경영향평가제도는 '환경영향평가법'에 근거하여, 대규모 개발사업을 대상으로, 계획이 확정된 후 사업 실시단계에서, 개발사업 시행에 따른 환경영향을 줄이는 방안을 중점 검토하는 제도인 반면, 사전환경성검토제도는 '환경정책기본법'과 개별법에 근거하여, 행정계획과 환경민감지역의 소규모 개발사업을 대상으로, 계획이 확정되기 이전단계에서, 입지나 개발의 적정성 · 타당성을 환경적 측면에서 사전 검토한다는 점에서 차이가 있다. 다시 말해 사전환경성검토 제도는 환경영향평가제도가 사업실시단계에서 환경영향을 줄이는 방안을 위주로 함으로 말미암아 환경적으로 적정한 지역에 적정한 규모로 개발사업이 시행되는지에 대한 사전예방적 기능에 일정한 한계를 가지기 때문에, 계획검토 · 수립단계에서 사업의 적정성과 입지의 타당성 등 환경성을 사전 평가하려는 취지에서 도입된 제도라 할 수 있다.[8]

환경영향평가에 대한 이해는 환경갈등의 해결을 위한 열쇠라 해도 과언이 아니다. 환경영향의 조사 및 예측 · 평가에 대한 일반 국민이나 지역주민의 이해를 높이기 위하여 환경영향평가의 결과를 시나리오별로 알기 쉽게 제시하여 지역주민들이 판단하고 의견을 제시할 수 있도록 하는 평가기법과 대화기법 등을 적극 개발할 필요가 있다. 그런 배경에서 일본 환경부가 2002년 참가형 환경영향평가 방법을 개발하여 보급해 오고 있음을 주목할 필요가 있다.

---

7) 이 제도는 2012년 7월 22일부터 시행되는 개정 환경영향평가법[법률 제10892호, 2011. 7.21, 전부개정]에 의해 전략환경영향평가, 환경영향평가, 소규모환경영향평가로 변경되었다.

8) 2006년 6월 '환경정책기본법' 및 같은 법 시행령 개정을 통해 검토대상 행정계획의 수를 구체적인 개발사업의 상위 행정계획으로 확대, 입지의 적정성, 계획의 타당성을 미리 검토할 수 있도록 하고 검토과정에서 주민, 전문가, 시민단체등 이해관계자의 의견수렴을 거치도록 하는 전략환경평가체제로 개편함으로써 환경갈등으로 인한 사회 · 경제적 손실을 예방할 수 있는 기반이 보다 강화되었다 (환경부, 2009: 339).

환경영향평가제도가 현실적으로 환경갈등의 조정이나 해소에 얼마나 기여하고 있는지에 대해서는 많은 의문이 제기되고 있다. 우리나라는 미국에 비해 환경영향평가절차상 주민의견수렴절차가 상당히 형식적 · 소극적으로 운영되어 공허한 요식행위화 되어 있는 상태에 있으며, 사법부 또한 이러한 의견수렴절차에서의 절차상 하자에 대한 판단에 있어서 소극적인 입장을 견지하고 있다. 우리나라의 경우 환경영향평가절차에서 주민참여를 제한하는 요소들이 산재해 있고, 주민들은 평가서초안이 공람되고 있는지 조차 모르는 경우가 많으며 알게 된 경우에도 공람기간이 짧고 그 내용이 고도로 전문적이어서 사업내용을 충분히 이해하고 의견을 제시하는 것이 용이하지 않다. 주민이 의견을 제시하는 경우에도 자료와 정보의 부족으로 인해 의견이 제대로 반영되지 않는 경우가 많다. 이에 비해 미국에서는 환경영향평가절차의 초기 단계에서 주민참여가 가능하도록 하였으며, 각종 단체 또는 개인의 비평을 얻는 것이 중요한 절차상의 요건으로 되어 있다. 환경인자 결정과정과 평가서 검토과정에서 주민참여가 이루어지며, 주민참여의 실행은 평가서 배포, 공청회, 공개토론회 등을 통해서 사업실시 기관에서 주관하게 된다(석인선, 2008: 468). 요컨대 환경영향평가절차가 이미 결정된 정책이나 사업계획을 위한 통과의례 정도로 간주되는 경향이 있고, 특히 공청회, 토론회, 설명회 같은 의견수렴절차의 개방성 또는 효과, 의견수렴결과 또는 환경성검토나 환경영향평가 결과의 반영문제 등 여러 가지 제도적 · 실무적 문제점들이 지적되고 있는 실정이다.

3) 소　　결

이제까지 검토한 결과 기존의 환경갈등 조정수단들은 주로 갈등의 사후해결에 초점을 맞춘 것이 주종을 이루고 있어 갈등의 사전 예방이나 대응에 주효하지 못하거나 제한적인 범위 내에서만 효용을 가지는 경우가 대부분이었다. 특히 환경갈등은 대체적 분쟁해결방법이나 참여적 의사결정방법을 통해 해결하는 것이 소송 등 전통적인 분쟁해결에 의하는 경우보다 훨씬 더 합리적이고 효율적인 방안이 된다는 데 합의가 이루어지고 있는 이상, 대체적 분쟁해결이나 참여적 의사결정방법들을 다양하게 활용하고 있는 미국의 환경갈등해결원(USIECR)이나 환경청(EPA)의 갈등예방 · 해결센터(CPRC) 같은 기구가 결여되어 있는 것은 중대한 제도적 공백이라고 할 수 있다.

따라서 기존 법제도의 공백이나 미흡한 부분, 사각지대 등을 메우는 동시에 기존의 법제도가 투입 또는 사용되기 이전에 갈등의 예방, 해결을 위한 다양한 제도적 접근이 필요하게 된다. 특히 주요 선진국에서 사회갈등의 해소방안으로 활용되고 있는 갈등영향분석, 참여적 의사결정, 갈등조정회의 등을 적극적으로 수용하여 사회적 합의형성(Consensus Building)의 수준을 높여나가기 위해서도 그와 같은 입법적 대안을 강구할 필요가 있다. 그 경우 기존의 법률이나 법제도와의 관계에서 상충되거나 중첩되는 내용은 거의 없다(홍준형, 2008: 136).

3. 환경갈등 조정과 환경분쟁조정제도

1) 쟁 점

환경분쟁조정법에 따른 환경분쟁조정제도가 그 취지에 맞게 환경분쟁을 실효적으로 해결하고 있는지, 또는 적어도 그 해결에 기여하고 있는지에 대해서는 의문이 제기되고 있다(홍준형, 2006: 356-82). 특히 환경분쟁조정이 제도 본연의 조정 기능보다는 주로 소음 · 진동 피해에 대한 정신적 피해배상(위자료)을 위한 일종의 환경소액사건에 대한 재정 위주의 사법종속적 분쟁해결서비스로 흐르고 있다는 비판이 제기되고 있다. 그 원인은 무엇이고 대안은 있는가. 먼저, 환경분쟁조정의 실태를 살펴 본 후 쟁점을 분석하고 대안을 모색해보기로 한다.

2) 환경분쟁조정의 실태

중앙환경분쟁조정위원회가 제공하는 통계자료에 의거하여 분쟁조정의 실적과 현황을 살펴보기로 한다.

먼저, 분쟁조정의 전체 실적과 현황은 다음 표에서 보는 바와 같다(중앙환경분쟁조정위원회, 2011: 116).

중앙환경분쟁조정위원회가 설립된 '91. 7. 19~'10. 12. 30까지 총 2,867건을 접수하여 2,416건을 처리(재정, 조정, 중재합의)하였으며, 나머지 340건은 자진철회로 종결되었고, 111건은 2010년 말 현재 '처리중'으로 집계되었다(중앙환경분쟁조정위원회, 2011: 115).[9)]

처리된 2,416건을 유형별로 살펴보면, 재정이 1,403건으로 전체의 58.1%로 가장 많은 비중을 차지하였고, 중재합의도 962건으로 39.8%에 달했으나, 조정은 51건, 2.1%로 매우 비중이 낮았다. 한편, 2010년 처리사건 174건의 유형별 비중을 살펴보면, 재정은 116건, 66.7%로 가장 높은 비중을 차지하였으며, 중재합의는 56건, 32.2%였던데 비해, 조정은 2건, 1.1%에 그치고 있다. 2010년의 처리현황을 20

(단위: 건)

구 분	접 수			처 리				자진철회
	계	접 수	전년이월	계	재정(裁定)	조정(調停)	중대합의	
1991	1	1						
1992	5	4	1	4	2	2		
1993	55	43	13	31	21	7	2	1
1994	21	14	7	20	15	1	1	1
1995	41	29	12	24	18	5	1	
1996	74	49	25	16	30	2	4	
1997	75	47	28	44	29	1	10	4
1998	99	62	37	53	34	1	13	5
1999	119	82	37	79	35	1	43	10
2000	100	70	30	60	39	3	18	10
2001	184	154	30	121	69	7	46	10
2002	493	440	53	263	118	2	143	30
2003	550	350	200	292	87		205	81
2004	372	195	177	223	101	1	121	49
2005	265	166	100	174	100	4	70	18
2006	276	202	74	165	83	2	80	32
2007	275	196	79	172	125	3	43	13
2008	391	301	90	209	148		60	8
2009	416	242	174	283	230	7	46	36
2010	317	220	97	174	115	2	56	32
합 계	–	2,867	–	2,416	1,403	51	962	340

* 111건은 처리 중임.

9) 환경분쟁의 현황에 관해서는 중앙환경분쟁조정위원회, http://edc.me.go.kr를 참조.

년간 전체 평균과 비교해 보면, 재정, 중재합의, 조정의 순으로 순서는 같지만, 재정은 평균 58.1%보다 높은 66.7%로 대폭 늘었고, 중재합의는 평균 39.8%에서 32.2%로 비중이 다소 준 반면, 조정은 2.1%에서 1.1%로 감소하였음을 알 수 있다.[10]

특이한 것은 처리건수 중 재정사건은 꾸준한 증가세를 보였고, 조정사건은 별 부침 없이 적은 건수에 머무른 데 비해, 중재합의건수는 연도별로 많은 차이를 보였다는 점이다. 중재합의건수는 꾸준히 증가하다가 2002년 143건으로 전년대비 210.9%로 크게 성장한 데 이어, 2003년에는 205건으로 정점을 기록한 후 2004년 121건, 2005년 이후에는 두 자릿수로 가파른 하락세를 보였다. 중재합의가 재정을 넘어선 건 1999년과 2002년부터 2004년까지 3년간이었다. 이에 대하여 중앙환경

〈표 1〉 피해원인별 처리현황

단위: 건수, (%)

구 분	계	소음 · 진동	대기오염	수질오염	해양오염	기타*
계 (%)	2,416 (100)	2,070 (85.7)	155 (6.4)	72 (3)	9 (0.4)	110 (4.6)
'10	174	148	3	6		17
'09	283	241	13	2	–	27
'08	209	173	8	3	–	25
'07	172	142	7	3	–	20
'06	165	150	8	3	–	4
'05	174	151	11	5	–	7
'04	223	206	8	3	1	5
'03	292	264	19	8	–	1
'02	263	229	26	4	–	4
'01	121	103	11	7	–	–
'00	60	49	7	4	–	–
'99	79	67	8	4	–	–
'98이전	201	147	26	20	8	–

* 기타는 영업손실, 지하수 오염, 방음시설, 이주비 요구 등임.
자료: 환경분쟁조정 20년사(1991-2011), 119면.

10) 이처럼 재정의 비중은 점차 늘어나고 중재합의가 줄어든 것에 대하여 중앙환경분쟁조정위원회는 환경분쟁사건이 점점 민감한 사안이 되고 있음을 반증하는 것이라고 해석한다(중앙환경분쟁조정위원회, 2011: 118).

분쟁조정위원회는 전체적으로 2002년과 2003년에 접수건수와 처리건수가 가장 많았고, 처리유형도 재정보다 중재합의가 더 많아 이 기간에 위원회의 역할이 매우 강력했던데 기인하는 것으로 풀이하고 있다(중앙환경분쟁조정위원회, 2011: 118).

분쟁조정실적을 피해원인별로 보면, 처리된 총 2,416건 중 소음 · 진동이 2,070건(85.7%)로 절대적인 비중을 차지하였고, 대기오염이 155건(6.4%), 수질오염이 72건(3.0%), 해양오염이 9건(0.4%), 기타가 110건(4.6%)으로 나타났다.

〈표 2〉 피해내용별 처리현황

단위: 건수, (%)

구 분	계	정신적 피해	건축물 + 정신적	축산물 피해	농작물 피해	건축물 피해	내륙 수산물 피해	해양 수산물 피해	기타 피해
계 (%)	2,416 (100)	951 (39.4)	559 (23.1)	308 (12.7)	151 (6.3)	78 (3.2)	55 (2.3)	11 (0.5)	303 (12.5)

자료: 환경분쟁조정 20년사(1991-2011), 120면.

위에서 본 바와 같이 환경분쟁에서 소음 · 진동이 차지하는 비중이 생태계 파괴, 대기, 수질, 토양, 해양, 악취 등에 비해 현저히 높은 것은 소음 · 진동이 도로공사, 지하철공사, 재개발 재건축이 활발히 시행되는 도심지역에서 많이 발생할 뿐만 아니라, 인과관계 규명이 비교적 용이하고 다른 환경피해에 비하여 직접적이며, 사람의 인체가 민감하게 반응하는 특성이 있기 때문인 것으로 파악되고 있다(중앙환경분쟁조정위원회, 2011: 119).

분쟁조정실적을 피해내용별로 보면, 처리된 2,416건 중 정신적 피해가 951건으로 39.4%를 차지하였고, 건축물+정신적 피해가 559건(23.1%), 축산물 피해가 308건(12.7%), 농작물 피해가 151건(6.3%), 건축물 피해가 78건(3.2%), 내륙수산물 피해가 55건(2.3%), 해양수산물 피해가 11건(0.5%), 기타 피해가 303건(12.5%)로 나타났다.

이와 같이 중앙환경분쟁조정위원회가 지난 20년간 처리한 사건의 58.1%가 재정사건인 반면, 조정사건은 51건, 2.1%에 불과하며, 피해원인에서도 소음 · 진동으로 인한 피해가 85.7%로 압도적인 비중을 차지하고 있고, 피해내용에서도 정신적 피해가 대종을 이루고 있음을 알 수 있다.

재정에 비해 조정(調停)의 이용율이 현저히 낮다는 것은 대체적 환경분쟁해결제도(ADR)로서 환경분쟁조정제도의 효용을 크게 손상시키는 현상이다. 조정사건이 90% 이상을 차지하고 있는 일본에 비해[11] 우리나라는 재정사건이 60% 내외에 이르는 반면, 조정사건은 2% 수준에 불과하다. 분쟁조정위원회가 지나치게 재정 중심적으로 운영되어 위원회 활동에서 중요한 조정기능이 소홀히 다루어지고 있다는 비판이 제기되고 있는 것도 바로 그 때문이다(전경운, 2004: 234; 최병록, 2007: 522 이하; 이희정, 2006: 3-44). 또한 분쟁조정이 소음 · 진동으로 인한 정신적 피해구제 위주로 흐르고 있다는 점도 문제이다. 이처럼 환경분쟁조정제도가 일종의 환경소액사건에 대한 재정 위주의 사법종속적 분쟁해결서비스로 전락하고 있는 현상은 이 제도가 대규모 환경분쟁, 집단적 환경분쟁이나 사회적 환경갈등을 해결하는 데 거의 기여가 없다는 저간의 비판과 결코 무관하지 않다.

실제로 알선의 경우 당사자간의 합의조성을 위한 준비행위 이상의 의미를 갖지 못해 거의 이용되지 않았고, 조정의 경우에도 당사자가 조정안을 수락하지 않으면 효력이 없고 2008년 법개정 이전에는 당사자가 조정안을 받아들여 합의가 성립되어도 그 합의는 집행력을 갖지 못하므로 합의사항이 이행되지 않은 경우 그 이행을 강제하기 위해서는 별도의 민사소송등을 거쳐야 하는 한계 때문인지 실제상 거의 활용되지 못했다. 이미 앞에서 본 바 있듯이 2010년 12월 31일 기준 재정사건이 58.1%를 점하고 있는 반면, 조정사건은 2.1%에 불과하다. 그나마 조정이 성립된 경우는 더 적어서 21건, 1%도 못 미치는 실정이다. 주지하듯이 재정은 중앙환경분쟁조정위원회에 의하여 그 위원 5인으로 매 사건마다 구성되는 재정위원회가 환경오염의 피해로 인한 손해배상의 책임을 판정하는 절차이다. 재정은 대심구조와 당

11) 중앙환경분쟁조정위원회의 보고(서인원. "한 · 일 환경분쟁조정제도의 공통점과 차이점". 2001.11.21)에 따르면, 일본의 공해등조정위원회는 지난 1970년부터 1999년말까지 739건을 접수하여 730건을 종결 처리하였다. 1975~1987년 기간에는 연 28~62건이 접수되었으나 1988년 이후부터는 접수 건수가 줄어들어 연 2~23건 정도에 머물고 있다. 처리 사건 중 조정 686건(94%), 재정 40건(5.5%), 의무이행권고 2건, 알선과 중재 각 1건으로, 우리나라(재정 93%)와 달리 조정이 절차의 주를 이루고 있다. 일본의 도도부현 공해심사회 역시 지난 30년간 893건을 접수하였고 840건을 종결한 가운데, 조정사건이 접수 사건의 94.6%(845건)를 차지하고 있다.

사자의 구술변론권이 보장된 준사법적 쟁송절차로서의 성격(법 제37조, 제39조, 제40조, 제45조)을 띤다는 점에서 조정이나 알선과 뚜렷이 구별된다.[12] 물론 법제도상으로는 재정의 범위 안에서 손해배상에 갈음하는 원상회복도 불가능하지는 않고(법 제41조), 처리형태도 방음대책 등이 14건(0.6%), 중재합의가 962건(39.8%)으로 나타났지만, 분쟁조정의 이용상황이 재정위주이고 조정이 거의 활용되지 못하고 있다는 점[13]은 환경분쟁조정제도의 ADR로서의 효용을 크게 약화시키는 대체적 분쟁해결제도의 사법종속화 경향을 의미하는 것으로서 정책적 관심을 기울일 필요가 있다. 환경분쟁조정제도가 그 자체 독자적인 의의를 갖는 분쟁해결절차로 발전하기보다는 손해배상에 대한 임시적 · 대체적 분쟁해결 기능에 머무름으로써 사법종속적인 예비심급(test instance)로 전락할 우려가 있기 때문이다.

그 밖에도 앞서 다양한 견해를 통해 지적되고 있는 바와 같이, 환경분쟁조정제도의 공신력을 좌우하는 전문성 및 전문인력 확보 문제, 효과적인 대체적 분쟁조정기법의 활용 문제 등 제도의 질적 업그레이드를 필요로 하는 요소들이 적지 않다.

3) 원인 분석

그렇다면 원인은 무엇인가. 기존의 연구결과에 비추어 볼 때, 크게 다음 몇 가지 원인들을 식별할 수 있을 것이다. 첫째, 환경분쟁조정제도가 재정 위주로 운영되는 것은 무엇보다도 분쟁당사자, 특히 신청인의 관심이 상호 양보와 타협을 통한 분쟁의 조정 · 해결보다는 국가기관인 분쟁조정위원회의 개입을 통해 가해자에 대한 응징이나 제재를 가하고 또는 가해자들이 분쟁원인의 해결이나 피해의 구제에 나서도록 압력을 가하려는데 있기 때문이라고 볼 수 있다. 분쟁조정 신청인들이 청구하는 배상액과 실제 인용재정에 의해 주어지는 배상액 간의 현저한 괴리는 정작 신청인들 개개인에게는 소액의 배상액이 배분될 뿐이라는 점과 함께 분쟁조정의

---

12) 그렇다고 민사조정과 같이 법원에서 하는 사법형 ADR이 아니라 어디까지나 행정형 ADR을 넘어서는 것이 아님은 물론이다.

13) 이와 관련하여 한국노동연구원, 「사회적 갈등해소를 위한 노동제도 활용방안」(2004.11)은 노동위원회제도와 환경분쟁조정제도를 비교분석한 후 우리나라 분쟁조정제도들이 판정이나 재정 등 판결식 접근을 중심으로 삼고 있다고 지적한 바 있다(www.kli.re.kr/kli/html_kor/report/notesdown.asp?seq=6085&cover=0 &file=0)

실제 목표가 다분히 전략적일 수 있다는 점을 반영한다. 아울러 분쟁당사자들은 국가기관인 분쟁조정위원회의 재정결정을 통해 환경오염피해의 원인과 책임을 유권적으로 확정해 둠으로써 향후 환경갈등의 해결과정에서 주도권을 잡거나 결과를 유리하게 이끌고자 하는 전략적 의도를 가지거나 이후 전개될지도 모르는 법정다툼에서 유리한 법상황 및 사실관계를 선점하려는 의도를 가지기 쉽다. 물론 환경분쟁에 관한 재판이 통상 비용이 많이 들고 오래 걸리며 종종 대기업등과 소송을 벌이기에 자력이 불충분하거나 그 밖의 이유로 승산이 불확실한 경우가 적지 않기 때문에 재판에 대한 저렴하고 간이한 대안, 즉 'cheap justice'를 얻기 위한 방편으로 환경분쟁조정제도를 이용하는 경우도 많다. 특히 지방에서 영세한 농가나 목축업자가 농작물이나 가축 피해 등에 대한 피해 구제를 신청하는 경우가 그런 사례에 해당한다.

둘째, 같은 맥락에서 주목할 부분은 조정과 재정의 절차적 차이도 일정한 범위에서 재정 위주의 분쟁조정 경향에 영향을 줄 수 있다는 점이다. 가령 환경분쟁조정위원회의 직권주의에 대한 기대가 재정 위주의 분쟁조정경향을 가져오는 요인으로 작용할 수 있다. 즉, 환경분쟁의 경우 사안이 복잡하며, 대립이 심할수록 당사자 주도에 의한 분쟁해결은 한계가 있을 수 있고, 따라서 국가기관인 제3자가 개입하여 심판을 하는 재정을 더 많이 선호하게 될 가능성이 있다. 재정제도가 마련된 이유로 소송보다 신속 · 간이하고 행정위원회의 전문기술적 지식경험을 활용할 수 있으며, 입증 곤란성 때문에 소송보다 직권주의가 강조될 필요성이 있고, 당사자간 심각한 대립이 있는 경우 조정, 알선 등은 분쟁해결방법으로는 한계가 있기 때문이다(서원우 · 최송화, 1985: 48).

또한 조정과 재정의 효력 면에서도 재정 선호 경향이 나타날 가능성을 엿볼 수 있다. 2008년에 개정된 환경분쟁조정법은 각각 제33조와 제42조에서 환경분쟁조정위원회의 조정과 재정에 대하여 재판상 화해와 동일한 효력을 부여하고 있다.[14)]

---

14) 제33조에 따르면, 조정은 당사자가 조정안을 수락하고 이를 조서에 기재함으로써 성립되며 그 조서는 재판상 화해와 동일한 효력이 있고, 제42조에 따르면 재정문서의 정본이 당사자에게 송달된 날부터 60일 이내에 당사자 쌍방 또는 일방으로부터 그 재정의 대상인 환경피해를 원인으로 하는 소송이 제기되지 아니하거나 그 소송이 철회된 때에는 해당 재정문서는 재판상 화해와 동일한 효력이 있다. 양자 모두 다만, 당사자가 임의로 처분할 수 없는 사항에 관한 것은 그러하지 아니하다.

당사자가 조정안을 수락하지 않을 경우 그 조정안은 특별한 법적 효과가 없어 의미를 상실하고 분쟁해결수단으로서 별다른 기능을 하지 못 하게 되며, 그 경우 당사자가 스스로 수락하지 않은 조정안을 대상으로 소송을 제기하여 분쟁을 이어갈 가능성은 거의 없어 절차가 종료된다. 반면, 재정의 경우에는 재정문서의 정본이 당사자에게 송달된 날로부터 60일 이내에 당사자 쌍방 또는 일방으로부터 그 재정의 대상인 환경피해를 원인으로 하는 소송이 제기되지 아니 하거나, 그 소송이 철회된 때에는 해당 재정문서가 재판상 화해와 동일한 효력이 있다고 규정되어 있어(동법 제42조)재정에 대하여 수락하지 아니하는 당사자는 결과적으로 소송을 제기해야만 하는 상황이 되므로, 환경소송으로 이행되는 경우가 많아질 것이고[15] 결과적으로 제33조의 조정과 달리 제42조는 재정에 대하여 훨씬 더 강력한 법적 효력을 부여한 것이라고 이해된다(강정혜, 2008: 187-188). 이와 같이 강화된 결정의 효력이 재정 선호현상을 가져오는 요인이 될 가능성이 있다고 볼 여지가 있다.

셋째, 재정 선호와는 반대로 분쟁해결방법으로서 조정의 이용율을 저하시키는 요인이 있을 수 있다. 조정에 대한 국민의 인식 결여와 환경분쟁조정위원회의 문제점이 그러한 요인들이다. 우선 국민의 환경분쟁조정제도 자체에 대한 인지도는 27.9%로 매우 낮게 나타나고 있다.[16] 환경분쟁조정위원회의 구성과 관련하여 위원들이 각자의 전공분야에서는 그 능력이 검증된 전문가들일지라도 분쟁의 조정에 관한 전문성과 역량을 갖추고 있는지는 별개의 문제라는 지적(박태현, 2008: 170)이 있고 비상임위원들이 교수나 변호사 등의 본업에 종사하여야 하므로, 빈번한 회의 참석이 어렵고 피해사실 파악과 사실관계 판단이 어려워 적극적인 조정안 도출을 기대하기 어렵다는 점, 상임위원의 수나 심사관 등의 인원 등 적극적인 조정 활동에 필요한 인력이 부족하다는 점이 문제점으로 대두되고 있다(김상수, 2006: 127).

한편, 환경피해의 평가방법 및 배상액 산정 기준이 불명확하여 재정이 선호된다는 주장도 있다. 피해 · 배상기준의 불확실성은 당사자 간의 분쟁해결을 어렵게

---

15) 재정결정을 수락하지 아니하는 당사자는 결과적으로 소송을 제기해야만 재판상 화해와 동일한 효력을 저지할 수 있기 때문이다. 통상 재정결정에 대한 불복은 채무부존재확인소송의 형태를 띤다.

16) 2008년 8~9월에 중앙환경분쟁조정위원회가 월드리서치에 의뢰하여 일반국민, 민원인, 전문가를 대상으로 실시한 「환경분쟁조조정제도 인지도 조사결과」.

하고, 제3자의 개입을 요구하는 요인으로 작용할 수 있다. 경우에 따라서는 앞서 지적한 바와 같은 분쟁조정 신청인들이 청구하는 배상액과 실제 인용재정에 의해 주어지는 배상액 간, 그리고 재정에서 결정된 배상액과 법원에서 인정된 배상액과의 현저한 괴리 현상[17] 역시 일종의 불확실성을 조성하여 환경분쟁조정에서 당자자 주도형 조정보다는 제3자 심판형 재정을 선호하게 하는 요인이 될 수도 있다.

4) 대안의 모색: 조정의 활성화 방안

환경 분쟁은 가치갈등적 성격을 지니고 사실관계의 규명이 어려운 사안이 대부분이어서 이러한 갈등 유형의 해결은 전통적인 소송 방식보다 대체적 분쟁해결방식(ADR)이 바람직하다는 것이 중론이다(정남철, 2008: 345). 그리고 환경분쟁의 해결방식으로는 법원형 ADR보다는 전문가에 의한 조력을 받을 수 있는 행정형 ADR이 최선의 방책으로 지목된다(조홍식, 2006: 130).[18] 그렇다면 대안은 환경갈등을 조정하는데 적합한 방식이라 할 수 있는 조정을 활성화하는 방안을 모색하는 것이라 할 수 있다. 조정의 활성화방안은 크게 국민의 인식 제고, 환경분쟁조정위원회의 조직 개선 및 조정위원 등 전문인력의 확보, 조정절차의 예측가능성 강화, 온라인 조정 신설 등으로 나누어 볼 수 있을 것이다.

첫째, 일반 국민의 조정에 대한 인식을 증진시키는 것이 급선무라 할 수 있다. 환경분쟁조정이 재정 위주로 흐르고 조정의 이용율이 매우 저조한 데에는 분쟁당사자들의 조정절차의 존재와 유용성에 대한 인식 부족이 영향을 미쳤을 가능성이 크다. 우리나라의 경우 환경분쟁조정제도에 대한 인지도가 매우 낮은 수준에 머무

---

17) 일례로 중앙환경분쟁조정위원회 2009년 2월 5일 경기 파주시 아파트공사장 소음 · 진동 · 먼지로 인한 건물 및 정신적 피해 분쟁사건(사건병합 08-3-156,158,177,178)의 경우 신청인 2,606명이 청구한 배상액은 총 18억9천3백9만1,980원이었으나 인정된 배상액은 신청인 중 356명에게 정신적 피해액 30,860,000원(발파소음피해액 3,762,000원 포함), 재정신청경비 102,380원 등 총 3천4백724,380원으로 현격한 차이를 보이고 있다. 이처럼 청구 금액과 인용 금액간의 현저한 격차가 생기는 일은 환경분쟁조정 실무상 매우 흔히 일어나고 있다. 또한 재정과 법원 판결간의 배상액 격차에 관한 연구(이강석, 2005)에 따르면, 축산물 피해의 경우, 법원은 재정보다 무려 225.3%나 많게 손해배상액을 결정하였고, 농작물 피해는 30.9% 가장 낮은 수준으로 결정된 것으로 나타나고 있다.

18) 박태현(2008: 165-8) 역시 환경분쟁은 환경이라는 공공자원의 이용을 둘러싼 다툼에서 비롯되는 경우가 적지 않은데 조정이 보다 적합한 분쟁해결방법이 될 것이라고 하면서, 지하수 이용을 둘러싼 분쟁과 하천의 이용을 둘러싼 분쟁 두 가지 실례를 들고 있다.

르고 있음은 이미 앞에서 지적한 바와 같다. 참고로 일본의 경우 ADR의 존재나 인식에 대한 국민의 인지도 부족이 ADR법 제정의 배경이 되었다고 한다(김상찬, 2006: 127-60).

둘째, 조정을 활성화하기 위해서는 조정에 관여하는 환경분쟁조정위원이나 조정인, 중립인, 조사관 등 인력을 확충하고 그 전문성을 확보하는 것이 매우 긴요하다. 이를 위해서는 환경분쟁조정위원회의 조직과 인적 구성 등을 개선해 나가야 할 것이다. 참고로 미국의 경우, O'Leary/Raines(2001: 690)에 따르면, ADR이 성공을 거두려면 EPA의 지배적 문화(dominant culture)가 되어야 한다고 한다. 정책으로는 분쟁예방을 위해 ADR을 강화하겠다고 하면서 내면에서는 이를 일상업무의 일부가 아니라 예외적 업무로 취급하는 분열적 정서(split personality)로는 ADR의 활성화를 달성할 수 없다는 것이다. 무엇보다도 환경분쟁조정위원회의 조직 목표를 설정함에 있어 좀 더 명확하게 조정 활성화를 포함시키기 이를 위한 조직개편을 추진해 나갈 필요가 있다. 아울러 조정위원들의 역량 제고 방안과 함께 다양한 조정기법들과 그 데이터베이스를 구축해 나가야 할 것이다.

셋째, 조정절차와 그 진행, 최종 산출물 등에 대한 예측가능성을 높이고 최소한의 절차적 요건을 정해 두는 방안을 강구해 볼 필요가 있다. 환경피해 평가방법 및 배상액 산정 기준의 합리성을 유지하기 위하여 일정 기간 단위로 주기적으로 평가하는 방안도 적극 검토해 보아야 할 것이다.[19] 또한 온라인 조정제도(ODR)와 같은 신속하고 편리한 방식도 적극 활용할 필요가 있다.

---

19) 중앙분쟁조정위원회는 소음·진동·먼지·악취·일조 배상액의 불만족 등 제도이용의 만족도를 높이기 위하여 평가방법 및 배상액 산정 기준의 현실성과 합리성을 검토하고 그에 따라 개정안 마련할 목적으로 연구용역을 발주하고 있다. 가령 서울대 환경소음진동연구센터(2007.10)『환경피해 평가방법 및 배상액 산정 기준의 합리적 조정방안 연구』; 한국환경법학회(2010). 배상액 현실화 방안 연구 - 소음·진동으로 인한 정신적 피해를 중심으로 - 등이 그러한 예이다.

제4절 환경갈등 조정을 위한 정책과제

1. 환경갈등의 조정을 위한 제도화전략

이제까지 우리는 환경갈등의 조정수단들이 제대로 작동하고 있는지, 가령 현행 환경분쟁조정법에 의한 환경분쟁조정제도가 그 취지에 걸맞게 환경갈등을 실효적으로 조정하는데 기여하고 있는지 라는 물음에 답하기 위하여 주요쟁점들과 원인, 바람직한 법정책적 대안들을 검토해 보았다. 그 결과 도출될 수 있는 대안은 비교적 분명하다. 평화와 질서를 유지하면서 사회적 거래비용을 최소화할 수 있는 최적의 갈등관리시스템을 구축하는 일이 아닐까? 그런 관점에서 갈등의 해결보다는 더 능동적이고 전향적인 갈등관리라는 접근방식이 더 필요하고 효과적이다. 갈등과 분쟁의 해결이나 그 발생과 해결에 관한 외형상의 통계보다는 갈등의 본질과 특성, 원인과 배경, 그 진화와 결과에 더 관심을 기울여야 한다(Hensler et al., 2002).

환경갈등의 조정을 위한 가장 확실한 처방은 환경갈등의 관리를 위한 제도화전략이다. 이와 관련하여 종종 소홀히 여겨져 왔던 제도화 전략의 가치를 재인식할 필요가 있다. 갈등의 경험과 교훈들은 축적되거나 공유되지 않고 쉽사리 사장되는 경향이 있다. 비슷한 갈등이 되풀이되거나 더 악화된 형태로 확대재생산되는 어처구니없는 일이 벌어지는 것도 바로 그 때문이다. 그렇게 막대한 갈등비용과 사회적 신뢰 손상이라는 심각한 사회적 비용을 치르고도 정작 배우지 못하거나 배워도 계승하지 못하는 경우가 많다. 갈등관리에 관한 많은 연구와 노력으로부터 우리는 갈등을 겪으면서 또 갈등을 처리하면서 얻은 경험과 교훈들을 지속적으로 확산·공유하는 것이 무엇보다 중요하며 그러한 갈등관리역량을 지속가능하게 만들기 위해 갈등관리를 위한 법제도적 인프라를 구축하는 것이 시급하고 또 절실하다는 사실을 깨달을 수 있다. 전문 인력이 턱없이 부족하고, 정책결정자나 갈등당사자들 모두 인식수준이나 갈등관리역량이 미흡하기 때문에 체계적으로 정책·사회 학습의 기회를 부여할 필요가 있다. 보다 더 능동적이고 전향적인 갈등관리를 위한 시스템을 구축하려면 이를 제도화하는데 더 집중적인 관심을 기울이는 것이 필수적이다. 그런 이유에서 현재 대통령소속 사회통합위원회와 국회를 중심으로 추진되고 있는 공공갈등관리법안을 포괄적인 정책대안으로 고려해 볼 수 있을 것이다.

2. 환경분쟁조정제도의 기능 강화 및 조직 확대

환경분쟁조정제도와 같은 ADR 제도야말로 환경갈등의 조정수단으로 그 의미를 재발견할 필요가 있다. 그러나 ADR 제도는 그 생성배경에서 잘 나타나듯이 법원의 재판에 의한 분쟁해결에 대한 대안 또는 보완수단으로서 구상된 것이기 때문에 갈등의 효과적인 조정 자체보다는 당사자의 분쟁비용이나 법원의 소송부담의 경감 등에 초점을 맞추어 도입된 것이라는 점에 한계가 있다. 더욱이 이미 앞서 살펴 본 바와 같이 우리나라 환경분쟁조정제도는 지난 20년간의 운용실태에 비추어 볼 때, 조정보다는 환경오염피해에 따른 손해배상에 국한된 재정을 중심으로 운영되어 왔고 그것도 주로 사업자나 공기업 등을 당사자로 하는 사적 분쟁에 대한 금전적 배상책임의 인정여부에 중점을 두어 왔기 때문에 공공갈등으로서 환경갈등을 조정하는 데에는 거의 기여하지 못했던 것이 사실이다. 이는 환경분쟁조정의 기능을 그 제도 설계 단계에서부터 법원의 소송에 대한 준사법적 대안 또는 보완 수단으로 또는 소송까지 가지 않고서 조기에 분쟁을 해소한다는 간이재판 또는 약식재판 같은 대안으로 협소하게 설정했기 때문에 불가피한 결과라고도 볼 수 있다. 따라서 이제는 환경갈등의 조정을 위한 독자적인 제도로서 환경분쟁조정제도의 재설계를 구상할 시점이라고 생각한다.

정책적 우선순위의 측면에서 정책과제를 제시해 보면, 우선 환경분쟁조정제도의 효용에 대한 인식을 제고하고 이용률을 향상시키는 것이 중요하다. 물론 전제조건이 있다. 환경분쟁조정제도가 현실에서 가시적으로 효용을 발휘할 수 있도록 재설계하여야 한다는 것이다. 그 효용의 핵심요소 중 첫 번째 것은 소송보다 훨씬 저렴하고 간편하게 분쟁을 해결할 수 있다는 소송에 대한 사회경제적 비교우위일 것이다. 그러나 그 분쟁조정 결과의 전문성과 신뢰성이 확보되지 않으면 비교우위는 성립될 수 없다. 그렇다면, 단기적으로 이용률을 크게 제고시키지 못하거나 개개의 분쟁해결 또는 전체적인 환경분쟁의 해소에 큰 진전이 없을지라도, 일단 분쟁조정의 전문성과 신뢰성을 확보하는데 최대한 정책적 노력을 기울일 필요가 있다.

이를 위해서는 특히 재정의 경우, 증거조사 등 사실조사기능을 강화하고 배상액 산정방법 및 산정기준을 적정화하는 등의 제도개선이 요구된다. 재정절차를 법원의 재판과 연계시키는 방안도 검토해 볼 수 있으나, 그 경우 일단 소송제기가 선행되어야 하고 또 실제로 법관들이 소송사건을 환경분쟁조정절차에 회부할 만큼 환경분쟁조정제도를 신뢰할 것인지 여부가 미지수라는데 한계가 있다. 조정절차의 활용을 위하여 특히 다양한 조정모델의 개발, 적용과 함께 조정위원회의 기능 강화 등이 필요함은 물론이다. 이와 같이 분쟁조정의 전문성과 신뢰성이 괄목하게 개선될 수 있다면 결국 장기적으로도 분쟁조정의 사회경제적 비교우위와 인식의 제고라는 두 마리 토끼를 모두 잡을 수 있을 것이라는 결론에 이른다. 이러한 결론을 실현하려면, 의당 정부의 정책적 의지와 자원투입의 확대가 불가피하다.

환경분쟁조정법에서 허용되는 따라서 이용가능한 분쟁해결유형이 다양화되어 있지 못한 점은 법개정을 통해 확대하는 것이 바람직하며 이는 결과적으로 환경분쟁조정위원회, 특히 중앙환경분쟁조정위원회의 기능과 조직을 확장하는 방안을 제기한다. 공공갈등 가운데 환경갈등이 차지하는 비중을 생각할 때, 환경부나 그 소속기관, 특히 환경분쟁조정위원회에게 온전한 환경갈등해결기능이 부여되지 않았다는 것은 아무래도 정상적이라고 보기는 어렵다. 우리나라 환경부에 미국 환경청(EPA)의 갈등예방 · 해결센터(CPRC) 같은 조직을 갖추는 방안을 적극 강구할 필요가 있다. 적어도 환경부 소관법령의 집행과 관련한 갈등에 대해서는 환경갈등해결기구가 관장하도록 함으로써 환경갈등이 그 환경정책적 맥락에 대한 충분한 고려하에서 해결될 수 있도록 하는 것이 바람직하다. 물론 미국의 '1998년 환경정책 및 갈등해결법(Environmental Policy and Conflict Resolution Act of 1998)'에서처럼 순수하게 법적 쟁점이나 문제, 법의 해석 또는 결정, 또는 한 행정청의 다른 행정청에 대한 법 집행에 관한 것은 SEC. 11(20 USC 5608b) (d)의 (1) (A) 및 (1)처럼, 환경갈등 중에서 순수하게 법적 쟁점이나 문제, 법의 해석 또는 결정, 또는 한 행정청의 다른 행정청에 대한 법 집행에 관한 것과 환경갈등 중에서도 국회가 법률에 의해 다른 분쟁해결메커니즘 또는 방법으로 처리 또는 해결하도록 정한 분쟁이나 갈등은 적용대상에서 제외한다는 조항을 둔다면 기존의 다른 분쟁해결기구나 사법적 분쟁해결방법과의 중복 문제도 미리 해소할 수 있게 될 것이다. 그런 배경에서 이와 같은 기능 확대를 갈등관리 관련 입법의 추진과 보조를 맞추거나 그 입법 결과를 기다려 추진할 일이라 할 것은 아니다. 이러한 시도를 '작은 정부론' 차원에서 억제하기보다는 오히려 '일 잘하는 정부의 소통과 효율성 향상 전략'의 견지에서 적극적으로 지원해 나가는 것이 현명한 일일 것이다.

환경부 또는 환경분쟁조정위원회의 임무와 기능에 환경갈등의 해결을 추가할 경우 기존의 책임재정 중심의 환경분쟁조정위원회 기능은 그대로 유지하되 확대개편된 환경갈등해결제도의 일환으로 재편하고, 그 조직과 권한, 인사 및 예산에 있어서의 독립성을 지속적으로 강화시켜 나갈 필요가 있다. 특히 후자의 경우 환경갈등해결기구의 신뢰형성을 위한 필수적 전제조건이 된다는 점에서 정책적 관심을 집중시켜야 할 것이다. 아울러 참여적 의사결정 기법을 활용할 수 있는 전문성과 조직역량을 키우기 위해 전문인력 양성방안과 네트워킹 전략을 강구하여야 할 것이다.

끝으로 환경갈등의 해결을 위한 법제도 개선방안은 결국 새롭게 법제화될 갈등관리체계와 유기적으로 연계되도록 발전시켜 나가야 할 것이다. 경우에 따라서는 환경갈등해결기구에 환경갈등에 관한 일차적 해결기능을 부여하고 이를 통해서도 해결되지 못한 갈등을 새로운 갈등관리체계를 통해 해결하도록 하는 방안도 적극 검토해 볼 필요가 있다.

제 12 장

환경 정책

▨ 하 혜 영
(국회 입법조사처 입법조사관)

제1절 서 론

산업화와 공업화가 전 세계적으로, 그리고 도시에서 지방으로 확산됨에 따라 환경오염과 환경파괴가 보다 넓은 지역으로 확산되고 있다. 이에 따라서 환경피해와 관련된 분쟁도 도처에서 빈번하게 발생하고 있다. 환경갈등은 흔히 풀기 어려운(intractable) 갈등이라고 불린다(Ramus & Marcus, 2005: 398; Lewicki et al., 2003: 37). 풀기 어려운 갈등의 원인을 보면, 첫째, 갈등당사자들의 참여범위가 광범위하고 조직화되어 있지 못한 경우, 둘째 갈등이슈가 본질적으로 가치(value)에 대한 차이에서 발생한 경우, 셋째 사회체제가 불완전할 경우, 넷째 갈등과정에서 급속한 갈등악화가 발생한 경우 등이다(Lewicki, et al., 2003: 45). 그동안 환경분쟁을 포함한 공공분쟁을 해결하는 전통적인 방식은 법원의 소송을 통해서였다. 소송은 제3자가 개입하지만 갈등당사자들 간의 합의도출보다는 법리의 적용을 통해서 옳고 그름을 판단하기에 가장 구속력이 높은 것이 특징이다. 그러나 소송은 법적 절차로 인해서 해결까지는 많은 시간이 걸리고, 소송 관련 비용도 많이 들고, 또한 소송결과가 승자와 패자로 양분화되기 때문에 해결과정에서 당사자 간에 대립과 갈등이라는 상처를 당사자들에게 남긴다. 따라서 재판으로 인한 시간적, 재산적, 감정적

낭비를 줄이고자 등장한 것이 대체적 분쟁해결(Alternative Dispute Resolution: ADR) 방식이다.

ADR은 미국을 필두로 전통적 사법제도의 결함을 보완할 수 있는 대안으로서 관심을 받고 있다(Senger, 2003). 이 제도의 시행 초기에는 소송을 대체하기 위한 방안으로 제시되었으나, 근래에는 이외에도 다양한 이념적 가치를 내포하고 있다. ADR은 분쟁당사자가 자신의 분쟁을 자체적으로 해결함으로써 쌍방이 승-승(win-win)하는 결과를 목표로 한다. 따라서 최근에는 ADR 방식을 통한 환경분쟁을 해결하는 사례가 늘고 있다. ADR 방식을 통한 분쟁해결은 노동과 공동체 갈등분야에서 시작되었고, 근래에는 환경갈등에서도 그 적용이 확대되었다. 환경분쟁해결에서 ADR 방식의 사용은 분쟁당사자들 간의 상호 만족할 만한 합의에 이르도록 하는 데 목적이 있다(O'Leary et al., 2005: 182-5).

그동안 ADR 관련 선행연구의 경향을 보면, ADR의 효과분석에서 환경분쟁조정에 대한 연구가 큰 비중을 차지하고 있었다(하혜영, 2007: 76-80). 특히, 환경분쟁해결에서 조정(mediation)의 효과를 분석하거나 성공요인을 판별하는 등의 실증연구가 양적으로 늘고 있다. 하지만 환경분쟁에서 ADR 사용이 분쟁해결에 효과가 있는지에 대해서는 긍정 혹은 부정적 견해가 공존하였다. 한편, 환경분쟁조정의 효과를 증명하기 위해서는 연구방법이 보다 정교하게 설계되어야 한다는 비판도 있었다(Leach & Sabatier: 2003, 148; Andrew, 2001: 25). 그리고 그동안의 선행연구를 보면, 환경분쟁조정의 성과에 미치는 영향요인을 연구자별로 각기 제시하고 있어서 연구자 간의 일관되고 통합적인 설명의 맥락을 찾기가 쉽지 않았다. 연구대상의 개별화와 분석틀의 특화는, 연구자들이 개별적인 사유에 의해서 연구결과를 비교할 수 없을 만큼 별개의 논의로 구별시켜 버린다. 결국, 선행연구의 결과를 후행연구에 적용할 가능성도 그만큼 줄어들 수밖에 없다(강성철 · 김상구, 2004; 하혜영, 2009: 180-1).

따라서 본 연구에서는 환경분쟁해결에서 제3자 개입방식인 조정의 성과에 대한 실증연구를 수행하고자 하였다. 구체적인 연구목적은 환경분쟁의 조정결과로써 분쟁당사자들 간의 조정성립에 영향을 미치는 주요한 요인을 식별하는 데 있었다. 이를 위해서 환경분쟁 조정제도의 대표적인 기관인 중앙환경분쟁위원회를 대상으로 해당 기관이 설립된 이후 17년간(1991~2007) 처리한 다수의 분쟁사건을 표본으로 하여 통계분석을 실시하였다. 통계분석방법은 로지스틱 회귀분석(Logistic Regression)과 의사결정나무(Decision Tree)분석을 사용하였다. 로지스틱 회귀분석을 통해서 조정성립에 미치는 주요 영향요인들을 식별할 수 있었으나, 조정성립에 관계하는 요인들 간의 복합적인 상호관련성을 체계적으로 분석하는 데는 한계가 있어서 이를 보완하고자 의사결정나무분석도 함께 실시하였다.

제2절 환경분쟁조정에 대한 이론적 논의

1. 환경분쟁조정의 의미와 특징

환경갈등(environmental conflict)은 둘 이상의 당사자들 간의 환경적 가치와 이해를 둘러싸고 발생하는 상호배타적인 행위이다(사득환, 1997: 188). 그리고 환경분쟁(environmental dispute)은 환경갈등보다 더 좁은 의미로 사용되어 지는데, 당사자들 간의 상호배타적인 행위뿐만 아니라 반대의사가 외부로 표출되어 명시적으로 대립적 행동을 나타내는 경우이다.[1)] 환경분쟁의 특징을 보면, 첫째, 분쟁과 관련된 이해당사자의 수가 많고, 분쟁의 원인도 매우 다양하다. 이해당사자로서 국가, 지자체, 산업체, 국민 개개인 등이 포함될 수 있으며, 분쟁원인도 개별 사업, 개별 기업체의 오염물질 배출, 소음, 진동 등 매우 다양하다. 둘째, 환경피해는 여타 인위적인 요인에 의한 피해와 달리 피해영역이 광역적이고, 불특정다수인에게 영향을 미친다. 셋째, 환경피해 원인이 즉각적으로 나타나지 않고 천천히 드러날 때에는

1) 갈등과 분쟁은 갈등당사자들 간의 양립 불가능한 의견 불일치 상태라는 차원은 서로 유사하지만, 갈등은 불일치라는 상황을 인지하는 심리적 대립상태와 대립적 행동을 모두 포함한 개념이고, 분쟁은 반대의사를 외부로 표출하여 명시적으로 대립적 행동을 한다는 개념이다(Lewicki et al. 2003: 39). 본 연구에서는 환경분쟁위원회에서 다루는 구체적인 분쟁사건을 대상으로 하고 있어서 '환경분쟁'이란 용어를 사용하였다.

그 원인을 정확히 파악하기가 어렵다. 넷째, 환경오염을 유발시킨 가해자의 위법 및 유책성의 문제는 일반적인 불법행위와 달리 이론적으로나 실제적으로 그 피해 정도를 파악하기 어렵고, 책임을 입증하기도 쉽지 않다(추장민 외, 2006: 14-5).

한편, 환경분쟁이 발생되면 그 해결방식도 다양하게 나타날 수 있다. 가해자와 피해자 간의 대화를 통해 타협하거나, 관계 행정기관에 피해발생 사실을 알리고, 이를 저지하기 위한 행정규제 개입방식을 통해서 해결할 수도 있다. 또한 행정개입 청구권과 같은 개인적인 공권을 이용하거나 '환경분쟁조정법'에 의하여 환경분쟁 조정위원회에 분쟁조정을 신청하거나 법원에 제소함으로써 환경오염으로 인한 피해구제를 할 수 있다. 이중에서 당사자들 간의 직접 대화를 통한 해결방식은 환경분쟁의 특성상 성공하기가 어렵고, 이 때문에 그동안 법원 소송을 통한 해결방식을 많이 사용하였다. 소송에 의한 해결방식에는 민사소송에 의한 손해배상청구 또는 유치청구 등을 통한 해결과 쟁송에 의한 구제 또는 예방방법 등이 있다. 재판은 제3자가 법리의 적용을 통해서 옳고 그름에 대한 판단을 하는 것이며, 해결방식 중에서 가장 구속력이 높다. 하지만 재판 결과에 따라서 이해관계자가 승-패(win-lose)로 갈릴 가능성이 높으며, 또한 재판과정에서 많은 시간과 비용이 소모되는 등의 문제가 있다(하혜영, 2007: 63). 따라서 재판을 통한 분쟁해결의 문제점을 보완하고자 등장한 것이 대체적 분쟁해결제도(ADR)이다.

ADR에 속하는 제도의 종류와 내용은 매우 다양한데, 이중에서 당사자가 절차와 결과에 대해 통제할 수 있는지에 따라서 협상(negotiation), 조정(mediation), 중재(arbitration)로 나눌 수 있다. 협상은 둘 이상의 집단이 사회적 충돌을 피하기 위해서 서로의 이해상반을 해결할 목적으로 토론하는 것이다(Pruitt & Carnevaie, 1993: 1-2). 협상은 제3자가 개입하지 않고 당사자들 간의 협의인데 비해서 조정과 중재는 제3자가 개입한다. 조정은 공식적인 의사결정력이 없거나 혹은 이를 제한적으로 가진 제3자가 협상이나 갈등에 개입하는 것으로서 갈등이슈에 대해 상호 수용할 만한 해결책을 마련하도록 자발적으로 개입하여 돕는 것을 의미한다(Moore, 2003: 15). 반면, 중재는 당사자들이 자신의 분쟁을 제3자인 중재인에게 의뢰하며, 중재인이 구속력이 있는 결정을 내리는 분쟁해결방식이다(이달곤, 2005:

24). 중재는 논쟁을 표출할 이성적인 기회를 갈등당사자 모두에게 동시에 제공하려고 노력하지만, 최종 결과를 결정할 사람이 중재자가 된다는 점에서 조정과 차이가 있다(Lewicki, et al., 1992: 237). 여기서 환경분쟁조정(environmental dispute mediation)은 환경분쟁의 해결을 위해서 알선, 조정, 재정 등 다양한 ADR 방식을 적용하는 것을 의미한다.

2. 국내 환경분쟁조정제도의 운영현황

국내 환경분쟁조정제도는 준사법적인 분쟁해결기구를 통해서 환경분쟁을 소송외적 방법으로 신속하고 공정하게 해결하려는 제도이다. 환경분쟁조정제도로서 중앙 및 지방환경분쟁조정위원회가 있는데, 이는 '환경분쟁조정법'(개정 2008.3.21, 법률 제8955호)에 근거하고 있다.[2] 중앙환경분쟁위원회는 환경부에, 그리고 지방환경분쟁위원회는 각 특별시 · 광역시 또는 도 산하에 설치되어 있다. 중앙환경분쟁위원회는 현재 환경부 소속의 합의제 행정관청으로서, 독립성을 가진 준사법적인 업무를 수행하는 기관이다.

환경분쟁위원회에서는 환경피해사건의 해결을 위해서 알선(斡旋), 조정(調停), 재정(裁定) 방식을 사용할 수 있으며,[3] 이를 통해서 환경분쟁을 신속하고 공정하게, 그리고 효율적으로 해결하여 환경을 보전하고 국민의 건강 및 재산상의 피해를 구제하는 것을 목적으로 한다. 분쟁조정의 절차를 보면, 국민이 위원회에 환경분쟁사건의 조정(調整)을 신청하면, 환경피해에 대한 조사를 거쳐서 위원회 회의를 통해 조정결정을 하고, 이 결과를 당사자에게 알린다. 위원회의 조정 및 재정결정 효력은 당사자가 조정 및 재정문서가 송달된 날부터 60일 이내에 법원에 소송을 제기할 경우에는 효력이 없어지게 되고, 당사자가 소송을 제기하지 않을 경우에는 해당

2) 동법은 1990년에 제정된 '환경오염피해분쟁조정법(제정 1990.8.1, 법률 제4258호)'에서 시작되었으며, 1997년 전문개정시(1997.8.28) 법률명이 '환경분쟁조정법'으로 변경되었다.

3) 재정은 사실조사 및 당사자 심문 후 재정위원회가 피해배상액을 결정하는 준사법적 절차이며, 조정은 사실조사 후 조정위원회가 조정안을 작성하여 당사자간의 합의를 수락 권고하는 절차로서 모두 약 9개월이 소요된다. 알선은 당사자의 자리를 주선하여 분쟁당사자 간의 합의를 유도하는 절차로서 약 3개월이 소요된다(중앙환경분쟁위원회 조성신청안내. http://edc.me.go.kr/. 검색일: 2009.6.30).

결정문이 효력을 가지게 된다.[4)]

중앙환경분쟁위원회가 1991년 제정된 이후 현재까지의 운영실적은 〈표 1〉과 같다. 제정 이후 2008년 12월 말 현재 총 2,405건의 사건이 위원회에 접수되었으며, 그중에서 1,959건이 처리되었다(중앙환경분쟁위원회, 2009: 7-9). 처리된 사건 중에서 당사자 간에 합의 성립율은 83.8%로서 높은 편이다. 세부 처리내용을 보면, 위원회에서 재정방식을 통해서 사건을 해결한 경우는 1,057건(54.0%)이고, 조정방식은 42건(2.1%), 그리고 중재합의방식은 860건(43.9%)이었다. 이를 통해서 보면, 위원회에서 상당수 사건은 환경피해에 대한 배상결정을 하는 재정판결방식을 통해서 해결된 것으로 나타났다.

〈표 1〉 중앙환경분쟁위원회의 연도별 사건 처리 현황

(단위: 건, %)

구분	총 처리 현황 및 합의율				세부 처리내용			
	총 처리 건수	당사자 합의 (효력 확정)			재정처리	조정처리	중재합의	소계
		성립	불성립	성립률(%)				
2008	209	177	32	84.7	149(71.3)	-	60(28.7)	209(100)
2007	172	146	26	84.9	126(73.3)	3(1.7)	43(25.0)	172(100)
2006	165	147	18	89.1	83(50.3)	2(1.2)	80(48.5)	165(100)
2005	174	140	34	80.5	100(57.5)	4(2.3)	70(40.2)	174(100)
2004	223	191	32	85.7	101(45.3)	1(0.4)	121(54.3)	223(100)
2003	292	262	30	89.7	87(29.8)	-	205(70.2)	292(100)
2002	263	221	42	84.0	118(44.9)	2(0.8)	143(54.4)	263(100)
2001	121	90	31	74.4	68(56.2)	7(5.8)	46(38.0)	121(100)
2000	60	50	10	83.3	39(65.0)	3(5.0)	18(30.0)	60(100)
1999	79	71	8	89.9	35(44.3)	1(1.3)	43(54.4)	79(100)
98 이전	201	147	54	73.1	151(75.1)	19(9.5)	31(15.4)	201(100)
합 계	1,959	1,642	317	83.8	1,057(54.0)	42(2.1)	860(43.9)	1,959(100)

자료: 중앙환경분쟁위원회(2009: 1018-20 재구성).

4) 최근 개정된 '환경분쟁조정법'(개정 2008.3.21. 법률 제8955호)을 보면, 종전에 당사자 간 합의의 효력만 인정하던 조정조서나 재정문서에 재판상 화해와 같은 효력을 인정하였다.

그동안 환경분쟁조정제도는 조정결정에 대한 승복률이 상대적으로 높고, 조정결정에 대한 구속력이 없음에도 불구하고 법원이 사실관계를 인정할 때 조정결과를 받아들이는 경우가 적지 않다는 점에서 환경소송에 대한 대체적 분쟁해결로서 비교적 성공적인 기능을 수행하고 있는 것으로 평가되고 있다(최병록, 2007: 528; 홍준형, 2008: 372). 하지만 환경분쟁위원회의 처리내용을 보면, 환경분쟁조정제도가 일종의 환경소액사건에 대한 재정위주의 사법 종속적 분쟁해결서비스로 일관하는 현상은 이 제도가 대규모 환경분쟁, 집단적 환경분쟁이나 사회적 환경갈등을 해결하는 데 기여하기가 어렵다는 비판도 있다(홍준형, 2008: 377).

3. 환경분쟁조정에 관한 실증연구 검토

다음은 환경분쟁조정과 관련된 국내 · 외 연구경향을 고찰한 결과이다. 그 중에서도 환경분쟁의 조정결과에 미치는 요인을 식별한 실증연구를 중심으로 살펴보았다. 최근 공공분쟁해결을 위해서 전통적으로 사용하던 법원의 소송방식이 아닌 대체적 분쟁해결방식(ADR)에 대한 관심이 고조되면서 ADR 사용이 분쟁해결에 어느 정도 효과가 있는지에 대한 연구가 점차 늘고 있다.

특히, ADR 방식의 효과를 측정하고자 환경분쟁조정을 대상으로 한 실증연구가 많았다. 이들 연구의 경향을 보면, 환경분쟁에서 조정방식이 효과가 있는지에 대한 연구(Buckle & Thomas-Buckle, 1986; Sipe & Stiftel, 1995; O'Leary & Raines, 2001)와 함께 환경분쟁의 조정결과에 미치는 주요 요인이 무엇인지를 식별하는 연구(Bingham, 1986; Sipe, 1998; 이경환, 2000)들이 많았다. 그동안의 연구결과를 종합하면, 환경분쟁에서 조정방식의 사용이 분쟁해결에 긍정적인 영향을 미친다고 주장하는 연구들이 많았다(Buckle & Thomas-Buckle, 1986; Sipe & Stiftel, 1995; O'Leary, 1995; O'Leary & Raines, 2001). 하지만 분쟁조정방식의 효과가 지나치게 과장될 수 있다는 비판이 있고(Amy, 1990: 221; Bingham, 1986; O'Leary & Raines, 2001), 이와 더불어 조정효과를 입증하는데 있어서 실증연구가 부족하다는 지적도 있었다(O'Leary & Bingham, 2003). 또한 분석결과의 증명방식으로서 지나치게 사례연구방법에 편중되어 있는 현재의 연구방법론의 한계를 지적하기도 하였다(Sipe, 1998:

276). 한편, 환경분쟁조정에 대한 국내 연구경향을 보면, 환경분쟁조정제도나 조정위원회의 운영현황을 분석하고 개선방안을 제시하는 실제적 · 처방적 연구가 다수이다(조홍식, 2006; 홍준형, 2008; 김상수, 2006; 이희정, 2006). 이에 비해서 환경분쟁조정의 실제 사건을 대상으로 한 실증적인 분석은 소수에 불과하였다(이경환, 2000).

이어서 환경분쟁의 조정결과에 미치는 주요 요인을 분석한 실증논문을 고찰하였다. Sipe(1998)는 미국 플로리다 지역에서 발생된 다수의 환경분쟁사례를 대상으로 조정결과에 미치는 영향요인을 통계적으로 분석하였다. 주요 영향요인으로서 갈등발생기간(역사), 협상능력 인지, 조정사용여부, 참여자의 수, 그리고 분쟁당사자 유형 등을 선정하였다. Bingham(1986)은 미국에서 발생된 다수의 환경분쟁 사례를 대상으로 조정효과를 분석하였다. 분쟁해결의 가능성에 영향을 미치는 요인군으로서 분쟁당사자 관련 요인, 분쟁과정 및 맥락적 요인, 분쟁이슈 관련 요인 등을 제시하였다. Leach & Sabatier(2003)는 미국의 수역 파트너십 사례분석을 통해서 협상의 결과와 제3자로서 촉진자(facilitator)와 협력자(cooperator)의 개입효과를 분석하였다. 수역 파트너십에 영향을 미치는 주요 요인으로서 파트너십의 역사(기간), 보조 기금, 상호간 신뢰, 지역 리더십, 이데올로기 다양성, 촉진자 특성, 그리고 협력자 특성 등을 선정하였다. 국내에서는 이경환(2000)의 논문에서 중앙환경분쟁위원회가 설립 이후 1998년까지 처리한 다수의 사건을 대상으로 조정결과에 미치는 요인을 통계적으로 분석하였다. 조정결과에 미치는 요인으로서 조정현황, 분쟁당사자 요인, 진정 및 민원 등 조정 이전단계 요인, 분쟁조정 요인 등을 선정하였다.

지금까지 환경분쟁의 조정성립에 영향을 미치는 요인을 살펴본 결과, 연구자별로 다양하게 제시하고 있었지만, 크게 구분하면 다음과 같다. 우선 분쟁특성에 따라서 조정결과가 다르게 나타났다. 즉 분쟁원인이나 분쟁당사자가 누구인지에 따라서 조정의 성패가 달라질 수 있었다. 또한 분쟁환경적 특징에 따라서도 조정결과가 달라질 수 있었다. 예를 들어, 이전 갈등의 국면 경험, 분쟁발생지역의 사회적, 경제적, 환경적 요인 등도 조정의 성패에 영향을 미칠 수 있다. 그리고 분쟁과정 및 분쟁관리적 요인으로서 분쟁수준, 조정방식, 분쟁사례지속기간, 시간적 제약여부 등도 조정결과에 영향을 미친다. 본 연구에서는 지금까지 살펴본 선행연구와 기존 갈등 및 분쟁관련 이론을 바탕으로 환경분쟁의 조정성립에 미치는 주요 요인을 선정하고, 이들 간의 관계를 통계방식을 통해서 증명하고자 하였다.

제3절 연구모형과 연구설계

1. 연구모형

본 연구에서는 환경분쟁조정의 성공에 미치는 주요 요인을 식별하고자 기존의 갈등 및 분쟁이론과 함께 앞서 살펴본 선행연구를 기반으로 하여 〈그림 1〉과 같은 연구모형을 설정하였다.

먼저, 종속변수로 선정한 환경분쟁의 조정성립에 대한 설명이다. 분쟁해결이란 분쟁이 해결되었다는 의미보다는 분쟁에서 주요한 문제를 중심으로 이해관계자가 상호 수용할 수 있는 의사결정에 이르게 되는 것을 의미한다(Lewicki et al., 2003: 37). 특히 환경분쟁조정의 궁극적인 목표는 당사자 간의 합의형성(consensus building)이다. 따라서 종속변수로 선정한 환경분쟁의 조정성립이란 분쟁당사자 간의 조정이 성립되었다는 것이고, 다시 말해 제3자가 제시한 조정안에 대해서 분쟁당사자 모두가 이를 수용하였다는 것을 말한다.

환경분쟁의 조정결과에 영향을 미치는 요인으로는 크게 분쟁관리요인군, 분쟁특성요인군, 분쟁환경요인군으로 설정하였다.[5] 첫째, 분쟁관리요인군과 조정성립 간의 관계이다. 갈등관리는 갈등이 역기능적이고 파괴적인 갈등으로 확대되는 것을 막고, 갈등의 순기능은 증가시킬 수 있도록 도와주는 구조와 조건을 마련해 주

5) 분쟁해결의 영향을 미치는 요인군을 설정하는데 하혜영(2007)의 논문을 참조하였으며, 환경분쟁조정의 특성을 고려하여 세부 요인들은 선행연구를 참조하여 재구성하였다.

는 과정이라고 볼 수 있다(안광일, 1994; 유해운 외, 1997; Bercovitch, 1984). 갈등이나 분쟁은 이를 해결하기 위해서 어떤 관리방식을 사용하는가에 따라서 그 해결수준의 차이가 발생된다(하혜영, 2007). 특히 분쟁당사자의 제3자에 대한 인식과 더불어 제3자가 제안한 조정안의 내용이나 결정수준은 분쟁해결에 큰 영향을 미치게 된다.[6] 즉 조정위원에 대한 신뢰도가 높을 경우에는 이들이 제시한 조정안을 분쟁당사자가 수용할 가능성이 그렇지 않을 경우보다 높다고 가정할 수 있다. 또한 분쟁과정에서 해당 사건의 처리시간 등과 같은 시간 관련 요인도 조정결과에 영향을 미칠 수 있다(Bingham, 1986; Andrew, 2001). 그리고 제3자가 제시한 조정안의 내용 역시 조정성립의 성패에 큰 영향을 줄 수 있다. 특히 환경피해에 대한 구제사건의 경우에는 제3자가 제시하는 경제적 보상의 수준에 따라 분쟁당사자가 해당 조정안을 수용할지 여부가 달라질 수 있다. 흔히 경제적 유인책은 갈등관리의 방식 중에서 시장경제원리를 적용한 접근방식이며(이달곤, 2005: 374; Kriesberg, 2003: 102), 갈등해결을 위해서 적절한 보상 수준을 선택하는 것이 매우 중요하다(유해운 외, 1997: 199-200; 나태준, 2004).

둘째, 분쟁특성요인군과 조정성립 간의 관계이다. 분쟁특성에는 분쟁이슈와 분쟁당사자 관련 요인이 있다. 분쟁이슈는 이슈의 형식과 내용적 특성으로 나눌 수 있다(하혜영, 2007: 37). 이슈의 형식적 특성에는 이슈의 수와 크기가 있다. 분쟁이슈는 특성상 단일 이슈로 구성되지 않고, 둘 혹은 그 이상의 하부 이슈로 구성되며, 이슈들 간에 서로 연결되어 있으며, 이를 이슈집단(issue group)이라고 부른다(Pruitt & Carnevale, 1993: 14). 이슈의 수가 많아지면 당사자 간에 합의점을 찾는 데 시간이 오래 걸려서 해결하는 데 부정적인 영향을 미칠 것으로 본다. 또한 이슈의 크기가 커지면, 해당 이슈의 중요성이 커지고, 이로 인해 분쟁을 해결하는 데 부정적인 영향을 미칠 수 있다. 그리고 이슈의 내용적 특징은 분쟁의 발생원인과도 연관된다. 분쟁이슈는 발생원인에 따라서 다양하게 분류될 수 있는데, 크게 이해관계와

6) 갈등관리에서 제3자인 중재자가 갖추어야할 요건을 정리해 보면, 신뢰성, 전문성, 공정성, 중립성, 시간관리 능력, 의사소통, 정통성 등이 있으며(김영수, 2003: 54-63), 특히 이 중에서도 신뢰성이 가장 중요한 요건으로 지적되고 있다 (Deutsch, 1973: 162-165; Bercovitch, 1984; Rubin & Brown, 1975).

가치 관련 분쟁으로 분류할 수 있다(Kriesberg, 2003; Aubert, 1963). 흔히 갈등문제가 이해관계보다는 가치 혹은 신념과 관련된 갈등일 때 해결이 어렵다고 한다(Coser, 1964: 48-54; Deutsch, 1973: 371; Lewicki et al., 2003: 46). 이것은 이슈의 지각(consciousness) 정도와도 관련 되는데, 실재적인 이슈가 비실재적인 이슈보다 해결이 쉽다고 본다(Deutsch, 1973: 370-372; Coser, 1964: 48-54). 본 연구에서도 분쟁 이슈가 실재적인 환경피해 구제사건일 경우에는 그렇지 않을 경우보다 조정성립이 더 용이할 것으로 가정한다.

한편, 분쟁당사자는 당사자의 수와 유형으로 구분할 수 있다. 분쟁당사자의 수가 많아지면 이들 모두가 수용가능한 조정안을 마련하기 쉽지 않을 것이다. 당사자의 수가 많아지면, 서로간에 의사소통 기회는 줄어들고, 수용가능한 대안책을 만들기가 어렵다는 것이다(Mack & Snyder, 1957: 234). 또한 분쟁당사자 집단의 특성에 따라서도 조정결과가 달라질 수 있다(Bingham, 1986; Sipe, 1998). 본 연구는 Sipe(1998)의 연구에서와 같이 피신청인 즉 분쟁의 가해자가 공공기관일 경우에는 분쟁해결에 긍정적인 영향을 미칠 것으로 가정한다.

마지막으로 분쟁환경요인군과 조정성립 간의 관계이다. 분쟁결과는 이를 둘러싼 환경적 맥락(environmental context)에 의해서도 영향을 받는다(Mack & Snyder, 1957: 219; Moore, 2003: 369). 예를 들어, 분쟁이 본격화되기 전에 해당 사건의 갈등기간이나 이전에 국면을 경험한 경우와 그렇지 않은 사건일 때는 조정결과가 달라질 수 있다. Andrew(2001: 42)의 연구를 보면, 갈등해결을 위한 ADR 방식을 적용하기 전에 이미 갈등을 경험하고 교착상태에 빠진 경험이 있을 경우, 갈등결과에 부정적인 영향을 미친다고 주장한다. 따라서 본 연구에서도 제3자가 개입하기 전에 이미 분쟁당사자들 간에 갈등국면을 경험한 경우에는 그렇지 않은 경우보다 조정성립에 부정적인 영향을 미칠 것으로 본다. 또한 제3자 개입이전에 해당 사건의 갈등기간이 길었던 경우에도 조정성립에 부정적인 영향을 미칠 것이다. 이외에도 분쟁의 지역적 및 사회적 영향으로서 분쟁발생 지역과 분쟁조정연도도 조정결과의 차이에 영향을 미칠 것으로 가정한다.

〈그림 1〉 환경분쟁의 조정성립에 대한 연구모형

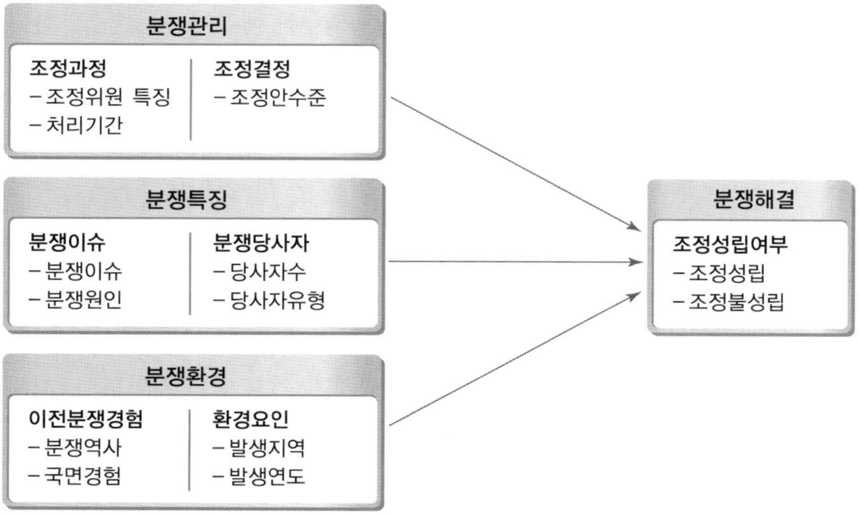

〈그림 1〉은 지금까지의 논의결과를 바탕으로 환경분쟁조정 결과에 영향을 미치는 주요 요인들 간의 관계를 모형화한 것이다.

2. 변수측정과 분석방법

1) 연구변수의 측정

환경분쟁의 조정결과에 영향을 미치는 연구변수들에 대한 측정은 〈표 2〉와 같다. 본 연구에서 환경분쟁조정의 결과변수로서 조정성립(SUCCESS) 여부를 종속변수로 선정하였다. 조정성립은 제3자인 위원회가 제시한 조정안을 분쟁당사자들이 수용하였는지를 기준으로 하여 이를 수용하였다면 조정성립(=1)으로, 그리고 어느 일방이라도 수용하지 않았다면 조정불성립(=0)으로 구분하였다. 분쟁에서 수용(acceptance)이란 해결책이 분쟁당사자들에게 용인되어지는 것을 의미하는데, 당사자가 해결책을 수락하는 이유는 그 내용이 마음에 들거나 또는 해결안까지 이르는 절차가 공정했다고 생각하기 때문이다(Ross, 1993: 120).

다음은 조정결과에 영향을 미치는 독립변수의 측정방식이다. 첫째, 분쟁관리적 요인군으로서 조정과정과 조정결정안 수준에 대한 측정이다. 조정과정에서 조정위원에 대한 공정 및 신뢰성에 대한 측정은 분쟁당사자를 대상으로 설문이나 인터뷰 방식을 사용하는 것이 측정의 신뢰도를 더 높이는 방식일 것이다. 그러나 본 연구에서는 시간과 비용의 제약으로 인해서 대리변수(proxy variable)로서 조정위원회의 변경여부(CH_MEMBER)를 변수로 선정하였다. 조사과정 중에서 위원의 변경이 있었다면 위원에 대한 공정성 및 신뢰성이 그렇지 않을 경우보다는 조정성립에 부정적으로 영향을 미칠 것으로 가정한다. 따라서 사건별로 조정위원이 조정과정에서 교체된 적이 있는지를 기준으로, 위원의 변경이 있었을 경우(=1)와 변경이 없었을 경우(=0)로 구분하였다.[7] 조정과정의 또 다른 변수로서 사건처리기간(CASETERM)이 있는데, 이는 분쟁사건이 위원회에 접수되어서 결정문이 송달되는 데까지 걸린 기간을 개월 수로 기재하였다.

이어서 조정결정과정에서는 조정안의 수준에 대한 측정방식이다. 조정안 수준은 위원회의 최종 결정안을 대상으로 한 경제적 피해구제 수준을 의미하며, 위원회의 배상결정여부(DECIDE), 배상액(MONEY_SQ), 배상률(PERMONEY)을 측정하였다. 배상결정은 조정위원회의 최종회의에서 피신청인에게 피해배상의무가 있다고 결정하였는지를 기준으로, 배상결정을 한 경우(=1)와 피해의 인과성이 없어서 기각한 경우(=0)로 나누었다. 배상액은 최종적으로 결정된 배상금액을 표기하였으며, 배상률은 신청자가 신청한 배상액과 위원회가 최종 결정한 배상액과의 차이를 백분율로 표기한 것이다.

둘째, 분쟁특성 요인군으로서 분쟁이슈와 분쟁당사자에 대한 측정이다. 분쟁이슈의 형식적 특성으로서 분쟁이슈의 수(NOISSUE)와 분쟁이슈의 크기(ISSUESIZE)가 있다. 이슈의 수는 분쟁사건을 신청한 신청자가 제기한 이슈의 개수를 표기하였다. 이슈크기는 해당 이슈의 중요도를 의미하며, 해당 사건의 조정신청액 2억을 기준으로 하여 그 이상일 경우는 이슈크기가 큼(=1)으로, 그리고 그 이하일 때는 작음(=0)으로 분류하였다.[8] 분쟁이슈는 두 가지로 나누어 측정하였다. 먼저, 분쟁이슈

---

7) 조정위원회의 교체 여부는 연도별 환경분쟁사례집에 해당 사례별로 초기의 조정위원회 명단과 최종 조정위원회 명단이 있는데 이를 근거자료로 하여 변동여부를 기재할 수 있다.

8) 이슈크기에서 2억을 기준으로 한 이유는 환경분쟁조정법(법률 제8955호) 제36조 제1항에 의해서 2억 이상일 경우 조정위원회 구성에서 위원 5명으로 구성되고, 2억 이하일 경우에는 위원이 3명으로 구성되기 때문이다.

〈표 2〉 연구변수와 측정방식

(단위: 건, %)

구분	변수명		설명	코딩방식
종속변수	SUCCESS(조정성립)		조정위원회 결정에 대한 분쟁인의 수용여부	0=불성립(당사자 불복) 1=성립(당사자 수용)
분쟁관리변수	조정과정	CH_MEMBER (조정위원의변경)	조정과정에서 조정위원의 변경여부	0=없음 1=있음
		CASETERM (사건처리기간)	조정위원회에서 사건처리 기간	개월 표기
	조정안수준	DECIDE(배상결정)	조정위원회 배상결정 여부	0=기각 1=배상
		MONEY_SQ(배상액)*	조정위원회의 최종 배상액	√배상액(원)
	조정안수준	PERMONEY(배상률)	조정위원회 최종 결정 배상률	배상률(%) *사건신청시 배상금액과 최종 배상금간의 차이
분쟁특성변수	분쟁이슈	ISSUE(분쟁이슈)	분쟁이슈의 내용적 특징	0=기타(대기, 해양 등) 1=소음 · 진동 · 먼지
		CAUSE(분쟁원인)	분쟁발생의 원인	0=정신피해보상 1=정신+재산피해보상 2=재산피해보상
		NOISSUE(분쟁이슈 수)	조정신청한 분쟁이슈 개수	분쟁이슈 수(개수)
		ISSUESIZE (분쟁이슈 크기)	조정신청한 분쟁이슈 크기(사건중요도)	0=경미 1=중대 *신청가액 2억 기준 구분
	분쟁당사자	PERSON(신청인수)	조정을 신청한 신청인 수	신청인 수(명)
		PARTY(갈등당사자)	피신청인에 정부포함 여부	0=민간위주 1=정부포함
분쟁환경변수	이전분쟁경험	CASEAGE (분쟁사건역사)	사건신청이전 분쟁기간	총 분쟁기간(개월)
		IMPASS(이전조정 경험)	사건신청이전 공공기관의 조정경험 여부	0=없음 1=있음
	환경요인	LOCAL(발생지역)	분쟁발생지역	0=비수도권(기타 지역) 1=수도권(서울, 경기, 인천)
		YEAR(조정연도)	분쟁조정연도	연도 표기

* DB코딩은 MONEY(배상액)는 원화로 표기하였는데, 0원에서 수백원에 이르는 등 사례별 편차가 매우 큼에 따라서 통계 분석시는 MONEY_SQ(배상액) 변수를 사용하였고, 이는 해당 값에 루트를 씌운 것임.

의 유형(ISSUE)은 장소특정성과 환경피해의 범위가 상대적으로 좁은 경우와 그렇지 않고 피해범위가 넓고 광범위한 경우로 구분하였다. 따라서 소음 · 진동 · 먼지 등과 관련된 이슈(=1)와 대기, 수질 오염 등과 관련된 이슈(=0)로 구분하였다.[9] 분쟁원인(CAUSE)은 이슈의 지각(consciousness) 정도를 기준으로 구분하였는데, 정신피해보상(=0), 정신과 재산피해보상(=1), 재산피해보상(=2)으로 구분하였다.

한편, 분쟁당사자 특징은 신청인의 수(PERSON)와 분쟁당사자 유형(PARTY)을 중심으로 측정하였다. 신청인의 수는 분쟁사건을 신청한 사람 수를 기재하였다. 분쟁당사자의 유형은 해당 사건의 위반자로 정부가 포함되었는지를 기준으로 하여 포함되었을 경우(=1)와 포함되지 않았을 경우(=0)로 구분하였다(Sipe, 1998).

마지막으로 분쟁환경 요인군의 측정방식이다. 분쟁환경요인은 이전 분쟁경험과 기타 사회적 영향요인을 측정하고자 분쟁사건역사(CASEAGE), 이전조정경험(IMPASS), 분쟁발생지역(LOCAL), 분쟁조정연도(YEAR)를 선정하였다. 분쟁사건역사는 조정신청자가 해당 사건을 신청하기 이전에 동 사건의 갈등기간을 의미하며, 이는 총 개월 수로 표기하였다. 이전 조정경험은 해당 사건이 이전에 공공기관에서 조정경험을 가진 적이 있는지를 중심으로 경험이 있을 경우(=1)와 없을 경우(=0)로 나누었다. 한편, 사회 · 환경적 요인으로서 분쟁발생지역이 어디에서 일어났는지를 기준으로 수도권(=1)과 비수도권(=0)으로 구분하였다. 분쟁조정연도는 해당 사건의 분쟁조정이 언제 일어났는지를 중심으로 연도를 표기하였다.

2) 분석자료 및 분석방법

본 연구에서 연구변수의 측정을 위해서 중앙환경분쟁조정위원회가 매년 발간하는 「환경분쟁조정사례집」을 자료원으로 선정하였다.[10] 위원회는 1991년 설립이후 매년 분쟁조정사례집을 발간하고 있으며, 2009년도 9월 현재까지 총 17권의 사례집을 발간하였다. 본 연구에서는 창간호부터 2008년도 제16권까지를 분석대상

9) 분쟁이슈의 유형과 분쟁원인의 변수측정은 이경환(2000)을 참조하여 재구성하였다.
10) 해당 사례집은 사건별로 사건개요(당사자, 이전분쟁경과 등), 당사자 주장, 사실조사 결과, 피해주장별 평가, 인과관계 검토, 배상수준 검토, 결정문(당사자의 승복 여부가 표기됨) 등이 기록되어 있다. 그러나 사례집에 당사자의 최종 승복여부가 표기되지 않았을 경우(예, 미정)에는 위원회에 의뢰하여 해당 결과를 표기하였다.

으로 삼았으며, 분석단위는 위원회가 발간한 사례집에 수록된 개별 분쟁조정사건들이다. 이 사례집에는 위원회가 처리한 조정사건들이 수록되었으며, 1991년부터 2007년 12월 말까지 처리된 789건의 사건이 있다.11)

그리고 수록된 789건의 사건 중에서 최종적으로 본 분석의 표본으로 선정된 것은 723건이다. 연구표본의 선정과정을 보면 다음과 같다. 사례집에 수록된 사건들은 대부분이 재정(裁定)사건이고, 주민들이 환경피해에 대한 구제를 신청한 경우이다. 따라서 표본의 동질성을 위해서 소수의 조정(調停)사건과 신청인이 기업이나 정부인 경우에는 표본의 선정과정에서 제외하였다. 또한 사건내용이 부실하게 기록된 소수의 사건들도 제외하였다. 이 과정을 거치는 동안 66건의 사건이 제외되었고, 723건의 사건이 연구표본으로 최종적으로 선정되었다. 선별된 사건들은 코딩가이드에 따라 주요 특징을 수치로 전환하는 코딩작업을 거쳐서 본 분석에 사용될 데이터베이스로 구축하였다.

〈표 3〉 분석 자료원

자료원	수록집(수록사건 수)
• 중앙환경분쟁조정위원회, 「환경오염피해분쟁조정사례집」(1992~1997), 총 5권 • 중앙환경분쟁조정위원회, 「환경분쟁조정사례집」(1998~2007), 총 11권	제1호(5), 제2호(23), 제3호(16), 제4호(22), 제5호(22), 제6호(29), 제7호(31), 제8호(32), 제9호(41), 제10호(65), 제11호(93), 제12호(75), 제13호(74), 제14호(81), 제15호(75), 제16(105)
1992~2007년도 조정사례집 총 16권	총 789 사건

다음은 분석방법에 대한 설명으로서 본 연구에서는 양적 분석방법을 선택하였다. 종속변수가 조정의 성립 혹은 불성립으로 이분되기 때문에 이항 로지스틱 회귀분석을 사용하였다. 이처럼 종속변수가 이항인 경우로서 변수끼리 통계학적으로 배반사건이고 확률적 선택 하에 놓인 경우에 로지스틱 분석을 사용할 수 있다(이성

11) 사례집은 사건이 중도에 중재합의되거나 철회된 사건은 기록하지 않았다. 또한 유사사건(신청인이 다르나 동일사안인 경우)인 경우에는 위원회에서 병합처리를 하였고, 이에 수개의 사건이 하나의 사건으로 기록된 경우도 있다. 따라서 사례집에 수록된 사건 개수와 위원회가 발표한 전체 사건처리 건수와는 차이가 있다.

우 외, 2005: 59). 그리고 분석을 위해서 SAS 9.1 통계프로그램을 사용하였다.

이와 더불어 로지스틱 회귀분석의 결과를 보완하고자 의사결정나무(Decision Tree)분석도 함께 실시하였다. 로지스틱 회귀분석을 통해서 조정성립에 미치는 주요 영향요인들을 식별할 수 있으나, 조정성립에 관계하는 요인들 간의 복합적인 상호관련성을 체계적으로 분석하는 데는 한계가 있을 수 있다. 따라서 이러한 분석의 한계를 보완하고자 의사결정나무분석도 함께 실시하였다. 의사결정나무는 계층적인 의사결정모형과 그 결과를 나타내는 것인데, 이는 의사결정규칙을 단계적이고 종합적으로 분류하는 분석방법이다(Rokach & Maimon, 2008: 5). 의사결정나무는 의사결정규칙(decision rule)을 도표화하여 관심대상이 되는 집단을 몇 개의 소집단으로 분류하거나 예측을 수행하는 분석방법이다(최종후 외, 2002: 17). 이 분석은 회귀분석이나 로짓분석과 같은 모수적(parametric) 모형에서는 설명하기 어려운 변수 사이의 서로 상호작용하는 교호효과(interaction)를 쉽게 파악할 수 있다. 본 분석에서 의사결정나무 모형은 SAS Enterprise Miner 3.0 프로그램을 사용하였다.

제4절 분석결과

1. 기초조사

환경분쟁 조정사건을 대상으로 조정성립에 영향을 미치는 주요 요인을 통계적으로 식별하고자 본 연구에서는 로지스틱 회귀분석과 의사결정나무 분석을 통계분석방법으로 선정하였다. 그리고 보다 정확한 통계분석을 위해서 분석 이전에 자료의 전처리(preprocessing) 과정으로서 이상치(outlier) 등에 대한 조사를 실시하였다. 이상치는 로지스틱 회귀분석이나 의사결정나무분석에서 통계적 추론과정에 큰 영향을 미칠 수 있으며, 분석결과를 왜곡시킬 수도 있다. 따라서 자료에 이상치가 존재하는지를 확인하고, 어느 관찰치가 이상점인지를 식별하여 제거하는 작업을 실시하였다. 이상치는 피어슨잔차(Pearson Residual)와 이탈잔차(Deviance Residual)를 기준으로 1차에는 2.5를 기준으로 2.5보다 큰 값에 대하여, 그리고 2차에는 3.0을 기준으로 3.0보다 큰 값을 이상치로 고려하여 17개 관찰치를 제거하였다. 이상치 제거 이후 적합도(Goodness of Fit)검정을 실시하였는데, 제거 이후 모형이 더 적합해진 것으로 확인되어 이상치를 제거한 자료를 본 분석에 사용하였다.12)

다음 〈표 4〉는 이상치를 제거한 자료에 대한 기초통계량이다. 종속변수로 사용

〈표 4〉 변수별 기초 통계

변수		구분	빈도	백분율
종속변수	조정성립(SUCCESS)	0(불성립)	201	28.5
		1(성립)	505	71.5
분쟁관리 요인	심사위원변경(CH_MEMBER)	0(교체없음)	477	67.6
		1(교체있음)	229	32.4
	배상결정(DECIDE)	0(기각)	131	18.6
		1(배상)	575	81.4
분쟁특성 요인	분쟁이슈(ISSUE)	0(기타)	106	15.0
		1(소음 · 진동 · 먼저)	600	85.0
	분쟁원인(CAUSE)	0(정신피해)	185	26.2
		1(정신+재산)	349	49.4
		2(재산피해)	172	24.4
	이슈크기(ISSUESIZE)	0(경미)	313	44.3
		1(중대)	393	55.7
	분쟁당사자(PARTY)	0(민간위주)	482	68.3
		1(정부포함)	224	31.7
분쟁환경 요인	조정경험(IMPASS)	0(없음)	514	72.8
		1(있음)	192	27.2
	발생지역(LOCAL)	0(비수도권)	339	48.0
		1(수도권)	367	52.0

주: 각 변수별 총계는 706건(100%)임.

12) 이상치 제거 이후 모형의 적합도를 검정한 결과, Pearson =672.4(p>0.1), Deviance =700.6(p>0.1)으로서 모두 유의확률이 0.1 이상으로 나타나서 귀무가설인 '모형이 적합하다'라는 가설은 기각되지 못하였다.

된 조정성립의 경우, 성립은 505건(71.5%)이고, 불성립은 201건(28.5%)이었다.

그리고 독립변수 중에서 분쟁관리 요인군으로서 조정위원의 교체여부를 보면, 교체가 없었던 경우가 477건(67.6%)이고, 중간에 위원이 일부 교체된 경우는 229건(32.4%)이었다. 그리고 조정안의 특징으로서 최종 배상결정 여부를 보면, 배상을 결정한 경우는 575건(81.4%)이고, 기각이 131건(18.6%)이었다. 둘째, 분쟁특성군으로서 분쟁이슈의 경우, 소음 · 먼지 · 진동사건이 600건(85%)이고, 기타(대기, 해양, 일조 등)는 106건(15%)이었다. 또한 분쟁원인으로서 정신피해보상사건이 185건(26.2%)이고 정신과 재산피해보상이 349건(49.4%), 재산피해보상은 172건(24.4%)이었다. 마지막으로 분쟁환경요인군에서 분쟁신청 이전에 해당 사건이 공공기관으로부터 조정경험을 받은 적이 있는 경우가 192건(27.2%)이고, 경험이 없는 경우가 514건(72.8%)이었다. 분쟁이 발생된 지역은 수도권 지역이 367건(52.0%)이고 비수도권지역이 339건(48.0%)이었다.

한편, 위원회에서 최종적으로 배상결정을 내린 경우에 해당 사건별 평균 배상액은 약 4천6백2만원이며, 최소 약 11만원에서 최대 9억 4천 8백만원으로 배상액 간의 편차가 매우 컸다. 신청인이 제시한 신청액과 최종 배상액 간의 차이인 배상률은 평균 15.8%였다. 그리고 한 사건당 제시한 분쟁이슈의 수는 평균 2.9개이며, 평균 신청인의 수는 186명이었다. 사례별 분쟁역사, 즉 본 사건이 위원회에 신청되기 전의 분쟁기간은 약 11개월이었다.

〈표 5〉 변수별 평균 및 표준편차

변수		개수	평균값	표준편차
분쟁관리요인	배상액 (MONEY)	575	46,420,822	89,633,434
	배상률 (PERMONEY)	575	0.1584	0.1679
분쟁특성요인	이슈개수 (NOISSUE)	706	2.87	1.185
	분쟁신청인 (PERSON)	706	185.92	457.852
분쟁환경요인	분쟁기간 (CASEAGE)	706	10.61	16.169

주: 배상액과 배상률은 기각결정을 내린 131건을 제외하고, 배상을 결정한 575건에 대한 통계량임.

2. 로지스틱 회귀분석 결과

다음은 로지스틱 회귀분석의 분석결과이며, 먼저 해당 모형의 적합성 검정을 실시하였다. 첫째, 로지스틱 회귀분석의 방정식이 실제 데이터와 얼마나 잘 맞는지를 검토하는 우도비(Likelihood ratio) 검정을 실시한 결과, 통계량이 142.788 (p〈.0001)로서 통계적으로 1% 내에서 유의한 것으로 나타났다. 이는 독립변수와 종속변수가 독립적이라는 귀무가설을 유의수준 1% 내에서 기각함으로써 독립변수가 종속변수에 영향을 미친다고 가정할 수 있다. 둘째, 실제 관측치와 예측된 확률 사이의 적합성을 측정하기 위해서 −2Log L(the Negative of twice the Log Likelihood) 값을 보면, 해당 값은 절편만 사용하였을 때는 843.444이지만 독립변수를 포함시키면 값이 700.66으로 감소하여 모형이 더 나아졌다고 볼 수 있다.

로지스틱 회귀분석의 결과는 〈표 6〉에 제시되어 있다. 통계분석결과를 보면, 조성성립에 영향을 미치는 요인 중에서 통계적 유의수준 5% 내에서 의미가 있는 변수로는 분쟁관리 요인군에서는 배상결정(DECIDE), 배상액(MONEY_SQ), 배상률 (PERMONEY)이 있으며, 분쟁특성 요인군에서는 분쟁원인(CAUSE), 이슈크기 (ISSUESIZE), 당사자유형(PARTY), 그리고 분쟁환경 요인군에서는 분쟁사건역사 (CASEAGE) 등 총 7개 변수로 나타났다.

첫째, 분쟁관리 요인군에서는 배상결정(DECIDE), 배상액(MONEY_SQ), 배상률 (PERMONEY)이 통계적으로 의미가 있었다. 조정위원회가 최종적으로 제시한 조정안의 수준이 조정성립 여부에 큰 영향을 준 것으로 볼 수 있다. 위원회의 배상결정 여부는 조정성립에 양(+)의 관계를 나타내는데, 이는 위원회가 배상결정을 내릴 경우에 조정이 성립될 가능성이 높다는 것을 의미한다. 반면, 배상액과 배상률은 조정성립에 음(−)의 관계를 보여주었다. 즉 배상액과 배상률이 클 경우에는 당사자 간의 조정이 불성립할 가능성이 높은 것으로 의미한다. 그 외 심사위원의 변경여부와 심사기간은 통계적으로 유의미하지 않게 나타났다.

둘째, 분쟁특성 요인군에서는 분쟁원인(CAUSE), 이슈크기(ISSUESIZE), 분쟁당사자(PARTY)가 통계적으로 의미가 있었다. 분쟁원인에서는 정신피해보상보다는

〈표 6〉 로지스틱 회귀분석 결과

변수		계수 (Estimate)	표준오차 (S.E)	x^2통계량 (Ward x^2)	p-value
상수(INTERCEPT)		−24.5140	59.2786	0.1710	0.6792
분쟁 관리 요인	조정과정				
	심사위원변경(CH_MEMBER)	−0.0384	0.1058	0.1317	0.7167
	심사기간(CASETERM)	0.0273	0.0350	0.6101	0.4348
	배상결정				
	배상결정(DECIDE)	0.4440*	0.1964	5.1124	0.0238
	배상액(MONEY_SQ)	−0.0001***	0.0000	14.0522	0.0002
	배상률(PERMONEY)	−1.7318**	0.6504	7.0897	0.0078
분쟁 특성 요인	분쟁이슈				
	분쟁이슈(ISSUE)	−0.0669	0.1463	0.2089	0.6476
	분쟁원인1(CAUSE1)	−0.0727	0.1624	0.2005	0.6543
	분쟁원인2(CAUSE2)	0.4152**	0.1388	8.9496	0.0028
	이슈개수(NOISSUE)	−0.0835	0.0877	0.9062	0.3411
	이슈크기(ISSUESIZE)	0.2863*	0.1146	6.2399	0.0125
	분쟁당사자				
	분쟁신청인(PERSON)	0.0002	0.0002	0.9546	0.3286
	분쟁당사자(PARTY)	0.2819**	0.1060	7.0745	0.0078
분쟁 환경 요인	이전갈등경험				
	분쟁기간(CASEAGE)	−0.0191**	0.0059	10.3984	0.0013
	조정경험(IMPASS)	0.1275	0.1119	1.2976	0.2546
	환경요인				
	발생지역(LOCAL)	0.1772	0.1054	2.8237	0.0929
	발생연도(YEAR)	0.0133	0.0296	0.2022	0.6530

표본크기(N)=706
−2 Log L=700.66
우도비검증(likelihood ratio test) =142.7844**

*: p<.05, **: p<.01, ***: p<.001

재산피해보상사건일 경우가 조정성립의 가능성이 더 높은 것으로 나타났다. 이슈크기에서는 2억 이상의 재정사건인 경우에 2억 미만의 사건보다는 조정성립에 긍정적인 영향을 미친 것으로 나타났다. 그리고 분쟁당사자의 경우는 환경피해를 일으킨 당사자로서 정부가 포함되었을 경우에는 그렇지 않을 경우에 비해서 조정성립의 가능성이 더 높은 것으로 드러났다.

마지막으로 갈등환경 요인군에서는 이전 분쟁사건역사(CASEAGE)가 통계적으로 유의미하게 나타났다. 이전 분쟁사건역사의 경우, 해당 사건이 위원회에 접수되기 이전의 분쟁기간이 길수록 조정성립에는 부정적인 영향관계를 보여주었다. 그러나 이전 조정경험, 발생지역, 조정연도는 통계적으로 유의미하지 않았다.

이어서 〈표 7〉은 로지스틱 회귀분석에서 통계적으로 유의미하게 나온 7개 변수의 승산비(Odds ratio)이다.[13] 먼저, 배상결정(DECIDE)의 경우는 기각(=0)에서 배상(=1)으로 한 단위가 증가할 때, 다른 요인들보다 조정이 성립될 승산비가 약 2.9배가 증가하였다. 즉 위원회가 배상결정을 할 경우가 기각했을 때보다 당사자들 간에 이 결과를 수용하여 조정이 성립될 가능성이 높아졌다는 의미이다. 그러나 배상액과 배상률의 승산비는 배상결정과 차이가 있었다. 배상액(MONEY_SQ)은 조정성립이 일어날 확률이 크지 않았고, 배상률(PERMONEY)은 비율이 높아질 경우에 오히려 조정성립이 일어날 확률이 낮게 나타났다.

〈표 7〉 승산비(Odds Ratio) 분석결과

변수	대조군	계수(Estimate)	C.L.B	C.U.B
배상결정(DECIDE)	0 vs 1	2.943	1.391	6.229
배상액(MONEY_SQ)		1.000	1.000	1.000
배상률(PERMONEY)		0.156	0.046	0.530
분쟁원인1(CAUSE1)	1 vs 3	1.399	0.852	2.297
분쟁원인2(CAUSE2)	2 vs 3	2.149	1.368	3.374
분쟁크기(ISSUESIZE)	0 vs 1	1.755	1.129	2.727
분쟁당사자(PARTY)	0 vs 1	1.556	1.055	2.296
분쟁기간(CASEAGE)		0.980	0.969	0.991

13) 승산비는 다른 설명변수가 통제된 상황 하에서 한 변수만 변화를 할 때, 그 효과를 의미한다. 로지스틱 분석에서 독립변수가 1이 증가할 때마다 그 종속변수의 발생빈도가 얼마나 증가하는가를 승산비로 추정해서 알 수 있다. 승산비는 어떤 일이 일어날 확률(P)과 일어나지 않을 확률(1-P)의 비(ratio)를 의미하는데, 승산비가 1보다 크면 긍정적인 효과 그리고 0과 1 사이면 부정적인 효과를 의미한다(Long, 1997: 82).

그리고 분쟁특성요인으로서 분쟁원인(CAUSE), 이슈크기(ISSUESIZE), 그리고 분쟁당사자유형(PARTY)의 승산비이다. 분쟁원인은 정신피해보상보다는 재산피해보상일 경우에 조정이 성립될 확률이 약 2.1배가 높았다. 이슈크기에서는 크기가 큰 경우가 작은 경우보다 약 1.8배 가량 승산비가 높았다. 분쟁당사자 유형에서는 위반자로 정부가 포함될 경우에 그렇지 않은 경우보다는 조정이 성립될 확률이 약 1.6배 높았다. 마지막으로 분쟁환경적 요인으로서 분쟁사건역사(CASEAGE)는 한 단위 증가할 때마다 조정성립의 확률이 약 0.9배 낮아졌다. 즉 분쟁역사가 길수록 조정성립의 가능성은 낮아진다는 것을 의미한다.

3. 의사결정나무 분석결과

의사결정나무를 만드는 다양한 알고리즘이 있는데, 이 중에서 많이 사용되는 방식이 CART(Classification and Regression Tree), CHAID(Chi-squared Automatic Interaction Detection), C4.5 방식 등이다(Rokach, & Maimon, 2008: 71-72). 이 중에서 어느 방식을 사용할지는, 분석자료의 오분류율을 계산하고 분석결과를 상호 비교해서 최선의 방식을 선정하게 된다. 본 연구에서는 CHAID가[14] 가장 적절한 방식으로 판단되어 분석에 사용하였다

〈그림 2〉는 CHAID 알고리즘을 이용한 의사결정나무 분석결과이다. 본 분석에서는 조정성립을 목표변수로 선정하였고, 앞서 로지스틱 회귀분석에 사용한 모든 변수를 동일하게 포함시켰다. 그리고 변수선정은 단계적 투입법(stepwise)을 사용하였고, 통계적으로 5% 내의 유의미한 변수만을 선정하여 의사결정나무를 형성하도록 하였다.

조정성립(SUCCESS)을 보면, 성립(=1)이 505건(71.5%)이고, 불성립(=0)이 201건(28.5%)으로 나타났다. 다음은 조정성립에 영향을 미치는 주요 요인들 간의 관계이다. 첫째, 조정성립에 영향을 미치는 요인으로 배상액(MONEY_SQ)이 있었다. 배상

14) CHAID는 카이제곱-검정(이산형 목표변수) 또는 F-검정(연속형 목표변수)을 이용하여 분리(spit)와 병합(merge)을 반복하면서 다지분리(multiway split)를 수행하는 알고리즘이다. 여기서 다지분리란 부모마디에서 자식마디들이 생성될 때, 2개 이상의 분리가 일어나는 것을 허용함을 의미한다(최종후 외, 2002: 98).

액의 크기를[15] 기준으로 하여 그 이상과 이하로 의사결정나무의 가지가 나누어졌다. 배상액이 기준보다 낮을 때에는 조정성립이 80.9%이고 불성립은 19.1%로서, 조정이 성립되는 경우가 많았다. 반면, 배상액이 기준 이상일 경우에는 조정성립이 47.5%이고, 불성립이 52.5%로서 성립가능성이 불명확하였다. 결국 배상액을 보면, 당사자 간에 수용 가능한 일정 기준이 생기는데, 그 이하일 때는 성립가능성이 높지만, 기준 이상일 경우에는 성립가능성이 낮아지었다.

다음은 배상액이 기준 이상으로 높을 때, 조정성립에 영향을 미치는 주요 요인을 살펴본 결과이다. 〈그림 2〉의 의사결정나무 모형에서 오른쪽을 보면, 배상액이 기준점 이상일 경우에 분쟁사건역사와 배상액을 기준으로 나뭇가지가 나누어진 것

〈그림 2〉 의사결정나무모형의 분석결과

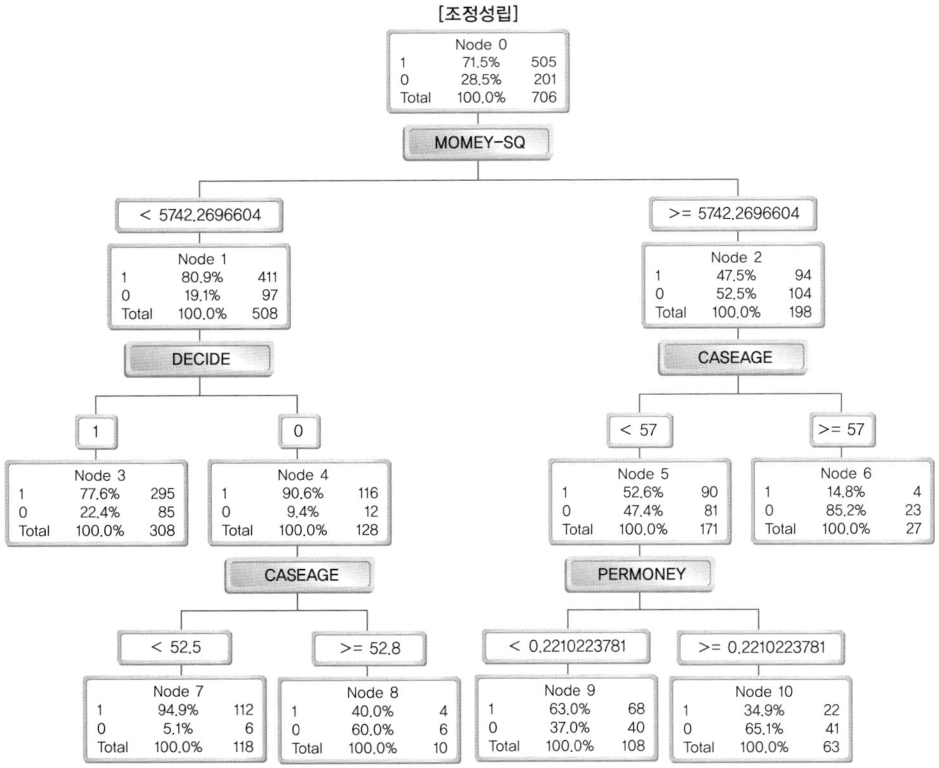

15) = 32,970,564원.

을 볼 수 있다. 분쟁사건역사(CASEAGE)는 해당 사건의 이전 갈등기간을 개월 수로 표기한 것인데, 갈등기간이 22.5개월을 기준으로 하여 그 이상과 이하로 의사결정 나무가지가 나누어졌다. 분쟁사건역사가 22.5개월 이상일 때는 조정성립이 14.8%이고, 이에 비해서 불성립이 85.2%를 차지하고 있는데, 이처럼 조정이 성립되지 않은 경우가 더 많았다. 반면, 분쟁역사가 22.5개월 이하일 때는 조정성립이 52.6%이고, 조성불성립이 47.4%로서 절반가량으로 나뉘어졌다. 따라서 의사결정 나무 모형이 다시 배상률(PERMONEY)을 기준으로 하여 조정성립 여부를 분리하였다. 배상률의 경우는 22%를 기준으로 하여 그 이상과 이하로 나뉘어졌는데, 배상률이 22% 이상일 경우에는 조정이 불성립된 경우가 더 많았고, 반면 배상률이 22% 이하일 경우에는 조정이 성립된 경우가 더 많았다.

4. 분석결과의 해석과 토의

지금까지 분석결과를 종합하면, 환경분쟁 조정의 성패에 영향을 미치는 주요 요인으로 첫째, 분쟁관리 요인군 중에서 조정안 수준이 있었다. 조정안 수준으로서 경제적 피해배상여부나 배상액 정도에 따라서 분쟁당사자 간의 조정이 성립 혹은 불성립되는데 결정적 영향을 미친 것으로 분석되었다. 물론 본 분석의 대상이 재정사건들이고, 이는 환경피해보상에 대한 조정사건이기 때문에 재정적 결정여부가 결과에 큰 영향을 미친 것으로 볼 수 있다. 일반적으로 경제적 피해보상은 분쟁해결에 중요한 역할을 할 수 있다. 하지만, 보상과 같은 경제적 유인책의 한계점으로 지적되는 사항은 경제적인 논리에 의해서 비용과 편익을 정확하게 측정하기가 쉽지 않고, 적절한 수준의 보상에 대한 합의도출이 어렵다는 점이다(Bingham, 1986: 108-109). 이것은 분쟁당사자 간의 공정한 보상에 대한 견해가 달라질 수 있기 때문이다. 본 연구와 같이 제3자가 제시하는 조정안을 분쟁당사자들이 수용하기 위해서는 양측 모두가 수용가능한 배상액이 결정되어야 한다. 이때, 배상액이 지나치게 높거나 혹은 낮게 되면 피해를 신청한 당사자 혹은 피신청자 어느 일방이 해당 조정안을 수용하지 않게 된다. 즉 배상결정에서 일정한 배상액 임계점이 존재하고, 이 임계점을 벗어날 경우 제3자의 조정안이 수용되지 못할 가능성이 높다. 따라서 위원회에서 당사자들이 수용가능한 적절한 배상액을 예측하기 위해서는 분쟁발생 원인별로 환경피해 배상액에 대한 면밀한 분석이 요구된다 하겠다.

둘째, 분쟁특성 요인군에서 분쟁원인, 이슈크기, 당사자유형이 조정성립에 영향을 미치는 것으로 나타났다. 분쟁원인을 보면, 정신피해보상보다는 재산피해 보상사건일 경우에 조정성립이 용이하였다. 이는 분쟁이슈가 보다 실재적인 내용일 경우에 해결이 쉽다는 기존의 선행연구 결과와 유사한 것이다(Deutsch, 1973: 370-2; Coser, 1964: 48-54). 따라서 분쟁이슈가 비실재적일 경우에는 협상이 가능한 구체적인 이슈로 전환시키는 전략이 필요하다. 그리고 이슈의 크기가 클수록, 즉 이슈의 중요성이 커질수록 조정성립의 가능성이 높았다. 또한 분쟁당사자의 유형을 보면, 정부가 분쟁당사자에 포함되어 있을 때 조정성립의 가능성이 더 높았다. 이는 Sipe(1998)의 연구결과와도 일치하는데, 환경피해를 유발시킨 피신청인으로 정부가 포함된 경우가 그렇지 않고, 민간인 혹은 민간기업으로만 구성될 때보다 조정성립이 더 용이하였다. 이러한 연구결과를 토대로 보면, 분쟁의 본질적 성격으로서 분쟁발생의 원인과 분쟁당사자 유형별로 구분하여 분쟁관리방식을 선정할 필요가 있었다.

마지막으로 분쟁환경요인 중에서는 이전 분쟁기간이 조정성립에 영향을 미친 것으로 나타났다. 분쟁이 본격화되기 전에 이미 당사자 간에 오랜 갈등이 있었고, 상호간에 교착상태에 빠진 경험이 있다면 공식적인 제3자의 조정으로도 갈등이 완전히 해소되기는 쉽지 않을 것이다. 따라서 조정을 신청하기 전에 이미 갈등국면을 경험한 사건의 경우에는 당사자 간의 합의도출을 위해서 심리적인 불신을 줄일 수 있는 다양한 협의방식을 시도하는 것이 필요할 것이다.

제5절 결 론

본 연구에서는 환경분쟁조정의 결과로서 조정이 성립 혹은 불성립되는 데 영향을 미치는 주요 요인들을 식별하고자 중앙환경분쟁위원회가 처리한 17년 간의 분쟁조정사건들을 대상으로 로지스틱 회귀분석과 의사결정나무분석을 실시하였다.

분석결과를 종합하면, 환경분쟁조정이 성공하는 데 환경피해구제에 대한 재정적 결정의 수준이 큰 영향을 미친 것으로 나타났다. 하지만 환경피해에 대한 보상액이 일정한 수준이상일 경우에는 조정성립이 어려웠고, 그 이하일 경우에는 조정성립이 용이한 것으로 나타났다. 사건별로 당사자 간의 수용가능한 배상액의 임계수준이 존재하는 것으로 분석되었다. 그리고 배상수준 이외에도 분쟁특성요인으로서 분쟁원인, 분쟁이슈, 당사자유형에 따라서 조정의 성립여부가 달랐다. 그 외 분쟁환경요인 중에서 해당 사건이 신청되기 이전의 분쟁기간에 따라서도 조정의 성패에 차이가 있었다. 따라서 향후 환경분쟁의 성공적인 조정성립을 위해서는 분쟁의 특성과 환경적 요인 등을 고려하여 제3자의 조정안의 내용이 결정되어야 할 것이다.

환경분쟁조정사건들에 본 연구의 한계와 향후 연구 과제는 다음과 같다. 첫째, 다수의 분쟁사건을 통계적 방식으로 인과성을 검증하고자 측정가능한 객관적 변수를 우선적으로 선정하였다. 이 과정에서 조정성립에 영향을 미칠 수 있는 주요한 주관적 변수가 누락될 가능성이 있었다. 둘째, 보다 정확한 조정성립 요인을 분석하기 위해서는 환경분쟁위원회가 처리한 재정사건뿐만 아니라 중재합의나 기타 처리된 사건도 함께 분석하는 노력이 필요할 것이다. 따라서 향후 연구에서는 앞서 제시한 연구한계와 측정오류를 줄일 수 있는 연구방법에 대한 연구가 지속되어야 할 것이다. 마지막으로 본 연구에서는 환경분쟁의 조정성공에 초점을 두고 있으나, 이와 더불어 위원회에서 조정이 실패하여 법정 소송으로 간 사건의 특징을 분석하는 연구도 함께 진행해가는 것이 향후 성공적인 환경조정성립을 위해서 필요하다고 본다.

제 13 장

학자금대출 정책

▨ 박정훈 · 정용운
(서울대학교 행정대학원 교수 · 석사졸업)

제1절 서 론

정부지원 학자금대출 제도[1](이하 학자금 대출제도)는 경제적으로 곤란한 학생들에게 안정적으로 학업을 지속할 수 있도록 학비를 대출해 주고 졸업 후 이를 상환하도록 하는 제도이다. 소득수준에 따라 무이자 대출, 저리 대출, 일반금리 대출 등 다양한 형태로 이루어지고 있다. 최근 학자금 대출제도 관련 사무를 한국장학재단으로 일원화하고 '취업 후 상환제도(ICL)'를 도입하였으며 2011년에는 국가장학기금 폐지[2] 등, 학자금 대출제도는 지속적으로 변화의 길을 모색하고 있다. 본 연구는 학자금 대출제도의 사회적 형평성과 재정건전성 관점에서의 고찰 및 시뮬레이션 분석을 통해서 바람직한 제도의 운영방안과 정책적 시사점을 도출하고자 한다.

학자금 대출제도는 그 운영에 있어 경제위기시 연체율의 상승, 낮은 채무상환

1) 현재 한국장학재단은 정부지원 학자금대출사업과 국가장학사업을 주요 업무로 하고 있는데, 이중 정부지원 학자금 대출사업은 일반상환 학자금대출제도, 취업후상환학자금대출제도(ICL), 농어촌출신 대학생 학자금 융자제도를 포함하고 있다. 연구대상으로 삼고 있는 정부학자금 대출제도는 한국장학재단 업무 중 국가장학사업을 제외한 정부학자금 대출사업을 주요 대상으로 하고 있다.

2) 기획재정부는 기금운용평가단의 권고에 따라 국가장학기금을 2011년부터 폐지하기로 결정하였다. 국가장학기금의 존폐여부와 상관없이 본 연구는 학자금 대출제도 시행에 따른 정부재정 건전성에 초점을 두고 있다. 신용보증공급, 대손위험률, 대출금리와 정부재정부담의 관계는 제도 변화와 상관없이 지속된다는 점에서 학자금 대출제도의 재원에 대한 재정건전성 분석은 여전히 유효하다.

율 등으로 인해 정부재정부담 증가가 우려된다는 지적이 있는 반면, 간접지원 형태로 이루어지는 특성으로 인해 대출금리가 상승하면 저소득층 학생과 학부모에게 큰 부담이 된다는 견해도 있어 다양한 갈등 관계에 놓여 있다. 복지제도가 발달한 유럽국가의 경우 고등교육에 대한 정부개입의 정도가 높고 사회적 형평성의 이념이 강조되고 있기 때문에 정부 재정운영의 건전성과 사회적 형평성의 갈등관계가 크게 부각되지 않고 있다. 반면에 미국이나 우리나라와 같이 고등교육의 사유화가 높은 국가에서는 상대적으로 두 이념간의 갈등이 뚜렷하게 나타나고 있다. 국내의 전문대 이상 고등교육기관에 대한 정부의 재정지원 비율은 OECD 30개국 중 최하위권에 머무르고 있다(채재은, 2005). 최근 사회적으로 정부 차원에서의 고등교육에 대한 투자확대 요구가 지속적으로 제기되고 있으며, 학자금 대출금리 인하요구도 이러한 맥락에서 이해할 수 있다.

고등교육에서 정부개입이 이루어지는 주된 이유로 무엇보다도 고등교육이 갖는 외부효과(externalities)와 시장실패를 들 수 있다(하준경, 2006). 고등교육은 사적재화나 서비스와 달리 공공재적 특성을 지니며 장기적으로 사회 전체의 생산성 증진과 발전을 촉진하는 긍정적 외부효과를 가진다. 하지만 사회적으로 바람직한 수준보다 과소생산될 가능성이 높으며 그 결과 시장실패가 발생하여 자원배분의 효율성 저하를 가져오게 된다(김안나, 2005; 남수경, 2007, 2008). 또 다른 이유는 자본시장의 불안정성 측면에서 찾을 수 있다. 교육투자는 다른 투자와 달리 투자의 회임기간이 길고 장기간 투자를 요구한다. 따라서 자본시장이 불안정할 경우에는 사회적으로 바람직한 수준보다 적게 투자될 수 있다는 문제가 있다(김도기, 2005; 이기영, 2006; 안종석 외, 2006). 특히 자본시장에서 자금을 빌리는 학생이나 학부모 측과 자금을 빌려주는 금융기관간의 정보의 비대칭성을 감안한다면, 금융기관은 미래 불확실성과 위험을 회피하려는 유인이 커질 것이며 그 결과 고등교육에 대한 투자는 더욱 위축될 것이다(Christie & Munro, 2003; Grubb & Tuma, 1991; 박정훈 외, 2008). 이 같은 고등교육의 외부효과와 자본시장의 불안정성에 따른 시장실패의 문제를 해결하고자 많은 국가에서는 고등교육에 대한 정부개입을 정당화하고 있다(Hauptman, 2004).

그러나 무엇보다도 고등교육에 대한 정부개입을 지지하는 가장 큰 논거는 사회적 형평성 확보[3])를 위함이라 할 수 있다(John & Noell, 1989; Johnstone, 2003). 고등교육의 형평성은 교육기회의 균등과 소득재분배 효과라는 두 가지 차원으로 나누어 전자를 수평적 형평성(horizontal equity), 후자를 수직적 형평성(vertical equity)으로 구별할 수 있다. 고등교육에 있어서 수평적 형평성, 즉 교육기회의 균등은 고등교육을 필수재(necessities)로 인식하고 모든 국민이 골고루 향유해야 할 권리로 간주하는 것을 의미한다. 반면 수직적 형평성은 저소득층 가정 자녀들의 고등교육 기회를 확대하기 위한 지원을 함으로써 빈곤의 대물림을 방지하고 궁극적으로 소득불평등을 해소해야 한다는 사회적 책임을 의미한다. 고등교육이 보편화되고 있는 오늘날 사회적 형평성은 고등교육에 대한 정부개입을 지지하는 강력한 정치사회적 논거로 작용해 왔고 앞으로도 이러한 경향은 지속될 것으로 보인다(Hillygus, 2005). 최근 계속되고 있는 정부학자금 대출이자율에 대한 인하요구는 이러한 관점에서 학생들의 재정 부담을 완화함으로써 교육 수혜자의 폭(수평적 형평성)을 넓히고 저소득층의 부담을 완화(수직적 형평성)하려는 노력으로 이해할 수 있다.

그러나 이 같은 정부개입의 필요성에도 불구하고 한정된 정부예산과 정부재정 부담을 고려할 때 학자금 대출 규모를 무한히 확대할 수는 없다. 특정 정책영역에 대한 정부지출의 확대는 다른 정책영역의 상대적 혹은 절대적 손실을 전제해야 하며 특히, 막대한 복지수요가 예상되는 현 상황에서 무조건적인 고등교육재정 확대는 곤란한 것이 사실이다. 학자금 대출제도가 본격적으로 시행된 2000년부터 2009년 12월 현재까지 정부는 학자금대출 신용보증금액으로 총 12조 7,228억원(406.1만 건)을 공급하고 있다. 신용보증을 위해서 정부는 매년 상당한 액수의 정부출연금을 출연하고 있으며, 이러한 정부출연금의 규모는 학자금 대출 수요의 증대에 따라 확대되고 있는 추세이다. 학자금 대출금 회수는 전적으로 담보력이 약한 학생 신용에 의존하기 때문에 일반적으로 채무 상환률이 낮고, 특히 경제위기시에는 연체율이 높아질 가능성이 있다. 이 같은 이유로 학자금 대출기금은 대손가능성이 훨

3) 〈한국장학재단 설립 등에 관한 법률〉 제1조(목적)는 "한국장학재단을 설립하고 이를 통하여 국가장학기금을 효율적으로 운영하여 맞춤형 학자금 지원 체제를 구축함으로써 경제적 여건에 관계없이 누구나 의지와 능력에 따라 고등교육 기회를 가질 수 있도록 함을 목적으로 한다"고 규정하고 있다.

씬 높아 일반 신용대출이나 담보대출에 비해 재정위험성이 높을 것으로 평가되고 있다. 국가장학기금(구 학자금대출 신용보증기금 포함)은 신설 기금이기 때문에 정부의 다른 보증 기금에 비해 현재까지는 신용보증규모가 크지 않은 편이지만, 2009년 한 해 동안 약 2조 5천억원 학자금 신규 대출과 대출규모의 성장세를 고려하면 향후 신용보증규모는 지속적으로 증가할 것으로 예상된다. 따라서 장기적으로 학자금 대출제도 시행에 따른 정부재정부담의 장기적인 예측과 함께 재정건전성을 확보하기 위한 다양한 방법을 모색할 필요가 있다.

학자금 대출에 있어서 대출금리가 낮으면 대출에 따른 수혜자의 폭이 넓어지고 학생부담은 감소함에 따라 사회적 형평성 측면에서 긍정적인 효과가 있을 것이다. 반면 정부재정 부담 증가로 인해 재정위험은 커지게 되므로 국가장학기금의 재정건전성과 사회적 형평성은 기본적으로 상충관계에 있다. 학자금 대출제도는 정부재정 부담을 최소화하면서 고등교육기회를 확대할 수 있는 우수한 정책수단이지만, 그 전제로서 학자금대출의 재정위험을 관리할 수 있는 수준에서 통제할 필요가 있다.[4] 결국 기금운용의 효율성과 건전성 담보 없이는 장기적이고 안정적인 학자금대출제도의 유지가 어렵다는 점에서 사회적 형평성과 재정건전성간의 갈등관계를 어떤 방식으로 조화시켜 나아가야 할지를 심각하게 고민해야 할 필요가 있다.

본 연구는 우리나라 정부 학자금 대출제도의 현황과 주요특징을 사례연구를 통해 살펴보고, 학자금 대출제도의 운영과정에서 발생하는 장학기금의 재정건전성과 사회적 형평성간의 갈등관계를 대출금리 등 주요 변수에 대한 논의를 중심으로 심도 있게 살펴보고자 한다. 구체적으로 신용보증 공급규모 및 대손위험률, 대출금리 등의 변화에 따라 필요한 정부재정부담 정도를 시뮬레이션 모형을 통해서 분석한다. 본 연구는 사례연구와 시뮬레이션 분석을 통해 국가장학기금의 사회적 형평성과 재정건전성간의 관계를 분석하고 향후 정책적 시사점을 제공하고자 한다.

---

4) 국가장학기금설치의 근거법인 '한국장학재단 설립 등에 관한 법률'에서 재단과 기금의 설립 및 운용의 목적은 궁극적으로 "맞춤형 학자금 지원체제를 구축하고 고등교육 기회를 확대"하는데 있지만, "국가장학기금을 효율적으로 운영"해야 함을 명시함으로써 기금의 안정적이고 효율적인 운영 필요성을 포함하고 있다.

제2절 대학 학자금 대출제도의 변화과정

1. 대학 학자금 대출제도의 변화과정 및 특징

1) 제도의 변천과정

국내의 대학생 학자금 지원 제도는 1960년대부터 1980년대 초반까지 규모면에서 상당히 영세한 수준이었으며, 주로 장학금 중심의 정책으로 운영되었다. 최초의 대학생 학자금 지원 제도는 정부가 대학장학금법과 대여장학금법 시행령을 1961년과 1962년에 제정 · 공포하여 성적이 우수하고 경제적으로 곤란한 자에 대하여 무이자로 학자금을 대여하고 졸업 후 상환하는 제도로 시작하였다. 1975년부터 2005년 8월까지는 금융기관을 통하여 등록금 상당액을 저리로 대출해주고 그 이자액 중 일부를 정부에서 보전하는 이차보전방식에 의한 학자금 대출제도를 운영해왔다. 그러나 각종 연구결과를 통해 이차보전 방식의 문제점에 대한 지적과 함께 선진적인 학자금 대출제도 도입필요성이 꾸준히 요구됨에 따라 미국식 학자금 대출제도를 최초로 도입하게 되었다(2004, 김안나 외). 2005년 7월에 '학술진흥 및 학자금대출 신용보증 등에 관한 법'을 제정 · 공포하고, 2005년 2학기부터 "신용보증 및 유동화 방식(이하 SLBS[5] 방식)"에 따른 정부보증 학자금 대출제도를 실시하게 되었다. 동법에 의거하여 학자금 대출에 따른 신용보증 재원을 마련하기 위해 교육부 산하의 '학자금대출 신용보증기금'을 설치하였으며, 실무적인 대출관련 업무는 한국주택금융공사에 위탁하여 수행하였다(교육과학기술부, 2008). 이 같은 SLBS 방식에 의한 학자금 대출제도는 2009년 5월에 한국장학재단이 설립될 때까지 유지되었다. 2009년 1월에 '한국장학재단 설립 등에 관한 법' 제정으로 국가장학기금과 교육부 산하의 특별 법인으로 한국장학재단을 설립하여 그동안 교육과학기술부, 한국학술진흥재단, 한국과학재단, 그리고 각 금융기관에 흩어져 운영하던 학자금 및

5) Student Loan-Backed Securities의 약어로 은행 등 금융회사가 등록금 및 생활비 등의 학자금을 대출하여 발생된 채권을 의미한다.

장학금 관련 업무를 통합관리하게 되었다. 따라서 한국주택금융공사가 위탁 운영하던 학자금대출 신용보증기금은 국가장학기금 내의 계정으로 포함되어 한국장학재단이 관리 · 운용하게 되었다. 현 제도가 이전의 SLBS 방식과 다른 점은 한국장학재단이 직접 채권을 발행하여 학자금 대출에 필요한 재원을 마련하게 되며, 기존 시중 은행들이 담당하던 학자금 대출 업무를 직접 맡게 된다는데 있다. 이 같은 직접채권발행 방식으로의 제도변화는 기존의 높은 학자금 대출 금리에 대한 언론과 시민단체의 비판적 시각을 반영하여 대출 금리를 인하하고자 하는 정부의 새로운 시도라 할 수 있다. 구체적으로 직접채권발행 및 운영으로 그동안 대출업무 담당 금융기관에 지급하던 각종 수수료와 유동화 비용을 절감하여 학자금 대출금리를

〈표 1〉 학자금 대출제도의 변화과정 및 주요특징

구 분	이차보전 방식 ('05.1학기 이전)	SLBS 발행 방식 (05.2학기~09.1학기)	재단채권 발행 방식 (09.2학기~)
대출주체	금융기관	금융기관	장학재단
사무관리	학술진흥재단	주택금융공사내 학생신용보증기금	장학재단
수혜인원 (학기평균)	18만명	28.6만명	33만명
대출한도 (1인당)	2천만원	4천만원(대학) 6천만원(대학원) 9천만원(전문대학원)	4천만원(대학) 6천만원(대학원) 9천만원(전문대학원)
대출금리	8.25~9.2%	6.59~7.80%	5.8%
정부 이자지원	소득 무관(4%)	소득수준별 차등화 (무이자~7.8%)	소득수준별 차등화 (무이자~5.8%)
대출기간	총 14년: 7년 거치, 7년 분할상환	총 20년: 10년 거치, 10년 분할상환	총 20년: 10년 거치, 10년 분할상환, 취업후 학자금 상환
상환방식	원금균등	원금균등 원리금균등	원금균등 원리금균등
채권보전	부모 연대보증 서울보증보험 보증서	정부 보증 (학신보 보증)	정부 보증 (장학기금 보증)

자료: 한국장학재단(2010) 제공 자료 재구성.

낮추었다. 〈표 1〉은 각 학자금 대출제도의 주요 특징과 운영방식을 비교한 것이다.

2) 이차보전 방식의 문제점

이차보전 방식의 학자금 대출제도는 정부가 학생들에게 일정수준의 이자를 부담[6]하고 나머지 이자의 차이를 정부가 부담함으로써 대학생의 경제적 부담을 완화하고 금융기관의 수익성을 확보한다는 점에서 긍정적인 효과를 가져왔다. 그러나 이차보전 방식에 의한 학자금 대출제도는 다음과 같은 세 가지 측면에서 문제점을 가지고 있는 것으로 지적되어 왔다.

첫째, 학자금 대출관련 예산운영이 경직성을 띠게 되며, 대출인원의 증가에 따라 정부지출이 누적적으로 증가하여 재정건전성을 위협한다는 문제가 있다. 이차보전방식에 의하면 정부지출액에 대한 배당이나 원금 회수 가능성이 없고, 해당 예산은 대출만기까지 계속해서 이루어진다는 점에서 강한 경직성을 갖게 된다. 뿐만 아니라 학자금 대출규모가 확대될수록 이에 비례하여 이차보전 규모도 증가하게 되어 정부의 부담이 지속적으로 증가하게 된다는 점에서 더 큰 문제가 있다. 실제로 이차보전 방식의 학자금 대출은 1989년까지 꾸준히 증가하였으나 이후 급격히 감소하여 1990년 이후에는 시행이 미미해진 이유도 정부예산의 제약이라는 맥락에서 설명할 수 있을 것이다.

둘째, 수평적 형평성 측면에서의 문제점으로, 금융기관의 소극적 참여로 인해 사회적 최적수준의 학자금 대출이 원활하게 이루어지지 못했다는 점을 들 수 있다. 앞서 언급한 바와 같이 고등교육에 대한 투자는 긍정적 외부효과를 갖기 때문에 장기적이고 안정적인 투자가 필요하다. 하지만 금융기관은 학자금 대출의 높은 대손위험성으로 인해 대출규모 확대에 소극적인 태도를 취할 수밖에 없었다. 실제로 일부 은행은 정부의 이차보전률이 학자금 대출의 높은 취급비용과 신용위험을 충당하는데 미흡하다는 이유를 들어 학자금 대출 취급을 중단하거나 자체 판단에 따라 취급규모를 축소 조절해 운영해 왔다(김안나, 2005). 그 결과 수혜인원도 학기당 평

---

6) 예컨대 대출금리가 8.5%인 경우 학생은 4%의 고정이자를 부담하고 나머지 차이 4.5%는 정부가 부담하는 방식이다.

균 18만명 수준에 불과했다. 이처럼 이차보전 방식은 사회적으로 바람직한 수준의 학자금 대출을 안정적으로 공급하는데 있어 일정한 한계가 있었다.

셋째, 수직적 형평성 측면에서의 문제점으로, 저소득층을 위한 혜택이 많지 않았을 뿐만 아니라 오히려 저소득층 학생들의 접근 가능성이 일반 학생에 비해 더욱 낮았다는 점이다. 이차보전 방식에서는 대출 대상이 등록금으로 국한되었을 뿐만 아니라 대출한도도 1인당 2천만 원으로 제한되어 있었다. 대출기간도 14년(7년 거치, 7년 상환)에 불과하여 저소득층은 상환에 대한 부담으로 인해 대출을 기피하게 되었다. 또한 이차보전 방식은 소득과 무관하게 이차보전을 실시함으로써 소득수준에 따라 이자율 차등을 두지 않고 모든 대출건에 대해 동일한 이자율(4%)로 보전하는 방식으로 운영되었기 때문에 상대적으로 저소득층에게 돌아가는 혜택은 미미했다. 무엇보다도 심각한 점은 담보력이 약한 저소득층 학생의 경우 신용보증이 쉽지 않아 결국 학자금 대출을 기피하는 현상이 발생하였다는 점이다. 저소득층 학생의 경우 부모가 없거나 가정 형편이 어려운 경우가 많은데 금융기관에서는 학자금 대출의 담보력 확보를 위해 일정 재산을 가진 학부모의 연대보증 및 민간보증보험기관의 신용보증을 요구했다. 따라서 부모의 보증이 없는 경우에는 높은 보증료율 부담[7]까지 더해져 실질적으로 저소득층 학생들은 학자금 대출제도의 혜택을 받기가 쉽지 않았다(김병호, 2004).

3) SLBS(신용보증 및 유동화) 방식의 성과와 문제점

이차보전 방식의 문제점들로 인해 2005년에 ‘신용보증 및 유동화 방식’에 입각한 학자금 대출제도가 도입되었다. ‘신용보증 및 유동화 방식’이란 대출을 받은 학생이채무불이행시 정부가 설치한 신용보증기금을 통해 대손을 대위변제함으로써 학자금대출에 따른 대손위험을 제거하고(신용보증); 유동화 전문기관인 한국주택공사가 위험이 제거된 학자금대출을 기초자산으로 하여 학자금대출증권(SLBS)을 발행하고 투자에 대한 원리금 지급을 보증함으로써(유동화); 자본시장에서 장기 · 저

7) 이차보전 방식 학자금 대출제도에서는 학부모 연대보증 요건을 갖추지 못한 학생의 경우 ‘서울신용보증보험’을 통해 최대 11.6%에 이르는 보증료를 지불해야 했었다.

리 자금을 조달하여 학자금대출의 재원으로 활용하는 방식을 의미한다.

SLBS 방식은 앞에서 언급한 이차보전 방식의 문제점을 상당부분 해결한 것으로 평가된다. 첫째, 이차보전 방식과 비교하여 SLBS 방식이 정부재정운영의 유연성 확보와 정책목표 달성의 효과성 면에서 우월한 것으로 평가된다. SLBS 방식에서는 직접재정지출 방식이 아닌 신용보증 방식을 채택함으로써 기금운용상의 수익가능성을 보장하여 이차보전 방식에서 문제가 되었던 정부재정의 경직성 문제를 상당부분 해소하였다. 또한 동일한 규모의 학자금 대출을 공급할 경우 SLBS 방식은 이차보전방식에 비해 정부재정 부담을 상당부분 절감할 수 있다. 교육인적자원부의 학자금 대출제도 개선방안 연구결과에 따르면 1조원씩 총 20년간 20조원 학자금 대출시 이차보전 방식에 비해 SLBS 방식이 총재정소요 측면에서는 3.4배, 순재정소요 측면에서는 5.8배 정도를 절감 가능한 것으로 분석되었다(김안나 외, 2004).

또한 SLBS 방식에서는 대출수혜자의 범위가 대폭 확장되어 학기당 평균 28.6만명에 이르는 학생들이 학자금 대출의 혜택을 받게 된 것으로 나타나 이차보전 방식에서의 학기당 평균 18만명에 비해 수평적 형평성 확보측면에서 SLBS 방식이 우월한 것으로 평가된다. 〈그림 1〉과 〈표 2〉를 보면 SLBS 방식이 시행된 2005년부터 학자금 대출금액과 수혜인원이 급격히 증가하였음을 알 수 있다. 이는 이차보전 방식에서 금융기관이 감당하였던 학생의 채무불이행 위험을, SLBS 방식에서는 90%까지 정부신용보증을 통해 제거함으로써 금융기관이 보다 적극적으로 학자금 대출을 하였기 때문인 것으로 판단된다. 정부는 학자금대출증권인 SLBS를 발행해 조달한 자금으로 학자금을 대출하고, 채권의 원리금은 학생들이 상환하는 학자금 대출의 원리금을 토대로 상환한다. 은행 예금이 아닌 장기 채권을 발행해 학자금 융자재원을 마련하기 때문에 학생들에게 장기적으로 대규모의 학자금을 대출해 줄 수 있다. 이러한 특징 때문에 SLBS 방식 하에서는 대출한도가 늘어났으며 등록금뿐만 아니라 생활비도 대출 범위에 포함시키고 있다. 대출기간 또한 총 20년(10년 거치, 10년 상환)으로 늘어났다.

〈그림 1〉 학자금 대출현황

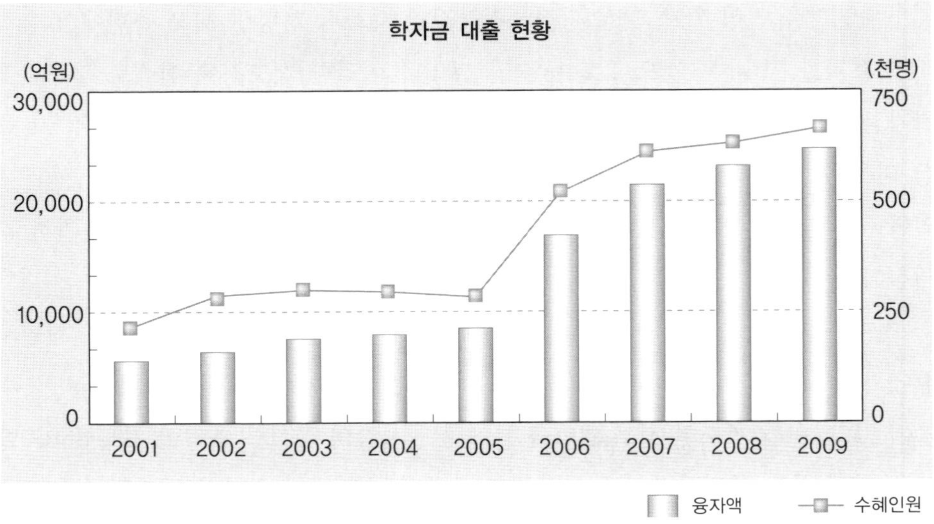

〈표 2〉 학자금 대출현황

(단위: 억 원, 천 명)

	2001	2002	2003	2004	2005	2006	2007	2008	2009
대출액	4,850	6,631	7,842	8,234	8,923	16,257	21,295	23,486	25,125
수혜인원	221	280	303	298	294	515	615	635	675

자료: 교육과학기술부(한국장학재단, 국가장학기금). 2008.

더불어 SLBS 방식은 저소득층 학생을 위한 다양한 편의를 제공하고 있으며, 각종 혜택을 신설하여 수직적 형평성을 제고하였다. 학자금융자 포털사이트를 통해 등록금과 생활비를 신청하면, 가계소득 기준에 따라 우선적으로 무이자 및 저리 융자 대상자를 선정하고 해당되지 않는 학생들은 자동적으로 일반대출 대상자로 분류하여 저소득층 학생의 대출 접근가능성을 높였다. 대출 대상자를 선정하는 과정에서 정부가 학생에 대한 신용보증을 함으로써 연대 보증인이 필요 없게 하여 대출과정의 부담을 줄였다. 또한 이차보전 방식에서는 개별 은행이 대출심사를 통해 대상자를 선정하였으나, SLBS 방식에서는 각 대학이 대상자를 선정하며 신용보증기금의 간단한 신용조회만 거치면 대출이 가능하도록 하였다.

이처럼 2005년도 2학기부터 운영한 SLBS 방식의 정부보증 학자금 대출제도는 재정운영의 유연성 확보 및 수평적 · 수직적인 사회적 형평성 제고 측면에서 긍정적인 효과를 가져 온 것으로 평가된다. 그러나 이러한 제도적 장점에도 불구하고 학자금 대출제도에 대한 언론과 시민단체의 비판적인 태도는 여전하였으며, 그 핵심 내용은 크게 두 가지로 요약할 수 있을 것이다. 첫째는 높은 일반대출 금리[8)]로 인한 문제점이며, 또 다른 이유는 국가보증채무 증가에 따른 재정건전성에 관한 문제점이다.

첫째, 높은 일반대출 금리에 대한 문제점으로 학자금 대출 금리는 SLBS 채권시장에서의 시장금리에 의해 좌우되기 때문에 금융시장 상황에 강한 영향을 받을 수밖에 없다. 만약 과도한 정부 개입을 통해 채권시장의 금리를 조정할 경우 SLBS 발행을 통해 장기 채권시장의 활성화를 도모하려는 원래의 취지가 훼손될 가능성이 있다(김정주, 2009). 또한 현행 학자금 대출은 대손발생 가능성이 일반신용대출이나 담보대출에 비해 훨씬 높은 것으로 평가되고 있다. 학자금 대출제도는 단지 학생의 선의에 기대하여 상환의무를 지도록 설계되어 있기 때문에 학생들에 대해 채무상환을 강제할 방법이 거의 없다는 문제점이 있다. 따라서 가산 금리의 결정과정에서 불가피하게 위험 프리미엄이 높아질 수밖에 없고, 그로 인해 대출금리[9)] 역시 높아지는 결과가 발생하게 된다. 실제로 기존의 이차보전 방식에서 SLBS 방식으로 바뀌는 과정에서 저소득층이 아닌 일반학생 대출의 경우 학생부담 금리가 기존 4.0%대에서 7.0%대로 올라 고금리 문제와 이로 인한 연체자 증가 문제를 초래하였다는 비판이 제기되고 있다.

둘째, 학자금 대출 증가로 인한 국가보증채무가 누적적으로 증가하여 정부 재정건전성 불안 문제를 초래한다. 학자금 대출 재원확보를 위해 발행된 SLBS는 일종의 국가보증채무에 속하며 대출한도와 범위, 기간이 늘어남에 따라 향후 정부보

8) 정부보증 학자금 융자제도의 학자금 대출금리는 국고채보다 높다. 2010년 1학기 학자금 대출 금리는 5.7%로 국고채의 4%보다 1.7%p가 더 높다. 2009년에도 학자금 대출 금리가 1, 2학기에 각각 7.8%와 5.8%였지만 국고채는 각각 5.8%와 4.5%에 불과했다.

9) SLBS 발행금리는 5년 만기 국고채 금리에 일정수준의 가산 금리를 더하여 결정되며, 이때 가산 금리는 발행기관의 신용위험, 유동성 위험, 콜옵션 프리미엄을 고려하여 산정된다. 학자금 대출금리는 이 같은 발행금리와 SLBS 발행에 따른 비용을 종합적으로 고려하여 결정된다.

증규모는 지속적으로 늘어날 수밖에 없다. 2009년 말 기준으로 우리나라의 보증채무 총액은 29.8조원에 이르며 이는 GDP대비 2.8%에 해당하는 수치이다. 1997년 외환위기 이후 급격히 증가하기 시작한 국가보증채무는 2001년에 최대 GDP대비 16.4%까지 급증하기도 했었다. 명시적으로 국가채무에는 포함되지 않지만 잠재적인 채무로서 보증채무의 증가는 중장기적으로 국가의 재정건전성을 위협하는 요인이 된다. 최근 글로벌 경제위기 대처를 위해 구조조정기금채권 및 저소득층 지원기금 마련을 위한 햇살론 등 국가보증채무가 지속적으로 증가하고 있다.[10] 특히 정부보증을 통해 유동화 채권을 발행하는 SLBS 방식의 학자금 대출은 기본적으로 담보력이 약한 학생에 대한 신용대출이라는 점에서, 부실채권 발생 시 높은 대손가능성으로 인해 기금의 재정건전성이 크게 위협을 받게 되며 결국 정부재정의 부담으로 이어지게 될 것이다. 이러한 학생의 채무 불이행에 따른 신용리스크뿐만 아니라, 대출채권은 고정금리로 발행하는 반면 대출금리는 변동될 수 있어 순이자 수입이 하락할 구조적인 위험까지 안고 있다.

요약하면 SLBS 방식은 학자금 대출 금리가 SLBS 발행시장의 시장상황과 발행구조에 좌우되는 성격이 강함으로써 정부나 한국주택금융공사에서 재량적으로 책정할 여지가 적으며, 대출대상의 특수성으로 인해 대출 금리가 높아질 요인이 많다. 더불어 대손가능성이 높은 국가보증채무가 지속적으로 늘어나고 있다는 점에서 장기적으로 기금의 재정건전성 확보가 쉽지 않아 향후 정부재정 부담으로 이어질 우려가 크다는 문제가 있다.

2. 한국장학재단을 통한 재단채권 방식의 구조와 특징

SLBS 방식 이후 각종 대학생 장학금 지원 및 학자금대출 업무를 하나로 통합해서 재원을 효율적으로 관리하고자 하는 목적으로 2009년 5월 한국장학재단을 설립하고 국가장학기금을 운영하기 시작했다. 국가장학기금의 운용 및 대출업무 구조

10) 2010년 10월 기획재정부의 '국가보증채무 관리계획'에 따르면 국가보증채무는 지난 8월 말 현재 32조4,000억 원으로 집계됐다. 연말에는 34조9,000억 원으로 증가하며 2011년에는 41조3,000억 원으로 40조원을 돌파하여 국내총생산(GDP) 대비 3.3%에 육박할 것으로 전망된다.

를 살펴보면 기존 SLBS 방식하의 학자금대출 신용보증기금을 국가장학기금으로 편입하였으며, 국가장학기금을 크게 학자금대출 신용보증계정(이하 "보증계정")과 학자금 지원계정(이하 "학자금계정")으로 분리하였다.[11] 보증계정은 대학생이 재단 또는 금융기관에서 학자금을 대출받는 경우의 신용보증을 위해 설치되었으며, 정부 등의 출연금, 보증료 및 구상채권 행사에 따른 수입금, 보증계정의 운용 수익금 및 정부가 관리 · 운용하는 기금으로부터 받는 차입금 등을 재원으로 한다. 반면 학자금계정은 학업성적이 우수하거나 경제적으로 어려운 대학생에 대한 장학사업 및 학자금 대출을 위해 설치되었으며, 정부와 공공기관의 출연금과 예수금, 재단의 채권 매각 대금 및 각종 법인이나 단체 등이 기부한 재산, 학자금계정의 운용 수익금 등을 재원으로 조성되었다.

변화된 재단채권 방식에 따르면 학생들은 시중은행에서 학자금 대출을 받는 것이 아니라 한국장학재단이 직접 채권발행을 통해 조성한 기금을 통해 대출을 받게 된다. 정부가 이 같은 재단 채권발행 방식을 도입한 이유는 학자금 대출 금리결정에 있어서 정부재량의 여지를 넓혀 학자금 대출 금리를 낮추기 위해서이다. 재단채권 방식은 기존의 SLBS 방식과 마찬가지로 '신용보증 및 유동화방식'이라는 재원조달 방식의 큰 틀은 변함이 없다. 차이점은 한국장학재단이 직접 채권 발행을 하여 은행을 통한 유동화 비용을 절감함으로써 학자금 대출금리 인하의 여지를 확보하였다는 것이다.[12]

하지만 직접채권 방식으로 학자금 대출금리 인하는 가능해졌지만 이는 역설적으로 그만큼 정부의 재정부담 가능성은 커진 것으로 볼 수 있다. 과거 SLBS 방식은 채무불이행에 따른 대손 손실이 발생한 경우 대출금융기관이 10%, 정부가 90%를 보증하도록 규정하였다. 반면 재단채권 방식은 재단 운영에 필요한 출연금을 정부

11) 보증계정(2010년 6월 말 총자산 8,474억원)은 금융기관의 학자금대출에 대한 지급보증을 제공(이전의 SLBS 업무)하고 있으며, 학자금계정(2010년 6월 말 총자산 1,834억원)은 재단이 채권 발행을 통해 조성한 자금을 재단으로부터 차입하여 장학금 지급 및 학자금 직접대출 사업을 진행하고 있다.

12) 정부는 학자금대출 재원조달 방식을 기존 유동화채권 발행에서 직접채권 발행방식으로 바꾸어 한국장학재단채권을 발행해 학자금 대출금리를 1~1.5%포인트 정도 낮출 계획이다. 앞서 정부는 국채발행을 통해 재단의 재원을 조달할 계획을 검토했으나, 국가 빚으로 학자금 대출을 내준다는 논란이 공청회 등에서 제기되자 정부보증 재단채권 발행으로 방향을 전환하여 기존의 신용보증 및 유동화방식의 큰 틀을 유지하였다.

〈그림 2〉 한국장학재단 및 국가장학기금에 대한 정부지원구조

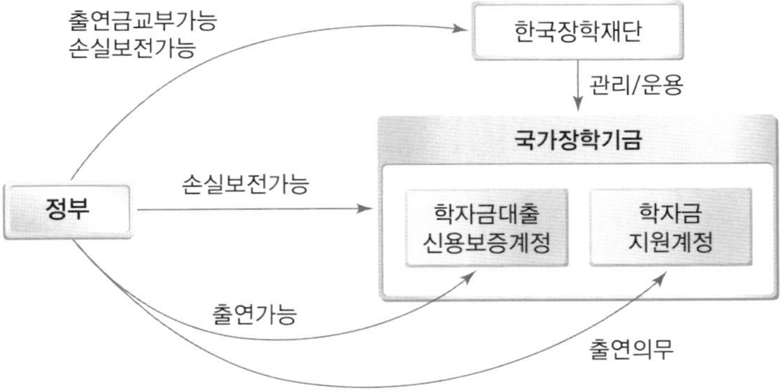

자료: 한국장학재단채권 신용등급평가 보고서. 한국기업평가(2010).

기관인 교육과학기술부 예산으로 편성하여 대손 손실 발생 시 최종 상환책임이 100% 정부에 귀속되도록 제도화 하였다.[13] 결론적으로 한국장학재단이 제공하는 학자금대출 및 보증상품의 이자율은 일반 금융기관의 대출금리에 비해 낮은 수준을 유지하게 되며 이에 따라 채권발행의 수익성이 떨어지게 되어 향후 정부의 재정적 부담은 더욱 커질 것으로 예상된다.

3. 계층별 학자금 대출 구조와 사회적 형평성

2005.1학기부터 2009.2학기까지 SLBS 방식 도입 및 학자금 대출제도의 확대에 따른 누적대출건수는 약 262만 건에 이르며, 누적정부신용보증규모(이하 신용보증잔고)는 지속적으로 늘어나 2009년 2학기 현재 12조 7,228억 원에 이른다. 이는 점차적으로 등록금 수혜의 폭과 범위가 확대되어 수평적 형평성이 제고되고 있음을 의미한다. 최근 5년간 학자금 대출 금리의 변화추이와 대출 상품별 현황을 살펴보면 〈그림 3〉과 같다.

SLBS 방식 도입 초기에는 6.95%~7.05%의 대출 금리와 함께 전체 학자금 대출

13) 구체적으로 살펴보면 장학재단법 제23조(이익금과 손실금의 처리)는 재단의 손실금에 대한 정부의 보전가능성을 명시하고 있으며, 장학재단법 제17조(출연금)와 제18조(채권의 발행)는 정부의 출연금 교부를 통한 정부 재정 지원가능성과 재단채권에 대한 정부 승인과 이에 따른 보증가능성을 규정하고 있다.

〈그림 3〉 학자금 대출금리 변화와 대출상품별 현황

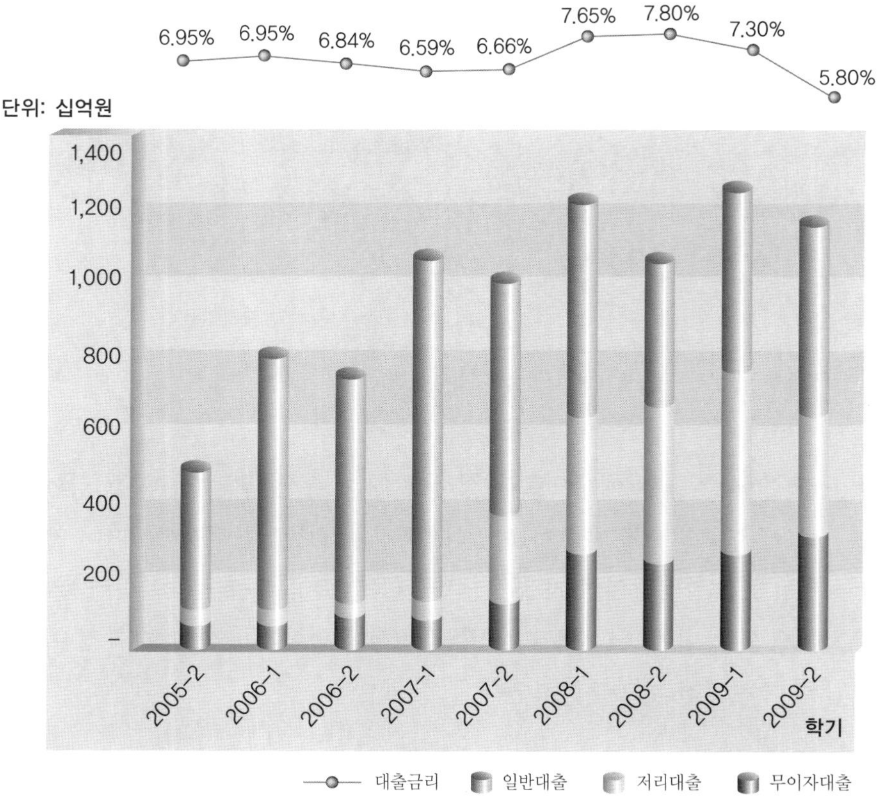

에 있어서 저리대출[14] 및 무이자대출에 비해 일반대출의 비중이 상당히 큰 비중을 차지(2007.1학기 기준으로 86.7%)하고 있다. 반면 2007년 미국의 서브프라임 모기지 사태로 야기된 세계적인 경제위기로 인해 저소득층 대학생을 위한 대책마련의 필요성이 제기되면서 2007년 2학기부터는 상대적으로 저리대출 및 무이자 대출의 비중이 큰 폭으로 증가[15]하였다. 그 결과 2008년, 2009년의 무이자 대출과 저리 대출의 합(비중 59%)은 일반대출(비중 41%)을 역전하는 추세로 변화하였다. 하지만 저리 및 무이자 대출의 수혜자가 늘어나 소득격차 완화에 따른 수직적 형평성은 향상된

14) 저리대출은 거치기간 동안의 이자 중 일부는 정부가 보전하고 차액은 학생 본인이 부담하는 구조이며 현행 저리 1종(정부부담 3.5%)과 저리 2종(정부부담 1.5%)으로 구분하여 가계소득수준에 따라 시행하고 있다.

15) 2005년 2학기의 경우 일반대출, 무이자대출, 저리대출의 비중이 각각 76.3%, 13.8%, 9.9%이었으며

〈표 3〉 학자금 대출금리 변화와 대출상품별 현황

(단위: 백만 원, %)

해당연도	2005-2	2006-1	2006-2	2007-1	2007-2	2008-1	2008-2	2009-1	2009-2
무이자 대출	72,094 (13.8%)	62,746 (7.5%)	99,735 (12.6%)	81,022 (7.4%)	116,946 (11.3%)	285,878 (23.0%)	264,010 (23.9%)	285,783 (21.68%)	332,237 (27.7%)
저리 대출	51,726 (9.9%)	57,448 (6.9%)	42,723 (5.4%)	64,732 (5.9%)	295,560 (28.6%)	398,559 (32.0%)	431,263 (39.1%)	525,340 (39.8%)	336,356 (28.0%)
일반 대출	398,506 (76.3%)	712,908 (85.6%)	650,162 (82.0%)	949,974 (86.7%)	621,311 (60.1%)	560,637 (45.0%)	408,223 (37.0%)	509,391 (38.6%)	532,820 (44.3%)
합계	522,325 (100%)	833,101 (100%)	792,620 (100%)	1,095,728 (100%)	1,033,817 (100%)	1,245,075 (100%)	1,103,495 (100%)	1,320,514 (100%)	1,201,412 (100%)

자료: 2010 한국장학재단 통계연보, 자료재구성.

반면, 일반대출 금리는 7.30%~7.65%로 상승하여 일반 대학생들에 대한 부담은 더욱 가중되었다. 이는 저리대출 및 무이자대출 확대에 필요한 추가 정부재정소요를 정부출연금을 통해 보전하기보다는 일반대출의 대출금리 상승으로 해결하려 했기 때문이다. 정부는 일반대출 금리상승 문제를 해결하고자 지속적으로 정부출연금의 확대를 실시해 왔으며,[16] 2009년에 대출 금리를 낮추기 위한 목적으로 각종 수수료 및 유동화 비용절감을 위해 학자금 대출제도를 직접채권발행 방식으로 전환하였다.

요컨대 저소득층의 학자금 대출금리 인하는 저소득층 가정에 대한 부담을 낮춤으로써 수직적 형평성을 강화한다는 장점이 있지만, 반면에 일반대출 금리 상승이라는 부정적 효과를 야기한다. 최근 직접채권 방식으로의 변화도 금리인하를 위한 자구책의 일환으로 설명할 수 있다. 또한 금리 인하를 위해서는 필연적으로 정부출연금의 증액이 필요하며 이는 고스란히 정부 재정 부담으로 이어지게 될 것이다.

2007년 1학기에는 각각 86.7%, 7.4%, 5.9%로 일반대출 비중이 최고치를 기록했다. 이후 점차 무이자대출 및 저리대출 비중이 높아지면서 2009년 2학기의 경우 각각 44.3%, 27.7%, 28.0%를 기록하여 무이자 대출 비중이 최근 5년내 최고치를 기록했다.

16) 참여정부는 2008년도 예산에 학생신용보증기금에 1,540억원을 무상지원으로 출연했다. 이명박 정부도 2008년 추가경정예산에서 2,500억원을 추가로 출연하였고, 2009년 8월에는 추경포함 3,378억원을 학생신용보증기금(채권발행비용 포함)에 출연하였다.

4. 학자금 대출제도의 재정건전성 및 사회적 형평성

지금까지 국내에서 시행된 학자금 대출제도를 재정운영 건전성과 사회적 형평성 측면에서 분석한다. 재정운영 건전성은 정부재정 운영상의 유연성과 잠재적 재정부담 수준으로, 사회적 형평성은 수혜범위와 이자부담의 정도로 나누어 분석하였다. 그 결과를 요약하면 〈표4〉와 같다.

〈표 4〉 학자금 대출방식별 재정운영 건전성 및 사회적 형평성 분석

	재정운영 건전성		사회적 형평성	
	유연성	잠재적 재정부담	수혜범위 (수평적형평성)	이자부담 (수직적형평성)
이차보전 방식	낮다	작다	좁다	적다
SLBS 발행 방식	높다	중간	넓다	많다
재단채권 발행 방식	높다	크다	넓다	중간

먼저 정부재정운영 건전성측면에서는 이차보전 방식은 낮은 유연성을 보이는 반면, 신용보증 및 유동화 방식에 입각한 SLBS 방식과 재단채권 방식은 공통적으로 이차보전 방식에 비해 높은 유연성을 보인다. 그러나 잠재적인 재정부담 측면에서는 이차보전금액이 명시적으로 정부예산계획에 반영되어 정부재정지출의 범위가 한정되어 있는 이차보전방식과 달리, SLBS 방식과 재단채권 방식은 향후 지속적인 신용보증규모의 증가로 인해 잠재적 재정부담은 훨씬 높다. 특히 SLBS 방식에 비해 재단채권 발행방식은 대손손실금에 대해 100% 전액 정부신용보증을 한다는 점과, 최근 취업 후 학자금제도 실시[17] 등으로 인해 대손위험성이 더욱 높아졌다는 점에서 잠재적 재정부담 가능성은 더욱 높다고 할 수 있다.

사회적 형평성 측면에서는 이차보전 방식은 그 수혜범위가 좁은 반면, 일반대출의 경우에도 가계소득과 무관하게 이차보전을 실시함에 따라 학생들의 이자부담

17) 취업후학자금상환제(ICL)는 학생들이 취업해야 상환하는 구조로 설계되어 있다. 청년실업 문제가 구조적으로 진행되고 있다는 점을 감안하면 대출상환 연체로 인한 부실이 발생할 가능성이 커 결국 국가채무 증가로 연결될 가능성이 높아짐을 의미한다.

은 연 4% 정도로 적은 편이다. 반면 SLBS 방식은 대규모 신용보증이 가능해 지면서 학생들의 대출기간이 연장되고 대출한도는 늘어 수혜범위는 넓어졌다. 그러나 학생대출 금리는 채권시장 금리에 강한 영향을 받을 수밖에 없고, SLBS 발행과정에서 발생되는 각종 수수료 등과 같은 SLBS 발행비용으로 인해 높은 대출금리 수준을 보이면서 이차보전방식에 비해 학생들의 이자부담은 늘어났다. 반면 재단채권 발행방식은 수혜자범위에 있어서 SLBS 방식의 장점은 그대로 유지하되, 직접채권발행으로 SLBS 발행비용을 절감[18]함으로써 학생들의 이자부담을 경감할 수 있게 되었다. 재단채권 발행방식에서 2010년 2학기 대출 금리[19]는 5.2%로 SLBS 방식에 비해 1～2% 가량 낮아졌다. 그러나 여전히 이차보전 방식 하에서의 학생 이자부담에 비해서는 높은 수준을 보이고 있다.

최근의 재단채권 방식으로 학자금 대출제도를 변경한 것은 정부재정부담의 위험성을 감수하고서라도 학생들의 이자부담을 줄임으로써 사회적 형평성을 확보하기 위한 노력에서 비롯된 것이다. 그러나 여전히 대출금리 인하요구와 함께 저소득층 학생들을 위한 무이자 대출 및 저금리 대출의 확대요구는 계속되고 있다. 하지만 기금부실화를 막고 안정적인 학자금 대출제도를 유지하기 위해 필요한 정부재정부담 규모를 예측하고 대비하려는 움직임은 상대적으로 미미하다.

결국 안정적인 학자금 대출제도 운영의 문제는 사회적 형평성 추구과정에서 누가 얼마나 비용을 분담할 것인가라는 원천적인 갈등 구조를 내포하고 있다. 따라서 이 문제는 기금의 재정건전성 관점에서 어떻게 건전한 균형을 유지할 수 있는지의 문제로 귀결될 것이다. 이하에서는 신용보증공급, 대손위험률, 대출금리의 변화가 기금의 재정건전성에 미치는 영향을 시뮬레이션 모형을 통해 예측해 보고 이에 따라 바람직한 대출금리 수준과 향후 기금 운영 방향을 제시해 보고자 한다.

---

18) SLBS 발행비용은 SLBS 발행을 위해 소요되는 실비를 말하며, 이에는 학자금 대출채권을 관리하는 금융기관에 지급하는 채권관리수수료, SLBS 선순위 원리금에 대한 지급보증 및 신탁을 관리하는 공사에 지급하는 지급보증/신탁 수수료, 주관사의 인수 수수료, 신용평가기관 및 법무법인 수수료, 상장수수료 등 초기/계속비용과 대손비용 등의 합계이다(김정주 2009). 재단채권 발행방식으로 전환은 이와 같은 SLBS 발행비용을 절감하기 위한 방편으로 제기되었다.

19) 대출방식이 정부보증 은행대출에서 장학재단의 채권발행을 통한 직접대출로 바뀌면서 2009년 2학기 5.8%, 2010년 1학기 5.7%로 낮아졌다. 2010년 2학기 금리인 5.2%는 정부보증 학자금 대출제도가 시작된 2005년 2학기 이후 가장 낮은 수준이다.

제3절 재정건전성 시뮬레이션 모형

1. 시뮬레이션 모형의 기본가정

시뮬레이션 분석을 통해 신용보증공급규모, 대손위험률, 대출금리(채권발행수익률)의 변화에 따라 필요한 정부재정부담의 정도를 살펴보고, 정부 재정운영 건전성에 대한 장기적인 예측과 함께 재정위험에 대비하기 위한 정책적 개선안을 제시한다. 본 시뮬레이션 모형에서는 다음과 같은 세 가지 기본가정을 한다.

첫째, 대출기간에 대한 가정이다. 학자금 대출기간은 거치기간과 상환기간으로 구성되어 있으며 실제 운영에서는 대출금에 대한 조기상환이 가능하도록 설계되어 있다. 상환 방식으로는 매월 원금이 동일하게 상환되고 이자는 대출 잔액에 따라 계산되는 "원금균등상환"과 상환기간 중 매월 원금과 이자의 합계가 동일한 금액으로 상환되는 "원리금균등상환방식"이 있다. 이하 분석모형에서는 대출의 만기는 거치기간과 상환기간을 합하여 최장 20년을 가정하며, 조기상환은 존재하지 않고, 상환기간동안 균등하게 원금이 상환되는 것을 가정한다.

둘째, 보증비율은 대위변제비용의 100%를 정부부담으로 가정한다. 과거 SLBS 방식에 따르면 기금의 대손손실금 전액을 정부가 부담하는 것이 아니라, 학자금대출금액의 일부만을 보증하는 부분보증 방식으로 운용되었다. 따라서 차입자의 채무불이행시 발생하는 대손금액의 90%만을 정부가 대위변제하며 나머지 대손위험 10%에 대해서는 학생 대출을 담당했던 금융기관이 부담하도록 했었다. 이는 대출금융기관의 무분별한 대출확대에 따른 도덕적 해이 현상을 방지하기 위한 목적으로 규정된 것이다. 그러나 최근 재단채권 발행방식으로 변경되면서 대손손실 발생의 경우 전액을 정부가 부담하도록 되어 있다. 본 모형에서는 이를 고려하여 대위변제비용의 100%를 정부가 부담하는 것으로 가정한다.

셋째, 기금운용배수는 신용보증공급을 당해 연도 연말기본재산으로 나눈 값을 말한다. 운용배수를 결정하는데 있어서 특별한 이론적인 근거는 없으나 정부출연금액에 따라서 자동적으로 산정되는 경우가 일반적이다. 기업이나 은행권 금융기관과는 달리 신용보증기관의 경우에는 파산의 위험이 적기 때문에 최적운용배수를 결정하는 문제는 크게 문제 삼지 않고 있다. 현행법상으로는 "기금의 총 보증 한도는 보증재원출연금과 이월이익금을 더한 금액의 20배 이내"로 규정하여 운용배수를 최대 20배까지 운용[20]할 수 있도록 규정하고 있다. 운용배수는 이론적으로 보았을 때 자기자본비율(BIS)의 역수에 해당하는 개념으로서 대상 금융기관의 위험자산에 대하여 최소 8% 이상의 자기자본을 유지하도록 한 국제 규정을 참고할 때 12.5배 정도를 적정한 운용배수라 할 수 있다. 분석모형에서는 적정 운용배수로 12배를 가정한다. 이하를 요약해 보면 다음과 같다(표 5).

〈표 5〉 시뮬레이션 모형의 기본가정

가정1	만기는 거치기간(10년)과 상환기간(10년)을 합하여 최장 20년으로 가정한다. 조기상환은 없는 것으로 가정하고 상환기간은 10년 동안 원금균등상환을 가정한다.
가정2	신용보증기금의 보증비율은 100%로 대손 손실에 대해 전액 정부가 부담한다고 가정한다.
가정3	기금운용배수는 운용배수 20배내에서 결정하며, 자기자본비율 8%를 고려하여 12배로 가정한다.

2. 시뮬레이션 모형

본 연구의 시뮬레이션 모형은 일반적인 기금의 재정위험측정을 위해 개발된 한국조세연구원의 기금재정위험분석모형(박형수 외, 2007)을 본 연구의 목적에 맞게 수정한 것이다. 시뮬레이션 모형을 바탕으로 MS Office Excel 2007 프로그램을 활용하여 기금의 재정건전성에 영향을 미치는 주요 독립변수들과 결과변수의 관계를 살펴봄으로써 장기적인 정부재정부담의 정도를 추정한다. 기본모형 분석에서는 주요 변수인 신용보증공급(G), 대손위험률(m), 채권수익률(p)의 증감에 따라 정부필

20) '한국장학재단 설립 등에 관한 법률' 제35조 (보증의 한도) ① 재단이 보증계정의 부담으로 보증할 수 있는 총액의 한도는 제32조제1항 제1호의 자금과 이월이익금을 더한 금액의 20배를 초과하지 아니하는 범위에서 대통령령으로 정한다.

요출연금(W)의 변화 추이를 분석함으로써 궁극적으로 국가장학기금의 장기적인 재정건전성을 유지하면서도 사회적으로 바람직한 수준의 대출금리 수준을 제시하고자 한다(그림 4).

모형의 기본가정을 토대로 대출기간은 20년(10년 거치, 10년 상환)을 가정하며, 조기상환은 존재하지 않고, 원금균등상환을 가정하며, 운용배수(k)는 12배, 보증비율은 100%, 관리비율은 0.5%, 채권수익률(p)은 1%, 대손위험률은 10%로 가정한다.

〈그림 4〉 시뮬레이션 모형

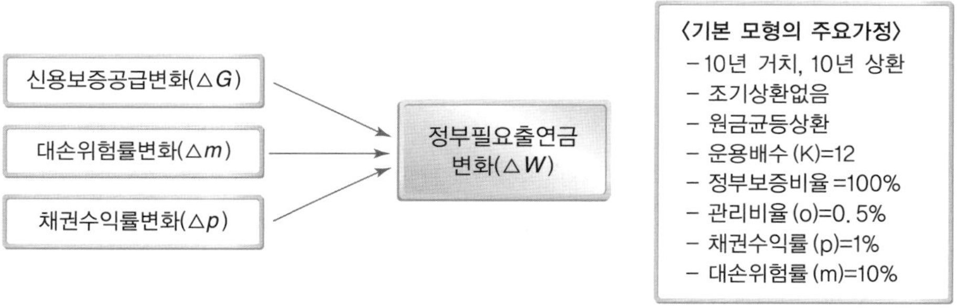

3. 주요변수 설명

국가장학기금의 재정건전성 시뮬레이션 분석을 위한 모형의 변수 및 그 설명은 다음과 같다.

ㅇ 주요 변수

G = 신용보증공급	A = 기금기본재산	R = 상환액
k = 운용배수	i^{π} = 채권발행금리	i^* = 학자금대출금리
p = 채권발행수익률	P = 채권발행수입	o = 관리비율
O = 기금관리비용	m = 대손위험율	C = 대위변제비용
W = 정부필요출연금		

1) 신용보증잔고: $\Sigma G(t)$

신용보증잔고 $\Sigma G(t)$는 해당연도까지의 총대출금액에 대한 보증공급액의 누적합으로 해당연도까지 매년 발생하는 신용보증공급(G)의 합계로 표현된다. 이에 따르면 신용보증잔고 $\Sigma G(t)$는 이전년도까지 신용보증잔고$\Sigma G(t-1)$와 당해신용보증공급 G(t)의 합에서 대위변제비용(C)을 차감한 값으로 나타낼 수 있다. 따라서 다음과 같은 수식으로 나타낼 수 있다.

신용보증잔고$\Sigma G(t)$ = 이전잔고$\Sigma G(t-1)$ + 해당년도신용보증$G(t)$ − 대위변제비용 C

2) 기금기본재산: A

필요한 기금의 기본재산(A)은 신용보증잔고와 운용배수에 따라 결정된다. 신용보증잔고를 운용배수로 나눈 값이 해당연도에 필요한 기금의 기본재산 A(t)이다. 기본재산의 변화분은 $\triangle A$로 나타낼 수 있으며, $\triangle A$는 해당연도 기본재산 A(t)에서 이전연도 기본재산 A(t−1)를 차감한 값이다. 이는 곧 해당연도에 발생하는 정부출연금(W)과 기금운영수입(P)에서 대위변제비용(C)과 기금관리비용(O)를 차감한 값으로도 표현이 가능하다.

$\triangle A$를 안정적으로 유지하거나 혹은 일정수준으로 증가시킴으로서 기금의 재정위험성을 완화할 수 있으며, $\triangle A$의 변화요인을 구체적으로 관찰하기 위해서 해당하는 변수들의 함수관계를 살펴보아야 한다. 이를 요약하면 다음과 같다.

기금기본재산$A(t)$ = ΣG / 운용배수 k
필요추가재산$\triangle A$ = 해당연도기본재산$A(t)$ − 이전연도기본재산$A(t-1)$
$\triangle A = (P + W) - (C + O)$

3) 수입 항목

학자금 대출의 기준금리는 국고채 5년물을 기준으로 교육과학기술부가 결정하여 고시하며 대출만기까지 일정하게 적용하는 고정금리이다. 여기에 일정수준의 가산 금리와 학자금대출채권의 유동화 과정에서 소요되는 각종 비용을 종합해서 대출금리를 결정하게 된다. 본 모형에서는 정부가 채권발행금리(iπ)와 학자금 대출금리(i*)수준을 정책적으로 결정하는 것으로 가정한다. 채권발행수입(P)은 학자금 대출금리(i*)와 채권발행금리(iπ)의 차이와 당해 연도 신용보증잔고(ΣG(t))를 곱한 값으로 나타낼 수 있다. 따라서 채권발행수입(P)은 학자금대출 금리와 채권발행기준금리간의 차가 양(+)의 값이 되면 증가하고 그 차가 클수록 수입은 비례하여 증가한다. 또한 당해 연도 신용보증공급(ΣG)이 늘어날수록 채권발행수입도 증가하게 된다. 본 분석의 기본모형에서는 채권발행수익률(p)은 1%로 가정[21)]하고 채권발행수익률(p)의 다양한 변화에 따른 정부필요출연금의 변화를 살펴본다.

정부필요출연금(W)은 기금기본재산을 안정적으로 유지하기위해 필요한 정부재정부담액을 말한다. 아래 두 번째 식은 기금기본재산의 변화분(△A)에 관한 식을 변형해서 표현한 것이다. 수식을 보면 수입항목에서 비용항목을 차감한 부분이 필요한 기금기본재산을 유지시켜주지 못할 경우, 이를 정부필요출연금(W)으로 충당해야 함을 보여준다. 더불어 사후적으로 정부필요출연금(W)의 공급을 통해서 기금의 재정위험도를 완화시킬 수 있음을 의미한다.

기금운영수입P = [학자금대출금리(i*) − 채권발행금리(iπ)] × ΣG(t)
정부필요출연금W = C + O − P + △A

4) 비용 항목

비용항목에서 기금관리비용(O)은 신용보증잔고(ΣG)에 비례한다고 가정한다. 기금관리비(O)는 기금운영에 관한 인건비, 위탁수수료 및 기타경비 등으로 세분화되지만 여기서는 단순히 신용보증잔고(ΣG)에 비례한다고 가정한다. 이는 신용보증잔고(ΣG)의 규모가 커질수록 이에 따른 관리비용 증가가 예상되기 때문이다.

마지막으로 대위변제비용(C)은 해당년도 상환액(R)에 대한 일정비율(이하 대손위험율(m))의 곱으로 나타낼 수 있다. 대손위험율이란 받아야 할 돈 중에서 받지 못

21) 한국장학재단발행채권(5년물 09.08.20 기준)의 채권발행금리는 5.4%인 반면, 2009년 2학기 학자금 대출 금리는 5.8%로 이 경우의 채권발행수익률(p)은 0.4%가 된다.

한 돈의 비율을 말한다. 대손위험율은 결산 시 채권의 회수가능성을 면밀히 검토하고, 과거의 경험을 고려하여 가능하다면 통계적 방법을 사용하여 추정하는 것이 바람직하다. 대손위험률 산정은 일반적인 경제상황에 따라 결정되며 신용보증규모가 증가함에 따라서 대손위험율이 증가할 가능성이 높아진다. 특히 경제위기 상황에서는 연체율 증가와 원리금에 대한 채무불이행 가능성이 급격하게 높아짐에 따라 보증 책임자인 정부의 재정부담도 증가하게 된다. 본 분석의 기본모형에서는 학자금 대출은 전체 대출기간동안 대출금액의 10%가 누적대손으로 발생한다고 가정[22)]한다. 또한 대손위험율의 변화에 따라 정부필요출연금의 변화 추이를 살펴볼 것이다.

기금관리비용 O = 관리비율 o × ΣG
대위변제비용 C = 대손위험율 m × 해당년도 상환액 R

제4절 분석 및 토론

1. 기본모형 분석

기본모형 분석에서는 주요 변수인 신용보증공급(G), 대손위험률(m), 채권수익률(p)의 증감에 따라 정부필요출연금(W)의 변화 추이를 분석함으로써 궁극적으로 국가장학기금의 장기적인 재정건전성을 유지하면서도 사회적으로 바람직한 수준

22) 2005년부터 2009년까지 연체율 현황을 살펴보면 2.1%(05')~3.3%(09') 정도를 유지하고 있으며 2006년 5월에 최초의 대위변제가 발생한 이후 2008년 7월 대위변제율은 0.6%에 이른다. 이 같은 수치와 비교할 때 대손위험율 10%는 다소 높은 것처럼 보이지만, 시간이 경과할수록 원금상환기가 도래하는 대출이 증가하여 상환부담이 커짐에 따라 대위변제율도 점차 상승할 것으로 예상된다. 2004년 교육인적자원부의 연구(김안나 외, 2004) 결과에 따르면 미국의 학자금대출증권의 기초자산의 누적대손율을 바탕으로 환산한 전체 학자금 대출의 누적대손율을 추정해 보면 약 10%정도가 된다고 보고 있다. 실제로 향후 급격한 신용보증잔고의 증가와 함께 최근 실시하는 취업 후 상환제도에 따른 높은 채무불이행 가능성을 이유로 대손위험률이 10%를 훨씬 상회할 것이라는 주장도 제기되고 있다(인터넷신문 대자보 http://www.jabo.co.kr, 검색일 2010. 10. 6).

의 대출금리 수준을 제시하고자 한다. 모형의 기본가정을 토대로 대출기간은 20년(10년 거치, 10년 상환)을 가정하며, 조기상환은 존재하지 않고, 원금균등상환을 가정하며, 운용배수(k)는 12배, 보증비율은 100%, 관리비율은 0.5%, 채권수익률(p)은 1%, 대손위험률은 10%로 가정한다.

〈표 6〉은 신용보증잔고가 2005년에 1조원으로 시작하며 점차 신용보증공급(G)을 증가하여 7년차 되는 2011년부터는 연간 4조원씩 고정적으로 투입되는 경우의 현금흐름을 보여주고 있다. 장기적으로 신용보증공급(G)이 일정하게 유지된다면 초기 몇 년간에 투입되는 신용보증공급(G)의 변화와는 상관없이 기금운영은 장기

〈표 6〉 10년 거치 10년 상환(원금균등상환) 기금운영 분석표

(단위: 억원)

연차	1	2	3	4	5	6	7	8	9	10	11	12	13	14
연도	2005	2006	2007	2008	2009	2010	2011	2012	2013	2014	2015	2016	2017	2018
당해 보증액[G]	10,000	15,000	20,000	25,000	30,000	35,000	40,000	40,000	40,000	40,000	40,000	40,000	40,000	40,000
신용보증 잔고[ΣG]	10,000	25,000	45,000	70,000	100,000	135,000	175,000	215,000	255,000	295,000	335,000	374,000	411,500	447,000
기금기본 재산[A]	833	2,083	3,750	5,833	8,333	11,250	14,583	17,917	21,250	24,583	27,917	31,167	34,292	37,250
필요추가 재산[△A]	833	1,250	1,667	2,083	2,500	2,917	3,333	3,333	3,333	3,333	3,333	3,250	3,125	2,958
대위변제 비용[C]	0	0	0	0	0	0	0	0	0	0	100	250	450	700
기금관리 비용[O]	50	125	225	350	500	675	875	1,075	1,275	1,475	1,675	1,870	2,058	2,235
채권발행 수입[P]	100	250	450	700	1,000	1,350	1,750	2,150	2,550	2,950	3,350	3,740	4,115	4,470
상환액+ 대위변제	0	0	0	0	0	0	0	0	0	0	1,000	2,500	4,500	7,000
누적상환액 +대위변제	0	0	0	0	0	0	0	0	0	0	1,000	3,500	8,000	15,000
정부필요 출연금[W]	783	1,125	1,442	1,733	2,000	2,242	2,458	2,258	2,058	1,858	1,758	1,630	1,518	1,423

연차	15	16	107	18	19	20	21	22	23	24	25	26	27	28
연도	2019	2020	2021	2022	2023	2024	2025	2026	2027	2028	2029	2030	2031	2032
당해 보증액[G]	40,000	40,000	40,000	40,000	40,000	40,000	40,000	40,000	40,000	40,000	40,000	40,000	40,000	40,000
신용보증 잔고[ΣG]	480,000	510,000	536,500	559,000	577,500	592,000	602,500	610,000	615,000	618,000	619,500	620,000	620,000	620,000
기금기본 재산[A]	40,000	42,500	44,708	46,583	48,125	49,333	50,208	50,833	51,250	51,500	51,625	51,667	51,667	51,667
필요추가 재산[△A]	2,750	2,500	2,208	1,875	1,542	1,208	875	625	417	250	125	42	0	0
대위변제 비용[C]	1,000	1,350	1,750	2,150	2,550	2,950	3,250	3,500	3,700	3,850	3,950	4,000	4,000	4,000
기금관리 비용[O]	2,400	2,550	2,683	2,795	2,888	2,960	3,013	3,050	3,075	3,090	3,098	3,100	3,100	3,100
채권발행 수입[P]	4,800	5,100	5,365	5,590	5,775	5,920	6,025	6,100	6,150	6,180	6,195	6,200	6,200	6,200
상환액+ 대위변제	10,000	13,500	17,500	21,500	25,500	29,500	32,500	35,000	37,000	38,500	39,500	40,000	40,000	40,000
누적상환액 +대위변제	25,000	38,500	56,000	77,500	103,000	132,500	165,000	200,000	237,000	275,500	315,000	355,000	395,000	435,000
정부필요 출연금[W]	1,350	1,300	1,276	1,230	1,204	1,198	1,113	1,075	1,042	1,010	978	942	900	900

균형[23](Long-term Equilibrium)상태를 달성하게 된다. 이 경우 장기균형 상태는 27년차부터 시작되며 이 때 예상되는 신용보증잔고(ΣG)는 62조원, 기금기본재산(A)은 5조 1667억원, 연간 대위변제비용(C)은 4,000억원, 기금관리비용(O)은 3,100억원, 채권발행수입(P)은 6,200억원이며, 이 경우 연간 900억원에 해당하는 정부출연금(W)이 필요하다.

정부필요출연금(W)은 1~7년차까지 신용보증공급(G)이 증가함에 따라 7년차에 최고 2,458억까지 증가하다가 이후부터는 점차 감소하기 시작하여 장기균형 상태에서는 연간 900억원이 소요된다. 이는 제도시행 초기에 상대적으로 많은 정부

23) 장기균형(Long-term Equilibrium)상태는 기금기본재산(A)을 유지하기 위한 필요추가재산(△A)이 0이 되는 상태이며, 주어진 가정 하에서 기금운영과 관련한 모형의 항목들 값이 고정된다.

재정이 필요하다는 것을 의미한다.

2. 신용보증공급규모(G) 변동에 따른 정부필요출연금(W) 영향 분석

장기균형 상태에서 매년 균형적으로 공급되는 신용보증공급(G) 규모에 따라서 학자금대출기금의 규모와 정부필요출연금(W)이 영향을 받는다. 현실적으로도 신용보증공급(G)의 규모는 대학등록금 인상, 물가상승, 대출수요자의 확대 등 학자금 대출수요의 확대에 따라 일정비율로 증가할 것으로 예상된다. 따라서 이하에서는 장기균형 상태에서 매년 균형적으로 공급되는 신용보증공급(G)의 변화에 따른 기금운영의 변화를 추정해 보고자 한다(표 7).

〈표 7〉 장기균형 상태에서 연간 신용보증공급규모(G) 변동에 따른 기금 분석표

(단위: 억원)

연간보증공급액[G]	1조	2조	3조	4조	5조	6조	7조
신용보증잔고[ΣG]	155,000	310,000	465,000	620,000	775,000	930,000	1,085,000
기금기본재산[A]	12,917	25,833	38,750	51,667	64,583	77,500	90,417
필요추가재산[△A]	0	0	0	0	0	0	0
대위변제비용[C]	1,000	2,000	3,000	4,000	5,000	6,000	7,000
기금관리비용[O]	775	1,550	2,325	3,100	3,875	4,650	5,425
채권발행수입[P]	1,550	3,100	4,650	6,200	7,750	9,300	10,850
상환액+대위변제	10,000	20,000	30,000	40,000	50,000	60,000	70,000
정부필요출연금[W]	225	450	675	900	1,125	1,350	1,575

장기균형 상태에서 연간 신용보증공급(G)이 1조원씩 증가할 때 마다 신용보증잔고는 15조 5천억원씩 증가하게 되며 정부필요출연금(W)도 225억원씩 증가하게 된다. 다시 말해서 장기균형 상태를 가정할 경우 정부가 연간 225억 정도의 추가부담을 통해서 이의 약 44.5배에 해당하는 1조원의 신용보증공급을 증가시킬 수 있다는 것을 의미한다.

3. 대손위험률(m) 변동에 따른 정부필요출연금(W) 영향 분석

장기균형 상태에서 대손위험률(m)과 대위변제비용(C)이 정부필요출연금(W)에 미치는 영향을 살펴본다. 대위변제비용(C)은 해당년도 상환액(R)과 대손위험률(m)의 곱으로 나타낼 수 있다. 대손위험률은 일반적으로 당해의 경제상황과 관련이 높으며 미래의 경제상황은 미리 예측하기가 어렵기 때문에 그만큼 대손위험율의 예측도 쉽지 않다. 일반적으로 경제위기시에 대손위험률은 큰 폭으로 상승할 것으로 예상된다. 〈표 8〉은 대손위험률을 3%~20%까지 변화시켰을 때 정부필요출연금(W)의 추이를 분석한 것이다.

대손위험률(m)의 변화는 정부필요출연금(W)에 매우 큰 영향을 미치는 것으로 나타났다. 대손위험률이 3%, 5%인 경우에는 채권발행수입(P)이 대위변제비용(C)이나 기금관리비용(O)의 합보다 높아 정부필요출연금(W)은 마이너스 값이 되며 그만큼 기금의 재정건전성은 높아지게 된다. 시뮬레이션 결과 대손위험률이 7.75% 수준에서 정부필요출연금(W)이 0이 되는 것으로 나타났다. 반면에 대손위험률이 10%인 경우 정부필요출연금(W)은 900억원에 이르고, 대손위험률이 20%로 상승할 경우 정부필요출연금(W)은 4,900억원에 이르게 된다. 즉 대손위험률이

〈표 8〉 대손위험률(m) 변동에 따른 기금 분석표

(단위: 억원)

대손율(m)	3%	5%	10%	15%	20%
당해보증액[G]	40,000	40,000	40,000	40,000	40,000
신용보증잔고[ΣG]	620,000	620,000	620,000	620,000	620,000
기금기본재산[A]	51,667	51,667	51,667	51,667	51,667
필요추가재산[△A]	0	0	0	0	0
대위변제비용[C]	1,200	2,000	4,000	6,000	8,000
기금관리비용[O]	3,100	3,100	3,100	3,100	3,100
채권발행수입[P]	6,200	6,200	6,200	6,200	6,200
상환액+대위변제	40,000	40,000	40,000	40,000	40,000
정부필요출연금[W]	−1,900	−1,100	900	2,900	4,900

10%에서 20%로 상승하면 대위변제비용(C)도 4000억원에서 8000억원으로 증가하며 그 차액만큼 정부필요출연금(W)으로 보충해야 한다. 분석결과는 대손위험률이 기금운영에 미치는 영향이 큰 만큼 대손위험률에 대한 장기적인 예측기법 개발노력과 함께 대손위험률 감소를 위한 정책적인 대안마련이 필요함을 시사한다.[24)]

4. 채권발행수익률(p) 변동에 따른 정부필요출연금(W) 영향 분석

장기균형 상태에서 채권발행수익률(p)은 학자금 대출금리(i*)와 채권발행금리(iπ)의 차이로 나타낼 수 있다. 채권발행수입(P)은 채권발행수익률(p)과 당해 연도 신용보증잔고(ΣG(t))와의 곱으로 계산된다. 이하에서는 채권발행수익률(p)의 변동에 따른 정부필요출연금(W)의 영향을 살펴보고자 한다.

채권발행수익률(p)이 −4%라는 것은 학자금 대출금리가 제로금리인 경우로서 학자금에 대해 완전 무이자 대출을 하는 경우를 가정한 것이다. 예를 들어 채권발행에 필요한 최소한의 금리 수준을 국고채 금리수준인 4%로 가정하고 무이자 대출

〈표 9〉 대손위험률(m) 변동에 따른 기금 분석표

(단위: 억원)

채권발행수익률(p)	−4%	−3%	−2%	−1%	0%	1%	2%
당해보증액[G]	40,000	40,000	40,000	40,000	40,000	40,000	40,000
신용보증잔고[ΣG]	620,000	620,000	620,000	620,000	620,000	620,000	620,000
기금기본재산[A]	51,667	51,667	51,667	51,667	51,667	51,667	51,667
필요추가재산[△A]	0	0	0	0	0	0	0
대위변제비용[C]	4,000	4,000	4,000	4,000	4,000	4,000	4,000
기금관리비용[O]	3,100	3,100	3,100	3,100	3,100	3,100	3,100
채권발행수입[P]	−24,800	−18,600	−12,400	−6,200	0	6,200	12,400
상환액+대위변제	40,000	40,000	40,000	40,000	40,000	40,000	40,000
정부필요출연금[W]	31,900	25,700	19,500	13,300	7,100	900	−5,300

24) 최근 취업후학자금상환제도(ICL)를 시행함으로써 대손위험률이 이전에 비해 더욱 높아지는 만큼 채무불이행을 막기 위해 다양한 노력을 기울이고 있다. 예컨대 취업 후 기준소득 이상의 소득이 발생한 경우 근로소득자의 경우에는 연말정산 결과를 감안하여 국세청을 통해 원천공제를 하도록 규정하고 있다.

을 실시할 경우 채권발행수익률(p)은 -4%가 된다. 이 경우 채권발행 수입은 매년 2조 4,800억원의 적자가 발생하게 되고 정부는 기금의 건전성 유지를 위해서 매년 3조 1,900억원의 출연이 필요하다. 또한 학자금 대출 금리수준을 1% 포인트씩 증가함에 따라 신용보증잔고(ΣG(t))에 비례하여 6,200억원의 채권발행수입(P)이 증가하게 되고 그만큼 정부필요출연금(W)의 부담이 감소하게 된다.

결국 학자금 대출금리 인하는 정부재정 부담을 필수적으로 수반하며, 채권발행수익률(p)은 앞에서 분석한 신용보증공급(G) 규모 및 대손위험률(m)에 비해 정부필요출연금(W)의 변화에 훨씬 많은 영향을 미치고 있음을 알 수 있다.

5. 분석결과 종합

사회적 형평성과 기금의 재정건전성은 동전의 양면과 같아서 다양한 상황에서 추정된 정부필요출연금은 사회적 형평성을 실현하기 위한 비용적인 성격으로 이해될 수 있을 것이다. 본 연구는 시뮬레이션 모형을 통해 10년 거치 10년 상환의 기본모형과 장기균형 상태에서의 신용보증공급(G), 대손위험률(m), 채권수익률(p)의 증감에 따른 정부필요출연금(W)의 변화 추이를 분석해 보았다. 분석결과 첫째, 신용보증공급(G)의 증가에 따른 정부필요출연금(W)의 변화는 다른 두 변수에 비해 상대적으로 미미한 수준에 불과했다. 이는 이차보전 방식에 비해 상대적으로 낮은 정부 재정부담만으로도 대규모의 학자금 대출이 가능하다는 '신용보증 및 유동화 방식'의 특징을 잘 보여주고 있다. 모형의 분석 결과에 따르면 장기균형 상태에서 신용보증공급(G)이 1조원씩 증가함에 따라 추가적인 정부필요출연금(W)은 225억 정도로 예측된다. 둘째, 대손위험률(m)의 변동에 따른 정부필요출연금(W)의 변화를 살펴보면, 앞에서의 신용보증공급(G) 규모의 변동에 비해 대손위험률(m)이 기금의 재정건전성에 상대적으로 더 큰 영향을 미치는 것으로 나타났다. 신용보증공급 규모가 증가함에 따라 필연적으로 정부재정의 잠재적 위험이 커지게 되고, 경제적 상황이 나빠져 대손위험률(m)이 상승하게 되면 이러한 잠재적 위험은 현실화된다. 모형의 분석결과에 따르면 경제위기시 대손위험률(m)을 최대 20%까지 가정하면, 대손위험률(m)이 10%인 경우와 비교하여 추가적인 정부필요출연금(W)이

5.45배 증가한 4,900억원에 이를 것으로 추정된다. 마지막으로 채권발행수익률(p)의 변동에 따른 정부필요출연금(W)의 변화를 살펴보면, 앞서 언급한 신용보증공급(G)이나 대손위험률(m)의 변동보다 채권발행수익률(p)이 기금 재정건전성에 훨씬 강력한 영향을 미치고 있음을 알 수 있다. 채권수익률(p)을 1%p 인하(또는 학자금 대출금리를 1%p 인하)함에 따라 이에 필요한 정부필요출연금(W)은 6,200억원에 이를 것으로 추정되었다.

본 시뮬레이션 모형을 통한 분석결과는 현행의 신용보증 및 유동화 방식이 그 특성상 대출 수혜자의 폭과 규모를 넓혀 사회적 형평성을 제고하기 위해서는 상대적으로 높아지는 기금의 재정위험성을 누군가의 비용으로 수용해야만 하는 갈등구조를 내포하고 있음을 보여주고 있다. 특히 학자금 대출금리의 변화가 다른 어떤 변수보다도 기금의 재정건전성에 큰 영향을 미치고 있음을 보여주고 있다. 이는 언론과 민간단체들의 학자금 대출금리에 대한 지속적인 인하요구에도 불구하고 대출금리 인하가 왜 현실적으로 쉽지 않은지를 잘 설명해 주고 있다.

제5절 결 론

고등교육에 정부개입이 정당화되는 이유는 자본시장의 불안정성에 따른 시장실패를 치유함으로써 고등교육이 갖는 긍정적 외부효과를 촉진한다는데 있다. 그러나 무엇보다도 중요한 이유는 국민에게 교육기회를 균등하게 제공할 뿐만 아니라, 저소득층 가정 자녀들의 고등교육 기회를 확대하여 빈곤의 대물림을 방지함으로써 사회적 불평등을 해소하기 위함에 있다. 정부는 이러한 필요에 따라 이차보전방식에 의한 학자금 대출제도를 도입하였고, 이후 SLBS 방식에 의한 학자금 대출제도를 채택해 발전시켜 왔다. 하지만 대손가능성이 높은 학자금 대출의 정부 신용보증 규모가 지속적으로 증대되면서 기금의 잠재적 재정위험성에 대한 비판이 제기되었다. 무엇보다도 학생이 부담해야할 높은 대출 금리는 언론과 시민단체의 주요 비판 대상이 되면서 정부는 최근 재단채권 방식으로 학자금 대출제도의 변화를 시도하여 현재에 이르고 있다. 그러나 여전히 대출금리 인하는 사회적으로 만족할 만한 수준으로 이루어지지 못한 채, 오히려 기금의 재정위험성 및 정부의 재정부담은 더욱 가중되고 있는 상황에 있다.

본 연구는 학자금 대출제도의 주요 특징과 제도변화과정에서 나타나는 문제점들을 기금의 재정건전성과 사회적 형평성간의 갈등관계를 중심으로 분석하였다. 또한 학자금 대출금리에 대한 지속적인 인하요구에도 불구하고 금리 인하가 왜 현실적으로 쉽지 않은지에 대해 기금의 재정건전성 모형을 통해 분석하였다. 연구결과 학자금 대출금리의 변화가 다른 어떤 변수보다도 기금의 재정건전성에 큰 영향을 미치는 것으로 나타났다. 구체적으로 낮은 대출금리는 수혜자의 폭(수평적 형평)을 넓히고 저소득층 학생들에 대한 교육비부담을 완화(수직적 형평)시켜 사회적 형평성 제고 측면에서 긍정적인 효과가 있지만, 반면에 채권발행 수익이 감소함에 따라 기금의 재정위험은 커지게 된다. 즉 기금의 재정건전성과 대출금리 인하를 통한 사회적 형평성확보 문제는 서로 상충관계에 있다. 근본적으로 재정건전성과 사회적 형평성간의 딜레마 관계를 완전히 해결하기는 어렵겠지만, 정부의 재정 부담을 줄이고 학자금 대출금리를 인하하기 위해 다음과 같은 대안을 제시한다.

첫째, 신용보증잔고를 적정수준으로 유지하기 위한 장기적인 관리계획이 필요하다. 2005년 신용보증 및 유동화 방식에 입각한 학자금 대출제도가 도입된 이래로 2009년 2학기 현재 신용보증잔고는 12조 7,228억원에 달하고 있으며 지속적으로 증가하는 추세에 있다. 신용보증공급이 클수록 경제위기시 대손위험률 및 정부재정 부담의 정도는 커질 수밖에 없다. 따라서 장기적인 관점에서 연도별 신용보증공급 규모와 적정수준의 신용보증잔고에 대한 체계적인 계획을 수립하고 관리할 필요가 있다. 구체적으로 신용보증공급 규모를 줄이기 위해서는 민간 등 다양한 재원을 확보하고 등록금 인상을 적절 수준으로 통제할 필요가 있다. 우선 민간재원 확보를 위한 다양한 제도적 장치를 마련할 필요가 있다. 예컨대 미국의 학자금 대출제도는 재원(lender), 정부지원의 정도(subsidy), 차입자(debtor)에 따라 다양한 형태로 이루어지고 있으며, 대출재원 마련에 있어 정부뿐만 아니라 대학과 일반금융기관도 참여하고 있다(류기윤 외, 2007). 특히 특별충당금(Special Allowance Payments: SAP)제도[25]를 도입하여 민간재원을 학자금 대출시장에 끌어들였으며 이를 통해 학자금 대출에 따른 연방정부의 신용보증공급 규모를 줄여 왔다. 특별충당금제도는 세금으로 민간자본의 이윤 부족분을 채워준다는 측면에서 일부의 비판적인 시각이 있기도 하다. 그러나 장기적으로 신용보증잔고가 지나치게 증가할 경우를 대비하여 정부재정위험을 분산시키기 위해 이와 유사한 제도마련을 검토해 봐야 할 것이다.

둘째, 대손위험률을 낮추기 위한 제도마련[26]이 필요하다. 우리나라는 아직까지 본격적으로 대출금에 대한 회수시기가 도래하지 않았기 때문에 향후 예상되는 대손위험률의 추정은 쉽지 않다. 미국의 경우 학자금 대출에 대한 대출금 회수관련 규정은 상당히 엄격하게 운영된다. 구체적으로 살펴보면 대출금 상환이 어려운 경우 대출 기간의 연장은 가능하지만 파산시에도 학자금 대출금에 대한 상환의무는 면제하지 않도록 법률로 규정[27]하고 있다. 우리나라도 현재 취업 후에 상환하는 학자금 대출제도를 도입하면서 취업 후 기준소득 이상의 소득이 발생한 경우 국세청을 통해 상환하도록 하고 있으며, 소득인정액이 일정기준 이하일 경우에는 상환을 계속 유예해 주고 있다. 비록 국세청이 장기 미상환자에 대해 소득과 재산조사를 할 수 있도록 규정하고 있으며 일정기간(1년) 미상환할 경우 강제징수를 할 수 있도록 하는 방안을 마련하고 있지만, 여전히 파산 시에도 상환의무를 면제하지 않도록

25) 미국의 학자금 대출금리는 고정금리이기 때문에 시중금리와 대출금리의 차이로 인해 일반금융기관의 손실이 발생할 수 있다. 따라서 학자금 대출금리가 시장금리보다 낮아 손실이 발생하는 경우 정부는 해당 분기의 3개월 CP금리 평균치에 일정수준의 보조금을 더한 특별 충당금을 지급하여 대출기관에 손실을 보전한다.

26) 2010년 기금존치평가보고서에서는 정부지원 학자금대출의 연체건수가 2008년 5만6000건으로 2006년 대비 2배 이상으로 증가하였고, 학자금 대출에 따른 신용유의자가 1만 명을 넘어서고 있으며, 또한 청년실업률 증가로 인한 대위변제액의 대폭적인 증가가 예상되고 있으므로, 재단은 연체금액 관리뿐만 아니라 연체위험에 대해 연령별, 지역별, 학과별 등 다양한 요소별로 분석 및 관리를 하여 사전 대위변제 발생요인을 제거하기 위한 노력을 요구하고 있다.

27) 미국정부는 개인파산절차에 따라 상환개시 후 7년 이상 된 학자금 대출금의 상환을 면제받을 수 있었던 기존 파산법(Bankruptcy legislation)을 1998년 개정함으로써 기간에 관계없이 면책이 불가능하도록 제도를 바꾸었다. 이에 따라 채무자의 도덕적 해이를 방지하는 효과가 발생하면서 학자금대출의 대손율도 1991년 23.87%에서 2000년에는 8% 수준으로 크게 줄어들었다(김병조, 2009).

하는 미국에 비하면 그 강제력은 미미한 실정이다. 따라서 보다 다양한 사후관리 프로그램 마련이 필요하다. 특히 학자금 대출에 대한 조기상환이나 우수한 상환 실적을 보이는 경우 향후 대출시 우대금리를 적용해 주는 등 인센티브 정책도 병행할 필요가 있다.

셋째, 학자금 대출금리 수준에 대한 사회적인 합의를 마련하고 지속적으로 채권발행 비용을 낮추기 위한 노력이 필요하다. 학자금 대출금리를 합리적인 수준보다 지나치게 낮게 유지할 경우 대출 수혜 학생들의 도덕적 해이 현상이 심해질 뿐만 아니라 과도하게 대출 수요가 증가함에 따라 정부 재정운영 건전성이 더욱 위협받을 우려가 있다. 따라서 무조건 대출금리 인하만을 주장할 것이 아니라, 정부의 재정운영 건전성을 유지하면서도 사회적 형평성 측면에서도 바람직하고 합리적인 대출금리 수준에 대한 사회적 합의가 선행되어야 할 것이다. 사회적 형평성 관점에서 볼 때 현행 학자금 대출금리의 수준은 여전히 높으며 추가적으로 인하할 여지가 있을 것으로 판단된다. 또한 단기적으로는 학자금 대출금리에 대한 사회적 합의가 마련되어 충분한 정부재정지원이 확보되기 이전까지 건전한 기금운영을 위해서 합리적인 대출금리의 기준은 5년 만기 국고채금리 수준에서 결정될 필요가 있다고 생각된다. 이를 위해서는 대출금리 인하를 위한 정부의 다각적인 노력이 요구된다.

예컨대 한국장학재단채권은 정부가 전적으로 신용보증을 함으로써 국채와 마찬가지로 일반신용평가회사에서 최고등급의 안정성[28]을 보장받고 있다는 점에서 채권발행시 국고채에 비해 과도하게 높은 가산금리는 바람직하지 않다. 이 같은 맥락에서 하나의 대안으로 한국장학재단 발행 채권에 대한 수요기반을 확대하여 채권발행금리를 낮춰가는 것이 바람직하다고 생각된다. 이를 위해 공적기금, 대학기금 등이 한국장학재단 발행 채권에 적극 투자할 수 있도록 정책적으로 지원할 필요가 있다. 구체적인 방안으로서 학자금대출 관련 유동화증권 및 한국장학재단 발행 채권을 편입하는 사회책임펀드 등을 도입하고 이에 대해서 세제혜택 등의 우대정책을 추진할 필요가 있다(김필규, 2010). 다시 말해서 정부는 재단채권 발행과정에

---

28) 한신정평가(주)를 비롯하여 한국기업평가(2010) 등 우리나라 신용평가기관은 정부의 지원가능성이 높고 정부의 추가 출연 및 자본 완충력이 우수함을 이유로 한국장학채권의 신용등급을 “AAA/안정적”으로 평가하였다.

서 발생하는 각종 위험프리미엄을 비롯한 가산 금리를 줄여 지속적으로 채권발행 비용을 줄여 나가야 한다. 여의치 않는 경우 재단채권 발행방식이 아니라 학자금 대출금 재원마련을 위해 국채를 발행하는 방안도 검토할 필요도 있다. 한정된 정부 예산하에서 채권발행 비용을 낮추는 것이 채권수익률을 높여 궁극적으로 학자금 대출 금리를 낮출 수 있는 가장 현실적인 방안으로 판단된다.

학자금 대출제도의 시행에 따른 정부의 재정건전성과 사회적 형평성간의 갈등 구조와 그 해결에 대한문제는 미국과 한국과 같이 고등교육의 사유화가 높은 국가에서는 중요한 정책과제인 반면, 고등교육의 사회화 수준이 높고 정부의 공교육에 대한 지원이 발달한 유럽국가의 경우에는 상대적으로 중요성이 약하다. 따라서 현재 우리나라와 유사한 학자금 대출제도를 시행하고 있는 많은 유럽 국가들의 학자금 대출금리 수준[29)]이 제로금리에 가깝다는 것을 감안한다면, 결론에서 기금의 건전한 재정운영을 위해 바람직하다고 제시했던 5년 만기 국고채금리 수준의 학자금 대출금리는 여전히 높을 수밖에 없다. 결국 학자금 대출제도의 개선을 위해서 가장 중요하며 우선순위를 두어야 할 것은 우리나라에서 사회적으로 바람직하다고 여겨지는 대출금리 수준에 대한 사회적 합의를 도출하는 것이며 이를 재정적으로 뒷받침하기 위한 정부의 의지라 하겠다.

29) 우리나라는 OECD 회원국 중 유사한 학자금 대출제도를 운영하는 영국(0%), 뉴질랜드(0%), 스웨덴(2008년 2.1%), 네덜란드(2.39%), 호주(물가상승률과 같음)보다 월등히 높다. (경제협력개발기구(OECD) 교육지표. 2009).

제 4 편
운동정치와 공공갈등

제 14 장

쇠고기수입 정책

임도빈 · 허준영
(서울대학교 행정대학원 교수 · 서울시정개발연구원 부연구위원)

제1절 서 론

최근 10년간 한국에서는 세 번의 대규모 촛불시위가 있었다. 먼저 2002년 미군 차량에 치여 숨진 '여중생 효순 · 미순 양 사망사건 관련 촛불시위', 2004년 '노무현 대통령 탄핵반대 촛불시위', 그리고 2008년 '미국산 쇠고기 수입반대 촛불시위'가 그것이다. 각 사례들 공통적으로 국민들의 대규모 직접 참여에 의한 역동적인 의사 표현으로 거대한 정치적 영향을 파급시키기도 했던 반면 한국사회에서의 첨예한 사회갈등을 여과 없이 고스란히 보여준 상징적인 사건들이기도 하다.

특히 최근의 촛불시위는 미국산 쇠고기 협상결과에 대한 국민의 저항과 반발 그리고 광우병에 대한 공포가 폭발하여 현 정부에 대한 정권 퇴진론까지 야기하며 정부 출범 초기 가장 큰 정국 불안의 요인이 되었을 뿐만 아니라 5월 초부터 8월 중순까지 무려 100회가 넘는 지속적이고 장기간의 시위의 여파로 인해 막대한 인적, 경제적 피해에 더해 한국사회에 갈등으로 인한 깊은 반목과 불신의 상처를 남겼다.

한편 2008년 촛불시위는 성격 면에서 이전의 대규모 시위나 여타 촛불시위와 비교하여 특히 자발적 참여에 의한 집회라는 점이 부각되었다.[1] 촛불시위 이후 거리행진에서도 1980년대의 민주화 운동에서 목격되었던 과격성이나 격렬함은 상당히 줄어들어 시위와 축제의 구분이 어려웠다. 즉, 시위의 양상이나 규모, 문화가 1980년대와 완전히 달랐다.[2] 이렇듯 촛불시위로 배태된 다양한 사회현상들에 대해서 직접민주제적 접근, 문화연구/문화운동론적 접근, 집회 양상에 나타난 사회학적 접근, 그리고 참여 주체의 특성 연구, 1인 미디어의 현상학적 연구 등 각도에서 접근하는 연구들은 있으나 공공갈등관점에서 살펴보는 연구는 찾기 어렵다.

특히 촛불시위 사례의 경우 그 시작부터 소멸까지 3개월 넘게 관련이슈가 전국을 소용돌이 속에 휘말리게 했고 한국사회의 사회갈등을 크게 증폭시켰다는 점에서 특별한 사례로 남으며 이러한 갈등을 미연에 혹은 그 중간에라도 잘 대처하지 못한 정부의 대응과 관련해서 그 원인과 개선방안에 대한 큰 의문을 던진다.

이 장에서는 촛불시위가 이렇게 오랫동안 공공갈등을 확대재생산하면서 지속되게 한 원인을 탐색하고자 하며 특히 갈등양상의 변화와 이에 따른 정부의 갈등대응전략 간에 상호 연관관계를 찾아보고 향후 갈등관리에 대한 시사점을 찾고자 한다.[3] 이를 위해 기존의 전통적인 공공갈등관리 분석틀에 동태적인 접근을 가미하여 촛불시위에서 촉발된 갈등의 양상과 공공갈등관리의 대응 간의 다이내믹을 살펴보고 정부의 대응에 초점을 맞추어 분석하고자 한다.

---

1) 자율적인 참여를 기조로 이렇게 수많은 사람들이 모인 전례가 거의 없었다(허영, 2008).

2) 1980년대 운동권들이 운동을 위해 일상의 희생을 선택했다면, 2008년도 시위대는 일상을 위해 운동을 선택했다. 무엇보다 일사분란한 지휘체계가 존재하지 않았다는 점이 가장 큰 특징이다(조기숙 · 박해육, 2008: 249).

3) 중요한 국내문제라도 일반대중의 관심은 그리 오래가지 않으며 이슈는 하나의 사회문제로 반짝 등장하여 잠시동안 국민의 관심을 끌다가 사라지게 마련이다(Downs, 1972). 사회적 이슈에 대한 공공의 관심은 한정되어 있기에 어떤 이슈가 오랫동안 공공의 관심을 끌고 있다는 점은 다른 공공이슈들 과의 치열한 경쟁에서 우위를 점할 정도의 특징을 내포한다고 볼 수 있다(Hilgarterner & Bosk, 1988).

제2절 공공갈등과 갈등관리에 대한 이론적 논의

1. 갈등과 공공갈등

1) 갈 등

'함께 혹은 서로(con)'와 '충돌하고 다툰다(fliege)'는 라틴어 어원에서 유래된 갈등(conflict)은 일상생활에서 흔히 목도할 수 있는 현상이며 어떠한 결정에 관련된 참여자가 많아질 경우 이들의 선호, 가치관, 철학, 이해관계에 따라 갈등의 양상은 더욱 복잡해 질 것임은 쉽게 예상할 수 있다(박재환, 1992; 김영평, 2002: 113). 이렇듯 갈등은 이미 보편적인 현상인 반면 그 속성 자체의 다차원성과 동태성으로 인해 이에 대한 정의를 간결하고 명확하게 내리기는 힘들다.

다양한 갈등관련 이론 중에서 앞으로 살펴볼 사회갈등 특히 공공갈등과 관련해서는 주로 사회과정적 측면에서 접근이 이루어지고 있는데, 사회과정이론에서는 갈등을 개인들 혹은 집단 간의 사회적 상호작용의 과정으로 상정하여, 일반화를 시도한다(Schellenberg, 1996; Thomas, 1976).[4)]

관련된 주요 학자별로 갈등에 대한 정의를 살펴보면, Simmel은 갈등을 하나의 사회관계 형성으로써 집단 내에서 발생하는 상호작용의 한 형식으로 보았다(이재규, 1998: 15). 한편 갈등을 의사결정의 표준메카니즘에 장애가 생겨 한 개인 또는 집단이 행동대안을 선택하는데 곤란을 겪는 상황으로 정의하는 March & Simon(1958: 112-29)은, 집단간 갈등은 공동 의사결정의 필요성을 느끼거나, 목표의 차이, 그리고 현실에 대한 지각의 차이가 있을 때 유발된다고 설명하였다. 아울러 Deutsch(1973: 10)는 양립할 수 없는 행위가 일어날 때 갈등이 발생하며, 때문에 다양한 수준 즉 개인, 집단 혹은 국가 간에서도 나타난다고 보았다. 한편 갈등을 과

---

4) 한편 주로 사회구조적 측면에서 갈등을 연구하는 입장의 경우, 갈등은 구조화되어 있고 혁명이나 점진적인 변화를 통해 해결할 수 있음을 강조하는 등 갈등의 개념을 광의적으로 정의한다(하혜영, 2008). 이런 점에서 공공갈등의 구체적인 양상을 파악하고 문제를 해결하기에는 쉽지 않은 부분이 있다.

정(process)적으로 접근하면, 발생에 선행하는 단계, 긴장감, 불안감 등이 발생하는 단계, 갈등상태에 대한 인지단계, 갈등행태의 직접 표출단계 등 각 단계들이 서로 무관하지 않고 선후관계가 연속된 에피소드(episode)의 연속으로 이해할 수 있다(pondy, 1967).

이러한 논의를 종합해 볼 때, 갈등은 복수의 갈등당사자들이 상충하는 이익이나 가치관, 목표를 추구하기에 이로 인한 적대적 관계 및 적대적 행위의 상호작용 및 그 과정을 나타내는 개념으로 볼 수 있다(박재환 1992).

2) 공공갈등

현대사회에서 공공갈등은 사회내 집단간 갈등인 사회갈등의 중요한 형태이다. 공공갈등이란 공공정책과 같이 공중에게 광범위하게 영향을 미치는 쟁점을 둘러싼 갈등을 의미한다. 즉, 국가와 지방자치단체, 정부투자기관 등이 당사자인 갈등으로서, 국민의 권리나 의무에 영향을 미치는 정책, 법령, 사업의 추진과정에서 공공기관과 국민 또는 공공기관 상호 간의 이해관계 충돌로 인해 발생하는 갈등이다(강영진, 2000:74). 아울러 공공갈등 유형과 표출의 양상 그리고 강도는 해당 사회의 경제적 수준의 변화와 정치체제 및 법, 제도형태 등에 의해 영향을 받게 마련이라는 점에서 역사적 성격을 띤다고 할 수 있다. 현대와 가까워질수록 공공갈등의 비중은 점차 커지는 추세이다.[5] 특히 권위주의 정치문화에서 민주화를 달성한 나라에서 국민들의 잃었던 권리회복을 위한 갈등은 증폭되어 나타나는 경향이 있다(정건화, 2007: 12).

공공갈등은 여타 갈등에 비해 해결과정이 상대적으로 복잡하고 소요시간이 상대적으로 길며 당사자간의 합의를 통한 해결이 상대적으로 어렵다(김태기, 2005). 그 이유는 우선 다수의 이해관계자가 개입되고 유형도 다양하다는 점(Dukes, 1996: 45), 갈등이슈가 복잡하면서 상호연결되어 있다는 점(Pruitt & Carnevale, 1993: 14),

5) 민주주의와 인권, 경제적 생존권 등 기본권적 문제를 둘러싼 갈등이 근대사회에서의 주된 갈등형태였다면 이후로는 사회적 자원 배분, 표준설정, 특정 공공시설 입지선정 등의 이해관계자 간의 이익배분과 비용부담을 둘러싼 제도나 정책에 대한 갈등, 즉 공공갈등으로 갈등형태가 변화되었다(Susskind & Cruikshank, 1987).

내용적으로 풀기 어려운 기술적 복잡성과 불확실성 때문에 해결이 쉽지 않다는 점(Dukes, 1996:13) 외에도 공익을 둘러싼 갈등양상을 띠며 이로 인해 비용과 편익파급 기능을 가지고 있다는 점(지속가능발전위원회, 2004), 갈등의 대상 정책들에 투입되는 매몰비용과 기회비용 문제가 걸려있다는 점(지속가능발전위원회, 2005: 189-90) 그리고 갈등과정 중에 갈등증폭 현상이 야기될 가능성이 높다는 점(Kriesberg, 2003) 등이 주로 거론된다.

2. 한국사회의 갈등양상과 갈등관리

1) 한국사회의 갈등양상: 공공갈등의 확산

사회갈등은 해당 사회의 구체적이고 특수한 역사적 맥락이 투영되어 있다는 점에서 고유한 역사성을 지니고 있고 이는 한국사회도 마찬가지이다. 한국사회 갈등을 통시적으로 살펴보면, 크게 세 시기 즉, 해방 이후 1980년대 중반, 1990년대까지와 마지막으로 2000년대 이후로 나눌 수 있다(정건화, 2007: 29-31).

먼저 해방 이후 1980년대 중반까지 한국사회는 주로 이념갈등과 정치권력을 둘러싼 갈등을 겪었다. 당시 권위주의 정치체제에서 일상적 갈등의 표출은 억압되었기 때문에 체제불만의 형태를 띠면서 갈등은 주기적으로 폭발하는 양상으로 나타났다. 이후 1980년대 후반 민주화를 거치면서 노사갈등과 분배갈등이 격화되어 사회민주화에 더불어 지연된 분배의 교정에 기여하는 순기능을 보이기도 했다. 그러나 1990년대 이후 특히 2000년대 들어 사회갈등의 쟁점과 영역은 바야흐로 점점 다양화되고 있다. 등장한 심각한 사회갈등들은 대부분 공공정책을 둘러싸고 야기된 갈등으로 사회갈등에서 공공갈등이 차지하는 비중은 압도적으로 많아졌다(이영희, 2004; 지속가능발전위원회, 2005).[6]

요컨대 한국사회의 갈등은 초기에는 정치, 국가영역에 국한되어 시작되었으나

6) 최근 우리 사회에서 심각한 갈등을 불러일으켰던 공공갈등을 보면 비정규노동직 관련 노사대립, 행정수도 이전, 의약분업, 의료보험, 국민연금 등의 제도개편 관련 갈등이 있었고, 새만금 간척사업이나 부안 방사능폐기장 건설 등의 대규모 공공사업 및 입지선정 갈등과 불법체류 외국인노동자 문제, 사교육문제, 양성평등 등의 정책과 관련한 갈등 등 다양한 공공갈등 문제가 제기되고 있다(지속가능발전위원회, 2004).

점차 경제성장과 민주화로 인해 시장 영역으로 확대되었고 최근에는 시민사회 영역 까지 포함하는 국가-시장-시민사회 전체 영역에 걸친 복합갈등 양상을 보이고 있다(지속가능발전위원회, 2004).

2) 갈등관리의 개념과 방법

비록 갈등이 보편적인 현상임에도 불구하고 갈등은 사회의 안정성을 파괴시키고, 사회의 통제를 방해하는 등 부정적인 것으로 인식되고 역기능적인 측면이 주로 강조되어 온 것이 사실이다(Dahrendorf, 1959: 135).[7] 그러나 갈등은 또한 적대적인 성향들의 자유로운 표출로 인해 그것의 누적이 가져올 수 있는 사회기반의 분열을 막는 안전장치의 역할을 수행할 뿐만 아니라 집단간 갈등은 거꾸로 집단 내적 응집력을 증대시키기도 하는 등의 순기능적인 측면을 동시에 가지고 있다.[8]

따라서 이러한 갈등의 양면적인 특성을 고려해 볼 때 갈등관리는 역기능적인 갈등을 최소화하고 순기능적 갈등을 적정하게 유지시키는 것이 관건이라 할 수 있다. 아울러 이러한 갈등관리는 갈등의 해소 자체를 보장해 주는 것은 아니고 갈등으로 인한 비용과 손실을 감소시키고(Bercovitch, 1984: 7), 갈등이 유리한 결과를 실현하는데 도움을 주는 구조와 조건을 마련함으로써(안광일, 1994: 216-7) 갈등해결을 용이하게 해 주는 것으로 본다.

갈등관리의 방식은 연구자에 따라 다양하게 제시되고 있다. 직접적 개입 혹은 간접적 개입 방식에 따라 나누기도 하고 갈등당사자간 방식과 제 3자의 개입에 의한 방식, 승패방식을 지향하는 전통적 방식과 전승자(윈윈)방식을 지향하는 문제해결방식으로 나누기도 한다(Thomas, 1976: 898-9; Moore, 2003: 106; Bercovitch, 1984: 20). 아울러 한 사회가 사회갈등을 해결하는 방식은 그 사회시스템과도 밀접히 관련된다. 통상 사회갈등 해결의 원리는 크게 첫째, 물리적 힘을 이용해 갈등을 해결하는 권위주의적 갈등해결 원리와 둘째, 대화를 통해서 합의에 도달해 갈등을

7) 갈등은 의사결정을 지연시켜 불필요한 결정비용을 증가시키고, 갈등 당사자들을 심리적 불안과 좌절감에 빠뜨리기도 하고, 일의 진행을 더디게 하는 등 여러 가지 문제점을 제기하고 있다(김영평, 2002: 120-1)

8) 갈등의 적극적이고 생산적인 기능, 즉 순기능적인 결과 또는 갈등이 규범과 가치와 사회적 제도의 변동을 낳는 원동력이라는 점은 이후 Coser(1964; 1967)에 의해 발전된다(하혜영, 2007: 13).

해결하는 민주주의적 갈등해결의 원리로 나누는 견해도 있다(김태기, 2005).

이 중 Pruitt & Rubin(1986)이 제안한 양면고려이론(Dual Concern Theory)은 양당사자의 갈등해결과 관련한 가장 전통적인 모델이다(이선우, 2001: 2-3; 송석휘, 2005: 5). 이 이론은 승리-패배(win-lose)와 승리-승리(win-win) 전략을 통합한 갈등관리 격자(grid)를 발전시킨 것으로 협조성과 독단성이라는 두 가지 차원을 축으로 다음과 같이 회피, 통제, 수용, 협력, 타협의 유형으로 구분한다.[9)]

먼저 회피(Avoiding)는 자기 자신에 대해서 뿐만 아니라 상대방에 대한 낮은 관심은 해당문제의 중요성을 낮추거나, 해당문제에 대해서 관심을 갖지 못하도록 하는 것이다. 이어 통제(Forcing)는 자기 자신에 대한 지나친 관심과 상대방에 대한 적은 관심으로 인해 상대방에 대해 자기 생각을 강요하는 강압적인 갈등관리 방법으로 주로 위협이나 엄포, 설득적인 주장과 지위를 이용한 언질 등의 방법에 의존한다.[10)] 수용(Yielding)은 자기 자신에 대해서는 적은 관심과 상대방에 대해서는 많은 관심으로 인해 상대방의 의사를 수용하고 동조하는 것이다. 이 갈등관리방법은 일방적인 양보와 무조건적인 도움을 줄 것을 약속하는 방법을 통하여 갈등을 해결한다고 할 수 있다. 한편 협동(Problem Solving)은 상대방에 대해서 뿐만 아니라 자기 자신에 대해서 높은 관심을 가지는 경우로 가능한 한 자기 자신과 상대방이 가지고 있는 생각을 동시에 만족시킬 수 있는 상호간의 동의(Agreement)를 지향하는 win-win 전략이다.[11)] 마지막으로 타협(Compromising)은 자기 자신과 상대방에 대해서 중간적인 관심(intermediate concern)을 통해 서로 양보하는 선에서 갈등문제를 해결하는 방안이다. 이는 기타 전략 즉 협력, 통제, 수용, 회피 등 다양한 전략을 혼합하여 갈등을 해결한다는 점에서 복합적인 전략으로도 이해된다.

한편 Pruitt & Rubin(1986)의 전통적인 갈등해결 이론은 양당사자의 이익관계에 따라 다양한 전략이 파생된다는 점을 일러주고 상대의 이익관계를 예상해 보고 내

---

9) 이 이론은 앞서 이론적 논의에서 소개한 권위주의적 갈등해결 원리(통제)와 민주주의적 갈등해결 원리(협력)도 틀 내에서 포섭하고 있다는 장점이 있다.

10) 강압적인 측면에서 볼 때 Etzioni(1968)가 목표달성을 위한 동기부여 수단으로 제시한 유인과 처벌도 함께 고려될 수 있다.

11) 협력은 상호 해결해야 할 문제의 우선순위나 선호도에 대해 정보를 교환하고 의견을 제시할 뿐 만 아니라 중요도가 상이한 문제들 간의 교환 등을 포함한다(송석휘, 2005: 5).

이익관계에 맞춰 어느 정도의 합의결과와 대응전략을 예상할 수 있는 틀을 제공해 주지만 본 2008년 촛불시위 사례에 그대로 적용하기에는 다음의 한계를 가진다. 먼저 두 갈등당사자 간 갈등해소의 동태적인 과정에 대해 설명하기 어렵다는 점이다. 전통적인 이론에서는 정태적으로 짜여진 틀에서 상대와 나는 각자의 이익관계에 따른 전략을 '합리적'으로 선택하면 되는 것처럼 보이나 실상 이익관계가 명확치 않고 상황에 따라 역동적인 경우 이를 획일적으로 정한다는 것은 다양한 실상의 일면만 보여주는 것일 수 있다. 특히 공공갈등의 경우 시기별로 해당당사자들의 변동(직접 이해당사자 뿐만 아니라 이익집단, 시민단체, 일반시민 등) 및 이들의 이익관계의 역동성을 가정할 수 있다는 점에서 이러한 동태성을 포함하는 것이 더욱 필요하다.

두 번째로는 공공갈등의 특성상 양 당사자들의 '이익관계'로 표현되지 않는 부분 즉, 공익이나 공적인 관심, 해결을 요하는 분위기 등 제 3의 이익이나 압력에 대한 현실적인 설명력을 높일 필요가 있다. 즉 갈등해결의 전략이나 유인이라는 것이 꼭 쌍방의 이익관계에 의한 것이라기보다는 외적인 요인들에 의해 선택이 강요될 수도 있다는 점인데 이는 주로 갈등의 민감성 다시말해 갈등이슈에 대한 관심도에 따라 다를 수 있다. 어떤 갈등문제이며 얼마나 관심을 끄는 문제이냐에 따라서 갈등의 양상이 달라질 뿐만 아니라 각자의 이익관계에도(특히 정부측에) 큰 영향을 미치게 된다.

이러한 전통적인 이론의 한계를 감안하여 2008년 촛불집회에서 표출된 공공갈등의 양태와 정부의 대응을 동태적으로 고찰해 보기 위해 본 연구에서는 Downs(1972)의 이슈관심주기(issue Attention Cycle) 이론에 주목한다. 그의 설명에 따르면 공중의 이슈에 대한 관심은 생로병사처럼 단계별로 다른 시기와 뚜렷이 구분되는 특성을 보인다(정정길 외, 2010: 302-3). 이러한 특성은 갈등이슈에 대한 관심정도에 따라 다음의 단계별 특징을 보인다. 첫째, '이슈의 잠복(pre-problem)' 단계로서 이슈가 아직 일반대중의 관심을 끌지 못하는 단계로서 그 분야의 전문가들이나 이익집단들만이 그것에 관심을 갖게 되는 단계이다. 둘째, '이슈의 발견과 표면화(alarmed discovery and euphoric enthusiasm)' 단계에서는 문제와 관련된 일련의 극적인 사건들로 일반대중이 갑자기 문제에 대한 관심을 갖게 된다. 문제의 해악을 깨닫고 놀라는 일이 일어나며 정부의 해결노력이 시작된다. 셋째, '관심의 현저한 증가와 비용인식(realizing the cost of significant progress)' 단계로서 문제에 대한 공공의 관심도가 절정에 도달된 후 감소할 징후를 보인다. 정책결정자 및 일반국민들은 문제해결에 많은 비용이 든다는 사실과 문제해결로 사람들에게 혜택을 가져다주는 반면에 많은 부작용도 나타나게 된다는 것을 인식하게 된다. 넷째, '대중관심의 점진적 감소(gradual decline of intensive public interest)'와 다섯째, '관심의 쇠퇴(post-problem)' 단계에서는 이슈에 대한 관심이 떨어져서 점차 공공의제에서 제외되는 단계들이다. 한편 공공의 관심이 다른 문제로 옮겨갔다 할지라도 그 문제를 해결하기 위해 전 단계에서 생겨난 제도, 정책, 기관들은 여전히 사회에 영향을 준다.

3. 본 연구의 분석틀과 방법론

2008년 촛불시위에 대한 공공갈등관리 방식을 동태적으로 살펴보기 위해 본 연구는 Pruitt & Rubin(1986)이 제안한 양면고려이론과 Downs(1972)의 이슈관심주기 이론을 혼합한 모형을 기본틀로 제시한다(〈그림 1〉 참조). 이것은 기본적으로 갈등을 관리해야 하는 정부와 갈등당사자 양자를 주요 행위자로 보고, 갈등이슈의 관심도에 따른 상호작용을 살펴보기 위한 모형이다. 이때 특히 시간에 따른 갈등의 전개과정이 중시된다.

본 모델에서는 본래 양면고려이론에서 사용한 협조성과 독단성이라는 두가지 차원을 응용하여 x축과 y축은 각각 정부와 갈등당사자의 이익관계로 상정하고 추가로 z축은 이슈관심주기이론에서 중시하는 (갈등)이슈의 관심정도를 두어 크게 네가지 갈등과정 즉, ① 이슈의 잠복, ② 이슈의 발견과 표면화, ③ 관심의 현저한 증가와 비용인식, 그리고 ④ 대중관심의 점진적 감소와 관심의 쇠퇴 단계에 따라 갈등의 양당사자들이 변모하는 갈등이슈의 민감성에 대한 상호작용과 그 이해관계 아울러 그로 인한 정부측 대응을 위주로 살펴보게 된다.

한편 본 연구는 사례연구의 방법에 의거해서 중요 사례에 대해 집중적이고 깊

〈그림 1〉 본 연구의 분석틀

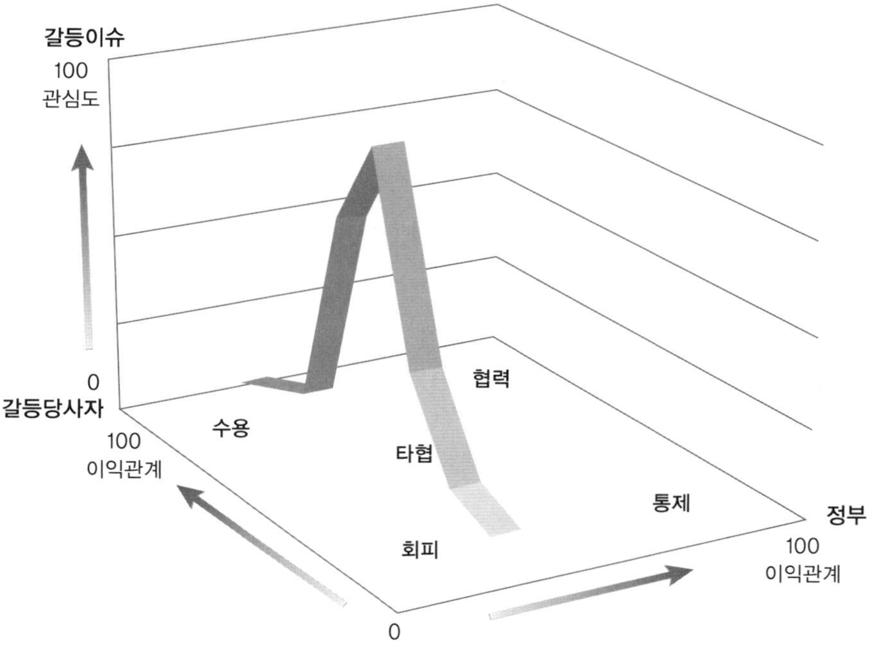

이있게 다루어 원인분석과 대안을 모색하는 것을 목적으로 하며 문헌 연구 특히 선행 연구논문, 사례관련 정부의 보도자료와 일간지 기사 등을 사용한다.

제3절 촛불시위 사례와 정부의 대응분석

1. 촛불시위와 공공갈등

1) 사례개관

2008년 이명박 정부가 출범한 직후에 발생한 촛불시위는 쇠고기 수입재개 협상 내용에 대한 반대 의사를 표시하기 위하여 학생과 시민들의 모임으로 출발하였다.

5월 2일 첫 집회가 열리기까지 정부가 미처 그 심각성과 의미를 파악하지 못한 상태에서 이후에도 거의 방치된 상태로 진행되어 2개월간 연일 수백내지 수십만명이 참가하는 장기간의 시위로 이어지게 되었다. 집회초기에는 과반수 이상을 차지했던 여중고생들의 주도로 기존의 시위에서 볼 수 없었던 자발성, 탈중심성, 축제적 성격의 시위의 특성을 보였다.[12] 이후 100일 이상 집회가 계속되면서 교육 문제, 대운하, 공기업 민영화 반대 및 정권퇴진 등으로 쟁점이 정치적으로 점차 확대되었고, 아울러 반미(민족주의), 반정부, 폭력성 같은 기존 시위의 성격이 부각되면서 이명박 퇴진이라는 정권반대 운동으로까지 시위의 성격이 바뀌어갔다(김일영, 2008: 48-51). 정점이었던 6월 10일 이후 7월에는 주말 집회가 계속되었는데 대부분 자발적으로 참여자들로 자녀를 동반한 가족단위의 참가도 많았으며 다양한 공연, 이벤트들로 '문화제'적인 모습을 보이기도 했다. 대체로 비폭력을 표방한 평화시위로 특별한 지휘체계 없이 자율적으로 구호를 외치거나 자유발언을 하였지만 집회가 끝난 뒤에는 도로를 무단 점거하고 쇠파이프와 각목을 휘두르면서 경찰들과 충돌을 빚기도 했다. 이렇듯 시위 참가자의 자발적이고 개방적인 특성을 두고 포스트모던적 시위 혹은 축제적 시위의 등장이라고 부르기도 하지만(김일영, 2008; 박희봉·이기중·김명준, 2009), 의회민주주의를 무시한 길거리 정치라는 부정적 평가도 있다(허영, 2008).

2) 기존 연구의 시각

2008년 촛불시위 사례는 주로 정치학과 사회학에서 직접 민주주의와 사회운동 등의 차원에서 다양하게 접근되어 왔으나(조기숙·박해육, 2008; 최장집, 2008; 김호기, 2008; 이창호·정의철, 2008; 윤명희, 2009) 이들은 주로 '투입'에 대한 연구에 머무르고 있다는 점에서 상대적으로 다른 한쪽의 이해당사자인 정부를 소홀히 취급하는 결과를 낳았다.

그러나 최근들어 사례의 중요성에 비추어 정부대응을 포함한 집단간 역학관계

12) 8월 15일까지 106일간 전국적으로 2,398회에 걸쳐 약 93만2,680여명이 참가하였는데 주로 서울지역(60여만명)에 집중되었다(경찰청 편, 2009: 247).

에 주목하는 관련 연구도 늘어나고 있는데 이 중에 본 연구에서 주안점으로 삼고 있는 공공갈등관리와 연관되는 몇 가지 연구들을 정리하면 다음과 같다.

먼저 쇠고기 협상결과라는 권위적인 정부의 결정에 대해 정책대상집단인 일반 시민이 따르지 않는 '정책불응'으로 보는 견해가 있고(강귀웅, 2009), 이는 '검역주권'을 새로운 의제로 하여 재협상 혹은 추가협상을 요구하는 '의제설정'(박치성 · 명성준, 2009)으로 보는 견해가 있다. 아울러 사회전체적 이익을 구하며 비공식적 참여자로서 일반국민 개개인이 정책과정에 참여하는 방법으로 국민저항운동적 측면에서 사회저항운동(이종열 · 최미옥, 2009)으로 개념화되기도 한다. 이들 세 가지 접근 모두 상당한 갈등을 유발한다는 점, 아울러 그 당사자는 정부라는 점에서 공통적이다.

먼저 정책불응 접근의 경우, 순응을 확보하려는 정부와 불응하는 시민 사이의 마찰은 필연적이며 이에 대한 효과적인 대응이 요구된다. 다음으로 의제설정 접근의 경우 본 사례는 정부의 동원형 결정을 취한 2차 한미 쇠고기협상타결에 대한 반발로서 국민에 의한 외부주도형 의제설정 과정으로 볼 수 있다.[13] 외부주도형 의제설정은 외부에서 강요된다는 점에서 '강요된 정책문제(Hirschman, 1975; 정정길 외, 2009: 291에서 재인용)'라고 부르기도 하며 정부가 정부의제화하려는 의지가 크지 않을 때 갈등은 증폭된다.[14] 아울러 사회운동의 경우 속성상 일차적으로 폭력이 아닌 분열 및 붕괴를 겨냥하지만 외부 표명적인 직접적 집단행동을 통해 국가적 이해관계에 짐을 지우는 주장을 내포한다는 점에서 갈등을 동반하기 마련이다(이종열 · 권해수, 1990: 1282-3).

---

13) 외부주도형 의제설정모델은 주도자인 피해집단이 문제의 확산(issue expansion)을 거쳐 일반대중의 여론으로부터 힘을 얻어 정부의 정책결정자들이 어쩔 수 없이 그 문제를 정부의제로 거론하도록 하는 것으로 극적인 사건이 발생하여 문제의 심각성에 대한 인식이 급속하고 광범위하게 확산되었을 때 나타난다(정정길 외, 2009: 292). 본 사례와 관련해서는 '사회문제→공중의제→정부의제'를 거치게 되었는데 광우병 위험인식으로 인해 사회문제가 갑자기 공중에게 알려지고, 문제해결을 위해서 정부의 조치(재협상 등)가 필요하다는 의견이 광범위하게 확산되어 정부의제로서 성립되었기 때문이다.

14) 일반적으로 '전형적인' 동원형 사례는 정부의제가 된 후에 정책결정이 진행되면서 공중의제화 하는 경우를 일컫지만 역으로 완전한 정책결정이 있은 후에 공중의제화하는 경우도 동원형 사례에 포함된다(정정길 외, 2009: 292). 본 사례의 경우 한미간 진행된 협상 타결 후 공중의제가 된 경우로서 후자의 사례에 해당한다.

결국 쇠고기 협상타결이라는 정부의 정책결정에 대해 정부를 그 일방 당사자로 한 갈등양태라는 점에서 촛불시위는 공공갈등의 한 사례이며 전술한 대로 접근하는 방식에 따라 다양하게 정의될 수 있다는 점에서 공공갈등의 성격의 다차원성을 방증한다고 할 수 있다.

2. 갈등주기와 정부의 대응

갈등은 일순간에 이뤄지는 것이 아니다. 즉, 갈등현상도 장기적 관점에서 보면, 시간적 차이를 두고, 그 강도나 양상 면에서 변화를 겪는다. 때문에 갈등관리를 포함한 정책연구에서 시간을 중요한 변수로 취급해야 한다는 목소리가 커지고 있다(임도빈, 2010; 정정길 외, 2005; 염재호, 2005). 촛불시위 사례와 관련하여 공공갈등이슈의 관심주기를 시간적 과정에 따라 갈등의 포아기, 표출기, 절정기, 쇠퇴기 4단계로 구분해 보면 다음과 같다.

첫째, 갈등의 포아기는 이명박 대통령의 한미정상 회담기간 쇠고기 전면 수입개방 허용안 발표를 기점으로 초기에는 관련 이익집단인 축산업계의 시위가 이어지고 전문가들이 온라인 게시판 등을 통해 공론화를 이끌면서 점차 이슈를 주도하게 되는 단계이다.

둘째, 갈등의 표출기는 4월 29일 MBC방송의 PD수첩 '미국산 쇠고기, 과연 광우병에서 안전한가?'의 방영으로 국민의 불안은 커졌고 갈등은 증폭되었다. 이는 제1차 촛불시위(5월 2일)로 발전되었고 계속적인 대규모 촛불시위가 이어지면서 갈등은 급작스레 표면화되고 정부의 갈등관리가 시작되었다.

셋째, 갈등의 절정기는 정부의 강경 대응에 대한 반발로 폭력시위로 변화된 단계로서 갈등이 최고조에 이르고 이로 인한 사회전반의 비용에 대한 우려가 커지는 단계이다.

넷째, 갈등의 쇠퇴기는 7월 이후 진보 성향의 정치성을 띤 폭력시위로 장기화되는 과정에서 시민들의 반대여론이 점차 커져 자체동력을 점차 상실하게 되고, 올림픽이라는 또다른 이슈와의 경쟁에서 밀려서 점차 일반시민의 관심을 벗어나게 되었다.[15] 이상의 분류를 기준으로 시간적 추이에 따라 좀 더 구체적으로 살펴보면서 해당 단계의 정부의 대응도 함께 고찰해 본다.

1) 제1단계: 갈등의 포아기

이 시기는 한미 쇠고기 협상 타결이후 PD수첩 방영 전까지 해당한다. 4월 17일 한미 쇠고기 협상이 타결되어 그동안 광우병 우려 때문에 적용해 왔던 소의 연령제한, 쇠고기 부위제한 등 수입위생조건을 크게 완화한 가운데 수입재개가 이루어지게 되었다. 그 여파로 국내 축산물 시장에서 한우의 가격이 급격히 하락하기 시작했고 직접 이해당사자인 축산농가는 거센 반발과 함께 정부결정에 조직적으로 대항하기 시작했다.[16] 이러한 수입조건 완화는 미국의 요구를 대폭 반영하여 외교적인 대미발언권을 강화하기 위한 초석으로 볼 수 있다는 여론의 반응과 함께 협상이 한미정상회담 전날 '선물용'으로 전격 타결되었고 국민건강권에서 볼때 인간광우병 발병 가능성을 들어 반대여론도 형성되기 시작했다(서울, 경향, 동아, 한겨레, 2008. 4.14-21, 이종열, 최미옥, 2009: 144에서 재인용).[17]

한편 한미간 미국산 쇠고기 수입조건 협상이 타결되면서 축산농가의 직접적인 반발에 부딪쳐 정부는 유통구조개선과 한우 고급화, 도축세 폐지 등의 긴급대책을 발표하였다.[18] 한편 이명박 대통령은 다수(도시민)를 위한 소수(낙농업자)의 희생이 불가피한 점,[19] 전임자의 결정을 집행한 것일 뿐이라는 전 정부에 책임을 전가하는 의견을 피력하면서, 정부 결정의 정당성을 사후에 강화해 나갔다.[20]

---

15) 사회적 이슈에 대한 공공의 관심을 희소자원으로 간주하면 서로간의 경쟁에서 우위에 선 이슈가 정부의제화된다(Hilgarterner & Bosk, 1988).

16) 특히 4월 24일 전국한우협회 소속 축산 농민 6천여명이 정부과천청사에서 대규모 상경 집회를 열어 생존권을 호소했다.

17) 일반 국민들의 반대여론은 특히 전문가 집단의 블로거 위주로 미국산 쇠고기의 광우병 위험이 인터넷을 통해 점차 퍼지게 되었다(박치성 · 명성준, 2009: 52).

18) 21일 당정협의를 통해 '미국 쇠고기 수입재개 보완대책'을 발표하였는데 그 주요내용은 유통구조개선(원산지 표시 단속강화), 한우 고급화(품질고급화 장려금), 도축세 폐지, 검역공무원 파견이 그것이다. 그러나 실효성에 의문을 품은 축산농가의 반발은 24일 상경투쟁으로 이어졌다(국민일보, 2008년 4월 22일).

19) 4월 21일 도쿄 수행기자단 간담회에서 대통령은 "손해 볼 낙농업자 소수지만 도시민은 질 좋은 고기 먹게 돼" 라는 발언과 함께 수입하더라도 '소비자의 선택'을 강조하였다(경향신문, 2008년 4월 22일).

20) 이 대통령은 24일 제 1차 국정과제보고회에서 한미 쇠고기 협상은 "이미 1년전 전 대통령이 미국측과 합의해 개방을 약속한 사안"이라며 "해줄 것을 안해준 것"이고, 한미 자유무역협정(FTA)협상과 쇠고기 협상은 원칙적으로 관계가 없는 일"이라고 강조하였다(서울신문, 2008년 4월 25일).

2) 제2단계: 갈등의 표출기

4월 29일 미국산 쇠고기 수입정책에 큰 영향을 미친 문화방송의 'PD수첩-긴급 취재! 미국산 쇠고기, 과연 광우병에서 안전한가?' 편이 방송되어 큰 반향을 불러 일으키게 된다.[21] 다음날 오전까지 6천개가 넘는 글이 'PD수첩' 홈페이지 시청자 게시판을 가득 채웠고 당일 이명박 대통령의 미니홈페이지에 비난 글이 늘어나 일부 게시판의 기능을 정지시켰다. 동시에 인터넷을 중심으로 이른바 광우병이 공기와 물을 통해서도 전염된다는 등의 '광우병 괴담'이 유포되어 미국산 쇠고기에 대한 불안감이 증폭되었다(강귀웅, 2009: 38). 이렇듯 PD수첩방영은 매스미디어 매체가 주도적 역할을 하여 사회 속에 잠재되어 있던 문제를 쟁점화시킨 결정적인 점화장치였다(박희봉 외, 2009; 조경엽 외, 2008, 이종열 · 최미옥, 2009). 동 프로그램의 방영 이후 지상파 3사의 적극적 보도가 시작되었고 온라인 상에서의 글수, 조회수, 댓글수 등의 정보교환은 그 이전에 비해 3배 이상 증가하는 등 가히 폭발적으로 늘어나기 시작하였다.[22] 이 때 의제설정에 큰 역할을 담당했던 것은 인터넷카페와 포털사이트들로 광우병 관련 뉴스를 적극적으로 포스팅하면서 이슈를 주도해 갔으며, 탄핵서명 운동 및 촛불집회제안 등 정부에 대한 구체적인 갈등표출에 대한 논의가 적극적으로 제기되었다.[23]

2008년 5월 2일 청계천 광장에서 미국산 쇠고기 수입반대를 위한 최초 집회가 '이명박 탄핵을 위한 범국민운동본부'라는 인터넷 모임에 의해 개최되었다. 당초 주최 측의 참가 예상인원인 1천명을 훨씬 상회하는 1만명 정도가 모인 제1차 촛불집회에서는 집회 주도자 없이 참여자들이 집회장의 여러 곳에서 자발적인 발언을

21) PD수첩은 방송을 통해 광우병 환자 사망소식을 전하면서 주저앉은 소를 광우병 소라고 단정짓고 한국인의 유전자 구조는 광우병 발병 확률이 94%라고 보도하는 등 (이종열 · 최미옥, 2009: 144) 미국산 쇠고기 수입에 대한 전 국민적 관심과 함께 광우병에 대한 공포가 확산되는데 기폭제 역할을 했다.

22) 온라인 상에서의 정보교환은 제 1회 촛불시위가 열리게 되는 5월 2일 정점을 이루게 되었고 이후 인터넷에서의 논의가 실제공간으로 확산되는 5월 2일 1차 시위 이후 온라인에서의 상호작용은 점차 하향곡선을 그린다(박치성 · 명성준, 2009: 54-5).

23) 흥미로운 점은 전문가들의 글들을 옮기면서 본격적으로 논의를 주도한 인터넷사이트는 패션사이트(소울드레서), 요리 · 육아사이트 (82cook)와 연예인 정보관련 사이트 (엽혹전) 등 '비'정치사이트였다는 점이다. 주 이용자인 20-30대 여성, 주부나 여중고생들이 개인적 차원에서 '미국산 쇠고기의 안전성' 에 대하여 문제를 제기하고 토론에 나서면서 점차 갈등의 사회적 쟁점화가 되기 시작했다(박치성 · 명성준, 2009: 52).

이어갔다. 촛불집회행사는 다음날에도 계속 이어져 점차 전국적으로 확산되었다.[24] 초기 촛불집회는 예상보다 많은 참석인원 외에도 이들 대부분이 중고등학교 여학생들이었다는 점에서 향후 시위전개과정에서 홍보효과로 작용했다.[25] 축산농민들의 연이은 자살로 갈등의 골은 깊어만 가던 차에 5월 7일 쇠고기 청문회가 열려 안전성과 검역주권으로 격론이 벌어졌으며 야당들은 재협상을 요구하기 이르렀다. 5월 8일 인터넷 카페와 시민단체 등 1,500여개 단체들은 대책회의를 결성하여 조직화를 모색하기에 이른다. 한편 14일 실시한 한 여론조사에 따르면 우리 국민의 75.3%는 논란이 되고 있는 미 쇠고기가 시판될 경우 먹을 의향이 없는 것으로 조사되었고,[26] 17일 이후 집회 이슈는 '광우병 소 수입반대' 이외에 '공교육 말살,' '대운하, 의료보험 민영화, 보수언론에 대한 비판' 등으로 점차 확대되었다.[27]

한편 이러한 국민의 불안감을 틈타 광우병 괴담은 급속도로 확산되고 대통령의 지지도가 취임 이후 처음으로 30%대 수준으로 하락하는 등 여론이 점차 악화되자 뒤늦게 정부는 쇠고기 사태와 관련해 다각적인 대책 마련에 나서게 되었다.[28] 대통령은 쇠고기 문제가 정치논리로 접근되고 있음을 우려하면서도 관계장관들의 문제해결을 당부해 5월 2일 농식품부 장관과 보건복지가족부 장관이 대국민담화문을 통해 미국산 쇠고기의 안전성을 강조했으나 갈등의 증폭을 막기에는 역부족이었다.[29]

이어 정부는 5월 6일 '원산지 표시제 전면 확대'와 '광우병특정위험물질 유입차

---

24) 5월 3일에는 인터넷 모임인 '정책반대시위연대'가 '미친광우병 소고기 수입과 건강보험 민영화 저지를 위한 대국민 촛불행사'를 열었다.

25) 10대 소녀들이 주축이 된 촛불은 정부가 곧바로 탄압할 수 없는 상황이었고 향후 운동의 도덕성과 지속성을 갖는 힘을 부여했다. 이들은 이후 부모 세대들을 광장으로 불러냈다(박래군, 2008:102).

26) 여론조사 전문기관인 리서치 앤 리서치가 전국 성인 남녀 800명 대상 설문조사한 내용으로 지난 14일 전화면접 방식으로 실시되었다(국민일보, 2008년 5월 17일).

27) 확산의 중요한 이유 중 하나는 신뢰상실이었다. "정부가 이번 협상을 기술적인 문제로 치부하면서 대국민 설득에 나섰으나 협정문을 오역하고 미국보다 낮은 수준의 광우병 특정위험물질(SRM) 기준까지 수용한 사실이 드러나 새 정부의 신뢰성은 회복하기 어려울 정도로 상처를 입었다(서울신문, 2008년 5월 20일)."

28) 여론조사기관인 '리얼미터'가 4월 29-30일 성인 700명을 대상으로 전화조사를 실시한 결과, 대통령의 지지도 ('국정수행을 잘 하고 있다'는 응답)는 35.1%에 그쳐 취임 이후 최저를 기록했다. 이는 4월 25일 같은 조사와 비교해 불과 4-5일 만에 12.1% 포인트나 급락한 것이다(한겨레, 2008년 5월 3일).

29) 인터넷 중심으로 악화된 미국산 쇠고기 수입반대 여론과 광우병 불안감은 반정부반미감정으로 비화될 조짐마저 보이고 있었다(국민일보, 2008년 5월 3일).

단'을 주요 내용으로 하는 '한미 쇠고기 협상 후속대책'을 내놓았다. 아울러 청와대는 홈페이지에 농림수산식품부와 보건복지부 명의로 된 미국산 쇠고기 홍보 팝업창을 신설하는 등 광우병 공포의 주 근원지가 인터넷인 만큼 '온라인 홍보'를 강조하면서 미국산 쇠고기의 안전성 소개 및 광우병 괴담에 대해 해명했다.[30] 한편 검찰과 경찰은 인터넷 괴담 수사를 하고 중고생이 유포한 것으로 보이는 '5.17휴교' 문자메시지를 추적하는 등 10대 청소년들에 대해 적극적인 수사의지를 표명했다. 아울러 서울시교육감은 중고등학생들의 참여 배후로 전교조를 지목하기도 하고 집회장에 교사들이 나타나 학생들의 단속에 나서기도 하는 등 참가를 막으려고 애썼다.[31] 5월 7일 농림수산부장관에 이어 다음날인 8일 국무총리는 광우병이 발생할 시에 미국산 쇠고기의 수입을 중지하겠다는 대국민담화문을 발표하였는데 동시에 광우병에 대한 허위사실을 유포하거나 불법집회로 국민을 불안하게 하는 행위에 대해 엄정하게 대처하겠다는 의지도 밝혔다. 5월 9일 청와대 언론대책회의에서 부정적 여론 진원지에 대한 적극적 관리방안이 논의되었고 이를 위해 문화관광부 홍보지원국에 '인터넷 조기 경보반'이라는 이름의 조직이 설치되었다. 5월 15일 정부는 악화된 민심을 감안하여 예정된 장관고시를 연기하였다.[32] 아울러 5월 22일 이명박 대통령은 '국민께 드리는 말씀'이란 대국민 담화문을 발표하여 식품안전에 대한 확고한 의지를 나타냈고 추가협약의 약속을 했지만 쇠고기 수입에 대한 촛불집회는 더욱 확산되었으며 또한 점차 과격해지기 시작했다(동아, 한겨레, 한국, 2008년 5월 26일-30일; 이종열 · 최미옥, 2009: 145에서 재인용).

3) 제3단계: 갈등의 절정기

시위가 정점에 달했던 6월말까지 촛불시위는 내용적으로나 형식적으로 상당히

30) 이는 네티즌들이 하루에도 수백건씩 청와대 홈페이지에 비난과 항의성 글을 올리는 것을 저지하기 위한 방책이었는데 청와대에서는 아울러 게시판에 '쇠고기 수입재개 오해와 진실' 이란 특별 공지사항도 띄워 놓았다(서울신문, 2008년 5월 6일). 이외에도 방송통신위원회 네트워크윤리팀 관계자가 포털사이트에 대통령 비판 댓글을 '블라인드' 처리해달라고 유선으로 협조를 요청해서 물의를 빚기도 했다(한겨레 21, 2008년 5월 30일 제712호).

31) 전주 덕진경찰서 소속 정보과 형사가 수업 중인 고등학생을 불러 촛불집회 참석의 배후를 조사해 문제되기도 했다(중앙일보, 2008년 5월 17일).

32) 당일 언론중재위는 PD수첩의 광우병 방송의 정정 · 반론보도를 직권결정하였다(서울신문, 2008년 5월 20일).

변화되었다. 우선 내용적으로는 이후 민노총, 전교조, 대운하반대단체 회원들의 가세로 집회의 성격이 쇠고기 수입의제뿐만 아니라 현 정부의 주요정책에 대해 반대를 하는 것으로 양상이 변모하였다. 외형적으로는 집회의 규모가 점차 확대되었고, 도로점거 및 밤샘시위와 함께 폭력적인 모습이 나타나면서도 동시에 자발적 연행 등으로 평화적인 방식으로 정책에 항의하는 모습을 보이기도 했다.33) 시위는 연일 계속 확산되어 6.10 민주항쟁 기념, 100만 촛불 시위 및 대행진 때는 그 절정에 달했다.34) 한편 정부의 추가협상 결과 발표에도 불구하고 전면 재협상 등의 요구를 내세워 시위대는 폭력적이고 감정적으로 거리에 나섰고 경찰의 강력대응과 대립하면서 갈등은 첨예화되었다.

정부의 폭력시위에 대한 강경책의 일환으로 경찰은 강경진압을 본격화하여 5월 24일 106명의 불법 시위자 연행을 시작한 후 연일 시위자 연행과 강경진압이 반복되었다. 5월 29일 정부의 미국산 쇠고기 수입 장관고시를 강행하겠다는 발표로 인해 시위는 한층 더 과격화되었고 경찰의 물대포 사용 등 과잉진압 논란이 벌어졌다. 이는 당초 6월 3일로 예정된 '미 쇠고기 고시' 의 유보 및 검역중단 결정을 가져왔다(6월 2일). 계속되는 시위로 인해 6월 19일 대통령은 결국 특별기자회견을 통해 식탁안전에 대한 국민 정서를 세심하게 헤아리지 못하고 의견을 수렴하는 노력이 부족했음을 깊이 반성한다는 내용의 기자회견문을 발표하였다.35) 연이어 정부는 추가협상을 제기하여 30개월 이상의 미국산 쇠고기 수입을 차단하는 방안에 대해 논의하였고 6월 21일 한미 쇠고기 추가협상 결과를 발표하여 한미 수입위생조건에 대해 농림수산식품부 장관의 고시를 6월 26일 관보에 게재하였다(이종열 · 최미옥, 2009: 148). 한편 정부는 계속되는 촛불시위에 대해 주요단체 압수수색, 네티즌 수사 강화, 시청앞 광장 원천봉쇄 및 색소혼합 물대포 사용 등 강경하게 대처했다.36)

33) 당시 '닭장차 투어'라는 용어가 유행했었는데, 경찰의 강제연행에 저항하지 않고 자발적으로 경찰차에 오르는 것을 일컬었다.

34) 6.10 민주화 항쟁 기념일과 병행하여 '100만 촛불 대행진'은 약 백만명에 가까운 인원이 참여하여 촛불시위 기간 중 최대 참석인원을 기록했다.

35) 한편 대통령은 다음의 인용구들처럼 쇠고기 문제가 한미 FTA와 중요한 관련성이 있음을 직접 밝히며 이해를 구했다. "미국산 쇠고기 수입을 계속 거부하면 한미 FTA가 연내에 처리될 가능성은 거의 없다고 보았습니다." "싫든 좋든 쇠고기 협상은 피할 수 없다고 생각했습니다."

36) 검찰은 광우병대책회의 사무실을 압수수색(6월 30일) 하고, '인터넷신뢰저해사범수사전담팀'을 투입

4) 제4단계: 갈등의 쇠퇴기 (8월 중순까지)

이 시기 촛불집회는 정당성의 훼손과 경제적 부담가중으로 점차 자체동력을 상실해 가는 모습을 보여준다. 먼저 종교단체와 결합되면서 점차 평화시위로 변모하게 되기도 했지만 미국과의 추가협상 발표라는 타협적이지만 소기의 목적이 어느 정도는 달성되었기에 계속되는 촛불시위로 인한 희생의 비용에 대한 명분이 상대적으로 약화될 수 밖에 없었고 초기의 순수한 비폭력 집회에서 정치성을 띈 폭력시위로의 변질에 대한 비판의 목소리가 커졌다.[37] 촛불시위 장소 일대 상인들의 시위로 인한 피해의 손해배상 제기는 경제적으로도 압박을 하는 것이었고, 일반시민들의 여론도 더 이상 우호적이지 않게 변화되었다.[38] 이에 더해 방송통신심의위원회가 PD수첩의 광우병 프로그램 1, 2편에 대한 공정성과 객관성을 이유로 사과문 고지를 통보하자 PD수첩에 대한 신뢰성에 의문이 제기되었고, 이후 보수진영이 '애국시민연대연합'을 형성하여 대응집회를 열면서 광화문 촛불시위는 점차 진보정치의 성향을 자의든 타의든 띠게 되었다. 특히 2008년 8월 초 개최된 베이징 올림픽에 국민적 관심이 집중되고 광우병 국민대책본부의 광화문에서의 대규모 장외집회는 중단발표로 8월 15일 100회 촛불집회를 거치며 촛불시위는 이슈경쟁에서 밀려나 사실상 소멸상태로 접어들었다.

하여 조중동 광고지면 광고중단운동 네티즌 수사에 착수했으며 주동자로 지목한 20인에 대한 출국금지조치(7월 8일)를 단행했다. 경찰은 집회장소 봉쇄와 집회 참가자 체포조인 '경찰관 기동대'를 창설(7월 30일) 했다.

37) 특히 7월 5일 4개 종단(천주교, 불교, 개신교, 원불교)과 함께 약 50만명이 참여한 대규모 촛불집회가 개최되면서 이후 집회의 양태도 평화로운 집회로 변화되었다. 아울러 촛불집회가 애초에 미국산 쇠고기 협상 무효(또는 재협상 관철)을 목적으로 시작되었다는 점에서 미국과의 추가협상 발표사실은 집회참가자들의 요구에는 미흡하지만 촛불시위를 더 이상 지속시키는데에는 명분이 미약하였다(강귀웅, 2009: 50).

38) 7월 17일 광화문 일대 상인들은 광우병 대책회의 등 시위주최 측과 국가를 상대로 촛불시위로 입은 손해배상에 대한 청구소송을 서울지방법원에 제기하였다(세계일보, 2008.7.18 2010년 10월 20일 검색). 서울신문의 여론조사 결과에 따르면 응답자의 67.1%가 "촛불집회를 그만하는 것이 좋다"에 응답하였다(서울신문, 2008년 7월 19일).

제4절 정부의 공공갈등관리 분석

1. 주기별 갈등관리

1) 갈등포아기에서의 관리: 선별적 '통제' 및 '회피'

한미 쇠고기 협상 타결 이후 정부는 직접 이해당사자인 축산농가의 거센 반발에 직면하여 '미국 쇠고기 수입재개 보완대책'을 긴급 발표하면서 주로 경제적인 보상을 제공하였다.[39] 한편 일반국민의 갈등에 대해서는 온라인에서 응집되는 시기였지만 외부적인 표출이 크지는 않아서 특별한 대응을 하지는 않았다. 이런 점에서 볼 때 이 시기의 갈등관리는 직접 이해당사자인 축산농가에게는 '통제'전략의 한 방법으로 경제적 유인제공 전략을 사용했지만, 정작 일반 국민을 상대로는 갈등이 크게 발생하리라 예상치 못했다. 다만 대통령의 발언을 통해 일반국민들은 소수의 낙농업자의 희생으로 이익을 얻는 집단화 되었다. 아울러 대통령 자신의 결정 책임을 전임 대통령에게 전가함으로써 스스로를 갈등당사자의 위치에서 제외시켰다. 이런 태도를 두고 볼 때 해당문제에서 관심을 떨어뜨리는 등 갈등구조에의 포섭을 '회피'하는 전략을 사용한 것으로 분석할 수 있다.

2) 갈등표출기에서의 관리: '약한 통제' 및 '회피'

이 시기 정부는 온라인에서의 폭발적인 갈등양상을 뒤늦게 인지하고 초기에는 농식품부 장관과 보건복지가족부 장관 명의의 대국민담화문과 홈페이지 팝업창 등을 통한 쇠고기 안정성에 대한 홍보 및 '정보전달'에 주력하였다. 이는 설득적인 주장에 의한 '통제' 혹은 강압적인 전략으로 해석된다. 하지만 이미 국민들의 심리적 불안은 무척 커져있었기 때문에 효과는 크지 않았다. 이후 국무총리는 대국민담화문을 통해 정보전달 외에도 광우병에 대한 허위사실 유포나 불법집회의 경우 엄정

39) 긴급 대책의 주요 내용을 분석해 보면, 우선 '원산지 표시강화'는 타인의 처벌을 통해 유인을 얻는 방식이고, 한우 고급화를 위한 '품질고급화 장려금'과 '도축세 폐지' 그리고 '검역공무원 파견'은 경제적 유인에 해당한다고 할 수 있다.

대처하겠다는 협박성 발언으로 대응강도를 높여갔다. 아울러 언론보도에 대한 조기경보체계를 강화하는 차원에서 관련 대응조직(인터넷 조기경보반)을 설치하고 부정적 여론진원지로 꼽히는 언론사 및 포털에 대한 압박을 하는 등 다양한 '통제'전략이 동원되었다. 특히 검찰과 경찰의 적극적인 수사와 교사들의 학생 시위참여 저지 등으로 '통제'전략의 과잉이 일어났고, 서울시교육감의 전교조 배후 발언은 교사와 학생들의 집회불참을 염두해 둔 것으로 보였지만 오히려 역효과를 가져왔다.[40] 한편, 대통령의 "정치적 논리로 접근해서 사회불안을 증폭시켜서는 안된다"는 발언은 '통제' 전략 중에서 지위를 이용한 언질 혹은 협박으로도 비춰질 수 있다는 점에서 상대방인 시위참여자들은 자신의 권익이 침해받는다는 느낌으로 다가왔다. 이러한 '통제'전략에도 불구하고 상황이 좋지 않자 결국 5월 22일 대통령은 대국민 담화문을 발표하여 시위참여자의 이해를 충실히 반영할 것임을 약속하여 '타협'의 형식을 띈 상황모면의 '회피' 전략으로 갈등양상을 줄여보고자 하였으나 되려 촛불시위는 더욱 확산되었고 과격해지는 양상을 보이게 되었다.

3) 갈등절정기에서의 관리: '강한 통제'에서 '타협'으로, '회피'와 '매우 강한 통제'의 선별적 운용

이전시기 까지 정부의 갈등관리는 순응을 유도하기 위한 유화책으로 '약한 통제' 전략이었으나 5월 29일 미국산 쇠고기 수입 장관고시 강행발표라는 강압적인 '통제' 전략으로 인해 갈등이 더 증폭되어 첨예화되자 경찰력을 이용해 불법시위자를 연행하고 물대포를 사용하는 등 '강한 통제'전략에 의지하기 시작한다. 그러나 이러한 관리전략이 더 큰 갈등을 일으키자 '미 쇠고기 고시' 유보 및 검역중단 결정과 반성의 내용이 담긴 대국민담화문을 통해 추가협상이라는 '타협'전략을 꺼내들었다.[41] 한편 촛불의 '배후'를 찾는 대통령의 발언은 개별 시위참여자들을 이해당사자의 지위에서 탈락시키는 '회피'전략으로 받아들여질 수 있었다.[42] '타협' 전략

40) 여고생 김모양(17)은 "교육청의 제지에도 불구하고 학생들의 참여가 줄지 않는 이유는 단순히 광우병 소 문제 외에도 다양한 교육정책에 대한 학생들의 스트레스와 불만을 표출하고 싶었기 때문"이라고 지적했다(경향신문, 2008년 5월 18일).

41) 수용으로 해석할 여지도 있으나 협상무효나 재협상이 시위참여자의 이익에 합당한 것으로 감안하면 수용에 가까운 타협으로 볼 수 있을 것이다.

에도 불구하고 계속되는 촛불시위에 대해 압수수색, 수사강화, 강력진압 등의 '매우 강한 통제'전략을 구사하게 된다.

4) 갈등쇠퇴기에서의 관리: '매우 강한 통제'

정부는 이전 시기와 마찬가지로 불법시위의 경우 '매우 강한 통제'전략을 구사하게 된다. 한편 이러한 관리와 실제 갈등의 완화 및 소멸이 어떤 연관을 갖고 있는지에 대해서는 설명이 쉽지 않다. 오히려 상황적 측면에서 외부요인들 즉 올림픽과 보수단체의 집회 그리고 시위장소 상인들의 피해보상 요구와 일반시민들의 비판은 점차 촛불시위가 소멸하는데 직접적인 영향을 끼쳤다고 볼 수 있다.

2. 공공갈등관리에 주는 시사점

이상에서 살펴본 정부의 주기별 갈등관리에서 찾을 수 있는 공공갈등관리의 시사점을 도출해 보면 다음과 같다.

1) 갈등포아기: 갈등영향 대비 및 민감성 제고

먼저 예견되는 갈등요소에 대한 사전대비가 부족했다는 점을 들 수 있다. 이는 또한 졸속협상이라는 사실을 방증하는 예가 될 수 있겠지만 직접 이해당사자인 축산농가의 갈등은 충분히 예견되는 것이었고 협상타결 당시에도 인지하고 있었으나 충분한 준비를 하지 못했고 따라서 갈등이 표출된 후에야 긴급대책을 마련하는 등 너무 쉽게 갈등을 키웠다는 점이 지적된다. 아울러 축산업자들에 대한 경제적 유인으로 선별적 '통제' 전략은 어느 정도 효과를 보았지만 일반 국민들에 대해서는 '회피'전략으로 일관해 오히려 이슈에 대한 관심을 자극했다.

아울러 직접 이해관계자로 상정한 축산농가 외에 잠재적인 갈등요소들에 대해 민감하게 인지해 내는 민감성이 부족했다. 현대사회는 인터넷의 발달로 인해 상당부분의 상호작용이 온라인에서 진행된다는 점을 인식하지 못했다는 점이 뼈아프

42) 중고생들을 대상으로 한 설문조사 결과 71%가 자발적으로 촛불집회에 참여하였다고 응답(박치성 · 명성준, 2009: 52) 한 것을 두고 볼 때 '배후'논의는 이들을 대화상대로 인정하지 않겠다는 말과 다르지 않다.

다. 쇠고기 협상타결일로부터 1차 오프라인 촛불문화제까지 적어도 2주간 활발하게 갈등이 성숙되었고 PD수첩 방영 이후에는 폭발적이었음에도 사태의 심각성을 파악한 시점은 방송 이후 며칠 지나서였고, 그나마 6일 농림수산식품부 홈페이지에 관련 홍보자료를 올리는 등 소극적 대처가 화를 더 크게 불러일으켰다. 이 때는 이미 방송분이 너무 많이 퍼져있어 수습하기엔 너무 늦었다.[43] 여론을 수렴하거나 살피는데 있어 전통적인 미디어의 한계가 극명하게 표출되었으며 이제 인터넷은 의제가 설정되는 공간으로서도 작동하게 되었다. 오프라인 집회 전 온라인에서 사회쟁점화되더라도 갈등포아기까지 시간이 걸리지만 문제가 촉발되어 갈등표출기에 이르게 되면 이번 촛불사례처럼 단지 며칠 만에 오프라인에서의 결집을 이룰 정도로 폭발력이 있기에 갈등양상에 대한 민감성을 높일 필요가 있다. 전통적인 방식인 집회 등 무력시위에서 갈등양상을 포착할 것이 아니라 온라인에서 여론의 추이에 촉각을 곤두세울 필요가 있으며 기존의 전통적인 매체인 TV, 라디오, 신문에 지나치게 의존한 여론동향 파악도 재고해 보아야 할 것이다.

2) 갈등표출기: 조율된 초동대응과 적극적 해결의지의 중요성

뒤늦게 갈등을 인지한 이 후에 초동대처에 있어서도 부처별로 홈페이지나 대국민담화 및 설명회를 이용한 정보제공이 산발적으로 이루어지는 등 '약한 통제' 전략을 사용하였지만, 정무기능의 활용을 통한 정부 부처를 통괄하는 전략 · 홍보 중앙조율기능이 부재하다는 점이 지적된다. 청와대와 내각은 대통령 중심의 일처리에서 벗어나야한다는 지적이 잇따랐는데 한편으로 이는 현정부의 총리실에서 맡은 자원외교 역할로 인해 정책조율기능이 사실상 대폭 줄어들어 비서실의 역할이 중요해 졌다는 점에서 청와대 비서실의 정무와 홍보라인의 문제로 귀결될 수 있다. 특히 대통령이 정책현안 전면에 자주 등장함으로써 부담도 대통령 일인에게 전가되는 일이 비일비재하였다는 점과 당정청 간 엇박자로 인해 정부발 정책들이 제대

43) 협상 타결 이후 국민들 사이에서는 광우병에 대한 우려가 고개를 들기 시작했지만 정부는 이를 방관했고 지난 29일 PD수첩의 방송이 불안심리에 기름을 부었지만 여전히 며칠동안 적극적 대응에 나서지 않다가 언론이 광우병 관련 유언비어가 위험수위에 이르렀다고 지적하자 뒤늦게 미국산 소고기 안전성 설명회를 여는 등 부산을 떨었다. 그러나 이미 국민들의 불안심리는 극데 달해 정부의 해명은 효과를 발휘하지 못했다(문화일보, 2008년 5월 7일).

로 걸러지지 않은 채 마구잡이로 나오면서 정책불신이 커지는 계기가 되기도 하였다. 아울러 표출된 갈등이 적절히 수용되고 더 커지지 않도록 '대국민 담화'로 감정에 호소만 하면서 '회피'하는 전략 보다는 실제적인 행동을 통해 적극적인 해결의지와 소통의 자세를 보여주는 것이 필요하다.

3) 갈등절정기: 갈등문제와 갈등구조에 대한 재인식

전 단계에서 표출된 갈등이 결국 정부의 고시 강행이라는 '강한 통제' 전략과 맞부딪쳐 국민들의 반발이 최고조에 이르게 되고 정부는 결국 재협상이라는 '타협'책을 선택하게 된다. 아울러 용인한도를 벗어나는 일탈적인 상황에 대해서는 '매우 강한 통제'를 병행했다. 한편 갈등표출기에서 정부의 대응에도 불구하고 절정에 이르고 한동안 지속된다는 것은 정부대응의 본질적인 문제가 있다고 파악할 수 있다. 즉 전술(how to)의 문제가 아니라 전략(what to)의 문제차원인데 이는 크게 두 가지 즉 갈등문제에 대한 정확한 인지와 갈등구조에 대한 파악을 들 수 있다.

먼저 갈등문제에 대해 본 사례의 촛불시위 참여자들이 응답한 바에 의하면, 이들의 참여를 이끈 것은 미국 쇠고기의 안전성이 아니라 검역주권과 관련된 문제이고, 아울러 정책의 일관성이 상실된 신뢰의 문제 즉 가치의 문제였다. 이는 한편으로는 기존의 계급갈등을 벗어나 점차 생활정치의 가능성을 보여주는 면으로 해석할 수 있으며 개발, 풍요보다 복지, 환경에 관심을 두는 탈물질주의적 문화가 영향을 미쳤다고도 볼 수 있다.[44]

아울러 갈등구조에 대한 파악에 있어서, 갈등의 절정기에 이르도록 정부는 갈등당사자에 대한 정확한 인지를 하지 못한 채 보수언론과 함께 '배후세력' 등 좌파음모론을 내세웠다. 이는 두 가지로 갈등의 확산에 영향을 주었는데 하나는 실제 당사자인 여중고등생 및 일반국민들의 경우 자신들의 목소리가 외면당한다고 생각하여 더 큰 불신을 가지게 되고 뭉치게 되는 효과를 만들어 냈다는 점이고,[45] 다른

44) 조기숙 · 박해윤(2008: 264)의 연구에 따르면 촛불집회 참가자들은 일반 국민에 비해 개인주의적 성향과 탈물질주의적 성향이 매우 높은 것이 특징이다.

45) 일단 초기 시위에 주도적으로 참여했던 10대 청소년에 대한 이해가 필요한 대목이다. 정부와 보수언론은 '배후세력'이라든가 '미성숙한 10대'라든가 "분위기에 휩쓸린 충동적인 참여," '연예인 추종' 운운하면서 청소년 참여자를 '비정치적' 존재로 규정하는 담론을 유포하였다. 또한 학교 및 교육당

하나는 관망하던 진보단체들이 서서히 결집되면서 더 큰 갈등을 유발시키는 효과를 만들어냈다는 점이다.[46] 공공갈등의 경우 대개 협상당사자의 숫자가 많고 관계가 복잡하기 때문에 협상을 시작하기 이전에 의사결정이 용이하도록 협상의 구조를 만들 필요가 있는데 이 때 협상 상대방의 영향력을 관리할 수 있도록 가시성(visibility)을 조절하거나, 대화통로를 다양하게 만들 필요가 있다(Watkins, 2002).

4) 갈등소멸기: 갈등의 원인분석 및 재발방지 노력

갈등관리는 갈등이 사라지거나 보이지 않는다고 끝난 것이 아니라 예방과 경험을 통한 대응시스템을 갖춰놓는 것이 중요하다. 본 사례와 관련하여 앞서 언급했지만 주로 외부적 환경요인으로 인해 갈등이 점차 소멸된 것처럼 보이나 다시 언제 어떻게 등장할지는 누구도 예상할 수 없다. 다만 향후 갈등관리의 제도화를 위해 지난 사례의 원인분석 및 재발방지를 위한 노력이 필요한 시점이고, 이와 관련해서 비록 2년이 지나긴 했지만 최근 정부의 촛불보고서 제작노력은 특히 새로운 유형의 공공갈등에 대처하는 최초의 업무매뉴얼이 될 수도 있기에 의미하는 바가 크다고 하겠다.

국자들과 경찰까지 나서 촛불집회 참여와 연관된 학생들을 감시하고 위협하는 상황이 발생했다. 역설적이게도 이와 같은 배후론과 학교기제를 통한 감시와 억압은 오히려 10대 참여자의 참여확대와 자신들을 정치적 주체로서의 인식하고 행동하는 활동을 강화하는 효과를 가져오게 되었다(이해진, 2008: 83).

46) 이호영 외(2008: 153)는 촛불집회 초기 정부의 구태의연한 대응이 오히려 갈등을 증폭시키는 계기가 되었다고 분석한다. 촛불집회를 선동하는 배후세력에 대한 '사탄론' 같은 인식과 원천차단하겠다는 처방이 그러하다. 광우병 관련 유언비어를 퍼뜨린 네티즌을 색출하기 위해 경찰청은 대대적인 수사에 착수했으나 이마저도 대규모 사이버 경찰청 자수사건이라는 시민들의 유례없는 대응에 직면다. 정부와 시민들 간의 소통에서의 거리감은 더욱 커져서 특히, 광화문 주변 3곳에 컨테이너 박스를 층층이 쌓아 청와대로 가는 주요 도로를 봉쇄했던 경찰의 대응은 국민과의 소통을 막는 '베를린장벽'으로 비유되면서 소통차단의 현실을 그대로 보여주었다.

제5절 결 론

과거 사회운동의 주요 이슈였던 민주화, 노사관계 등 거시적 담론과 달리 2008년 촛불집회의 이슈는 먹거리 안전에 연관된 미시적 일상생활에 터잡은 생명과 가치갈등의 모습을 내포하는 생활정치의 등장으로 이해될 수 있다(Giddens, 1991; 김호기, 2008: 26에서 재인용). 이는 한편으론 국가의 이익 뿐만 아니라 개인의 행복도 중요하다는 인식이 점차 팽배해져서 이제는 당당하게 개인의 행복을 주장하는 분위기가 조성되었다는 의미이기도 하고 다른 한편으론 1960년대 이래 형성된 국내 지식질서의 권력관계 구조가 새로운 변동의 국면에 접어들었음을 의미하기도 한다.[47]

생각컨대 현대 정부의 정책과정에서 갈등은 어쩌면 불가피한 현상인지도 모른다. 왜냐하면 정책에는 여러 가지 이해당사자가 있기 때문이다. 여기에 더해 불특정 일반국민이 직접적인 이해관계는 없으면서도 시위와 같은 집단행위에 참여하기도 한다. 이렇듯 복잡다단해진 갈등의 방정식을 풀기 위해 정부는 정책과정에서 반드시 갈등관리를 포함할 필요가 있다. 예를 들어 정책문제가 언론에 보도된 경우에 정책결정까지 소요되는 시간이 더 늘어나게 되는데 이에 대한 대처도 갈등관리의 맥락에서 이해할 수 있다(임도빈 외, 2008).

정책과정은 이해관계자와 정부와의 권력관계를 내포하게 마련이다. 바야흐로 이러한 권력관계의 변화에 따른 갈등의 변화양상과 이에 대응하는 공공갈등관리는 어떠해야 하는가? 2008년 촛불시위는 이런 문제제기와 관련하여 많은 시사점을 제공해주었다고 본다. 이해당사자가 특정되어 있고 견고하게 조직화된 갈등구조에서 전투적인 요구에 익숙해 있던 한국사회의 전통적인 갈등양태는 점차 불특정 다수가 참여하여 무정형의 네트워크적인 갈등구조에서 마치 축제로서 혹은 퍼포먼스로

47) 한 축으로는 386세대, 포스트 386세대 및 디지털 신세대가 그리고 다른 한 축으로는 6.3세대와 경제개발시대 세대로 하는 대결구도에서 인터넷은 온라인이라는 새로운 공간을 창출하고 이를 매개로 한 새로운 의사소통와 상호작용의 메커니즘을 제공하여 한국 정치사회에서 권력이동을 야기했다(이호영 외, 2008: 157).

서 다양한 자기 권리를 주장하는 모습으로 변모되고 있다.[48] 당시 정부는 전통적 관리방식의 입장에서 보면 나름 합리적인 갈등관리를 하였다고 평가를 할 수도 있겠다. 왜냐하면 비록 갈등인지시점이 늦긴 했지만 이는 기존의 아날로그식 정부운영을 감안해 볼 때 수긍이 갈 수 있는 대목이기 때문이다. 아울러 협상당사자를 찾기 위해 주동자, 배후 찾기 노력을 게을리 하지 않았는데, 이 배후를 통해 실타래처럼 엮어진 조직이 발각되어 와해되면 촛불시위도 쉽게 사그러들 것으로 알았을 수도 있다.

하지만 이러한 전통적 갈등관리방식은 우리 사회가 이미 정보화라는 중요한 변동을 온몸으로 부대끼며 살고 있다는 점을 간과하고 말았다. IT혁명은 공공공간(public space)에서 새로운 차원을 창출한 것으로, 과거 물리적 공간에서 의사소통에 시간적 제약을 겪던 시대에서 벗어나 새로운 패러다임을 창출하게 된 것이다. 중심조직 없이 내부에서도 변화가 심한 무정형의 조직으로서 각자 서로다른 이유에서 거리로 뛰쳐나온, 인터넷과 핸드폰 등 디지털 버전으로 업그레이드된 시위참여집단을 기존의 아날로그식 권위주의, 발전담론 그리고 과정보다는 결과중심적 해법의 방식으로는 도저히 감당해 낼 수는 없었다.

이렇듯 다양한 방면에서 권리의식을 주장하는 개인을 위해 조직의 다차원적인 갈등예방관리가 필요한 시점이다. 아울러 갈등발생시 일방향적이고 권위주의적으로 대응하는 방식 보다는 협력적 커뮤니케이션의 대응방식이 필요하다는 점, 아울러 청소년 등 미래세대의 권리를 어떻게 담보해 나갈 수 있는지에 대해 세대 간의 문제로서 다룰 때가 도래했음도 사례를 통해 감지할 수 있었다. 이러한 잠재적 갈등적 요소 외에 외견상 이미 소멸된 것으로 보이는 촛불이 여전히 앙금으로 남아 다시 점화를 기다릴 수도 있다. 촛불시위 2년 후 설문조사에 따르면 갈등은 여전히 남아있고 잠재적으로 쌓여있어 언제 다시 주요 이슈로 갈등이 발생될지 모르는 일

48) 1인당 소송건수가 급격하게 늘어나는 등 개인의 권리의식은 과거에 비해 무척 신장되었다. 특히, 형사사건이나 민사소송과 비교해 행정소송 사건의 접수 · 처리 증가율은 더욱 두드러진다. 법원에 접수된 행정소송 사건은 1999년 1만7308건에서 2008년 3만2123건으로 늘어 9년 동안 증가율이 85.6%에 이른다. 이에 비해 민사소송 사건은 같은 기간 346만여건에서 408만여건으로 17% 정도 증가하였고 형사사건은 239만여건에서 198만여건으로 오히려 17% 정도 줄었다(파이낸스투데이, 2010년 11월 6일).

이라고 한다.[49]

결국 이미 우리 사회는 갈등이 일상적으로 표출되는 사회로 이행하고 있고, 일상에서 다원적 갈등구조가 표면화되어 나타나고 있다. 그러나 갈등을 효율적으로 관리하고 긍정적인 방향으로 전환시켜 사회발전의 동력을 유도할 수 있는 제도와 경험은 아쉽게도 그다지 축적되지 않은 것이 사실이다.[50] 앞으로도 사회구성원들의 욕구는 그 범위와 수준이 더 증대될 것이며 사회갈등도 첨예화될 것이 분명하다. 정부는 공공갈등관리라는 갈등관리의 제도화를 통해 한편으로 갈등의 역기능을 완화시켜 사회적 비용을 경감시키고 다른 한편으로는 갈등의 순기능을 유지하기 위해 정부 전체가 갈등을 민감하게 생각하되 당사자들이 함께 소통하면서 다루는 것이 필요하다. 다시말해 모든 정책은 잠재적으로 갈등을 내포하고 있다는 점을 유념하여 정책과정 전반에 걸쳐 갈등의 당사자와 갈등문제 및 갈등구조에 대한 인지와 대책을 늘 염두에 두고 있어야 할 것이다.

49) 2009년 11월 실시된 동아시아연구원 조사에 의하면 촛불시위 있었던 2008년에 비해 사회갈등은 더 심각해졌다고 응답한 비율이 대략 60%에 이르렀다(동아시아연구원, 2009). 이슈관심주기의 모든 단계를 통과한 이슈라도 다시 공공의 관심을 집중시킬 수 있다는 점을 감안하면(Downs, 1972), 촛불은 재연될 여지가 많은 역사적 사건이며 다양한 형태로 점화될 가능성이 높다(김철규 외, 2010: 288).

50) 김태기(2005)는 우리 사회 갈등의 주된 양상으로, ① '우는 놈 떡 하나 더준다'는 식의 사회갈등에 대한 사회적 인식, ② 사안의 경중과 상관없이 일상화된 점거, 시위, 농성 등의 물리적 · 비타협적인 갈등표출, ③ 공정성과 일관성이 결여된 채 연고주의에 따른 강자위주로만 진행된 갈등해결관행 등을 꼽는다.

제 15 장

쇠고기수입 및 스크린쿼터 정책

김 정 수
(한양대학교 행정학과 교수)

제1절 서　론

인간은 합리적으로 사고하는 이성적 존재인 동시에 기분과 느낌을 따라가는 감정적 존재이다. 인간의 행태는 이성적 판단의 소산이기도 하지만 감정적 반응에 의해 휘둘리기도 한다. 개인들 사이의 인간관계 및 개인의 집합체인 조직, 군중, 사회 역시 마찬가지이다. 사회적 관계 및 행위가 냉철한 이성뿐 아니라 뜨거운 감성에 의해서도 크게 좌우되는 것은 부인할 수 없는 현실이다. 따라서 사회현상을 충실히 이해하고 설명하며 개선책을 모색하기 위해서는 감정의 역할에 대한 연구가 필수적이다(전신현, 2009: 4). 그러나 전통적으로 주류 사회과학은 인간의 이성과 합리성에 연구의 초점을 맞춘 반면 감정의 문제는 무시하거나 병리적 일탈 정도로만 취급했다.[1] 하지만 최근에는 여러 사회과학 분야에서 감정의 중요성이 새삼 인식되면

1) 기존의 정책연구에서 감정에 관한 연구가 극히 드문 것은 전통적으로 이성(또는 합리성)과 감정을 대립된 것으로 파악하는 이분법적 사고 때문이라고 할 수 있다(Spezio and Adolphs, 2007: 74). Weber의 관료제 이론에 잘 드러나 있듯이 합리성은 정부 관료제의 최고 덕목으로 꼽힌다. 인간적 관계나 사적인 감정은 정부의 합리적 문제해결을 저해하는 병리적 요소로 치부된다. 그러다보니 정책과정 역시 감정이 배제된, 혹은 마땅히 배제되어야만 하는, 현상으로 이해되어 왔다. 이러한 경향은 소위 합리모형에서 가장 두드러진다. 주류 경제학의 가정대로 인간을 합리적인 효용극대화 존재로 인식하는 한 모든 결정과 행태는 감정보다는 이성적 계산에 따라 좌우되(어야만 하)는 것으로 설명되기 때문이다.

서 기존 연구들과의 접목을 시도하는 새로운 도전들이 많이 이루어지고 있다.[2)]

"감정은 중요하다(Emotion matters)"라는 명제는 정책 현장 및 연구에 있어서도 그대로 적용된다. 정책의 요구자요 수혜자(혹은 피해자)인 시민들, 그리고 정책을 수립하고 집행하는 정부관료들 모두 이성과 감정을 겸비한 인간이기 때문이다. 정부의 정책과정은 합리적 분석에 의해 진행될 것이 요구되지만 감정적 편향으로부터 완전히 자유로울 수는 없다. 정책에 대한 시민들의 반응 역시 마찬가지이다. 냉철한 계산에 기초하여 여론이 형성될 수도 있지만 암묵적인 때로는 적나라한 감정적 충동에 의해 크게 좌우되기도 하는 것이 엄연한 현실이다. 그런데 우리나라 정부는 그동안 국민들의 정서적 반응을 거의 무시하거나 소극적으로 대응해왔다. 또한 우리나라 정책학 및 행정학계에서는 극히 최근에서야 극소수 학자들을 중심으로 감정에 대한 진지한 고찰의 필요성이 제기되고 있다(이대희, 2007; 우윤석, 2008; 박통희 · 이현정, 2010). 그러나 감정이라는 요소를 정책 현장 및 연구에 구체적으로 어떻게 접목시킬 것인지에 대한 명확한 이론적 체계는 아직 뚜렷이 정립되지 않은 실정이다.

이 논문은 이러한 문제의식을 배경으로 출발한다. 감정은 개인과 사회를 움직이는 강력한 '사회적 에너지'이다(Collins, 1984). 따라서 감정을 배제시키고는 사회현상에 대한 충분한 설명과 해답을 결코 제시할 수 없다는 것이 이 논문의 기본 전제이다. 본 연구의 궁극적인 목적은 감정 관점에서 정책과정을 설명할 수 있는 개념과 모형을 모색하는 것이다. 이를 위한 하나의 탐색적 예시로서 이 논문은 특히 정책 현안을 둘러싼 정부와 국민간의 소통과 갈등 현상에 초점을 맞춰 고찰한다.

---

2) 심리학에서는 오래전부터 감정의 종류 및 영향에 관해 많은 연구가 축적되어 왔으며(이훈구 외, 2003; Plutchik, 2004; Solomon, 2004; Kalat & Shiota, 2007; Sclater, Jones, Price, and Yates, 2009) 최근에는 신경생리학 분야에서도 감정을 중요한 연구주제로 다루고 있다(다마지오, 1999; Lewis and Haviland-Jones, 2000). 사회학의 경우, Kemper(1978)와 Hochschild(1983) 이후 감정사회학(Emotional Sociology)이 활발하게 전개되고 있다(Forgas, 1991; Barbalet, 1998; Barbalet, 2002; 이성식 · 전신현, 1995; 김홍중, 2006; 윤명희, 2008; 엄묘섭, 2009; 박형신 · 이진희, 2008; 박형신 · 정수남, 2009). 정치학에서는 개인이나 집단의 정치적 의사결정에 있어서 감정의 역할에 대한 연구가 최근 활발해지고 있다(Marcus, Neuman, and MacKuen, 2000; Goodwin, Jasper, and Polletta, 2001; Marcus, 2002; Goodwin and Jasper, 2004; Redlawsk, 2006; Neuman, Marcus, Crigler, and MacKuen, 2007; 웨스턴, 2007). 경영학에서는 특히 마케팅 분야에서 최근 소비자의 감성적 만족을 중시하는 소위 감성마케팅 또는 문화마케팅에 대한 논의가 크게 주목받고 있다(로비넷, 2003; 힐, 2004; 안광호, 2006).

지난 2008년의 광우병 파동과 같이 최근 우리 사회에는 중요한 정책사안을 두고 정부와 국민 사이에 소통부재로 인한 극심한 갈등이 빚어지는 경우가 적지 않다. 정책문제를 해결해나가는 과정에서 정부와 국민 사이에 갈등과 대립이 격해지는 것은 국가발전을 위해 투입되어야 할 사회적 에너지가 소모된다는 점에서도 바람직하지 않다.

감정과 정책갈등의 연계를 설명하기 위한 시론적 분석틀로서 본 연구는 '감정공동체' 개념과 '화성男 금성女'라는 은유를 활용하고자 한다. 감정공동체로서의 대중은 마치 '금성에서 온 여자'처럼 감정의 발산과 공유를 위하여 주로 감성적 소통에 치중하는 경향이 있다. 반면 정부는 '화성에서 온 남자'처럼 오직 문제해결에 초점을 맞춘 이성적 소통에만 집중하는 성향이 있다. 이러한 소통 방식의 차이는 정책 현안을 둘러싸고 양자 간 갈등이 심화·증폭되는 원인이 될 수 있다. 따라서 국민과 정부 간의 소통부재로 인한 정책갈등을 제대로 이해하기 위해서는 감정의 중요성에 대한 재인식이 반드시 필요한 것이다. 요컨대 이 논문은 감정이라는 요소를 통해 소통·갈등 현상을 재해석하고 개선방안을 제시하려는 하나의 탐색적 시론이라고 할 수 있다.

제2절 감정, 의사결정, 그리고 사회적 갈등

국어사전에 의하면 '감정(emotion)'이란 "어떤 현상이나 일에 대하여 일어나는 마음이나 느끼는 기분"을 의미한다. 감정과 유사한 의미의 용어로 감성, 정서, 느낌, 기분 등의 단어들이 같이 사용된다. 영어에서도 emotion 외에 affect, feeling, passion 등의 단어들이 비슷한 뜻으로 통용된다. 이들 용어들의 개념적 차이를 구분하려는 시도도 있지만 많은 경우 명확히 구별하지 않은 채 사용되고 있다(이대희, 2007: 68).

1. 감정과 의사결정: 감성적 판단 대 이성적 판단

인간의 의식세계는 이성과 감정 또는 사고와 느낌의 두 영역으로 구성되어 있다(이대희, 2007: 405; 골먼, 2008: 47). 이성과 감정은 "좋던 나쁘던 간에 ... 서로 그물처럼 연결되어"(다마지오, 1999: 2) 있으며 상호 조화를 이룸으로써 삶을 적절히 영위할 수 있도록 돕는다(로비넷, 2003). 그런데 서양의 합리주의 철학 전통에서는 감정을 이성에 비해 열등하며 개인과 사회의 합리적 발전을 위해서 통제되어야 할 요소로 취급하여 왔다(Marcus, Neuman & MacKuen, 2000: 12-27). 하지만 실제로는 개인적으로나 사회적으로 감성 영역이 의사결정과정을 지배하면서 이성 영역을 압도하는 경우가 더 흔하다.

감정과 이성에 대한 전통적인 시각은 양자를 서로 상충되는 대립적 관계로 이해한다. 감정은 즉흥적이고 변덕스럽기 때문에 감정에 좌우되는 사람은 합리적이고 건전한 의사결정을 하지 못한다고 본다. 격렬한 감정으로 동요된 상태에서는 정확한 정보처리와 이성적 판단이 차단된다는 것은 신경생리학적으로도 판명된 사실이다(골먼, 2008: 73). 분노, 불안, 공포, 혹은 환희 등의 감정으로 흥분한 사람은 객관적 상황판단에 있어서 인식의 오류를 범하기 쉽다. 예컨대 Ruddy, Feldman & Casses(2007: 208)는 분노한 사람들의 인지작용이 대개 즉흥적이고 피상적이며 철저하지 못하다는 여러 연구 결과들을 소개하고 있다.

감정적 판단은 이성적 판단에 비해 엉성하고 부정확하지만 반면 무척 빠른 속도로 이루어진다(골먼, 2008: 468-76). 감성이 마음에 영향을 미치는 속도는 사고에 비해 3,000배나 빠르다고 한다(로비넷, 2003: 6). 그래서 이성적 사고가 미처 따라잡기도 전에 먼저 감정이 행동을 유발시키는 경우가 적지 않다. 이성적 판단은 여러 정보를 꼼꼼히 처리해야 하기 때문에 상당한 인지적 노동을 요하며 시간도 많이 걸린다. 그에 비해 감정이나 느낌은 바로 인출 가능하며 즉각적인 만족을 제공한다(힐, 2004: 33). 감정적 판단은 즉각적인 느낌에 의존하거나 사전에 형성되어 기억 속에 저장된 신념을 토대로 이루어진다. 따라서 인지적 노력과 상황 대응속도 면에서 훨씬 수월한 선택(판단) 방식이다. 실제로 전문적 지식이 부족하거나 정보가 충분치 못한 상황에서 사람들은 감정 주도적으로 대안을 선택하는 경우가 흔하다(안광호, 2006: 59).

신중하고 이성적인 판단과정에서도 감정은 일정한 역할을 수행한다. 감정은 이성적 선택을 통해 추구하고자 하는 목표 가치를 형성한다(박형신 · 이진희, 2008: 163). 합리적 선택이론에 의하면 인간은 자신의 이익(interest)을 극대화하기 위해 노력한다. 그런데 과연 무엇이 자신의 이익인가 하는 것은 궁극적으로 감정 영역에서 좌우된다. 어떤 사람이 돈을 많이 벌려고 하는 것은 돈에 대한 감정적 애착이 있기 때문이다. 또 어떤 사람이 돈은 못 벌어도 예술활동을 추구하는 것은 그 사람에게는 예술이야말로 가장 큰 기쁨과 만족이라는 긍정적 감정을 불러일으키기 때문이다. 즉 감정적 경험에 따라 어떤 사람에게는 돈이 최고의 이익이 되는가 하면 또 어떤 사람에게는 예술활동이 최고의 이익이 되는 것이다. 이처럼 감정은 "이성이 해결해야만 하는 문제들을 지적"해준다(바바렛, 2007: 83).

또한 이성적 판단의 결과는 감정적 반응을 통해 검증되고 최종적 결정으로 확정된다(로비넷, 2003: 6). 이 때문에 감정은 사람들의 신념체계 형성에 지대한 영향을 미친다. 즉 인간은 어떤 대상에 대한 감정적 경험과 조화되는 방향으로 자신의 속성신념 집합(coherent set of emotionally held beliefs)을 구성하기 마련이다(안광호, 2006: 60). 그리고 이를 토대로 어떤 정보의 진실성 여부를 판단한다. 다시 말해 감정 혹은 느낌이 어떤 정보의 진실 여부를 말해준다고 믿는 것이다. 결국 감정의 영향을 받은 의사결정은 이성적 사고만으로 내린 결정에 비해 더 깊게 그리고 더 오랫동안 지속된다(로비넷, 2003: 58).

2. 사회적 갈등의 원인으로서 분노 감정

감정에는 여러 가지 종류가 있다. 그 중 특히 분노(화, 노여움, anger)는 "사회관계를 형성하는 데 매우 강력한 힘을 발휘"하는 감정으로 사람들 사이에 갈등을 유발 · 증폭시키는 중요한 요인이다(래저러스, 1997: 25). 바바렛(2007: 233)은 분노를 "받아들일 만하고 바람직하고 적절하고 정당한 결과와 절차로부터의 이탈에 대한 감정적 판단"이라고 정의한다. 분노란 어떤 대상이나 사건에 대하여 몹시 언짢거나 못마땅해하는 감정이며 흥분한 상태가 되어 공격적 에너지를 분출하기도 한다(이대희, 2007: 108). 사회 속에는 법규나 제도, 정치상황, 특정 정책 등 사람들에게 분노를 일으키는 다양한 요인들이 있다. 예컨대 핵 시설과 같은 위험성이 큰 주제에 관한 전문가나 정부의 난해하거나 설익은 설명은 사람들에게 엄청난 분노를 야기시키면서 불신과 갈등을 심화시킨다(페터스 · 송해룡, 2001: 245).

감정이 일어날 때는 대상 혹은 목표가 있는데 분노의 경우 그 목표는 자신의 에고 혹은 자존심을 보존하는 것이라고 한다(래저러스, 1997: 28). 분노의 감정은 자신이 바라는 목적을 좌절시키는 부정적 사건에 의해 유발되며 그 사건이 불의(unjust)하거나 부당(illegitimate)하다고 비쳐질 때 더욱 증폭된다(Ruddy, Feldman & Casses, 2007: 205). 그런데 분노는 "외적으로 승인된 일련의 기준, 가치, 규범에 의해 추동된다"는 점에서 단순히 개인적인 복수심과는 다르다(바바렛, 2007: 232). 우리가 불의를 목도할 때, 그것이 설사 우리가 모르는 사람을 향한 것이라 해도, 분노를 느끼게 되는 것도 이 때문이다. "정의에 헌신하고 인간의 품위를 지키는 것은 우리 존재의 한 부분이며, 우리가 원하는 공정한 세상의 기초다. 우리 대부분은 그런 불의한 세상의 증거를 다름 아닌 우리 자신의 정체성에 대한 공격으로 여긴다. 그것을 우리 자신에 대한 직접적인 개인적 공격과 다름없이 위협적으로 여길 수도 있다"(래저러스, 1997: 35).

Doré & Kirouac(1985: 436)은 분노를 유발하는 상황으로 다음과 같은 다섯 가지 요인을 제시한다. 1) 장벽, 장애물, 좌절(사람, 사회적 제약, 위험한 공격에서 오는 심리적 · 신체적 위협), 2) 모욕(심리적 또는 언어적 위협), 3) 뭔가 하도록 강요받음, 4) 부당한 대우를 당하거나 목격함, 그리고 5) 욕구 충족을 방해하며 지속되는 누그러지지 않는 긴장감 등이다. 한편 안광호(2006: 170)는 분노의 발생 원인으로 다음과 같은 경우들을 꼽는다. 1) 목표지향적 행동에 방해를 받을 때, 2) 자존심에 손상 입었다고 자각할 때(무가치한 존재로 취급당하거나 정당한 대우를 받지 못한다고 자각할 때), 3) 자신의 욕구가 충족되지 않았을 때, 그리고 4) 상대방의 말과 행동이 자신의 기존 신념과 상반될 때 등이다.

제3절 국민-정부 간 소통 · 갈등 관계의 분석틀

우리나라에서는 정책 현안에 대한 시민들의 감성적 반응을 가리키는 저널리즘적 용어로 '국민정서'라는 표현이 자주 쓰인다(박형규, 1994). 여론의 향배를 좌우하기도 하는 국민정서란 "정책의제에 대한 개인의 감성적 반응이 모여 나타나는 집합적인 감정"이라고 할 수 있다(박통희 · 이현정, 2010: 30). 이 논문에서는 감정 측면에서 정부와 국민간의 소통 · 갈등 관계를 조망하기 위하여 두 가지 시론적 도구를 제시한다. 하나는 '감정공동체로서의 정책대중'이라는 개념이며, 다른 하나는 '화성男 금성女' 모델이다. 전자는 개인들이 느끼는 감정이 어떻게 집단의 감정과 행태로 연결되는지를 설명하기 위한 개념이다. 후자는 정책대중이라는 집단과 정부라는 집단 사이에 갈등이 촉발 · 격화되는 메커니즘을 해석하기 위한 은유틀이다.

1. 감정공동체로서의 정책대중

일반적으로 정책과정에 관련된 사람들을 정책결정자(policy maker)와 대상집단(target group)으로 구분한다. 대상집단은 정책으로 인해 어떤 식으로든 이익을 보거나 비용을 부담하는 사람들을 의미한다. 그런데 정책에 의해 직간접적인 영향을 받거나 이해관계가 걸린 것은 아니지만 해당 사안에 대해 큰 관심을 가지고 있는 사람들도 있는데 이들과 대상집단을 합해서 '정책대중(policy population)'이라고 부를 수 있다. 정책대중 이외의 사람들은 대개 해당 사안에 대해 별 관심이 없기 때문에 굳이 독자적 판단의 수고를 하기 보다는 정책대중이 표출한 입장을 따라가곤 한다. 따라서 사실상 정책대중의 입장이 국민 전체의 여론을 형성하는 경우가 많다. 스크린쿼터제 또는 세종행정복합도시와 같이 특정 집단이나 지역을 겨냥하는 정책의 경우 〈그림 1〉의 (가)와 같이 "대상집단 〈 정책대중 〈 국민"의 구조를 이룬다. 미국산 쇠고기 수입처럼 잠재적으로 모든 국민이 정책의 대상이 되는 경우에는 (나)와 같이 대상집단, 정책대중, 전체 국민이 사실상 동일한 집단이 된다.

〈그림 1〉 대상집단, 정책대중, 국민의 관계

(가) 대상집단<정책대중<국민 (나) 대상집단=정책대중=국민

‘감정공동체(communities of feelings)’란 특정한 사안에 대하여 감정적으로 공통된 경험과 반응을 공유하는 사람들의 무리를 의미한다(베레진, 2009: 75). 감정의 공유를 통해 결합된 감정공동체는 개인들 간의 감정적 일체감을 강화시키며 감정 에너지를 뿜어낸다. Collins(2004: 103)가 지적하듯이 감정은 “하나의 사회를 묶어주는 힘– 연대의 접착제–이자 갈등을 동원하는 힘–집단 동원의 에너지–이다”(박형신 · 이진희, 2008: 149에서 재인용). 일반적인 조직과 달리 감정공동체는 그 형태와 내용 그리고 존속기간이 일정하지 않은 ‘일시적인 장(temporary arena)’이다(베레진, 2009: 83). 그러나 감정공동체는 감정 에너지가 표출되는 특정한 시기 동안 정치적 정체성(political identity)과 소속감을 드라마틱하게 고조시키면서 개인들을 공적 공간 속으로 결합시킨다(Berezin, 2001: 84). 감정공동체를 구성하고 있는 개인들은 “우리가 모두 여기 모여 있어! 우리는 무엇인가 공유해야만 해!”라는 식의 강렬한 연대의식을 느끼게 된다. 그리고 이를 통해 “우리는 모두 거기 있었어!”라는 집합적 기억(collective memory)이 형성되게 된다(Berezin, 2001: 93).

군중에 대한 선구적 연구자인 르 봉도 이와 유사한 맥락에서 ‘심리적 군중(foule psychologique)’이라는 개념을 제시했었다. 많은 개인들이 어느 순간 격렬한 정서에 사로잡힐 때 “의식을 지닌 인격체는 사라지고 개인들의 감정과 생각은 전부 한 방향으로 정렬되어 일시적이긴 하지만 매우 명확한 특성을 드러내는 하나의 집합적 영혼이 구성된다”는 것이다(르 봉, 2008: 23). 그는 강렬한 감정의 공유가 이루어진다면 설령 수 천, 수 만의 사람들이 각각 다른 곳에 분산되어 있다고 해도 심리적 군중은 형성될 수 있다고 보았다. 르 봉이 바라보는 군중은 이성적 존재라기보다는 감정에 휩싸인 무리에 불과하다. "충동성, 과민성, 이성적 사고 불능, ... 판단력 결여, 감정의 과장" 그리고 "빈약한 사유 능력, 비판 정신의 결여, 쉽게 흥분하는 성질, 잘 믿는 경향, 그리고 단순함"이 군중의 속성이라는 것이다(르 봉, 2008: 34, 182). 군중을 구성하는 각 개인들의 지적 수준과 관계없이 감정과 사상이 같은 방향으로 정렬되는 정신적 전염(contagion mentale)이 순식간에 발생하곤 한다(르 봉, 2008: 29). 특히 군중 속 개인에게는 어떤 감정이든 매우 빠르게 전염되는데 이것이 바로 군중이 일순간에 극단으로 치닫는 급작스런 혼란이 발생하는 이유이다(르 봉, 2008: 129).

정책 현안을 두고 형성되는 정책대중이 감정공동체 혹은 심리적 군중화하게 되면 정치적으로 매우 강력한 힘을 발휘하게 된다. 새로운 정책 혹은 정책변경이 예고되면 대상집단은 그에 대한 손익계산을 하게 되고 그 평정(appraisal) 결과에 따라 긍정적 또는 부정적 감정을 공유한다.[3] 대상집단이 추구하는 목표와 이익이 심각하게 위협당하는 경우, 그 구성원들 사이에 해당 정책 및 정책결정자들을 향한 분노의 감정이 촉발된다. 그리고 자신들에게 유리한 방향으로 정책에 영향을 미치려고 하는데, 이 때 흔히 쓰는 전략은 가급적 넓은 범위의 외부적 연대를 구축하는 일이다. 이 과정에서 자주 활용되는 효과적인 수단이 바로 감정에의 호소이다. 즉 자신들이 느끼는 분노를 다른 이들에게 공명시키기 위해 정책의 부당함이나 정책결정자의 불의함을 집중 성토하는 것이다. 르 봉의 지적과 같이 집단 속의 개인들 사이에는 매우 빠른 감정적 전염이 일어나기 쉽다. 특히 인터넷과 같은 매체를 통하여 자극적인 이미지와 구호가 동원되면 감정적 전염이 순식간에 확산될 수 있다. 그리하여 비록 자신과 직접적인 이해관계는 없다고 해도 정책의 부당함이나 불의

3) 인지적 정서이론에서는 인지적 평가(cognitive appraisal)가 정서유발에 중요한 역할을 한다고 가정한다(래저러스, 1997: 281-96; 이훈구 외, 2003: 49-69; 안광호, 2006: 76). 어떤 대상물의 목표관련성(goal relevance)과 목표일치성(goal congruence) 정도를 평가한 결과 자신이 세운 목표와 관련 없거나 불일치하면 그 대상물에 부정적 감정이 유발된다. 여기서 대상물에 대한 평가는 반드시 의식적 과정을 거쳐야 하는 것은 아니며 감각적 이해(감지)를 통해(즉 무의식 수준에서의 평가를 통해) 이루어질 수 있다고 한다.

함에 분노를 느끼는 사람들이 늘어나게 되면 원래의 대상집단보다 확대된 '감정공동체로서의 정책대중'이 형성되게 되는 것이다. 대상집단에 의해 촉발된 분노 감정이 정책대중으로 넓게 확산되어 감정공동체가 이루어지게 되면 심리적 흥분이 고조되면서 매우 강력한 에너지를 발산하게 된다(이대희, 2007: 132). 그리고 정책대중이 집단적 흥분 상태에서 표출하는 이 감성적 메시지가 전체 여론의 향방을 좌우하게 되는 것이다.

감정공동체 개념은 어떤 정책현안을 둘러싸고 정부와 국민 간에 심각한 갈등으로 인해 정책이 파행을 겪게 되는 현상을 이해하는 데 하나의 실마리를 제공한다. 예컨대 아무리 좋은 내용의 정책(변화)이라고 해도 일단 부정적 감정으로 들끓는 감정공동체로서의 정책대중이 형성되고 나면 그 정책의 원만한 시행은 어렵게 된다. 정책 자체의 합리성 혹은 바람직스러움에 대한 논리적 설득과 이성적 주장이 부풀어 오른 감정의 벽을 넘기는 힘들다. 이성적 논법은 감정과의 싸움에 있어서 완벽하게 무력하기 때문이다(르 봉, 2008: 118). 이러한 상황에서는 "뚜렷한 근거도 없고 논리적 증명도 불가능한, [그러나] 간결하고 명료하며 확신에 찬 문장"이 오히려 더 큰 권위를 지니게 된다(르 봉, 2008: 127-8). 따라서 정책(의 바람직스러움)에 대한 정부의 설명만으로는 부정적 감정으로 한 덩어리가 되어 반발하는 감정공동체를 진정·납득시키기 어려운 것이다.

2 '화성男 금성女' 모델

그렇다면 정책을 둘러싸고 감정적 갈등이 증폭되는 상황은 어떻게 이해할 수 있는가? 정부와 국민 간의 소통부재 및 갈등을 감정 측면에서 해석함에 있어서 이 연구는 정부-국민 관계를 남녀관계에 비유하는 은유틀을 제시한다. 남자와 여자는 여러 면에서 서로 대조적인 속성을 가지고 있다. 예컨대 남녀 간의 갈등상황과 관련하여 김성묵(2003: 54)은 "남자는 상황을 먼저 이해하면 마음이 풀린다. 하지만 여자는 먼저 마음이 풀려야만 상황을 이해하기 시작한다"고 지적한다. 또한 패즈와 패즈(2000; 157, 194)의 관찰에 의하면, 여자는 감정에 호소하고 인간관계를 중시하는 반면 남자는 말에 집중하고 일을 중시한다. 소비행위에 있어서도 대개 남성들은 가게 안에 들어가서 일단 원하는 것을 찾으면 바로 집어들고 계산하고는 곧장 나가버리는 반면 여성들은 자신의 이성적 욕구와 감각 · 감성적 욕구를 동시에 채워주는 제품이 무엇인지 비교하느라 많은 시간을 보낸다고 한다(힐, 2004: 319).

남녀의 심리적 차이에 관해 가장 설득력 있고 널리 인용되는 모델은 존 그레이의 '화성에서 온 남자, 금성에서 온 여자(Men are from Mars, Women are from Venus)'이다.[4] 이 은유적 모델에서는 남자와 여자가 마치 서로 다른 행성에서 온 존재들처럼 매우 상이한 인지구조를 가지고 있다고 주장한다. 그레이(1993)가 정리한 화성인(남자)과 금성인(여자)의 특징적 차이는 〈표 1〉과 같다. 남자들은 기본적으로 목표 지향적 존재로서 문제해결에 온통 정신을 쏟으며 목적을 이루는 능력을 통해 자기 존재를 확인한다. 반면 여자들은 관계 지향적이어서 일 보다는 감정과 느낌을 함께 나누는 관계를 맺음으로써 만족을 느낀다. 남녀간의 차이는 또한 대화방식에서도 두드러지게 나타난다. 남자들은 대개 사실전달 위주의 대화를 하기 때문에 핵심 골자만 간단히 전하는 것으로 끝나는 반면 여자들은 온갖 과장과 은유,

〈표 1〉 화성인(남자)과 금성인(여자)의 근본적 차이

	화성인	금성인
지향점	목표 지향적	관계 지향적
중시하는 것	문제해결: 능력, 효율, 업적	감정공유: 관심, 관계 맺기, 공감
대화 방식	사실전달 위주: 핵심 골자	감정표현 위주: 과장, 은유, 막연한 표현 총동원
만족을 느낄 때	목적을 이룰 때	느낌을 나누고 관계를 형성할 때
관심의 대상	사물, 사실, 일, 기술,	사람, 느낌, 인간관계
조언과 충고	능력에 대한 불신으로 받아들임	관심의 표시로 이해함
사랑의 욕구 (상대방에게 받고자 하는 것)	1.신뢰 2.인정 3.감사 4.찬미 5.찬성 6.격려	1.관심 2.이해 3.존중 4.헌신 5.공감 6.확신
"미안하다(sorry)"의 의미	'내가 일을 제대로 처리하지 못해서 사과한다' ('나는 못나고 무능력하다')	'당신 기분이 그렇다니 마음이 쓰인다' ('나는 당신과 공감한다')

4) 부부 상담 전문가 John Gray가 1992년에 출간했던 이 책은 남녀간의 심리적 차이를 가장 명쾌하게 간파한 대표적 고전으로 꼽히고 있다.

막연한 표현들을 총동원하여 감정을 교류하는 대화를 주로 한다.

남녀 간의 이러한 차이를 이해하지 못하면 서로 사랑하는 남녀 사이에도 소통이 이루어지지 않고 전혀 의도치 않은 갈등이 생길 수 있다는 것이 그레이의 진단이다. 남자(혹은 여자)가 보내는 사랑의 메시지를 여자(혹은 남자)는 자신을 무시(혹은 모욕)하는 메시지로 받아들이기 때문에 감정이 상하게 되고 분노하게 된다는 것이다. 예컨대 문제상황에 처하게 되면 남자는 즉각 적절한 해결책을 찾으려 골몰하는 반면 여자는 자신의 감정을 함께 나누는 관계를 간절히 찾는다고 한다. 그래서 사랑하는 여자에게 어떤 문제가 생기면 남자는 즉시 문제해결 모드로 돌입함으로써 자신이 여자를 사랑한다는 메시지를 보낸다. 그러나 여자는 자신이 얼마나 힘들어하는지를 남자가 헤아려주며 감정을 같이 공유하기를 원한다. 따라서 자신의 말에는 귀를 닫아버리고 일방적으로 해결책을 제시하는 남자를 보며 사랑의 메시지를 읽는 것이 아니라 '당신에게 관심도 없고 신경쓰기도 싫다'는 메시지로 판독한다. 결국 남자의 진정한 의도와는 정반대로 여자는 감정 공유를 거부당했다고 느껴서 분노하게 된다는 것이다.

3. '화성에서 온 정부, 금성에서 온 국민'

그레이가 제시한 '화성男 금성女' 모델은 정부–국민간 소통관계를 이해하는 데에도 유용한 은유틀로 활용될 수 있다. 정책문제 해결자로서의 정부에게서는 '화성男'의 중요한 특성이, 그리고 대중으로서의 국민에게서는 '금성女'의 중요한 특성들이 발견되기 때문이다.

먼저 정부는 공익과 국민복지라는 목표를 달성하기 위해 각종 사회문제를 해결해야 한다는 사명으로 설계 · 창조된 기제이다. 따라서 합리적 문제해결은 정부 관료제에게 요청되는 최고의 당위적 규범이자 행위준칙이다. 합리성을 추구하는 정부의 모든 업무처리에 있어서 사적 감정은 일체 배제될 것이 요구된다. 정부의 모든 공식문서는 오직 사실 위주의 딱딱한 문체로 기록 · 공표 · 전달된다. 비정의성(非情誼性, impersonality)은 Weber의 관료제 이념형의 중요한 속성의 하나이기도 하다. 감정은 정책과정의 합리성을 저해하는, 마땅히 배제되어야 할 장애물로 인식되기 때문이다. 이런 속성은 감정교류보다는 과업성취에만 전념하는 '화성男'의 특성이기도 하다. 이러한 정부를 이대희 (2007: 133)는 '강력한 남성형' 이미지의 '이성 정부(理性 政府)'라고 칭한다.

정부(관료)가 감성 영역을 최대한 억제하는 이성적 존재인 데 비해 국민들은 감성적으로 반응하는 경우가 많다(이대희, 2007: 62). 집단으로서의 국민은 많은 경우 냉철하게 판단하고 이성적으로 계산하기보다는 감정적으로 쉽게 동요되고 흥분하기 쉬운 존재이다. 특히 강렬한 감정을 공유한 감정공동체로서의 정책대중은 더욱 그러하다. 이는 그레이가 묘사한 '금성女'의 특성이기도 하다. 대중은 단순하게 사고하고 감정에 휩싸이기 쉬운 존재이며 "군중이 여성적 성격을 띠는 것은 어디든 마찬가지"라는 르 봉(2008: 38)의 지적도 이와 같은 맥락에서 이해될 수 있다.

이렇게 보면 정부와 남성, 국민(정책대중)과 여성은 각각 일종의 이형동질(異形同質) 관계에 있다고도 볼 수 있다. 그렇다면 남녀 갈등에 관한 가장 설득력 있는 모델인 '화성男 금성女' 비유는 정부와 국민 간의 갈등현상을 해석함에 있어서도 새로운 영감을 제공해줄 수 있을 것이다. 이러한 믿음으로 이 논문에서는 '화성에서 온 정부, 금성에서 온 국민'이라는 새로운 은유틀을 제시한다.5)

4. 갈등의 악순환

이제 '감정공동체로서의 정책대중'과 '화성 정부, 금성 국민'이라는 개념적 도구를 활용하여 정부와 국민 간에 정책을 둘러싼 갈등이 증폭되는 과정을 설명해보자. 먼저 어떤 사회적 상황의 발생 혹은 변화는 그에 대응하는 새로운 정책 혹은 기존 정책의 변화를 야기시킨다. 정책에 의해 직접적으로 영향을 받게 되는 대상집단은 이해관계 평가에 따라 감정적 반응을 하게 된다. 대상집단 입장에서 부당한 피해가 예상되는 경우, 그 구성원들은 분노의 감정이 촉발되면서 정책에 영향력을 행사하기 위해 외부적으로 동조세력을 넓히려고 한다. 이 때 대부분의 일반 국민들은 해

5) 정부를 남성에, 국민을 여성에 비유하는 '화성 정부, 금성 국민' 모델은 지나치게 단순화된 의인화라는 비판이 있을 수 있다. 하지만 정책을 둘러싼 두 주체 간의 갈등현상을 감정 측면에서 조망하게 해준다는 점에서 하나의 시론적 분석틀로서의 잠재적 유용성은 인정될 수 있다. 기존의 접근방법들이 미처 보지 못했던 새로운 해석이 가능할 수 있기 때문이다.

당 정책사안에 대해 관심도 없고 아는 바도 거의 없는 상태이다. 따라서 대상집단은 일반 국민들의 관심을 유발하고 또 복잡한 계산 대신 간단한 직관적 판단을 유도하기 위해 가급적 단순·명쾌한 논리와 몇 개의 인상적인 정보만을 제공한다. 인간의 제약된 합리성(bounded rationality)과 결정비용(decision cost)을 고려할 때 해당 사안에 별 관심 없는 일반 국민들에게 방대한 상세 자료를 제공하고 동의를 구하는 것은 대단히 비효율적인 전략일 뿐이다.

정보제공과 더불어 대상집단이 흔히 사용하는 강력하고 효과적인 무기는 바로 국민들의 감정에 호소하는 것이다. 감정은 집단 속 개인들 사이에 빠르게 전염될 뿐 아니라 감정을 공유한 집단의 응집력은 단순히 지식이나 이해관계를 공유한 집단보다 훨씬 크기 때문이다. 합리적 계산과 과학적 정보를 바탕으로 하는 이성적 설득보다는 직관과 느낌에 직접 호소하는 감성적 자극의 힘이 훨씬 더 강하기 마련이다. 특히 디지털 네트워크가 일상화된 상황에서는 감성적인 멀티미디어 메시지를 물리적 공간과 시간에 구애받지 않고 얼마든지 전파할 수 있다. 따라서 오늘날에는 감정 전염을 통한 공감대 형성이 과거보다 훨씬 더 신속하고 강력하게 이루어질 수 있게 되었다.

대상집단의 입장에 동조하는 사람들이 늘어나면 정책대중이 형성된다. 이들은 사이버 및 오프라인 공간에서 대상집단의 논리에 수긍하며 동일한 감정적 반응을 표출하는 감정공동체가 된다. 현안을 둘러싼 상황이 부당하거나 불의하다고 비쳐질수록 분노 감정을 공유하는 정책대중의 규모와 강도는 커지게 된다. 감정공동체를 이룬 정책대중에서 발견되는 일반적인 현상은 단순·명쾌한 논리, 인상적인 일부 자료의 강조, 텍스트 보다 이미지 중시, 감성에 호소하는 자극적 상징 등이다. 이는 그레이가 묘사한 '화성女'의 특성과도 유사하다. 정책집단이 표출하는 분노 혹은 좌절과 같은 부정적 감정이 강력하면 할수록 더 많은 국민들이 이에 동조하게 된다. 그리되면 결국 전체 여론도 급속히 부정적인 방향으로 형성된다.

이렇게 부정적 여론의 확산에 직면한 정부는 자연히 국민들의 분노를 진정시키려고 한다. 그런데 문제해결에만 초점을 맞추는 이성 정부의 '화성男'식 대응은 오히려 상황을 더 악화시킨다. '화성에서 온 정부'의 입장은 마치 사랑하는 아내를 위해 어떻게든 문제를 잘 해결해보려고 애쓰다 결국 아내의 감정만 더 상하게 하는 남편으로 비유해볼 수 있다. '화성 정부'와 '금성 국민'의 소통방식의 차이가 갈등을 증폭시키는 메카니즘은 다음과 같다.

어떤 사회문제가 발생하면 정부는 이를 잘 해결하기 위해서 정책의 실체적 합리성(substantive rationality)을 냉철하게 추구하려 한다. 그런데 국민들은 정부가 내놓은 정책의 모든 복잡한 내용을 꼼꼼히 살펴보고 이해하려 하기보다는 대개 몇몇 간단한 정보파편만 가지고 좋으냐 나쁘냐 하는 식으로 간결하게 판단한다. 그 대신 정부가 국민들의 사정에 관심과 주의를 충분히 기울이지 않는 듯이 보이면 정책내용의 진정한 실체적 합리성과는 상관없이 감정이 상하게 된다. 문제해결과정에서 나타나는 정부의 몰감정적이고 비정의적(非情誼的)인 태도는, 마치 아내의 고충을 함께 공감해주지 않는 무관심한 남편이 그러하듯, 국민들에게 분노의 감정을 격발시킨다. 비록 정부가 국민을 모욕하거나 자극하려는 의도가 없다고 해도 "진짜 긍정적인 관심이 없다는 것이 사람들, 특히 그런 관심을 필요로 하는 사람들을 분노하게" 만드는 것이다(래저러스, 1997: 36). 그러면 정부는 격앙된 국민을 진정시키기 위해 상황을 이성적으로 설명해주는 방식으로 대응한다. 충분한 정보를 제공하고 사정을 잘 알려주면 국민들이 이해하고 납득할 것으로, 그래서 격앙된 감정도 누그러질 것으로 기대하기 때문이다. 하지만 그러면 그럴수록 국민들에게는 정부가 구차한 변명만 계속 늘어놓는 것으로 비쳐져서 감정만 더욱 상하게 된다. 그러면 정부는 또 다시 이성적 해설(해명)을 되풀이 하고 이는 다시 국민들의 분노한 감정을 더욱 격앙시키게 된다. 결국 국민들을 납득시키고 상황을 진정시키고자 정부 나름대로 소통하려는 노력을 하지만 그럴수록 상황은 오히려 악화된다. 정부의 의도와는 달리 국민의 분노는 더 커지고 소통은 이루어지지 않으며 갈등은 더 증폭되는 악순환이 되풀이되는 것이다. 이상의 논의를 요약하면 〈그림 2〉와 같다.

〈그림 2〉 불통과 갈등의 악순환

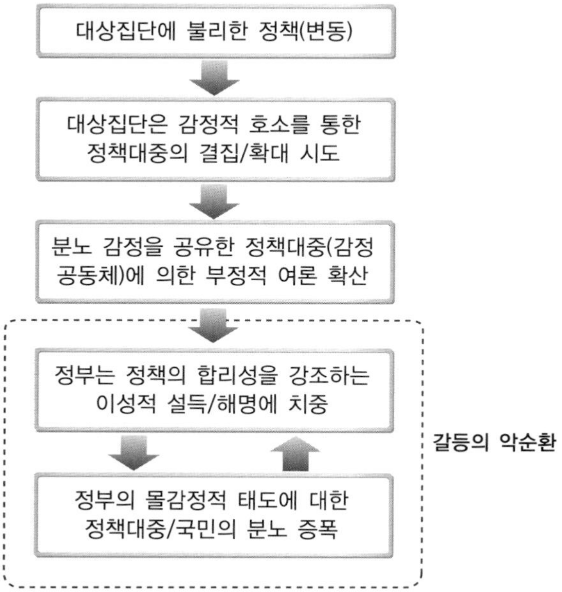

제4절 정부와 국민 간의 정책갈등 사례

지금까지의 개념적 논의를 이제 실제 사례에 적용시켜 보자. 여기서는 스크린쿼터 축소논란과 미국산 쇠고기 수입반대 촛불시위를 예시적으로 살펴본다. 두 사례 모두 정책에 대한 국민들의 강력한 감정적 반발로 인해 갈등이 증폭되었다는 공통점이 있다. 그런데 전자는 영화계라는 특정한 대상집단과 이들의 주장에 동조하는 여러 시민단체 및 네티즌들이 정책대중을 형성하였다는 점에서 〈그림 1〉의 (가)에 해당한다. 반면 후자는 사안 자체가 잠재적으로 국민 모두에게 영향을 미칠 수 있다는 점에서 사실상 대상집단 및 정책대중이 국민 전체와 동일하므로 〈그림 1〉의 (나)에 해당한다.

1. 미국산 쇠고기 수입반대 촛불집회

미국산 쇠고기 수입을 둘러싼 소위 '광우병 파동'은 2008년 4월 18일 미국산 수입 쇠고기의 연령제한 단계적 철폐를 골자로 하는 개정협상이 타결되면서 촉발됐다. 특히 4월 29일 방영된 MBC의 〈PD수첩〉은 시청자들에게 큰 충격을 주면서 많은 국민들이 미국산 쇠고기의 위험성에 관하여 불안감을 갖게 되었다. 광우병과 관련하여 '괴담' 수준의 유언비어까지 나돌면서 미국산 소고기 수입 개방에 대한 비판이 높아지자 5월 2일 정부는 대국민 담화문을 발표하고 미국산 쇠고기 수입의 안전성을 강조하였다. 그러나 정부의 해명에도 불구하고 바로 그날 저녁 청계광장에서는 청소년들의 주도로 '광우병 수입반대 촛불 문화제'가 열렸고 약 1만여 명의 시민들이 참여하여 정부를 성토하였다. 또한 '다음 아고라'의 '이명박 대통령 탄핵 요구' 게시판에는 3일 오전 70만 명 이상이 서명하였다. 이날을 기점으로 정부에 항의하는 촛불집회가 두 달 넘게 매일 개최되었다. 5월 22일에는 이명박 대통령이 수입 쇠고기 파동과 관련한 대국민 사과 담화문을 발표하였으나 촛불시위는 수그러들지 않았다. 5월 29일 정부는 미국산 쇠고기 수입 위생조건에 대한 고시를 발표하였고 국민들의 반발은 더욱 격화되었다. 6월로 넘어가면서 시위는 점차 폭력적 양상을 띠기 시작하였다. '6 · 10 항쟁'을 기념하며 '정권 퇴진'을 목표로 내세웠던 6월 10일의 집회에는 서울 도심에 8만 명, 전국 80개 시도에 14만 명이 참여하였다(경찰추산. 주최측 추산은 서울 70만, 전국 100만). 시위의 폭력성이 심해지면서 경찰과의 물리적 격렬한 충돌도 잦아졌다. 이러한 상황에서 정부가 강경대응 의지를 천명하고 폭력시위에 대한 여론이 악화되는 한편 종교계의 호소 등으로 인해 7월 이후로는 촛불시위의 열기가 식어갔다.

광우병 파동을 둘러싼 정부와 국민의 갈등은 분노라는 프리즘을 통해 잘 이해될 수 있다.[6] 처음 한국 정부가 미국산 쇠고기 수입 재개 협상을 시작할 때 가장 염두에 두었던 대상집단은 국내 축산농가였다.[7] 그러나 〈PD수첩〉의 충격파로 인해

---

6) 촛불집회를 분석한 많은 연구들이 감정, 특히 분노의 중요성을 인식하고 있다(김영옥, 2008; 이영민, 2008; 박형신 · 이진희, 2008). 또한 당시 상황을 다룬 수많은 언론 보도들도 '성난 민심' 혹은 '국민의 화' 등과 같이 분노라는 감정을 가장 핵심적인 키워드로 파악하였다.

7) 김종훈 통상교섭본부장은 "쇠고기 수입으로 우리 축산농가의 피해에 대해 고민을 했지, '먹으면 죽

정부의 예상과는 달리 미국산 쇠고기 수입은 광우병이라는 '먹거리 안정성' 문제로 국민들에게 각인되었다. 이는 온 국민이 곧 대상집단이자 동시에 정책대중이 되었음을 의미한다. 축산농가는 소수이지만 수입 쇠고기를 사먹는 소비자는 전 국민이기 때문이다.[8] 그리고 수많은 국민들이 정부의 미국산 쇠고기 수입협상에 대해 비판적 입장을 갖게 되었다. 이명박 대통령에 대한 지지율은 취임 직후인 3월 23일만 해도 59.4%였으나 촛불집회가 시작된 직후인 5월 7일에는 25.4%로 급락했고 6월 2일에는 17.1%로까지 추락하였다. 정책대중으로서의 국민이 이토록 심하게 반발했던 것은 강력한 감정을 공유하고 발산하는 거대한 감정공동체의 형성으로 해석할 수 있다.[9] 그리고 이 감정공동체를 결속시켰던 감정은 다름 아닌 분노였던 것이다. 그렇다면 분노에 휩싸인 거대 감정공동체가 이루어진 동인은 무엇인가?

국민들의 분노를 촉발시켰던 직접적인 요인은 '불안' 혹은 '공포'라는 감정이었다. 공포란 "합리적 선택에 의해 피할 수 있는 대상이 아니라 위험에 처할지도 모른다는 감정적 느낌"이다(박형신 · 이진희, 2008: 168). 정부를 비판하는 측에서는 "뇌송송 구멍탁," "차라리 청산가리를 입안에 털어 넣겠다," "미국에선 개도 안 먹는다" 등과 같이 논리보다 감성에 호소하는 선정적이고 자극적인 구호를 동원하여 사람들의 불안감을 자극하였다. 뿐만 아니라 이명박 대통령의 방미 기간 중 정상회담 시한에 맞춰 협상이 조급하게 타결되었기에 '굴욕협상,' '조공협상'이라는 비판도 쏟아졌다. 이는 곧 미국의 부당한 압력에 무릎꿇은 '검역주권 포기'로 비쳐지면

는다'는 식으로 제기될지 진짜 생각 못했습니다. ... [소통을] 못 한 것은 '먹으면 죽을 수 있다'는 쪽으로는 전혀 착안을 못한 겁니다"라고 회고한 바 있다. 조선일보, "최보식이 만난 사람: '협상장의 검투사 김종훈 통상교섭본부장," 2009월 9월 21일.

8) 사실 한미 FTA 협상에 앞서 진행되었던 한미 쇠고기 수입협상은 축산농가들의 이해관계에 국한되어 있었고, 따라서 그 때에는 미국산 쇠고기 수입반대 운동이 전 국민적 양상을 띠지 않았었다(홍윤기, 2009: 279). 축산농가의 붕괴는 소 키우는 사람들의 문제였지 '내' 문제가 아니었기 때문이다. 그러나 "미친 소 문제는 전 국민적인 관심사였고 생활의 문제였으며 생명의 문제였다. ...내가 죽고 내 가족, 내 애인이 죽는다는 사실이 더 중요"했던 것이다(이득재, 2008: 92).

9) 촛불시위에 참여했던 대중을 바라보는 데에는 상반된 관점이 존재한다. 안토니오 네그리의 탈근대적 다중이론에 입각한 '집단지성(대중지성, 다중지성)' 관점에서 새로운 민주주의의 주체로 해석하는 시각이 있는가 하면 반대로 "비합리적이고 광기에 사로잡힌 대중들의 등장"으로 보는 시각도 있다(나종석, 2009: 107-8, 111). 촛불시위 참여자들을 합리성을 갖추지 못한 채 감정에 얽매인 감상적 주체로만 해석하는 것은 무리가 있지만 그렇다고 감정을 배제한 순전히 이성적인 대중지성으로 보는 것도 적절치 않다(김석수, 2009: 91). 박구용(2009: 163)은 중립적 입장에서 "촛불은 ... 지성과 감성의 어울림"이라고 평가하고 있다.

서 국민의 자존심을 크게 상하게 하였다(홍윤기, 2009: 274; 고종원 · 이한우 · 최규민, 2009: 251). 광우병에 대한 불안감 자체는 나름대로 과학적 근거를 갖춘 평가에 기초한 정당한 감정의 발로였다. 그리고 국민적 자존감이 상한 것 역시 한미간 불공정(해보이는) 협상과정에 대한 정당한 반응이었다. 그런데 미국산 쇠고기에 대한 불안이 그토록 격렬한 촛불시위로 번졌던 것은 분노의 감정이 폭발하였기 때문이다. 그리고 그 주된 원인은 '감성적 방기'(홍기윤, 2009: 286), 즉 국민의 불안한 감정을 제대로 읽지 못하고 적절한 소통을 하지 못했던 정부의 대응방식에 있었다.

한미 쇠고기 수입협상을 타결하면서 정부가 취했던 행동은 전형적인 '화성에서 온 남자' 스타일이었다. "도시민들이 세계에서 가장 비싼 고기를 먹는 것은 바람직하지 않다. 질 좋은 고기를 들여와서 일반시민들이 값싸고 좋은 고기를 먹게 되었다"(4월 21일)라는 이명박 대통령의 발언에는 어려운 문제를 잘 해결하고 나서 칭찬을 바라는 의기양양함이 그대로 드러나 있다. 협상 수석대표였던 민동석 농식품부 농업통상정책관의 "복어 독을 빼고 복을 먹는 것과 같이 광우병 특정위험물질만 제거하면 99.99% 안전하다"는 발언 역시 문제해결 측면에만 초점을 맞춘 입장이었다. 그러나 이러한 발언들은 "민심과 동떨어진 발언으로 불에 기름을 부은" 것이나 다름없었다(고종원 · 이한우 · 최규민, 2009: 289). 5월 2일 정운천 농림수산식품부 장관과 김성이 보건복지가족부 장관의 합동 대국민 담화문도 마찬가지였다. "확실한 과학적인 근거 없이 제기하는 안전성에 관한 문제들이 사실인 것처럼 알려지고 있어 안타깝게 생각"하며, 미국산 쇠고기 수입재개 합의는 "국제적 기준과 과학적 근거에 의거해서 이루어졌다"고 해명하였다. 이어서 '감정적인 막연한 비난' 여론을 잠재우기 위해 '끝장토론'이라는 이름으로 광우병 설명회를 열고 '철저한 검역과정을 거쳐 안전성을 담보할 것이므로 광우병 위험 가능성은 없다'고 주장하였다. 그러나 국민을 설득하기 위한 정부의 시도는 오히려 국민들의 분노를 더 키우고 말았다. 통합민주당 최재성 대변인은 "쇠고기 때문에 민심에 들끓고 있는 지금, 정운천 농림부 장관은 황당한 발언을 해 성난 민심에 기름을 붓고 있다"고 비난했다. 실제로 바로 이날 저녁부터 미국산 쇠고기 수입에 반대하는 촛불집회가 시작되었다. 국민들의 광우병 불안감과 상한 민족적 자존감 따위는 조금도 개의치 않고 무시해버리는 듯한 정부의 태도가 국민들의 분노를 증폭시키게 되었던 것이다(박형신 · 이진희, 2008: 170).

광우병 파동 당시 정부의 인식은 "국민들의 비난 여론은 정보 부족으로 인한 오해에서 비롯된 것이니 정부가 제대로 된 정보를 제공하고 잘 설득하면 국민들도 납득하고 이해할 것"이라는 식이었다(고종원 · 이한우 · 최규민, 2009: 20). 실제로 5월 1일 정운찬 장관은 "광우병 논란은 부안 사태와 같다. 사실을 모르는 사람들에 의해 선동된 것"이라고 주장하였다(경향닷컴 촛불팀, 2008: 26). 5월 2일 이명박 대통령이 "광우병 문제를 정치논리로 접근, 사회불안을 증폭시켜서는 안 된다"고 발언한 것도 같은 맥락에서였다. 그래서 정부는 인터넷에 퍼진 소위 '광우병 괴담'들이 얼마나 황당한 거짓인지 설명하려고 애썼다. 5월 5일과 7일에는 주요 일간지에 농림수산식품부와 보건복지가족부 공동명의로 "미국산 수입 쇠고기와 미국 사람들이 먹는 쇠고기는 똑같다", "지난 10년간 전 세계에서 소비된 미국산 소는 3억 5천만 마리이지만 광우병은 전혀 없었다!"는 광고를 내기도 하였다.

여기서 중요한 것은 미국산 쇠고기에 관한 정부 주장의 과학적 진실성 여부가 아니라 정부가 국민들의 불안과 분노라는 감정을 전혀 수용하지 못했다는 점이다. 여러 차례에 걸쳐 발표되었던 대국민 담화문이나 관련 고위 공직자들의 언동은 국민의 감정을 포용하기 보다는 '과학적 근거'를 내세우며 정부 주장의 진실성을 설명하는 데 몰두하였다. 정부가 나름대로 국민과 소통하기 위해 애를 쓰기는 했지만 이는 어디까지나 사실 차원의 정보전달에만 집중한 것이었다. 객관적 증거를 가지고 충분히 설명하면 국민들이 납득할 것이고 그러면 분노의 감정도 가라앉을 것이라는 정부의 인식은 전형적인 '화성에서 온 남자'의 사고방식이었다. 정부가 미국산 쇠고기의 안전성에 대해 상세히 설명하면 할수록 국민 입장에서는 국민들의 상한 감정을 전혀 고려하지 않은 정부의 무신경과 '몰지각한 파렴치성' 때문에 더욱더 분노가 증폭되었던 것이다(홍윤기, 2009: 274). 비록 이명박 대통령이 5월 22일 대국민 담화를 발표하고 "정부가 국민들의 마음을 헤아리는 데 소홀했다는 의견을 겸허히 받아들이며 국민 여러분께 송구스럽게 생각한다"고 사과했지만 촛불시위의 규모는 더 커졌다. 왜냐하면 "수입 쇠고기의 안전성이 국제기준과 부합하는 것은 물론, 미국인 식탁에 오르는 쇠고기와 똑같다"며 따라서 "재협상은 없다"고 단호히 못박았기 때문이었다.[10] 대통령 담화문은 국민들이 기대했던 진심어린 사과가 아니라 사실상 일방적인 해명과 설득이었다. 마치 "화가 났다니 미안하긴 한데 지금 이 중차대한 시기에 잘 알지도 못하면서 괜한 오해로 시비걸지 말고 국가발전이라는 대업 수행에 협조나 잘 해라"는 식으로 국민을 다그치는 인상을 주었던 것이다.[11]

2. 스크린쿼터 축소반대 투쟁

스크린쿼터(Screen Quota)란 영화관에서 자국의 영화를 일정 기간 이상 의무적으로 상영하도록 규제하는 조치를 말한다. 우리나라에서는 1966년 영화법 제2차 개정이 이루어지면서 스크린쿼터제가 처음으로 도입되었으며 1996년부터는 1년 중 146일(5분의 2) 이상 한국영화를 상영하도록 의무화되어있었다. 1998년 출범한 김대중 정부는 외환위기 사태를 극복하기 위해 미국과의 양자간 투자협정(Bilateral Investment Treaty)의 체결을 시도하였다. 그러나 한미 정상들간의 합의에도 불구하고 협상은 곧 교착상태에 빠지게 되었다. 미국측의 스크린쿼터 축소 요구에 대하여 한국 정부는 수용의사를 밝혔지만 국내 영화계를 중심으로 한 반발이 너무나 강력했기 때문이었다. 한미 재계의 거듭되는 요구와 양국 관료들의 누차에 걸친 시도에도 불구하고 7년이 지나도록 스크린쿼터 축소는 이루어지지 않았다. 1999년 6월에는 김대중 대통령의 최측근이었던 박지원 장관이 문화부에 부임하여 스크린쿼터 축소를 시도했으나, 110여 명의 영화인들이 삭발시위를 하는 등 격렬히 반발하자

10) 이 와중에 간간이 터져나오는 다음과 같은 돌발성 발언들도 국민들을 자극하여 반발을 더하게 하였다(양기화, 2009: 359; 고종원 · 이한우 · 최규민, 2009: 107). "광우병 괴담 유포자와 불법 촛불집회 주모자를 사법처리하겠다"(경찰청); "중고생들의 촛불집회 참석은 전교조 교사들과 연관이 있다" (공정택 서울시 교육감); "허위사실 유포 혹은 불법집회로 국민을 불안하게 하는 행위는 법과 원칙에 따라 엄정하게 대처하겠다"(한승수 총리 담화문); "실직자들과 일자리 없이 길거리를 헤매는 젊은이들이 촛불시위에 참가한 것 같다"(한나라당 이상득 의원); "사탄의 무리들이 이 땅에 판을 치지 못하도록 해달라"(추부길 청와대 홍보기획 비서관); "한국민들이 과학에 대해, 미국산 쇠고기에 대해 좀 더 배우길 희망한다"(버시 바우 주한미국대사).

11) 미국산 쇠고기의 안전성에 대한 정부의 해명은 곧바로 시민들의 공박에 부딪혀 의혹이 증폭되곤 하였다. 이와 관련하여 홍윤기(2009: 283)는 이명박 정부가 "국가 감성과 국가 지성을 사실상 방기하였다"고 비판한다. 시민들이 "국가로부터 그 어떤 따듯한 온정이나 배려, 나아가 유용한 정보와 지식 또는 처방을 기대할 수 없"게 되었다는 것이다.

포기하고 말았다. 결국 노무현 정부가 BIT 대신 FTA 체결에 적극 나서면서 2006년 2월이 되어서야 기존 스크린쿼터일수에서 50% 축소하는 결정이 이루어지게 되었다.

한국 정부와 영화계 사이에 스크린쿼터 축소라는 사안을 두고 벌어진 갈등의 골은 대단히 깊었다. 당시 한국 정부 입장에서는 외환위기 극복이야말로 절체절명의 국가적 과제였고 이 심각한 문제를 해결하기 위해 한미 BIT는 반드시 체결되어야만 했었다. 따라서 스크린쿼터와 같은 상대적으로 '사소한' 사안으로 발목을 잡는 것은 전체 나라경제를 생각하지 않는 지극히 비합리적인 행위일 수밖에 없었다. 사실 객관적 통계자료로만 보면 당시 우리나라 영화산업의 규모와 비중은 다른 문화산업들에 비해 상당히 작은 편이었다(문화관광부, 2001: 19). 반면 영화계 입장에서 볼 때, 스크린쿼터 축소는 곧 한국 영화를 죽음으로 내모는 부당한 행패였다. 1960년대 이후 제도적으로 굳게 닫혀 있었던 우리나라 영화시장은 80년 중반 두 차례 한미 영화협상의 결과 스크린쿼터를 제외한 모든 보호정책들이 폐지되면서 대폭 개방되게 되었다(노정동, 1994). 이후 외화수입이 급등하고 한국영화 시장점유율이 15%(1993년) 수준으로 떨어지면서 절박한 위기의식을 느꼈던 영화계로서는 마지막 보루인 스크린쿼터 유지에 필사적으로 집착하게 된 것이었다.

스크린쿼터 논란의 본질에 관한 정부와 영화계의 시각은 판이하게 달랐다. 경제 및 통상관료들은 스크린쿼터 문제를 기본적으로 경제문제로 파악하면서 산업논리에 의해 풀어나가야 한다고들 주장하였다. 예컨대 한덕수 통상교섭본부장은 "스크린쿼터를 유지하면 우선은 입에 달게 느껴질지 모르지만 장기적으로는 경쟁력을 가지기 힘들며 외자유치와 한국영화의 진흥을 위해서는 스크린쿼터의 폐지가 바람직하다"고 하였다(김시무, 1999: 118). 반면 한국 영화계는 스크린쿼터를 '문화 주권을 지키기 위한 최소한의 대안'으로 프레이밍하였다. "스크린쿼터제도가 폐지되면 한국인의 혼이 담긴 영화라는 문화적 유산을 더 이상 제작할 여건이 상실된다"는 것이었다(김시무, 1999: 118). 그래서 미국의 스크린쿼터 축소 요구는 '문화적 침략,' 국내의 스크린쿼터 축소 불가피론은 '문화에 대해 무지한 자들이 우리의 문화적 주권을 돈 몇 푼에 팔아먹으려는 얄팍한 경제논리'라고 비난했던 것이다.

한국 영화계의 이러한 비난은 부당한 요구를 강요하는 미국정부와 그에 동조하여 문화주권을 방기하려는 한국정부에 대한 강렬한 분노의 감정에서 비롯된 것이었다. 그리고 스크린쿼터제의 직접적 대상집단이었던 영화계는 사람들의 감정에 호소하는 소위 '문화 애국주의' 전략을 구사하며 정책대중을 확대시켜 나갔다(김정수, 2004). 영화계가 폭넓은 외부연대를 신속히 구축할 수 있었던 것은 자극적이고 감성적인 홍보전략 덕분에 분노의 감정 공유가 이루어졌기 때문이다. 예를 들어 1998년 12월에는 수많은 유명 영화스타들이 상복 차림에 자신의 영정사진을 들고 광화문 광장에 모여 한국영화 장례식을 치루면서 미국의 스크린쿼터 폐지요구는 한국 영화를 죽이려는 음모라고 울부짖었다. 그 이듬해에는 강제규, 임권택, 명계남 같은 비중 있는 영화인들의 공개 삭발식도 이어졌다. 안성기(1998), 문성근(2001) 같이 대중적으로 얼굴이 잘 알려진 배우들은 언론매체를 통하여 대중들에게 직접 호소하였다. 또한 비대위의 한 성명서는 스크린쿼터 폐지를 노리는 한미 투자협정은 미국에 의한 '제2의 을사보호조약'이라며 일반인들의 반미정서를 자극하기도 했다. 그리하여 스크린쿼터 축소를 시도하는 한미 당국의 처사는 많은 국민들에게 부당한 것으로 비쳐지게 되었다. 이 때문에 영화계의 분노 감정은 스크린쿼터에 대해 잘 알지 못하던 많은 사람들에게 공감대를 형성하며 급속히 전파되었던 것이다.12)

미국산 쇠고기 수입을 둘러싼 광우병 파동 때와 같이 스크린쿼터 축소 논란의 경우에도 정책대중은 분노라는 감정을 공유한 감정공동체 성격을 띠었다. 한국 영화의 종말을 불안해하는 사람들에게 정부는 경제논리에 바탕을 둔 설명으로 일관하였다. 스크린쿼터는 보호주의적 정책수단이며 이는 시장경쟁을 제한함으로써 한국 영화산업의 질적 발전을 저해할 뿐 아니라 자유무역을 기본원리로 삼는 오늘날의 개방적 세계무역질서 하에서는 더 이상 고집하기 어렵다는 것이다. 뿐만 아니라 한국경제의 발전을 위해 한미 BIT 체결이 필수인데 이를 위해서라도 미국의 스크린쿼터 축소요구를 수용할 필요가 있다는 것이다. 정부의 이러한 태도는 문화주권

12) 당시 한 여론조사에 의하면 응답자의 무려 69%가 한국 영화를 보호하기 위해 스크린쿼터를 유지해야 한다는 데 찬성하는 것으로 나타났다.

에 대한 국민의 염려 따위는 안중에도 없는 목석같은 존재, 미국의 부당한 요구에 제대로 항의하지도 못하는 비굴하고 무능한 존재로 많은 사람들에게 비쳐졌다. 이와는 대조적으로 정부를 비판하는 영화계는 지극히 감성적인 전략을 구사했고 그 결과 정부에 대한 불만과 분노의 감정은 더 크게 증폭되었다. 그로 인해 뿜어져 나왔던 감정공동체의 감정적 에너지는 정부의 스크린쿼터 축소 시도를 봉쇄하며 BIT 타결을 무산시켰던 것이다.

이러한 상황 역시 '화성에서 온 남자'와 '금성에서 온 여자' 사이의 갈등 양상과 흡사하다. 광우병 파동에서도 그랬지만 이때에도 스크린쿼터라는 정책에 대한 정부 설명의 진실성 여부보다 더 중요했던 것은 정부가 처음부터 영화계(혹은 정책대중)의 상한 감정을 제대로 보듬지 못했다는 점이다. 영화계와 국민들은 문화적 주권과 자존심을 이야기하고 있는데, 정부는 외환위기 극복이라든가 영화산업 발전 등과 같은 '문제해결'적 이야기만 하고 있었다. 마치 어떤 문제가 발생했을 때 먼저 감정의 공유를 바라는 여성의 바람은 전혀 감지하지 못하고 그저 문제해결에만 골몰하는 남성의 태도가 오히려 여성의 화를 돋우고 갈등을 증폭시키는 형국이었던 것이다.

제5절 결 론

이 논문은 그동안 정책연구에서 무시되었던 '감정'이라는 렌즈를 통해 정부-국민 간 갈등현상을 재해석해보았다. '화성男 금성女' 비유를 변조한 '화성에서 온 정부, 금성에서 온 국민' 은유틀은 두 집단 간 갈등의 근본원인으로 소통방식의 차이에 주목한다. 정부는 문제해결 및 사실전달 위주의 이성적 소통에 치중하는 반면 국민들은 감정을 공유하는 방식의 감성적 소통도 중요시한다. 국민들의 감정적 반응을 충분히 고려하지 않는 이성 정부식 접근은 정책 현안을 둘러싼 정부와 국민의 갈등을 더 증폭시키는 원인이 된다. 이처럼 감정이라는 요소를 통해 기존 연구들이 그동안 미처 보지 못했던 측면을 조망하게 된 것이 본 연구의 학문적 의의라 할 수 있다. 이러한 접근방법은 특히 한국 사회와 같이 인간관계에서 유난히 정(情)이 강조되고 격한 감정 표출이 일상화된 문화권에서는 더욱 적실성이 클 것이다(이훈이, 2007: 68-76).

하지만 학술적 이론 구축이라는 관점에서 볼 때, 이 논문은 몇 가지 한계를 가지고 있다. 첫째, 본 연구의 핵심적 분석도구인 '화성 정부, 금성 국민'이라는 은유틀은 감정이라는 요소를 설명에 포함하기 위해 탐색적으로 시도해 본 일종의 시제품이다. 따라서 본격적인 인과관계 모형으로 사용되기에는 아직 명확한 개념 정리와 치밀한 논리 구성이 부족하다. 특히 개인(남자 · 여자) 차원의 설명을 위한 비유적 모델에 조직(정부)과 집단(국민)을 대입시켜 적용하기 위해서는 보다 정교한 논거가 필요하다. 둘째, 이 논문에서 예시적으로 간략히 분석한 두 가지 사례만으로는 '화성 정부, 금성 국민' 은유틀의 경험적 적합성을 완전히 입증했다고 보기 어렵다. 보다 엄격한 경험적 검증을 위해서는 더욱 다양한 사례들을 비교 · 검토하는 한편 각 사례별로는 보다 심층적이고 다이나믹한 분석이 이루어질 필요가 있다. 셋째, 이 논문이 제시한 감정 관점의 해석이 기존 이론들에 비해 어떤 측면에서 얼마나 더 큰 설명력을 가지고 있는지 또 다른 변수들과는 어떤 관계에 있는지 명확하지 않다. 본 연구가 정책갈등에 관한 기존 연구들이 놓쳤던 부분을 보완하기는 하지만 그렇다고 다른 접근법이나 변수들을 기각하거나 대체한다고 주장하는 것은 아니다. 그동안 감정이라는 요소가 사각지대에 방치되어 있던 것은 사실이지만 감정만으로 모든 정책갈등 현상을 다 설명할 수 있는 것은 물론 아니기 때문이다. 정책연구에 감정이라는 변수를 본격적으로 접목시키기 위해서는 앞으로 후속 연구에서 이들 한계에 대한 면밀한 검토와 심도 있는 성찰이 필요하다.

이러한 이론적 한계에도 불구하고 본 연구가 정책담당자들에게 제시하는 실천적 함의는 분명하다. 정책을 입안하고 시행하는 과정에서 국민들의 감정을 잘 살피고 보듬어야 갈등의 예방과 원만한 해결이 가능하다는 것이다. 감정을 무시한 정책은 내용면에서 아무리 합리적이라고 해도 국민의 만족과 신뢰를 얻기 어려우며 따라서 추진하기도 힘들기 때문이다.[13] 물론 그렇다고 해서 정책의 합리성 추구를 무시해도 좋다는 말은 결코 아니다. 정부는 기본적으로 이성적이어야 하지만 그것만으로는 부족하다는 것이다(이대희, 2007: 119-41).[14] 즉, 냉철한 이성 위에 따뜻한 감성이 더해져야 비로소 국민에게 만족을 주는 '좋은 정부'가 될 수 있다는 것이다.[15] 일찍이 H. Lasswell이 주장했듯이 공공정책의 궁극적 지향은 문제해결을 통한 인간의 존엄성 고취이어야 한다. 그리고 '사람 중심'의 정책이 되기 위해서는 국민의 불행과 상한 마음에 대한 감정적 동조, 즉 공감 혹은 동정(compassion)에 기반한 소통이 필요하다(구교준, 2009: 255). 반면 효율적 문제해결에만 초점을 맞추는 기능주의적 접근은 정작 중요한 목적인 '인간'을 소외시킬 수 있다. 어떤 문제가 발생했을 때 국민(정책대중)은 정부가 자신들과 같은 감정을 느끼며 공감하고 있음을 보고 싶어한다. 그런데 차가운 문제해결자의 이미지는 그 진짜 의도와는 관계없이 '우리의 문제에는 전혀 무관심한 타자'라는 인상을 전달하게 되어 감정적 반발만 불러일으키는 것이다.

시민 "자신이 소중하게 여겨지고 배려받는다고 느끼게" 될 때 정부에 대한 지속적인 신뢰와 유대관계가 이루어질 수 있다(로비넷, 2003: 24). 정부와 국민 간의 "진정한 소통은 정부가 ... 국민들의 의사에 대한 이성적 이해를 넘어 정서를 감성적으로 이해할 때 가능하다"(이현정 · 박통희, 2010: 1). 국민들은 감성적 대화를 원하는데 정부는 이성적 대화에만 치중하면 진정한 소통은 있을 수 없다. 정부가 애를 쓰면 쓸수록 오히려 감정의 골만 더 깊어지게 될 뿐이다. 정책담당자의 "따뜻한 감성적 접촉이 폭발 직전의 감정을 무마시킬 수 있다"(이대희, 2007: 420). 자신의 감정이 무시되어 분노한 사람에게는 아무리 이성적으로 설명하고 논리적으로 설득하려

---

13) 그동안 정부가 효율성 · 합리성을 내세우며 열심히 일해왔음에도 불구하고 국민들의 체감만족은 그에 상응할 정도로 높지 않은 것도 "정책수요자의 입장을 공감하는 감성지능(emotional intelligence)을 결여하고 있기 때문일 수도 있다" (우윤석, 2008: 100).

14) 정책의 합리성은 부족하면 불만이 제기되지만 많다고 해서 만족감이 증가되지는 않는다는 점에서 위생요인(hygiene factor)이라고 할 수 있다. 감성마케팅을 주장하는 힐(2003: 131)도 "감성 요소들이 아무리 강력하다 하더라도 형편없는 제품을 가지고는 어찌할 도리가 없기 때문"에 이성적 요소를 간과해서는 안된다고 강조한다.

15) 이와 유사한 맥락에서 이대희(2007)는 '감성 정부', 우윤석(2008)은 '감성지능적 정부', 그리고 구교준(2009)은 '동정적인 정부'의 필요성을 역설한다.

고 해도 전혀 통하지 않는다. 설명해서 이해되면 마음이 풀리는 것이 아니라 그 반대로 먼저 마음이 풀려야 설명도 귀에 들어오고 이해도 되기 마련이다. 그레이(1993: 234-5)는 "남자들이 흔히 논쟁에 불을 당기게 되는 이유는 여자의 감정이나 관점의 타당성을 인정하려 하지 않기 때문이다. ... 설득으로 감정을 돌려놓으려는 것은 화성인[남자]의 본능[이지만]... 오히려 역효과를 초래한다"고 충고한다. 흔히 정부는 국민을 위한 공복(公僕, public servant)라고 한다. '금성에서 온 국민'을 섬기는 것이 본분인 '화성에서 온 정부'는 이 충고에 귀를 기울일 필요가 있다.

제 16 장

방폐장 입지 정책

▨ 이 민 창
(조선대학교 행정복지학부 교수)

제1절 서 론

정책갈등이 매우 복잡하고 동태적인 현상임을 감안할 때, 정책갈등 현상에 대한 연구는 다각적인 측면에서 발생요인 및 작동원리가 무엇인지, 정책 행위자 혹은 갈등 당사자는 왜 정책갈등을 유발하는 의사결정을 하게 되는지를 설명하는 것이 핵심이다. 이 장은 정책갈등상황의 유형 분류를 위한 이론적 접근이 부족하다는 점에 착안하여, 갈등상황의 합리적 의사결정에 대한 이론적 가정을 검토하고, 의사결정에 영향을 미치는 제도변수(유인, 규범)의 조합을 통해 갈등상황의 분류유형을 도출해 보는 것이 갈등연구의 진화에 기여할 수 있다는 문제의식에서 시작되었다.

제도론의 관점에서 정책갈등 현상은 행위자의 합리적 의사결정[1] 결과로 해석될 수 있다. 제도론의 이론적 가정에 따르면 행위자는 제한된 합리성(bounded rationality)의 범주 안에서 주어진 정보를 처리하고, 이를 기초로 만족할 만한 대안을 모색한 후 특정상황에서 효용을 극대화 할 수 있는 의사결정을 한다(North, 1990; Kasper & Streit, 1998). 행위자가 직면하는 무수히 많은 의사결정 상황에서 안

1) 정책현장에서 합리성은 모순과 함께 존재하며 모순의 존재는 불가피한 측면이 있다. 이에 관한 이론적 논점은 김영평(2008)을 참조하기 바란다.

정적으로 자신의 행동 방향 및 행동 방식을 결정하고 사회적 상호작용에 임할 수 있는 것은 제도가 행위의 불확실성을 줄이고 거래비용을 낮추어 주는 역할을 하기 때문이다(North, 1990; 1997). 정부의 사업(정책)이 기존의 안정적인 거래 과정 혹은 사회적 상호작용에 관련된 규칙(제도)을 변경하는 것이라면[2] 행위자들은 급격한 거래비용 증가와 불확실성 확대 상황에 직면하게 되고, 불확실성을 회피하기 위해 자신의 권리를 보호하고 효용을 극대화하는 방향으로 의사결정을 하려는 행위유인을 갖게 된다. 만약 이 때 정부가 재산권 침해를 상쇄할 수 있는 충분한 유인을 제공하지 않거나, 행정의 공개성, 민주적 참여 기회 및 절차 보장, 협상과 신뢰 확보 등 규범적 요구를 수용하여 이해관계를 조정할 기회와 여건을 보장하지 않은 경우에는 정책갈등상황에 직면하게 될 것이다. 본 연구는 이런 이론적 가정을 반영하여 유인과 규범을 기준으로 정책갈등상황유형을 정리한 후 사례분석을 통해 유형 분류의 타당성을 평가해 보고 정책갈등 연구에 대한 시사점 및 후속 연구 방향을 제시하는데 그 목적이 있다.

제2절 이론적 가정

정책갈등 연구는 크게 경제적 관점의 접근방법과 정치적 · 사회적 관점의 접근방법으로 구분해 볼 수 있다.[3] 경제적 관점의 연구는 형평성과 이해관계를 주된 분석 대상으로 한다. 이해관계로 인한 문제는 행위자의 재산가치 혹은 권리 관계에 명백하고 현저한 변화를 야기하는 사업의 수행과 관련된 경우가 많다. 특히

2) 제도론에서 말하는 안정적인 거래는 '불확실성이 낮고 예측 가능한 상황에서 발생하는 사회적 상호작용'을 의미한다. 이 상황은 고전경제학에서 가정하는 효용극대화 상황과 반드시 일치하는 것은 아니며, 안정적인 거래가 반드시 사회적으로 최적화된 성과 극대화와 연계된다는 것을 의미하지도 않는다.

3) 이와는 다른 관점에서 정책갈등 연구를 분류한다면 행위주체에 따라 공공갈등과 사적갈등으로 분류하거나 갈등 쟁점 및 분야에 따라 환경갈등, 이념갈등, 계층갈등, 지역갈등 등등으로 분류하기도 한다. 이를 모두 소개할 수 없어 본 연구의 분류기준과 가장 밀접한 선행 분류 방식을 소개하였다.

NIMBY, PIMBY, LULU 등으로 표현되는 혐오시설 및 선호시설의 입지문제 등과 같이 외부효과를 발생시키는 사업(정책) 시행 과정에서 발생하는 갈등 현상의 역동성을 설명하려는 시도들이 주를 이룬다(이민창, 2005a; 하현상, 2007; 김의경 · 김동현 · 신혜진 · 김대현, 2008). 사회적 · 정치적 관점에서 정책갈등을 분석한 연구들은 주로 정책과정의 절차적 합리성, 갈등해소를 위한 합의형성과정 등을 분석하고 있다(양기용 · 김창수, 2009; 김도희, 2005). 이들 연구에서는 참여, 협상, 합의 등 민주주의의 작동원리와 갈등해소과정, 형평성, 호혜성 등 규범적 차원의 갈등 요인과 갈등의 동태적 변화과정을 분석하고 있다. 이들 연구는 복잡한 갈등 현상 중 한 측면을 잘 설명하고 있음에도 불구하고, 정책갈등을 포괄적으로 유형화하고, 갈등의 동태적 변화과정을 거시적 관점에서 설명하는 데는 이론적 한계를 노정한다. 본 연구는 이런 이론적 공백을 메우려는 초보적인 시도에 해당한다.

이 연구에서 유인은 정책이 발생시키는 재산권 손실과 미래 가치 보전을 제도적으로 보장하는 일련의 대안을 의미한다. 제도이론의 관점에서 본 유인은 공식적 제도에 의해 보장되는 행위유인변수로서 재산권 보장 행위로 해석된다(이민창, 2001). 정책과정에서는 주로 재산의 현재가치를 보전하는 방식의 보상 대안을 제시하게 되는데, 본 연구의 유인은 이런 금전적 보전뿐만 아니라 손실되는 재산권의 현재가치와 미래가치를 고려한 제도적 보장을 포함하고 있다. 제도적 보장이 강조되는 것은 정책과정에서 시간적 급박성, 일회성 등으로 인하여 신뢰할 수 있는 약속 집행 메커니즘(credible commitment)이 없는 경우 유인의 실행 여부에 관한 신뢰 문제가 발생하게 되고 그에 따라 정책순응 효과가 다르게 나타나기 때문이다.

사회 규범은 "사회에서 사람들이 생활하면서 자신과 타인이 모두 지켜야 한다고 함께 믿고 있는 기대" 혹은 "어떤 조직에 소속된 개인이 광범위하게 공유된 신념에 근거하여 자신이 처한 상황에서 어떻게 행동해야 하는지를 나타내는 행위의 기준"으로 정의된다(한덕웅, 2006: 367; Bernhard, Fehr, & Fischbacher, 2006: 217). 개념 상 규범은 사회적 상호작용에 관한 것이고, 준수해야 할 행위제약으로 기능하며, 준수될 것이라는 기대와 신념이 공유된 경우에만 의미가 있다는 것이 된다. 이런 측면에서 규범은 강한 제도 속성(institutional characteristics)을 보인다.[4] 규범의 제도 속성 중 가장 중요한 점은 사회적 상호작용을 할 때 행위자에게 안정적 기대(expectation)를 제공한다는 것이다(North, 1990). 본 연구에서는 "정책 행위자들이 정책과 관련된 상호작용 과정에서 당연히 지켜야 한다고 믿고 있는 행위 기준"들을 정책과 관련된 규범의 개념 범주에 주로 포함시키고 있다. 예를 들자면 행정의 공개성 내지는 투명성, 민주적 참여 절차의 보장, 정책 대상 집단의 재산권 보호, 협상과 신뢰 등등이 그것이다.

제도이론에서 '신뢰할 만한 공약'은 제도의 실행이 확실히 보장될 수 있도록 하는 제도 집행 보장 장치들을 포괄적으로 칭한다(이민창, 2006: 304-5). 많은 갈등 사례 연구들은 실증적으로 재산권 보장 등의 유인이 신뢰할 만한 공약과 함께 제공될 때 상대적으로 유연하게 갈등 해소 내지는 완화에 기여하는 것을 확인해 주고 있다(이민창, 2005a; 김종석 · 강은숙, 2008; 김의경 · 김동현 · 신혜진 · 김대현, 2008). 규범의 실효성 확보에 관한 연구에서도 규범 위반자에 대한 처벌과 협력 유도를 위한 제3자의 개입 등 다수의 실행 메커니즘이 중요함을 강조한다(Bernhard, Fehr & Fischbacher, 2006; Kandori, 1992; Pershits, 1977; Sethi & Somanathan, 1996). 강제력이 없거나 약속 실천 보장이 없는 유인, 공식 제도에 수용되지 못한 느슨한 합의만 존재하는 규범의 시행은 그 실효성을 확인하기가 어렵다. 본 연구에서는 신뢰할 만한 공약이 정책갈등 현장에서 정책을 통한 갈등 상황 변화에 매우 중요한 변수이자 유인과 규범이 작동하도록 하는 기제가 된다고 보고 있다.

4) 이 문제는 이론적으로 상당히 복잡한 논점을 제공한다. 사회학 이론에서도 개인 간의 상호작용은 제도화된 매개에 의존하게 되는 것으로 보고 있는데, 그 대표적인 것으로 법과 규범을 들고 있다. 이들은 모두 하나의 규칙으로서 행위를 제약한다는 공통점을 갖고 있으며 이 점은 제도이론의 핵심 가정과 일맥상통한다. 이런 특성으로 인해 제도이론에서는 규범을 비공식 제도로 분류한다.

제3절 분류기준의 모색

1. 유인과 규범의 관계

Elster(1989)는 합리적 선택이론(rational choice theory)과 사회 규범이론(theory of social norms)의 관점에서 각각 개별 행위자의 행위동기를 분류하고, 합리적 선택과 규범이 복합적으로 작용하여 사회적 상호작용이 발생하는 과정을 보여 줌으로써 사회적 협력을 설명한다. 이와 유사한 맥락에서 Lindbeck(1999)은 경제적 유인과 규범이 동시적이고 복합적으로 작용하여 의사결정이 발생하는 상황이 존재함을 인정하고, 전통적인 경제학의 동기부여 모형을 확장하여 유인과 규범에 의한 의사결정현상을 설명하려고 시도한다.

본 연구의 시도는 유인과 규범이 잘 작동하는 조건과 상황을 탐색하고 이를 교차시켜 네 개의 상황유형을 도출한 후 행위자의 상호작용이 특정 제도를 형성하거나 제도변화에 어떤 영향을 미치는지를 사례분석 과정을 통해 검증해 보는데 초점을 맞추고 있다.[5)]

2. 분류기준의 도출

1) 유인과 신뢰할 만한 공약

이 연구가 가정하는 유인은 정책 실현을 위한 금전적 보상뿐만 아니라 현재 및 미래의 재산권 보장을 기본으로 포함하고 있다. 좀 더 구체적으로는 현재가치의 손실이 발생한 재산권에 대한 금전적 보장, 미래가치의 보장을 위한 권익의 제도적

---

5) 제도이론에서 행위자들이 제도의 특성을 확인하고 제도가 자신에게 미치는 영향을 확인하며 그에 적응하는 과정은 ‘제도적 학습(institutional learning)’으로 설명된다. 제도적 학습과정의 설명은 제도와 행위자 간의 상호작용과정을 설명함으로써 정치경제학적 접근과 같이 이해관계를 기반으로 한 행위자간의 상호작용을 설명과 제도론의 차이를 부각 시킬 수 있는 장점을 갖는다. 본 연구의 사례에서도 행위자의 상호작용 과정에서 일부 이런 현상이 나타나고 있다. 그러나 본 연구가 갈등유형의 분류에 주로 초점을 맞춘 시론적 접근이고, 지면의 제약상 이 부분에 대한 분석은 생략하기로 한다.

보장, 행동 유도를 위한 간접적 혜택의 제공 등을 포함한다. 유인 제공은 단일 이해관계 집단에 대한 일방적 편익을 제공하는 것을 목적으로 하는 경우도 있으나, 정책집행 수단으로 설계된 경우에는 주로 정책 순응을 유도하기 위해 다수의 이해관계 집단의 지속적 혹은 일시적 행위를 유도하기 위한 의도가 포함되어 있음을 의미한다. 이런 경우 확실한 정책 순응을 보장하기 위한 강력한 후속조치를 포함하게 된다. 그 예를 살펴보면 i) 직접적이고 강제적인 구성원 자격의 박탈, ii) 합의된 유인의 회수 내지는 미실현, iii) 벌금 혹은 그에 상응하는 제재조치 등이 포함된다.[6] 이런 이론적 가정을 전제로 유인의 강약과 신뢰할 만한 공약의 존재를 기준으로 교차해 유형을 정리해 보면 다음과 같다.

〈그림 1〉 유인과 신뢰할 만한 공약

		유인	
		강함	없거나 작음
신뢰할 만한 공약	있음	Ⅰ	Ⅱ
	없음	Ⅲ	Ⅳ

제I유형은 유인이 강하면서 신뢰할 만한 공약이 있는 경우이다. 이런 경우는 성공적 협력 상황 혹은 정책순응상황이 발생할 것으로 가정해 볼 수 있다. 행위자들은 유인구조에 따라 정책에 순응하는 상황 혹은 협력적 행위 패턴이 발생하게 된다. 특히 정책에 적합한 유인구조의 설계는 장기적으로 유인을 제공할 뿐만 아니라

6) 경우에 따라서 이런 집행보장 메커니즘들이 제도론에서 다루는 '신뢰할 만한 공약'의 이론적 범주에 포함되는지에 대한 논란이 있을 수 있다. 통상 제도론에서 신뢰할 만한 공약은 계약 당사자들이 서로의 계약 집행에 대한 확신을 갖기 위한 자발적 보장수단들을 통칭하는 것이기 때문에 제3자의 개입이나 법적 강제에 의한 정책집행 보장 메커니즘을 신뢰할 만한 공약으로 해석할 수 있는가에 관한 관점의 차이가 존재할 수 있기 때문이다. 정책 순응을 유도하기 위한 혹은 정책에 반대하는 이해관계집단의 순응을 전제로 하는 유인구조의 설계나 유인의 제공은 그 자체가 특별한 계약관계의 성격을 띠고 있으며, 계약 집행 보장을 확보하기 위한 반대급부의 성격을 갖는다는 점에서 전형적인 신뢰할 만한 공약과는 다른 특징을 발견할 수 있다. 이런 관점에서 이 연구에서는 '신뢰할 만한 공약'의 범위를 넓게 해석하고 있다.

쌍방의 신뢰할 만한 공약 확보로 실현가능성이 높은 대안이 제공될 가능성이 매우 크다.

제II유형은 유인이 작거나 없는 상황에서 신뢰할 만한 공약이 존재하는 경우이다. 이런 경우는 잠재적 갈등상황으로 볼 수 있다. 행위자의 입장에서 보면 부족한 경제적 보상 혹은 재산권 보장은 정책대상자들의 정책순응동기를 저하시킨다. 이 유형은 신뢰할 만한 공약이 있다손 치더라도 제공되는 유인이 재산권 침해를 충분히 보상하지 않으면 정책순응 비용이 과다해지고 그 수준이 임계치를 넘으면 갈등이 표출될 수 있는 상황으로 이해해 볼 수 있다.

제III유형은 유인이 매우 강하지만 신뢰할 만한 공약이 미흡한 경우에 해당한다. 이런 유형은 기회주의적 행동상황으로 정의해 볼 수 있다. 강한 행동유인은 정책이 의도하는 방향으로 행위자들이 행동할 동기를 부여하지만, 약속의 집행을 강제하거나 감시할 수 있는 체계가 미흡하여 기회주의적 행동동기가 강하게 발생한다. 기회주의적 행위는 정책 대상 집단과 정책 집행자 모두에게서 나타날 수 있다. 정책 대상 집단에게는 경제적 보상만 받고 약속을 이행하지 않을 행동동기가 나타날 수 있으며, 정책 집행자는 유인 제공 약속만 하고 정책순응을 유도한 후에 실재로 약속을 이행하지 않거나 왜곡할 행동 동기가 발생할 수 있을 것이다. 후자의 경우 정책 대상 집단의 강한 의견표출이 곧바로 정책갈등으로 표면화 될 것이지만, 전자의 경우에는 보다 복잡한 법적 절차를 거쳐야 할 뿐만 아니라 이를 적발하고 처벌하는 비용이 매우 크기 때문에 적극적으로 이를 수행해야 하는지도 논란이 될 수 있다. 이런 후속 조치의 복잡성과 낮은 표면화 가능성은 행위자들로 하여금 더욱 강한 기회주의 행동유인을 갖게 한다.

제IV유형은 협력실패 혹은 정책실패 상황으로 볼 수 있다. 유인도 거의 없고 신뢰할 만한 공약도 없는 경우 정책 대상 집단의 행위자들은 정책에 순응할 이유가 별로 없기 때문이다. 이런 상황에서 정부가 정책을 일방적으로 추진할 경우에는 대상 집단의 저항으로 이어지는 정책갈등이 발생할 것이다.

요컨대, 유인과 신뢰할 만한 공약을 기준으로 한 분류결과를 살펴보면 신뢰할 만한 공약이 약한 경우, 유인 제공에 의한 행위유도는 성공적 실행가능성이 매우 낮아질 뿐만 아니라(IV유형) 기회주의적 행동을 유발하게 될 가능성(III유형)이 매우 높은 것으로 볼 수 있다. 그런 관점에서 신뢰할 만한 공약이 존재하는 상황에서 유인이 제공되는 상황들(I유형, II유형)이 정책갈등유형 분류를 위해 의미 있는 것이라고 볼 수 있다.

2) 규범과 신뢰할 만한 공약

규범은 장기적이고 안정적인 상호작용에 보다 밀접하게 관련되어 있다. 갈등상황에서 규범은 상대방 행위자의 행동을 예측가능하게 해주고 상호작용 방법과 규칙을 안정적으로 제공하여 정책갈등 해소 요인으로 작용하기도 한다. 규범의 강약과 신뢰할 만한 공약의 유무를 기준으로 발생할 수 있는 갈등상황을 유형화해 본다면 다음과 같다.

〈그림 2〉 규범과 신뢰할 만한 공약

		규범	
		강함 혹은 공식제도화	없거나 약함
신뢰할 만한 공약	있음	Ⅰ	Ⅱ
	없음	Ⅲ	Ⅳ

제Ⅰ유형은 강한 규범[7] 혹은 공식 제도화된 규범이 존재하고 신뢰할 만한 공약이 있는 상황이다. 규범에 관한 신뢰할 만한 공약은 법과 같이 공식적 제도에 반영된 상호작용 절차의 보장, 담보제공 등 공식적인 것에서부터 사회적 압력, 평판, 체

---

7) 강한 규범은 때로 신념과 혼돈하여 존재하는 것을 관찰할 수 있다. 어떤 공동체가 공유하는 신념체계는 그것이 행위를 제약하고 구성원 간의 상호작용 유형과 예측가능성을 보장한다는 측면에서 규범 및 제도의 속성과 유사성이 있다. 그러나 이론적으로 신념은 선호의 형성과 안정성 측면에 보다 큰 영향을 미치는 것이고, 규범은 행위를 직접 제약하는 특성이 강하다는 점에서 구별된다. 이런 구분은 규범의 이론적 성질과 현실을 이해하는데 매우 중요하다. 많은 경우 규범은 준수 행동에 대한 보상을 수반하거나 일탈행위에 대한 행위제약과 처벌을 수반하는 등 후속적 집행보장장치를 갖고 있으며, 신념은 의사결정의 토대로 작용하기도 하기 때문이다.

면, 전통 등 비공식적인 것까지 매우 다양하게 나타난다. 이 유형에서는 공식 제도화된 규범 혹은 강한 규범이 행위자 간의 상호작용 규칙을 제공하고 이에 따라 사회적 협력 혹은 정책 순응이 발생할 가능성이 높다.[8)]

제II유형은 규범이 상대적으로 약하거나 없는데 신뢰할 만한 공약은 존재하는 상황이다. 신뢰할 만한 공약이 규범의 집행 내지는 보장을 위한 것이라는 전제를 상정하면 이론적으로 이 상황은 존재하기 어렵다. 다만 약한 규범[9)]이 존재하고 그 규범이 금지적 속성을 띠고 있으며 사회적 상호작용에 영향을 미치는 경우에는 규범 순응 행동이 발생할 가능성이 크다. 만약 이 상황에서 특정 정책목표 혹은 정책집행이 규범과 일치하는 것이라면 정책순응이 발생할 것이지만 그렇지 않은 경우에는 잠재적 갈등상황이 형성되는 것으로 볼 수 있다.

제III유형은 기회주의적 행동 상황으로 볼 수 있다. 규범이 강하게 작동하고 있는데 신뢰할 만한 공약이 부재하는 상황 즉, 규범 일탈행위에 대한 제재나 규범 준수에 의한 수혜를 수반하지 않고 있는 상황을 말한다.[10)] 예컨대 정책을 통해 달성하고자 하는 목표가 급격한 재산가치의 변동이나 보상을 포함하고 있으면서 규범을 강제할 별도의 메커니즘은 존재하기 않거나 도덕적 비난과 같이 약한 제재만 존재하는 상황에서 행위자는 단기간의 도덕적 비난을 감수하고서라도 규범 일탈행위를 통해 이익을 취하려는 기회주의적 행동상황이 형성되는 것으로 볼 수 있다.

제IV유형은 협력실패 혹은 정책실패 상황으로 볼 수 있는데 이 유형에서는 규범과 신뢰할 만한 공약이 모두 존재하지 않거나 매우 약하기 때문에 사실상 정책과

---

8) 규범의 이론적 가정 및 실재적 특징상 신뢰할 만한 공약이 있다고 할지라도 그 강도와 유형, 정책목표와 규범의 일치성 등에 따라 사뭇 다른 행위유인을 발생 시킬 수 있다는 점이 이 유형 분류에는 반영되지 못하고 있다. 이 연구가 일차적 시도로서 유형을 분류한다는데 그 의미를 두고 있으며 신뢰할 만한 공약을 분석적으로 정리하여 측정하는 것을 시도하지 않고 있기 때문이다.

9) 이 연구에서 '약한 규범'은 '느슨한 규범'의 개념으로 이해할 수 있다. 다수의 공동체 구성원이 절대적으로 합의하고 순응하는 것은 아니지만 어떤 행위제약에 대한 인식 혹은 행위체계가 규범으로 간주되어 인정받고 구성원들이 수긍 및 수용하며 구성원들의 행동양식과 행동유인에 영향을 미치는 것으로 이해해 볼 수 있다.

10) 관점에 따라서는 규범이 강하게 존재한다는 것 자체가 규범순응을 수반한다는 개념이기 때문에 이 상황은 성립이 불가능하거나 동어반복 혹은 논리적 모순이라는 지적이 가능하다. 그러나 현실세계에서 대다수의 사람들이 환경을 보호해야 한다는 규범에 모두 동조하고 강한 합의를 보이지만, 쓰레기 배출을 줄이려는 노력이나 수돗물을 아끼려는 노력 등이 나타나지 않는 경우가 많다. 규범 실천과 규범에 합의하는지의 문제는 별개 현상으로 나타나기도 한다.

관련한 협력이나 강제수단이 없는 정책집행을 기대하기 어려운 상황이 형성되는 것으로 볼 수 있다. 행위자들은 규범이 무엇인지 관심을 갖지도 않고, 특별히 그 규범을 준수해야 할 이유도 없으며, 규범이 본인들에게 어떤 직접적인 영향을 주지 않는 한 무관심한 상황이 된다.

요컨대 규범의 집행을 강제할 수 있는 메커니즘이 없는 경우 사실상 규범은 준수되기 어려우며, 기회주의적 행동과 정책문제에 관한 무관심 내지는 불응이 확산될 가능성이 매우 높다는 점을 유추할 수 있다. 결국 신뢰할 만한 공약이 존재하는 상황에서 규범이 제공되는 경우(I유형)와 규범이 약한 경우(II유형)가 정책갈등 유형 분류를 위해 의미 있는 것이라고 볼 수 있다.

3. 갈등의 유형분류

위에서 살펴보았듯이 신뢰할 만한 공약이 작용하는 상황 하에서 유인과 규범은 기능을 발휘한다. 유인 제공은 대부분 정책순응을 유도하기 위한 수단으로 활용되는 경우가 많으므로 정책갈등은 유인과 규범의 성질 혹은 강도와 직간접적인 규범 강제 수단의 확보여부(규범의 공식제도화) 등에 관련된다고 볼 수 있을 것이다.[11] 신뢰할 만한 공약이 강하게 작용한다는 가정 하에서 규범과 유인의 제공을 교차해 보면 다음과 같은 네 가지 상황유형이 도출된다.

〈그림 3〉 본 연구의 정책갈등유형

		유인의 제공	
		강함	없거나 약함
규범	강함 혹은 공식제도화	I	II
	없거나 약함	III	IV

11) 본 연구에서 규범의 공식제도화는 "행정의 공개성, 민주적 참여절차의 보장 등 정부가 정책 대상 집단과 상호작용하면서 지켜야 할 것으로 인정되는 요구들이 공식화된 법률이나 제도에 수용되어 안정적 기대가 가능하고 신뢰할 만한 행위규칙을 형성하였다는 것"을 말한다.

제I유형은 정책순응 혹은 협력이 발생하는 상황이다. 이 상황에서는 규범이 공식제도에 반영되어 있어서 행위자간의 불확실성을 제거해 주고, 상호작용 규칙을 안정적으로 제공한다. 신뢰할 만한 공약이 있는 강한 유인의 제공은 행위자들의 정책순응동기를 유발한다. 이런 상황에서는 정책 대상 집단의 의사가 충분히 반영되고 협력적 상호작용을 통해 정책과정이 진행될 것을 예상해 볼 수 있다.

제II유형은 규범이 강하거나 공식제도화 되어 있으면서도 유인이 약하거나 없는 상황이다. 상대적으로 유인이 약하거나 없다면 행위자의 입장에서 규범을 준수하는 것이 합리적이다. 규범을 준수하는 것이 장기적으로 안정적인 사회적 상호작용을 계속할 수 있기 때문이다. 그럼에도 불구하고 행위자는 정책순응과 불응의 이익형량을 통해 몇 가지 선택 상황에 직면하게 된다. 규범순응이 장기적으로 호혜성을 보장해 주지만, 규범일탈 행위의 적발 가능성이 낮다면 단기적인 유인을 취하고 이익을 확보하려는 기회주의적 행동이 발생할 가능성이 있다. 정책 현장에서 이런 기회주의적 행위동기를 갖는 행위자를 발견하는 것은 어렵지 않다.

제III유형은 유인이 강하고 규범이 약하거나 없는 상황이다. 정책목표의 실행을 위한 강한 유인의 제공과 신뢰할 만한 공약이 존재하는 이 상황은 단기적이고 계산적인 협력상황으로 요약해 볼 수 있다. 이 유형에서 행위자들은 자기 이익의 극대화와 정책으로 인해 발생하는 손실 최소화를 위한 기회주의적 행동을 선택할 가능성도 매우 높다. 특히, 단기적인 이익의 수취가 규범을 크게 위반한 것으로 비판받지 않거나, 이를 비판할 규범이 존재하지 않는 상황에서는 다양한 형태의 기회주의적 행위가 당연한 것으로 간주되기도 한다.

제IV유형은 규범과 유인이 모두 약한 상황이다. 규범과 유인이 모두 매우 약하거나 존재하지 않는 상황은 개인의 선호와 이해관계 변화에 의해 의사결정이 발생하는 상태이다. 이론적으로 볼 때 이런 상황에서는 정책영향으로 발생하는 어떤 집합적 행동 패턴을 상정하기 어려운 형태를 띤다고 할 수 있을 것이다.

제4절 방사성 폐기물 관리시설 입지 후보지 선정 과정 분석

1. 1986년 이전[12](갈등 잠재기: 규범과 유인이 약하거나 없는 상황)

1) 규범 특성

이 시기에 정부는 고도의 전문성이 요구되는 원자력 분야의 기술적 특성을 우선시하였고, 원자력 안전을 확보하는 문제가 해결되면 다른 문제들은 자연스럽게 해결될 것으로 보았다. 그 결과 일반시민의 방사성 폐기물에 관한 인식이 매우 낮았고, 정책 대안에 관한 상호작용이 거의 없는 상태가 지속되었다. 고도 경제성장기로서 정부 중심 의사결정이 주를 이루던 시대에 정책 이슈에 관한 논의절차나 정책대안 결정과정에 주민참여를 보장하는 등 규범적 차원의 논의를 발견하기는 어렵다.

2) 유인 특성

이 시기에는 방사성 폐기물 관리 정책을 집행하기 위한 유인제공을 발견하기 어렵다. 근본적으로 이 시기에는 방사성폐기물 관리대책과 담당 기구가 원자력 위원회에서 결정되었으므로 정책 대상 집단이 가시적으로 형성된 것으로 보기도 어려우며, 위원회의 결정사항을 일반대중이 인지하고 있었을 가능성도 낮다.

3) 신뢰할 만한 공약과 정책갈등 유형

이 시기에는 크게 두 가지의 중요한 결정이 이루어지는데 그 하나는 중·저준위 폐기물은 육지처분을 원칙으로 하는 "방사성폐기물 관리 대책"을 확정한 것이고, 다른 하나는 "방사성폐기물 운영관리기구 설치방안"을 의결한 것이다.[13] 이 시

12) 지면의 제약으로 일련의 정책과정을 상세히 소개할 수 없어서 분석기준과 관계된 내용만 간추려 3단계로 구분하여 적시하였다. 논문의 시기구분 및 사실관계에 관한 내용은 감사원(2006), 지식경제부(2009), 최연홍(1999) 등을 참조하기 바란다.

13) 1988년 7월 27일 220차 원자력위원회에서는 ① 지중매몰식 영구처분 시설을 1995년 12월 말까지 건설할 것, ② 사용후연료 재처리 또는 영구처분에 대한 국가 정책결정이 이루어질 때 까지 중간저

기에는 직접적인 정책 당사자 혹은 이해관계 집단이 정해지지 않은 상황이었으며, 정책으로 인해 발생하는 새로운 이해관계나 유인이 강한 것도 아니었고, 상호작용 과정이나 상호작용을 제약하는 규범의 영향을 확인하기 힘든 상황으로서 제IV유형에 속하는 것으로 볼 수 있다.

2. 1986년부터 1995년(갈등 확산기: 강한 규범과 약한 유인 상황)

1) 규범 특성

이 기간의 규범적 속성 중 가장 중요한 것은 방사성 폐기물 처리장 부지 선정 작업과 관련된 '정보의 비공개' 문제와 '지역민의 의견수렴 부재'이다. 제1차 후보지 선정 작업(1986~1989년)은 1989년 2월 임시국회에서 황병우 의원이 이를 언급함으로써 관련 사실이 알려졌다. 영덕 주민들은 이 사업이 4년 동안이나 비밀리에 사업이 추진되어 왔다는 점에 특히 분개하였다.[14)]

안면도 사태로 알려진 제2차 후보 부지 선정과정(1990~1991년)에서도 '행정의 투명성 혹은 공개성'과 '절차적 정당성' 등이 무시되었다. 정부는 충청남도와 한국원자력연구소 간의 협상과정 및 후보지역에 관한 의사결정을 3급 비밀로 분류함으로서 국민들의 정보접근을 차단하였다. 이로 인해 지역 주민들 사이에는 연구소 설치라는 명분으로 방사성 폐기장 입지를 은폐하려는 기만적 행위를 일삼는 정부, 비공개 밀실행정을 일삼는 신뢰할 수 없는 정부라는 인식이 확산되었고, 과격한 시위가 발발하는 계기를 제공하였다.

제3차 후보지 선정과정(1991~1993년)에서는 몇 가지 변화가 발생하였다. 그 중 가장 중요한 것은 공개적인 절차에 의해 자발적으로 청원한 지역을 후보지로 선정하고, 이를 지역 지원사업과 연계하며 지역주민과 합의하여 추진한다는 것이다.[15)]

장 관리할 것, ③ 중간저장시설을 원전부지 이외의 장소에 집중식으로 건설할 것, ④중간저장시설 및 영구처분시설이 가동될 때 까지 중·저준위폐기물과 사용후연료는 한전이 관리토록 하는 것 등을 결정하였다.

14) 1989년 2월 28일 주민들이 애향단체인 영덕회를 중심으로 "핵폐기물처리장 설치 결사반대 대책 위원회"를 구성한 이후 남정면 대책위, 군 대책위가 결성되는 등 급속히 조직화하였다. 이와는 별도로 군정자문위원 등 지역 유지들도 "핵폐기물 처분장 설치 영덕군 반대위원회"를 별도로 조직하였다. 주민들은 구내방송, 포스터 붙이기, 궐기대회, 포항-울진 국도 점거, 투쟁기금 모금을 위한 일일찻집 등 다양한 방법으로 저항하였다.

이는 부지확보 과정의 투명성과 신뢰도를 확보하여 규범 수용성을 높이려는 시도로 해석해 볼 수 있다.

제4차 부지선정과정(1993~1994년)에서는 규범의 공식제도화 과정을 발견할 수 있다. "방사성폐기물 관리사업의 촉진 및 시설주변지역의 지원에 관한 법률"에는 방사성 폐기물 관리 시설지구를 지정고시하려면 과학기술처 장관이 관계자(해당지구 지역 주민, 해당 시도지사, 관련 전문가 등등)의 의견을 수렴한 후 관계 중앙행정기관장과 협의하도록 하였으며, 주민의견수렴 절차는 대통령령으로 정하도록 하였다. 이를 통해 주민의 정책 수용성을 높이고 정책순응을 확보하기 위한 비공식 규범의 공식 제도화라는 이론적 의의를 갖는다.[16)]

굴업도 사태로 알려진 제5차 부지 선정 과정(1994~1995년)은 추진 절차와 투명성을 법적으로 보장 받은 상태에서 진행되었다. 정밀 조사 과정에서 굴업도의 활성단층의 발견으로 인해 부지선정이 취소되었다. 방사성 폐기장 문제에 관한 한 '안전'이 최상위 규범이며 가치라는 것을 재확인시켜 준 것이라고 볼 수 있을 것이다.

요컨대 이 기간 동안에는 행정의 공개성 확보와, 절차적 민주성의 확보 요구 등 규범적 요인이 강하게 작용하여 정책갈등이 발생하였으며, 이들 규범적 요구들을 공식 제도에 반영하여 정부의 신뢰 향상 및 정책 순응성을 확보하려는 점진적인 제도변화가 시작된 것으로 평가해 볼 수 있다.

2) 유인 특성

이 시기에 제공된 유인의 특성은 '불충분한 보상'과 '부족한 신뢰성 확보'로 요약해 볼 수 있다. 이 기간에는 보상을 제공할 수 있는 제도적 기반이 미흡한 관계로 제2차 및 제3차 부지 선정과정에서 주민 설득을 위한 방편으로 경제적 유인이 도

15) 과학기술처와 원자력연구소는 해당 지역의 언론인, 공무원, 시의원 등 여론 주도층을 대상으로 해외 원자력관련시설 시찰, 국내 원자력 관련 시설 견학 등 안전성과 지역개발지원 내용을 설명하는데 많은 노력을 기울였다(최연홍, 1999: 187).

16) 그럼에도 불구하고 이 제도화 과정은 정책대상집단과 정부의 상호작용 규칙을 공식화한 것이기 때문에 정책갈등 현장에서 발생하는 정책영향집단(입지예정지역과 인접한 인근지역 주민, 환경단체 등)의 활동 및 이들 정책 행위자들 간의 상호작용에 관한 규칙을 반영한 것은 아니다. 이 시기에는 방사성 폐기물 처리시설 유치 반대집단과 다른 행위자 사이의 연대활동 등이 중요한 정책갈등 변수로 등장하기 시작하였는데 법에 반영된 좁은 범위의 당사자 간 절차 규범의 공식화만으로는 이런 현상에 대응하기 어려웠다.

입된 것을 확인할 수 있다. 더욱이 제4차 부지 선정과정에서는 유치 신청 주민 측에서 구체적인 내용을 명기하여 공개적으로 유인을 요구하고 나옴으로써 경제적 유인의 제공이 입지선정에 하나의 협상 변수가 될 수 있음을 확인하게 되었다.

제1차 부지선정과정에서는 특별한 유인책의 제공을 발견하기 어렵다. 당시에는 방사성 폐기물 처분장 부지 선정은 정책적 사안이며 기술적 안전성이 확보되면 추진할 수 있는 사안으로 간주되고 있었기 때문으로 보인다. 제2차 부지선정과정에서는 비교적 명시적인 경제적 유인의 제공이 관찰된다. 한국 원자력 연구소는 충청남도와 부지 협상을 진행하면서 충남도가 추진해 오던 서해안 종합개발계획과 연동하여 제2연구소 입지를 논의할 것을 협상하였다.[17] 그러나 지역 주민에 대한 보상 혹은 입지 예정 지역에 대한 체계적인 발전계획을 제안한 것은 아니었다. 제3차 부지 확보 사업에서는 1993년 1월 18일 김남영의 양심선언을 통해 원자력연구소가 제안한 내용이 공개되었다. 그 내용을 보면 “원자력연구소로부터 780만원을 받았고, 방사성 폐기물 처리장은 안전하며 부지는 유치공모에 준해서 선정하고, 현시가보다 5배 이상의 가격으로 부지를 매입할 것이며, 개인의 피해는 적절히 보상해 주겠다”는 것이다(최연홍, 1999: 189). 제4차 부지 선정 과정에서는 이런 내용이 보다 구체적으로 전개된다. 특히, 부지 선정 대상 지역에서 경제적 유인의 제공을 요구하기에 이르렀다.[18]

3차 부지선정 사업이 진행될 때까지 유인제공은 설득수단의 일환으로 이해되고 있었으며, 이로 인해 경제적 유인 제공을 수용하는 사람들은 고향 산천과 위험시설을 맞교환하여 사욕을 챙기고 지역의 생존권을 팔아넘기는 사람들로 간주되어 반대집단의 지탄을 받는 결과를 양산하기도 하였다. 결과적으로 이런 인식구조 속에서 공식제도에 의한 집행보장 장치(신뢰할 만한 공약)가 없는 유인 제공은 일관된 기준이나 공개적이고 동일한 혜택의 지원을 보장하기 보다는 상황 적응적으로 정책

17) 과학기술처의 입장에서는 토지매수가 용이하고(300만평 중 250만평이 도유림), 항만 입지 등 교통편의성도 갖추고 있으며, 대덕 연구단지와 가까워서 연계 연구 수행이 가능한 점 등이 고려된 것으로 보인다(유해운, 1995: 136).

18) 경북 울진 유치준비위원회는 ① 전문가에 의한 환경영향평가, ② 제2의 첨단과학기술 연구단지 유치, ③ 연구원과 그 가족의 현지이주, ④ 정부 관여 없이 주민이 자유롭게 사용할 수 있는 지원금의 조기지원, ⑤ 수산물 가공공장 건설 등을 요구하였다.

대상 집단을 설득하는 수단으로 활용되었고 갈등확산 요인이 되고 말았다.

3) 신뢰할 만한 공약

이 시기에 신뢰할 만한 공약 요구는 몇몇 사례에서 발견된다. 영덕의 경우 1989년 3월 18일 영덕군민 궐기대회에서 김상조 경북도지사와 최종윤 영덕군수에게 처분장 설치불가에 관한 공개적이고 책임 있는 구두 확답을 요구하였다. 당시 군수는 이에 대한 확답을 주지 않고 대책위원회를 비판하는 발언을 하여 반감을 샀다.[19] 제2차 부지확보 과정에서도 이런 현상이 나타난다. 1990년 11월 10일 수습위원회에서는 과학기술처 장관을 상대로 안면도 방사성 폐기물 처리장과 서해연구단지조성계획 철회를 문서로 확인해 줄 것을 요구한다. 이런 요구들은 정책 추진자의 입장에서는 수용하기 힘든 것들이지만, 반대 측의 입장에서는 사업추진 과정에서 반복적으로 발생하는 '지켜지지 않는 약속'을 제거하고 소모적인 반대 투쟁을 종결할 수 있는 공약을 요구한 것으로 볼 수 있다.

이런 요구는 1994년 6월 1일 방사성 폐기물 관리사업의 촉진 및 시설 주변지역의 지원에 관한 법률의 시행으로 다른 국면을 맞는다. 이 법을 통해 해당 지역 주민들의 이주대책을 비롯한 각종 지원 사업이 가능해 졌고, 사회간접자본시설, 교육사업, 문화사업, 복지사업 등을 시행할 때 지역민 우선 고용 의무가 부과되었다. 이에 따라 정부는 방사성폐기물 처분장 추진 과정에서 합법적이고 공개적으로 경제적 유인을 포함한 다양한 유인을 제공할 수 있게 되었다. 또 음성적으로 일부 지역주민을 설득하거나 회유하는 수단으로 인식되던 경제적 유인의 제공을 공식적이고 공개적으로 지역발전을 위한 자원 확보와 합의조건으로 활용될 수 있는 기반(신뢰할 만한 공약)이 제공되었다.

4) 정책갈등 유형

규범과 유인을 기준으로 분류해 본다면 이 시기의 정책갈등은 제도화된 유인구조가 부재한 상황에서 강한 규범적 제약 및 규범 수용 요구에 의해 정책갈등이 발

19) 대책위원회는 군수와 도지사를 직권남용 및 유언비어 조작유포, 명예훼손 혐의로 경찰에 고발하였다(이상팔, 1995: 7).

생하였으며, 유인의 제도화가 시도된 과정에서 정책갈등이 확산된 사례에 해당되어, 제II유형에 속하는 것으로 볼 수 있다. 정책 행위자는 자신이 처한 상황과 환경에 따라 각기 다른 결정을 하게 된다. 정부는 방사성 폐기물의 배출 속도와 임시저장능력을 고려해 볼 때 조속히 사업을 추진하여 방사성 폐기물 관리 시설의 입지를 마무리해야 하는 상황에 놓여 있었다. 그러나 정책 대상 집단은 해당 정책에 대한 정확한 정보가 없는 상황에서 위험 시설의 수용이 상당한 정도의 재산권 제약 및 재산가치 저하를 동반할 것으로 판단하고 저항하였다. 특히, 위험 및 안전에 관한 충분한 신뢰를 확보하지 못한 상태에서 비공식적으로 제안된 각종 유인들은 회유책으로 간주되어 안전과 환경가치를 주장하는 외부 행위자들의 개입으로 갈등이 확산되는 양상이 전개되었다.

3. 2000년부터 2005년(갈등 해소 시도: 강한 규범 혹은 공식제도화와 강한 유인 상황)

1) 규범특성

이 시기의 규범특성은 비공식적이고 분산되어 있는 규범적 제약과 요구를 공식제도화 하여 규범 요구의 수용성을 높였다는데 있다. 자율유치공모 방식을 진행하면서 당사자인 지역 주민의 정보접근 가능성이 높아졌으며, 그로 인해 안전성과 방사성폐기물관리시설의 필요성에 관한 인식이 점진적으로 확산된 것으로 볼 수 있다.[20]

2004년 12월에는 중 · 저준위 방사성 폐기물 관리 시설과 사용 후 연료 중간 저장시설을 분리하여 사업을 추진하도록 하고 부지선정에 관한 일체의 정보를 공개하도록 함으로써 당사자의 정보 접근성이 확대되었다. 이와 더불어 2005년 3월에는 민간 전문기구로서 "중 · 저준위 방사성폐기물처분시설 부지선정위원회"를 설치 · 운영하면서 모든 정보를 공개하여 의사결정에 대한 신뢰를 확보하는데 노력하

20) 2003년 10월 부안 민정 합의기구의 설치에 합의하여 "부안지역현안해결을 위한 공동협의회"를 운영하고 의견 수렴 및 협의를 통해 문제해결노력을 기울인 것은 규범의 공식제도화에 전기가 된 것으로 평가해 볼 수 있다.

였다.

부지선정절차도 상당 부분 규범 수용적 관점에서 개편된 것으로 볼 수 있다. 2005년 6월 16일 산업자원부 장관은 투표권자 1/3 이상 투표 및 유효투표수 과반수의 찬성을 얻은 지역 중 찬성률이 가장 높은 지역을 후보지로 선정한다는 것을 골자로 한 '중 · 저준위 방사성 폐기물 처분 시설 부지선정 등에 관한 공고'를 발표하였다. 이 공고에 명시된 절차에 따라 부지 선정이 진행되면서 '안전', '공개성', '일관성', '신뢰'와 같은 규범적 제약을 공식 제도에 수용하였고, 그 결과 지역민의 협력 확보에 성공적이었던 것으로 볼 수 있다.

2) 유인특성

이 기간은 유인이 공개적으로 제공되고 제도화되어 갈등해소에 영향을 미친 것으로 평가해 볼 수 있다. 유인은 주로 정부가 입지 선정 지역 자치단체 및 주민에게 각종 지원과 혜택을 제공하는 형태로 개발되었다. 특히, 유인에는 실질적인 이해관계자가 모두 혜택을 받을 수 있는 현실적인 대안들이 포함되었으며 공식제도 차원의 신뢰할 만한 공약 확보 메커니즘이 자리 잡은 것이 특징이다.

2000년 유치 공모 시 제안된 유인의 내용은 60만평의 부지에 5년에 걸쳐 처분시설을 건설하고 30년간 시설을 운영할 경우 약2,127억원을 지원하며, 지역 지원사업은 지방자치단체의 숙원사업 및 개발계획 등을 반영하여 연계 추진하는 것이었다. 2003년에는 약 3,000억원을 지원하고 주민이 원하는 국가사업을 우선적으로 지원하며 관광 및 각종 지역 특화사업 개발 및 사회간접자본에 대한 투자 등을 통해 지역 발전을 도모하기로 한다는 조건을 제안 하였다.[21] 2003년 4월 15일 국무회의에서 부지 유치 대상 자치단체의 범위를 넓히고, 5월 12일 지역주민을 위한 직접 지원 사업의 실시 등 추가적인 지원을 위한 법 개정[22]을 추진하였다. 2004년 7

21) 제도 개선이 진행되는 중간에도 유인의 제공은 신뢰할 만한 공약과 맞물려 복잡한 갈등 양상을 빚어낸다. 부안군 주민들 대다수가 반대하였지만, 정작 입지 예정지인 위도 주민들은 확실한 유인 제공을 요구한다. 위도발전협의회 정영복 위원장은 위도 문제가 절정을 이루던 8월 7일 산자부를 방문하고 7개항의 요구서를 전달한다. 구체적으로는 ① 지가 보상, ② 이주 및 가구별 보상(이상 위도 전지역), ③ 지원금 보상, ④ 어업권 폐업보상, ⑤ 상업 및 가공업 보상, ⑥ 부안군민 부채탕감, ⑦ 토지수용 반대 등이다. 또, 정 위원장은 이 자리에서 직접보상을 강력히 요구하고 직접보상이 이뤄지지 않으면 원전센터 유치 철회의 뜻을 밝힌 것으로 전해졌다(이민창, 2005a: 14).

월 12일 입법예고 된 '유치지역 지원에 관한 특별법'에서는 지원 대상을 유치지역 전체주민으로 확대하고,[23] '반입수수료'를 신설하여 일정 비율의 금액이 지속적으로 유치 지역 주민에게 환원되게 하였다. 또, 특별지원금과 반입수수료로 조성된 재원은 지방자치단체가 독립적으로 사용할 수 있도록 '지원사업특별회계'를 설치하여 운영할 수 있는 근거를 마련하였다. 이밖에도 국고보조금 인상, 지역민 우선 고용 등 특례규정을 도입하고 설치지역 내의 재산권 침해(어업권, 광업권, 기타 토지나 건물 등)가 발생할 때 적용하는 보상원칙, 시설 설치로 인한 이주대책 등을 반영하였다.[24]

충분하고 신뢰할 수 있는 유인 제공 메커니즘의 설계와 집행은 지방자치단체가 주민의 동의를 얻어 방사성 폐기물 처분장 선정 과정에 참여하게 되는 중요한 계기로 작동했다고 평가해 볼 수 있다. 특히, 유인 적용 대상 범위를 행정구역단위로 확대한 조치로 인해 방사성 처분장 입지 예상 지역과 인접해 있어서 실질적인 재산권 침해가 발생함에도 보상받지 못했던 문제를 해결하고, 지방자치단체 수준에서 광범위하고 체계적인 지역발전 계획을 수립할 수 있게 됨으로써 유인이 대폭 강화된 것이 주요한 요인 중의 하나라고 볼 수 있을 것이다.

3) 신뢰할 만한 공약의 확보(규범수용 및 유인보장의 제도화)와 정책갈등 유형

이 기간 동안에는 정책 대상 집단의 규범 수용 요구와 경제적 유인 확보 요구를 공식 제도화하여 정책과정이 진행되도록 한 점이 특징이다. 우선적으로 후보지 선

---

22) 방사성폐기물관리시설에 대한 지원사업을 지방자치단체장이 시행하는 지역개발지원사업과 방사성폐기물 관리 사업자가 시행하는 전기요금 보조사업 등으로 단순화하고, 지역개발 지원사업은 지자체장이 직접 지원사업을 할 수 있도록 하였다(지경부, 2009: 294).

23) 기존에 발전소 시설 지점으로부터 5킬로미터 이내의 주민에게 지원하던 대상 범위를 행정구역(신청 시 · 군 · 구) 단위로 변경하며 유치 지역 주민 전체가 혜택을 받을 수 있게 하였다.

24) 경주시에 제공되는 유인을 간략히 살펴보면 다음과 같다. 2006년 5월 경주시 명의의 2개 계좌로 각각 1,500억원씩 3,000억원이 입금되었으며 2007년 7월 12일 전원개발사업 실시승인으로 1,500억원을 경주시에 지불하였다. 한국수력원자력의 본사가 양북면 장항리로 이전하며, 문화재 복원과 관광 활성화를 위한 기반시설 조성에 22개 사업, 산업단지 조성 등 지역혁신 기반 구축에 10개 사업, 친환경 도시 육성을 위한 23개 사업 등 55개 사업과 동해안 해양 관광단지 조성 등 7개 장기 검토 사업을 확정하여 추진 중이다. 처분용량 80만 드럼을 기준으로 할 때 반입 수수료는 5,100억원 정도가 발생할 것으로 보인다. 이 중 75%(3,825억원)는 경주시가 사업을 시행하며, 25%(1,275억원)는 방사성폐기물관리공단이 사업을 시행하게 된다.

정과정에서 드러난 가장 중요한 규범적 차원의 요구 사항인 '안전'과 '공개성'의 확보, '정보 접근성'의 보장, '절차적 민주성'과 '신뢰성'을 확보할 수 있는 중립적인 의사결정 주관자의 선정 및 운영 등을 공식적으로 보장하였다. 기존의 경제적 유인들이 사업 추진 및 정책 순응을 얻어내는 데에 초점을 맞춘 것들이라면, 이 시기에 제공된 유인들은 정책 대상 집단의 범주를 확대하고 대상 지역 주민들의 생활환경과 침해 받는 재산권의 실질적인 보상 약속이 체계적이고 신뢰할 수 있는 공식적 · 제도적 절차에 따라 진행되도록 제도를 설계하고 집행하는데 초점을 맞추고 있다.

법에 의해 보장된 유인제공은 방사성 폐기물 관리 시설 입지에 관한 정책당사자를 명확히 규정함으로써 이해관계가 있는 정책 행위자의 수를 줄이고, 확실한 약속제시 및 준수절차를 명기하여 유인 제공의 불확실성을 제거하였다. 유인의 공개성과 체계성 그리고 신뢰성의 확보는 지역발전 사업을 위해 재원이 필요한 지방자치단체들 사이에 지역발전사업 추진 시장이 형성되게 하였으며, 그 결과 다수 지방자치단체가 경쟁적으로 후보지 유치를 신청하고 선정되는 결과를 낳았다. 이런 측면에서 이 시기는 규범의 수용과 유인의 제도화를 통해 강한 규범과 강한 유인의 상호작용 상황에서 갈등관리에 성공한 제I유형의 사례에 속한다고 볼 수 있다.

4. 정책갈등 유형 변화

방사성 폐기물 관리 시설 입지 과정을 시간적 흐름에 따라 3단계로 구분해 분석해 본 결과, 이 정책은 유인과 규범이 모두 약한 상황(IV유형)에서 강한 규범과 약한 유인 상황(II유형)으로 진행되어, 강한 규범과 강한 유인 상황(I유형)으로 변화한 것으로 분석되었다.

초창기 유인과 규범이 모두 약한 상황의 방사성 폐기물 관리 정책과정에서는 관련 정보의 공개성이나 의견수렴 등 규범을 반영한 공식적 상호작용 제도나 유인 제공이 확보되지 않았다. 두 번째 단계는 '행정의 공개성', '민주적 참여 절차의 보장' 등과 같은 규범이 정책과정에 수용되지 않은 채 정책목표의 달성만을 지향하였고, 이는 정책 대상 집단의 강한 반발을 야기하였다. 유인 제공 측면에서도 충분성과 신뢰할 만한 공약의 확보가 미흡하였다. 제공된 유인의 내용 및 제공 조건이 정

〈그림 4〉 정책갈등 변화 과정

		유인의 제공	
		강함	없거나 약함
규범	강함 혹은 공식제도화	Ⅰ 갈등해소기 (2000년~2005년)	Ⅱ 갈등확산기 (1986년~1995년)
	없거나 약함	Ⅲ	Ⅳ 갈등잠재기 (1986년 이전)

책 대상 집단에 따라 달라지기도 하고, 정책집행과정의 환경에 따라 변하기도 하는 등 유인이 협상 도구로 활용되기도 하였다. 이렇게 두 번째 단계의 정책과정은 주로 규범 수용 요구와 예측 가능성이 낮은 약한 유인 상황의 정책갈등으로 분류되었다. 반복적인 정책 실패로 두 번째 단계의 말기에는 규범과 신뢰할 만한 공약이 있는 유인 제공을 위한 공식적 제도화가 진행되었다. 이후 세 번째 단계에 접어들어서는 분산되고 흩어진 규범적 제약을 수용한 공식제도의 기반 하에서 공개적이고 명시된 절차와 중립적 의사결정 기구, 법에 의해 보장된 공개적인 유인의 제공, 실질적인 이해관계자 모두가 충분한 혜택을 받을 수 있는 보상의 제공 등 강한 규범과 강한 유인의 제공이 행위자가 정책 과정에 참여할 수 있는 동기를 부여하였으며, 결과적으로 최종 입지 선정에 성공하게 되었다.

제5절 결　　론

이 연구는 정책갈등의 이론적 근저가 무엇인지를 유인과 규범이라는 제도변수를 통해 설명하려는 시도라는 데서 이론적 의의를 찾을 수 있다. 기존 연구가 갈등주체나 갈등발생분야, 갈등지향 등을 기준으로 정책갈등유형을 분류했던 것과는 달리 유인과 규범이 어떻게 행위자의 의사결정에 영향을 미치고, 그 결과 갈등 관련 제도가 어떻게 형성되고 변화하는지, 그 유형은 어떻게 나타나는지를 설명하고 있다. 비록 시론적인 시도이기는 하지만, 이 연구의 갈등유형 분류가 갖는 포괄적 성격은 향후 다양한 정책갈등 분야에서 갈등유형분류 및 원인 파악에 이론적 기여를 할 수 있을 것으로 본다. 이런 측면에서 방사성 폐기물 처리 시설 입지 사례 분석은 유인과 규범에 기반한 행위자의 이익 극대화 행위나 상호작용과정이 제도형성 및 제도변화 과정에 어떻게 작용하는지를 설명하는데 도움을 준다고 볼 수 있다. 요컨대 이론적 측면에서 제도형성과 제도변화과정을 설명하는 것은 제도이론 연구 분야에서도 매우 중요한 연구 분야일 뿐만 아니라 정책갈등을 제도론의 시각에서 이를 설명하려는 시도가 매우 부족한 시점이므로 다른 연구와 차별화된다고 볼 수 있다.

그럼에도 불구하고 이 연구는 많은 연구 과제를 노정하고 있다. 제도변수로서 규범의 다의성 제거 및 개념 명확화, 규범의 비공식 제도적 속성의 파악 및 정리, 상황별로 작동하는 규범이 어떻게 다른 것이며 이는 왜 그리고 어떤 과정을 거쳐 형성되고 진화하는 것인지, 규범이 공식화되지 않아도 신뢰를 획득하고 강한 집행력(강제력)을 갖게 되는 상황은 어떤 경우인지 등에 관한 연구는 정책 연구에서 잘 다루어 지지 않던 영역에 대한 새로운 연구 과제를 제공한다. 유인의 경우에도 경제적 유인이 아닌 다른 유인이 강하게 작용하는 사례는 무엇인지, 그 경우 어떤 신뢰할 만한 공약이 작용하였는지, 유인의 제공 방식은 어떤 것이 있는지, 유인 제공 방식과 규범 및 거래비용의 관계는 성공적 협력 혹은 정책목표의 달성에 어떤 영향을 끼치는지 등 다수의 후속 연구가 필요하다. 이와 같은 후속연구들은 그 동안 적대적 의사결정 상황으로 이해하는 경향이 있던 정책갈등 상황이 행위자의 입장에서 합리적 선택의 결과임을 설명하는데 기여할 수 있을 것이며, 일부나마 정책 갈등을 해소하거나 예방하는 현실 정책처방에 많은 시사점을 제공할 수 있을 것으로 본다.

이와 더불어 이 연구는 방법론적 측면에서 단일 사례연구 방법을 채택하고 있어서 일반화의 한계라는 약점을 갖고 있다. 향후 평택 미군부대 입지, 교도소나 군부대 이전, 정신병원, 화장장 입지 등 유사사례 연구를 통해 갈등 유형 분류의 타당성을 검증 받아야 할 것이며, 장기적으로 다양한 정책갈등분야에 적용 가능한지에 관한 실증분석도 필요하다. 다각적인 분석 및 연구결과의 축적을 통해 제도형성 및 제도변화에 관한 이론적 검증과 정책갈등 현상을 설명하는 하나의 접근방법(framework)을 제공하는 데 기여할 것으로 기대해 본다.

제 17 장

방폐장 입지 정책

▨ 윤 순 진
(서울대학교 환경대학원 교수)

제1절 서 론

20년 가까이 끌어온 방사성 폐기물 처분장 건설을 위한 부지선정과정이 일단락되었다. 7전8기라는 옛말이 무색하도록 9전10기를 기록하면서 중 · 저준위 방사성 폐기물 처분장(이하 중 · 저준위 방폐장) 건설이 일정한 궤도에 들어선 상태이다. 2004년 말 원자력위원회에서 중 · 저준위 방사성 폐기물 영구처분장 건설과 사용후 핵연료 중간저장시설 건설을 분리해서 추진한다는 결정이 내려진 후 2005년 들어 '중 · 저준위 방사성 폐기물 처분시설 유치지역 지원에 관한 특별법(이하 중 · 저준위 방폐장 특별법)'이 제정되고 이후 진행된 신규 공모절차에 따라 경주로 부지가 확정되었다. 정부 계획대로라면 올해 2006년부터 방폐장 건설공사에 착수해서 2008년 말경이면 완공되어 적어도 2009년부터는 운영에 들어가게 된다. 정부 입장에서는 거듭된 실패 끝에 정책목표가 달성된 것이지만 반핵운동진영의 입장에서는 반핵운동이 방폐장 건설 반대투쟁을 주요 근간으로 해왔기에 중 · 저준위 방폐장 부지선정 성공이란 상황변화는 반핵운동이 중요한 분기점에 서있음을 의미한다.

기존의 부지선정 절차나 경제적 지원내용과 상당히 차별적이었던 이번 유치공모절차를 통해 경북 경주, 영덕, 포항과 전북 군산 등 4개 유치신청 지자체가 방폐장 유치를 위해 동원가능한 모든 자원을 경쟁적으로 총동원하여 부지선정을 위한 필사의 노력을 기울였다. 이제까지와는 달리 방폐장을 두고 님비(NIMBY: Not In My Back Yard)가 아니라 핌피(PIMFY: Please In My Front Yard) 현상이 벌어졌다. 산자부장관이 투표결과 발표시 89.5%로 가장 높은 찬성률을 보여 "유치에 성공한 경주에는 축하를, 탈락한 3개 시군에는 위로와 감사를" 표명했을 만큼 방폐장의 입지가 지역간 경쟁대상이었다. 이런 상황 속에서, 아니 엄밀하게는 이런 상황 때문에, 유치반대를 주장했던 지역주민대책위원회와 시민사회환경단체가 그 어느 때보다 방폐장 유치세력과 힘겹게 맞섰던 모양새도 과거와 달라진 그림이다.

이 글에서는 2005년의 중 · 저준위 방사성 폐기물 처분장 후보부지 선정공모절차과정에서 나타난 반핵운동의 특성과 양태를 정리하면서 2005년의 반핵운동이 소기의 성과를 이루지 못한 이유를 분석해보고자 한다. 먼저 20여년의 방사성 폐기물 정책과 그간 다양하게 진행되어왔던 반핵운동의 흐름을 간략히 정리한 후 2005년의 방폐장정책과 이에 대응한 2005년의 반핵운동의 양태를 검토한다. 이러한 논의를 바탕으로 2005년의 반핵운동의 지평이 협소화되었음을 운동내외적 요인들을 분석하여 드러내 보이면서 이 글에서 살펴본 여러 논의들을 바탕으로 향후 반핵운동의 향방에 대해 조심스럽게 전망해보도록 한다.

제2절 방사성 폐기물처분 정책의 변화와 반핵운동의 흐름

1. 방사성폐기물정책의 변화

방폐장 부지선정은 한국 역사상 가장 오랜 시간동안 정책실패를 거듭한 사례이다. 1986년 영덕 · 울진 · 영일('86~'89년)을 시작으로, 1990년 안면도, 1991년 청하('91~'92년), 1993년 장안 · 울진('93~'94년), 1994년 굴업도('94~'95년), 2003년 부안군 위도('03~'04년)에 이르기까지 총 9차례에 걸쳐 부지선정시도가 있었으나 정부

〈표 1〉 방폐장 부지선정 일지

일 시	추진 내용
1차 추진 (1986~89년)	문헌조사로 경북 울진 · 영덕 · 영일 등 3개 후보지 선정, 주민반대로 지질조사 중단
2차 추진 (1990~91년)	충남 안면도 고남지역 비공개 조사, 주민반대로 백지화
3차 추진 (1991~93년)	전남 장흥 등 6개 후보지 도출, 주민반대로 백지화
4차 추진 (1993~94년)	울진 등 3개 유치신청지역에 지원사업 제시, 주민반대로 무산
5차 추진 (1994~95년)	인천 옹진군 굴업도를 부지로 지정고시, 활성단층이 발견돼 지정고시 해제
6차 추진 (2000~01년)	전국 46개 지자체 대상 유치 공모, 7개 지역에서 주민 유치신청 있었지만 지자체 신청 전무
7차 추진 (2002~03년)	울진 · 영덕 · 영광 · 고창 등 4개 후보지 도출, 주민 반대로 백지화
8차 추진 (2003년)	유치공모에서 전북 부안 단독 공모, 주민반대로 무산
9차 추진 (2004년)	주민투표제 도입, 10개 지자체에서 주민 유치 청원 있었지만 예비신청단계에서 지자체 신청 전무
10차 추진 (2005년)	경북 경주 · 포항 · 영덕, 전북 군산 등 4개 지자체 주민투표 실시

자료: 산업자원부.

의 밀실행정과 일방적인 밀어붙이기식 접근에 대한 지역주민과 환경단체의 거센 저항으로 번번이 무산되었다. 거의 20년 동안 방폐장 건설이 사회적 쟁점으로 부상과 잠복을 반복하였다. 대략적인 부지선정과정은 〈표 1〉과 같다.

굴업도사태이후 소관부처가 과학기술부로부터 산업자원부로 바뀌었고 사업주체도 한국원자력연구소에서 한국전력공사로 바뀌었다.[1)] 산자부는 2008년까지 중 · 저준위 핵폐기물 처분시설을, 2016년까지 사용후 핵연료 중간저장시설을 건

1) 2001년 4월 전력산업구조개편에 따라 한전에서 분리된 한국수력원자력주식회사가 한전으로부터 사업을 자동승계 받아 방사성 폐기물 처분사업을 추진 중에 있다.

설한다는 계획을 세운 후 임해지역을 대상으로 한 부지공모도 실시해보고(2000년) 사업자주도방식으로 예비후보지를 선정해보기도 했으며(2003년) 다시 유치공모방식을 도입하기도 했지만 번번이 지역주민의 거센 반발에 직면하여 부지선정이라는 정책목표를 실현하지 못했다. 양성자가속기사업과 연계하여 유치공모를 실시한 2003년의 경우 부안만이 신청서를 제출하였지만 주민설명회나 공청회를 통해 부안지역주민의 의사를 수렴하는 과정을 거치지 않고 심지어 지방의회의 부결에도 불구하고 부안군수가 단독으로 신청서를 제출함으로써 사상 최초로 '자발적 주민투표'를 시행하기에 이르렀다. 당시의 주민투표는 법적 효력은 없었지만 72.04%의 투표율에 반대율이 91.83%에 이르러 유치거부 의견을 명확히 드러낸 것으로, 산자부는 주민투표의 법적 정당성을 인정하지 않는다는 공식적인 입장을 취하면서도 이를 전면적으로 부정할 수 없었다. 2004년 2월, 산자부는 주민투표를 필수절차로 포함하는 새로운 부지 선정절차를 발표하였지만 신규공모도 결국 소기의 성과를 달성하지 못하였다.

2004년 12월 원자력위원회는 제 253차 회의를 통해 중 · 저준위폐기물 임시저장고의 포화시점이 2008년으로 얼마 남지 않았고 위험부담이 적을 뿐 아니라 사용후 핵연료를 포함한 고준위 폐기물의 처분은 시간을 갖고 좀 더 신중하게 접근해야 한다는 이유를 들어 두 시설을 분리추진하기로 결정하였다. 2005년 들어 정부는 중 · 저준위 방폐장 분리 건설 방침과 유치지역에 대한 지원을 명확히 하기 위해 중 · 저준위 방폐장 특별법을 제정 · 공포하였다. 유치지역에 대한 경제적 지원의 주요내용은 시설 유치지역 지자체에 원자력발전사업자가 특별지원금 약 3,000억원을 사업개시 초기단계에 지급하고 처분시설 운영과정에서의 재원을 확보를 위해 연평균 85억원에 달하는 폐기물 반입수수료를 징수할 수 있도록 하였다. 아울러 한국수력원자력(주)의 본사를 유치지역으로 이전하는 내용을 포함하고 있다. 이 외에 특별법에 명시되어 있지 않지만 양성자기반 공학기술개발사업을 유치할 수 있도록 하는 경제적 유인을 제공하고 있다. 다른 한편으로 정부와 사업자의 일방적 사업추진 방식에서 벗어나 부지선정과정의 공정성과 투명성을 높이기 위해 민간위원들로 이루어진 중 · 저준위 방사성 폐기물 처분시설 부지선정위원회를 구성하여 부지선정 절차의 심의, 부지적합성 검증, 주민투표 대상지역 선정(필요시 여론조사 관리), 최종 후보부지 선정 등 중 · 저준위 방사성폐기물 처분시설 부지선정의 제반 절차를 관리 · 감독하는 역할을 수행하도록 하였다.[2]

6월 16일, 정부는 중 · 저준위 방사성 폐기물 처분시설 후보부지 선정에 대한 새로운 부지공모절차를 공고하였다(〈그림 1〉 참조). 1단계는 유치신청단계로 유치를 희망하는 지자체장이 지방의회 동의를 얻어 산업자원부장관에게 8월 31일까지 유치 신청서를 제출하도록 하였다. 신청 지역이 두 곳 이하일 경우 부지선정위원회가 여론 조사를 통해 주민 투표 대상 지역을 추가로 선정할 수 있도록 하였다. 두 번째 단계는 투표요구단계로서 신청지역(여론조사 지역 포함) 중 부지선정위원회가 부지안전성 및 사업추진 여건 등 부지적합성을 종합적으로 평가하여, 부지가 적합하다고 판정을 받은 지역에 한하여 산자부장관이 주민투표법 제 8조에 따라 9월 15일까지 주민투표 실시를 요구하도록 했다. 세 번째 단계는 투표 발의단계로서 주민투표 실시를 요구받은 지자체장은 지방의회의 의견을 수렴하여 10월 22일까지 주민투표 발의 여부를 결정하도록 했다. 마지막 단계는 투표를 실시하고 부지를 선정하는 단계로 발의 지역을 대상으로 11월 중에 동시에 주민투표를 실시하여, 투표권자 1/3 이상 투표 및 유표투표수 과반수의 찬성표를 획득한 지역 중 찬성률이 가장 높은 지역을 후보부지로 선정하도록 하였다(〈그림 1〉 참조). 정부는 이러한 절차를 통해 안전성과 민주성, 주민수용성, 투명성을 높임으로써 이제까지의 정책 실패를 되풀이하지 않고 중 · 저준위 방사성 폐기물 처분시설을 건설할 수 있을 것

〈그림 1〉 부지선정 절차 흐름도

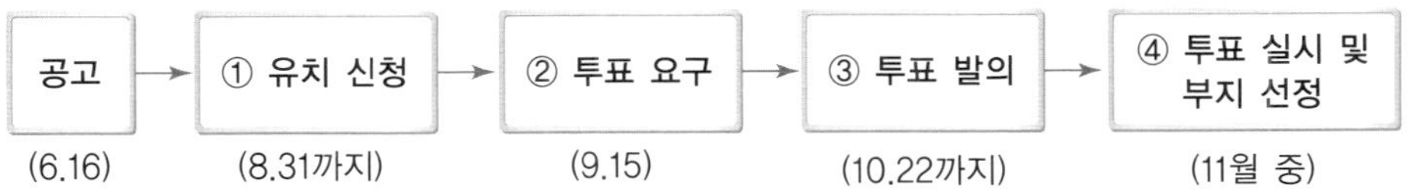

자료: 산업자원부 보도자료, "중 · 저준위 방사성 폐기물 처분시설 부지선정을 위한 정부합동설명회 개최," 2005/7/6

2) 부지선정위원회는 지질, 원자력, 환경 등 과학 · 기술 분야 전문가 4인과 정치, 경영, 행정, 사회학 등 인문 · 사회분야 전문가 4인, 언론인 4인, 변호사 1인, 시민사회단체인사 3인 등 총 17명으로 구성하였다.

으로 전망하였다.

2. 반핵운동의 흐름

한국반핵운동은 신규원전 건설반대와 방사성 폐기물 처분장 건설 반대를 주요한 내용으로 하여 전개되어왔다. 원전의 추가건설반대운동은 신규원전이 기존 원전지역에 추가적으로 입지하는 방식을 취함으로써 큰 성과를 내지 못했으나 방폐장 건설은 체르노빌 참사로 방사능의 파괴적 영향을 일반시민들이 인식한 후 부지선정이 시도되었기에 격렬한 저항으로 입지선정을 무산시킬 수 있었다. 한국반핵운동 최초의 사건은 1987년 전남 영광주민들의 어업피해 보상투쟁이다(김영기, 2003; 김혜정, 1995). 냉각수로 인해 해수온도가 상승, 어업에 피해가 초래되자 6월항쟁이후의 유화국면 상황에서 영광주민들은 어업피해보상운동 차원이긴 하지만 원전문제에 집단적으로 반발하고 나선 것이다. 그 당시, 민주화운동진영, 특히 학생운동진영에서는 반미사상과 결합하여 주한미군의 핵무기가 민족의 생존권을 위협한다는 문제를 제기하였지만 원자력발전에 대한 구체적 이해가 부족하고 원전사고에 대한 정보가 공유되지 않아 반핵운동은 선언적 의미에서 진행되는 수준이었다. 하지만 체르노빌 참사소식이 알려지면서 원전의 안전성에 대한 일반대중의 불안감이 증폭된 상태에서 1987년 영광주민의 어업피해보상투쟁은 반핵운동을 보다 구체화시키는 계기가 된다. 이어 1988년 10월에는 박신우씨－고리원자력발전소 10년 근무경력의 한국전력 기술안전 총괄부장－의 임파선암 사망사건을 기화로 방사능피해 진상규명운동이 촉발되었다. 같은 해 월성 원자력발전소의 중수누출사건과 고리 핵폐기물 불법매립사건이 연이어 발생함으로써 원자력발전소의 안전관리실태에 대한 의구심이 높아졌다. 공해추방운동연합을 비롯한 환경보건의료단체는 1988년 12월 지역주민과 연대, 서울에서 '반핵평화 시민대회'를 개최하여 원자력발전소 문제를 공론화하기 시작하였다(김혜정, 1995).

하지만 반핵운동에서 중추적 역할을 한 것은 폐기물 처분장 반대투쟁이다. 정부의 방사성 폐기물 처분장 건설 시도가 10번이나 거듭된 것은 그간의 시도가 지역주민과 반핵운동단체의 완강한 저항에 부딪쳐 무산되었기 때문이다. 방폐장 건설반대운동의 성공은 신규원전 건설반대운동에도 긍정적으로 작용하였다. 하지만 원전의 추가건설에 대한 부지예정지역주민과 반핵환경운동단체들의 반발로 건설이 지연되는 효과가 있었으나 계획의 취소로까지 이어지지는 못한 상태이다.[3] 신고리 1 · 2호기의 경우, 2000년의 '제 5차 장기전력수급계획'에 의거, 2008년과 2009년 준공을 목표로 사업을 추진해왔으나 원전의 추가 건설에 대한 지역주민과 반핵시민환경단체의 반발로 지체되었다. 하지만 '제 2차 전력수급기본계획'(2004년)의 수정된 준공목표(2010년과 2011년)를 달성할 수 있도록 2005년 5월 기공식을 거행한 후 본격적인 건설공사를 진행 중에 있다. 신월성 1 · 2호기의 경우, 건설기본계획이 2005년 5월 확정되어 2014년과 2015년을 준공목표로 하여 주기기 공급계약과 인 · 허가 준비 등 건설 준비에 착수한 상태이다. 한국의 반핵운동은 부안에 이르기까지 방폐장 건설의 저지에는 성공하였으나 원전의 추가건설을 저지하는 데까지는 성공하지 못했다.

반핵운동의 주요 주체는 원전관련 시설 입지 예정지 지역주민과 반핵환경단체들이다. 지역주민들은 자신들의 거주지에 입지할 원전이나 방폐장이 가져올 수 있는 보건상의 위험성이나 자신들의 후대에 끼칠 장기적 영향, 지역의 이미지 실추에 따른 자산이나 생산물의 경제적 가치 하락 등에 관심을 두고 저항한다. 이들의 경우 핵문제에 대해 지역적 차원을 넘어 전국적 차원에서 핵문제를 조망하여 반핵을 넘어 대안적 에너지체제를 고민하고 이를 실천하기 위해 운동을 지속하는 방식으로 발전하지 못하는 한계를 보인다. 다만 최근 부안주민들은 핵문제가 부안만의 문제가 아닌 국가에너지정책의 문제이며 반핵을 넘어 생태친화적 에너지이용을 통해 대안사회의 가능성을 보여야 한다는 인식을 바탕으로 태양광발전을 시민출자를 통해 설치하는 움직임으로 이어가는 모습을 보이고 있다.

이에 반해 반핵운동의 다른 한 축은 반핵시민환경단체들이다. 이들 반핵단체들은 지역주민운동이 지역의 문제에 머물러 있을 때 사회단체와 전문가들을 조직해

3) 80년대 초에 지정 · 고시된 9개의 신규 핵발전소 후보지는 강력한 반대운동으로 기존 핵발전소 인근지역 1곳을 제외한 8곳이 '99년 12월 모두 백지화되었다. 앞서 살펴보았던 1987년 이후의 원전의 추가건설 상황을 살펴보면, 88년과 89년에 걸쳐 울진 1 · 2호기가 상업운전에 들어가고 89년 12월에 영광 3 · 4호기의 건설에 착수한 이래 한동안 원전 건설이 진행되지 못하다가 92년 5월에 영광 3 · 4호기, 97년 6월 영광 5 · 6호기, 99년 1월에 울진 5 · 6호기의 건설에 착수하게 된다.

핵문제를 공론화하고 전국적으로 쟁점화하는 역할을 담당해왔다. 원전이나 방폐장 문제만이 아니라 일본의 고속증식로 건설과 플루토늄 수송문제, 러시아와 일본의 동해 핵투기문제, 핵강대국의 핵실험 등 핵과 관련된 전국적인 쟁점이나 지구적인 문제들에 대해 관심을 가지고 반핵운동을 이끌어왔다(김혜정, 1995). 1997년 대만이 핵폐기물을 북한으로 반입하려고 할 때 이를 쟁점화하여 국내여론을 환기하여 반입시도를 저지하기도 하였다. 국제적인 연대활동을 통해 한국반핵운동에 대한 지지를 획득하고 정보를 공유하며 정부에 압력을 가하는 등 반핵운동의 질적 강화를 꾀하기도 한다. 한국전체 반핵운동의 상설 연대체로 반핵국민행동(구 한국반핵운동연대)이 활동하고 있는데 이 조직은 91년에 전국 6개 방폐장 후보지 싸움이 있었을 때 결성된 "전국핵발전소핵폐기장반대운동본부"에서부터 시작되었다. 이때부터 반핵운동이 지역차원에서 전국 차원의 운동으로 본격화되었다(반핵국민행동 홈페이지).

3. 2005년 부지선정절차의 진행과 반핵운동

2005년의 부지선정과정에서 반핵운동진영은 사회적 합의절차 없이 새로운 부지선정 절차를 결정하고 짧은 일정으로 부지선정을 강행하는 정부의 정책추진 방향을 비판하면서 부지선정과정의 불법행위 여부에 대한 감시에 상당한 무게를 두고 진행한 것으로 보인다. 그간 운동의 과정에서 주장해온 주민투표가 중요한 절차로 포함되고 상당한 재정적 유인과 위험성의 상대적 감소라는 조건 탓에 복수의 지자체가 이러한 절차에 부응함으로써 기존의 반대투쟁에서 보여 왔던 물리적 저항방식을 동원할 수는 없었던 것으로 이해된다. 부지선정 절차 자체를 거부할 수 없기에 선정절차를 따라가되 합법성과 절차적 민주성의 외피 속에서 발생하는 불법행위와 금권 · 관권개입을 폭로하는 것을 주요한 운동전략으로 택하였다. 기자회견을 통한 보도자료나 성명서 발표가 주요 행동전략으로 하면서 국내여론을 환기하고 중 · 저준위 방폐장 또한 위험시설이라는 자신들의 주장에 신뢰를 더하기 위하여 외국(미국과 일본)의 관련 학자와 활동가를 초청하여 간담회를 가지는 전략도 구사하였다. 그간의 반핵운동을 대응전략별로 나누어 검토하면 다음과 같다.

1) 위법행위 감시 및 폭로와 법적 대응

이번 부지선정과정에서 반핵진영(지역유치반대위원회와 반핵국민행동을 포함한 반핵시민환경단체들)이 가장 집중적으로 활동한 영역은 위법행위에 대한 감시 · 폭로, 감사청구를 포함한 법적 대응이다. 위법행위로 주목한 것은 공무원의 주민투표과정에의 참여와 찬성 유도, 사전투표운동, 부재자 투표 신고과정 및 투표과정의 부정행위, 부지선정위원회 구성과 활동의 위법성 등이다.

주민투표는 주민의 의사를 반영하는 통로를 열어주어 주민 수용성을 확인함으로써 부지선정절차의 민주성을 높이기 위해 채택한 절차로, 시민사회의 요구에 의해 부지선정 절차에 포함된 것이다.[4] 그러나 역설적이게도 2005년의 부지선정과정에서는 민주적 절차수립에 대한 끈질긴 요구를 통해 도입된 주민투표제가, 부안사태에서는 지지입장을 표명했던 시민단체나 유치반대입장을 보이는 지역주민들로부터 비민주적인 장치로 비판의 대상이 되었다. 반핵운동진영은 주민투표의 시행과정에서 올바른 정보가 제공되지 않고 금권과 관권의 개입으로 민주적으로 운영되지 않았으며 주민투표를 통한 찬성률로 후보부지를 선정한다는 방침이 지역간 경쟁을 부추겨 민의를 왜곡하는 수단이 되었다고 비판하였다. 관권 개입이 없는 공정한 투표 관리가 기본임에도 불구하고 방폐장 주민투표는 이런 원칙이 제대로 지켜지지 않아 주민참여제도가 아니라 거꾸로 풀뿌리 민주주의를 뿌리 뽑는 제도로 작용한다고 비판하면서 불법행위에 대한 감시 · 폭로활동을 전개했다. 보다 근본적으로 주민투표의 의의가 제대로 실현되기에는 현재의 주민투표법이 공정성에 있어서 많은 결함이 있음을 지적하였다.[5]

대표적인 감시 · 폭로활동은 부재자 신고과정의 위법행위에 대한 폭로와 중앙선관위에 대한 조사요청이다. 반핵진영은 40%에 육박하는 부재자 신고율은 정상적이지 않으며 이는 관권이 깊숙한 개입이 있음을 반증하고 있다고 보고 지역주민

4) 주민투표제의 도입과정과 이후 기술되는 부지선정위원회 활동에 대한 비판은 윤순진(2005)을 참조할 것.

5) 이러한 비판은 주민투표실시이후 헌법소원과 위헌심판 청구활동으로 연결되었다. 2005년 11월 18일 경주방폐장 유치철회를 위한 울산주민대책위원회와 반핵국민행동은 경주 핵폐기장 주민투표 확인을 위한 헌법소원을 제출하였으며, 2006년 3월 6일에는 반핵국민행동 소속 주민단체와 시민사회단체 회원 등 737명이 주민투표법에 대한 위헌 판결을 요구하는 탄원서를 헌법재판소에 제출하였다.

을 상대로 조사를 벌여 부재자 신고관련 불법행위를 밝히고 기자회견을 통해 이를 폭로하였다. 부재자 투표과정에서도 선거관리위원회가 중립적인 입장을 견지하지 않고 지역유치위원회의 유치찬성 홍보물이 비치된 것을 묵과한 행위 등 다양한 부정행위를 감독하고 발견하여 폭로하였다. 아울러 반핵진영은 부지선정위원회의 출범과 법적 지위, 활동전반에서 위법적 요소를 발견하고 이를 폭로, 감사청구활동을 벌였다.

2) 공정성 및 부지선정의 적절성 위배활동 감시 · 폭로

지자체 공무원들이 중립적인 입장에서 방폐장 건설에 관한 찬반측 입장의 정보를 공정하게 제공해야 함에도 불구하고 이를 어겼다는 점을 제기하였다. 이는 위법행위로 해석할 수 있는 여지가 있음에도 현재의 주민투표법의 모호성으로 인해 위법이라 단정하기 모호한 측면이 존재한다. 주민투표법 제21조에 따르면 지방의회의원을 제외한 공무원은 투표운동을 할 수 없도록 하고 있지만 제4조에서는 "지방자치단체의 장은…주민이 정확하고 객관적인 판단과 합리적인 결정을 할 수 있도록…다양한 수단을 통하여…각종 정보와 자료를 제공하여야 한다"고 규정해 지자체의 투표운동 개입 가능성을 열어놓고 있다. 주민의 판단을 돕는 자료를 제공하는 것과 찬성 투표운동을 구별할 수 있는 뚜렷한 기준이 없는 상태였다.

방사성 폐기물 처분시설의 건설에서 가장 중요하게 고려되어야 하는 것은 안전성으로 중 · 저준위 폐기물이라고 예외는 아니다. 사용후 핵연료와 같은 고준위 폐기물에 비해 독성이 낮기는 하지만 중 · 저준위 폐기물도 약 300년 동안 안전하게 관리되지 않으면 안 되는 것으로 알려져 있다. 반핵진영은 안전성이 담보되지 않는다면 아무리 지역주민이 수용한다 하더라도 방사성 폐기물 처분시설의 입지는 곤란하다는 판단에서 산자부가 부지안전성 확보를 위해 설치한 부지선정위원회 활동에 대한 감시 및 견제활동을 수행하였다. 반핵운동진영은 부지선정위원회가 제시한 평가기준의 타당성을 검토하고 문제점을 지적하는 성명서를 발표하였다.

3) 부지선정절차 진행의 부당성 호소

반핵시민환경단체들은 정책의 우선순위가 중 · 저준위 폐기물 처분시설의 건설이 아니라 원자력발전정책의 지속여부에 대한 사회적 합의가 중요하며 중 · 저준위 폐기물에 비해 사용후 핵연료의 안전한 처분에 대한 사회적 논의와 기술개발이 무엇보다 중요하기에 이를 위해 정부와 사회적 합의기구를 만들 것을 제안해왔다. 에너지정책 · 예산감시포럼과 탈핵과 대안적 전력정책 국회의원 연구모임[6]은 2005년 2월에 "국가 방사성 폐기물정책, 어떻게 할 것인가?"라는 주제로 토론회를 개최하기도 하였다. 이 토론회는 원자력계와 시민단체가 입장차이를 극복하고 공동으로 대안을 제시할 목적으로 마련한 최초의 자리라는 의의를 가지고 있었지만 이후의 부지선정절차의 진행에서 보듯이 정책에 별다른 영향을 미치지 못했다.

정부가 중 · 저준위 방폐장 부지선정을 상당히 시급한 국정과제로 추진했던 이유는 2008년이면 울진 원자력발전소의 임시저장고를 시작으로 원전내 임시저장고가 포화된다는, 소위 '2008년 포화설' 때문이었다. 녹색연합과 환경운동연합은 2008년 포화설에 의혹을 제기하고 보도자료를 발표, 감사청구를 신청했다. 이에 산자부는 다음날인 28일 즉각적인 반박 보도참고자료를 발표하였고 7월 5일 녹색연합과 환경운동연합은 재반박 보도자료를 발표하였다. 이러한 공방은 주민투표를 포함하는 부지선정과정이란 절차 안에서가 아니라 그러한 과정이 지금 필요한가에 대한 문제제기였다. 하지만 이러한 논의가 사회적으로 확산되어 정부의 방폐장정책을 수정하는 데까지 이르지는 못했다.

4) 국제연대활동

국내 반핵활동이 중 · 저준위 방사성 폐기물의 위험성을 과도하게 부풀린다는 비판에 대해 그러한 비판이 부당함을 알리고 주민투표과정에서 반대측 의견을 객관적으로 알리기 위해 10월 중순에 미국의 참여과학자연합의 기후변화 에너지 담

6) 에너지정책 · 예산감시포럼은 부안사태를 계기로 시민환경단체 실무자와 변호사 · 회계사 들이 주축이 되어 2004년 3월에 결성하여 정책활동을 벌이고 있는 모임이며 탈핵과 대안적 전력정책 국외의원 연구모임은 국회의원 22명으로 구성되어 재생가능에너지개발과 에너지 효율사업 · 절약사업을 통해 대안전력으로 전환하고자 법과 제도를 연구하고 바꾸는 모임이다.

당자(에린 로저스)와 일본의 시민원자력자료정보센터 핵연료사이클 시설 담당(사와이 마사꼬)을 초청하여 서울과 포항에서 간담회를 열었다. 미국이 지난 20년간 저준위 핵폐기장을 건설하지 못한 이유와 일본 로카쇼무라 저준위 핵폐기장의 안전성 문제에 대해 외국의 경험을 공유하여 핵폐기장의 안전성이 기술적으로 완전히 보장될 수 없음을 알리려 시도하였다. 이보다 앞선 10월 5일에는 로캬쇼무라 핵폐기장의 안전성과 경제성, 지역발전상 등에 대해 사실을 왜곡 · 과장한다는 사실을 폭로하기 위해 아오모리현 시의원인 기요히코 사무국장를 초청, 기자회견과 지역순회를 통해 로카쇼무라 핵폐기장의 진상 밝히는 활동을 벌였다. 외국 전문가 초청 간담회가 언론에 보도됨으로써 보다 폭넓게 여론을 환기시킬 수 있으리란 기대와 달리 외국인 초청 간담회는 환경운동연합 홈페이지와 오마이뉴스, 시민의 신문 등에서 보도되었을 뿐 주요 일간지들에는 보도되지 않았다.

제3절 반핵담론 협소화와 원인

왜 2005년의 반핵운동은 이제까지와 달리 방폐장 부지선정을 막아내지 못했을까? 이 글에서는 반핵운동의 입지나 반핵담론의 지평이 협소화되었다는 데 주요한 원인이 있으며 이는 크게 운동내부적 요인과 운동외부적 요인에 기인한다는 관점에서 살펴보도록 한다. 토폴론-와이스와 로버츠(Toffolon-Weiss and Roberts, 2005)는 사회운동에 관한 다양한 논의를 검토하여 사회운동(social movements)의 결과(성공과 실패)에 영향을 미치는 요인을 조직의 구조(organizational structure), 동원가능한 자원의 수준(resource level), 저항 전술(protest tactics), 문제의 구성(framing grievance), 정치적 기회(political opportunities)라는 5가지로 요약한다.[7] 사회운동

7) 토폴론-와이스와 로버츠(2005)는 영향요인에 대한 논의에 앞서 무엇을 사회운동의 성공으로 볼 것인지에 대한 정의가 필요하다고 주장한다. 이들에 따르면 성공이란 저항집단이 애초에 원했던 토지이용방식을 실현하는 것, 혹은 애초에 내걸었던 목표가 실현되는 것을 의미한다.

의 성공을 위해서는 저항집단의 조직구조가 주요한 영향변수가 되는데 통일적이고 중앙집권적이며 관료화된 조직이 보다 성공가능성이 높다고 한다(Frey 외, 1992; Gamson, 1990). 이용가능한 자원이 많을수록 유리한데 저항집단이 내부적으로 자원을 모두 통제할 수 있는 상태가 아닌 경우 외부자원을 어떻게 효과적으로 동원하느냐가 상당히 중요하다(Cress & Snow, 1996; Albrecht 외, 1996). 저항전술 또한 전략적 결정에 따라 구사되어야 하는데 명확한 목표가 수립된 상태에서 시위나 로비와 함께 법적인 수단을 동원하는 게 필요하다고 한다(McCann, 1998; Silverstein, 1996). 저항집단이 당면하고 있는 고통스런 상황을 어떻게 집합적으로 구성하느냐에 따라 자신들의 저항을 동기화하고 정당화하며 외부적인 지지와 자원을 이끌어내는 정도가 상당히 영향을 받는다(Benford & Snow, 2000; Gordon & Jasper, 1996). 마지막으로 정치적 기회란 당시의 정치적 맥락과 연결된 것으로 보다 우호적인 정치적 환경이 사회운동의 성공적 추진에 상당히 중요하다는 것이다(Amenta 외, 2002). 하지만 토폴론-와이스와 로버츠가 제시한 5가지 영향요인들은 정치적 기회를 제외하고는 대부분 저항집단내부의 문제로 볼 수 있다. 또한 정책대상이 되는 방사성 폐기물 처분장이 방사능을 포함하고 있는데서 오는 자체적 속성이 한국적 상황에서 반핵담론이 협소화되는 이유로 작용한다.

이 글에서는 이러한 내부적 요인들에 관심을 두면서도 반핵운동을 둘러싼 다양한 사회 · 환경요인이 2005년의 반핵운동에 상당한 영향을 미쳤음에 주목하면서 이러한 외부적 환경요인이 어떻게 구성되고 변화되었는지를 살피도록 한다. 여기에서는 이러한 환경변화를 정책설계의 변화, 중앙언론의 노골적 무관심과 지방언론의 노골적 편들기, 국민의 피로감 누적, 산자부/한수원의 홍보전략 세련화 등으로 나누어 살펴보도록 한다. 제 요인들은 상호 독립적이라기보다는 서로 맞물려 있지만 분석의 편의를 위해 구분하여 논의한다.

1. 운동 내부적 요인

반핵운동의 입지가 확대되지 못하고 반핵담론이 협소화됨으로써 방폐장 건설저지가 성공하지 못한 것으로 볼 수 있는데 그 원인으로 우선 운동내부적 요인을 들 수 있다. 무엇보다 다른 운동과 구분되는 반핵운동의 독특한 특성이 반핵담론의 전국적 확산을 꾀하는 데 다소 제한을 가한다. 즉, 반핵운동이 원전의 추가건설이나 방폐장 건설 시도에 대해 반대하는 투쟁적 방식을 취함으로써 생활 속의 운동이 아니라 지역적 차원에서 상당히 격렬하고 과격한 운동의 형태로 진행되는 데 상당한 원인이 있다. 이필렬(2001)에 따르면 핵발전에 따른 위험이 누구나 눈으로 보고 가슴으로 느낄 수 있는 심미적 대상의 파괴로 나타나기보다 맨몸으로 감지할 수 없으나 예측이 어렵고 실체를 포착하기 힘든 위험에 대한 공포로 나타나기 때문에 반핵운동이 상당히 격렬한 형태로 진행되면서 지역적 차원에 머무르는 경향이 있다고 한다. 잠재적인 직접적 피해당사자들은 격한 감정과 공포감으로 격렬하게 저항하게 되지만 해당 지역이외의 시민들은 피해의 감지가 힘들어 그들과 공유된 반응을 보이기 어렵다.[8)]

아울러 반핵운동이 일과성 투쟁으로 그쳐 지역적 차원을 넘어 반핵담론의 확산을 통해 전국적 차원으로 진행되지 못한 이유는 방폐장 건설을 저지하는 데 성공한 후 더 이상의 대안을 제시하는 데 무관심했기 때문이다. 반핵운동이 대다수의 시민들이 원자력으로 생산된 전기를 사용하는 상황에서 이러한 구조를 벗어날 수 있는 대안을 제시하는 활동으로 확장되지 않고 방폐장 건설저지의 주요 주체인 지역주민들도 자신들의 지역에 시설이 입지하는 것을 막는 데만 관심이 있을 뿐 핵발전을 포괄하는 한국에너지체제와 그에 의존한 자신들의 생활방식에 대한 성찰을 통해 대안을 실천하는 운동으로 승화되지 못함으로써 해당지역 이외 시민들에게 지역이기주의로 비쳐지는 경향이 있다. 부안군민들의 경우, 대안에너지의 확장을 지역차원에서 실천하기 위한 발걸음을 떼었으나 아직 운동의 결실이 전국적으로 인식되는 단계에까지 이르지는 못한 상황이다. 이러한 요인은 비단 지금의 상황에 국한된 문제만은 아니지만 시간의 흐름에도 불구하고 반핵담론이 확산되지 못하는 원인으로 작용한다.

---

8) 이는 서유럽의 경우와 다소 구별된다. 서유럽 시민들은 체르노빌사고에서 발생한 방사능 낙진의 약 40%가량에 노출된 직접적 경험이 있어 원자력이나 방사성 폐기물의 위험성에 대한 폭넓은 공감대가 형성되어 있는 반면 한국은 전국에 걸친 직접적 경험이 없어 전국민적으로 공유된 반응을 보이기 어렵다.

하지만 이러한 반핵운동의 특성은 2005년 이전까지 부지선정과정에서 해당 지역사회와 그 이외 지역의 반응이 다르게 나타나는 원인으로서 해당 지역사회의 격렬한 저항의 동인으로 작용했는데, 2005년의 경우에는 중저준위 방폐장으로 입지가 국한됨으로써 지역주민의 저항이 심각한 수준으로 진행되지 않았다. 지역의 유치반대위원회가 반핵국민행동이라는 반핵활동단체와의 연계 속에 활동했으나 지역주민의 거부감이 상대적으로 약화되고 경제적 유인을 이용한 지역경제성장에 대해 기대가 높은 상황에서 활발한 저항운동이 전개될 수 없었다.

토폴론-와이스와 로버츠(2005)가 제기한 영향요인과 관련해서 살펴보자면, 조직적 관점에서 그 이전까지의 방폐장입지 반대투쟁에서는 지역주민(단체)이 주축이 되고 전국조직인 반핵국민행동연대가 정보와 자원을 지원하는 방식이었으나 2005년의 경우 지역의 유치반대세력이 강력한 반대운동을 추진하지는 못했다. 각 지역별로 유치반대위원회가 조직되었으나 지역간 경쟁구도로 진행되는 공모과정, 특히 지역감정을 매개로 지역간 유치경쟁이 진행되는 상황에서 지역에 뿌리를 둔 반대세력이 목소리를 높일 수 있는 여지가 크지 않았던 것이다. 따라서 경주의 경우 서울과 울산, 포항 등 타지역 시민환경단체에서 파견된 활동가의 활동에 비해 지역시민단체의 활동이 다소 소극적으로 나타났다(반핵국민행동 활동가와의 인터뷰). 동원가능한 자원 측면에서도 찬성유치단체는 지자체의 지원을 받아 엄청난 홍보비를 쓰며 행정력과 공조직을 총동원하는데 비해 농어민이 중심인 유치 반대측은 생업도 접고 자기들 주머니를 털어가며 이웃에게 육성으로 호소하는 등 자원동원력이 현저히 낮았다. 유치홍보활동을 위해 군산시는 국책사업추진비로 3억6500만 원의 예산을 편성하고 경주시는 국책사업유치활동비 명목으로 무려 22억원을 편성하여 유치찬성활동에 지원하였다고 한다(하승수, 2005). 반핵진영이 구사한 전술에 있어서 이제까지의 방폐장투쟁에서와 달리 물리적 저항은 거의 없이 성명서 발표, 기자회견, 법적 대응, 국제연대활동 등을 위주로 하여 운동의 강도가 높지 않았다. 문제의 구성에 있어서는 입지시설이 중저준위 방폐장으로 한정되어 있음으로 인해 사회적 반향을 일으키는 방식으로 당면문제를 구성하지 못했다. 특히, 반핵운동의 목표가 선명하게 부각되지 못했다. 6월에는 보도자료를 통해 핵폐기장 유치공모 철회를 촉구하였으나 이후의 과정에서 주민투표의 공정한 진행에 큰 관심을 둠으로써 운동의 목표가 선명하게 부각되지 못했다.[9)]

2. 운동 외부적 환경변화

1) 정책설계의 변화

2005년 반핵운동의 지형에 가장 큰 변화를 준 건 정책설계의 변화이다. 정책대상을 중저준위 방폐장과 고준위 방폐물 임시저장시설의 병행건설에서 분리건설로 변화시킴으로써 위험성에 대한 부담을 상당히 완화시키면서 과거의 병행건설계획의 경우에 비해 훨씬 더 많은 경제적 지원을 약속함은 물론 이를 법으로 명문화하고 주민수용성을 제고하기 위한 민주적 절차로 주민투표를 도입한 것이 방폐장 부지선정이 가능하도록 한 주요한 원인이었다. 지방자치제의 실시로 지자체의 의사가 방폐장의 유치에 중요하게 작용하고 지방재정자립도가 열악하며 수도권과 지방의 불균형발전으로 상대적 박탈감이 더욱 깊어진 상황에서 이러한 정책설계는 지방자치단체에 상당한 유치동기로 작용하였다.

주민투표의 경우 주민의 의사를 반영하는 통로를 열어주어 주민 수용성을 확인함으로써 부지선정절차의 민주성을 높이기 위해 채택한 절차로 사실 그간 진행되어온 반핵운동의 성과이기도 하다. 하지만 이번에 실시된 주민투표는 부안에서 자발적으로 치러진 주민투표와 비교해볼 경우, 주민이 자체적으로 실시했느냐 지자체장의 발의로 실시했느냐가 문제가 아니라 투표의 대상이나 투표가 놓여진 맥락이 달랐다기에 표면적으로는 절차적 정당성을 높여주는 기제였지만 내용적으로 문제를 안게 되었다. 부안의 투표는 유치 찬성이냐 반대냐를 결정하는 것이었지만

9) 반핵진영 활동가와의 전화면접을 통해 2005년 부지선정과정에서 반핵활동의 목표가 무엇이었냐고 질문했다. 그 활동가에 따르면 방폐장문제의 합리적 해결을 위한 광범위한 사회적 논의가 촉발되도록 하는 것이 최선의 목표였지만 방폐장 부지선정을 근본적으로 저지하는 것이 현실적으로 가능하지 않은 상황이라 운동진영 내부적으로는 국가권력에 의해 여러 차례 지역사회의 분열을 경험한 취약지역으로 선정되는 것만은 막자는 것이었다고 한다. 운동진영 내부에서도 목표를 무엇으로 잡느냐에 이견이 있었기에 보다 선명하게 목표를 제시하는 것이 힘들었다고 한다. 이러한 대응미숙은 정책환경의 변화에 따른 것이기도 하지만 변화된 상황에 맞는 적절한 대응전략을 마련하지 못한 데서도 기인한다. 이런 상황에서 반핵운동의 성공과 실패가 무엇을 의미하는지도 다소 모호해지는 측면이 있다.

2005년의 주민투표는 그 지역의 찬반의견 못지않게 다른 지역과의 찬성률 경쟁이 부가되었다. 유치를 원하는 입장에서는 유권자의 1/3 이상이 투표하고 찬성률이 과반수를 넘어야 하는 것은 물론 다른 지역에 비해 찬성률이 높아야 했다. 이런 식의 주민투표는 지자체 간의 경쟁을 자극함으로써 과열되는 상황으로 치닫도록 이끌었을 뿐 아니라 전국적인 쟁점을 지역간의 문제 혹은 지역의 문제로 치환하여 전국적인 담론형성을 제한하였다. 또한 주민투표를 지역간 이해다툼으로 전환하여 부지선정과정에 관한 담론이 공정성시비에 모아지게 함으로써 원자력 위주 전력정책의 지속여부나 방폐장 건설의 필요성이나 급박성, 방폐장의 안전성 여부나 안전성 담보 방안, 방사성 폐기물 관리의 행 · 재정 체계의 개선 등 반핵운동이 제기하는 보다 근본적인 질문들에 대한 논의가 실종되는 상황으로 귀결시킨다. 따라서 반핵담론은 그만큼 약화되고 협소화되기 쉬운 것이다.

2005년 방사성 폐기물 처분장 부지선정과정에서 반핵국민행동을 비롯한 반핵운동진영은 이러한 정책설계하에서 입지가 상당히 좁아지게 되었다. 4개의 지자체가 입지경쟁을 벌이는 상황에서 반핵운동진영에서 주장해온 방폐물 처분 해법이 더 이상 논의될 여지가 없었다. 주민투표 실시 이틀 전인 2005년 10월 31일, 11 · 2 방폐장 주민투표 중단과 참여민주주의 수호를 위한 시민사회단체 기자회견이 있었다. 선언문에서 시민사회단체는 다음과 같은 주장을 내걸었다:

> 핵폐기물 처분의 핵심은 고준위 핵폐기물이다. 정부는 우선 핵폐기물 관리법을 제정하고 독립된 핵폐기물 관리위원회를 설립하여 제도적 기반을 갖춘 후 사회적 합의를 거쳐서 핵폐기물의 관리와 처분을 진행해야 한다. 중장기적으로 엄격하고 민주적인 절차를 거쳐 고준위 핵폐기물을 처분할 때 중 · 저준위 핵폐기물도 함께 처분할 수 있다.

하지만 이러한 반핵진영의 제안은 공모절차가 진행되는 동안 크게 부각되지 못했으며 이에 대한 사회적 논의도 활성화되지 못했다. 변화된 정책설계하에서 방폐장은 이미 님비의 대상이 아니라 핌피의 대상으로 변모되어 있었다. 주민투표를 매개로 해서 지역감정이 조장되고 고무된 것 또한 보다 본질적 접근에 대한 논의의 폭을 좁히는 요인으로 작용했다. 이러한 상황은 정치적 기회가 우호적으로 작용하지 않았음을 의미한다. 반핵진영의 주민투표 감시활동과 폭로를 통해 주민투표과정상의 불법과 탈법사실이 드러났음에도, 주민투표가 정책실현의 수단이 아니라 자치권을 존중하는 절차로 활용되어야 한다는 주장도 별다른 사회적 반향과 공감을 가져오지 못했다. 반핵논의가 주도권을 확보하지 못한 채 주어진 공모절차의 틀 안에서 운동이 진행됨으로써 주민투표의 공정성 여부에만 관심이 집중된 채 방폐장에 관한 반핵운동의 목표가 선명하게 제시되지 못했던 것 또한 사실이다.

2) 중앙언론의 노골적 무관심과 지방언론의 노골적 편들기

2005년의 방사성 폐기물 처분장 건설을 위한 부지선정 과정은 6개월여의 짧은 일정으로 숨가쁘게 진행되었다. 하지만 중앙일간지들이 할애한 지면의 양이나 보도 횟수는 사안의 중대성에 비해 상당히 미미하며 보도내용도 이러한 추진과정의 적절성이나 문제점에 대한 논의는 거의 없이 단순 사실 보도에 머물렀다. 반면 유치신청지역의 언론들은 유치찬반 양측의 의견을 동등하게 보도하여 지역주민에게 객관적인 정보를 제공하기보다 노골적으로 유치찬성의 입장을 드러내었으며 다른 지역의 유치분위기를 전함으로써 오히려 지역간 유치경쟁을 유도하고 심지어 지역감정을 자극하는 보도행태를 보이기도 하였다. 이러한 상황들은 반핵진영의 입지를 더욱 좁혔으며 반핵담론이 확산될 여지를 차단하는 효과를 낳았다.

김영기(2003)는 영광원전 지역주민들의 어업피해보상투쟁으로 반핵운동이 시작되어 반핵담론이 본격적으로 등장한 1987년부터 2002년까지 신문에서 반핵운동을 다루는 보도시각이 어떠했으며 어떻게 변화해 왔는지를 분석한 바 있다. 그에 따르면 우리 사회의 주요 신문은 찬핵적 시각이 우세하며 반핵운동에 대해서는 원전의 불가피성과 경제성을 전제하면서 안전성에 대해서는 다소 우려하는 이중성을 보인다고 한다. 신문별 보도시각의 비교분석을 통해, 다른 신문에 비해 한겨레신문은 반핵적인 시각이 강했으며 중앙일보가 가장 강력한 찬핵적 시각을 나타낸다는 분석결과를 도출하였다. 신문의 원자력에 대한 이중적인 시각은 원전당국에 대해서는 원전의 안전성 확보와 투명운영을 강조하고 지자체와 지역주민들에게는 대화와 타협을 통해 문제를 풀어가는 형식과 절차를 강조하는 것으로 나타났다.

2005년의 보도를 살펴보면 김영기(2003)의 분석결과가 더욱 뚜렷한 형태로 나타났음을 알 수 있다. 한겨레신문이 예외적으로 방폐장 부지선정 과정을 꾸준히 따라가면서 진행과정을 알렸을 뿐 아니라 공무원의 투표과정에의 참여와 사전투표운동, 부재자 투표의 부정시비 논란 등 반핵진영의 문제제기에 대해서도 충분히 지면을 할애하는 모습을 보였다. 특히 '왜냐면'이나 '발언대' 등 관련전문가들이나 독자들의 활발한 참여를 통해 주민투표의 의의나 문제점에 대해 토론이 이루어지도록 배려하고 부안사태 이후 부안주민들의 에너지전환 움직임에 대해서도 보도함으로써 반핵을 넘어선 대안의 모색에도 관심을 가졌다. 반면 조선일보나 중앙일보, 동아일보 등은 단순사실의 전달에 그쳤으며 그나마 보도횟수가 상당히 작았다. 주민투표 전 각 신문별 보도횟수가 10회가 되지 않았으며 내용 또한 유치지역에 주어지는 경제적 혜택에 대한 것이 대부분이었다. 이러한 보도태도는 방폐장 건설이라는 전국적 수준의 문제에 대한 국민적 관심을 약화시켜 지역의 문제로 축소하는 효과를 가져왔다. 방폐장 건설 반대나 입지반대를 주장하는 반핵진영의 목소리는 거의 담아내지 않음으로써 반핵담론의 형성이나 확산을 어렵게 하였다.

반면, 유치지역 언론은 노골적으로 유치찬성 여론몰이형 보도행태를 보였다. 오마이뉴스는 지역언론의 보도행태에 대해 "지역언론이 '방폐장' 주민 선택권 빼앗아"(2002/11/01)나 "기사와 광고는 뗄 수 없는 '상관관계'인가"(2005/09/21)라는 보도를 통해 지역언론이 일방적으로 찬성 쪽 의견을 보도하고 있으며 이는 상당부분 찬성 쪽이 광고를 후원하는 데서 상당부분 연유한다는 전북민언련의 모니터링 결과를 소개하고 있다. 평화뉴스도 "방폐장 보도, '반대 목소리'가 없다"라는 보도를 통해 매일신문과 영남일보 기사를 분석해 보였다. 이에 따르면 두 대구경북지역언론은 찬반측의 의견에 대해 균형 잡힌 보도는커녕 지역발전의 계기를 마련하기 위해서는 방폐장 유치가 필수적이란 논조를 유지하였다. 영남일보는 여섯 차례에 걸친 시리즈 기획기사로 "방폐장이 살길이다"를 연재하였다. 9월 1일자 1면에 "3000억+알파, 낙후주름 편다"라는 기사를 게재하고 그 이후로도 지속적으로 찬성이 가져올 경제적 혜택을 강조하며 유치찬성을 독려하는 모습을 보였다. 이러한 보도행태는 전북지역신문에서도 고스란히 나타났다. 방폐장 유치 반대의견에는 지면을 거의 할애하지 않은 채 지역경제의 활성화를 위해 방폐장 유치가 반드시 필요하다는 보도를 주로 내보내면서 투표일 직전에는 "방폐장 꼭 유치를, 강지사 눈물 호소"(전북일보, 2005/11/01), "1%의 지지가 군산미래 바꾼다"(전북도민일보, 2005/11/01)를 비롯해서 지역민의 감성에 호소하였다. 심지어 지역언론들은 다른 유치지역들의 유치활동을 비교하며 은근히 유치경쟁을 유도하는 모습 또한 드러냈다. 이러한 보도는 찬성쪽의 입장을 강화하며 반대측 입장이나 관점이 지역주민에게 제대로 전달될 수 없도록 했다. 지난 해 부안에서 지역주민들이 기성언론에 대해 극도의 불신감을 드러내며 부안군민들이 스스로 "부안독립신문"을 창간한 것도 유사한 맥락에서였다.

반핵국민행동이나 지역유치반대위원회는 앞서 반핵활동에서 살핀 것처럼 상당량의 보도자료와 성명서를 발표하고 기자회견을 가졌지만 중앙언론에서나 지역언론에서 거의 다루어지지 않았다. 반핵진영이 자신들의 목소리를 전할 수 있는 통로가 차단된 상태에서 반핵담론의 지평이 확대되는 것을 기대할 수 없다. 오히려 과거에 비해 찬성측의 광고와 주장에 보다 많은 지면이 할애됨으로써 찬핵담론이 보다 넓게 확대재생산되고 반핵담론은 더욱 위축되는 양상을 띠게 된 것이다.

3) 국민의 피로감 누적: 다운스(Downs)의 쟁점-관심 주기이론 (Issue-attention cycle)

다운스(Anthony Downs)는 1972년에 쟁점-관심의 주기이론(Issue-attention cycle)을 주창하였다. 그에 따르면 미국인들은 한 가지 국내 쟁점에 대해 그것이 아무리 지속적으로 사회에 중요한 문제라 하더라도 오랜 기간 동안 관심을 가지는 일이 거의 없다고 한다. 어떤 문제가 갑자기 중요한 쟁점으로 부각되면 짧은 시기동안 중요 쟁점으로 다루어지다가 아직 충분히 해결되지 않았음에도 불구하고 점차 대중의 관심으로부터 사라진다는 것이다.

좀 더 구체적으로 살펴보면, 쟁점-관심의 주기는 5단계로 이루어진다. 첫 번째 단계는 문제이전 단계(the pre-problem stage)이다. 이 단계에서는 상당히 소망스럽지 못한 사회적 상황이 존재하고 몇몇 전문가들이나 소규모 이해집단들이 이미 그런 문제들에 대해 경각심을 가지고 있을 뿐 일반대중은 관심을 갖지 않는 시기이다. 두 번째 단계는 불안스러운 문제의 발견과 해결을 위한 열정의 충만기(Alarmed discovery and euphoric enthusiasm)이다. 악화되어왔던 해당 사회문제가 극적으로 드러나며 일반대중은 그 문제를 인식하게 되고 경각심을 느끼게 된다. 이 단계에서 대중은 이러한 당면한 문제가 사회적 역량을 동원하여 해결가능하다는 열정과 확신을 갖는다. 세 번째 단계는 문제해결의 비용인식단계(Realizing the cost of significant progress)이다. 이 단계에서는 문제해결비용이 상당히 높다는 사실을 점차 인식한다. 그 문제의 발생이 상당히 많은 사람들에게 편익을 제공하는 과정에서 발생했으며 문제의 해결이 많은 인구의 희생과 사회구조의 재구조화를 통해서만 가능하다는 사실을 깨닫게 된다. 네 번째 단계는 대중적 관심의 쇠퇴기(Gradual decline of intense public interest)이다. 세 번째 단계는 거의 인식하지 못하는 사이 네 번째 단계로 이행하는데 이 시기에는 그 문제에 대한 대중적 관심의 강도가 점차 약화된다. 점점 더 많은 일반시민들이 해당문제의 해결이 얼마나 어려운지 얼마나 많은 비용이 소요되는지를 깨닫게 되면서 세 가지 유형의 반작용을 보인다. 어떤 사람들은 의기소침해진다. 또 어떤 이들은 문제에 대한 생각을 통해 위협을 느끼기에 그러한 생각 자체를 억눌러버린다. 또 다른 이들은 그 쟁점에 대해 피로감을 느끼게 된다. 대부분의 사람들에게는 세 가지 반작용 유형이 적절히 혼합된 형태로 나타난다. 그리고 이 단계에서는 다른 중요한 쟁점이 2단계에 진입하게 되어 일반대중의 관심이 새로운 문제에 쏠리게 된다. 마지막 다섯 번째 단계는 문제의 사후단계(The post-problem stage)이다. 이 단계에서 해당 쟁점은 대중의 관심의 중심영역에서 물러나고 지속적인 림보상태 – 덜 중요한 문제영역으로 들어가 간헐적으로 대중의 관심의 대상으로 되살아나는 상태 – 로 옮아간다. 하지만 이 문제는 사전인식단계에 비해서는 이미 대중과 다른 관계를 형성한 것으로 이 문제를 해결하기 위해 새로운 제도나 프로그램, 정책 등이 마련되어 있다. 이러한 장치들은 대중의 관심이 다른 문제로 옮아간 후에라도 지속된다.

다운스의 쟁점-관심의 주기이론은 상당한 반향을 불러일으키며 다양한 정책의

제의 형성과정에서 일반대중이 갖는 태도와 관심의 변화를 설명하는 데 적용되었다. 쟁점-주기이론이 대부분의 정책의제에 대한 상당히 유효한 분석틀이 되지만 환경문제에 있어서는 예외적이란 의견이 지배적이었다. 환경문제에 대한 대중의 관심은 사그라들지 않고 지속되는 경향이 있으며 환경분야의 논문과 서적들도 꾸준히 늘어나고 있기 때문이다.[10)]

하지만 다운스의 쟁점-관심의 주기이론이 현재 한국의 원자력 발전과 방사성 폐기물 처분장 건설문제를 어느 정도 설명해줄 수 있다. 20여년의 부지선정과정과 반복되는 실패로 이 문제에 대해 염증 혹은 피로감을 느끼고 있는 것이다. 방사성 폐기물이 원자력 발전에서 만들어지기에 방사성 폐기물의 위험을 제거하기 위한 최선의 방책은 원자력발전을 더 이상 지속하지 않는 것이지만 원전중심의 전력체제를 재생가능에너지 지향적인 에너지체제로 전환하는 데 지불해야 할 사회적 비용이 상당하다는 사실을 깨닫는 것이다. 따라서 원자력을 필요악이라 받아들이면서 문제의 해결에 상당한 무력감을 느끼게 되고 연이어 주민저항과 부지선정 실패를 반복적으로 경험함으로써 피로감이 쌓이게 된 것이다. 문제를 해결하기 위한 대안에 대해 충분히 알거나 확신하지 못하기에 문제해결에 대해 무력감과 피로감은 더욱 크게 느껴지게 된다. 특히 환경문제는 일상적 삶을 통해 경험할 수 있는 반면 원자력이나 방사성 폐기물의 위험은 시설 유치지역의 주민들에게만 공포스럽게 다가갈 뿐 그 외 지역, 특히 이런 위험시설의 입지가 이루어지기 힘든 대도시에 거주하는 일반 시민들에게는 문제로 느껴지는 강도가 약해 은근히 이 문제가 빨리 해결되기를 소망하는 경향이 나타난다.

2000년 산업자원부와 한국원자력문화재단이 여론조사 기관인 (주)TN소프레스사를 통해 성인남녀 1,500명을 대상으로 원자력에 대한 국민의식을 조사한 결과에서도 대다수(84.4%)가 원전이 필요하다고 생각하는 것으로 나타났다. 또 앞으로 전력을 생산하는 데 가장 많이 이용될 발전방식은 원자력(42.2%)일 것이라는 응답이 태양열과 풍력(23.2%)일 것이라는 응답보다 높게 나타났다. 원자력의 경제성에 대

10) Michael Fox(1994)는 다운스의 쟁점-관심 주기이론이 환경문제에 대한 논의에도 유용하다고 주장한다.

한 질문에는 64.9%가 동의하였다. 그러나 원전의 안전성에 대해서는 33.6%가 긍정적인 반면 54%는 부정적인 의견을 보였으며, 특히 자신이 거주하는 지역에 원전을 건설하는데 대해서는 10.9%만이 찬성하는 것으로 나타났다(이달의 원자력, 2001). 원전의 필요성에 대한 동의가 상당히 높지만 거주지역의 입지에 대해서는 상당히 부정적임을 알 수 있다. 이러한 이중성은 다른 지역에 원전이나 방폐장이 입지하는 것을 안전성 때문에 안타깝게 생각하지만 어쩔 수 없는 일이라고 용인하도록 이끈다. 쟁점-관심의 주기이론과 어느 정도 부합하는지 여부에 대한 정확한 진단은 보다 구체적인 조사를 통해 밝혀야 하지만 이러한 이중적 태도는 방폐장의 입지문제가 더 이상 지속되기보다 경제적 지원을 통해 빨리 매듭지어지길 원하는 방식으로 일반시민들의 의식에 내면화되어 있을 가능성이 있다.

지난 2005년 12월에 국제원자력기구(International Atomic Energy Agency: IAEA)가 발표한 18개국 국민의 원자력에 관한 여론조사 결과를 보면, 한국인이 원자력에 대한 지지도가 가장 높은 것으로 나타났다.[11] 원자력은 안전하기에 더 많은 원전을 지어야 한다는 의견이 절반이 넘는 52%로 나타났고 추가 건설 없이 지금 운전 중인 원전이용에 34%가 찬성하였으며 원전은 위험하기 때문에 모든 원전을 폐쇄해야 한다는 의견이 12%로 나타났다. 18개국 조사대상자들이 평균적인 응답비율은 순서대로 28%, 34%, 25%이었다. 아울러 원전이 기후변화에 적절한 대응방안이기에 원전의 사용을 확대해야 한다는 의견에 대해서도 한국응답자의 지지도가 가장 높은 것으로 나타났다. 지구 전체적으로 38%가 동의하고 47%가 원전의 확대에 반대한 반면 한국 응답자는 66%가 찬성하고 30%가 반대의견을 표명하였다. 하지만 이런 조사결과가 한국인의 평균적인 의견이라거나 원전을 지지하는 만큼 자신의 거주지에 원전관련 시설물이 입지하는 것에 대해 동의한다는 의미는 아니다. IAEA는 전화면접을 통해 여론조사를 실시했는데 면접대상지역은 서울, 부산, 대구, 인천, 광주, 울산의 7개 주요도시이었다. 보고서에서는 이들 지역의 인구가 한국 통인구의 52%에 달하는 만큼 대표성있는 응답이라는 견해였다. 하지만 이를 다

11) 조사기간은 2005년 5월 20일부터 22일까지였으며 조사대상은 만 20세에서 59세 사이의 성인 1,000명이었다.

르게 해석한다면 전력수요가 높고 위험에 대한 부담을 직접적으로 느끼지 않는 대도시 거주자들 대다수가 원전의 지속적인 운전이 불가피하다고 생각하는 만큼 방폐장 건설이 어떻게든 마무리되기를 희망하고 있는 것으로 이해된다.

4) 산자부/한수원의 신뢰도 제고노력과 홍보전략의 세련화

찬핵진영은 그간의 정책실패가 정부와 사업자, 규제기관에 대한 신뢰부족에서 기인했다는 반성과 함께 신뢰회복을 위해서는 새로운 방식의 커뮤니케이션 기법을 개발하고 여론조사를 통해 설득논리를 개발하며 보다 효과적으로 자신들의 주장과 입장을 홍보하는 것이 필요하다는 인식에 도달한다. 안면도사태 이전까지는 원자력 관련 사항들과 정보들을 되도록 공개하지 않아 원자력정책은 대중과 유리되어 있는 밀실행정의 표본이라 불렸다(이필렬, 2001). 안면도 사태이후 정부는 방폐장 후보지 선정이 자연과학적인 조건만을 고려해서는 곤란하다는 인식을 통해 지역주민과의 협의를 통한 민주적 공개적 부지 선정을 표방하면서 토론회와 설명회를 추진하는 한편 원자력문화재단이라는 조직을 구성하여 원자력에 대한 일반시민의 친근감을 높이고 원자력의 안전성과 방사성 폐기물의 완벽한 처분가능성, 원전의 국가경제에의 기여도 등에 대한 홍보사업을 진행하게 되었다. 또한 서울대 인구 및 발전문제 연구소와 같은 대학의 연구소에 대한 지원을 통해 지역여론을 수집하고 주민수용성을 높일 수 있는 방안에 대한 연구조사사업을 지원하였다.

앞서 제시한 여론조사 결과에서 보듯이 일반인들의 원전의 안전성에 대한 신뢰도는 높지 않다. 1/3가량의 응답자들만이 안전하다고 믿고 있는 것이다. 이러한 현상에 대해 찬핵진영은 원자력 안전과 규제에 대한 국민신뢰를 구축하는 것이 필요하며 이러한 신뢰가 확보될 때 주민수용성이 높아진다는 진단(최광식, 2005; 조희봉, 2005)을 통해 다양하고도 효과적인 홍보전략을 동원하게 된다. 여러 차례에 걸친 여론조사를 통해 원자력에 대한 인식에 있어 TV나 라디오, 신문 등 대중매체의 역할이 절대적으로 중요하다는 사실을 인지하게 되었다. 2003년에 과학기술부가 성균관대학교 서베이리서치센터에 의뢰해서 원자력 이해경로에 대해 실시한 조사에서 TV나 라디오를 통해서라는 응답이 49%, 신문이나 잡지를 통해서가 11.5%로 나왔다. 정부나 관공서의 홍보물을 통한 정보획득은 미미하였다. 이러한 여론조사 결과는 원자력에 대한 적극적인 홍보에 있어 대중매체를 활용하여 홍보활동을 진행함으로써 안전에 대한 신뢰도를 높이는 게 필요함을 시사했던 것이다.

이에 정부와 한수원은 TV를 비롯한 대중매체를 통해 활발한 홍보활동을 벌인다. 특히, 이성보다는 감성에 호소하는 방법을 취한다. 어린이를 등장시키고 방폐장을 '네모난 녹색병원'이라는 이미지로 전달한다. TV를 통한 일상적인 광고는 일반시민들에게 상당히 친숙하게 다가가게 된다. 또 다른 한편에서는 원전사고나 원전추가건설 계획 등을 포함해서 개방해도 무방하나 이제껏 드러내지 않았던 정보들을 홈페이지를 통해 공개하여 정보비대칭 현상을 완화하는 노력을 병행하게 된다. 원자력에 대한 정보가 환경시민단체를 통해서만 일반인들에게 주어지던 상황을 벗어나, 대중매체를 통해 연출된 이미지가 반복적으로 전달되고 인터넷을 통해 다량의 정보가 전달됨으로써 찬핵진영의 긍정적 이미지가 확대재생산되는 상황에 이른다. 하지만 반핵진영은 대중매체를 통한 접근이 재정적 이유로 원천 봉쇄된 상황이기에 관심있는 시민들이 인터넷을 통해 정보를 검색하기 이전에는 시민들의 노력이 가해지지 않는 상태에서 쉽게 전달될 수 있는 통로가 열려있지 못하다. 이런 상황은 반핵담론의 확대재생산에 상당한 한계로 작용한다.

제4절 반핵운동의 전망

반핵운동진영은 그간 반핵운동의 주축이었던 방폐장 건설저지운동이 운동을 둘러싼 환경의 변화로 운동방식의 전환을 모색해야 할 국면에 놓여 있다. 2003년에 과학기술부가 성균관대학교 서베이리서치센터에 의뢰해서 전국 990가구 – 성인 가구원 중 태어난 월일이 가장 빠른 가구원을 최종 면접대상자로 선정 – 를 대상으로 설문조사를 하였다. 이 조사에서는 조사대상을 일반지역(도시 250곳, 농촌 100

곳), 원전지역(보상지역 160곳, 미보상지역 160곳), 방사성 폐기물 후보지역(보상지역 160곳, 미보상지역 160곳) 등으로 보다 세분화하여 조사하였다. 이 조사에서 응답자의 60%가 앞으로 우리나라에서 원자력발전소에 대한 수요가 늘어날 것이라고 응답하였다. 원자력 발전소를 추가로 건설해야 할 필요성에 대해서는 현 상태를 유지해야 한다는 의견이 44.4%로, 추가건설에 대한 의견(32.5%)이나 감소시켜야 한다는 의견(23.2%)보다 높았다. 원전건설을 자제해야 하는 이유로 가장 높은 비중을 차지하는 것은 환경오염과 파괴의 우려 때문이라고 답했다(45.7%). 이 조사에서 던진 "앞으로 우리나라에서 가장 주력해야 할 발전방식이 무엇이냐"는 물음에 대해 응답자들이 가장 선호한 것은 47.6%를 차지한 태양광발전이었으며 원자력발전은 15.8%로 수력(18.2%)에 이어 세 번째로 선호하는 발전원이었다. 이러한 결과는 원전의 필요성에 공감하지만 환경의 오염과 파괴에 대한 우려 때문에 원전의 확장에는 선뜻 동의하지 않음을 보여주고 있다. 즉, 원전을 대체할 수 있는 전력원이 확장될 수 있다면 원전에 대한 지지를 철회할 가능성이 농후함을 뜻한다. 따라서 향후 반핵운동의 추진력은 핵을 반대하는 데 머무르지 않고 핵을 넘어서는 대안을 제안하고 이를 실현할 수 있는 정책방안과 시민실천방안을 모색하는 데 달려있다. 즉, 에너지대안운동과 얼마나 잘 연계되어서 각 운동의 주력분야를 살리면서 협력적 관계를 조화롭게 형성하느냐가 중요하다.

같은 여론조사에서 원전을 추가로 건설해야 한다는 의견은 지역별로 다르게 나타났는데 일반지역이 원전지역보다, 그리고 원전지역은 방폐장 후보지역보다 높게 나타났다. 또한 원전을 추가로 건설해야 한다고 생각하는 응답자 중에서 자신이 사는 지역에 원전을 건설하는 것에 대해서는 찬성의견이 51.2%로 반대의견 48.4%보다 조금 높게 나타났지만 도시지역 거주자들은 원전지역이나 방폐장 후보지역 주민에 비해 반대하는 비율이 높았다. 이러한 경향은 전력을 훨씬 더 많이 소비하는 도시거주자들이 원자력을 통해 공급되는 풍부한 전력소비의 편익을 누리면서 그로 인해 발생하는 원전의 사고위험성이나 방폐물 처분의 위험성을 공유하지 않으려는 이중성이 두드러짐을 알 수 있다. 즉, 반핵운동은 원전이 추가적으로 입지하는 지역주민운동의 차원을 벗어나 도시거주자들이 원전중심적 전력체제의 문제점을 공유하고 전환을 위한 실천에 동참할 때 추진력을 얻게 된다. 이 점에서 반핵시민환경단체가 생활 속에서 시민들과 소통하면서 도시 지역에서 원자력을 대신할 수 있는 재생가능에너지를 확대해 나가는 노력에 힘을 기울일 필요가 있음을 의미한다. 정부와 한국수력원자력의 대중매체를 통한 홍보가 확대되고 있지만 일반시민들은 환경단체가 제공하는 정보에 대해 보다 높은 신뢰도를 나타내고 있다. 환경단체의 주장에 대한 동조여부를 살펴보면 반대한다는 응답자가 6.3%에 불과하고 52.9%의 응답자가 찬성한다고 밝히고 있다. 하지만 같은 조사에서 응답자들이 환경단체와 접촉한 경험유무에 대해 물었을 때 80% 이상의 응답자가 접촉경험이 없다고 답하고 있다. 이는 반핵시민환경단체가 보다 적극적으로 시민들과의 만남을 확대할 필요를 보이고 있다.

원자력에 대한 시민들의 태도가 쟁점-관심의 주기이론의 5단계를 거쳤다 하더라도 시민들은 원자력문제에 시시때때로 관심을 가진다. 즉, 다운스에 따르면 어떤 쟁점이 한 번 국가적 관심사로 부상했다가 집중적 관심영역에서 사라졌다 하더라도 한 번 이러한 주기를 거친 쟁점은 수시로 그리고 상당히 높은 강도로 관심의 대상이 된다고 한다. 이는 원자력이란 쟁점도 반핵진영의 활동에 따라 문제이전단계에 비해서는 훨씬 강도 높게 시민들의 관심을 끌 수 있음을 의미한다. 경제주의적 관점이 생태주의적 관점을 침식하는 상황에서 반핵운동이 지향하는 생태적 가치에 대한 시민 호응을 회복할 수 있어야 한다.

현재의 방폐장 건설은 환경적 위험을 경제적 지원으로 맞바꾸면서 시설이 입지하는 특정 지역을 볼모로 위험을 재생산하는 방식을 취하고 있다. 반핵운동은 기존에 내걸었던 "방폐장은 전국 어느 곳에서도 안된다"라는 구호가 사실 원자력중심 전력정책의 문제점을 공론화하여 사회적 합의를 마련하고 그 기초 위에서 방사성 폐기물 문제를 풀어가자는 데 있음을 확인하고 사회적 논의가 절실히 요구되는 사용후 핵연료의 처분문제를 장기적 관점에서 쟁점화해야 할 것이다. 정부는 사용후 핵연료 처분문제는 시간을 가지고 사회적 공론화 과정을 거쳐 해결할 것을 약속한 바 있다. 이러한 정부의 태도변화는 바로 반핵운동의 성과라 볼 수 있다. 반핵운동 진영은 지금부터 시간적 여유를 가지고 사용후 핵연료의 관리처분이란 쟁점이 공론화될 수 있도록 지속적으로 쟁점화해야 할 것이다. 보다 단기적으로는 중·저준위 폐기장 건설에 있어 가장 중요한 안전성 문제가 확실하게 보장될 수 있도록 감시·견제하는 활동이 요구된다.

제5절 결 론

이 글에서는 2005년 방폐장 부지선정과정의 반핵운동의 내용과 특성을 살펴보고 2005년의 반핵운동이 소기의 성과를 달성하지 못한 원인을 반핵운동의 내외적 조건과 환경변화를 통해 진단해 보았다. 한편으로는 반핵운동이 갖는 내재적 특성 때문에 다른 한편으로는 외부환경의 변화로 인해 반핵운동이 새로운 접근방식을 취해야 할 갈림길에 서있음을 알 수 있었다.

이 글에서는 2005년의 반핵운동이 운동 내외적 요인과 환경의 변화로 입지가 축소되고 반핵담론이 협소화된 것으로 진단하였다. 운동 내부적으로는 반핵운동 자체의 지역 한정적인 특성만이 아니라 조직의 구조와 동원가능한 자원의 수준, 저항 전술, 문제의 구성 등이 주어진 문제를 효과적으로 풀어갈 만큼 적절하게 다루어지지 못했던 것이다. 운동 외부적으로는 정책설계의 변화, 중앙언론의 노골적 무관심과 지방언론의 노골적 편들기, 국민의 피로감 누적, 산자부와 한수원의 홍보전략 세련화 등으로 정치적 기회가 크게 열려 있지 않았던 데 원인이 있었다.

향후 반핵운동진영은 전력의 40%가 원자력으로 생산되지만 원전시설이 모두 농어촌지역에 존재하는, 전력의 생산지와 소비지가 이원화된 상황에서 원전의 지속여부가 직접적인 삶의 영역에 실감있게 다가가지 않는 도시민들에게 원전이 필요악으로 수용되고 있음에 주목하여 도시인들이 원전의 위험성을 자신의 문제로 받아들일 수 있도록 교육과 홍보활동을 전개해 나가야 할 것이다. 또한 사회적 과제로 제시되는 사용후 핵연료의 안전하고도 민주적인 처분을 위해 감시견 역할을 수행함은 물론 보다 적극적인 대안을 모색해 나가야 할 것이다.

제 18 장

고속철도 터널건설 정책

▨ 정 익 재
(서울과학기술대학교 행정학과 교수)

제1절 서　론

인터넷의 발달과 함께 커뮤니케이션의 사회적 환경이 변하고 있다. 전통적인 매체를 통해서 일방향으로 전달되는 기존의 방식과는 달리 정보통신기술의 발달에 힘입어 새롭고 다양한 매체를 이용한 양방향 의사전달과 정보교환이 활발하게 이루어지고 있다. 이메일, 블로그 그리고 트위터를 활용하여 다수의 사람과 다양한 의견을 교환하는 것이 보편화되었으며, 개인의 의견 표출이 편집자에 의해 통제되었던 일간지가 인터넷 신문으로 새롭게 탄생함으로써 개인의 매체접근성은 확대되었다. 이처럼 인터넷 신문, 이메일, 댓글, 홈페이지의 자유게시판, 휴대폰 문자 메시지 등을 통해서 여론 형성과 전달, 그리고 정책참여가 확대되었지만 이와 더불어 새로운 문제점이 발생하고 있다.

'이중국적자의 국적이탈,' '미네르바 사건,' '공군 외박제도 폐지 철회,' '외교부 장관 딸 특채와 공무원 특채 50%안 전면 백지화' 등 국지적 사건들이 사이버 환경에 노출되고 증폭과정을 통해서 확대되어 개인의 사생활이 침해될 정도로 사회적 관심이 집중되거나 국가적 논의 대상으로 발전되기도 한다. 심지어 적법 절차에 의해서 이루어진 공공 정책이나 국가 프로젝트가 지연, 변경 또는 파기되기도 한다.

내용의 타당성이나 절차의 적법성과는 관계없이 특정 이슈가 일단 인터넷에 노출되면 예기치 못하는 방향으로 변질된다. 왜 이러한 현상은 전통적인 대중매체와 비교하여 인터넷 환경에서 빈발하는가? 사회 이슈 증폭과정에서 발견할 수 있는 특징은 무엇이고 정책과정에 어떠한 함의를 갖는가? 본 연구는 이러한 의문점에서 출발하여 '천성산 원효터널 공사' 사례를 분석한다. 특히 Kasperson(1988; 1996; 2003)이 제시한 '위험의 사회적 증폭 분석틀(SARF: Social Amplification of Risk Framework)'을 적용하여 천성산 터널 공사에 의해서 생태계가 파괴될 수 있다는 사회적 우려가 증폭되는 과정을 정리한다. 전문가들이 비교적 안전하다고 평가하는 위험을 일반인들이 심각하게 인지하여 과도한 사회적 비용과 갈등을 유발하는 현상에 대하여 본 논문은 사이버 환경에서 대중 매체의 역할과 기능을 중심으로 설명한다. 정보통신기술 발달에 힘입어 새롭게 형성된 인터넷 환경에서 위험 정보 전달 및 위험 인식 증폭 과정을 조명하기 위해 천성산 터널 공사와 관련된 인터넷 신문기사, 공공기관 및 환경단체의 웹사이트에 나타난 시민들의 의견과 댓글의 내용 및 빈도를 분석한다. 그리고 사이버 커뮤니케이션을 통해서 이루어지는 개인이나 사회단체의 의견표출이 제한된 공간에 머물지 않고 사회적으로 증폭 확산되어 특정 문제에 대한 광범위한 관심을 촉발할 뿐 아니라 문제해결과정에 중요한 영향을 미친다는 점에서 정책적 의미를 정리한다.

제2절 이론적 배경

위험과 안전문제에 대한 사회적 관심이 증폭되는 현상과 과정을 설명하는 틀로서 SARF는 위험 또는 위해를 초래할 수 있는 사건이나 사고에 대해서 사회구성원이 인지하는 위험수준과 통계적 또는 기술적 차원에서 평가되는 위험수준이 현저히 다르게 나타나는 현실을 종합적으로 설명하려는 노력에서 시작되었다(Krimsky,

1992; Renn, 2006). 사람들이 주관적으로 인지하는 위험(subjective or perceived risk)은 통계에 근거한 객관적 위험(objective or statistical risk)의 수준과 일치하지 않는 경우가 많다(Slovic, 1992; 2004). 이는 위험 평가의 단순한 차이에 머물지 않고 위험을 일상적으로 접하는 일반인과 과학적인 분석에 근거하여 위험을 판단하는 전문가 사이의 시각 차이, 더 나아가 집단 갈등을 초래하며 안전 규제 및 위험 관련 정책을 결정하고 집행하는데 제약 요인으로 작용할 수 있다(Wright, 2004).

객관적 위험과 비교하여 인지된 위험의 차이점과 특성을 설명하기 위한 다양한 연구가 이루어졌다. Tversky와 Kahneman(1974; 1982)은 인지심리학적 접근을 통해서 사람들이 불확실한 상황에서 자신의 경험칙(heuristics or rules of thumb)을 활용하여 문제 해결에 필요한 정보를 찾는다고 설명한다. 대표성(representativeness), 가용성(availability) 그리고 기점화와 조정(anchoring & adjustment) 등을 포함하는 경험칙은 의사결정에 어느 정도 도움을 줄 수 있지만 심각한 오류와 편견을 가져올 수 있다. 위험평가도 이러한 경험칙에 근거하여 이루어지는 경우가 많고 그만큼 객관적인 평가로부터 멀어질 수 있다. Slovic(1979; 1992)에 의하면, 위험은 다양한 특성에 의해서 설명될 수 있고, 이 특성이 사람들의 인지과정에 영향을 미치게 되어 위험 수준 또는 위험 수용성을 결정한다고 설명하고 있다. 위험은 노출의 자발성(voluntariness), 피해의 심각성(severity), 결과의 발현시기(effect manifestation), 노출유형(exposure pattern), 통제가능성(controllability), 친숙도(familiarity), 편익(benefit) 그리고 필요성(necessity)에 따라 그 성격을 구분할 수 있다. 대체로 자발적(voluntary), 평범한(ordinary), 즉시적(immediate), 지속적(continuous), 통제가능한(controllable), 친숙한(familiar), 이익이 분명한(clear benefit) 그리고 필수적인(necessary) 위험이 그렇지 않은 위험보다 상대적으로 안전하다고 평가된다(정익재, 2007; 차용진, 2007). Douglas와 Wilavsky(1982)에 따르면, 위험은 객관적 실체가 아니라 사회구성원의 개인적 편향(biases)과 사회적 연계성(interaction)으로 정의되는 독특한 문화적 속성에 의해서 구성된다고 설명하면서 위험문화를 4가지로 유형화하였다. 즉 운명주의(fatalism), 계층주의(hierarchy), 개인주의(individualism), 평등주의(egalitarianism)는 각각 위험에 대한 의미와 정의가 다르고 그에 따라 위험 인식, 평가 그리고 수용 수준이 상이하게 나타난다.

Kasperson(1988; 1996)은 앞에서 논의한 위험인지, 특히 주관적 위험과 객관적 위험의 차이에 대한 설명이 인지심리학이나 문화이론 등 개별 시각에 의해서 이루어질 경우 종합적인 접근이 어려울 뿐 아니라 위험 인지의 동태적 과정에 대한 설명이 충분히 이루어지지 않는다고 지적하면서 '위험의 사회적 증폭 분석틀(SARF)'을 제시하였다.[1] 이 분석틀은 특정 위험 문제가 심리학적, 사회적, 제도적 그리고 문화적 요인과 상호 작용하여 사람들의 위험인식이나 위험에 대한 사회적 관심이 어떻게 증폭(amplification) 또는 감쇠(attenuation)되는지, 더 나아가 사람들의 행동과 사회조직에 어떠한 영향을 미치는지를 설명하는데 목적을 두고 있다(Pidgeon,

〈그림 1〉 위험의 사회적 증폭 분석틀[2]

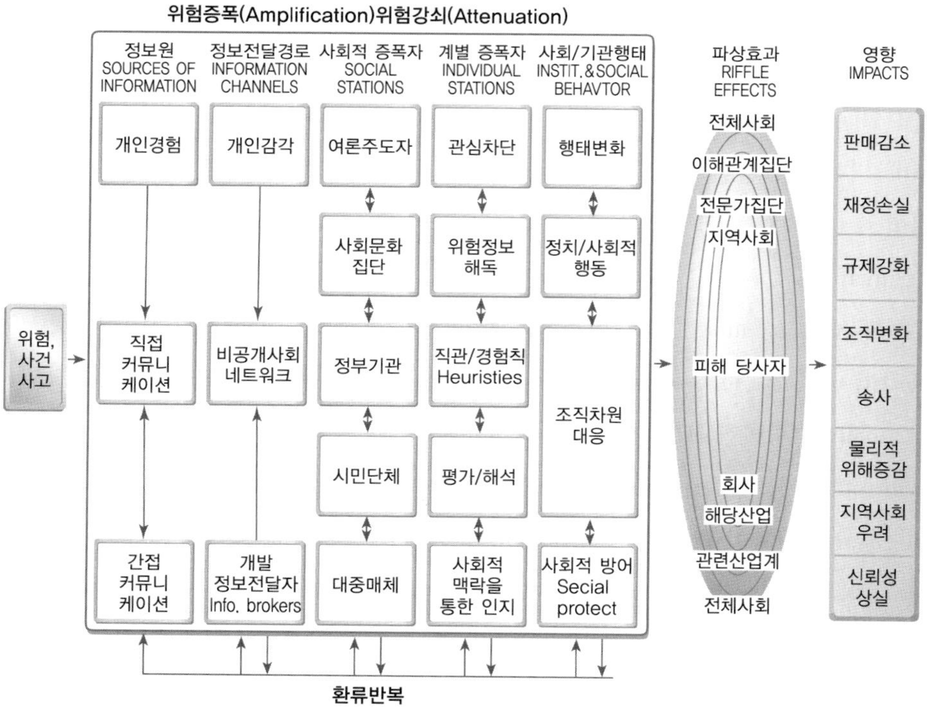

1) 위험의 사회적 증폭 분석틀(SARF)에 대한 다양한 이론적, 방법론적 논쟁은 Rosa (2003) 참고.
2) Kasperson et al.,(2003: 14)의 내용 재구성.

2003: 2) (그림 1).

〈그림 1〉이 설명하는 것처럼 위험이나 위해를 야기할 수 있는 사건(risk event)은 개인의 경험뿐 아니라 직 · 간접적인 커뮤니케이션을 통해서 전달된다. 이 과정에서 위험은 독특한 신호(signal) 또는 상징(symbol)에 의해 표현된 위험 특징으로 인지된다. 위험은 개인의 심리적 요소와 더불어 사회적, 조직적 또는 문화적 요인의 영향을 받으면서 위험의 강도와 크기가 확대 또는 축소 평가되며, 이 과정에서 여론주도자, 사회집단, 정부기관, 시민단체 그리고 대중매체가 증폭자(amplification stations)[3]의 역할을 한다. 위험이 확대 인지되는 과정은 마치 수면 위에 던져진 돌에 의해서 물결이 번져가듯이 개인, 집단, 사회, 국가 차원으로 그 범위가 증폭되어 파급효과를 나타낸다. 또한 증폭 범위가 확대됨에 따라 사회적 피해의 규모와 영향력, 그리고 갈등의 범위 또한 증가한다(Kasperson, 2003: 15).

위험의 사회적 증폭 분석틀(SARF)을 적용하여 다양한 사례가 분석되었다. Poumadere와 Mays(2003)는 연이어 발생하는 주택가 화재에 대한 주민들의 반응이 단순한 우려 수준을 넘어서 집단차원의 공포로 확대하는 과정을 설명하였다. MacGregor(2003)는 Y2K, Wiedemann(2003)은 전자파, Renn(2003)은 폐기물 소각장, Lynn(2002)은 유전자조작식품 그리고 Gowda(2003)은 미성년 성폭행 전과자에 대한 마을 주민들의 반응과 행동을 위험의 증폭이라는 시각을 통해서 정리하였다. Rodrigue(2003)는 9.11테러에 대한 사람들의 위험 인식을 분석하였다. Bakir(2005)는 해양오염을 반대하는 환경단체가 대중매체를 통해서 위험 정보를 일반인에게 전달하여 사회적 관심을 증폭시킴으로써 다국적 정유회사와 유럽국가의 정책을 변화시키는 과정을 설명하였다. 최진식(2009)은 광우병에 대한 한국인의 위험 인식은 언론의 과도한 보도와 더불어 정부의 사전예방 및 사후통제 능력에 대한 불신이 상호작용하여 사회적으로 증폭된다고 지적하였다.

개인이 갖는 위험에 대한 지식이나 인식은 당사자의 직접 경험이 아니라 간접적인 정보, 특히 대중 매체에 의해서 형성되는 경우가 많기 때문에 위험 연구에서

3) Kasperson(1988: 181)은 증폭자(amplification stations)를 다양한 커뮤니케이션 수단을 통해서 위험 정보를 생산하고 전달하는 과학자, 일반 개인, 사회 집단 및 기관, 대중 매체, 정치인, 공공기관 그리고 여론 주도자 등이라고 설명한다.

는 대중 매체와 그 영향에 대한 관심이 높다(Kone et al., 1994; Miles et al., 2007). 대중 매체의 역할과 기능은 위험의 사회적 증폭 현상을 설명하는 기존의 연구에서도 공통적으로 강조되고 있다(McComas, 2006). 신문, 라디오, TV 등 전통적인 매체를 통해서 위험 정보가 전달되고 이에 따라 사회적 관심이 확대 · 증폭되는 과정을 사례 중심으로 설명하고 있다. 유전자조작 식품에 대한 영국인의 반응은 신문 기사 수가 증가함에 따라 민감해지는 것으로 나타났다. 특히, 해당 위험에 대한 사전 경험이나 지식이 없는 소비자에게 대중 매체의 영향력은 더욱 높아진다(Frewer, et al., 2002). 핵무기 관련 시설에서 발생한 사고가 텔레비전이나 신문에서 집중적으로 보도됨으로써 관련 위험에 대한 일반인의 인식은 증폭되고 더 나아가 경제적, 사회적 파급효과도 발생한다. 즉 주변 지역의 부동산 가격이 급격히 하락하거나 그 지역에 대해서 대체로 부정적인 평가를 하게 된다(Flynn, et al., 2001). 대중 매체의 보도뿐 아니라 영화나 텔레비전 드라마도 일반인의 위험 평가에 영향을 준다(Bahk, et al., 2000; Leiserowitz, 2004).

현대 사회에서 새로운 커뮤니케이션 수단으로서 인터넷이 갖는 중요성은 부정할 수 없다(Kittler et al., 2004). 그럼에도 불구하고 전통적인 대중 매체와 비교해서 인터넷이 위험인식과 위험 증폭현상에 미치는 영향력을 분석한 연구를 찾는 것은 쉽지 않다. 특히 인터넷이 제공하는 개방되고 즉시적인 양방향 커뮤니케이션 환경은 위험 정보를 제공하고 교환하는데 매우 중요한 역할을 하고 있다는 점에서 이와 관련된 연구의 필요성이 강조되고 있다(Hobbs et al., 2004; McComas, 2006; Murdock et al., 2003). Rodrigue(2001)는 인공위성에 탑재된 방사능물질과 아나하임(Anaheim) 지역의 산사태에 대한 사람들의 위험인지가 인터넷을 통해서 형성 및 증폭되었다고 설명하였다. 특히 소수의 적극적인 네티즌이 인터넷을 통해서 관련 정보를 제공하여 일반인의 주의를 환기시키고 이를 배경으로 해당 사건에 대한 신문이나 텔레비전의 관심을 유도하여 사회적으로 큰 파장을 일으켰다. 그의 연구는 이메일이나 웹사이트라는 새로운 매체를 통해서 이루어진 위험의 증폭현상을 정리하고 송 · 수신된 이메일의 숫자와 내용을 분석했다는 점에서 기존의 연구와는 차별성이 있다. 하지만 Kasperson(1988; 2003)이 강조하는 위험 인식이 증폭되어 사회적인 파상 효과(ripple effect)가 나타나는 동태적 과정과 이와 관련해서 다양한 증폭자의 상호작용을 심층적으로 분석하지 못했다. 인터넷을 통한 의사전달이 급격히 확대될 뿐 아니라 이를 통한 사회구성원 간의 정보 교환이 증가하고 있는 현대사회의 현실을 고려한다면 소위 사이버 환경에서 이루어지는 위험 커뮤니케이션과 위험 증폭현상에 대한 체계적인 연구의 필요성은 매우 높다.

제3절 '천성산 원효터널' 사례 분석

1. 사례의 개관

서울과 부산을 잇는 총 길이 412km의 경부고속전철사업은 1992년에 착공되어 2010년 말 완공되었다. 산이 많은 한국 지형의 특수성 때문에 모두 88개 터널이 건설되었고 이 가운데 경상남도 양산시에 위치한 천성산을 관통하는 원효터널이 포함된다. 천성산의 고산 늪지에는 도롱뇽을 비롯한 다양한 희귀 동식물이 서식하는 것으로 알려졌다(강인범, 2001). 환경단체는 고속전철 터널로 인해 주변 환경 훼손, 생태계 파괴, 터널 붕괴 등의 위험이 있다고 주장하였으며, 지율스님은 4회의 단식농성을 통해서 터널 공사 중단을 요구하였다. 환경단체의 다양한 활동 때문에 공사가 3차례 중단되었으며 이로 인해서 사회경제적 손실이 발생한 것으로 추산된다. 환경단체가 제기한 공사중지 가처분소송이 2006년 6월 대법원에 의해서 기각되어 원효터널 공사는 재개되었다. 〈그림 2〉는 1992년 4월 경부고속전철의 노선이 확정된 이후 환경단체 및 정부기관 그리고 터널 공사와 관련된 사회구성원들의 주요 활동이 전개되는 과정을 정리하고 있다.

천성산 터널 공사는 환경 단체가 주장하는 것처럼 주변 지역 생태계에 부정적인 영향을 미치거나 고속전철 운행으로 인해서 터널이 붕괴 또는 훼손되어 환경 위험이 발생할 가능성이 있다. 그리고 터널이 완공되면 최소한 지형변화가 불가피하고 이로 인해서 예기치 않았던 결과를 초래할 수 있다는 점에서 하나의 위험 사례(risk event)다.[4] 하지만 국가사업으로서 고속전철건설은 사전타당성조사와 환경영향평가 등 공식절차에 의해서 결정 및 추진되었으며 천성산 터널공사에 대한 사회적 관심은 초기에는 제한된 수준에 머물렀다. 그러나 환경단체의 적극적인 활동에 의해서 터널 공사가 가져 올 생태계 파괴 및 환경 위험의 가능성이 제기되었고, 이와 관련된 사회적 관심과 우려가 확대되어 터널 공사가 중단되었다. 공사기간이 계획보다 1년 이상 지연됨으로써 경제적 손실 뿐 아니라 심각한 사회 갈등이 발생했다는 점에서 본 연구는 '위험의 사회적 증폭 분석틀(SARF)'을 적용하여 천성산 터널공사를 정책 사례로 분석한다.

〈그림 2〉 천성산 터널공사 진행과정

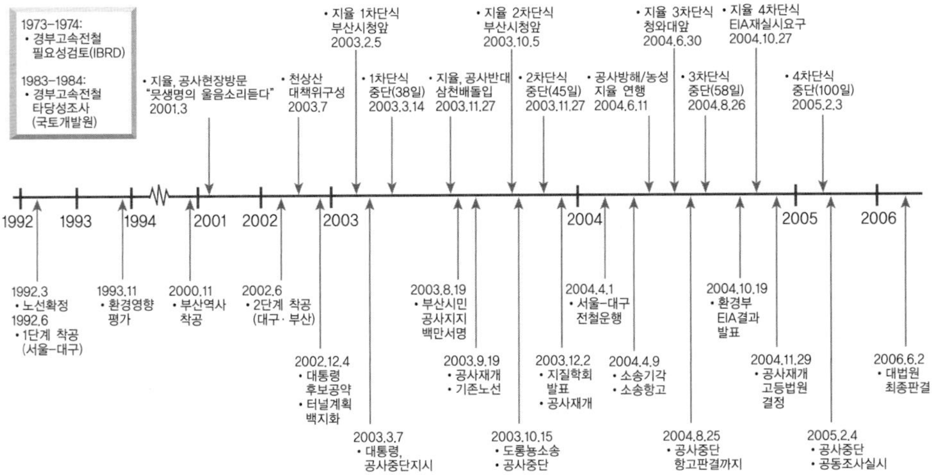

천성산 터널공사와 그에 따른 환경 위험에 대한 사회적 관심이 변화하는 과정을 분석하기 위해서 인터넷 신문[5]의 기사와 댓글 그리고 관련 기관[6] 웹사이트 게

4) 위험 사례(risk event)는 '위험을 유발하는 사건'으로서 위험과 관련된 상징이나 신호를 사람들에게 전달한다. 위험 사례는 일상적 또는 예기치 않았던 발표문(보고서), 다양한 사건 사고, 환경오염 적발, 유해성 폭로 등을 포함한다(Kasperson et al., 1988: 178).

5) 본 연구에서는 다른 일간지와 비교해서 천성산 터널과 관련된 기사와 댓글이 많고, 연구를 위한 자료 접근이 상대적으로 용이한 조선일보 (www.chosun.com) 인터넷 신문 기사를 수집 · 분석하였다.

시판에 실린 글과 방문 횟수를 집계하였다(표 1). 위험에 대한 사회적 관심이 증폭되는 현상을 설명하기 위해서 신문 기사나 텔레비전 방송내용을 분석한 대부분의 기존 연구와는 달리 본 연구에서는 인터넷 신문 기사에 첨부된 댓글과 게시판 방문 횟수 및 내용을 분석한다. 신문 기사나 방송이 여론과 사회적 관심을 대변하는 것은 분명하지만 그 내용과 게재 (또는 방송) 여부는 신문사나 방송사의 내부 결정과정에 의해서 영향을 받는다는 점에서 특정 위험 사건에 대한 일반인의 인식과 반응을 정확히 반영하기에는 한계가 있다(Eldridge, 2003). 특히 위험에 대한 사회적 관심이 증폭되는 과정에 영향을 미치는 다양한 사회구성원, 기관, 대중매체 등 소위 증폭자(amplification stations)의 동태적 상호작용을 신문 기사를 통해서 충분히 이해하는 것은 쉽지 않다(Murdock et al., 2003). 또한 게시판 게재글은 자기 주장이 강한 제한된 범위의 소수 의견을 대변할 가능성이 있으므로 게재글의 내용과 더불어 게재글에 일반인의 방문 횟수를 분석한다(Rodrigue 2001). 따라서 인터넷의 일간지 기사에 첨부된 댓글과 사회 기관의 웹사이트 게시판 게재글의 방문 횟수는 특정 위험 사건에 대해서 사회구성원이 갖는 관심의 수준 또는 강도(impact)를 보다 구체적으로 나타낼 수 있다는 가정에 따라 본 연구의 분석 대상으로 한다.

연구 자료는 청와대, 환경부, 녹색환경연합, 불교환경연대 그리고 조선일보의

〈표 1〉 분석대상 및 내용

분석대상기관	분석내용 (2003년 1월 1일 - 2005년 6월 30일)		인터넷 홈페이지
조선일보	댓글 3,319	기사 158	www.chosun.com
청와대	방문횟수 27,141	게재글 567	www.president.go.kr
녹색환경연합	방문횟수 5,842	게재글 84	www.budaeco.org
불교환경연대	방문횟수 21,747	게재글 334	www.greenkorea.org
환경부	방문횟수 5,119	게재글 83	www.me.go.kr

일간지에 따라 관련 기사의 총 수는 차이가 나지만 시간 진행에 따른 신문기사 변화 과정은 대체로 유사하므로 본 연구에서는 하나의 일간지를 분석한다.

6) 본 연구의 주제가 환경위험이고 종교인과 종교단체가 주요 역할을 했으며, 사회 갈등이 확대되는 과정을 고려하여 분석대상을 선정하였다.

웹사이트에서 수집했으며, 연구 기간은 2003년 1월 1일부터 2005년 6월 30일까지 총 30개월이다.[7] 1992년 고속전철 노선이 확정된 후부터 천성산 터널 공사에 대해서 환경 단체는 지속적으로 이의를 제기하였다. 하지만 이에 대한 일반적인 관심은 매우 낮은 수준에 머물렀다. 2003년 이전에 천성산과 관련된 신문기사는 총 7개이며, 모두 천성산의 생태계를 설명하는 지역 소식이었고 댓글은 없었다. 천성산 터널 공사에 대한 사회적 관심은 지율스님이 처음으로 공사 반대 단식농성(2003년 2월 5일)을 시작하고 대통령 선거유세 기간 동안 터널계획을 백지화하겠다고 공약한 노무현 대통령의 취임(2003년 2월 25일)을 즈음한 2003년 초부터 높아지기 시작했다. 한편 터널 공사와 관련된 사회적 관심은 지율스님의 4번째 단식 농성이 끝난 2005년 2월 3일 이후 급격히 낮아졌으며 2005년 6월 이후에는 터널공사와 관련된 환경위험에 대한 논의보다는 단식농성의 사회적 영향과 지율스님의 건강문제가 주로 다루어졌다. 따라서 본 연구에서는 터널공사 및 이에 따른 환경위험에 대한 사회적 관심이 증폭되는 2003년 1월 1일부터 2005년 6월 30일까지 기간을 분석 대상으로 한다.

2. 사회적 관심의 증폭

천성산 터널 공사와 그에 따른 환경 위험에 대한 사회적 관심의 변화 과정을 전반적으로 정리하기 위해서 본 연구의 분석 대상인 청와대, 환경부, 녹색연합, 불교환경연대의 웹사이트 게시판에 게재된 글과 인터넷 신문기사 수의 합계(월별)와 게시판 글의 방문 횟수와 신문기사에 첨부된 댓글 수의 합계(월별)를 정리하였다(그림 3). 전자와 후자는 대체로 유사한 변화 과정을 보이고 있다($r=0.96$, $p<.01$).[8] 앞에서 논의한 것처럼 후자, 즉 댓글 수와 방문 횟수의 합계에 의해서 측정된 터널 공사에 대한 '사회적 관심'은 시간이 지나면서 증폭되었다.

---

7) 불교환경연대(www.budaeco.org)의 자료는 해당 기관의 웹사이트 게시판이 시작된 2003년 7월 1일부터 수집되었다. 인터넷 신문이나 웹사이트 게시판의 내용, 댓글, 방문 횟수는 2008년 12월 1일 기준으로 측정하였다.

8) 이상치(outliers)로 인해서 두 변수 사이의 상관관계가 왜곡되는 것을 보완하기 위해서 rank correlations를 측정하였으며, 그 결과 (Spearman rho=0.86, $p<.0001$)도 높은 상관관계를 보였다.

〈그림 3〉 천성산 터널 공사에 대한 사회적 관심의 변화

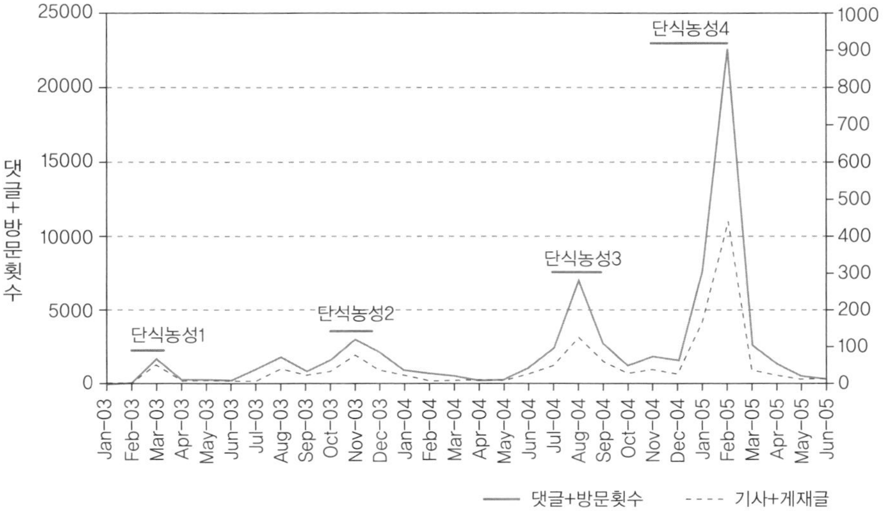

2004년 중반 이전에는 터널 공사에 대한 일반인의 관심이 상대적으로 낮았으나 서울과 대구를 연결하는 1단계 공사가 마무리되어 고속철도가 운행되기 시작한 2004년 4월 이후부터 크게 증가하였다. 단식농성, 3천배 항의, 서명운동과 같이 터널공사를 반대하는 적극적인 활동이 이루어진 시기에 신문 기사와 게시판의 글 뿐 아니라 댓글과 게시판 방문자가 뚜렷이 증가했다는 점에서 환경단체나 환경운동가의 활동이 사회적 관심을 유도하는데 중요한 영향을 미쳤다고 판단된다. 특히 지율스님의 네 번째 단식농성이 장기간(100일) 진행되면서 터널 공사에 의한 생태계 파괴 및 환경 위험에 대한 관심이 국지적인 논쟁 수준을 넘어 국가 차원의 정책 이슈로 확대되었으며, 단식농성이 가져온 사회적 영향 및 파급효과 그리고 정책적 타당성에 대한 다양한 논의와 우려가 급격히 증가하였다.

터널 공사에 대한 사회적 관심의 증폭과정을 보다 구체적으로 분석하기 위해서 주요 행위자의 활동, 터널과 관련된 사건 · 사고의 발생 그리고 터널 공사의 진행 여부 등을 고려하여 전체 연구기간을 4개 시기로 구분하였다(표 2). 각 시기 별로 다양한 사건과 활동이 이루어졌지만 대체로 환경단체 및 환경운동가의 활동에 의해서 사회적 관심이 터널 공사에 집중되거나 소송에 의해서 공사가 중단되고, 이에

따른 공공기관의 평가나 법원의 판결에 의해서 공사가 재개되는 과정이 반복해서 발생하였다.

터널 공사에 대한 사회적 관심을 시기별, 분석대상 기관별로 구분해서 정리하면 〈표 3〉과 같다. 앞에서 언급한 것처럼 신문기사 댓글 수와 게시판의 방문 횟수

〈표 2〉 천성산 터널 공사와 관련된 주요 사안

제1시기 2003.1.1~2003.9.25	제2기 2003.9.26~2004.4.10	제3기 2004.4.11~2004.10.19	제4기 2004.10.20~2005.6.30
지율 1차 단식농성 ('03.2.5)	종교인 삼보일배항의 ('03.9.26)	공사중지 소송 항고 ('04.4.16)	지율 4차 단식농성 ('04.10.24)
대통령지시 공사중단 ('03.3.7)	지율 2차 단식농성 ('03.10.5)	공사방해 지율 연행 ('04.6.11)	공사중지 소송 재항고 ('04.11.29)
노선검토위원회 구성 ('03.3.7)	공사중지 가처분소송 ('03.10.15)	지율 3차 단식농성 ('04.6.30)	100일 단식 중단 ('05.2.3)
지율 삼천배 시작 ('03.8.13)	터널공사 중단 ('03.10.15)	터널공사 중단 ('04.8.25)	터널공사 중단 ('05.2.4)
검토위 기존노선지지 ('03.9.19)	안전성평가/공사재개 ('03.12.2)	2차환경영향평가 결과 ('04.10.19)	환경영향공동조사실시 ('05.3)
터널공사 재개 ('03.9.19)	가처분소송 기각 ('04.4.9)	터널공사 재개 ('04.10.19)	터널공사 재개 ('05.5)

에 의해서 측정된 터널 공사에 대한 사회적 관심은 시간이 진행됨에 따라 증폭되어 나타났다. 제1기의 댓글과 방문횟수의 합계는 4,640개로서 전체 63,168개 가운데 7.3%에 불과했는데 제2기와 제3기는 각각 12.1%, 21.6%로 증가했다. 제4기에는 댓글과 방문횟수의 합계가 37,277개이며 이는 전체 합계의 59.0%에 해당한다. 2004년 4월 이후 제3기와 제4기의 댓글과 방문횟수는 전체 합계의 80.6%에 이르며 제1기와 제2기의 합계(19.4%)에 비해서 훨씬 높다.

사회적 관심이 전체적으로 증폭되는 것과는 달리 개별 연구대상 기관, 즉 개별 증폭자에서 나타난 사회적 관심의 수준은 다양한 변화 과정을 보이고 있다. 인터넷

〈표 3〉 천성산 터널 공사에 대한 사회적 관심의 시기별 변화

	제1시기 2003.1.1~ 2003.9.25	제2기 2003.9.26~ 2004.4.10	제3기 2004.4.11~ 2004.10.19	제4기 2004.10.20~ 2005.6.30	합 계
조선일보					
댓글	399 (12.0%)	260 (7.8%)	234 (7.1%)	2,426 (73.1%)	3,319
기사	31 (19.6%)	18 (11.4%)	19 (12.0%)	90 (57.0%)	158
청와대					
방문횟수	1,484 (5.5%)	454 (1.7%)	3,334 (12.3%)	21,869 (80.6%)	27,141
게재글	41 (7.2%)	17 (3.0%)	53 (9.3%)	456 (80.4%)	567
녹색환경연합					
방문횟수	605 (10.4%)	1,334 (22.8%)	768 (13.1%)	3,135 (53.7%)	5,842
게재글	10 (11.9%)	17 (20.2%)	12 (14.3%)	45 (53.6%)	84
불교환경연대					
방문횟수	2,136 (9.8%)	5,349 (24.6%)	7,312 (33.6%)	6,950 (32.0%)	21,747
게재글	24 (7.2%)	100 (29.9%)	129 (38.6%)	81 (24.3%)	334
환경부					
방문횟수	16 (0.3%)	228 (4.5%)	1,978 (38.6%)	2,897 (56.6%)	5,119
게재글	1 (1.2%)	8 (9.6%)	32 (38.6%)	42 (50.6%)	83
합 계					
댓글+방문횟수	4,640 (7.3%)	7,625 (12.1%)	13,626 (21.6%)	37,277 (59.0%)	63,168
기사+게재글	107 (8.7%)	160 (13.1%)	245 (20.0%)	714 (58.2%)	1,226

댓글+방문횟수: Chi Square = 5679.43 DF=12 $P<0.0005$
기사+게재글: Chi Square = 377.72 DF=12 $P<0.0005$

신문의 경우 초기에는 다른 기관에 비해서 사회적 관심이 어느 정도 집중되다가 제2기와 제3기에는 낮아졌고 제4기에는 매우 높은 수준으로 증폭되었다. 이러한 변화는 청와대에서도 유사하게 나타났다. 한편 녹색연합과 불교환경연대는 제2기 또는 제3기에 비교적 높은 사회적 관심을 유도했다. 특히, 불교환경연대의 경우 제3기에서 가장 높은 수준(33.6%)의 사회적 관심이 나타났다. 환경부는 통합된 증폭과정과 유사하게 시간의 흐름에 따라 계속 증가하는 과정을 보이고 있다. 이처럼 댓글 또는 게시판 방문 횟수가 기관에 따라 차별화되어 나타나는 것은 터널 공사에

대한 사회적 관심이 <그림 3>에 나타난 통합된 증폭과정과 유사한 형태에 따라 획일적으로 진행되지 않고 개별 기관에 따라 증폭 시기와 강도가 상이하게 발생한다는 것을 의미한다. 즉, 증폭자로서 개별 기관의 위험 증폭 활동은 시기와 강도 면에서 반드시 동일하지 않고 증폭자간의 동태적인 상호작용을 통해서 위험에 대한 정보가 전달되고, 이에 따라 사람들의 인식과 사회적 관심이 변화한다고 추론할 수 있다(Kasperson et at, 1996 & 2003).

3. 위험증폭의 동태적 과정

게시판 방문자 수와 신문기사 댓글 수는 기관별, 시기별로 큰 차이를 보이고 있다. 예를 들면, 연구기간 동안 청와대 홈페이지 게시판의 방문 횟수가 총 27,141개인 것에 비해서 환경부 게시판의 방문 횟수는 5,119개에 불과하다. 그리고 동일한 기관의 웹사이트에서도 시기별 차이가 뚜렷이 나타난다. 청와대의 경우, 제1기 동안 방문횟수가 41개(7.2%)이며 제4기에는 21,869개(80.6%)로 큰 차이를 보이는 반면 불교환경연대는 제1기 2,136개(9.8%), 제3기 7,312개(33.6%)로 나타나 차이가 상대적으로 크지 않다. 이처럼 분석대상 측정치의 범위(range)가 다양하므로 이를

<그림 4> 기관별 사회적 관심의 증폭과정

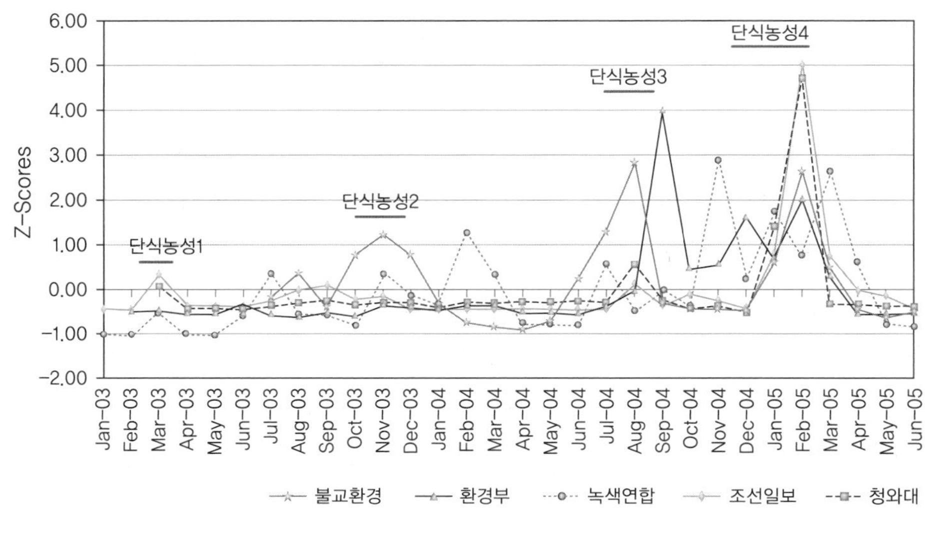

직접 비교하기 보다는 개별 게시판의 방문 횟수와 신문기사 댓글 수를 Z값으로 환산하여 월별로 정리하였다(그림 4).

터널 공사에 대한 사회적 관심의 변화과정을 기관별로 비교하면 각 기관에 따라 증폭 시기와 강도가 상이하다. 불교환경연대와 녹색환경연합은 각각 2003년 11월과 2004년 2월에 다른 기관보다 빨리 상대적으로 높은 사회적 관심을 유도했다. 특히 불교환경연대의 경우 2004월 8월에 다른 기관보다 앞서 사회적 관심이 최고수준에 도달했다가 다시 감소했다. 환경부와 녹색환경연합도 이와 유사한 변화를 보이고 있다. 즉 환경부는 2004년 9월 그리고 녹색환경연합은 2004년 11월에 각각 가장 높은 수준을 나타냈다가 이후 감소했다. 한편 인터넷 신문과 청와대는 대부분 연구기간 동안 대체로 낮은 수준에 머물다가 2005년 2월 최고 수준의 사회적 관심을 나타냈다. 따라서 사회적 관심의 최고치 시점은 불교환경연대, 환경부, 녹색환경연합, 인터넷 신문 그리고 청와대 순서로 나타났다.

사회적 관심이 상승하는 시기는 지율스님의 단식농성 시점과 연관성이 있지만 완전히 일치하는 것은 아니다. 종교단체의 활동(2003년 8월, 3천배 항의)과 국가기관의 행위나 결정(2004년 10월, 환경부 환경영향평가 결과 발표)이 사회적 관심의 변화과정에 영향을 미쳤다. 그리고 주목할 만한 사건이나 사고가 없었음에도 불구하고 터널 공사에 관심이 집중(2004년 2월)되기도 했다. 이는 중요한 사건, 사고, 행위 또는 활동이 사회적 관심을 증폭시키기도 하지만 이러한 직접적 영향이 아닌 관련 기관, 즉 증폭자 사이의 상호작용, 인터넷 환경에서 일반인의 여론형성 또는 웹사이트를 통한 증폭자의 정보제공 등이 사회적 관심의 변화과정에 영향을 미칠 수 있다는 것을 의미한다(Rodrigue, 2001 & 2003).

4. 위험 증폭자의 상호작용

기관에 따라서 사회적 관심이 증폭되는 시기와 강도가 차별화되어 나타났다. 하지만 사회적 관심이 순차적으로 최고치에 도달했다가 감소하는 일정한 추세를 보인다는 점에서 연구 대상 기관, 즉 증폭자 사이의 동태적 상호작용이 이러한 증폭과정에 미치는 영향에 주목하고자 한다. 사회적 관심이 최고치에 도달한 순서에 따라 대상 기관을 비교하면 다음과 같다. 〈그림 5-1〉은 불교환경연대와 환경부를 나타내고 있다. 2003년 초반에는 터널 공사에 대해서 사람들이 큰 관심을 보이지 않았으나 종교인의 3천배 항의(2003년 8월 13일)와 지율스님의 두 번째 단식농성(2003년 10월 5일부터 11월 7일)에 의해서 사회적 관심이 집중되기 시작했으며, 이후부터 증폭되어 나타나고 있다. 터널 공사를 적극 반대하는 불교환경연대는 공사로 인해서 환경 위험이 발생할 수 있다는 메시지를 웹사이트를 통해서 전달했고, 이러한 위험 정보전달(risk communication) 활동을 통해서 다른 기관보다 앞서 사회적 관심을 유도했다.

〈그림 5〉 위험 증폭자의 상호작용

〈그림 5-1〉 불교환경연대와 환경부 〈그림 5-2〉 환경부와 녹색환경연합

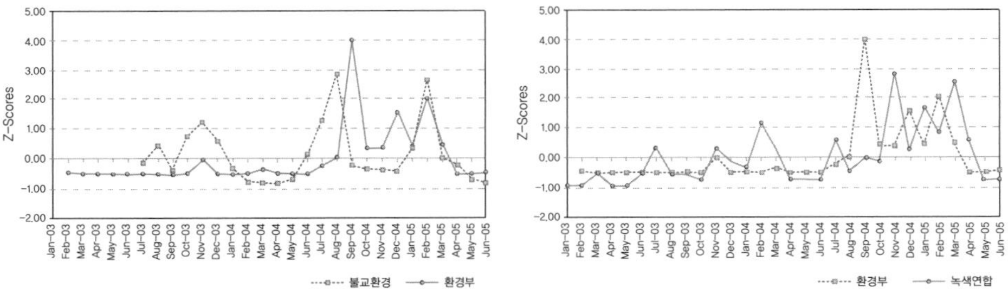

하지만 위험 증폭자로서 불교환경연대의 역할과 영향력은 사회 전체 차원으로 확대되지 못하고 제한된 범위에 머물렀다. 불교환경연대의 웹사이트에 표출된 사회적 관심이 2004년 8월 최고치에 도달한 이후 다른 기관은 계속 증폭되는 것과는 달리 감소했으며, 웹사이트 게시판에 게재된 글 총 334개 가운데 약 30.5%(102개)가 특정 종교와 관련된 6명의 적극적인 사람들에 의해서 등록되었다.[9] 그럼에도 불구하고 불교환경연대는 터널 공사에 따른 위험 문제를 처음으로 제기했을 뿐 아니라 사회적 관심을 주무담당부서인 환경부로 확대 연결시키는데 중요한 역할을 했다. 즉 2004년 8월 지율스님의 세 번째 단식농성이 진행되는 동안 불교환경연대

9) 웹사이트 게시판에 글을 올린 사람의 ID와 게재글의 내용을 확인하였다. 예를 들면, '불자'와 '사천왕'이라는 ID를 사용하였으며, 글의 내용은 불교의 사상을 배경으로 환경보존, 동식물보호 그리고 터널 공사의 부당함을 강조하고 있다.

의 사회적 관심이 최고치를 나타낸 후 급격히 줄어든 반면, 다음 달 2004년 9월 환경부의 웹사이트에 표출된 사회적 관심이 최고치로 나타났다.

공사중지 가처분소송에 대한 법원 판결이 이루어질 때까지 공사를 중단한다는 조건으로 세 번째 단식농성이 끝난 2004년 8월 26일 이후 환경부는 두 번째 환경영향평가를 실시하였으며, 이 기간 동안 환경부에 대한 사회적 관심이 집중되기 시작하였다. 환경부 웹사이트 게시판에 등록된 총 83개의 글(총 방문자 5,119) 가운데 2004년 9월 한 달 동안 26개의 글(방문자 1,682)이 등록되어 사회적 관심이 최고 수준에 도달했다. 대부분의 글은 천성산 생태계를 보존하는데 환경부가 일차적인 책임과 의무가 있다고 강조하면서 공사 중단을 촉구하고 있다.

제2차 환경영향평가의 결과(2004년 10월 19일)에 근거해서 환경부가 기존의 공사계획을 재확인했으며, 2004년 11월 29일 공사중지 가처분소송이 고등법원에 의해 기각되면서 터널공사가 재개되었다. 환경단체는 환경부뿐 아니라 환경영향평가 결과에 대해서 강한 불신을 나타내면서 터널공사 반대활동을 더욱 활발하게 추진하였다(박성진, 2004). 특히 지율스님은 환경영향평가를 공정하게 다시 실시할 것을 요구하면서 네 번째 단식농성(2004년 10월 27일)을 시작하였고(권상은, 2004), 이를 계기로 지금까지 환경부에 집중되었던 사회적 관심이 녹색환경연합으로 이동하였다. 2004년 9월, 환경부에 대한 사회적 관심이 최고 수준에 도달한 이후 점차 낮아지는 반면 2004년 11월, 녹색환경연합이 최고 수준을 나타내고 있다(그림 5-2). 소수 여론주도자에 의해서 터널공사 반대 의견이 형성된 불교환경연대의 경우와는 달리 녹색환경연합의 총 84개 게시판 글이 76명에 의해서 작성되었다는 점에서 다양한 의견이 반영되었다고 볼 수 있다. 녹색환경연합의 웹사이트 게시판에 천성산 터널과 관련된 사회적 관심은 지율의 첫 번째 단식농성(2003년 2월 5일부터 3월 14일) 이후 계속 나타났으나 그 강도는 상대적으로 낮았다. 하지만 환경부와 고등법원의 결정으로 공사가 재개된 2004년 11월 이후 사회적 관심의 빈도뿐 아니라 강도가 뚜렷이 증가하였다. 이는 천성산 생태계 파괴와 터널 공사 재개 여부는 더 이상 환경부가 처리할 수 있는 정책 문제가 아니라 다양한 여론이 반영되고 폭넓은 논의가 필요한 사회적 이슈로 변해가는 과정을 의미한다(조선일보, 2004a).

〈그림 5〉 위험 증폭자의 상호작용

〈그림 5-3〉 녹색환경연합과 조선일보

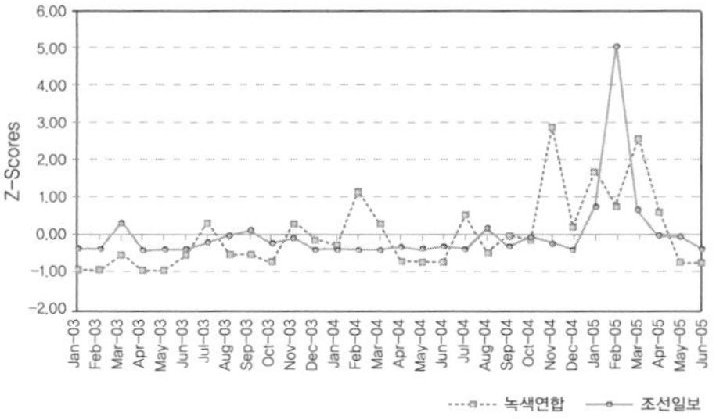

〈그림 5-4〉 조선일보와 청와대

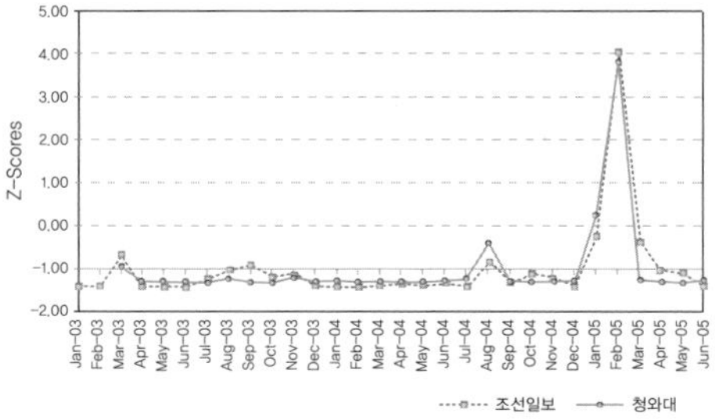

지율스님의 단식농성이 장기화됨에 따라 사회적 관심은 더욱 증폭되었으며 논의의 대상과 내용도 터널 공사에 국한되지 않았다. 녹색환경연합에 표출된 사회적 관심이 2004년 11월 최고치에 달한 이후 서서히 감소하는 반면, 지금까지 상대적으로 낮은 수준을 나타냈던 인터넷 신문의 사회적 관심이 급격히 증가하였다(그림 5-3). 터널공사와 관련된 신문기사 총 158개 가운데 40.5%에 해당하는 64개 기사 그리고 전체 댓글 3,319개 가운데 55.5%인 1,842개가 2005년 1월과 2월 두 달 동안 집중되어 나타났다. 그리고 소위 '도롱뇽 살리기'로 대변되는 천성산 생태계 보호 및 터널공사 반대 주장과 함께 '지율 살리기'(임민혁, 2005)의 목소리도 높아졌다. 불교뿐 아니라 다른 종교단체, 그리고 전국교직원노동조합과 같은 다양한 사회단체 구성원이 지율스님의 단식농성에 동참하였다. 이러한 사회적 관심의 증폭현상은 터널 공사가 초기에는 고속전철 전 노선의 88개 터널 가운데 하나이며 소수 종교인에 의해서 강조된 천성산 생태계 보호라는 국지적인 사안에서 출발하여 다양한 사회집단 간의 갈등문제로 변화하고 인터넷 신문에서 광범위한 사회구성원이 집중적으로 관심을 보이는 국가적인 이슈로 확대되었다는 것을 의미한다(조선일보, 2005a).

'도롱뇽 살리기'와 '지율 살리기'를 동시에 해결해야 한다는 사회적 긴박감은 지금까지 논의되었던 정책적 문제풀이 과정과는 다른 정치적 해법을 요구하였다. 경찰청장과 국무총리의 단식농성 현장방문, 종교지도자들의 설득, 정당의 결의문 발표, 시민들의 촛불집회에도 불구하고 단식농성은 계속되었으며, '지율스님, 삶의 희망 버려'라는 제목과 함께 단식 현장 사진이 인터넷 신문에 게재되면서 사람들의 관심과 우려는 더욱 높아졌다(홍현표 · 김한수, 2005). 특히 "장례식 소박하게 치르고 싶다"라는 내용의 편지가 보도(조선일보, 2005b)되면서 본 사안에 대한 사회적 관심은 최고치에 도달했으며 대통령이 정치적 결단을 내려야 한다는 의견이 나타나기 시작했다.10)

이처럼 인터넷 신문에 표출된 사회적 분위기는 청와대의 웹사이트 게시판에 뚜렷이 반영되었다. 인터넷 신문기사의 댓글과 청와대 웹사이트의 방문자의 변화 추세는 거의 동일하게 나타났다(그림 5-4). 신문기사 댓글과 청와대 방문자 모두 2005년 2월에 최고수준에 도달했으며, 인터넷 신문보다 더 강력한 사회적 관심이 청와대 게시판에 표출되었다. 청와대 웹사이트 게재글 총 567개 가운데 78.1%에 해당하는 443개와 전체 방문횟수 27,141회 가운데 78.9%인 21,426회가 2005년 1월과 2월 두 달 동안 집중되어 나타났다. 대부분 게재글은 장기 단식으로 악화된 지율스님의 생명과 건강을 회복하고 터널 공사로 인해서 심각하게 된 사회적 갈등을 최소화하기 위해서 정치지도자, 즉 대통령의 역할을 강조하는 내용이었다. 이는 사안의 심각성을 반영할 뿐 아니라 대통령의 정치적 신뢰성과 관련되어 있다. 2002년 대통령 선거 유세에서 노무현 후보는 천성산 터널 공사를 백지화하겠다고 공약했으며 대통령 당선 이후 계속해서 정치적 부담을 갖게 되었다(조선일보, 2004b). 마침내 총리실, 환경부 그리고 청와대의 공동 노력을 통해서 환경영향조사를 다시 실시한다는 조건으로 100일간의 단식농성은 마무리되었다(김홍진, 2005).

10) 본 연구에서 분석된 인터넷 신문기사는 총 158개, 댓글은 총 3,319개다. 따라서 각 기사의 평균 댓글은 약 22개다. "장례식 소박하게 치르고 싶다"라는 내용을 다룬 기사에는 212개의 댓글이 첨부되었다.

제4절 사회이슈 증폭의 정책적 함의

1. 사회적 관심의 증폭과 파상 효과

위험 인지와 환경정책 결정과정에서 대중매체가 중요한 역할을 한다는 것은 이미 다양한 연구에서 논의되었다. 여론 및 사회적 관심이 대중매체를 통해서 정책과정에 반영되는 것은 익히 아는 사실이고, 전달 과정에서 그 내용이 왜곡되어 정책이슈에 대한 사회적 관심의 수준과 영향력이 확대 또는 축소되는 경우도 없지 않다(Birkland, 2005: 212). 이러한 현상은 인터넷 환경에서도 예외 없이 나타난다. 특히, 기존의 대중매체와 비교해서 인터넷을 통해서 의견을 개진하고 전달하는데 투입되는 비용이 저렴하고, 방송제작자나 신문편집인의 통제와 여과기능이 상대적으로 낮기 때문에 일반인의 참여가 활발하게 이루어지고 있다. 또한 인터넷이 갖는 강력한 전파력에 힘입어 정책과정에 영향을 미칠 가능성이 더욱 높다. 그만큼 사회 이슈가 왜곡될 가능성이 높다(Sayre et al., 2010). 사례분석에서 나타난 것처럼 터널 건설 때문에 생태계가 파괴되거나 환경 위험이 발생할 가능성이 낮음에도 불구하고 인터넷을 통한 증폭자의 적극적인 활동으로 인하여 사회적 관심이 확대되었다. Kasperson(1996: 97)이 지적했듯이 초기에는 사람들이 심각한 관심을 보이지 않던

〈그림 6〉 파급효과의 진행과정

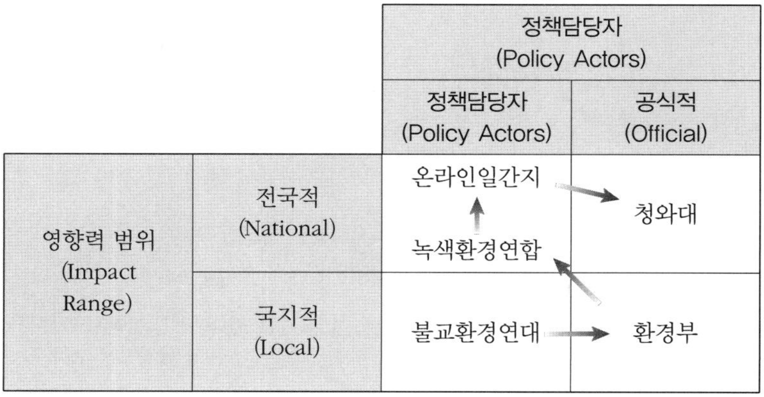

사소하고 지엽적인 사안이 국가차원의 중요한 논의대상으로 발전하였다.

본 사례연구에서 사회적 관심이 증폭되는 과정을 행위 주체, 즉 증폭자의 역할 특성과 영향력의 범위를 중심으로 정리한다(표 4). 행위 주체는 정책과정에 참여하는 법적 배경을 기준으로 '공식적(official),' '비공식적(unofficial)' 행위자로 구분하고,[11] 파급효과의 영향력 범위를 고려하여 '국지적(local),' '전국적(national)' 차원으로 유형화하였다.[12] 웹사이트에 표출된 사회적 관심은 불교환경연대, 환경부, 녹색환경연합, 온라인 일간지 그리고 청와대 순으로 최고치에 도달했으며, 이처럼 사회적 관심이 순차적으로 확대되는 것은 위험증폭의 '파상 효과(ripple effect)'를 의미한다. Kasperson(2003: 16)이 강조하듯이 터널 공사에 의해서 발생할 수 있는 환경위험에 대한 우려와 그에 따른 사회적 갈등의 파상 효과가 시간(temporal), 지역(geographical) 그리고 영역(sectoral) 차원에서 증폭되었다. 종교단체인 불교환경연대에 의해서 제기된 터널 공사의 위험성은 해당 정책 부처인 환경부에 대한 사회적 압박으로 발전하였다. 하지만 공사가 계속 진행됨에 따라 녹색환경연합은 전국 차원의 광범위한 사회적 관심을 유도했고, 이는 대표적 대중매체인 일간지에 정치사회문제로 확대 표출되었으며 마침내 대통령의 정치적 결단을 촉구하는 국가 차원의 사회 갈등 이슈로 증폭되었다. 따라서 본 사례연구에 의하면 인터넷 환경에서 위험증폭의 파상 효과는 국지적 차원에서 출발하여 전국으로 확대되었으며, 비공식 정책집단(시민 종교 단체 및 대중매체)과 공식 정책결정자(환경부와 청와대)의 상호작용을 통해서 발전하였다.

2. 아젠다의 다양성

사회 문제에 대한 관심이나 갈등이 증폭되는 현상을 설명하는 대부분의 기존

11) Birkland(2005: 53)는 정책결정과정에 참여활동이 법(률)적 의무 또는 배경에 의해서 이루어지는지 여부에 따라 공식적, 비공식적 정책결정자로 구분한다.

12) 증폭자가 정책과정에 미치는 정치사회적 영향력의 범위와 강도를 상대적으로 고려하여 구분하였다. 예를 들면, 환경부는 터널공사와 관련된 정책결정 및 문제해결과정에서 청와대에 비교해서 제한된 영향력을 발휘했기 때문에 '국지적'이라고 분류했다. 특히 단식농성이 장기화되고 사회갈등이 심화되면서 터널공사는 환경정책문제가 아닌 사회정치문제로 확대되어 환경부의 역할 범위가 상대적으로 축소되었다. '국지적'을 'Local'로 표현했지만, 환경부가 지방정부(local government)라는 의미는 아니다.

연구에서 대중매체, 특히 신문 기사의 수와 내용을 분석한 것과는 달리 본 연구에서는 인터넷 신문 기사에 첨부된 댓글과 웹사이트 게시판 게재글의 내용 및 방문자 수를 분석하여 사회적 관심 내지는 갈등의 강도와 수준을 측정하였다. 즉, 기존의 연구가 시간 흐름에 따른 대중매체의 관심(media's longitudinal attention)을 분석하였다면 본 연구는 인터넷 환경에서 나타난 일반인의 동태적 관심(people's interactive attention)에 연구의 초점을 두었다. 이는 특정 사건을 보도하는 대중 매체의 횟수와 범위가 그 사건의 실제 발생빈도와 중요성을 대변한다는, 소위 '대응성의 가정(correspondence assumption)'(Kepplinger & Habermeier, 1995: 372)에 대한 의문에서 출발하여 사회 문제와 갈등의 동태적 증폭과정을 실질적으로 설명하려는 시도를 의미한다.

터널 공사와 관련된 신문 기사 수는 웹사이트의 게시판 게재글의 전체 합계와 일치하지 않을 뿐 아니라 개별 기관, 즉 증폭자의 웹사이트 게시판 게재글의 방문자 수와도 일치하지 않는다. 요컨대 터널 공사에 대해서 '미디어 관심'과 '일반인 관심'이 상호 대응하지 않는다. 이러한 불일치는 전통적인 대중 매체가 보도 대상을 선정하고 내용을 전달하는데 있어서 매체의 이해관계와 보도자의 주관성을 반영하기 때문에 발생할 수도 있고(Eldridge et al., 2003), 또는 대중 매체가 전달하는 내용을 일반인들이 수용한다는 기존의 시각과는 달리 인터넷의 발달에 의해서 일반인들이 커뮤니케이션 과정에 적극적으로 참여할 수 있는 최근의 미디어 환경에 의해서도 설명할 수 있다(Murdock et al., 2003).

아젠다(agenda)를 '특정 시점에 중요하게 논의되는 일련의 주제'라고 정의한다면[13] 일반대중 아젠다(public agenda), 언론매체 아젠다(media agenda) 그리고 정책 아젠다(policy agenda) 등 다양한 대상이 있을 수 있다.[14] '중요하다'는 것은 상대적인 개념이며 '누가, 무엇을, 왜'에 따라 아젠다의 내용과 우선순위가 상이하게 나타나는 것은 당연하다. 천성산 터널과 관련해서 일반인들은 대체로 제한된 수준의 관

13) Dearing & Rogers(1996: 2)는 "An agenda is a set of issues that are communicated in a hierarchy of importance at a point in time"라고 정의한다.

14) Birkland(2005: 108)는 agenda를 "the list of things that are being discussed and sometimes acted upon by an institution, the news media, or the public at large"라고 설명한다.

심에서 출발하였고, 인터넷을 통한 증폭자의 활동에 의해서 관심이 높아지고, 결국 증폭하게 되었다. 인터넷에 나타난 '증폭된 관심'이 진정 객관적 여론을 대변하는가? '공사 중단'을 강조하는 주장과 더불어 '공사 중단 반대' 의견도 적지 않았기 때문에 공사의 중단과 재개가 반복되었다고 가정한다면, 대중매체를 통해서 전달된 여론이 실제로 정책과정에 반영된 것인가? 일반 대중이 관심을 갖는 사안(public agenda)이 대중 매체에 의해서 집중 보도되는 대상(media agenda)이며, 이는 결국 정책결정의 주요 내용(policy agenda)이라는 연계논리가 지금까지 일반적으로 받아들여지고 있다.

하지만 본 연구에서 강조된 '사회 이슈 증폭현상'은 이러한 단순 연계논리와 관련해서 정책적 시사점을 제시한다. 대중 매체의 보도 범위(media coverage), 즉 신문 기사 수 또는 텔레비전 방영 시간은 사건의 중요성이나 사람들의 관심 수준을 정확하게 반영한다고 단정할 수 없다(Kepplinger & Havermeier, 1995). 일단 대중매체에 노출된 사안은 그것이 일반대중의 실질적 관심 수준과는 달리 증폭(반대로 감쇠)하는 과정을 겪을 수 있다. 그리고 관심이 증폭되는 과정은 대중 매체, 특히 인터넷의 특성으로 인하여 소수 의견제안자(issue-maker)와 일부 적극적인 활동가(tippers)의 영향을 받게 된다. 환언하면, 인터넷 환경에서 나타난 특정 사안에 대한 사회적 관심은 일반인의 '관심 표명(interest articulation)'을 나타내기도 하지만 사안에 대한 실제 이해나 의견 공감이 아닌 소수 의견에 연쇄 반응하는 소위 '집단 행동'에 의해서 영향을 받을 수 있고, 이로 인해서 예기치 못한 사회적 갈등을 유발할 수 있다(Althaus, 2003). Rodrigue(2001; 2003)에 의하면, 사안의 구체적인 내용이나 찬반 비율보다는 논쟁의 양적 규모에 의해서 사회적 관심의 강도와 영향력이 결정된다고 설명한다. 심지어 반대 의견이 다수일지라도 증폭된 관심의 크기 그 자체가 변화를 가져올 수 있다. 일반인의 매체 접근과 의견 표현이 용이한 인터넷 환경에서는 사회적 관심의 총량이 증가할 가능성이 높고 그만큼 정책 정보가 왜곡되어 전달될 수 있다. 따라서 특정 사회 문제가 갖는 중요성과 심각성의 실제 수준보다는 여론의 일시적 증폭에 의해서 정책이 영향을 받을 수 있다(Vasterman, 2005: 510).

3. 사회적 관심의 생명주기

대중 매체가 현실을 정확하게 반영하는데 한계가 있다면 대중 매체에 표출된 사회적 관심의 형성과 변화는 어떻게 설명하고 이해해야 하는가? 이에 대해서 Downs(1972)는 대중 매체가 그 자체로서 '무관심과 관심' 그리고 '상승과 하락' 과정을 통한 일종의 생명주기(issue-attention cycle)를 갖는다고 설명한다.[15] 이러한 현상은 특정 사안에 대한 사회적 관심이 다른 사안과 경쟁관계에 있으며, 대중 매체가 특정 사안에 투입할 수 있는 자원(시간, 지면)이 제한되어 있기 때문에 나타난다(Bosk, 1988; Dearing & Rogers, 1996: 65; Lewis & Tyshenko, 2009; Renn, 2003). 인터넷 환경에서 나타난 천성산 터널공사에 대한 사회적 관심도 이러한 과정을 보여주고 있다. 초기에는 사안에 대해서 무관심 내지는 지극히 낮은 수준의 관심이 나타나다가 엄청난 수준의 증폭된 사회 갈등으로 발전하였으며, 관심의 원인을 제공한 사안(생태계 파괴 가능성)에 대한 해결책이 도출되지 않았음에도 불구하고 사회적 관심이 감소하여 일반인의 우려 대상에서 사라졌다. 즉, 본 사례에 대한 사회적 관심이 엄청났음에도 불구하고 2005년 2월 3일 환경영향평가를 위한 공동조사를 실시하기로 합의한 후 생태계 파괴 가능성은 낮지만 여전히 존재하고, 이를 예방하거나 대처할 어떠한 조치가 취해지지 않았음에도 불구하고 사회적 관심은 단기간에 사라졌다. 이후 인터넷 신문에서는 본 사례에 대한 기사수가 뚜렷이 감소했으며, 2005년 8월 31일 공동조사가 실시되고 있다는 기사가 게재되었지만 이에 대한 댓글은 없었다. 결국, 인터넷에서 증폭되어 나타난 사회적 관심은 해당 문제가 해결(problem-solving)되었기 때문에 감소하는 것이 아니라 사회적 이슈의 생명주기에 따라 문제해결과는 관계없이 관심이 사라질(attention-fading away) 수 있다.

또한 인터넷에서 사회 문제의 증폭현상은 사회적 관심의 규모와 수준뿐 아니라 내용의 변화를 동반하기도 한다(Bakir, 2006). 천성산 터널에 대한 논의와 관심은 생태계(도롱뇽 서식지) 파괴에서 출발하였으나, 지율스님의 단식 농성이 장기화되면

15) Downs(1972)는 사회 문제에 대한 관심은 '문제 인지 이전 단계'(pre-problem stage), '문제 인지 및 해결 시도 단계'(alarmed discovery and euphoric enthusiasm), '해결 한계 인지 단계'(realizing the cost of significan progress), '관심 쇠퇴 단계'(gradual decline of intense public interest) 그리고 '사후 단계'(post-problem stage)의 5단계를 통해서 진행된다고 설명한다.

서 지율스님의 건강에 대한 관심과 단식 반대 여론으로 전이되었으며, 더 나아가 지율스님의 세속적인 사항에 관심이 집중되어 지극히 개인적이고 감정적인 의견이 나타났었다. 이러한 현상은 대중 매체가 객관적 현실을 보도하기도 하지만 개별 사건이 갖는 소위 보도 가치(news value)를 고려하여 게재 여부와 기사 내용을 결정하기 때문에 발생할 수 있다(Eldridge et al., 2003; Vasterman, 2005). 그만큼 대중 매체, 특히 인터넷에 의해서 표출되는 사회적 관심의 내용, 수준 그리고 강도를 정책 과정에 반영하는 데 신중해야 한다.

제5절 결 론

본 연구에서는 위험 문제에 대한 사회적 관심 내지는 갈등이 인터넷 환경에서 증폭되는 과정을 정리하였다. 환경영향평가에 따르면 천성산 터널 건설이 도롱뇽 서식지, 즉 생태계를 파괴할 가능성은 매우 낮음에도 불구하고 이에 대한 사회적 관심과 우려가 확대되어 결국 공사 지연과 사회적 비용이라는 결과를 낳게 되었다. 이는 터널 공사가 유발할 수 있는 객관적 위험보다 사회적으로 인지된 주관적 위험이 확대 평가되었다고 볼 수 있다. 즉 과학적으로 검증된 낮은 수준의 위험이 다양한 사회구성원, 즉 위험 증폭자에 의해 인터넷 환경에 노출되고 전파됨으로써 사회적 관심이 집중되어 전 국민이 관심을 갖는 국가차원의 갈등으로 증폭되었다. 결국 적법 절차에 의해 결정 및 집행되는 국가사업이 연기되는 결과를 가져왔다. 하지만 이러한 증폭 현상을 설명하는데 있어서 인터넷이 핵심 요소이며 필요충분조건이라고 단정하는데 본 연구의 목적을 두지는 않았다. 인터넷과 더불어 다른 대중 매체가 상호작용하여 이러한 변화가 발생하였다고 설명하는 것이 보다 현실적이다(Kasperson et al., 2003). 따라서 위험에 대한 사회적 관심을 증폭시키는데 다양한 대중 매체의 동태적 연계 과정을 체계적으로 분석하는 후속 연구가 필요하다. 아울러 본 연구의 분석 시각인 SARF는 위험에 대한 사회적 관심을 증폭시키는 핵심 변수 또는 원인을 찾기보다는 증폭자의 역할과 상호작용, 이에 따른 증폭과정의 동태적 변화와 사회적 파급 효과를 체계적으로 설명하는데 초점을 두고 있다(Kasperso et al., 1996: 97). 그만큼 위험 증폭의 인과관계를 분석하거나 개별 증폭자의 미시적 행태와 선택을 SARF를 통해서 이해하는데 한계를 갖는다(Rayner, 1988; Petts et al., 2001; Murdock et al., 2003). 인터넷과 위험 증폭 그리고 단식 농성과 터널공사 중단을 원인과 결과라는 단순 시각으로 파악하기 위한 논리적 배경으로서 SARF의 유용성은 매우 미흡하다.

본 연구에서 인터넷이 강조된 이유는 일상생활에서 인터넷의 기능과 활용이 급속히 증가하여 이를 통한 의견 교류 및 정보 교환이 이루어지고 있는 현실을 부정할 수 없으며 이러한 새로운 환경에서 위험 커뮤니케이션의 독특한 특징과 그 과정을 설명한 연구가 많지 않기 때문이다. 인터넷은 기존의 매체와는 차별화된 커뮤니케이션 환경을 제공하였으며, 새로운 문제를 가져왔을 뿐 아니라 과거와는 다른 해결방안을 요구하고 있다. 특히 정보통신기반 수준과 인터넷 접근성이 매우 높은 한국 사회에서 인터넷을 통한 일반인의 정책 참여가 활성화되고 있기 때문에 인터넷에 표출된 여론과 사회적 관심이 사회문제의 실제 상황을 얼마나 잘 대변하는지에 대한 심층적인 추가 분석이 필요하다. 또한 소수 여론주도자에 의한 편향된 의견이 심각한 영향을 발휘할 수 있는 인터넷의 개방 환경은 사회구성원간의 소위 '정보격차(digital divide)'에 더욱 취약할 수 있다. 따라서 인터넷에 나타난 정책 의견과 사회적 관심은 사회구성원들의 사회문화적 배경변수에 함께 이해되어야 한다.

하나의 환경위험사례를 정리한 본 연구의 주요 발견점과 정책적 함의를 일반화하는데 한계가 있다. 즉, 한국의 독특한 인터넷 미디어 활용 수준과 정치경제적 환경에서 진행된 위험인식의 특성과 위험증폭의 과정을 외국의 정책 환경에 여과 없이 적용하는 것은 쉽지 않다. 다양한 사례연구를 통해서 본 연구결과의 신뢰성과 타당성을 보완하고 일반화 가능성을 높이는 추가 노력이 기대된다.

제 19 장

녹색성장 정책

▨ 윤견수 · 하민철
(고려대학교 행정학과 교수 · 청주대학교 행정학과 교수)

제1절 서 론

2008년 8월 15일 광복절 경축사에서 이명박 대통령은 ‘저탄소 녹색성장’ 정책을 새로운 국가비전으로 발표하였다. 발표 당시 이명박 대통령은 녹색성장을 “온실가스와 환경오염을 줄이는 지속가능한 성장”으로 규정하고, 그 핵심내용으로 “녹색기술(green technology)과 신재생에너지를 통해 신성장동력과 일자리를 창출하는 것”이라고 선언하였다.

이명박 대통령의 녹색성장 정책은 녹색으로 상징되는 환경보전과 성장으로 상징되는 경제발전의 두 대립하는 프레임(frame)들을 통합한 메타프레임(meta-frame)이라고 평가할 수 있다. 특히 이명박 정부는 출범하기 이전부터 선거공약으로 내세웠던 ‘대운하사업’을 둘러싸고 경제성장과 환경파괴라는 프레임 충돌로 인해 딜레마 상황에 빠져 국정운영에 많은 어려움을 겪었다. 이러한 점에서 녹색성장 정책의 발표는 프레임 충돌로 인한 딜레마 상황에서 벗어날 수 있게 해주는 효과적 수단으로 평가할 수 있다.

프레임 충돌, 즉 딜레마 상황을 벗어나기 위해 메타프레임을 활용하는 것은 이명박 정부뿐만이 아니었다. 과거 정부에서도 딜레마 상황을 벗어나기 위해 메타프레임을 활용한 경우를 발견할 수 있다. 김대중 정부의 경우, '생산적 복지'라는 메타프레임을 활용하였다. 생산성과 분배는 서로 충돌하는 프레임들이지만 이것들의 통합을 시도하였다. 노무현 정부 역시 '균형발전'이라는 메타프레임을 활용하였다. 균형은 발전의 속도를 더디게 하는 것이기 때문에 서로 충돌을 일으킬 수 있지만 새로운 발전 개념으로 통합을 시도하였다.

메타프레임은 서로 충돌하는 프레임 요소들을 통합하는 것이기 때문에 각 프레임을 주장하는 집단이나 주체들이 쉽게 반대하지 못하는 특징을 가지고 있다. 그럴 경우 딜레마 상황에 빠져있는 정책은 정당성이라는 새로운 동력을 얻어 보다 효과적으로 추진될 가능성을 갖게 된다. 김대중 정부는 '생산적 복지'라는 메타프레임을 활용해 복지예산을 확대하였고, 노무현 정부는 '균형발전'이라는 메타프레임을 활용해 행정중심복합도시, 혁신도시, 기업도시, 공공기관 지방이전 정책들을 추진하였다. 이명박 정부에게도 '녹색성장'은 메타프레임으로서 새로운 정책추진동력으로 활용 가능한 힘을 가지고 있다고 볼 수 있다.

실제 녹색성장 정책 발표 직후, 언론들은 대체적으로 호의적이거나 중립적 입장을 취하였다. 이명박 정부에 대해 비판적 논조를 가지고 있던 언론사들 역시 '방향은 맞다'거나 '소홀히 다뤄온 과제를 늦게나마 잘 끄집어냈다'는 등 긍정적 평가와 함께 보다 내실 있는 정책 추진을 당부하기도 하였다(한겨레신문 2008/8/16 4면; 경향신문 2008/8/19 35면). 이명박 정부의 '대운하사업'에 대해 강력하게 반대운동을 주도했던 환경단체를 비롯한 시민사회단체들은 녹색성장 정책의 발표 직후 분명한 입장을 표명하지 못했고, 반대운동을 하지도 않았다. 환경단체들은 이명박 정부가 각종 성장정책들을 '녹색'이라는 이름을 붙여 밀어붙이는 것을 우려하였지 녹색성장 그 자체를 비판하기는 어려웠던 것이다. 한편 녹색성장 정책 발표 이후 중앙부처 및 지방자치단체들은 자신들의 각종 정책 및 사업들에 '녹색'이라는 이름을 붙이며 녹색성장과의 연관성을 만들어내고 있다. 기업들 역시 녹색성장 분야에 대한 대규모 투자계획을 경쟁적으로 발표하였고, 심지어 자체적으로 녹색성장위원회를 만들기도 하였다. 이러한 일련의 현상들은 그만큼 녹색성장이 기존의 프레임 충돌을 극복하는 메타프레임으로서 상당한 효과를 거두었다는 것을 보여주는 증거들로 이해할 수 있다.

그러나 녹색성장 정책이 점점 구체화되면서 녹색성장이라는 메타프레임의 효과가 저하되는 징후들이 나타나기 시작하였다. 2009년 1월 15일 입법예고한 '녹색성장기본법(안)'과 관련한 논쟁이 심화되면서 정부의 의도대로 입법추진이 신속하게 이루어지지 않고 1년이 지난 지금까지도 여전히 지연되고 있다. 그리고 2009년 7월 6일 국무회의를 통과한 '녹색성장 국가전략 및 5개년 계획' 속에 '4대강 정비사업'이 녹색성장의 핵심 정책과제로 포함됨으로써 새로운 논쟁으로 부각되었다. 환경단체를 비롯한 시민사회단체들은 기존의 연대조직을 재정비하여 '4대강 정비사업' 등에 대해 반대활동을 벌이면서 녹색성장 정책 자체에 대한 진실성 여부에 대해 문제제기를 시작하였다. 일부 전문가 그룹 역시 공개적으로 사업추진 방식에 대해 부정적 의견들을 표명하기 시작하였다(경향신문 2008/12/18 20면; 한겨레신문 2009/8/7 2면). 심지어 메타프레임을 강력하게 지지하고 강화해야할 정치세력인 여당(한나라당) 내부에서조차 핵심 정책과제인 '4대강 정비사업'에 대한 부정적 의견을 제기하는 등 균열이 나타나기도 하였다. '4대강 정비사업'에 지나치게 과도한 예산이 집중되면서 다른 정책의 예산들이 침해받는다는 점을 들어 이에 대한 반대의견을 제기하였던 것이다(경향신문 2009/8/8 4면; 한국일보 2009/8/8; 문화일보 2009/8/10 7면; 한겨레신문 2009/8/13).[1] 이러한 징후들은 현재 녹색성장 정책이 메타프레임으로서 프레임 충돌을 효과적으로 극복하지 못하고 다시 딜레마에 빠질 가능성이 있다는 것을 보여주는 것이다.

그렇다면 왜 메타프레임으로서 녹색성장 정책의 효과성이 저하되고 있는가? 프레임들 사이의 충돌을 조정하는 효과적인 메타프레임이 되기 위해서는 어떠한 조건들을 고려해야 하는가? 이 논문은 이론적으로 녹색성장 정책을 프레임과 프레임 사이의 충돌, 즉 딜레마를 극복하기 위한 메타프레임으로 이해하고, 딜레마의 관점에서 녹색성장 정책의 추진과정을 재해석하는 것을 목적으로 한다. 현재 진행 중인

1) 한나라당 내부에서 제기된 이견의 핵심은 2010년 예산안 작성에서 녹색성장 정책의 핵심 정책과제인 '4대강 정비사업' 예산이 과다하게 투입됨으로써 철도나 도로 등 다른 SOC 사업예산들과 복지예산이 삭감된다는 것과 재정적자 규모가 지나치게 확대된다는 것에 있다. 심지어 '4대강 정비사업'을 원점에서 재검토해야 한다는 주장까지 제기되었다(머니투데이 2009/8/10).

녹색성장 정책에 대한 분석 작업을 시도하는 것이 아직은 시기상조라고 할 수 있다. 그러나 녹색성장 정책은 중요한 사회적 담론을 형성하였고, 정책 추진 과정에서 그 담론들이 계속 영향을 미치고 있다. 한편 실천적 차원에서 녹색성장 정책을 둘러싼 담론들에 대한 재해석을 통해 녹색성장 정책과 관련된 다양한 관점들을 확인하고, 정책실패 가능성을 줄이기 위해 고려해야 하는 방안을 검토하는 것이다.

제2절 정책 딜레마의 대응과 메타프레임

1. 정책프레임의 구조

프레임은 사람으로 하여금 세상을 지각하고 이해하며, 그에 따라 행동하도록 유도하는 인식의 '틀'(Goffman, 1974)이나 '생각의 지도'(Nisbett, 2003)와 같은 것이다. 그리고 프레임은 실재를 이해하게 해주며 때로는 우리가 실재라고 여기는 것을 만들어나가는 심적구조이기도 하다(Lakoff & Rockridge Institute, 2006: 45). 즉 프레임은 어떤 사건이나 상황, 대상에 대한 해석과 행동의 규칙으로 작동하고, 사람들은 프레임을 통해서 특정한 방식으로 세상을 이해하게 된다. 프레임은 우리 주변에서 얼마든지 발견할 수 있다(이준웅, 2000). 선거 과정에서 후보자들은 서로 경쟁적인 프레임들을 만들어 나가면서 유권자에게 호소한다. 신문과 방송이 제시하는 프레임들 때문에 독자와 시청자들은 자기도 모르는 사이에 서로 다른 관점들을 갖게 된다. 직장 동료를 공동과업을 위한 '협력자' 프레임으로 볼 수도 있고, 승진의 '경쟁자' 프레임으로 볼 수도 있다. 정신병원은 치료를 위한 공간의 프레임으로 이해할 수도 있지만 정신질환자를 사회로부터 격리시키는 공간의 프레임으로도 볼 수 있다.

프레임이 중요한 의미를 가지는 이유는 어떤 프레임에 근거해서 판단하는가에 따라서 동일한 대상 혹은 현상이라 할지라도 무척 다른 것으로 이해되며, 더 나아가 그 다음의 행동을 선택할 때에도 영향을 미치게 되기 때문이다. Tversky & Kahneman(1981), Quattrone & Tversky(1988) 등은 해결해야 할 문제의 프레임을 다르게 제시할 때, 사람들의 태도와 행동선택이 달라지는 것을 실험을 통해 확인하였다. 일반적으로 사람들은 위험을 회피하는 태도를 가지고 있고, 그 위험회피 태도에 따라 행동을 선택하는 것이 합리적이라고 이해하여 왔다. 그러나 실제 실험결과 '위험'이 어떻게 주어지는가, 즉 '위험'이 주어지는 문제 프레임에 따라 위험에 대한 태도와 행동선택이 달라지는 것으로 나타났다. 먼저 문제 프레임이 '이익'이 되는 긍정적인 상황으로 주어지면 사람들은 가능한 손실을 최소화하기 위해 위험을 회피하는 태도와 행동선택을 하였다. 그러나 문제 프레임이 '손해'가 되는 부정적인 상황으로 주어지면 사람들은 가능한 이익을 최대화하기 위해 위험을 감수하는 태도와 행동선택을 하였다. 마찬가지로 정책결정자들도 주어진 정책문제와 관련하여 어떤 프레임을 가지고 있는가에 따라서 정책문제에 대한 태도와 대안선택의 선호가 달라진다. 예를 들어 외국인 노동자들을 우리 사회의 노동력 부족을 보충해주는 공동체의 일원이라는 프레임으로 보는가, 아니면 우리 일자리를 빼앗고 범죄를 저지르는 범법자라는 프레임으로 보는가에 따라서 외국인 노동자 정책수단의 선택은 달라진다. 또 다른 예로 복지정책 영역에서 가난의 문제를 보수주의적 프레임인 '개인 책임'으로 볼 것인가, 진보주의적 프레임인 '사회구조 문제'로 볼 것인가에 따라서 복지정책의 수단 선택은 달라진다.

세상의 관심을 끄는 사건이나 상황은 많은 사람들이 관련되어 있어 매우 다양하고 복잡한 모습을 가지고 있다. 다양하고 복잡한 사건이나 상황은 사람에 따라서 다양하게 해석될 수 있다. 대체로 중요한 의미를 가지는 사건이나 상황은 많은 사람들의 이익갈등이나 가치갈등을 포함하는 경우가 많다. 특히 정책문제는 많은 사람들에게 영향을 미치는 문제들이기 때문에 이익갈등과 가치갈등을 포괄하는 중요한 문제들이다. 정책문제와 관련된 당사자들은 주어진 사건이나 상황에 대해 자기의 이익과 가치에 비추어 다양한 해석을 하게 될 것이다. 극단적으로 말하면 관련 당사자 수만큼 프레임의 수는 다양하다고 할 수 있다(Rein & Schön, 1991; 하민철 · 윤견수, 2004).

프레임 개념은 정책영역에서 문제해결과정을 설명하는 유용한 도구가 될 수 있다. 정책프레임은 세 가지 요소, 즉 행위자, 대안, 가치 등으로 구성되어 있다. 먼저 정책프레임은 특정인의 관점과 견해를 설명하는 것이기 때문에 행위자로부터 자유로울 수 없다. 분석단위가 개인이 되었건 집단이 되었건 혹은 범위를 넓혀 국가가 되었건 프레임이 존재하기 위해서는 반드시 프레임 구성의 주체인 행위자가 존재해야 한다. 다음으로 정책프레임 안에는 행위자가 주장하는 정책이슈가 포함되어야 한다. 정책이슈는 정책을 둘러싼 행위자들 사이의 상호작용이나 의사소통의 내용을 말하며, 일반적으로 대안과 가치를 포함하고 있다. 대안은 정책수단을 말하고, 가치는 대안이 가져올 최종 정책목적을 의미하며, 상당부분 논리적 근거나 대의명분과 관련된다. 정책프레임을 간단하게 요약하면 다음 〈그림 1〉과 같이 행위자와 행위자가 주장하는 대안(정책수단), 그 대안이 가져올 가치(정책목적)로 구성되어 있다.

〈그림 1〉 정책프레임의 구조

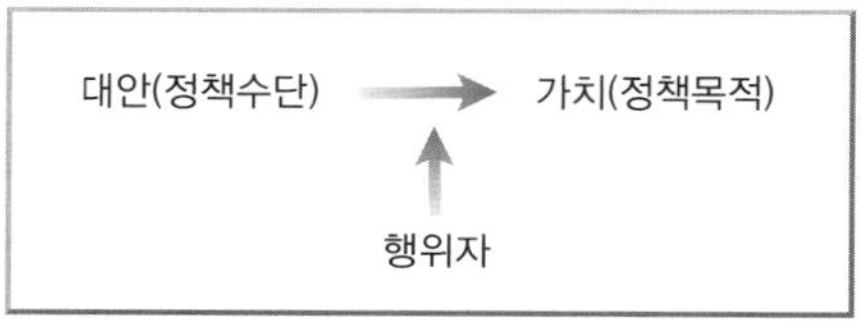

이렇게 본다면 정책프레임은 '행위자의 인식 속에 존재하는 정책문제를 해결하기 위한 대안과 가치 사이의 인과관계'를 의미한다. 그런데 프레임은 하나의 관점이기 때문에 고정불변의 것이 아니라 상호작용 과정에서 바뀔 수 있다. 상호작용 과정에서 과거의 프레임이 더욱 견고해질 수도 있고, 약화될 수도 있으며, 새로운 프레임이 과거의 프레임을 대체할 수도 있다. 이러한 점에서 프레임 관점은 구성주의적 논리에 근거하고 있다(Goffman, 1974; Rein & Schön, 1991). 정책문제의 인과관계는 객관적인 것이 아니라 관련 행위자들의 상호작용 과정에서 사회적으로 만들어지는 것, 즉 구성되는 것이다.

2. 프레임의 충돌과 정책딜레마

모든 프레임이 중요한 의미를 가지는 것은 아니다. 대중으로부터 공감을 얻고 지지를 받아 영향력을 가진 지배적 프레임(dominant frame)이 있을 수 있고, 공감을 얻지 못하고 지지를 받지 못해 영향력이 없는 주변적 프레임이 있을 수 있다. 그런데 이러한 지배적 프레임이 반드시 하나만 존재하는 것이 아니라 여러 개일 수 있다. 만일 단 하나의 프레임이 사회의 압도적 동의를 얻어 지배하고 있다면, 사회문제 및 그것의 해결책을 둘러싼 갈등이나 잡음이 크지 않을 것이다. 하지만 다원화된 사회에서 정책문제를 둘러싸고 단 하나의 프레임이 지배적 프레임으로 자리 잡는 것은 드물다. 예컨대 대북정책과 관련하여 남북 간 화해와 교류를 위한 정책대안 선택에서 지난 10년 간 진보진영은 대북포용을 강조하는 '햇볕정책' 프레임을 주장하였고, 보수진영은 햇볕정책이 일방적인 퍼주기라는 비판과 함께 '상호주의' 프레임을 주장하였다. 두 프레임 모두 나름의 정당성을 확보하면서 팽팽하게 맞서 왔다.

두 개의 프레임이 충돌하며 팽팽히 맞서고 있기 때문에 어느 하나를 선택하기 힘든 상황을 딜레마 상황이라고 할 수 있다. 조직이건 국가건 일정 시간 내에 그 시스템의 결정이 내려져야 하지만 어느 하나의 프레임을 선택하거나 두 프레임을 조정하지 못하는 곤란한 입장을 바로 딜레마 상황이라고 할 수 있다. 이 상황은 하나의 프레임(frame)과 그것과 충돌하는 반대 프레임(counter frame)이 특정 시공간 안에 공존하며, 그 둘을 묶는 메타프레임을 찾지 못한 상황이다.

〈그림 2〉 프레임의 충돌과 정책딜레마

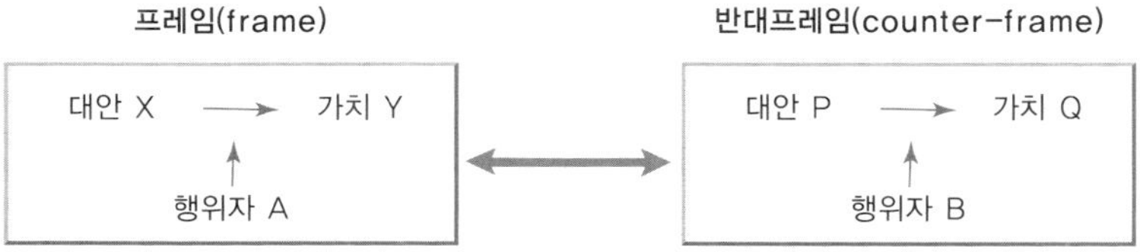

〈그림 2〉와 같이 두 개의 프레임이 서로 충돌하는 상황의 의미를 좀 더 자세하게 설명하면 다음과 같다. 우선 행위자 A와 행위자 B는 특정 정책문제에 대한 인과관계를 판단하는 과정에서 서로 충돌하고 있다. 이견의 내용은 크게 두 가지로 볼 수 있는데, 첫째는 추구하는 가치는 동일하지만(Y=Q), 대안 X와 대안 P가 서로 충돌하는 경우이다. 국가경쟁력이라는 가치를 달성하기 위해 보호무역 대안과 자유무역 대안이 서로 충돌하는 상황을 예로 들 수 있다. 둘째는 대안은 동일하지만(X=P), 그것이 가져올 결과가치 Y와 P가 서로 충돌하는 경우다. 예를 들어 자유무역이라는 대안이 국가경쟁력 가치를 달성하는데 도움이 된다는 입장과 국가경쟁력 가치를 달성하는데 방해가 된다는 입장이 서로 충돌하는 상황이다. 전자는 '대안선택의 딜레마'이고, 후자는 '가치선택의 딜레마'라고 할 수 있다.

여기에서 중요한 것은 '대안선택의 딜레마'와 '가치선택의 딜레마'가 객관적 인과지식에 의해 만들어지는 것만은 아니라는 점이다. 지식이라는 것이 사회적 상호작용에 의해 구성된다는 구성주의적 관점에 의하면 대안이나 가치는 상호작용을 거쳐 구성되는 것이며, 상황의 성격에 따라 변화될 수 있으며, 다양한 해석이 가능한 것이다(Goffman, 1974; Rein & Schön, 1991). 그래서 대안이나 가치의 충돌은 행위자 A와 행위자 B 사이에 존재했던 상호작용의 경험에 의해 충돌의 크기가 달라질 수 있다. 만약 상호작용이 긍정적이었고 신뢰가 있었다면, 충돌의 크기가 작을 것이다. 반대로 서로 대립해왔었고 상대방을 부정적으로 간주해왔다면, 충돌의 크기가 클 것이다. 즉, 대안이나 가치의 충돌이 객관적인 비교를 통해 나타나는 것이 아니라, 주관적인 해석을 거쳐 표현된다. 그래서 상대방에 대해 갖고 있던 적대적인 감정과 부정적인 경험들 때문에 특정 이슈에 대한 충돌이 과장되어 나타날 수 있다. 이런 이유 때문에 행위자 A와 행위자 B가 서로 충돌하는 상황을 두 개의 프레임이 충돌하는 상황으로 볼 수 있는 것이다.

프레임 간 충돌을 갈등이라고 할 수도 있지만 딜레마라는 개념을 사용하는 이유가 있다. 갈등 상황은 특정 이슈에 대한 행위자 A와 행위자 B의 관점이 서로 충돌하고 있는 상황이기 때문에 갈등 당사자들을 중심으로 상대방에 대해 격한 감정과 그에 따른 갈등 행동들을 강조한다. 그런데 딜레마 상황은 프레임 간 충돌로 인해 정책결정자나 시스템조정자가 이도저도 못하는 상황을 강조한다. 즉, 두 개 프레임이 충돌하고 있을 때, 갈등은 주로 행위자들 사이의 충돌에 초점을 두고 있다면, 딜레마는 행위자들 사이의 충돌을 포함하는 전체 시스템의 관점에서 바라보는 것에 초점을 두고 있다(윤견수, 2001; 2006).

3. 딜레마 대응과 메타프레임 구성

상충하는 프레임들을 새로운 프레임으로 통합할 수 있다면 딜레마에서 벗어날 수 있다. 프레임이 고정된 것이 아니라 변화 가능한 것이라는 점을 이해한다면, 프레임과 반대 프레임의 통합, 즉 메타프레임의 구성이 가능하다. 두 개의 프레임이 충돌하는 딜레마 상황에 대한 대응방안으로 메타프레임을 구성한다는 것은 충돌하는 프레임들을 어떤 공통의 범주로 묶는다는 것을 의미한다. 공통의 범주로 묶어준다는 것은 충돌하는 두 프레임보다 더 상위의 범주 혹은 더 포괄적인 범주 등 제 3의 범주를 끌어들이고, 그 범주를 통해 두 개 프레임의 상충성을 완화하거나 해소하는 방법이다. 즉 프레임을 구성하는 구성요소들(행위자, 대안, 가치)을 어떤 공통의 범주로 묶어줌으로써 충돌의 정도를 완화시키거나 해소하는 것이다. 그것은 갈등을 겪고 있는 갈등당사자들을 하나의 더 큰 집단으로 묶을 수도 있고, 두 개의 가치를 포괄하는 상위가치를 도입하여 묶을 수 있으며, 상충적인 두 대안을 한 개의 더 큰 대안으로 묶을 수도 있다.

먼저 충돌하는 행위자들을 하나로 묶어주는 제 3의 범주를 도입하는 방법을 고려할 수 있다. 특정 프레임을 가진 행위자들이 서로 갈등을 겪을 때 '우리는 하나'라는 프레임을 만들어 갈등 당사자들을 묶어줄 수 있다면 딜레마에서 상대적으로 쉽게 빠져나올 수 있을 것이다. 예컨대 특정 정책에 대해 진보주의자들의 견해와 보수주의자들의 견해가 팽팽히 맞서 논쟁이 격화되었을 때, 진보건 보수건 국익에 힘써야 하는 국민이라고 재범주화하면 의외로 쉽게 문제가 해결될 수도 있다.[2] 둘

2) 실제 IMF 외환위기 당시 김대중 정부는 국가적 위기 상황에서 노동자나 사용자의 개별 이익(생존)보다 국가공동체의 전체 이익(생존)이 더 중요하다는 논리를 통해 노동자와 사용자를 한 배에 탄 '운명의 공동체'라는 제3의 범주로 묶는데 성공하였다. 이를 바탕으로 김대중 정부는 거의 불가능에 가까웠던 '노사정위원회'를 구성하였고, 당시 외환위기 극복의 가장 핵심적인 요소였던 정리해고제

째, 충돌하고 있는 가치(정책목적)들을 제 3의 범주로 묶어주는 방법이다. 보통 가치들 간 갈등은 각 가치들이 가지고 있는 추상적이고 규범적인 성격 때문에 쉽게 해소되지 않는다. 더구나 어떤 가치의 포기가 자신의 정체성 상실과 연결될 때는 그 가치를 버리기가 더 어려워진다. 그러한 저항을 누그러뜨릴수록 제 3의 범주로서의 효과성은 더 커진다.[3)] 셋째, 가치(정책목적)는 같지만 그것을 달성하기 위한 대안(정책수단)이 서로 충돌할 때 그 대안들을 묶어주는 제 3의 범주를 도입하는 방법이다. 특정 가치를 달성하는데 도움이 된다고 간주되는 두 개의 대안이 팽팽히 맞서고 있을 때, 만약 그 대안들보다 더 나은 제 3의 대안이 나타났다면 그 대안이 바로 제 3의 범주가 된다.[4)] 대안들을 묶는 방법은 주로 결정된 정책을 집행하는 상황에서 발생한다.

메타프레임이 성공적으로 작동되기 위해서는 프레임 정렬(frame alignment)이 효과적으로 이루어져야 한다. 어떤 프레임이 통합적 힘을 발휘하기 위해서는 프레임 정렬이 효과적으로 이루어져야 한다. 즉 그 프레임이 그럴듯함(plausibility)을 가지고 있어야 한다는 것이다(Benford & Snow, 2000; Snow et al., 1986). 프레임 정렬의 개념을 좀 더 일반화시켜 말한다면, "특정 조직이 자신의 활동, 목표, 이념을 대중들의 이해, 가치, 신념 등과 일치시키고 상호보완 되도록 대중들의 해석적 지향

도입과 기업 구조조정에서 상당한 성과를 거둘 수 있었다(하민철, 2007).

3) 예를 들어 우리나라 국무총리실은 정부 부처 간 정책갈등을 조정하는 업무를 담당하면서 메타프레임을 구성하여 조정을 용이하게 하는 전략을 자주 사용하였다. 국무총리실에 정책조정 과제로 제기된 정책문제들은 어느 한 부처의 일방적 승리를 보장하기 어렵다. 정부 부처들은 각각 나름의 타당한 정책논리 속에서 정책 대안과 가치를 수립하고 주장하기 때문이다. 이러한 상황에서 국무총리실은 해당 정책문제의 취지와 의미를 국가 전체 차원으로 끌어올려 갈등하는 부처들을 하나로 묶거나 보다 상위의 대안이나 가치를 제시함으로써 부처들 모두가 승복하면서도 각 부처의 체면을 유지할 수 있도록 정책조정을 시도한다. 이 때 국무총리실은 종종 갈등하는 부처들에게 '개별 부처의 입장을 떠나서 당신이 대통령이라면 어떻게 할 것인가'라는 질문을 던짐으로써 상대방으로 하여금 프레임 충돌에서 벗어나 메타프레임의 관점을 갖도록 유도한다(전 국무총리실 고위관료 면담, 2009/7/29).

4) 거의 모든 국가에서 경제성장과 환경보호는 갈등하는 프레임들이었다. 성장은 생존을 위한 불가피한 수단이고, 성장하기 위해서 일부 환경파괴는 불가피한 것이라는 프레임이 지배적인 프레임으로 자리잡아왔다. 그러나 동시에 현실에서 환경파괴로 인한 심각한 문제에 직면하면서 환경보호 프레임 역시 강화되어 왔다. 팽팽하게 맞서는 프레임 충돌 상황에서 인류의 생존을 위해 경제성장과 환경보전의 두 대안을 묶어주는 '지속가능한 발전'이라는 새로운 대안은 매우 강력한 지지를 얻으면서 많은 국가에서 지배적인 대안으로 자리를 잡았다. 무절제한 경제성장의 논리와 대안 없는 환경보호 논리를 뛰어넘어 서로 공생할 수 있는 여지를 준 것이다.

과 자기 조직의 해석적 지향을 연결 짓는 것"으로 이해할 수 있다.[5] 프레임 정렬에 성공하는 경우, 해당 조직은 대중들의 공감을 얻게 되는데, 바로 그 공감을 '공명성'(resonance)이라고 한다. 공명성이란 곧 대중의 지지를 의미하는 것이다. 그리고 사회로부터 그럴듯한 것이라는 평가를 얻는 것과 같은 의미이기 때문에 정당성(legitimacy)과 같은 것으로 이해할 수 있다.[6] 이를테면 정책의 공명성이 없다는 것은 어떤 정책이 국민들의 이해, 가치, 신념 등과 일치하지 못하여 공감대를 형성하지 못하는 상황, 즉 정책에 대한 반대여론이 높은 상황이다. 그러기 때문에 프레임들 사이의 충돌이 존재하는 상황에서 프레임을 정렬하고 공명성을 확대해나갈 필요성이 커진다. 예컨대 특정 이슈를 둘러싸고 정부와 사회운동조직이 대립하는 상황이라고 해보자. 인권운동, 환경운동, 정치참여운동 등의 사회운동조직들은 정부정책에 반대하는 프레임을 제시하면서 시민들과의 공명성을 확보하기 위해 프레임 정렬에 많은 노력을 기울인다. 반대로 정부 역시 정책을 지지하는 시민들과의 연대를 늘려나가기 위한 공명성 확보 전략에 최선을 다한다. 만일 어떤 정부 정책이 백지화되었다면, 그것은 사회운동조직들이 프레임 정렬에 성공하여 공명성을 확보했다는 것을 말한다. 반대로 결정된 정부 정책이 큰 반대 없이 집행되었다는 것은 정부가 프레임 정렬에 성공하여 공명성을 확보했다는 것을 말한다.[7]

메타프레임은 논리적으로 두 개의 프레임이 충돌하고 있을 때, 그것을 묶어주

5) 프레임 정렬의 개념은 애초 Snow et al.(1986), Benford & Snow(2000) 등이 사회운동조직에 대한 연구에서 사회운동조직들이 조직 생존과 발전을 위해 대중의 공감을 얻기 위해 사용하는 전략들을 설명하기 위한 것이었다. 그러나 프레임 정렬은 비단 사회운동조직들뿐만 아니라 정책영역에서도 적용이 가능하다. 정부는 정책의 정당성을 얻기 위해 부단하게 노력하고 있으며, 정책홍보는 국민들의 이해, 가치 신념 등과 일치시키기 위한 것으로 프레임정렬을 위한 중요한 수단인 셈이다.

6) 프레임 정렬과 공명성 개념을 쉽게 이해할 수 있는 것이 바로 선거 과정에서 이루어지는 프레임 경쟁이다. 선거 과정에서 정당과 후보자들은 선거에서 승리하기 위해 자신의 프레임을 제시한다. 이 때, 효과적으로 프레임 정렬 전략을 활용하여 유권자들과 공명성을 확보한 프레임이 여타의 불리한 조건을 극복하고 선거를 승리로 이끌기도 한다. 거꾸로 프레임 정렬에 실패하여 공명성을 확보하지 못하는 경우 유권자들의 관심과 지지를 이끌어내지 못하고 패배할 가능성이 높아진다. 예컨대 지난 제17대 대통령 선거와 총선거에서 한나라당은 '잃어버린 10년'이라는 프레임으로 민주당을 효과적으로 가둠으로써 두 선거에서 압도적인 승리를 거두었다. 반면 민주당은 효과적인 프레임을 형성하지 못하고 수세적으로 '잃어버린 10년'이라는 프레임에 갇혀 방어적 논리를 제시하는데 그침으로써 선거에서 패배하였다.

7) 예컨대 동강댐 건설사업과 관련하여 한 환경운동단체가 효과적인 프레임 정렬을 통해 공명성을 확보함으로써 동강댐 건설사업을 백지화시키는데 성공하였다. 이것은 거꾸로 말하면 동감댐을 건설하려는 정부의 정책 프레임이 공명성을 잃었다는 것을 의미한다.

는 상위의 프레임이다. 그러므로 메타프레임이 제 기능을 하기 위해서는 기존의 프레임들보다 공명성이 더 커야 한다. 즉 프레임 정렬이 잘 되어 있어야 한다. 그러나 메타프레임이 항상 공명성을 유지하는 것은 아니다. 정책문제는 시간의 흐름에 따라서 변화하기 때문에 메타프레임의 공명성 역시 변화하기 마련이다. 즉 T_1시점의 메타프레임의 공명성 수준과 T_2시점의 메타프레임의 공명성 수준이 같지 않을 수 있다. 프레임 정렬을 성공하여 공명성을 더 강화할 수도 있고, 프레임 정렬을 실패하여 공명성을 약화시킬 수도 있다. 만일 어떤 메타프레임이 시간이 흐르면서 프레임 정렬을 실패하고 공명성을 잃는 경우, 최악의 경우에는 해당 프레임 자체를 포기하고 전혀 새로운 프레임을 구성해야 할 수도 있다.

제3절 메타프레임으로서 녹색성장 정책의 성과와 한계

1. 메타프레임으로서 녹색성장 정책

전통적으로 경제성장과 환경보호는 상충적인 관계에 있었다. 경제성장 과정을 거치면서 환경이 오염되고 파괴되는 것을 경험하였기 때문에 이 두 프레임이 충돌을 일으키는 것을 당연하게 수용하였다. 경제성장은 개발, 발전, 산업화, 도시화와 개념적으로 연계되어 있고, 바로 개발, 발전, 산업화, 도시화는 환경오염과 파괴를 가져왔기 때문이다. 경제성장에 따른 환경오염과 파괴의 심각성은 환경보호를 주장하는 환경운동단체들의 성장을 가져왔다. 그리고 경제성장을 위한 국책사업들이 환경운동단체들의 반대에 부딪히는 사례가 점점 더 많아졌다. 중요한 국책사업들이 지연되거나 심지어 좌절되는 사례도 나타났다. 이것은 그만큼 경제성장과 환경보호의 프레임 충돌이 심화되었다는 것을 말해주는 것이다.

이명박 정부의 출범을 전후하여 경제성장을 위해 국책사업으로 제시된 '대운하사업'은 이러한 전통적 프레임 충돌을 증폭시키는 계기가 되었다. 대운하사업을 둘러싸고 경제성장 프레임과 환경보호 프레임이 팽팽하게 맞섰고, 정치적 변수와 결합되면서 환경보호 프레임이 좀 더 높은 공명성을 얻어 '대운하사업'에 대한 반대 여론이 높아졌다. 이명박 대통령은 대운하사업에 대한 국민의 반대 여론이 강화됨에 따라서 계속 추진하는 경우 정치적 부담으로 이어질 것을 우려하여 2008년 6월 19일 "국민이 반대하면 추진하지 않겠다"며 대운하사업의 보류를 선언하였다. 그리고 2008년 8월 15일 이명박 대통령은 제63주년 광복절 경축사에서 '저탄소 녹색성장'을 신국가발전 비전으로 제시하였다. 2008년 9월 9일에는 청와대 비서실이 주도하여 '녹색성장포럼'의 창립 워크숍에서 녹색성장 정책의 추진방향 10가지를 발표하였다.[8] 이것은 이명박 대통령의 녹색성장 정책 발표를 좀 더 구체화한 것이었다. 이 발표에서 청와대 비서실은 "녹색성장은 환경과 경제가 상충된다는 고정관념에서 탈피해 양자의 시너지를 극대화하는 것이며, 환경을 훼손하는 것이 아니라 오히려 개선하고, 환경을 새로운 동력으로 삼는 경제성장"이라고 규정하였다.

〈표 1〉 녹색성장 3대 요소와 내용

3대 요소	내용
견실한 성장을 하되, 에너지 · 자원 사용량은 최소화	• 에너지 저소비형 산업구조 개편 • 에너지 소비절약 및 사용 효율화 • 생태효율성 제고 정책
동일한 에너지 · 자원을 사용하되, CO_2 배출 등 환경부하 최소화	• 신재생에너지 보급 확대 • 원자력 등 청정에너지 개발 • CO_2 배출 규제 / 저탄소 · 친환경 인프라 구축 • 소비자 녹색제품 구매 활성화
신성장동력으로 개발	• 녹색기술에 대한 R&D 투자 • 신재생에너지 등 녹색산업 육성 및 수출산업화 • 세계시장 선점 지원

자료: 문화체육관광부(2008.12).「녹색성장, 대한민국의 그린오션전략」. p. 16.

8) '녹색성장포럼'은 환경부가 후원하고, 한국환경정책 · 평가연구원이 주최한 포럼으로 정부, 산업계, 학계, 정치인 등 전문가 90여명이 참여하였다. 이때 발표된 녹색성장 10가지 추진방향은 (1) 온실가스를 줄이는 저탄소 정책, (2) 녹색기술의 성장동력화, (3) 고도의 융합기술정책 추진, (4) 새로운 일자리 창출, (5) 기업의 경쟁력 강화 정책, (6) 국토 · 도시 · 건축 · 교통의 개조, (7) 소비에서 의식주까지 바꾸는 생활혁명 추진, (8) 녹색 문화정책 추진, (9) 환경친화적 세제 개편, (10) 국가브랜드를 높이는 외교정책 등이었다(한겨레신문 2008/9/10 10면).

그리고 녹색성장 정책을 "정부와 국민, 기업과 시민사회가 창의적으로 발전시켜 나가야 한다"고 말함으로써 참여와 협력을 통한 거버넌스적 문제해결을 지향하고 있음을 알 수 있다(한겨레신문 2008/9/10 10면). 청와대의 녹색성장에 대한 이러한 인식 표명은 녹색성장이 경제성장과 환경보호의 상충성을 통합하기 위한 메타프레임으로 인식하고 있다는 것을 보여주는 것으로 이해할 수 있다.

일반적으로 녹색성장은 녹색기술 개발을 통해 저탄소화 및 녹색산업화에 기반을 두고 경제성장력을 배가시키는 신성장 개념으로 이해되고 있다. 저탄소화와 녹색산업화가 원만하게 결합될 경우 환경보호와 경제성장의 선순환 고리가 형성될 가능성이 있다는 것이 일반적인 논리로 수용되고 있다(삼성경제연구소, 2008). 이러한 일반적 논리가 이명박 정부의 녹색성장 정책의 패러다임에도 잘 반영되어 있다.

〈표 2〉 선진국 및 중국의 녹색성장 정책과 이명박 정부의 녹색성장 정책

국가	정책방향	정책선언 및 지원 법률	핵심기술 요소
일본	저탄소사회 달성을 위한 녹색기술 개발에 주력	- Cool Earth(2007.5) - Clean Asia Initiative (2008.6) - 후쿠다비전(2008.6)	고효율 발전, 교통, 산업 육성 및 에너지 절약형 주택 등
EU	강력한 환경규제 등을 통한 녹색시장 창출과 시장 주도권 장악	- 신재생에너지법(2000) - Framework Project (2007-12)	온실가스 규제, 태양광 등 신재생에너지 기술개발에 초점
미국	차세대 녹색기술 개발에 주력	- 첨단에너지계획(2006) - '2009 청정에너지와 안보'법안(Waxman-Markey) 제안	오바마 정부, 향후 10년 간 1500억 달러 투자하여 신재생에너지산업 집중 육성 계획
중국	자국시장 조성을 통해 글로벌 기업 육성	- 재생가능에너지법 (2006.1) - 제10차 국가계획	해외 선진기업의 기술이전 전제조건으로 진출 허용
한국*	녹색기술과 신재생에너지를 통해 신성장동력과 일자리 창출에 주력	- '저탄소 녹색성장' 비전 (2008.8.15)	에너지 자립 및 녹색기술, 신재생에너지기술 개발에 초점

* 한국의 예는 이명박 대통령이 최초 발표한 '저탄소 녹색성장' 비전의 내용에 한함.
자료: 삼성경제연구소(2008.10.8) "녹색성장시대의 도래"(CEO Information 제675호) 및 녹색성장위원회(2009.7) 「녹색성장 국가전략」 종합.

2008년 겨울에 문화체육관광부가 펴낸 「녹색성장, 대한민국의 그린오션전략」에는 이러한 정책 패러다임이 구체화되어 있다.

전 세계적으로 기후변화 문제가 중요한 이슈로 부각되면서 이 문제에 대한 주요 선진국들의 적극적인 정책 대응은 이명박 대통령의 녹색성장 정책의 선언에 힘을 가져다주었다. 〈표 2〉에서도 알 수 있듯이 선진국 및 중국의 녹색성장 정책들은 모두 온실가스 감축과 함께 신재생에너지 기술개발에 초점이 맞추어져 있다. 이명박 대통령이 최초로 발표한 녹색성장 정책은 이러한 국제사회의 흐름과 조화를 이룬 것이었고, 선진국들과의 경쟁에서 보다 앞서가겠다는 정책의지를 담고 있었다.

2. 메타프레임으로서 녹색성장 정책의 성과

이명박 대통령이 새롭게 제시한 녹색성장 정책은 대운하사업을 둘러싼 경제성장과 환경보호 프레임 사이의 충돌 구도를 새로운 양상으로 전환시켰다. 녹색성장 정책은 기존의 '대운하사업'을 둘러싼 프레임 충돌을 수면 밑으로 가라앉히고 완화시키는 효과를 가져왔다.

먼저 이명박 대통령이 녹색성장 정책을 발표한 이후 정책담론의 변화를 보면, 프레임 충돌의 양상이 약화되었다는 것을 알 수 있다. 간단히 말하면 대운하사업에 대한 담론이 줄어들고, 녹색성장 정책이 지배적인 정책담론으로 자리 잡았다. 이것은 각 언론사들의 기사 건수를 비교해보면 쉽게 알 수 있다. 이명박 대통령이 녹색성장 정책을 발표한 2008년 8월 15일부터 2008년 11월 30일까지 녹색성장 정책 관련 기사는 1,001건이 검색되었고, 같은 기간 대운하사업 관련 기사는 398건이 검색되었다. 즉 대운하사업보다 녹색성장 정책이 지배적인 정책담론이었다고 볼 수 있다.[9] 한편 대운하사업 관련 기사 건수를 2008년 8월 15일 전후로 동일한 기간을 비교하여도 대운하사업 담론이 급격하게 약화되었다는 것을 확인할 수 있다.

---

9) 기사 검색은 언론재단이 제공하는 온라인 기사검색사이트 KINDS(http://www.kinds.or.kr)를 활용하였고, 검색키워드는 '대운하'와 '녹색성장'을 사용하였다. 기사 건수에는 동일 언론사의 중복기사가 포함되어 있기 때문에 정확한 수치는 아니지만 관련기사의 빈도가 변화하는 흐름을 파악할 수는 있다. 그리고 기사검색 언론사에 조선일보와 중앙일보는 제외한 서울에서 발행되는 종합일간지라는 점을 미리 밝힌다.

2008년 5월 1일부터 2008년 8월 15일까지 대운하사업 관련 기사 건수는 모두 1,628건이었다. 그러나 녹색성장 정책이 발표된 2008년 8월 15일부터 2008년 11월 30일까지 대운하사업 관련 기사 건수는 398건으로 급속하게 줄어들었다.

〈표 3〉 대운하사업 및 녹색성장 정책 관련 기사 건수 비교

구분	기사 검색 기간	기사 건수
대운하와 녹색성장 관련 기사 건수 비교	2008. 8.15 – 11.30	대운하 398건 vs. 녹색성장 1,001건
녹색성장 정책 발표 전후의 대운하 관련 기사 건수 변화	2008. 5. 1 – 8.15	녹색성장 정책 발표 이전: 1,628건
	2008. 8.15 – 11.30	녹색성장 정책 발표 이후: ,398건

자료: 언론재단 기사검색 서비스(http://www.kinds.or.kr).

한편 녹색성장 정책이 메타프레임으로서 프레임 충돌을 극복하는데 성공하였다는 것은 이명박 정부의 대운하사업에 대한 반대 프레임을 형성하고 확산하는데 중요한 역할을 했던 주요 행위자들의 활동이 약화되었다는 것에서도 확인할 수 있다. 대운하사업에 적극적으로 대응하면서 반대프레임을 형성하고 확산하였던 행위자들은 시민사회단체 및 종교계 단체가 중심이 되어 구성한 연대조직인 '운하백지화 국민행동'과 서울대 교수들을 필두로 지식인 중심의 연대조직인 '한반도 대운하를 반대하는 전국교수모임'이라고 할 수 있다. 그런데 이명박 대통령이 대운하사업을 추진하지 않겠다는 선언과 녹색성장 정책을 발표한 이후 이 두 연대조직의 활동 수준이 현저하게 약화되었다(경향신문 2008/12/18 20면).

첫째, '운하백지화 국민행동'은 2008년 1월 약 100여개 시민사회단체들이 '(가칭)운하저지 국민행동'으로 시작하였다. 이 단체는 이명박 정부가 출범하기 이전부터 대운하사업에 대한 반대 성명서와 논평을 발표하거나 대운하 관련 정부 정책자료 등을 수집하고 공개하여 언론의 관심을 끌고 기사화하도록 하는 등 반대운동을 활발하게 전개하였다. 그리고 2008년 2월 19일에는 337개의 종교계 단체 및 시민사회단체들이 참여하는 '운하백지화 국민행동'으로 확대되면서 발족하였다. 조직이 확대되면서 '운하백지화 국민행동'은 대운하사업 반대운동을 더욱 활발하게 전개하였다. 그러나 이들의 활동은 이명박 대통령이 2008년 6월 19일 대운하사업의 보류를 발표하고, 2008년 8월 15일에는 녹색성장 정책을 발표하면서 눈에 띄게 활동 수준이 약화되었다(경향신문 2008/12/18 20면). 언론보도에서도 2008년 9월부터 2009년 12월 초까지 이 조직의 활동 관련 기사를 발견하기 어렵고(언론재단 기사검색서비스 http://www.kinds.or.kr), 자주 발표하였던 성명서나 논평 역시 발표하지 않았다(운하백지화 국민행동 사이트 http://www.nocanal.org). 사실 환경운동단체들은 녹색성장 정책이 발표되기 훨씬 오래전부터 저탄소와 신재생에너지 개발을 위한 정부정책 수립을 촉구해왔고, 발표 당시 녹색성장 정책은 바로 저탄소와 신재생에너지 개발에 초점을 두고 있었기 때문이다.[10)]

둘째, '한반도대운하를 반대하는 전국교수모임'은 2008년 1월 31일 약 100명의 서울대 교수들이 '대운하 건설을 반대하는 서울대 교수모임'을 구성하고 대운하 관련 토론회를 개최하면서 시작되었다. 이후 대운하사업을 반대하는 전국 대학의 교수들이 점점 더 많이 참여하면서 외연이 확대되었고, 2008년 3월 25일 전국 115개 대학 2,400여 명의 교수들이 참여하는 '한반도대운하를 반대하는 전국교수모임'이 발족되었다(경향신문 2008/3/26 1면).[11)] 이 연대조직이 가지는 의미는 단순하게 조직 규모가 크고 작고의 문제가 아니다. 지식인 그룹이 새롭게 출범한 정부의 핵심적 공약에 대해 비판적 목소리를 내었기 때문에 그만큼 사회적 파급력이 클 수밖에 없었고, 이명박 정부 역시 이에 대해 민감한 반응을 보였다.[12)] 그러나 전국교수모임 역시 이명박 대통령이 '대운하사업'의 보류를 발표하고, 녹색성장 정책을 발표하면서 조직 활동이 현저하게 약화되었다.

---

10) 다만 일부 환경단체가 성장정책에 녹색 옷을 입히는 '녹색분칠' 혹은 '녹색세탁'을 하고 있다는 의혹을 제기하는 정도에 머물렀었다(한겨레신문 2008/8/20 31면; 국민일보 2008/8/26 6면).

11) 전국교수모임은 창립취지문에서 "대운하 건설 사업이 비정상적인 논리와 정치적인 목적으로 추진되는 현실이 안타까워 87년 민주화 운동 이후 처음으로 역사적 소명의식을 안고 이 자리에 서게 됐다"고 밝혔다(경향신문 2008/3/26 1면).

12) 당시 이명박 대통령 당선자 측은 서울대 교수들이 대운하 사업 반대 취지의 토론회를 개최한 것을 두고, '서울대 교수들이 너무 정치적으로 접근했다'는 비판적 발언을 하였다(서울신문 2008/2/5 5면; 한겨레신문 2008/2/6 9면). 또한 이명박 정부가 공식 출범한 후, 환경부 장관은 취임 후 첫 기자간담회(2008년 3월 12일)에서 서울대 교수들의 대운하 반대토론회에 대해 "국민의 의사를 대변하는 것은 아니다"라는 요지의 비판적 언급을 하였다(경향신문 2008/3/13 8면).

이처럼 녹색성장 정책은 언론으로부터 호의적 혹은 중립적 평가를 얻으면서 지배적 정책담론으로 자리잡을 수 있었고, 대운하사업 반대를 주도하였던 행위자들 역시 녹색성장 정책이 발표되면서 반대활동이 약화되면서 프레임 충돌을 완화시키고 메타프레임으로서 성과를 거둔 것으로 평가된다. 실제 2009년 2월 이명박 정부 출범 1년에 맞추어 실시한 전문가 의견조사에서 녹색성장 정책은 긍정적인 평가를 받은 정책에 속하였다(한겨레신문 2009/2/24 8면). 이것은 곧 초기의 녹색성장 정책이 메타프레임으로서 프레임 정렬에 성공하고, 공명성을 확보하였다는 것으로 해석이 가능한 대목이다.

3. 프레임 정렬 실패와 새로운 딜레마의 등장

녹색성장 정책은 이명박 정부로 하여금 대운하사업을 둘러싼 프레임 충돌, 즉 딜레마를 벗어나도록 하는데 기여하였다. 그러나 이명박 정부가 녹색성장 정책을 추진하기 위해 관련 법안과 정책과제들을 발표하는 등 녹색성장 정책이 구체화되면서 녹색성장 정책을 구성하는 요소들에 대한 비판적 논리가 생산되고 확산되기 시작하였다.

2008년 11월 26일 정부가 '4대강 물길 잇기 및 수계 정비사업'을 14조원을 들여 추진할 계획이라는 국토해양부의 정책 자료가 야당(민주당)에 의해 언론에 보도되면서 다시 '대운하사업' 논란이 재연되기 시작하였다(한겨레신문 2008/11/27 2면). '4대강 정비사업'에 대한 초기의 반대활동은 주로 야당들에 의해서 시작되었고, 곧 환경운동단체들이 개별적으로 '4대강 정비사업'을 곧 대운하사업으로 규정하고 반대활동을 전개하였다. 그 와중에 이명박 대통령은 2008년 11월 28일 청와대 확대비서관회의에서 '4대강 정비사업'을 신속하게 추진하라는 지시를 내렸고, 박재완 청와대 국정기획수석비서관은 방송인터뷰에서 "4대강 정비사업은 한국판 뉴딜정책"이라는 입장을 밝혔다(서울신문 2008/12/11 2면). 더 나아가 정부는 2008년 12월 15일 제3차 국가균형발전위원회에서 '4대강 정비사업' 추진을 공식적으로 의결하였다. 이명박 대통령은 이 회의에서 "여러 행정절차를 축소시켜서라도 '4대강 정비사업'을 신속하게 추진하라"는 지시까지 내렸다(경향신문 2008/12/16 1면; 국민일보

2008/12/16 1면).

야당과 환경단체들은 '4대강 정비사업'이 곧 '대운하사업'이라는 등식을 만들어 내고 확산시켰다. 두 사업은 예산규모가 약 14조원으로 비슷했고, 낙동강 중심의 물길 잇기 사업이라는 점에서 비슷했기 때문에 쉽게 확산되었다. 실제 한 여론조사에 따르면 '4대강 정비사업'을 '대운하사업'으로 인식하는 국민들이 60%에 이르는 것으로 나타났다(내일신문 2008/12/15 3면).[13] 더 중요한 것은 이명박 정부가 '4대강 정비사업'은 결코 '대운하사업'과 관계가 없다는 점을 강조하면서도 대운하사업의 가능성을 암시하는 발언들을 지속적으로 표명함에 따라서 정책담론의 무게중심이 '녹색성장 정책'에서 '4대강 정비사업'으로 이동하였다는 점이다.

〈표 4〉 4대강 정비사업 및 대운하사업 관련 정부 관계자 발언

일 시	발언자 및 발언내용
2008. 6.19	이명박 대통령, "국민이 반대한다면 추진하지 않겠다"(촛불집회 관련 기자회견에서)
2008.11.28	이명박 대통령, "운하면 어떻고, 4대강 정비면 어떠냐. 정치권에 휘둘리지 말고 빨리 일을 해야 하는 것 아니냐"(청와대 확대비서관회의에서)
2008.12. 3	박병원 경제수석, "4대강 사업 뒤 대다수 사람들이 (운하를) 하자고 하면, 말자고 할 수는 없다"(관훈클럽 토론회에서)
2008.12. 3	이만의 환경부 장관, "탄소(환경)으로만 따진다면 운하를 검토할 수 있다고 본다"(전남대 강연에서)
2008.12.11	박형준 청와대 홍보기획관, "대운하 사업이 바람직하지 않다는 여론 존중하고 있다"(방송 인터뷰에서)
2008.12.15	이명박 대통령, "....." (박희태 한나라당 대표와의 주례회동에서 "운하는 안한다는 강한 의지 표명해야 한다"는 건의에 대해)
2008.12.16	박재완 청와대 국정기획수석, "대운하논쟁은 하지 말아야 한다. 아니라고 하는데 왜 대운하 논란을 계속 뿌리느냐"(방송 인터뷰에서)

자료: 한겨레신문(2008/12/17 4면).

13) 또한 같은 여론조사에서 '이명박 정부가 한반도대운하 공약을 폐기했다고 믿는가?'의 질문에 대해 71.7%가 '믿지 않는다'는 응답을 보였고, 16.6%만 '믿는다'는 응답을 보였다. 이 여론조사는 내일신문과 한길리서치가 2008년 12월 12일-13일에 걸쳐 전국 성인남녀 900명을 대상으로 전화면접 방식으로 진행하였고, 표본오차는 95% 신뢰도에 ±3.27%이다(내일신문 2008/12/15 3면).

이명박 정부의 이러한 움직임이 나타나면서 활동을 멈추었던 '한반도대운하를 반대하는 전국교수모임'은 2008년 12월 17일 "하천 정비사업으로 위장한 한반도 대운하 사업 재추진을 중단하라"는 요지의 성명을 발표하면서 중지했던 활동을 다시 재개하였다(경향신문 2008/12/18 10면). 그리고 12월 22일 '4대강 정비사업, 대운하 아닌가?'라는 주제의 긴급토론회를 개최하였다(경향신문 2008/12/23 5면). 한편 시민사회단체 중심의 '운하백지화 국민행동' 역시 2008년 12월 19일 '4대강 정비사업 무엇이 문제인가'라는 주제로 토론회를 개최하고 조직을 재정비하면서 활동을 재개하기 시작하였다(한겨레신문 2008/12/20 6면). 이처럼 '한반도대운하를 반대하는 전국교수모임'과 '운하백지화 국민행동'은 '4대강 정비사업'은 곧 '대운하사업'이며 '4대강 죽이기사업'이라고 규정하고, '4대강 정비사업'에 대한 반대활동을 재개하였다. 운하백지화 국민행동, 한반도대운하를 반대하는 전국교수모임 등은 정부의 '4대강 정비사업'의 문제점을 지속적으로 제기하면서 반대활동을 수행하였다. 특히 대규모 예산이 투입되는 4대강 정비사업이 반드시 거쳐야 하는 예비타당성조사, 환경영향평가, 문화재지표조사 등을 회피하기 위해 정부가 법령을 고치는 등의 문제를 집중적으로 비판하면서 문제점들을 부각시켰다. 이러한 점에서 4대강 정비사업은 내용적 합리성은 차치하더라도 절차적 합리성마저 확보하지 못한 사업이라는 부정적 이미지를 가지게 되었다. 더군다나 4대강 정비사업은 사업 내용과 예산 규모가 계속해서 바뀜으로써 일관성을 잃었고, 운하백지화 국민행동 등은 이러한 점을 부각하여 반대 프레임의 확산에 활용하였다.[14)]

그럼에도 불구하고 이명박 정부는 2009년 7월 14일 국무회의에서 '녹색성장 국가전략 및 5개년계획'을 의결하고, 녹색성장 정책의 10대 정책과제 중 '4대강 정비사업'을 핵심 정책과제로 포함시켰다. 녹색성장 정책의 재정투자계획에 따르면, 2009년부터 2013년까지 전체 107.4조 원을 투자할 계획이며, 그 중 '4대강 정비사업'은 약 22조 2천억원이 투자될 계획으로 나타났다. 이는 전체 재정투자의 20.7%

14) 예컨대 사업내용의 경우, 대운하사업으로 의심받는 '보'의 수가 2008년 11월에는 3개에서 2009년 4월에는 16개, 그리고 다시 2009년 7월에는 20개로 확대되었다. 그리고 예산규모 역시 큰 변화를 보였는데 2008년 11월에는 14조 1천억 원 가량이었던 것이 2009년 7월에는 22조 2천억 원으로 대폭 확대되었다. 이는 오히려 대운하사업보다 예산규모가 더 확대된 것이어서 반대활동을 하는 행위자들의 주요한 비판 대상이 되었다.

〈표 5〉 녹색성장 5개년계획의 10대 정책분야 재정투자계획(2009~2013)

10대 정책방향	세부 정책과제	재정투자 계획 및 규모(조원)			
		2009	2010~11	2012~13	합계
효율적 온실가스 감축	• 국가 온실가스 감축목표 설정, 관리 • 탄소순환운동과 탄소 흡수원 추진 등	1.0	2.2	2.5	5.7
탈석유 · 에너지 자립강화	• 에너지 효율화 및 수요관리 • 신재생에너지 산업화 촉진 • 원전 신뢰성 및 비중확대	2.8	5.6	6.5	14.9
기후변화 적응역량 강화	• 4대강 살리기(22조 2천억) • 기후친화형 해양관리, 재해예방체계 구축 • 기후친화형 건강관리, 식량생산기반 마련	4.8	21.4	10.1	36.3
녹색기술개발 및 성장동력화	• 중점 녹색기술 상용화 • 녹색 R&D 투자 확대, 그린 IT 강화	2.0	4.3	5.0	11.3
산업의 녹색화/ 녹색산업 육성	• 대중소기업 그린파트너십 강화 • 자원순환형 경제 · 산업구조 구축 등	0.8	1.8	2.0	4.6
산업구조의 고도화	• 방송통신, IT, 로봇산업 육성 • 신소재 · 나노융합, 바이오제약 산업 활성화 • 글로벌 헬스케어/교육서비스 강국 도약	0.8	1.8	2.0	4.6
녹색경제 기반 조성	• 탄소배출권 거래제 단계적 도입 • 녹색기술 · 산업 금융 활성화 등	0.3	0.7	0.8	1.8
녹색국토 · 교통의 조성	• 저탄소 녹색림, 생태하천 조성 • 자전거이용 활성화, 녹색교통수단 활성화	4.7	9.5	11.0	25.2
생활의 녹색혁명	• 녹색소비 활성화, 녹색마을 확대 • 한국형 생태관광모델 개발, 확산 등	0.4	0.8	0.8	2.0
녹색성장 모범국가 구현	• 개도국 녹색성장을 도와주는 국가 • 녹색성장 모범으로 인정받는 국가 등	0.1	0.3	0.3	0.7
합 계*		17.5	48.3	41.5	107.4

* 합계금액이 불일치한 것은 정책과제들에 대한 중복투자를 제외하였기 때문임.
자료: 녹색성장위원회(2009.7). 「녹색성장 5개년 계획(2009-2013)」.

를 차지하는 것으로 녹색성장 정책과제 중에서 가장 큰 정책과제라는 것을 의미하는 것이다(〈표 5〉 참조).

이처럼 녹색성장 정책에 4대강 정비사업이 공식적으로 포함됨으로써 녹색성장 정책이라는 메타프레임의 프레임 정렬에 문제가 나타나기 시작하였다. 이전까지는 녹색성장 정책과 4대강 정비사업이 절연된 상태에서 '4대강 정비사업'을 '대운하사업'으로 규정하느냐 그렇지 않느냐의 프레임 충돌이었다. 그러나 '4대강 정비사업'이 '녹색성장 정책'의 핵심과제, 즉 가장 많은 예산을 투입하는 사업으로 공식화됨으로써 '4대강 정비사업'을 둘러싼 '대운하사업' 논쟁이 '녹색성장 정책' 전체로 확산되는 계기가 되었다. 야당과 보호론자들은 녹색성장 정책의 핵심과제로 4대강 정비사업이 공식화되자 녹색성장 정책은 4대강 정비사업, 즉 대운하사업을 추진하기 위한 '방패막이'에 불과하다고 비판하였다.

녹색성장 정책은 초기에 대운하사업을 둘러싼 프레임 충돌을 벗어나도록 하는 메타프레임으로서 작동하였다. 그러나 4대강 정비사업이 부각되면서 대운하사업 과정에서 나타났던 프레임 충돌이 재현되는 상황으로 회귀하였다. 그리고 더 나아가 녹색성장 정책의 프레임 정렬에 문제가 나타나면서 공명성이 약화되고, 정책 자체의 정당성도 약화될 가능성을 안게 되었다. 간단히 말하면 현재 이명박 정부의 녹색성장 정책은 자칫하면 4대강 정비사업으로 인해 다시 딜레마에 다시 빠질 가능성을 안고 있는 상황이다.

그렇다면 녹색성장 정책이 메타프레임으로서 공명성, 즉 정당성을 유지하면서 효과적으로 추진되기 위해서는 어떠한 점을 고려하여야 하는가?

제4절 메타프레임을 효율적으로 작동시키기 위한 조건들

1. 딜레마의 성격 변화

정책프레임의 충돌로 인한 정책딜레마는 두 가지, 즉 대안선택의 딜레마와 가치선택의 딜레마로 구분할 때, 최소한 녹색성장 정책은 '가치선택의 딜레마'를 벗어나도록 하는데 효과적인 메타프레임으로 작동하였다고 평가할 수 있다.

〈그림 3〉 메타프레임으로서 녹색성장 정책의 성과와 한계

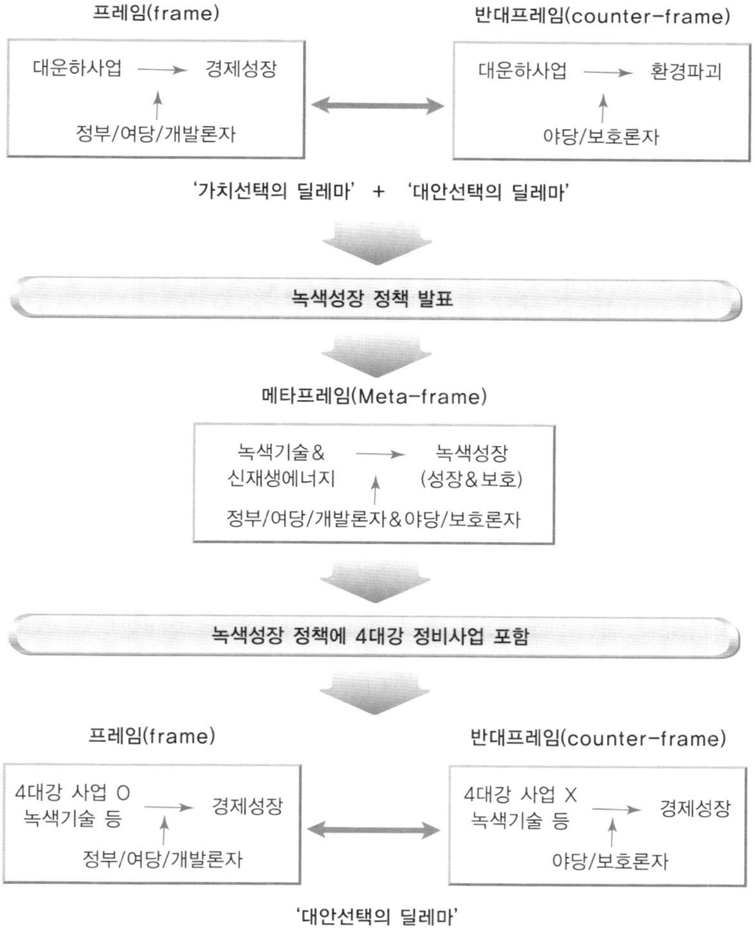

〈그림 3〉에서 보는 것처럼 이명박 정부가 추진했던 대운하사업에 대해 정부와 여당, 개발론자들은 열렬한 지지를 보였지만, 야당과 보호론자들은 강하게 반대를 하였다. 지지자들은 경제성장과 국가발전을 가속화시킬 수 있는 대운하사업을 찬성하였지만, 반대자들은 환경을 파괴하고 오히려 장기적인 관점에서 국가경쟁력을 약화시킬 수 있는 대운하사업을 반대하였다. 이때의 프레임 충돌 상황은 가치 충돌과 대안 충돌, 즉 '가치선택의 딜레마'와 '대안선택의 딜레마'가 동시에 존재하는 매우 심각한 딜레마 상황이었다. 이 때 녹색성장 정책은 환경보호와 경제성장이라는 가치의 충돌을 묶어주는 제3의 범주로서 등장한 것이며, 강하게 충돌하고 있었던 행위자들의 반발이 누그러지는 등 초기에는 상당한 성공을 거두었다. 이것은 녹색성장이라는 '통합된 가치'가 메타프레임으로서 공명성을 확보해나가면서 프레임 정렬에 성공했다는 것을 의미한다. 녹색성장 정책 발표 초기에는 녹색성장이라는 가치를 추구하기 위한 대안들, 즉 녹색기술과 신재생에너지개발 등을 두고 충돌도 없었으며, 서로 다른 프레임들을 갖고 있었던 행위자들 간의 정서적 반응도 격하지 않았다.

그러나 녹색성장 정책이 구체화되는 과정에서 녹색성장을 위한 정책대안에 4대강 정비사업이 포함되면서 다시 프레임들 사이의 충돌이 생기고, 그 강도가 거세어졌다. 다만 녹색성장이라는 가치에는 동의하지만 그것을 달성하기 위한 대안 선택에서 4대강 정비사업을 포함시켜야 한다는 프레임과 포함시키면 안 된다는 프레임이 서로 충돌하는 상황이 되었다. 여기서 주목할 것은 야당과 보호론자들이 녹색성장 정책 자체에 대한 비판이 아니라 4대강 정비사업을 통해서는 녹색성장을 이룰 수 없다는 논리를 펴고 있다는 것이다. 즉 녹색성장이라는 '가치'에 대해서는 동의하지만 녹색성장을 위한 '대안'으로서 4대강 정비사업을 반대한다는 것이다. 녹색성장을 위해서는 4대강 정비사업이 아닌 녹색기술과 신재생에너지기술개발에 투자를 해야 한다고 주장한다는 것이다. 녹색성장 정책이 다시 딜레마 상황으로 회귀한 원인은 '4대강 정비사업'이 부각되고, 그것이 녹색성장 정책의 핵심 정책과제로 포함되면서부터이다. 즉 녹색성장 정책 자체가 지배적 정책담론으로 부각되는 것이 아니라 그것을 달성하기 위한 대안인 '4대강 정비사업'을 둘러싸고 '4대강 살리

기사업'(녹색뉴딜/친환경개발)과 '4대강 죽이기사업'(대운하사업/환경파괴)의 프레임 충돌이 부각되었기 때문이다.[15] 이는 결국 녹색성장 정책을 통해서 개발인가 보호인가를 둘러싼 '가치선택의 딜레마'에서는 벗어났지만, 4대강 정비사업이 포함되어야 하는가 아닌가를 둘러싼 '대안선택의 딜레마' 상황에 다시 빠져들고 있다는 것을 의미한다.

2. 메타프레임의 효과적 작동을 위한 방안

이명박 정부 초기에 '대운하사업'을 둘러싸고 강하게 부딪쳤던 두 개의 프레임이 '녹색성장'이라는 통합된 가치를 도입하면서 그 충돌의 강도가 완화되었던 이면에는 충돌했던 가치의 통합 못지않게 충돌하는 대안을 묶어주는 제 3의 범주를 찾는 노력이 동시에 전개되었기 때문이다. 즉, '대운하사업'을 대안으로 제시하는 것을 포기하고 대신 '4대강 정비사업'을 대안으로 제시하면서 반대분위기를 누그러뜨렸고, 그 개념을 곧바로 녹색성장 정책과 연결시키지 않았기 때문이다. 물론 정부정책에 반대하는 사람들은 대운하사업과 4대강 정비사업이 다를 것이 없다고 주장하지만, 실제로 두 개념이 정책과정에서 구현될 때는 상당히 다른 효과를 가져온다. 예컨대 대운하사업이라는 대안은 유일한 대안이지만 4대강 정비사업은 적어도 여러 대안들 가운데 하나일 뿐이다. 대운하사업이라는 대안은 할 것인가 말 것인가라는 힘든 상황을 강요하기 때문에 승자와 패자의 개념으로 행위자들이 분리되지만, 4대강 정비사업이라는 대안은 전체 대안들 가운데 어느 정도의 비중이 되는가라는 상황과 관련이 있기 때문에 행위자들 간의 타협과 조정이 가능하다. 이것은 녹색성장이라는 가치가 메타프레임으로 제시되고 대운하사업이 4대강 정비사업으로 바뀌면서 프레임 간 충돌이 상당히 완화되었다는 것을 의미한다.

현재 녹색성장 정책이 메타프레임으로서 프레임 정렬에 성공하고 공명성을 확

15) 더욱 심각한 것은 '4대강 정비사업'이 2010년 예산배분을 둘러싸고 다른 정책들, 예컨대 SOC 투자예산 및 복지예산 등과 갈등을 벌이는 상황이 부각되었다는 점이다. 특히 녹색성장 정책 발표 초기에 녹색교통수단으로 이명박 정부 스스로 부각시켰던 철도건설 예산이 삭감됨으로써 반대활동 그룹뿐만 아니라 여당 내부로부터도 비판을 받는 지경에 이르렀다. 이처럼 이명박 정부가 '4대강 정비사업'을 가장 많은 재정이 투입되는 녹색성장 정책의 핵심 정책과제로 설정하였기 때문에 녹색성장 정책은 곧 다른 많은 정책들과 갈등관계에 빠지게 된 것이다.

보하기 위해서는 새롭게 등장한 '대안선택의 딜레마'를 해소하는 것이 필요하다. 가장 좋은 것은 4대강 정비사업을 녹색성장 정책과 분리(decoupling)시키는 것이다. 분리한다는 것은 4대강 정비사업이 녹색성장을 가져온다는 인과적 믿음을 없애는 것이다. 그러나 이명박 정부의 입장에서 현실적으로 녹색성장 정책과 4대강 정비사업을 분리한다는 것은 불가능에 가깝다. 만약 분리가 불가능하다면 차선책으로 인과관계의 신념을 누그러뜨릴 필요가 있다. 예컨대 대안선택의 딜레마를 해소하기 위해서 현재 부각되고 있는 4대강 정비사업의 비중을 낮추거나 4대강 정비사업의 속도를 늦추는 것이다.

먼저 녹색성장을 실현하기 위한 대안이 되는 정책과제들 가운데 4대강 정비사업이 차지하는 비중을 줄이는 방안이다. 사업의 비중을 줄인다는 것은 곧 예산 비중을 줄인다는 것을 의미한다. 지금 문제가 되는 것은 '4대강 정비사업'이라는 대안을 활용하는 것이 녹색성장 정책에 도움이 되는가, 아니면 그것을 빼는 것이 녹색성장 정책에 도움이 되는가 하는 인과관계 판단이다. 현재 야당과 보호론자들은 현재 4대강 정비사업이 많은 예산을 흡수하면서 여타 복지예산뿐만 아니라 본연의 녹색성장과 관련된 철도 등 SOC 예산마저 축소되고 있다는 점을 강조하고 있다. 따라서 4대강 정비사업의 예산 비중을 줄이고 대신 녹색성장 정책의 다른 정책과제들을 부각시키는 것이 필요하다. 원래 녹색성장 정책의 핵심 사업들은 녹색기술과 신재생에너지개발이다. 앞서 살펴본 것처럼 모든 선진국들의 녹색성장 정책의 공통적인 요소들은 녹색기술과 신재생에너지의 개발에 모아지고 있다. 그리고 애초 이명박 대통령이 최초로 발표하였던 '저탄소 녹색성장' 정책 역시 선진국들의 정책과제들과 거의 동일한 것이었다. 따라서 초기의 녹색성장 정책 비전으로 돌아가 녹색기술과 신재생에너지 개발에 정책의 초점을 맞추고, 녹색성장 정책은 곧 4대강 정비사업이라는 반대 프레임의 인과관계를 변화시킬 필요가 있다.

둘째, 현재 4대강 정비사업을 둘러싸고 '대안선택의 딜레마' 상황에 빠지게 된 또 다른 이유는 이명박 정부가 4대강 정비사업을 조급하게 추진한 것에서도 비롯되었다. 정책을 조급하게 추진함으로서 집행과정에서 여러 가지 문제점들을 노출하게 되었고, 그것은 정책의 절차적 정당성을 잃는 이유가 되었다. 예를 들어 2008

년 12월 15일 이명박 대통령은 국가균형발전위원회 3차 회의에서 "여러 행정절차를 축소시켜서라도 '4대강 정비사업'을 바로 착수하라"는 지시를 하였다. 실제 정부는 2008년 12월 29일 환경영향평가가 마무리되지 않은 상태에서 '4대강 정비사업'의 착공식을 강행하였다. 이명박 정부가 사업추진을 조급하게 함으로써 여러 문제점들이 드러났고, 야당과 보호론자들은 4대강 정비사업을 대운하사업으로 등식화시키는 반대 프레임을 확산시키는 전략을 활용할 수 있었다. 따라서 만일 이명박 정부가 4대강 정비사업을 대신할만한 제 3의 범주를 찾아내지 못한다면 4대강 정비사업의 추진속도를 늦추고, 녹색성장의 다른 정책과제들을 중심으로 추진하는 것이 필요하다.

물론 이명박 정부가 이제까지 강력하게 추진해온 4대강 정비사업의 예산비중을 갑작스럽게 줄이거나 추진속도를 늦추는 것은 선택하기 어려운 선택지일 수 있다. 그러나 현재 4대강 정비사업을 둘러싼 '대안선택의 딜레마'로 인해 녹색성장 정책 전체가 공명성을 잃고, 정당성을 잃을 위기에 빠져있다는 것을 고려한다면 불가피한 선택지이다.

제5절 결 론

이명박 정부가 메타프레임으로서 녹색성장 정책을 발표한 것은 두 가지 파생적 효과를 가지고 있는 것으로 판단된다.

첫째, 비록 청와대 및 중앙정부 수준에서 녹색성장 정책이 '4대강 정비사업'으로 인해 다시 프레임 충돌에 빠지는 결과를 가져왔지만, 지방자치단체 수준의 정책과정은 '4대강 정비사업'으로부터 어느 정도 절연되어 있기 때문에 여전히 녹색성장이 지배적 담론으로 자리 잡으면서 본연의 녹색성장 정책이 추진될 가능성이 있다. 사실 지방자치단체들 중 상당수는 이명박 대통령이 녹색성장 정책을 발표하기 훨씬 이전부터 '녹색성장'이라는 이름을 붙이지 않았을 뿐 자기 자치단체의 이미지를 친환경적으로 변화시키기 위해 노력하여 왔다. 예를 들어 순천시가 '환경수도'를 지향한다거나 창원시나 상주시가 자전거도시를 지향했던 것은 그 대표적 예들이다. 즉 지방자치단체들은 자생적 노력에 의해 녹색성장 정책을 추진하여 왔고, 중앙정부로부터 예산을 확보하기 위해 자신들의 다양한 정책들을 녹색성장과 연계시키는 노력을 기울일 것이다. 이 과정에서 과거에는 '녹색성장'을 전혀 고려하지 않았던 지방자치단체들도 부분적이나마 녹색성장이라는 메타프레임 속에서 정책추진을 도모할 것이다. 이 과정에서 의도하지 않은 긍정적인 효과도 기대할 수 있다.

둘째, 이명박 정부의 녹색성장 정책 발표는 중앙정부 부처들 혹은 지방자치단체들에게 새로운 딜레마, 즉 프레임 충돌을 경험하게 만들었다. 성장과 개발 프레임이 지배적 담론으로 자리 잡고 있는 중앙정부 부처(기획재정부, 지식경제부 등)와 지방자치단체들의 경우, 이명박 대통령의 녹색성장 정책 발표는 정책대안 선택에서 어느 정도 압력으로 인식되기 때문에 새롭게 딜레마를 인식할 수 있다. 예컨대 중앙정부의 지식경제부의 경우, 제조업기술과 화석에너지 중심의 정책 프레임에 녹색성장 정책의 핵심요소라고 할 수 있는 녹색기술과 신재생에너지 중심의 정책 프레임이 추가되는 경험을 하게 될 가능성이 있다. 물론 이전에도 지식경제부는 녹색기술과 신재생에너지 기술 개발에 관심을 가지고 있었지만 항상 예산배분의 우선순위에서 밀려나 있었다. 최소한 이명박 대통령의 녹색성장 정책의 발표는 지식경제부와 기획재정부 등으로 하여금 녹색기술과 신재생에너지 기술 개발에 조금 더 예산배분을 하는 것에 대해 심각하게 고민하게 만들 것으로 판단된다.

이러한 점에서 지금 필요한 것은 녹색성장 정책이 메타프레임으로서 그 본연의 역할을 할 수 있도록 정책을 보완하는 작업이다. 이명박 정부가 공약으로 내세웠던 '대운하 건설'이라는 정책수단은 경제성장과 환경보호라는 전통적인 가치의 충돌을 사회에 공론화시키면서 대한민국 사회를 딜레마에 빠뜨렸다. 이때 등장한 녹색성장 정책은 성장과 보호라는 상반된 가치를 묶는 제3의 범주였으며, 프레임 간 충돌을 조정하는 훌륭한 메타프레임으로 작용하였다. 하지만 녹색성장이라는 가치를 추진하기 위한 여러 가지 대안들 가운데 '4대강 정비사업'이 포함되면서 프레임 간 충돌이 다시 시작되었고, 딜레마 상황에 빠져들고 있다. '대운하사업'이라는 대안이 '4대강 정비사업'으로 이름이 바뀌면서 충돌의 강도는 약해졌지만 이번에는 그것이 녹색성장과 결합되면서 오히려 녹색성장 정책 전체를 위험하게 만들고 있는 것이다. 이것은 녹색성장이라는 가치를 달성하기 위한 대안으로 4대강 정비사업이 포함되어야 할 것인가 아닌가의 딜레마, 즉 대안선택의 딜레마 상황이다.

만일 현재 4대강 정비사업을 둘러싼 대안선택의 딜레마를 효과적으로 해소하지 못한다면 녹색성장이라는 가치는 상징이나 구호에 그칠 수 있다. 김대중 정부의 '생산적 복지', 노무현 정부의 '균형발전' 등이 메타프레임이 아닌 수사에 불과했다는 비판과 동일한 비판을 받을 수 있다. 녹색성장이라는 메타프레임이 프레임 정렬에 성공하고 공명성을 확보하기 위해서는 이와 같이 서로 충돌하는 대안들을 공통의 범주로 묶고, 갈등하는 행위자들을 하나로 묶을 수 있는 방법들을 찾아야 한다. 딜레마를 해소하는 메타프레임에 대한 논의를 통해 교류와 소통의 중요성, 그리고 행위자들 사이의 숙의 과정에 대한 중요성을 다시 한 번 확인할 수 있다.

강귀웅. 2009. "정책불응과 학습: 미국산 쇠고기 수입사례를 중심으로," 서울대 행정학 석사학위논문.

강민아 · 장지호. 2007. "정책결정과정의 프레이밍에 대한 담론 분석: 방사성폐기물처리장 입지선정과정을 중심으로," 한국행정학보. 41(2): 23-45.

강성철 · 김상구. 2004. "지방정부간 갈등연구의 경향분석: 국내외 사례연구를 중심으로," 지방과 행정연구. 16(1): 199-218.

강영진. 2000. 갈등분쟁 해결 매뉴얼, 서울: 성공회대학교출판부.

강인범. 2001. "천성산 고층습원 생태계 보물 단지," 조선일보. 7월 16일.

강인호 · 김영환 · 이민창. 2005. "지방정부간 갈등해결 메커니즘에 관한 연구: 선호시설 유치갈등에서 자치단체장의 정치적 협력을 중심으로," 지방행정연구. 9(1): 27-44.

강정혜. 2008. "대체적 분쟁해결제도(ADR)로서의 환경분쟁조정과 환경소송," 환경법연구. 30(3).

고민수. 2010. "재송신 관련쟁점과 분석," 한국언론법학회 학술토론회(지상파 재송신을 둘러싼 분쟁의 진단과 해결방안) 발표논문, 10월 14일.

고세훈 · 김순영. 2008. "공공성과 노동정책: [비정규직법]을 중심으로," 윤수재 · 이민호 · 채종헌 편. 새로운 시대의 공공성 연구. 법문사: 3편1장8절

고영철 · 정연우. 2002. "지방행정홍보 매체의 현황과 효과에 관한 연구," 한국광고학보. 3(2): 1-26.

고종원 · 이한우 · 최규민. 2009. 촛불에 길을 잃다. 서울: 나남.

고칠진. 2004. "화물운송산업의 육성지원 방향," 국토, 272: 64-8.

골먼, 대니얼 지음. 한창호 옮김. 2008. EQ 감성지능. 서울: 웅진 지식하우스.

구교준. 2009. "아담 스미스와 지식경제, 그리고 정부의 역할: 작고 효율적인 정부에서 동정적인(compassionate) 정부로," 정부학연구. 15(2): 237-57.

권기붕. 2002. "사회규범 · 규칙과 거버넌스 유형: 강제력, 돈, 규범 및 etc," 오토피아. 17(1): 39-63.

권상은. 2004. "지율스님 또 단식, 천성산터널 갈등 재연," 조선일보. 10월 27일.

그레이, 존 지음. 김경숙 옮김. 1993. 화성에서 온 남자, 금성에서 온 여자. 서울: 친구미디

어.
김광구 · 이선우. 2011. "조정기제를 이용한 갈등해소–국립서울병원 사례를 중심으로". 한국지방자치학회보. 23(1): 93–117.
김길수. 2007. "위험시설 입지선정 과정에서 정책갈등에 관한 연구 – 부안 위도 · 군산 방폐장 입지선정사례를 중심으로," 정치 · 정보연구. 10(1): 279–303.
김남철. 2006. "갈등관리수단으로서의 공법상의 조정 – 독일과 한국의 공법상 조정제도의 비교를 중심으로," 공법연구. 34.
김도기. 2005. "정부보증 학자금 융자제도의 공평성 분석– 선발전(前)단계를 중심으로," 교육재정경제연구. 14(2): 167–204.
김도희. 2004. "NIMBY와 PIMFY 시설입지정책의 갈등구조 비교분석:' 북구 화장장 유치사업'과 '경부고속전철 울산역 유치사업' 사례를 중심으로," 한국정책학회보. 13(1): 157–88.
김동영. 2010. "공공갈등의 분석과 선진적 갈등관리시스템," 한국사회과학협의회/경제 · 인문사회연구회 세미나(한국의 사회갈등과 선진적 갈등관리의 모색), 5월 28일, 서울.
김동영 · 김광구 · 정지범 · 박재근. 2009. "공익시설의 입지와 운영 갈등의 제도 개선 연구," KDI 국제정책대학원.
김동욱 · 성욱준 · 정광호. 2008. " IPTV정책갈등 연구: IPTV 정책갈등 이슈의 전개와 참여자들의 입장 변화를 중심으로," 정보화정책. 15(1): 118–35.
김동욱 · 윤건 · 정광호. 2007. "행정기관 간 경쟁에 관한 연구: 콘텐츠산업분야를 중심으로," 행정논총. 45(4): 47–73.
김병조. 2009. 정부보증 학자금 대출제도 사례: 한국과 미국의 제도 비교. 한국정책지식센터.
김병호. 2004. "우리나라 대학생 학자금융자정책에 대한 연구: 이차보전을 중심으로," 교육행정학연구. 22(2): 327–48.
김상구. 2003. "협상방법의 결정요인에 관한 연구: 쓰레기소각장 입지갈등을 중심으로," 한국행정논집. 14(1): 155–76.
______. 2003. "협상의 수행수준과 갈등해결간의 관계에 관한 연구," 한국행정논집. 15(1): 107–29.
김상수. 2006. "환경분쟁해결을 위한 재판과 ADR의 역할 분담," 환경법연구. 28(1): 105–31.
김상찬. 2006. "일본의 ADR법에 관한 연구," 중재연구. 16(3).
김상헌. 1997. "님비(NIMBY) 문제해결을 위한 최적 보상체제," 한국행정학보. 31(4): 205–25.
김서용. 2005. "환경갈등의 문화적 분석: 새만금 개발사업을 중심으로," 한국행정학보. 39(3): 43–66.

김석수. 2009. “촛불집회와 새로운 주체의 가능성,” 사회와 철학 연구회 엮음, 촛불, 어떻게 볼 것인가. 서울: 울력. 61-100.

김선희. 2006. “국책사업 갈등관리 사례분석,” 국토. 283: 15-27.

김성묵. 2003. 그 남자가 원하는 여자, 그 여자가 원하는 남자. 서울: 김영사.

김시무. 1999. “스크린쿼터 사수투쟁의 필요성과 당위성,” 원용진 외 편저, 스크린쿼터와 문화주권. 서울: 문화과학사. 116-30.

김시철. 2008. “環境紛爭調整法에 따른 분쟁해결과 ADR의 일반이론(I),” 환경법연구. 30(3).

김시철. 2009. “環境紛爭調整法에 따른 분쟁해결과 ADR의 일반이론(II),” 환경법연구. 31(1).

김안나. 2005. “대학 학자금 융자제도 활성화를 위한 신용보증 및 유동화 방식의 정책효과 분석,” 한국교육. 32(1): 123-43

김안나 · 이영 · 이중희 · 채재은. 2004. 인적자원투자 촉진을 위한 대학(원)생 학자금 융자제도 활성화 연구. 교육인적자원부.

김영기. 2003. “생태 · 환경운동과 언론(1987-2002): 반핵운동을 중심으로,” 언론과학연구. 3(3): 51-94.

김영수. 2003. “시민단체의 공익적 역할에 관한 연구: 갈등중재를 중심으로,” 서울대 행정학 박사학위논문.

김영옥. 2008. “여성의 관점에서 본 촛불: 생명/생활정치, 국민/시민으로서의 여성,” 한국정치사회학회 특별 심포지엄 발표논문, 촛불집회와 한국사회.

김영종. 1995. “공공시설 입지갈등과 정책딜레마 형성에 관한 연구,” 한국정책과학학회보. 10(4): 19-40.

______. 2005. “방폐장입지선정과정의 정책네트워크 분석: 경주지역 유치활동을 중심으로,” 한국정책과학학회보. 9(4): 287-316.

______. 2006. “정책결정제도의 변화가 정책네트워크형성에 미치는 영향에 관한 연구: 울진사례를 중심으로,” 한국정책과학학회보. 10(1): 1-25.

김영평. 1995. 불확실성과 정책의 정당성. 서울: 고려대학교 출판부.

______. 2002. “정책갈등의 양상과 갈등 관련자의 윤리적 대응,” 정부학연구. 8(2): 113-44.

______. 2008. “정책이론에서 합리성의 한계와 모순의 관리,” 행정논총. 46(3): 1-33.

김용섭. 2004. “행정법상 분쟁해결수단으로서의 조정(Mediation as an ADR device under the administrative law),” 저스티스. 81.

김용학. 1996. 사회구조와 행위. 서울: 사회비평사.

김유환. 2001. "법원에서의 행정사건에 대한 재판외분쟁해결제도," 현대공법학의 과제. 청담최송화교수 화갑기념논문집.

김의경 · 김동현 · 신혜진 · 김대현. 2008. "게임이론 분석을 통한 갈등해결의 합리적 의사결정 지원에 관한 연구: 지리산국립공원에 대하여," 한국임학회지. 97(6): 669-79.

김일영. 2008. "'촛불시위'의 희망과 불안," 철학과 현실. 79: 46-56.

김재근 · 채종헌. 2009. "정책갈등의 제3자 갈등조정 효과: '한탄강댐갈등조정소위원회' 기능을 중심으로," 분쟁해결연구. 7(1): 5-40.

김정수. 2004. "한미투자협정과 스크린쿼터: 양면게임 모델을 응용한 협상 분석," 국제통상연구. 9(1): 95-121.

김정순. 2006. 행정법상 재판 외 분쟁해결법제연구. 한국법제연구원 연구보고2.

김정신. 2005. "해석학의 시각에서 본 '의문사진상규명위원회'의 활동: 의례적 기능과 제한적 영향력을 중심으로." 서울대 행정대학원 석사학위논문.

김정신 · 정용덕. 2006. "한국 의회의 제도화, 1948-2006: 행정부와 대비한 위상 변화를 중심으로," 행정논총. 44(4): 91-129.

김정주. 2009. 우리나라의 정부보증 학자금 대출제도. 한국정책지식센터.

김종석 · 강은숙. 2008. "비선호시설의 입지에 따른 정부간 갈등의 원인과 해결에 대한 게임이론적 고찰," 행정논총. 46(4): 351-77.

김종호 · 이창훈 · 신창현. 2004. 환경분야 갈등 유형 및 해결방안 연구. 한국환경정책 · 평가연구원 정책보고서.

김준기. 2000. "정부-NGO관계의 이론적 고찰: 자원의존모형의 관점에서," 한국정책학회보. 9(2): 5-28.

김준한. 1996. "행정부와 대체적 분쟁해결제도," 한국행정학보. 30(4).

김창수. 2010. "개발과 보전의 딜레마: 구조와 프레임의 해부," 한국사회와 행정연구. 20(4): 133-62.

김철규. 2005. "반핵운동과 지역주민 정치: 부안 방사성 폐기물 처분장 반대운동을 중심으로," 한국사회. 6(2): 41-69.

김철규 · 이해진 · 김선업 · 이철. 2010. "촛불집회 10대 참여자의 정체성과 사회의식의 변화," 경제와 사회. 85: 265-90.

김태기. 2004. "협상의 장애요인과 노사분쟁," 노동경제논집. 27(3): 53-73.

김필두. 2000. "혐오시설 입지를 둘러싼 분쟁의 효율적 해소방안: 군포시 쓰레기 소각장 사례를 중심으로," 협상연구. 6(1): 93-104.

김혜정. 1995. "한국 반핵운동의 역사와 전망." http://nuke.co.kr/antiNuke/kfem_or_SITE/ kfem_1.htm

김호기. 2008. "촛불집회, 거리의 정치, 제도의 정치: 서울 광장에서 그람시와 하버마스를 다시 읽는다," 토론회 "촛불집회와 한국 민주주의" 발표문. 2008년 6월 16일.

김홍균. 2001. "환경오염 피해에 대한 책임체계의 정비방안," 한양대학교: 43. (http://edc.me.go.kr/bunjang/report_data/20020001/response.hwp).

김홍중. 2006. "멜랑콜리와 모더니티: 문화적 모더니티의 세계감 분석," 한국사회학. 40(3).

김홍진. 2005. "총리 · 장관 · 청와대수석 총출동 대책회의: 긴박했던 단식 100일째," 조선일보. 2월 4일.

김희강. 2010. "공공성, 사회집단, 그리고 심의민주주의," 한국정치학회보. 44(2): 5-27.

나종석. 2009 "촛불집회를 통해 본 정치와 문화의 연관성에 대한 성찰," 사회와 철학 연구회 엮음, 촛불, 어떻게 볼 것인가. 서울: 울력. 101-42.

나태준. 2004. "갈등해결의 제도적 접근: 현행 갈등관련 제도 분석 및 대안," 한국행정연구원.

______. 2006. "정책인식 프레이밍 접근방식에 따른 갈등의 분석: 교육행정정보시스템 도입사례를 중심으로," 한국정책과학학회. 한국정책과학학회보. 10(4): 297-325.

______. 2008. "공공성과 갈등관리: 혐오시설 유치를 중심으로," 윤수재 · 이민호 · 채종헌 (편). 새로운 시대의 공공성 연구. 파주: 법문사. 3편 2장 6절.

______. 2009. "이슈 프레이밍 분석을 통한 환경정책의 역량강화에 관한 연구: 지방자치단체 공무원과 민간환경감시단의 배출업소관리업무 프레임을 중심으로," 한국지방자치학회보. 21(2): 57-77.

나태준 · 박재희. 2004. 갈등해결의 제도적 접근: 현행 갈등관련 제도분석 및 대안.

남상화. 2003. "규범 및 그 옹호자의 정당성과 개인의 규범수용," 한국사회와 행정연구. 14(3): 23-43.

남수경. 2007. "소득 연동형 대여학자금 제도의 적용가능성과 한계," 교육재정경제연구. 13(2): 1-26.

______. 2008. "대학생 학자금 지원정책에 대한 진단과 재설계 방안," 교육재정경제연구. 17(1): 293-317.

노정동. 1994. "미국 직배사의 출현, 그 파장과 영향," 최진용 외 공저, 한국영화정책의 흐름과 새로운 전망. 서울: 집문당. 277-90.

다니엘 하우스만 · 마이클 맥퍼슨. 2010. 주동률 옮김. 경제분석, 도덕철학, 공공정책. 경기: 나남.

다마지오, 안토니오 지음. 김린 옮김. 1999. 데카르트의 오류. 서울: 중앙문화사.
라휘문. 2010. "갈등관리제도의 정비방안," 경제인문사회연구회 · (사)신지역창조포럼 공동 세미나("이명박 정부의 사회통합을 위한 갈등관리, 어떻게 해야 하나?") 발표논문, 11월 2일.
래저러스, 리처드 지음. 정영목 옮김. 1997. 감정과 이성. 서울: 문예출판사.
로비넷, 스콧 외 지음. 윤천규 옮김. 2003. 감성 마케팅: 평생 고객을 얻는 홀마크 전략. 서울: 김앤북스.
류기윤 · 윤준철. 2007. "미국 학자금 대출제도의 고찰을 통한 정부보증 학자금대출 발전방안," 주택금융월보. 36: 30-58.
르 봉, 귀스타브 지음. 차예진 옮김. 2008. 군중심리. W미디어.
모이시, 도미니크 지음. 유경희 옮김. 2010. 감정의 지정학: 공포의 서양, 굴욕의 이슬람, 희망의 아시아. 서울: 랜덤하우스코리아.
바바렛, 잭 엮음. 박형신 옮김. 2009. 감정과 사회학. 서울: 이학사.
바바렛, 잭 지음. 박형신 · 정수남 옮김. 2007. 감정의 거시사회학. 서울: 일신사.
박 진 · 채종헌. 2006. 갈등조정, 그 소통의 미학. 서울: 굿인포메이션.
박구용. 2009. "촛불과 지성," 사회와 철학 연구회 엮음, 촛불, 어떻게 볼 것인가. 서울: 울력. 143-66.
박길성. 2010. "사회갈등과 공동가치의 모색," 한국사회과학협의회/경제 · 인문사회연구회 세미나(한국의 사회갈등과 선진적 갈등관리의 모색), 5월 28일, 서울.
박래군. 2008. "촛불항쟁의 전개과정과 직접민주주의: 진보적 인권운동의 관점에서 본 촛불항쟁," 진보평론. 9(2): 129-43.
박병련. 2009. "동양역사에서의 리더십," 홍재환 · 함종석(편). 2009. 국가경쟁력과 리더십. 법문사: 14-52.
박성진. 2004. "지율스님, 천성산 환경 평가서 졸속 비난," 조선일보. 10월 24일.
박승권. 2009. "IPTV 도입 및 기술 정책, 그리고 지속성," Communication and Convergence Review. 1(1): 82-106.
박익수. 1999. 한국 원자력 창업사: 1955-1980. 과학문화사.
박재환. 1992. 사회갈등과 이데올로기. 나남.
박정수. 2009. "교육정책: 공교육과 사교육," 윤수재 · 이민호 · 채종헌 편. 한국의 행정이념과 실용행정. 법문사: 6편10장.
박정훈 · 금현섭 · 전영한. 2008. 신용보증료율의 조정 필요성에 관한 연구. 서울대학교 행정대학원 행정연구소.

박종구 · 최재실. 2009. "비선호시설의 입지선정 갈등발생 요인에 관한 연구: 장사시설의 입지찬성 인식 형성," 한국지방자치학회 2009년 동계학술대회 자료집.

박 준 외. 2009. "한국의 사회갈등과 경제적 비용," 삼성경제연구소 CEO Information. #710.

박중훈 · 류현숙 편저. 2011. 공정사회와 갈등관리: 성공적 갈등 조정 · 협상사례 Ⅰ · II. 서울: 박영사.

박 진. 2007. 공공갈등관리 십계명. 행정포커스.

박 진 · 김동영 · 김광구 · 이선우. 2009. 공공갈등교육 매뉴얼: 군사시설 사례. 서울: KDI 국제정책대학원.

박 진 · 채종헌. 편저. 2006. 갈등조정, 그 소통의 미학. 서울: 굿인포메이션.

박찬욱. 2001. "서평: 영국 의회정치에 있어서 대표이론과 그 현실적 적용," 의정연구, 12: 229-38.

박찬욱 · 원시연. 2008. "입법부와 행정부의 관계," 한국행정연구원 편. 한국행정60년, 1948-2008. 법문사: 2부 4편 4장.

박치성 · 명성준. 2009. "정책의제 설정과정에 있어 인터넷의 역할에 관한 탐색적 연구 - 2008년 미국산 쇠고기 재협상 사례를 중심으로 -," 한국정책학회보. 18(3): 41-69.

박태순. 2010. 공공갈등의 발생원인과 해결을 위한 과제. 행정포커스. 9-13.

박태현. 2008. "환경분쟁조정제도의 선진화를 위한 법적 과제," 환경법연구. 30(3).

박통희. 2009. "공공문제 해결과 사회적 자본, 그리고 신뢰," 은재호 · 이광희(편). 국가 거버넌스 연구. 법문사: 43-123.

박통희 · 이현정. 2010. "공무원의 인구사회학적 특성과 감성지능: 한국 중앙정부의 공무원을 대상으로," 2010년 한국행정학회 동계학술대회 발표논문집, 행정학과 국가발전전략. 29-50.

박형규. 1994. "'국민정서'라는 이름의 도깨비," 사회평론 길. 8: 28-9.

박형신 · 이진희. 2008. "먹거리, 감정, 가족동원: 미국산 쇠고기 수입반대 촛불집회의 경우," 사회와 이론. 13: 147-83.

박형신 · 정수남. 2009. "거시적 감정사회학을 위하여," 제1회 한국학중앙연구원 현대한국연구소 국내학술회의 자료집, 감정연구의 새로운 지평. 13-33.

박형준 · 이인원. 2009. "지역개발정책수단으로서 협력적 지역거버넌스의 형성: 승리연합게임 모형을 통한 지역 파트너십 형성 모형 설정," 한국정책학보. 18(2): 7-35.

박호숙. 2009. "정책갈등 발생의 필연성과 갈등관리의 필요성," 지방행정. 58: 72-5.

박홍엽 외. 2007. 공공갈등: 소통, 대안, 그리고 합의형성. 서울: 르네상스.

박희봉 · 이기중 · 김명준. 2009. "퍼포먼스 이론에서 바라본 2008년 촛불집회의 과정과 파급효과," 한국행정학회 학술대회 발표논문집. 한국행정학회 2009년도 공동학술대회. 2009년 6월.

배귀희. 2007. 공공갈등관리를 위한 협력적 거버넌스의 탐색. 행정포커스 7-8월. 25-8

배명복. 2010. "거리로 나선 꿈을 잃은 세대," 중앙일보, 10월 26일.

배재현. 2009. "네트워크 거버넌스의 운영기제 분석," 한국행정연구. 18(2): 141-68.

백종섭. 2002. "서울시 추모공원 건립정책의 갈등원인과 해결방안," 한국사회와 행정연구. 8: 191-216.

베레진, 마벨. 2009. "안전 국가: 감정의 정치사회학을 향하여," 잭 바바렛 엮음. 박형신 옮김, 감정과 사회학. 서울: 이학사. 63-100.

변성수 · 배정환. "행정학 분야에서 갈등 연구경향 분석," 한국콘텐츠학회논문지. 10(1): 365-71.

사득환. 1997. "지방시대 환경갈등의 해결기제: 제3자 조정을 중심으로," 한국행정학보. 31(3): 187-202.

사회와 철학 연구회 엮음. 2009. 촛불, 어떻게 볼 것인가. 서울: 울력.

서원우 · 최송화. 1985. "환경분쟁조정제도의 개발에 관한 연구," 환경법연구. 7.

석인선. 2008. "환경영향평가절차상 주민참여: 미국과 우리나라의 경우에 관한 비교법적 고찰을 중심으로," 환경법연구. 30(2).

설계경. 2006. 環境關聯 集團訴訟制度에 관한 立法論的 考察. 법제 통권 제578호: 19-40/21.

성지은. 2006. "새로운 기술도입에 따른 정책갈등 양상 분석-DMB 사업자 선정을 중심으로," 한국정책학회보. 15(2): 159-85.

______. 2006. "정부 "공공갈등" 컨트롤타워 부재…분쟁시 속수무책" 7월 11일.

소영진. 2003. "전자정부 구축사업 추진체계의 딜레마와 극복방안 전자정부특별위원회 사례를 중심으로," 정보화정책. 10(2).

______. 2008. "공공성과 교육정책: 공교육제도를 중심으로," 윤수재 · 이민호 · 채종헌 편. 새로운 시대의 공공성 연구. 법문사: 3편1장5절.

송석휘. 2005. "공공갈등관리 사례연구 - 서울시 버스개혁사례를 중심으로," 2005년도 한국도시행정학회도시정부 추계학술회의 발표논문집. 2005년 12월.

스노우, C. P. 지음. 오영환 옮김. 2001. 두 문화. 서울: 사이언스북스.

신범순 · 양승일 · 박주용. 2006. "장묘복지를 둘러싼 조직간 정책갈등 분석: 제2화장장 입지선정을 둘러싼 서울시와 서초구 · 서초주민을 중심으로," 한국조직학회보. 3(1): 63-92.

신의기 · 정선태. 2008. "국가경쟁력 강화를 위한 법질서 확립 방안," 국가경쟁력강화위원회.
신진욱. 2007. "사회운동의 연대형성과 프레이밍에서 도덕감정의 역할," 경제와 사회. 73.
안광일. 1994. 정부갈등관리론. 서울: 대명출판사.
안성호. 2009. "중앙-지방관계: 중앙집권과 지방분권," 윤수재 · 이민호 · 채종헌 편. 한국의 행정이념과 실용행정. 법문사: 6편8장.
안영환. 2006. "효율적인 유해시설 입지선정의 조건에 관한 연구: 게임이론적 접근," 에너지경제연구. 5(2): 175-203.
안종석 · 박노욱 · 정재호 · 김진영. 2006. 교육재정의 효율성 제고방안 연구. 한국조세연구원.
안혜원 · 박대운 · 김학돈. 2008. "정책인식프레이밍 관점에서 새만금 사례와 동당댐 사례의 갈등비교연구," 한국콘텐츠학회. 한국콘텐츠학회논문지. 9(3): 270-77.
양기용 · 김창수. 2009. "정책갈등의 구조와 사회적 합의의 조건: 국책사업을 둘러싼 갈등에 대한 지역주민의 인식을 중심으로," 한국행정논집. 21(3): 967-97.
양기화. 2009. 눈초의 광우병 이야기. 서울: 도서출판 be.
엄묘섭. 2009. "감정의 시대: 문화와 집합행동," 문화와 사회. 6: 7-51.
염재호. 2005. "정책연구에서 시간개념 도입의 유용성," 한국행정학보. 39(4): 431-41.
오 균. 2010. "공공갈등관리정책방향," 서울대 행정대학원 정책지식포럼. #527.10.26.
오철우. 2009. "대중적 과학주의의 그늘 읽기: 촛불 정국에 나타난 과학 담론의 사용," 당대비평 기획위원회 엮음, 그대는 왜 촛불을 끄셨나요. 서울: 웅진씽크빅. 150-78.
우윤석. 2008. "감성지능적 정부의 개념화와 구현을 위한 모색: 미학적 유비추리와 도구적 활용을 중심으로," 행정논총. 46(2): 99-134.
______. 2009. "감성지능적 정부," 한국행정학회 온라인 행정학사전.
월오지역 주민성명서. 2003. 목련공원 집회 성명서. 8월 1일.
웨스턴, 드루 지음. 뉴스위크 한국판 옮김. 2007. 감성의 정치학. 서울: 중앙일보시사미디어.
유영성. 2008. 미국의 물 갈등관리 연구. 경기개발연구원.
유해운 · 권영길 · 오창택. 1997. 환경갈등과 님비이론. 서울: 산학사.
유홍림 · 윤상오. 2006. "전자정부 추진과정에서 부처 간 갈등 분석: 행자부와 정통부 간 갈등을 중심으로," 한국정책과학학회보. 10(4): 397-421.
윤견수. 2001. "선택상황의 구성방식과 의사결정자의 딜레마," 한국정책학회보. 10(1): 5-30.
______. 2006. "정부의 결정을 딜레마 상황으로 가게 하는 요인과 그에 대한 대응책에 관한 연구," 한국행정연구. 15(1): 71-100.
윤견수 · 하민철. 2005. "전자정부의 딜레마: 향해의 메타포와 스토리텔링 관점에서," 한국조직학회보. 2(1). 73-99 .

윤명희. 2008. "합리성의 감성적 고찰," 문화와 사회. 4: 43–72.

______. 2009. "청소년과 디지털 참여 – 커뮤니티의 감성적 상호작용 분석을 중심으로," 한국사회학. 43(5): 210–44.

윤상오. 2006. "정부부처간 정보공동활용 장애요인 분석," 정보화정책. 13(4): 149–66.

윤수재 · 이민호 · 채종헌. 2008. 새로운 시대의 공공성 연구. 파주: 법문사.

윤순진. 2005. "2005년 중 · 저준위 방사성 폐기물 처분시설 추진과정과 반핵운동," 시민사회와 NGO. 4(1): 277–311.

______. 2005. "주민이 선택한 방폐장 부지선정, 우리 모두의 승리?" 녹색사회. 18: 10–25.

은재호 · 윤광석, 2009. "갈등조정 전문가 인증제의 제도화를 위한 탐색적 연구," KIPA, 연구보고서#2009–27.

이강석. 2005. "환경분쟁조정제도의 개선방안 연구: 조정사례 중 민사소송을 중심으로," 연세대학교 석사학위논문.

이경환. 2000. "환경분쟁조정사례분석을 통한 조정제도의 활성화방안에 관한 연구," 연세대학교 보건학 박사학위논문.

이경훈. 2003. "혐오시설의 입지선정과 지역갈등의 효율적 관리: 생곡쓰레기매립장 사례를 중심으로," 지방행정. 52(593): 114–26.

이기영. 2006. "국내 중소기업 신용보증제도의 평가 및 개편방향," 재정논집. 20(2): 203–29.

이달곤. 2005. 협상론–협상의 과정. 구조. 그리고 전략. 제3판. 서울: 법문사.

이대희. 2007. 감성정부. 서울: 대영문화사.

이득재. 2008. "촛불집회의 주체는 누구인가," 문화과학. 55.

이명석. 2002. "거버넌스의 개념화: '사회적 조정'으로서의 거버넌스," 한국행정학보. 36(4): 321–38.

이미숙. 2006. "환경운동 안에서의 여성의 역할–부안 반핵 운동 사례를 중심으로," 성공회대학교 NGO대학원 석사학위논문.

이민창. 2001. "정책변동의 제도론적 분석: 그린벨트와 영월댐 사례를 중심으로," 서울대학교 대학원 행정학 박사학위논문.

______. 2005. "정책갈등현상의 제도론적 해석: NIMBY 사례를 중심으로," 한국정책학보. 14(1): 71–96.

______. 2006. "재산권 이론의 정책학적 기여에 관한 소고: 이론적 함의를 중심으로," 행정논총. 44(2): 277–310.

이민창 · 한종희 · 안병철. 2005c. "지방정부간 갈등관리의 성패요인: 폐기물 처리시설과 공항건설사례를 중심으로," 지방행정연구. 19(3): 71-93.
이상호 · 김재범. 2006. "방송 통신 융합 관련 규제정책 논의 전개와 기업들의 대응전략 연구: IPTV를 중심으로," 정보통신정책연구. 13(3): 147-76.
이선우. 2001. "정책갈등관리행태의 문화적 분석," 한국행정학회 2001년도 하계학술대회 발표논문집.
______. 2007. "갈등관리와 거버넌스-조정 프로세스 사례를 중심으로,". 국정관리연구. 2(2): 75-100.
이선우 외. 2008. 경인운하사업 갈등영향분석. 한국인사행정학회.
______. 2010. 국립서울병원갈등조정운영과 합의에 관한 연구. 국정관리학회.
이선우 · 김동현 · 이혁우 · 임동완 · 홍수정(역). 2007. 분쟁조정전략매뉴얼. 서울: 에피스테메.
이선우 · 오성호. 2004. 협상론. 한국방송통신대학교 출판부.
이선우 · 오성호. 2004. 협상조정론. 한국방송통신대학교 출판부.
이선우 · 홍수정. 2011. "송 · 변전설비 건설갈등을 통해 본 보상에 이르는 길: 과정과 선택," 한국행정학회 춘계학술대회 발표집.
이성식 · 전신현. 1995. "서론," 이성식 · 전신현(편), 감정사회학. 서울: 한울.
이성우 · 민성희 · 박지영 · 윤성도. 2005. 로짓 · 프라빗모형 응용. 서울: 박영사.
이영민. 2008. "인터넷 커뮤니티와 사회운동의 새로운 패러다임: 멀티플 멤버십, 자기 동원, 집단적 프레이밍," 한국정치사회학회 특별 심포지엄 발표논문, 촛불집회와 한국사회.
이영범 · 허찬행 · 홍근석. 2008. "정책 대상 집단의 사회적 형성과 정책설계: IPTV 도입 정책을 중심으로," 한국정책학회보. 17(3): 1-33.
이영희. 2004. "민주화와 사회갈등: 공공정책을 둘러싼 사회갈등의 이해," 동향과 전망. 61: 36-67.
이재규. 1998. 조직갈등관리론. 서울: 박영사.
이종범. 2005. "불확실성, 모호성과 딜레마 상황에서 절차적 합리성의 탐색," 행정논총. 43(4): 1-27.
이종범 외. 1994. 딜레마이론: 조직과 정책의 새로운 이해. 서울: 나남출판.
이종열 · 최미옥. 2009. "사회저항운동의 쟁점주기와 프레임 분석: 미국산쇠고기 수입협상 사례를 중심으로," 한국행정연구. 18(1): 131-59.
이주헌 · 박치성 2010. "지역사회서비스 전달 네트워크 거버넌스 유형에 대한 탐색적 연구: 서울시 자치구를 중심으로," 한국행정학보. 44(3): 1-35.
이준웅. 2000. "프레임, 해석, 그리고 커뮤니케이션 효과," 언론과 사회. 29: 85-153.

______. 2005. "갈등적 사안에 대한 여론 변화를 설명하기 위한 프레이밍 모형 검증 연구: 정부의 통일정책에 대한 뉴스 프레임의 형성과 해석적 프레임의 구성을 중심으로," 한국언론학보. 49(1): 133-62.
이중훈 · 김동찬 · 김기황 · 석혜준 · 이만형. 2007. "SD를 이용한 화장장 입지결정 관리모형 구축: 청주 목련공원 중심으로," 한국시스템다이나믹스학회 2007년 춘계학술대회 자료집.
이창호 · 정의철. 2008. "촛불문화제에 나타난 청소년의 사회참여 특성에 대한 연구," 언론과학연구. 8(3): 457-91.
이필렬. 2001. "한국의 반핵운동과 에너지 대안운동," 녹색평론, 56(1-2월).
이한빈. 1968. 사회변동과 행정. 박영사.
이해진. 2008. "촛불집회 10대 참여자들의 참여 경험과 주체 형성," 경제와 사회. 80: 68-108.
이혁우 · 조병훈 · 문광휘. 2009. "정책프레임 형성의 편향성 분석: 휴리스틱스적 판단한계를 중심으로," 한국정책학회 추계학술대회 자료집.
이현정 · 박통희. 2010. "감성지능과 조직시민행동: 한국 중앙공무원을 대상으로," 2010년 한국행정학회 동계학술대회 발표논문집, 행정학과 국가발전전략. 1-27.
이호영 · 황지연 · 권헌영 · 김상배 · 김용철 · 김예란 · 김현경 · 백욱인 · 송경재 · 이지원 · 이삼열 · 장덕진. 2008. "한국 인터넷 문화의 특성과 발전방안 연구," 정책연구. 정보통신정책연구원.
이훈구 외. 2003. 정서심리학. 서울: 법문사.
이훈이. 2007. 한국, 한국인: 우리는 누구이며 어디로 가고 있는가?. 서울: 지식더미.
이희정. 2004. "법의 지배와 행정법상 재판외 분쟁해결수단," 서울대학교 박사학위논문.
______. 2006. "환경분쟁의 발생배경, 유형 그리고 대책-환경분쟁조정제도의 기능 강화의 관점에서-," 환경법연구. 28(1): 3-42.
임도빈. 2010. 정부조직과 시간관리. 서울: 서울대학교출판문화원.
임도빈 · 이시원 · 김준기 · 정준금. 2008. "정책결정 소요시간에 관한 연구: 참여정부의 대통령 주요정책을 중심으로," 한국정치학회보. 42(2): 191-217.
임동진. 2011. "공공갈등관리의 실태 및 갈등해결 요인분석," 한국행정학보. 45(2)(2011 여름): 291-318.
임민혁. 2005. "내딸 지율스님 살려주세요," 조선일보. 1월 27일.
임준형. 2008. "공공성과 환경정책: 환경레짐을 중심으로," 윤수재 · 이민호 · 채종헌 편. 새로운 시대의 공공성 연구. 법문사: 3편1장6절.
장영두. 2001. "협상에 기초한 지방정부와 주민간의 대안적 환경분쟁해결방안," 한국행정논집. 13(3): 693-718.

장현주. 2006. “정책집행 권한의 이양과 거버넌스의 변화: 미국 뉴욕 주정부와 지방정부의 사례연구,” 한국행정연구. 15(1): 263-93.

______. 2008. “공공갈등의 원인과 이해관계 분석: 문화재관람료 징수 갈등사례를 중심으로,” 한국정책과학학회보. 11(4): 25-50.

______. 2009. 지역복지 거버넌스의 협의기능에 영향을 미치는 요인. 한국지방자치학회보. 21(3): 141-60.

장현주 · 배귀희. 2010. “제도분석틀을 적용한 이해관계자간 갈등의 탐색: 화물운송시장 표준운임제를 중심으로,” 한국행정연구. 19(2): 133-53.

전경운. 2004. “환경분쟁조정제도의 현황과 문제점,” 환경법연구. 26(3): 234.

전신현. 2009. “감정과 도움행동,” 제1회 한국학중앙연구원 현대한국연구소 국내학술회의 자료집, 감정연구의 새로운 지평. 1-12.

전용덕. 2003. “화물연대 집단행동이 남긴 과제,” 한국논단. 7월호: 109-116.

전주상. 2000. “비선호시설 입지갈등요인에 관한 연구: 노원, 목동, 강남쓰레기 소각장 건설 사례의 비교분석,” 한국사회와 행정연구. 11(2): 275-95.

전주상. 2000. “지방정부와 주민간 정책갈등에 관한 연구,” 서울대학교 행정학 박사학위논문.

______. 2002. “입지갈등의 구조분석: 강남쓰레기소각장 건설사례를 중심으로,” 한국사회와 행정연구. 13(3): 239-63.

정건화. 2007. “사회갈등과 사회과학적 갈등분석,” 동향과 전망. 71: 11-50.

정국환 외. 2009. 정보화 추진과정상의 갈등관리와 추진전략 연구. 정보통신정책연구원.

정국환 · 김희연 · 양동복. 2009. “디지털 전환 정책의 효율적 추진을 위한 갈등관리 방안,” 정보통신정책연구원. KISDI 이슈리포트.

정국환 · 김희연 · 정인숙 · 양동복 · 박진. 2008. “방통융합의 갈등관리를 위한 정책결정 거버넌스 연구. 정보통신정책연구원.

정국환 · 김희연. 2008. “전자정부갈등관리와 추진체계관련 시사점: 통합전산센터의 경우를 중심으로,” 한국행정학회.

정규호. 2007. “정책갈등의 참여적 해결을 위한 합의형성적 접근의 의미와 과제: 한탄강댐 건설을 둘러싼 갈등을 중심으로,” 한국정책학회보. 16(2): 91-118.

정남철. 2008. “환경정책과 공공갈등해결에 관한 법적 고찰,” 공법학연구. 9(1).

정상윤 · 정인숙. 2005. “방송통신융합서비스 정책과정에서 나타나는 갈등유형과 갈등관리: IPTV 사례를 중심으로,” 한국언론정보학보. 31: 295-326.

정용덕. 2001. 현대국가의 행정학. 서울: 법문사.

______. 2002. 한일 국가기구 비교연구. 서울: 대영문화사.

______. 2004. "미국의 행정부 개혁," 서울대미국학연구소 · 미래인력연구원(편). 21세기 미국의 거버넌스. 서울: 서울대출판부: 209-54.

______. 2008. "서론," 한국행정연구원 (편). 한국행정 60년, 1948-2008. 법문사: 제1편 제1장.

______, 2009a. "발행인 칼럼: '소용돌이' 한국정치와 국가경쟁력," 한국행정연구원. 행정포커스. #0901/02.

______. 2009b. "서론: 행정이념과 실용행정," 한국행정학보. 43(1): 1-16.

______. 2009c. "공무원 교육훈련 60년: 평가와 발전방안," 중앙공무원교육원. 공무원교육훈련 60년사. 과천: 중앙공무원교육원: 758-89.

______. 2009d. "'녹생성장'과 국가인재 개발," 공무원교육과 정책. 2: 1-20.

______. 2011. "한국 행정학에서 무엇을 어떻게 연구할 것인가?" 박종민 · 윤견수 · 김현준 (편). 한국 행정학의 방향: 교육, 연구 및 제도. 서울. 박영사. 제3장(79-108).

정익재. 2007. "An empirical review of Korean perception for technological risks," 한국안전학회지. 22(6): 91-7.

정인숙. 2006. "방송통신융합과 IPTV도입에 대한 상황 이론적 접근의 유용성," 언론정보연구. 42(2): 67-97.

정정길 외. 2005. 행정의 시차적 접근. 서울: 박영사.

정정길 · 최종원 · 이시원 · 정준금 · 정광호. 2010. 정책학원론. 서울: 대명출판사.

정정화. 2007. "환경갈등과 언론: 부안 방폐장에 대한 이해집단과 미디어 프레임 비교분석," 한국정책학회보. 16(3): 177-208.

정주용 · 길종백. 2007. "비선호시설 입지수용성 향상을 위한 지방정부의 역할 탐색: 제천시 자원관리센터 부지선정 사례를 중심으로," 한국정책학회보. 16(2): 255-80.

정지범 · 류현숙. 2009. "한국인의 사회위험지각과 정책적 함의," 한국행정연구원.

정회성 · 이창훈. 2005. 환경갈등 현황 및 정책과제. 경제 · 인문사회연구회 협동연구총서.

조경엽 · 송원근 · 정연호 · 김필헌. 2008. "촛불시위의 사회적 비용," 정책연구. 한국경제연구원. 2008년 4월.

조기숙 · 박해육. 2008. "광장의 정치와 문화적 충돌: 2008촛불집회에 대한 경험적 분석," 한국정치학회보. 42(4): 243-68.

조만형 · 김이수. 2009. "협력적 거버넌스 구축에 관한 실증적 연구: 광명시와 구로구간 환경기초시설 빅딜사례를 중심으로," 한국사회와 행정연구. 20(2): 215-39.

조성배 · 문영기 · 데무라카츠히코. 2008. "한탄강 댐건설에 따른 갈등흐름 분석과 합의형성의 의미," 한국주거환경학회지. 6(1): 69-85.

조성은. 2008. “방송통신위원회의 조직 정체성 진단,” 정부학연구. 14(4): 7-43.

조승현. 2005. “비선호시설 입지선정의 성공요인에 관한 연구: 익산시 폐기물처리시설 입지선정 사례를 중심으로,” 지방행정연구. 19(3): 295-316.

조홍식. 2006. “대안적 분쟁해결제도(ADR)의 경제학-환경분쟁조정제도에 대한 평가를 중심으로,” 비교사법 통권. 32.

______. 2006. “대안적(代案的) 분쟁해결제도(ADR)의 경제학: 환경분쟁조정제도에 대한 평가를 중심으로,” 법학. 47(1): 13-75.

조희봉. 2005. “원자력 안전에 대한 국민신뢰 향상대책,” 제 2회 원자력 안전포럼.

주경일. 2002. “폐기물처리시설 입지갈등문제에 대한 인지적 접근: 집단프레임의 관점에서,” 정부학연구. 8(2): 336-71.

주재복 · 홍성만. 2001. “중앙부처간 정책갈등과 조정기제: 동강댐건설을 둘러싼 건교부와 환경부의 대응행동을 중심으로,” 한국행정학회 2001년도 하계학술대회 발표논문집.

주정민. 2001. “위성방송사업자 선정의 딜레마와 정책대응에 대한 연구,” 한국방송학보. 15(2): 381-423.

차성수 · 민은주. 2006. “방폐장 부지선정을 둘러싼 갈등과 민주주의,” ECO. 10(1): 43-70.

차용진. 2007. “위험인식과 위험분석의 정책적 함의,” 한국정책학회보. 16(1): 97-116.

채재은. 2005. “OECD 주요국의 대학 학자금 지원제도 비교 분석 연구,” 비교교육연구. 15(1): 143-66.

채종헌. 2009. “사회 네트워크 분석을 활용한 공공갈등의 구조분석,” 한국행정학보. 43(2): 147-76.

채종헌 · 김재근. 2009. “공공갈등에서 협력적 거버넌스의 구성과 효과에 관한 연구: 경기도 이천시 환경기초시설 입지갈등 사례,” 지방행정연구. 23(4): 107-36.

최경운. 2006. “2조 날린 도롱뇽 소송 3년 만에 마침표,” 조선일보. 6월 2일.

최광식. 2005. “원자력안전과 규제에 대한 대중신뢰 구축을 위한 정책방향,” 제 2회 원자력 안전포럼.

최병록. 2007. “우리나라 환경분쟁조정제도의 현황과 발전방안,” 환경법연구. 29(2): 407-532.

최병선. 1994. “부처간 정책조정의 개선: 경제정책분야를 중심으로,” 김영평 · 최병선. 행정개혁의 신화와 논리. 서울: 나남출판.

최연홍. 1999. “방사성폐기물처분장 입지선정 과정을 통해서 본 NIMBY현상,” 환경정책. 7(2): 175-203.

최연홍 · 오영민. 2004. “정책 수용성의 시간적 변화: 위도 방사성폐기물 처분장 입지 갈등

사례," 한국정책학회보. 13(1): 297–319.

최장집. 2008. "촛불집회가 제기하는 한국민주주의의 과제," 토론회 "촛불집회와 한국 민주주의" 발표문. 2008년 6월 16일.

최종후 외 5인 공저. 2002. AnswerTree 3.0을 이용한 데이터마이닝 예측 및 활용. SPSS Korea(주) 데이터솔루션.

최진식. 2008. "주민투표 후 방폐장에 대한 위험판단과 위험수용성에 관한 연구," 한국행정학보. 42(2): 149–68.

______. 2009. "위험인식의 사회적 증폭요인에 관한 연구," 한국정책과학학회보. 13(3): 165–88. 165–88.

최흥석 · 홍성만. 2004. "수자원공급의 거버넌스 변화분석: 정책공동체에서 이슈네트워크로," 한국행정논집. 16(1): 49–79.

최흥석 · 홍성만 · 주경일. 2003. "사회적 갈등의 근거이론적 이해: 댐건설을 중심으로," 한국행정학보. 37(4): 169–91.

추장민 외. 2006. 환경분쟁조정 기능 강화 등 중장기 발전 방향 연구. 한국환경정책평가연구원 · 중앙환경분쟁조정위원회.

퍼즈, 앨런 · 바바라 퍼즈 지음. 이종인 옮김. 2000. 말을 듣지 않는 남자, 지도를 읽지 못하는 여자. 서울: 가야넷.

페터스, 한스 페터 · 송해룡 지음. 송해룡 옮김. 2001. 위험 커뮤니케이션. 서울: 커뮤니케이션북스.

표시열. 2008. "행정부와 사법부의 관계," 한국행정연구원 편. 한국행정60년, 1948–2008. 법문사: 2부4편5장.

하민철. 2007. "정책문제해결기구의 설계와 제도화: 김대중 정부시기 노사정위원회를 중심으로," 정부학연구. 13(4): 63–111.

하민철 · 윤견수. 2004. "행위자들의 양면적 상황설정과 딜레마, 그리고 제도화: 노사정위원회의 제도화 과정을 중심으로," 한국행정학보. 38(4): 63–84.

______. 2010. "메타프레임으로서 녹색성장(Green Growth) 정책: 딜레마 대응방안으로서 메타프레임 구성," 한국정책학회보. 19(1): 101–25.

하승수. 2005. "방폐장 주민투표, 무엇이 문제인가?" 함께 사는 길, 2005년 11월호.

하연섭. 2010. "정책아이디어, 틀 짓기, 사회적 담론 형성의 관계에 관한 연구: 교육정책을 중심으로," 행정논총. 48(2): 189–215.

하준경. 2006. 인적자본에 대한 투자 증가가 금융시장에 미치는 영향. 한국금융연구원.

하혜영. 2007. "공공갈등 해결에 미치는 영향요인 분석: 갈등관리 요인의 효과를 중심으로," 한국행정학보. 41(3): 273-96.

______. 2007. "공공부문 갈등해결에 미치는 영향요인 연구," 서울대학교 행정학 박사학위논문.

______. 2009. "공공갈등연구의 경향과 과제," 한국 사회와 행정연구. 20(2): 163-86.

______. 2009. "환경분쟁에서 조정성립의 결정요인에 관한 연구: 조정성립 요인의 판별과 예측을 중심으로," 한국행정학보. 43(4): 335-57.

______. 2011. "정부갈등해결을 위한 ADR 기구 연구: 법적 접근을 중심으로," 한국행정학회 2011 춘계학술대회 발표논문.

하혜영 외. 2007, "한국 공공갈등의 발생과 해결," 한국정책학회보, 16(4): 329 -357.

한귀현. 2004. 행정상의 갈등해소를 위한 법제개선방안 연구.

______. 2006. "獨逸行政法上 行政節次에서의 調停을 통한 行政葛藤解決의 可能性과 限界," 법제연구. 31.

한덕웅. 2006. "한국문화에서 사회규범에 따른 행동들이 주관안녕에 미치는 영향," 한국심리학회지. 11(2): 363-87.

허 영. 2008. "촛불집회, 통치의 패러다임 변화인가 선거불복종 운동인가," 고시계. 53(8): 2-6.

홍기선 · 황 근. 2005. "방송 · 통신융합에 대응한 정부정책평가: 규제기구 간 정책갈등을 중심으로," 한국뉴미디어방송협회 세미나 발표 논문.

홍성태 역. 1997. 위험사회-새로운 근대(성)를 향하여. Beck, U. 1986.

홍윤기. 2009. "'무자년 촛불 항쟁'과 다중성 시민, 그리고 농성권력," 사회와 철학 연구회 엮음, 촛불, 어떻게 볼 것인가. 서울: 울력. 265-95.

홍준형. 2006. "환경분쟁조정제도의 실효성 및 실효성 제고방안에 대한 고찰," 환경법연구. 28(1): 135-65.

______. 2008. 공공갈등의 관리, 과제와 해법. 파주: 법문사.

홍현표 · 김한수. 2005. "지율스님 삶의 희망 버려," 조선일보. 2월 1일.

황준석 · 전영만 · 김태유. 2005. "통신방송 융합과 바람직한 제도화 방안," 정보통신정책연구. 12(3): 129-56.

힐, 댄 지음. 이정명 옮김. 2004. 감각마케팅. 서울: 비즈니스북스.

Acharya, Amitav. 2004. "Whose Norms Matter? Norm Localization and Institutional Change in Asian Regionalism," International Organization. 58(2): 239-75.

Administration (IASIA) and the 28th International Congress of Administrative

Sciences of IIAS–IASIA, Nusa Dua, Bali, Indonesia, 12–17 July 2010.

Albrecht, S., R. Amey, and A. Sarit. 1996. "The Siting of Radioactive Waste Facilities: What are the Effects on Communities?" Rural Society. 61: 649–673.

Althaus, S. 2003. Collective Preferences in Democratic Politics: Opinion Surveys and the Will of the People. Cambridge University Press.

Amenta, E. N. et al. 2002. "Challengers and States: Toward a Political Sociology of Social Movements," in B. Bobratz et al, eds. Sociological Views on Political Participation in the 21st Century. Elsvier Science.

Amy, D. J. 1990. "Environmental dispute resolution: the promise and the pitfalls," In Vig, N. J. and Kraft, M. E. eds., Environmental policy in the 1990s: toward a new agenda, 211–34. Washington, DC: CQ Press.

Andrew, J. S. 2001. "Making or Breaking Alternative Dispute Resolution? Factors influencing its success in waste management conflicts," Environmental Impact Assessment Review. 21(1): 23–57.

Ansell, C. and Gash, A. 2008. "Collaborative Governance in Theory and Practice," Journal of Public Administration Research and Theory. 18(4): 543–71.

Armour, A. M. 1991. "The siting of locally unwanted land uses: Towards a cooperative approach," Progress in Planning, 35: 1–74.

Aubert, V. 1963. "Competition and Dissensus: Two Types of Conflict and Conflict Resolution," Journal of Conflict Resolution. 7(1): 26–42.

Axelrod, Robert. and Hamilton, William D. 1981. "The Evolution of Cooperation," Science, New Series. 211(4489): 1390–6.

Bae, K. H. 2009. "How Does Collaborative Governance Work for Waste Facility Siting: Focusing on the Case of Gunpo City in Korea," Korean Public Administration Quarterly.21(2): 707–27.

Bahk, C. M. and Neuwirth, K. 2000. "Impact of Movie Depictions of Volcanic Disaster on Risk Perception and Judgment," International Journal of Mass Emergencies and Disasters. 18(1): 63–84.

Bakir, V. 2005. "Greenpeace vs. Shell: media exploitation and the social amplification of risk framework," Journal of Risk Research. 8(7–8): 679–91.

______. 2006. "Policy Agenda Setting and Risk Communication: Greenpeace, Shell and Issues of Trust," Press/Politics. 11(3): 67–88.

Barbalet, Jack ed. 2002. Emotions and Sociology. Oxford: Blackwell.

Bartlett, F. C. 1932. Remembering: A study in experimental and social psychology. Cambridge: Cambridge University Press.

Bateson, G. 1972. Steps to an ecology of mind. New York: Ballantine Books.

Beck, U. 1992. Risk Society: Towards a New Modernity. Sage: Newbury Park.

Bell, S. and A. Hindmoor. 2009. Rethinking Governance: The Centrality of the State in Modern Society. Cambridge Univ. Press.

Benford, R. and D. Snow. 2000. "Framing Processes and Social Movement: An Overview and Assessment," Annual Review of Sociology. 26: 611-39.

Bercovitch, J. 1984. Social Conflict and Third Parties: strategics of conflict resolution. Boulder. CO: Westview Press.

Berezin, Mabel. 2001. "Emotions and Political Identity: Mobilizing Affection for the Polity," in Jeff Goodwin, James M. Jasper and Francesca Polletta eds., Passionate Politics: Emotions and Social Movements. Chicago: The University of Chicago Press.

Berger, P. and T. Luckman. 1967. The Social Construction of Reality. New York: Anchor.

Bernhard, Helen., Fehr, Ernst. and Fischbacher, Urs. 2006. "Group Affiliation and Altruistic Norm Enforcement," The American Economic Review. 96(2): 217-21.

Bingham G. 1986. Resolving Environmental Disputes: a Decade of Experience. Washington. DC: The Conservation Foundation.

______. 1997. "Mediation Employment Disputes: Perceptions of Redress at the United States Postal Service," Review of Public Personnel Administration. 17(2).

Bingham, L. and R. O'Leary. eds. 2008. Big Ideas in Collaborative Public Management.London: M.E. Sharpe.

Birkland, T. 2005. An introduction to the policy process. M.E. Sharpe.

Blau, P. M. 1964. Exchange and Power in Social Life. New York: John Wiley.

Borgatti, S. P., Everett, M. G., and Shirey, P. R. 1990. "LS Sets, Lambda Sets, and Other Cohesive Subsets," Social Networks. 12: 337-58.

Bosk, C. L. 1988. "The rise and fall of social problem: A public arenas model, "American Journal of Sociology. 94(1): 53-78.

Brass, D. J., Galaskiewicz, J., Greve, H. R., and Tsai, W. 2004. "Taking Stock of

Networks and Organizations: A Multilevel Perspective," Academy of Management Journal. 47: 795–817.

Braun, D. and A. Busch eds. 1999. Public Policy and Political Ideas. Cheltenham: Edward Elgar.

Brickman, P. 1974. Social Conflict: readings in rule structures and conflict relationships. Lexington, MA: D.C. Health.

British Columbia Citizen's Assembly on Electoral Reform. 2004. Making every vote count: The Case for electoral reform in British Columbia. Final Report.

Buckle L. G. and Thomas–Buckle S. R. 1986. "Placing environmental mediation in context: lessons from failed' mediations," Environmental Impact Assess Review. 6(1): 55–72.

Burgess, H., and Burgess, G. 1996. "Constructive confrontation; A transformative approach to intractable conflicts," Mediation Quarterly. 13: 305–22.

Burt, R. S. 1992. Structural Holes: The Social Structure of Competition. Cambridge: Harvard University Press.

Caiden, N. and A. Wildavsky, 1974, Planning and Budgeting in poor Countries. NY: Wiley.Cooper. T. 2009. "Collaborative Public Governance: Implications for Civic Engagement," in Y.

Campbell, John L. 2004. Institutional Change and Globalization. Princeton: Princeton.

Cannon, M. 1985. "Judicial Administration to the 21st Century," Public Administration Review. 45(5).

Carnevale, D. 1993. "Root Dynamics of Alternative Dispute Resolution: An Illustrative Case in the U.S. Postal Service," Public Administration Review. 53(5).

Carroll, W. K., and Ratner, R. S. 1996. "Master framing and cross–movement networking in contemporary social movements," The Sociological Quarterly. 37(4): 601–26.

Choi, S. O. and R. Brower, 2006. "When Practice Matters More Than Government Plans: A Network Analysis of Local Emergency Management," Administration and Society. 37(6): 651–78.

Choi, S. O. 2010. "Collaborative Governance in the Low–Income Housing Services in the United States: Roles of Nonprofit Organizations," Presented at the 2010

Korean Association for Public Administration International Conference.

Choi, Y. H. 2005. "Low-Level Radioactive Waste Management: The U.S. and South Korea," KOREA OBSERVER. 36 NO.2.

Christie, H. and Munro, M. 2003. "The Logic of Loans: Students' Perceptions of the Costs and Benefits of the Student Loan," British Journal of Sociology of Education. 24(5): 621-36.

Chung, J. B. and Kim, H. K. 2009. "Competition, Economic Benefits, Trust, and Risk Perception in Siting a Potentially Hazardous Facility," Landscape and Urban Planning, 91: 8-16.

Chung, J. B., Kim, H. K. and Rho, S. K. 2008. "Analysis of Local Acceptance of a radioactive Waste Disposal Facility," Risk Analysis, 28(4): 1021-32.

Clarke, Simon, Paul Hoggett and Simon Thompson eds. 2006. Emotion, Politics and Society. New York: Palgrave Macmillan.

Collins, R. 1984. "The Role of Emotion in Social Structure," in Klaus R. Scherer and Paul Ekman eds., Approaches to Emotion. Hillsdale: Lawrence Erlbaum.

Cook, K. Emerson, R., Gilmore, M. and Yamagishi, T. 1983. "The Distribution of Power in Exchange Networks: Theory and Experimental Evidence," American Journal of Sociological Review. 43: 21-739

Corvette, Barbara A. Budjac. 2007. Conflict Management. New Jersey: Prentice Hall.

Coser, L. A. 1964. The Functions of Social Conflict. NY: Free Press.

______. 1967. Continuities in the Study of Social Conflict. NY: Free Press.

Cress, D. and D. Snow. 1996. "The Outcome of Homeless Mobilization," American Journal of Sociology. 105: 1063-1104.

Dahrendorf, R. 1959. Class and Class Conflict in Industrial Society, London and Henley: Routledge and Kegan Paul.

Das, S. and Teng, B. 2000. "A Resource-Based Theory of Strategic Alliances," Journal of Management. 26(1): 31-61.

Dearing, J. W. and Rogers, E. M. 1996. Agenda-setting. Sage Publications.

Deutsch, M. 1973. The Resolution of Conflict: Constructive and Destructive Processes. New Haven, London: Yale University Press.

Diamond, Larry and Byung-Kook Kim. 2000. Consolidating democracy in South

Korea. Lynne Rienner Publishers, Inc.

Dijk, T. A. Van. 1980. Macrostructures: an interdisciplinary study of global structures in discourse, interaction, and cognition. Hillsdale, N.J.: L. Erlbaum Associates.

DiMaggio, P. J. and Powell, W. W. 1983. "The Iron Cage Revisited: Institutional Isomorphism and Collective Rationality in Organizational Fields," American Sociological Review. 48(2): 147–60.

______. 1991. The New Institutionalism in Organizational Analysis. Chicago: University of Chicago Press.

Doré, François Y. and Gilles Kirouac. 1985. "Identifying the Eliciting Situations of Six Fundamental Emotions," Journal of Psychology. 119(5): 423–40.

Douglas, M. and Wildavsky, A. 1982. Risk and Culture. University of California Press.

Downs, A. 1972. "Up and down with ecology: the issue–attention cycle," Public Interest. 28: 38–50.

Drake, L. E., and Donohue, W. A. 1996. "Communicative framing theory in conflict resolution," Communication Research. 23(3): 297–322.

Dryzek, J. and P. Dunleavy. 2009. Theories of the Democratic State. Palgrave Macmillan.

Dufwenberg, Martin. and Lundholm, Michael. 2001. "Social Norms and Moral Hazard," The Economic Journal. 111(473): 506–25.

Dukes, E. F. 1996. Resolving Public Conflict: Transforming community and governance. Manchester and NY: Manchester University Press.

Dunleavy and O'Leary. 1987. Theories of the State. London: Macmillan Education.

Elam, M. and G. Sundqvist. 2009a. "The Swedish KBS Project: A Last Word in Nuclear Fuel Safety Prepares to Conquer the World?," Journal of Risk Research,, 12(7and8): 969–88.

______. 2009b. "Meddling in the KBS Programme and Swedish Success in Nuclear Waste Management. Managing Radioactive Waste: Problems and Challenges in a Globalizing World," University of Gothenburg, 15th – 17th December 2009.

Eldridge, J. and Reilly, J. 2003. Risk and relativity: BSE and the British media. In N. Pidgeon, R. E. Kasperson and P. Slovic ed. "Assesing Fifteen Years of

Research and Theory," The Social Amplification of Risk. Cambridge, UK: Cambridge University Press: 138–155.

Elster, Jon. 1986. Rational Choice. Basil Blackwell.

______. 1989. The Cement of Society: A Study of Social Order. New York: Cambridge university press.

Emerson, R. 1962. "Power–Dependence Relations," American Sociological Review. 27: 31–41.

______. 1972. Exchange Theory, Part I: A Psychological Basis for Social Exchange. In J. Berger, M. Zelditch, Jr. and B. Anderson eds., Sociological Theories in Progress. Boston: Houghton_Mifflin.

Entman, R. M. 1993. "Framing: Toward clarification of a fractured paradigm," Journal of Communication 43(4): 51–8.

Erdman, Sol and Lawrence Susskind. 1996. Reinventing Congress for the 21st Century: Toward a politics of accountability, participation, and consensus. The MIT–Harvard Public Disputes Program.

______. 2008. The Cure for Our Broken Political Process: How We Can Get Our Politicians to Resolve the Issues Tearing Our Country Apart. Potomac Books, Inc. Washington, D.C.

Etzioni, A. 1968. The Active Society: A Theory of Social and Political Processes. NY: Free Press.

Etzioni–Halevy, E. 1985. Bureaucracy and Democracy: A Political Analysis. Chicago: Aldine Publishing.

Eun, J. H. 2009. "Collaboration in Governance: A Study on Conflict Management in Korean Local Administration through IAD Framework," Korean Journal of Local Government Studies. 21(1): 173–99.

Fein, Adam J. and Anderson, Erin. 1997. "Patterns of Credible Commitments: Territory and Brand Selectivity in Industrial Distribution Channels," Journal of Marketing. 61: 19–34.

Ferree, M. M., Gamson, W. A., Gerhards, J. and Rucht, D. 2002. Shaping Abortion Discourse: Democracy and the Public Sphere in Germany and the United States. New York, NY: Cambridge University Press.

Fischhoff, B. et al. 1978. "How Safe is Safe Enough?: A Psychometric Study of

Attitudes toward Technological Risks and Benefits," Policy Science, 9: 127–52.
Flynn, J., Slovic, P. and Kunreuther, H. 2001. Risk, Media and Stigma: Understanding Public Challenges to Modern Science and Technology. London: Earthscan.
Flyvbjerg, Bent, Nils Bruzelius and Werner Rothengatter. 2003. Megaprojects and Risk: An Anatomy of Ambition. Cambridge University Press.
Freeman, L. C. 1979. "Centrality in Social Networks: Conceptual Clarification," Social Network. 1(3): 215–39.
Frewer, L. J., Miles, S. and Marsh, R. 2002. "The media and genetically modified foods: Evidence in support of social amplification of risk," Risk Analysis. 22(4): 701–11.
Frey, R., T. Dietz and L. Kalof. 1992 "Characteristics of Successful American Protest Group," American Journal of Sociology. 98: 368–387.
Frye, Timothy. 2004. "Credible Commitment and Property Rights: Evidence from Russia," The American Political Science Review. 98(3): 453–66.
Gamson, 1990. The Strategy of Social Protest. Wadsworth Publishing Company.
Gamson, W. A. 1988. "A constructionist approach to mass media and public opinion," Symbolic Interaction. 11: 161–74.
______. 1992. "The Social Psychology of Collective Action," in C. M. Aldon Morris eds., Frontiers of Social Movement Theory. New Haven: Yale University Press.
Gibson, L. James, Caldeira, A. Gregory and Spence, K. Lester. 2005. "Why Do People Accept Public Policies They Oppose?: Testing Legitimacy Theory with a Survey–Based Experiment," Political Research Quarterly. 58(2): 187–201.
Giddens, A. 1991. Modernity and Self–Identity: Self and Society in the Late Modern Age. Cambridge: Polity Press.
Gitlin, T. 1980. The whole world is watching: Mass media in the making and unmaking of the new left. LA. CA.: University of California Press.
GlobeScan Inc. 2005. Global Public Opinion on Nuclear Issues and the IAEA. GlobeScan Inc.
Goette, Lorenz., Huffman, David. and Meier, Stephan. 2006. "The Impact of Group Membership on Cooperation and Norm Enforcement: Evidence Using Random Assignment to Real Social Groups," The American Economic Review.

96(2): 212-16.

Goffman, F. 1974. Frame Analysis: An Essay on the Organizational Experience. New York: Harper and Row.

Goldsmith, S. and Eggers, W. D. 2004. Governing by Networks: The New Shape of the Public Sector. Washington, D. C.: Brookings Institution Press.

Goldstein, Judith. 1993. Ideas, Interests, and American Trade Policy. Ithaca: Cornell University Press.

Goodwin, Jeff and James M. Jasper eds. 2004. Rethinking Social Movements: Structure, Meaning, and Emotion. Maryland: Rowman and Littlefield Publisher.

Goodwin, Jeff, James M. Jasper and Francesca Polletta eds. 2001. Passionate Politics: Emotions and Social Movements. Chicago: The University of Chicago Press.

Gordon, C. and J. Jasper. 1996. "Overcoming NIMBY Label," Research in Social Movements, Conflict and Change. 19: 159-181.

Gouldner, Alvin W. 1960. "The Norms of Reciprocity: A Preliminary Statement," American Sociological Review. 25(2): 161-78.

Gowda, M. V. 2003. "Integrating politics with the social amplification of risk framework: insights from an exploration in the criminal justice context," In N. Pidgeon, R. E. Kasperson and P. Slovic ed., The Social Amplification of Risk. Cambridge, UK: Cambridge University Press: 304-25.

Gray, B. 1997. "Framing and reframing of intractable environmental disputes," in R. J. Lewicki and R. S. Bies, B. eds., Research on negotiation in organizations. 6. Greenwich: JAI.

Gray, B., and Donnellon, A. 1989. An interactive theory of reframing in negotiation: Pennsylvania University Press.

Greenspan, Patricia. 2004. "Emotions, Rationality, and Mind/Body," in Robert C. Solomon ed., Thinking about Feeling: Contemporary Philosophers on Emotions. Oxford: Oxford University Press: 125-34.

Grief, Avner. 1993. "Contract Enforceability and Economic Institutions in Early Trade: The Maghribi Traders' Coalition," The American Economic Review. 83(3): 525-48.

Grubb, W. N. and Tuma, J. 1991. "Who Gets Student Aid?: Variations in Access to Aid," The Review of Higher Education. 14(3): 359-382.

Hajer, M. and Wagenaar, H. eds. 2003. Deliberative Policy Analysis: Understanding Governance in the Network Society. Cambridge: Cambridge University Press.

Hardy, B., Wistow, G. and Rhodes, R. A. W. 1990. "Policy Networks and the Implementation of Community Care Policy for People with Mental Handicaps," Journal of Social Policy. 19: 141-68.

Hauptman, A. M. 2004. "Higher Education Finance: Trends and Issues," International Handbook of Higher Education, Part One. Springer.

Hensler, D. 1999. "A Research Agenda: What We Need to Know about Court-Connected ADR," Dispute Resolution Magazine. 6(1).

Hensler, D., et al. 2002. "Changing the Focus from "Resolution" to "Conflict"," Hewlett Theory Centers Conference Proceedings.

Hilgartner, Stephen and Bosk, Charles L. 1988. "The Rise and Fall of Social Problems: A Public Arenas Model," American Journal of Sociology. 94(1): 53-78.

Hillygus, D. S. 2005. "The Missing Link: Exploring the Relationship Between Higher Education and Political Engagement," Political Behavior. 27(1): 25-47.

Hirschman, A. O. 1975. "Policy making and Policy Analysis in Latin America - A Return Journey," Policy Sciences. 6: 385-402.

Hobbs, J., Kittler, A., Fox, S., Middleton, B. and Bates, D. W. 2004. "Communicating health information to an alarmed public facing a threat such as a bioterrorist attack," Journal of Health Communication. 9(1): 67-75.

Hogg, M. A., Terry, D. J. and White, K. M. 1995. "A tale of Two Theories: A Critical Comparison of Identity Theory with Social Identity Theory," Social Psychology Quarterly. 58: 255-69.

Homans, G. C. 1961. Social Behavior: Its Elementary Forms. New York: Harcourt Brace.

Hood, C. 1998. The Art of the State: Culture, Rhetoric and Public Management. Oxford: Oxford University Press.

Huddy, Leonie, Stanley Feldman and Erin Cassese. 2007. "On the Distinct Political Effects of Anxiety and Anger," in W. Russell Neuman, George E. Marcus, Ann N. Crigler and Michael MacKuen eds., The Affect Effect: Dynamics of Emotion in Political Thinking and Behavior. Chicago: The University of Chicago Press.

Iyengar, S. 1991. Is anyone responsible? How television frames political issues. Chicago, IL.: University of Chicago Press.

Jervis, Robert. 1968. Hypotheses on Misperception. World Politics. 20(3): 454-79.

John, E. P. and Noell, J. 1989. "The Effects of Student Financial Aid on Access to Higher Education: An Analysis of Progress with Special Consideration of Minority Enrollment," Research in Higher Education. 30(6): 563-81.

Johnstone, D. B. 2003. "Cost Sharing in Higher Education: Tuition, Financial Assistance, and Accessibility in Comparative Perspective," Czech Sociological Review. 39(3): 351-74.

Jun, J. 2005. The Social Construction of Public Administration: Interpretive and Critical Perspectives. Albany, NY: The State University of New York Press.

Jung, Y. 2010a. "The Institutional Change and Continuity of the Korean State Administration, 1948-2010," Korean Social Science Journal, 37(2): 1-35.

______. 2010b. "National Development and Governance in Korea," Paper presented at the International Conference ("Good Governance for National Development") of the United Nations Project Office on Governance, UNDESA, June 17-18, Seoul.

Jung, Y., D. Mazmanian and S. Tang, 2009. "Collaborative Governance in the United States and Korea," International Review of Public Administration. 13(3): 1-11.

Jung, Y., D. Mazmanian and S. Tang, eds. 2009. Collaborative Governance in the United States and Korea. Seoul: Seoul National Univ. Press.

Jung, Y., Y. Lee and H. Yoo. 2010. "The Executive Leadership in Korea, 1948-2010: From Charismatic to Institutional Presidency," Paper presented at the Working Group VII ("Leadership, Governance and Public Policy") of the Annual Conference of he International Association of Schools and Institutes

Kahneman, D., Slovic, P. and Tversky, A. ed. 1982. Judgment under uncertainty: Heuristics and Biases. Cambridge University Press.

Kalat, J. and Michelle N. (민경환 외 역. 2007. 정서심리학. 서울: 시그마프레스.)

Kandori, Michihiro. 1992. "Social Norms and Community Enforcement," The Review of Economic Studies. 59(1): 63-80.

Kasper, Wolfgang. and Streit, Manfred E. 1998. Institutional Economics. Edward

Elgar.

Kasperson, J. X., Kasperson, R. E., Pidgeon, N. and Slovic, P. 2003. The social amplification of risk: assessing fifteen years of research and theory. In N. Pidgeon, R. E. Kasperson and P. Slovic ed., The Social Amplification of Risk. Cambridge, UK: Cambridge University Press: 13–46.

Kasperson, R. and Kasperson, J. 1996. "The social amplification and attenuation of risk, "The Annals of the American Academy. 545: 95–105.

Kasperson, R., Renn, O., Slovic, P., Brown, H. and Emel, J. 1988. "Social Amplification of Risk: a Conceptual Framework," Risk Analysis. 8(2): 177–87.

Kasperson, R. E., Jhaveri, N. and Kasperson, J.X. 2001. Stigma and the social amplification of risk: Toward a framework of analysis. In Risk, Media, and Stigma: Understanding Public Challenges to Modern Science and Technology, ed,. Flynn, J. P. Slovic, and H. Kunreuther. London: Earthscan.

Keltner, J. W. 1994. The management of struggle: Elements of dispute resolution through negotiation, mediation, and arbitration. Creeskill, N.J.: Hampton Press.

Kemper, T. D. 1978. A Social Interactional Theory of Emotions. New York: Wiley.

Kepplinger, H. M. and Habermeier, J. 1995. "The Impact of Key Events on the Representation of Reality," European Journal of Communication. 10(3): 271–390.

Kettl, D. F. 2002. The Transformation of Governance: Public Administration for Twenty–First Century America. Baltimore: John Hopkins University Press.

Khademian, A. and Weber, E. 1997. "From Agitation to Collaboration: Clearing the Air through Negotiation," Public Administration Review. 57(5): 396–410.

Kittler, A. F., Hobbs, J., Volk, L.A., Kreps, G. L. and Bates, D. W. 2004. "The Internet as a Vehicle to Communicate Health Information during a Public Health Emergency: A Survey Analysis Involving the Anthrax Scare of 2001," Journal of Medical Internet Research. 6(1): e8. Available at: www.jmir.org/2004/1/e8. Accessed on December 1, 2008.

Kone, D. and Mullet, E. 1994. "Societal risk perception and media coverage," Risk Analysis. 8: 367–373.

Kooiman, J. ed. 1993. Modern Governance: New Government–Society Interaction. London: Sage.

Kriesberg, L. 2003. Constructive Conflicts: From Escalation to Resolution (2nd).

Lanham, Maryland: Rowman and Littlefiled Publishers.
Krimsky, S. and Golding, D. ed. 1992. Social Theories of Risk. Praeger.
Kuhn, R. G. and Ballard, K. R. 1998. "Canadian Innovations in Siting Hazardous Waste Management Facilities," Environmental Management, 22(4): 533-45.
Lakoff, George and The Rockridge Institute. 2007. 나익주 역. 2007. 프레임 전쟁. 서울: 창비; Thinking Points: Communicating Our American Values and Vision. New York: Farrar, Straus and Giroux. 2006.
Leach, W. and Sabatier, P. 2003. "Facilitators, Coordinators, and Outcomes," In O'Leary. R. and Bingham, L. eds., The Promise and Performance of Environmental Conflict Resolution. Washington D.C.: Resources for the Future Press.
Leiserowitz, A. 2004. "Before and after the Day After Tomorrow: A U.S. study of climate change risk perception," Environment. 46(9): 22-37.
Lewicki, R. J., Gray, B. and Elliott, M. 2003. Making Sense of Intractable Environmental Conflict. Washington, DC: Island Press.
Lewicki, R. Y., Weiss, S. E. and Lewin, D. 1992. "Models of conflict, negotiation and third party intervention: A review and synthesis," Journal of Organizational Behavior. 13(2): 209-52.
Lewis, Michael and Jeannette M. Haviland-Jones eds. 2000. Handbook of Emotions (2nd ed). New York: The Guilford Press.
Lewis, R. E. and Tyshenko, M. G. 2009. "The impact of social amplification and attenuation of risk and the public reaction to mad cow disease in Canada," Risk Analysis. 29(5): 714-28.
Lidskog, R. and G. Sundqvist. 2004. "On the Right Track? Technology, Geology and Society in Swedish Nuclear Waste Management," Journal of Risk Research 7(2): 251-68.
Lindbeck, Assar., Nyberg, Sten. and Weibull, Jorgen W. 1999. "Social Norms and Economic Incentives in the Welfare State," The Quarterly Journal of Economics. 114(1): 1-35.
Lindblom, C. 1965. The Intelligence of Democracy: Decisionmaking through Mutual Adjustment. New York: The Free Press.
______. 1977. Politics and Markets: the world's political economic systems. NY: Basic.

Lindblom, C. and Woodhouse, J. 1965. The Policy-Making Process(3rd ed.). New Jersey: Prentice Hall.

Linz, Juan J., and Alfred C. Stepan. 1996. "Toward Consolidated Democracies." Journal of Democracy. 7(2): 14-33.

Logsdon, J. 1991. "Interests and Interdependence in the Formation of Social Problem-Solving Collaborations," Journal of Applied Behavioral Science. 27: 23-37.

Long, J. S. 1997. Regression models for Categorical and Limited Dependent Variables: Advanced Quantitative Techniques in the Social Science Series. CA, London: SAGE Publications, Inc.

Lowi, T. 1972. "Four Systems of Policy, Politics and Choice," Public Administration Review, 32: 283-310.

Luckes, S. 2007. "Power and the Battle for Hearts and Minds," in F. Berenskoetter and M. Williams, eds. Power in World Politics. NY: Routledge: 83-97.

Lynn, J. F., Miles, S. and Marsh, R. 2002. "The media and genetically modified foods: Evidence in support of social amplification of risk," Risk Analysis. 22(4): 701-11.

MacGregor, D. 2003. "Public response to Y2K: social amplification and risk adaptation," In N. Pidgeon, R. E. Kasperson and P. Slovic ed., The Social Amplification of Risk. Cambridge, UK: Cambridge University Press: 243-62.

Mack, R. and Snyder, R. C. 1957. "The analysis of social conflict-toward an overview and synthesis," Journal of Conflict Resolutions. 1(2): 212-48.

March, J. and J. Olsen, 1983: "Organizing Political Life: What Administrative Reorganization Tells Us about Government," APSR. 77(2): 281-95.

March, J. and Simon, H. 1958. Organizations. NY: John Wiley and Sons.

Marcus, George E. 2002. The Sentimental Citizen: Emotion in Democratic Politics. University Park: Pennsylvania State Univ Press.

Marcus, George E., W. Russell Neuman and Michael MacKuen. 2000. Affective Intelligence and Political Judgment. Chicago: The University of Chicago Press.

Marsh, D. and Rhodes, R. A. W. eds. 1992. Policy Networks in British Government. Oxford: Clarendon Press.

Mattern, J. 2007. "Why Soft Power Isn't So Soft," in F. Berenskoetter and M.

Williams. Power in World Politics. NY: Routledge: 98–119.

Mazmanian and Morell. 1994. "The "NYMBY" Syndrome: Facility Siting and the Failure of Democratic Discourse," Environmental Policy In The 1990s: Toward A New Agenda(2nd ed.). A Division of Congressional Quarterly Inc. Washington, D. C.

McAvoy and E. Gregory. 1999. Controlling Technology: Citizen Rationality and the Nimby Syndrome, Georgetown Univ. Press.

McCann, M. 1998. "Social Movements and the Mobilization of Law," in A. Costain and A. McFarland, eds. Social Movements and American Political Institutions, Rowman and Littlefield.

McComas, K. A. 2006. "Defining moments in risk communication research: 1996–2005," Journal of Health Communication. 11(1): 75–91.

McCombie, C. 2010. "Spent fuel challenges facing small and new nuclear programmes," Vienna International Conference on Management of Spent Fuel from Nuclear Power Reactors. IAEA.

Miles, B. and Morse, S. 2007. "The role of news media in natural disaster risk and recovery," Ecological Economics. 63: 365–373.

Mitchell, C. 1981. Peacemaking and the Consultant's Role, New York: Nichols.

Molm, L. and Peterson, G. 1999. "Power in Negotiated and Reciprocal Exchange," American Sociological Review. 64: 876–91.

Molm, L. 1990. "Structure, Action, and Outcomes: The Dynamics of Power in Social Exchange," American Sociological Review. 55: 427–47.

Moore, C. W. 2003. The Mediation Process: Practical Strategies for Resolving Conflict (3rd). CA: John Wiley and Sons.

Morse, R. et al. eds. 2007. Transforming Public Leadership for the 21st Century. London: M.E. Sharpe.

Munton and Don. 1996. "Introduction: The Nimby Phenomenon and Approaches to Facility Siting," in Munton, Don(eds.), Hazardous Waste Siting and Democratic Choice, Georgetown Univ. Press.

Murdock, G., J. Petts, and T. Horlick–Jones, 2003. After amplification: Rethinking the role of the media in risk communication. In N. Pidgeon, R. E. Kasperson and P. Slovic ed., The Social Amplification of Risk. Cambridge, UK: Cambridge

University Press: 156–78.

Nabatchi, T. 2007. "The Institutionalization of Alternative Dispute Resolution in the Federal Government," Public Administration Review. July/August.

Nabli, M. and J. Nugent, 1989. "The New Institutional Economics and Its Applicability to Development," World Development. 17(9): 1333–47.

Nisbett, Richard E. 2004. The Geography of Thought: How Asians and Westerners Think Differently and Why. New York: Free Press. 2003. (최인철 역, 생각의 지도: 동양과 서양, 세상을 바라보는 서로 다른 시선. 서울: 김영사)

North, Douglass C. 1990. Institutions, Institutional Change and Economic Performance. NY: Cambridge University Press.

Nye, J. 2008. The Powers to Lead, Oxford: Oxford Univ. Press.

O'Leary, R. 1995. "Environmental Mediation: What do we know and How do we know it?," In Blackburn, J.W. and Bruce, W.M. eds., Mediating Environmental Conflicts: Theory and Practice. Westport, CT: Quorum Books.

O'Leary, R. and Bingham, L. B. 2003. The Promise and Performance of Environmental Conflict Resolution. Washington, DC: Resources for the Future.

O'Leary, R. and Raines, S. 2001. "Lessons Learned from Two Decades of Alternative Dispute Resolution Programs and Process at the U.S. Environmental Protection Agency," Public Administration Review. 61(6): 682–92.

O'Leary, R., Nabatchi, T. and Bingham, L. B. 2005. "Assessing and Improving Conflict Resolution in Multiparty Environmental Negotiations," International Journal of Organizational Theory and Behavior. 8(2): 181–209.

Ostrom, Elinor. 1990. Governing the Commons: The evolution of Institutions for collective action. New York: Cambridge university press.

Ostrom, Elinor., Walker, James. and Gardner, Roy. 1992. "Covenants With and Without a Sword: Self–Governance is Possible," The American Political Science Review. 86(2): 404–17.

O'Toole, L. J. J., Meier K. J., and Nicholson–Crotty, S. 2005. "Managing Upwards, Downward and Outward: Networks, Hierarchical Relationships and Performance," Public Administration Review. 7(1): 45–68.

Overby, L. Marvin. and Bell, Lauren C. 2004. "Rational Behavior or the Norm of Cooperation? Filibustering Among Retiring Senators," The Journal of Politics.

66(3): 906-24.

Pershits, A. I. 1977. "The Evolution of the Primitive Norm: Response to Comments," Current Anthropology. 18(4): 731-35.

Peters, B. G. 1996. The Futures of Governing: Four Emerging Models. Lawrence: Univ. of Kansas Press. (고숙희 외 역. 1998. 미래의 국정관리. 법문사.)

Petts, J., Horlick-Jones, T. and Murdock, G. 2001. Social Amplification of Risk: the media and the public. HSE Books.

Pfeffer, J. and Salancik, G. R. 1978. The External Control of Organizations; A Resource Dependence Perspective. New York: Harper and Row.

Pidgeon, N., Kasperson, R. E. and Slovic, P. ed. 2003. The social amplification of risk. Cambridge University Press.

Pierre, J. and B. G. Peters. 2005. Governing Complex Societies. Basingstoke: Palgrave Macmillan.

Pitchas, R. 2004. Mediation als Methode und Instrument der Konfliktmittlung im offentlichen Sektor. NVwZ

Plowman, 1995. "Congruence between public relations and conflict resolution: negotiating power in the organization," Unpublished doctoral dissertation, University of Maryland, College Park.

Plutchik, Robert 지음. 박권생 옮김. 2004. 정서심리학. 서울: 학지사.

Pondy, L. R. 1967. "Organizational Conflict: Concepts and Models," Administrative Science Quarterly, 12: 3.

Popper, F. J. 1985. "The environmentalist and the LULU," Environment 27(1): 7-11, 37-40.

Poumadere, M. and Mays, C. 2003. The dynamics of risk amplification and attenuation in context: a French case study. In N. Pidgeon, R. E. Kasperson and P. Slovic ed., The Social Amplification of Risk. Cambridge, UK: Cambridge University Press: 209-42.

Provan, K. G. and Kenis, P. 2008. "Modes of Network Governance: Structure, Management, and Effectiveness," Journal of Public Administration Research and Theory. 18(2): 229-52.

Pruitt, D. G. and Carnevale, P. J. 1993, Negotiation in Social Conflict. Buckingham, UK: Open University Press.

Pruitt, D. G. and Rubin, J. Z. 1986. Social conflict: Escalation, Stalemate, and Settlement. NY: Random House.

Przeworski, Adam. 1999. "Minimalist Conception of Democracy: A Defense." In Ian Shapiro and Casiano Hacker-Cordón. Eds. Democarcy's Value. Cambridge: Cambridge University Press.

Putnam, Robert, D. 2000. Bowling Alone: The Collapse and Revival of American Community. Simon and Schuster Paperbacks.

Quattrone, George A. and Amos Tversky. 1988. "Contrasting Rational and Psychological Analyses of Political Choice," American Political Science Review. 82(3): 719-36.

Rabe and G. Barry. 1994. Beyond Nimby: Hazardous Waste Siting in Canada and the United States, The Brookings Institution.

Ramus, C. and Marcus, A. 2005. "Examining Barriers to Negotiated Environmental Agreements," International Journal of Organization Theory and Behavior. 8(3): 396-425.

Rayner, S. 1988. "Muddling through metaphors to maturity: a commentary on Kasperson et al, The Social Amplification of Risk," Risk Analysis. 8(2): 201-4.

Redlaws, David P. ed. 2006. Feeling Politics: Emotion and tical Information Processing. New York: Palgrave Macmillan.

Reich, Robert B. ed. 1988. The Power of Public Ideas. Cambridge: Harvard University Press.

Rein, Martin. and Donald Schön. 1991. "Frame Reflective Policy Discourse," In P. Wagner et al. eds. Social Sciences and Modern States: National Experiences and Theoretical Crossroads. 262-289. Cambridge: Cambridge University Press.

Renn, O. 2003. Social amplification of risk in participation: two case studies. In N. Pidgeon, R. E. Kasperson and P. Slovic ed., The Social Amplification of Risk. Cambridge, UK: Cambridge University Press: 374-401.

______. 2006. "Risk Communication: Consumers between information and irritation," Journal of Risk Research. 9(8): 833-46.

Rhodes, R. A. W. 1981. Control and Power in Central-Local Government Relations. Farnborough: Gower.

Riffe, D., Lacy, S., and Fico, F. G. 1998. Analyzing Media Messages: Lawrence

Erlbaum Associates, Inc.

Ring, P. S. and Van de Ven, A. H. 1994. "Development Processes of Cooperative Interorganizational Relationships," Academy of Management Review. 19(1):90–118.

Risikogesellschaft: Auf dem Weg in eine andere Moderne. 서울: 새물결.

Rodrigue, C. M. 2001. "Impact of internet media in risk debates: the controversies over the Cassini–Huygens mission and the Anaheim Hills," The Australian Journal of Emergency Management. 16(1): 53–61.

______. 2003. "Representation of the September 11th Terrorist Attacks in the Online Edition of the Los Angeles Times," In L. Jacquelyn ed., Beyond September 11th: An account of post–disaster research. University of Colorado National Hazards Research and Applications Information Center Special Publication 39: 521–88.

Rogers, David and Whetten. 1982. Interorganizational Coordination: Theory, Research, and Implementation. Iowa State Univ. Press.

Rokach, L. and Maimon, D. 2008. Data Mining With Decision Trees: Theory and Applications. World Scientific Publishing Company.

Rosa, E. A. 2003. The logical structure of the social amplification of risk framework: metatheoretical foundations and policy implications. In N. Pidgeon, R. E. Kasperson and P. Slovic ed., The Social Amplification of Risk. Cambridge, UK: Cambridge University Press: 47–79.

Ross, M. H. 1993. The Management of Conflict: Interpretations and Interest in Comparative Perspective. New Haven: Yale University Press.

Rubin, J. et al. 1994. Social Conflict: Escalation, Stalemate and Settlement. NY: McGraw–Hill.

Rubin, J. Z. and Brown, B. R. 1975. The Social Psychology of Bargaining and Negotiation. CA: Academic Press INC.

Salamon, L. ed. 2002. The Tools of Government: A Guide to the New Governance. New York: Oxford University Press.

SallieMae. http://www.salliemae.com

Sandel, M. J. 2009. Justice: What's the right thing to do? Seoul: Gimm–Young Publishers.

Sander, F. 2000. "The Future of ADR," Journal of Dispute Resolution.

Sandman, P. M. 1986. "Getting to maybe: Some communications aspects of siting hazardous waste facilities," Seton Hall Legislative Journal. 9(2): 442-65.

Sartori, G. 1997. Comparative Constitutional Engineering. Macmillan Press.

Sayre, B., Bode, L., Shah, D., Wilcox, D. and Shah, C. 2010. "Agenda Setting in a Digital Age," Policy and Internet. 2(2): 7-32. Available at www.psocommons.org/policyandinternet/vol2/iss2/art2.

Schelling, Thomas C. 1982. "Establishing Credibility: Strategic Considerations," The American Economic Review. 75(2): 77-80.

Schenellenberg. J. A. 1996. Conflict Resolution: Theory, Research, and Practice. Albany, NY: University of New York Press.

Scheufele, D. A. 1999. "Framing as a theory of media effects," Journal of Communication. 49(4): 103-22.

Schively, C. 2007. "Understanding the NIMBY and LULU Phenomena: Reassessing Our Knowledge Base and Informing Future Research," Journal of Planning Literature. 21(3): 255-66.

Sch?n, D. A., and Rein, M. 1994. Frame Reflection: Toward the Resolution of Intractable Policy Controversies. NY: Basic Books.

Schultze, C. 1977. The Public Use of Private Interest. Washington: Brooking Institution. (정용덕 역. 사익의 공공활용. 서울: 성균관대출판부, 1986.)

Schumpeter, Joseph A. 1942. Capitalism, Socialism, and Democracy. New York: Harper and Brothers.

Sclater, Shelley D., David W. Jones, Heather Price and Candida Yates eds. 2009. Emotion: New Psychosocial Perspectives. New York: Palgrave Macmillan.

Scott, J. 2000. Social Network Analysis: A Handbook. 2nd edition. London: Sage.

Scott, W. R. 1995. Institutions and Organizations. Thousand Oaks: Sage.

Sears, David O., Leonie Huddy and Robert Jervis eds. 2003. Oxford Handbook of Political Psychology. New York: Oxford University Press.

Selznick, P. 1980. TVA and the Grass Roots: A Study of Politics and Organization. Berkeley: University of California Press.

Semetko, H. A. and Valkenburg, P. M. 2000. "Framing European Politics: A Content Analysis of Press and Television News," Journal of Communication. 50(2): 93-109.

Senger, J. 2004. Federal Dispute Resolution: Using ADR with the United States Government. San Francisco: Jossey-Bass.

Sethi, Rajiv. and Somanathan, E. 1996. "The Evolution of Social Norms in Common Property Resource Use," The American Economic Review. 86(4): 766-88.

Sharfman, M. P., Gray, N., and Yan, A. 1991. "The Context of Interorganizational Collaboration in the Garment Industry: An Institutional Perspective," Journal of Applied Behavioral Science. 27(2): 181-207.

Shefrin, H. 2000, Beyond greed and fear: understanding behavioral finance and the psychology of investing. Boston, Mass: Harvard Business School Press.

Silverstein, H. 1996. Unleashing Rights: From Membership to Management in American Civic Life. Oklahoma University Press.

Simon, H. A. 1957. Models of Man: Social and Rational: Mathematical Essays on Rational Human Behavior in Society Setting. New York: Wiley.

Sipe, N. G. and Stiftel, B. 1995. "Mediating environmental enforcement disputes: how well does it work?," Environment Impact Assess Review. 15(2): 139-56

Sipe, N. G. 1998. "An Empirical Analysis of Environmental Mediation," Journal of the American Planning Association. 64(3): 275-85.

Sirianni, C. 2007. "Neighborhood Planning as Collaborative Democratic Design," ournal of the American Planning Association. 73(4): 373-87.

Slovic, P. 1987. Perception of risk. Science: 236, 280-85.

______. 1992. Perception of Risk: Reflection on the psychometric paradigm. In S. Krimsky and D. Golding ed., Social Theories of Risk. Praeger: 117-152.

______. 2004. The Perception of risk. Earthscan Publication.

Snow, D. A., and Benford, R. D. 1988. "Ideology, frame resonance and participant mobilization," International Social Movement Research. 1: 197-219.

______. 1992. "Master frames and cycles of protest," in A. D. Morris and C. M. Mueller eds., Frontiers in social movement theory. New Haven: Yale University Press.

Snow, David A., E. Burke Rochford, Jr., Steven K. Worden and Robert D. Benford. 1986. "Frame Alignment Processes, Micromobilization, and Movement Participation,"American Sociological Review. 51(4): 464-81.

Solomon, Robert C. ed. 2004. Thinking about Feeling: Contemporary Philosophers on Emotions. Oxford: Oxford University Press.

SOU. 1976. Spent Nuclear Fuel and Radioactive Waste. Stockholm: Regeringskansliet: 32.

Spezio, Michale L. and Ralph Adolphs. 2007. "Emotional Processing and Political Judgment: Toward Integrating Political Psychology and Decision Neuroscience," in W. Russell Neuman, George E. Marcus, Ann N. Crigler and Michael MacKuen eds., The Affect Effect: Dynamics of Emotion in Political Thinking and Behavior. Chicago: The University of Chicago Press.

Stocker, Michael. 2004. "Some Considerations about Intellectual Desire and Emotions," in Robert C. Solomon. ed., Thinking about Feeling: Contemporary Philosophers on Emotions. Oxford: Oxford University Press: 135-48.

Susskind, L. and Jeffrey Cruikshank. 1987. Breaking the Impasse: Consensual Approaches to Resolving Public Disputes. Basic Books.

Susskind, L., McKearman, S., and Thomas-Larmer, J. eds. 1999. The Consensus Building Handbook: A Comprehensive Guide to Reaching Agreement. Thousnad Oaks, CA: Sage.

Susskind. L. and Cruikshank, J. 1987. Breaking the Imapasse: Consensual Approaches to Resolving Public Disputes. NY: Basic Books, Inc.

Tajfel, H., and Turner, J. C. 1985. "The Social Identity Theory of Intergroup Behavior," in W. G. Austin and S. Chicago eds., Psychology of Intergroup Relations. Monterey, Calif.: Brooks/Coleman: 7-24.

Tang, S. Y. and Mazmanian, D. A. 2008. "An Agenda for the Study of Collaborative Governance," Unpublished working paper.

Tannen, D. 1993. Framing in discourse. New York: Oxford University Press.

Thomas and W. Keneth. 1976. "Conflict and Conflict Management," in M.D. Dunnette(ed.), Handbook of Industrial and Organizational Psychology, Chicago: Rand McNally.

Thomas, Craig W. 2003. "Habitat Conservation Plans: Certainly Empowered, Somewhat Deliberative, Questionably Democratic." In Archon Fung and Erik Olin Wright, Eds. Deepening Democracy: Institutional Innovations in Empowered Participatory Governance. London:VersoPress.

Thomas, K. W. 1976. "Conflict and conflict management," in M. D. Dunnette ed.,

Handbook of Industrial and Organizational Psychology. Chicago: Rand McNally College.

Thompson, C. 1993. "Reorganizing Public Organizations," Journal of Public Administration Research and Theory. 3(4): 457-86.

Toffolon-Weiss, Melissa and Timmons Roberts. 2005. "Who Wins, Who Loses? Understanding Outcomes of Environmental Injustice Struggles," in D.A. Pellow and R. Brulle, eds. Power, Justice and the Environment. Cambridge, MA: MIT Press: 77-90.

Trends in Student Aid. http://www.collegeboard.com/html/costs/aid/index.html

Tversky, Amos and Daniel Kahneman. 1973. "Judgment under Uncertainty: Heuristics and Biases," in Dirk Wendt and Charles Vlek eds., Utility, Probability and Human Decision Making: Selected Proceedings of Interdisciplinary Research Conference. Dordrech: D. Reidel Publishing Company: 141-62.

______. 1974. "Judgement under uncertainty: heuristics and biases," Science. 185: 1124-31.

______, D. 1980. The framing of decisions and the rationality of choice: Stanford Univ. CA Dept. of Psychology.

______. 1981. "The Framing of Decisions and the Psychology of Choice," Science. 211(4481): 453-58.

Ury, W., Brett, J. M., and Goldberg, S. B. 1988. Getting disputes resolved: designing systems to cut the costs of conflict (1st ed.). San Francisco: Jossey-Bass.

Van Wart, M. 2008. Leadership in Public Organizations. London: M. E. Sharpe.

Vasterman, P. 2005. "Media-Hype: Self-Reinforcing News Waves, Journalistic Standards and the Construction of Social Problems," European Journal of Communication. 20(4): 508-30.

Vaughan, E., and Seifert, M. 1992. "Variability in the framing of risk issues," Journal of Social Issues. 48(4): 119-35.

Walton and Richard. 1969. Interpersonal Peacemaking. Mass: Addison-Wesley Publishing Co.

Wasserman, S. and Faust, K. 1994. Social Network Analysis: Methods and Applications. Cambridge: Cambridge University Press.

Watkins, Michael. 2002. Breakthrough Business Negotiation. San Fransisco:

Jossey-Bass.
Weber, M. 1994. Political Writings. Cambridge: Cambridge U. Press.
Westerberg, K. 2010. "Deep Geological Disposal of Spent Nuclear Fuel in the Swedish Crystalline Bedrock," Vienna International Conference on Management of Spent Fuel from Nuclear Power Reactors. IAEA.
Weston, Anthony. 2007. Creative Problem-Solving in Ethics. New York: Oxford University Press. 2007. (이주명 역. 윤리문제에서 딜레마 뛰어넘기. 서울: 필맥)
Wiedemann, P. M., Clauberg, M. and Schutz, H. 2003. Understanding amplification of complex risk issues: the risk story model applied to the EMF case. In N. Pidgeon, R. E. Kasperson and P. Slovic ed., "The Social Amplification of Risk: Assessing Fifteen Years of Research and Tehory," The Social Amplification of Risk. Cambridge, UK: Cambridge University Press: 286-304.
Williamson, Oliver E. 1983. "Credible Commitments: Using Hostages to Support Exchange," The American Economic Review. 73(4): 519-40.
Wilson, J. 1989. Bureaucracy: What Government Agencies Do and Why They Do It. NY: Basic Books.
World Nuclear Association. Nuclear Power in Sweden.(http://www.world-nuclear. org/info/inf42.html 2010년 10월 8일 접속).
Wright, G., Rowe, G. and McColl, A. 2004. "A framework for future study of expert and lay differences in the judgment of risk," Risk Decision and Policy. 9: 91-106.

南博 方, ジュリスト. 1992/9. 二○周年を迎えた公害調整委員會: 30.

감사원. 2006. 감사결과보고서: 방사성폐기물처분장 건설추진실태.
경찰청 편. 2009. 경찰백서. 경찰청.
공공기관의 갈등 예방과 해결에 관한 규정.
교육과학기술부. 2008. 학자금대출신용보증기금 업무편람. 한국주택금융공사.
______. http://www.mest.go.kr
국무조정실. 2007. 문화재관람료 도입에 관한 갈등영향분석서.
국민고충처리위원회. 2007. "화장장 입지갈등 원인과 해결 방안 연구-경기 하남시 광역화장장 사례를 중심으로,". 서울.

국토해양부. 2008. 화물운송시장 표준운임제 도입에 관한 갈등영향분석.
국회 의안 정보 시스템. www.assembly.go.kr.
기획재정부. 2010. 국가보증채무관리계획.
녹색성장위원회. 2009. 7. 녹색성장 5개년계획. 서울.
______. 2009. 7. 녹색성장 국가전략. 서울.
대통령자문지속가능발전위원회 (편). 2005. 공공갈등관리의 이론과 기법 (상). 서울: 논형.
______. 2005. 공공갈등 관리를 위한 이론과 기법. (하). 서울: 논형.
동아시아연구원. 2009. 여론브리핑. 제66호(2009.12.6). 동아시아연구원 · 중앙선데이 · 한국리서치 공동 여론바로미터조사.
문화관광부. 2001. 2001 문화산업백서.
문화체육관광부. 2008. 녹색성장, 대한민국의 그린오션 전략. 서울: 문화체육관광부.
방송위원회. 2007. IPTV 도입을 위한 정책방안 및 방송법 개정의견(안).
방송통신융합추진위원회. 2008. 방송통신융합 추진 백서.
산업자원부. 다수의 보도자료. http://www.mocie.go.kr.
삼성경제연구소. 2008. "녹색성장시대의 도래," CEO Information. 675호.
______. 2009. 한국의 사회갈등과 경제적 비용. CEO Information 710호.
전자정부특별위원회 내부자료. 2002.
______. 2003. 전자정부백서.
정보통신정책연구원. 2010. '트위터의 정치사회적 영향과 시사점,' KISDI 보도자료. 11월.
중앙환경분쟁조정위원회. 1992~1997 각 년도. 환경오염피해분쟁조정사례집. 1992(제1집)~1997(제6집).
______. 1998~2008 각 년도. 환경분쟁조정사례집. 1998(제7집)~2007(제16집).
______. 2009. (제17집 2008년) 환경분쟁조정사례집.
______. 환경분쟁조정 20년사(1991-2011).
지속가능발전위원회. 2003. 갈등관리시스템 구축방안 연구보고서.
______. 2004. 갈등관리시스템 구축방안연구.
______. 2004. 지속가능발전을 위한 갈등관리의 현황과 과제.
______. 2005. "한탄강댐갈등조정소위원회 활동결과 보고서," 지속가능발전위원회 한탄강댐갈등조정소위원회 활동자료집.
______. 2005. 한탄강댐 갈등관리준비단 활동기록 및 자료.
______. 2005. 한탄강댐 갈등조정과정 분석을 통한 공공갈등해결모델 개발에 관한 연구.
지식경제부. 2009. 원자력발전백서.

지역주민과 시민단체와의 토론회 자료. 2003. 4월 11일.
청주시. 2003. 화장장 건립 후보지 인근 주민과의 대화 자료. 2월 27일.
______. 2003. 화장장 건립관련 시민공청회 자료. 2월 27일.
______. 2003. 화장장 건립관련 주민 동향과 여론 자료.
______. 2003. 화장장 사업 관련 정책 세미나 자료. 10월 23일.
______. 2003a. 월오지역 주민 간담회 자료. 6월 24일.
______. 2003b. 월오 화장장 대책위 간담회 자료. 7월 21일.
______. 2008. 청주목련원(화장장) 건립백서.
청주지방법원결정문. 2006. 2006-09-18. 청주지방법원 결정문(2006카합465 화장장건립 공사중지가처분).
한국기업평가. 2010. 한국장학재단채권 신용등급평가보고서.
한국사회연구소. 2007. 제1차 한국인의 갈등의식 조사 결과표. 고려대학교 한국사회연구소.
한국여성개발원. 2005. 국민통합을 위한 사회 갈등 해소 방안. 한국여성개발원.
한국장학재단. 2010. 2010 한국장학재단 통계연보.
한국장학재단. http://kosaf.go.kr
한국장학재단설립등에관한법률. (제정 2009.2.6., 법률 제9415호).
한국정책지식센터. http://www.know.or.kr
한신정평가주식회사. 2010. 한국장학재단채권 신용등급평가보고서.
행정자치부. 2003. G4C 인터넷 민원발급시스템 구축사업 제안요청서.
______. 2006. 2006 전자정부사업연차보고서.
화장장 반대추진위원회. 2004. 회의록. 6월.
환경부. 1996. 環境問題와 관련된 葛藤 解消方案에 관한 硏究.
______. 2007. 국립공원 문화재관람료. 내부자료.
______. 2009. 환경백서: 339.

경향닷컴 촛불팀 엮음. 2008. 촛불 그 65일의 기록. 서울: 경향신문사.
경향신문. 2004. "정부와 지자체간 한탄강댐 갈등봉합," 8월 30일.
디지털타임스. www.dt.co.kr. 2004년 12월 13일.
______. 2004년 7월 26일.
______. 2005년 4월 30일.
언론재단 기사검색서비스, http://www.kinds.or.kr
연합뉴스. 2008. 12월 11일.